民俗学科建设报告书

董晓萍　朝戈金　黄涛　主编

學苑出版社

U0885452

图书在版编目(CIP)数据

民俗学科建设报告书/董晓萍，朝戈金，黄涛主编.
—北京:学苑出版社，2012.8
ISBN 978-7-5077-4078-3

Ⅰ.①民… Ⅱ.①董… ②朝… ③黄… Ⅲ.①高等学校-民俗学-学科建设—研究报告—中国 Ⅳ.①K892

中国版本图书馆 CIP 数据核字(2012)第 183098 号

责任编辑：方晓喆
封面设计：徐徐书装
出版发行：学苑出版社
社　　址：北京市丰台区南方庄 2 号院 1 号楼
邮政编码：100079
网　　址：www.book001.com
电子信箱：xueyuan@public.bta.net.cn
销售电话：010-67675512、67678944、67601101(邮购)
经　　销：新华书店
印 刷 厂：保定金石印刷有限公司
开本尺寸：787×1092　1/16
印　　张：41.5
字　　数：567 千字
版　　次：2012 年 8 月第 1 版
印　　次：2012 年 8 月第 1 次印刷
定　　价：145.00 元

项目来源与出版资助

温州大学“558”学科建设工程民俗学“重中之重”学科建设项目
国家社科基金重大委托项目“少数民族语言与文化研究”
北京师范大学211工程三期项目“中国民俗文化研究与社会应用”

目　录

华东地区

华南地区

华中地区

东北地区

西北地区

西南地区

附　录

序 言：民俗学的独立建设与学科群的发展

董晓萍

20 世纪以来，在我国，从世纪初的五四新文化运动，到世纪晚期的中国民族民间文艺集成志书的搜集和遗产保护，再到跨世纪的民俗学现代学校教育和社会公众教育，“民俗学”和“民间文艺学”两门学科已逐步得到普遍认同。虽然民俗学的学科多数最初来自西方，但它和民间文艺学的定义与根基在中国，现在已成为中国“民众的学问”。进入全球化时期后，重视国家民族文化主体性的国际思潮一再高涨，民俗学和民间文艺学都受到了更高的社会关注。

1997 年，国务院学位办发布了学科调整目录，国内院校的“民俗学”成为“社会学”下的二级学科，“民间文艺学”留在“中国语言文学”一级学科下继续建设。处于当今开放竞争的氛围中，学科归属的变轨改制是开拓，也是挑战。至少，发生变动的学科要遇到远未终结的创新问题和磨合问题。从学科史和学术性质看，民俗学和民间文艺学，在理论来源和学者构成上十分接近，学术团队属于同一个学术圈，在与周围二级学科群的联系上也有趋同取向，因此两个学科建设的科学性问题是学科建设的共性问题，这点也比较特殊。从现代地位看，民俗学的能量大，国际化程度高；民间文艺学的水深，早有理论体系和方法论；民俗学升为显学，民间文艺学成为隐学。但是，这种地位的差异又有内外因素的影响，还不能做一时之论。从学术史上看，我国民俗学与民间文艺学曾混合发展，后来才成为两个学科，因此两者还都有延伸内涵和学科独立性的问题，这也要在学科内部自己解决。当然，在现代人文社科学科群中，这种学科融通的现象并不鲜见。学科化建设的目标，就是要在研究对象相近和理论基础相关的学科之间，找出不同分支的研究生长点，建立多元化的理论知识系统和研究方法，以解决人类社会文化现象的复杂性问题。在当今世界保护文化多样性的形势下，还迫切需要发展知识格局的多样性，提倡人才培养的多样性。因此，这两门学科的创新建设的价值和长远意义是不容忽视的。

应该说，经过 14 年的时间，民俗学和民间文艺学都已在各自的一级学科下，拓展了发展的空间。民俗学以精神民俗、物质民俗、社会组织民俗和语言民俗等广泛的民间文化现象为研究对象，已得到更多的承认和重视。民间文艺学走入网络信息社会，产生了承续历史和放眼未来的蓬勃生机。钟敬文先生晚年致力于整体规划下的两个学科的分开发展及其理论发布和改革推进[1]，已通过这些现实收获得到了逐步验证。

2011 年，国务院学位办启动了新一轮学科目录编制的工作，这项工作从一开始就备受关注。民俗学和民间文艺学专业的广大同仁，希望借此契机，进一步优化学科结构，推进学科建设。这成为本书产生的实际背景。来自多所高校和科研院所的学科负责人和学术骨干，站在为民俗学和民间文艺学的高等教育改革献计献策的高度，回望过去、预测未来，包括总结成绩和不足，这种积极性通过本书，呈现为业内共有的心情和决心。

我们编纂本书的思路，不是写理论书，也不是写评估报告，而是踏踏实实地做调查，写学科建设现状报告。我们不去钻以往研究的框子，也不用外来模式干扰，也没有什么新奇的理论和方法，就是通过总结和交流，讨论如何发展民俗学科。实际上，从来稿看，各院校、各门类、各地区和各民族的情况也是很不一样的，国内院校的民俗学科也正是在各种不同的学科条件下生存发展的。有些在中央院校看来似乎已经解决的问题，在地方院校或民族

1　关于钟敬之先生对民俗学与民间文艺学两学科布局的意见，参见本书《附录一》。

院校还要倒回去调查和思考；有些在国家社会重大文化建设中似乎已确定的社会应用问题，在民俗学科的学理上还要开展更基础的研究，设置更合理的研究方向。本书力主实事求是地梳理一些具有概括性的问题，然后做初步分析。

对于民俗学和民间文艺学这种对象苍老而建制年轻的学科来说，学科建设的积极性是尤为重要的，而民俗学和民间文艺学正是这样一种有积极性的学科。希望本书能发挥积极的作用，促进国内院校同行的交流，也为各级科研主管部门了解民俗学科的历史传统和现实需求提供正确的依据。

以下谈谈本书涉及的基本问题、工作过程和调研数据分析结果。

一、民俗学和民间文艺学的分开建设

在我国高校正式建立“民俗学科”，是由钟敬文先生于 1979 年在北京师范大学全国暑期民间文学讲习班上提出的[1]。对民俗学科来说，从理论研究到学科化要解决两个基本问题，即民俗学研究与民俗学科建设之间的关系，以及民俗学与民间文艺学两个学科建设的关系。钟敬文先生在这方面提出了一系列理论观点，从事了大量的教育实践活动，这对在当时国内高校蓬勃兴起的人文社科群中将民俗学变成一门学科，起到了决定性的作用。

在民俗学研究与民俗学科关系的界定上，钟敬文先生采取了整体历史观的态度。他认为，从教育体制上说，民俗学科建于新时期，但民俗学的研究起步于 20 世纪 20 年代，两者之间是不同步的。不过从整体历史看，民俗学研究是民俗学科成立的早期准备；而民俗学科得以建设，又是在条件成熟的时候，将民俗学研究向社会应用延伸的结果，钟先生还主张将这种整体历程放到 20 世纪的具体社会历史环境中去思考。

1　钟敬文先生于 1979 年 3 月与顾颉刚先生等倡议恢复中国民俗学会，同年 8 月 18 日在北京师范大学全国暑期民间文学讲习班上提出成立“民俗学科”，详见钟敬文：《民俗学与民间文学——在北京师范大学暑期民间文学讲习班上的讲话》，《钟敬文民俗学论集》，上海：上海文艺出版社，1998，第 230—251 页。另外，关于本文中“民俗学的独立建设”的讨论，详见董晓萍等主编：《新时期 30 年的北师大民俗学》，北京：中华书局，2012。

在民俗学与民间文艺学关系的界定上，钟敬文先生在自己发表的文章中，提出了先合后分的观点。他指出，在20世纪初，两门学科是混合发展的，甚至在早期民俗学的提法还要更多一些，民间文艺学的概念则是钟先生自己发明的。

新中国成立初期，根据社会主义高等教育方案，加上受苏联的影响，我国高校民俗学科的建设是以民间文学专业为发展方向的。在这一时期，钟先生以北京师范大学为阵地，以自己早年提出的“民间文艺学”为基础，吸收了苏联民间文学研究理论，同时也与他以前接触的日本民俗学和欧洲人类学、社会学、艺术学等深层融会，进行综合建设。这一时期，他对民间文艺学的阐释产生了蜕变，主要是在对民间文学的概念和性质的提法上有了变化。他在早年接受马克思主义的艺术史理论的基础上，继续使用社会史的方法研究中国民间文学资料。1950年代至1960年代，他还借鉴苏联民间文艺学史的框架，以晚清民间文艺史料为对象，开辟了中国民间文艺学史和历史民俗学的新领域。然而，原本相关性很强的民俗学和民间文艺学，因为民俗学的部分研究对象与社会主义意识形态有冲突，民俗学被当作资产阶级学科叫停，未能与民间文艺学一起进入学科化的阶段。总之，在钟先生的表述中，民俗学所涵盖的民间文学研究部分在1980年代前得到了较充分的发展。

这一时期偏重民间文艺学的倾向也明显地转化到学科建设中。在教育理念上，民间文学专业只招研究生，不招本科生，专门培养高级专业人才。研究生的生源从高校尖子生中选拔，毕业后分配到高校从事民间文学教学，或者分配到专业机构搞民间文学研究。这种高层专业化的教育理念和工作模式一直延续到“文革”前。在此期间，钟先生遭受了政治挫折，他所领导的教研室也几度解散，但这些都没有改变这种培养理念。在这种高端专业化的教育导向下，本专业的教育开口小，专业标准高，所培养的人才在中国民间文学、作家文学、史学、哲学和外国相关理论上都要博而通，再进行中国资料的搜集整理和研究，这需要付出极大的辛劳，花相当长的时间进行教学和手把手的训练，钟先生为此倾注了极大的心血。需要说明的是，在1950年代，钟先生也接待过外国学者，但主要是苏联留学生和苏联驻华使馆的学者，在国别和人数上都屈指可数。而对这一时期民间文艺学和民俗学发展轨迹的不连贯的问题，钟先生宁愿用“历史的曲折性”加以表述。

1979 年以后，钟敬文先生和国内许多人文社科界的前辈一样，回到高校工作。他在此后的著述中，都将在以往条件下建设的民俗学和民间文艺学描述为在发展阶段上有不同侧重点的整体学科。在随后的 20 年中，北京师范大学民俗学科围绕钟先生的工作进行了许多改革，其中最重要的改革就是尝试将民俗学和民间文艺学作为两个研究分支进行建设，在相关高等教育理念上也发生了转变。

1991 年，在民俗学的研究方向经过十多年的建设后，经过钟敬文先生的观察，它已超越了文学的范畴，进入实证性更强的人文科学系统内发展，学科独立的条件日益成熟，他当年发表了《关于民俗学结构体系的设想》一文，对此做了肯定[1]。他后来又发表了《七十年学术经历纪程》和《从事民俗学研究的反思与体会》等文章，对 50 年代受苏联理论的影响的问题做了反思。在民俗学与民间文艺学的关系上，他谈到两者有各自的规律，又能互补发展[2]。

钟先生以一人而兼治民俗学和民间文艺学，这使他在两个研究分支的学科化上有很多共通的思考。一方面，他在对两者的理论表述和专业教育体系的构想上，会有很多互通性；另一方面，由于高校教学课程的分类体系和各门课程的特色化要求，他对这两种学科建设的必要性的表述又趋于相对差异性。因此，要对他的学术思想做出全面解释，还需要同时去看他所处时代的其他复杂因素在他的学科化表述上所产生的综合作用。

新时期民俗学科独立建设的结果，是产生了四种教育模式，即高层专业教育、地方教育、民族教育和普及教育。后来国内高校民间文艺学的建设也

1　钟敬文：《关于民俗学结构体系的设想》，《北京师范大学学报》，1991 年第 2 期，第 2—9 页。

2　钟敬文：《七十年学术经历纪程——〈钟敬文学术论著自选集〉自序》，《北京师范大学学报》，1993 年第 4 期，第 1—6 页。钟敬文：《从事民俗学研究的反思与体会》，《北京师范大学学报》，1998 年第 6 期，第 12—17 页。

都在这些模式中塑造和变迁。以下简要说明其内涵和做法。

（一）延续高层专业教育传统

在培养博士研究生的层面，钟敬文先生一直坚持高层次的专业化人才教育理念和工作模式。在这方面，他特别强调提高研究生导师的素质和生源质量，并为此发表了不少文章。1979 年以后，我国迅速发展了本、硕、博多层人才培养体系，这也为钟先生所呼吁的博士生高层培养模式提供了条件。

钟先生培养博士研究生，始于国家对外开放的新时期，他注重借鉴国际同行高层专业教育经验，以外国较早建立的研究生多层培养体系为参照，呼吁建立适应我国国情的民俗学博士学位培养模式，建立国家级的博士学位人才规范标准。他还总结长期从事高校教育的个人经验，强调这种高层专业教育的学术使命和社会责任，他说："十多年来，我们教研室培养了几届研究生，并不断接受着东西洋的留学生。……由于上述国内学界的形势和本校在这门学科中所处的位置，我们在感到荣幸之余，更深觉责任的重大，必须竭尽力量，才能不负国内外学术界的期望。""民俗学建设的工程是巨大的。它需要花费大量的人力和较长的时间。"[1]1990 年代，经他组稿，《北京师范大学学报》陆续刊登了一批文章，如《美国和加拿大高等院校民俗学专业及课程设置情况》和《欧美民俗学略说》等[2]，都是围绕这一目标进行的。

（二）开展民俗学的地方教育和民族教育

1994 年以后，国内科研院所、地方高校和民族地区院校日益扩大民俗学教学科研的需求，根据这种情况，钟先生提出增加培养地方高校和民族地区的研究生与中青年师资。他还特别关注少数民族生源，强调加强培养，应在招生条件上也适当放宽。北师大民俗学科对由这个渠道引入的研究问题十分关注，这使民俗学的专业教育向中央和地方、汉族和少数民族青年学者共同

1　钟敬文：《民俗学特辑·前言》，1991 年第 2 期，第 2 页。

2　董学艺：《美国和加拿大高等院校民俗学专业及课程设置情况》，《北京师范大学学报》，1991 年第 2 期，第 38—41 页。阎云翔：《欧美民俗学略说》，《北京师范大学学报》，1997 年第 6 期，第 27—35 页。另见［日］渡边欣雄，朱丹阳译：《在中国民俗学会讲演》，《北京师范大学学报》，1994 年第 6 期，第 22—24 页。

培养的方向拓展。对于地方高校和少数民族出身的研究生，钟先生鼓励他们在本地区和本民族民俗研究方面发挥作用，成长为民俗学的一颗种子，生根发芽。地方高校或少数民族青年学者在回到本地区或本民族的研究领域后，大都承担了中央院校或汉族同仁所不能承担的课题，做出了一定的学术成绩。

（三）提倡面向社会公共事业的民俗学普及教育

80年代中期以后，新中国民俗学运动蓬勃发展，中国民间文学三套集成搜集整理工程迅速推进，这一时期钟先生发表了《民族传统文艺的巨大作用——在民族传统文艺十套集成志书工作会议上的讲话》和《编纂地方民俗志的意义》等文章。根据他的指导，高校民俗学教育成果应服务于国家社会的重大文化需求，开展民俗学普及教育。他指出，近年我国不少省市开始编纂地方民俗志，并出版了著作，它们与中国民族民间文艺集成志书在一起，成为民族民间文化的巨大长廊[1]，为此，应提倡民俗学的普及教育。他率领北师大民俗学科举办了多届民俗学讲习班，开办了各种专题讲座，吸收地方文化团体骨干到北师大民俗学专业学习。在他的倡导下，北师大和各地民俗学科增加了对新时期民俗、民间文艺搜集整理运动的参与。

民俗学科教育理念的转型，确保高层专业化教育的制高点，也重视发展民俗学的地方教育、民族教育和普及教育。它产生了三种结果。一是从制度上和学理上，促进实现了民俗学科独立发展的目标。从民俗学科的角度说，承接历史传统和符合现实需求的建设，壮大了民俗学，也巩固和补充了民间文艺学。民俗学科的独立发展，因为具有对现代化社会运行的更大适应性，还进入了国家文化软实力建设，开展跨文化对话，大幅度地提升了研究空间。这也为民间文艺学带来许多新课题，使民俗学与民间文艺学双赢。二是发展民俗学与社会学、历史学、人类学、民族学和语言学的交叉研究。而在与相关学科群的交流与融合中，在带有各自特征的独立学科的同步建设中，民俗

1　钟敬文：《民族传统文艺的巨大作用——在民族传统文艺十套集成志书工作会议上的讲话》，《北京师范大学学报》，1994年第6期，第1–3页。钟敬文：《编纂地方民俗志的意义——〈绍兴百俗图赞〉》，《北京师范大学学报》，1997年第6期，第36–39页。

学科的定义和特征也逐渐明晰。三是在全球化和现代化时期思考民俗学研究的基本问题，包括由传统向现代转型中的民俗学的地位、功能和趋势，民俗学的现代知识体系、民俗学搜集民俗和研究民俗的方法论的启示性等，这些都是十分扎实和具体的专业问题。民俗学科的发展经历了这些步骤，才获得了前所未有的速度和高度。这些改革对国内其他院校的民俗学科建设都具有指导意义。

二、民俗学在学科群建中发展

1990 年以后，钟敬文先生提出将民俗学放到学科群中发展，并很快完成了个人对民俗学理论体系的全面搭建。他的民俗学构想是一个大框架，里面有民俗学、民间文艺学、民间艺术学和民俗文化学，形成一个学科群。钟先生在这方面的著述对国内院校的民俗学科建设产生了深刻的影响。

从民俗学二级学科的建设说，同时从本书所涉及的学科建设情况看，民俗学、民间文艺学和民俗文化学一直联系紧密。在此，需要对一些相关问题略作讨论。

（一）民俗学

在国内院校民俗学科正式成立后，马上面临着拿出民俗学的理论体系和编纂民俗学高校教材的问题。1998 年，钟敬文先生主编并出版了《民俗学概论》[1]，解决了这两个问题。对《民俗学概论》的学术价值，研究的文章已经不少[2]，在此无须多谈，这里仅谈谈另一篇不大容易与之联系起来的钟敬文先生的理论文章，即前面刚刚提到过的《关于民俗学结构体系的设想》[3]。

在《民俗学概论》出版前，1991 年，钟敬文先生发表了这篇文章。这是

1　钟敬文主编：《民俗学概论》，上海：上海文艺出版社，1998。后高教社出版了此书的修订版，参见《民俗学概论》（第二版），北京：高等教育出版社，2010。

2　仅以《民俗学概论》研究为例，参见童庆炳：《高质量、高水平的厚重之作——评钟敬文教授主编的〈民俗学概论〉》，《北京师范大学学报》，1999 年第 6 期，第 34—35 页。

3　钟敬文：《关于民俗学结构体系的设想》，《北京师范大学学报》，1992 年第 2 期，第 2—9 页。关于此文产生的经过，参见该文末的《作者附记》。

他在提出成立民俗学科之后，向高校师生提供的第一份理论系统大纲。同时也是一份教学大纲，他本人就曾使用它在中国民俗学会和北京师范大学民俗学专业做过试讲。

他提出，民俗学的结构分为六方面，包括民俗学原理、民俗史、民俗志、民俗学史、民俗学方法论和民俗资料学。他对这六方面的命名，是对民俗学理论体系内的支柱性观点的搭建，也是他创用的第一批教学科研基本概念。这些核心观点的表述和概念，后来被他用作博士生专业课的名称，如“中国民俗史与民俗学史”，他本人还担任了此课的主讲，曾经连续多年亲自给他指导的博士生授课。这门课现在成为北师大民俗学科博、硕研究生的必修课。其他大部分概念后来被北师大民俗学科的中青年教师用作基础课和学位专业科的课名，如“民俗学原理”、“民俗志”和“现代民俗学田野作业的理论与方法”等，这些概念也成为国内同行使用频率极高的专业术语。

他提出民俗学可按三个分支方向发展，即理论民俗学、历史民俗学和民俗志学（即此文中的“方法及资料的民俗学”）。这种设计，因为被实践证明符合民俗学教学科研的规律，近年来，在北京师范大学和其他一些院校中，已成为民俗学研究生的招生方向和理论研究的新分支。

（二）民间文艺学

钟敬文先生在1936年提出“民间文艺学”的概念，到了1991年，他已更有信心把民间文艺学与民俗学科分开建设。实际上，这时从民俗学的角度看民间文艺学，民间文艺学的独有特征也更加突出。

1991年，许钰在北师大学报专栏上发表文章，题为《民俗学和民间文艺学》。此文的特点是对我国民间文艺学与民俗学的曲折关系做了科学分析。他重申钟先生“我国民间文艺学在‘五四’时期和二三十年代是同民俗学混合在一起的”的观点，不过他也以自己的说法提出了民间文艺学可以在新的历史条件下独立学科化的理由。他说，现在情况不同了，现在“我们认为，只要以各类民间文学为对象，作为一个独立的学科进行学术活动，就属于民间文艺学”。他还在民俗学已经独立之后，将再次提出的民间文艺学独立学科化的效果做了分析，指出："这一分立不涉及民俗学领域的广狭，它是在民俗学之外另辟蹊径，从文艺学着眼，把民间文艺学作为一般文艺学的一个特殊的分支。"[1]

按照许钰所说的这种布局，把民间文艺学划归中国文学理论，但要强调民间文学是文学中的特殊文学，应该进行特殊文艺学的研究。把民俗学划入社会文化理论范畴，朝着新方向发展。而民俗学本身的范围，不管是广义的，包括民间文艺学，还是狭义的，不包括民间文艺学，都是民俗学的问题，它不影响民间文艺学的独立建设。

如果我们将钟敬文先生 1990 年代完成民俗学的理论体系和教材建设后的思想变化纳入进来，再看许钰此文，就会对我们的理解有新的帮助。民俗学科自 1970 年代末到 1990 年代初快速发展，钟敬文先生经过内部观察，又吸收国外同行的学说加以比较，加上分析业已到来的全球化思潮，他发现，两个学科的各自独立发展时机已经成熟。特别是在全球化和现代化时期，它们在现代知识结构、研究对象和未来趋势上，都已彼此不能包办，再将它们混合建设，像 20 世纪二三十年代那样，会对两者都造成束缚。

在民俗学当时已经红火的情况下，钟敬文先生又在考虑把民间文艺学留在中国文学学科内的命运。1996 年在一篇题为《谈谈民间文学在大学中文系课程中的位置》的文章中，他这样描述道："民间文学是民族文化的重要组成部分，也是民间长期传统教育的重要教材，应在中文系课程中开设这门课程。同时，由于它区别于文艺学和作家文学的特征，也不能将之与文艺学、古代文学和现代文学课合并。"[2] 他在这里对民间文艺学区别于其他中文学科的阐述，使用了"民族文化"的概念，这就等于指出，民间文学所拥有的民俗志背景和文化诗学的方法论，是其独立性的依据，而这个概念他以往是很少使用的，现在做了特别的强调。此前他是将民俗与民族文化相提并论的，现在

1　许钰：《民俗学和民间文艺学》，《北京师范大学学报》，1991 年第 2 期，第 14—18 页。

2　钟敬文：《谈谈民间文学在大学中文系课程中的位置》，《北京师范大学学报》，1996 年第 6 期，第 61—65 页。

他也对民间文艺学做如此界定，从实践上说，这是帮助民间文艺学在中文学科中提升排位，也让民间文艺学借民俗学的势。再从他的学科群建设观点看，他反观民俗学科建设的成绩，也对民间文艺学产生了理论表述上的变化。这时他的目光更长远，能更明确地指出，民间文艺学科应该如何设置、如何发展，而不仅是民间文艺学的学理本身应该怎样讨论。

（三）民俗文化学

民俗学与我国其他现代社会文化环境中产生的其他新学科有很多交叉关系，这是一种学科群的概念。在新兴学科群中，民俗学既具独立价值，也往往与其他相邻学科界限不清，为此，在民俗学科的建设中，还有两个问题需要解决：一是如何将民俗学历史价值化，使之呈现本土传统，能在中华民族文化中扎根；二是如何将民俗学社会应用化，使之能对现实社会有用，能在现代中国文化建设中发挥作用。

钟敬文先生早年已有将民俗学与文化学和文化史综合研究的倾向，在民俗学真正获得发展后，他再次引入了文化学。1992年，他发表文章《民俗文化学发凡》，为民俗学量身定做了“民俗文化”的内涵外延，并称这门学问为“民俗文化学”，这对民俗学站稳学科位置是十分重要的。

对“民俗文化学”的性质，连树声在《〈民俗学说苑〉编后记》中指出，它是一门新学问。他将钟先生的毕生学说分为三部分，一是民俗学，二是民间文艺学，三是民俗文化学的新概念和新理论[1]。钟先生本人将“民俗文化学”界定为“是民俗学与文化学相交叉而产生的一门学科”[2]。当然，对民俗文化学的位置和作用，可以有不同的理解，而连树声的理解是符合钟先生本人的初衷的。钟先生在另一篇文章《传统文化随想》中，也曾对民俗文化学的历史价值做了有针对性和有未来目标的阐述[3]。

从新学科上说，民俗文化学的成立，要有自己的对象特点和学科性质，

---

1 连树声：《〈民俗学说苑〉编后记》，《北京师范大学学报》，1994年第6期，第25—27页。

2 钟敬文：《民俗文化学发凡》，《北京师范大学学报》，1992年第5期，第2页。

3 钟敬文：《传统文化随想》，《北京师范大学学报》，1994年第4期，第25—29页。

而在这方面，民俗文化学与民俗学却没有实质性的区别[1]。所以，民俗文化学的成立，给了民俗学一种理论延伸和方法支撑。它使民俗学能从文化现象的角度分析民俗，能用文化分层的方法，划分民俗事象。它还能使民俗学接受以往所不接受的部分研究对象，如在上层文化中的民俗、手工技术文化中的民俗等，扩大自己的研究范围。有了文化这个大平台，民俗学的发展就活了，路子就宽了。如此我们也好理解钟先生的另一句话："民族文化的涵盖面当然大于民俗文化。"[2]他还有一篇文章《五十年来民间传承文化研究的新收获》，讨论了在学科群中，民俗学既保持特色又开展跨学科研究和综合性研究的可能性[3]。

总之，钟敬文先生提出的民俗文化学，放在他的民俗学大框架内，才能产生学理上的合理性。有了民俗文化学，民俗学就能从其依赖的文化制度和文化政策上，突破不少禁区，达到以往民俗学研究的死角。只要承认文化的民俗学是一门科学，就可以把这类民俗作为文化现象重新加以解释，对从前讳谈的"迷信"、"落后"、"民间宗教"等问题，现在都可以从文化的角度去研究。民俗学还可以关注一些具有深厚传统的文化事象的现实活动，把死学问做得鲜活。从文化学的视角切入，民俗学能够介入国家民族整体文化的分层研究和交叉研究，从中下层文化的层面，可以从容地进行资料重构、个案描述和理论颠覆。现在我们看钟先生在《民俗文化学》中所讲的"民俗文化与其他社会科学的关系"就很受用[4]。

钟敬文先生对民俗学通过民俗文化学加强现实社会意义的论述，最精彩的，是在该文的"民俗文化学的效用"一节中，他说："民俗文化学的效应，概括地讲，有两方面：一是保存现有的民俗遗产。……二是研究民俗、认识国情（包括广大民间文化和民众心理在内），以利脚踏实地参与现实改革。"[5]现

1　钟敬文：《民俗文化学发凡》，《北京师范大学学报》，1992 年第 5 期，第 3—5 页。

2　钟敬文：《民俗文化学发凡》，《北京师范大学学报》，1992 年第 5 期，第 5 页。

3　钟敬文：《五十年来民间传承文化研究的新收获》，《北京师范大学学报》，1999 年第 6 期，第 5—9 页。

4　钟敬文：《民俗文化学发凡》，《北京师范大学学报》，1992 年第 5 期，第 6—7 页。

5　同上，第 11—12 页。

在我们应该更能够理解他的用意。这样一来，在人文社科类的学科群中，民俗学就能通过民俗文化学，产生应有的社会效能，我们对民俗学的建设迫切性的关心，也会大于追问民俗文化学的学理本身。民俗文化学的出现使民俗学成了我国人文社科学科群中的很有弹性的学科。

三、民俗学科建设调研的目标、方法与过程

经国务院学位办委托，本次工作由北京师范大学牵头进行，我本人忝任负责人，组织同仁共同奋战。我们在工作中体会到，14 年来，国内院校的民俗学科建设在上述理论系统和整体工作框架内进行，取得了长足的进步。但是，民俗学科也遇到了发展中的问题，如在现代化和全球化条件下产生的民俗文化整体研究和跨文化交流的倾向，使民俗学与艺术学、对外汉语教学、文化遗产学和旅游学等活泼地交叉，但这样一来，民俗学未免帽大体小，急需发展新的研究分支来补充。此外，民俗学和民间文艺学一直在研究生层面上招生，与越来越宽泛的本科生报考需求形成不适应，很多问题在同行中是不言而喻的，但如果需要比较准确地说出瓶颈究竟在哪里，学科教育的缺口到了什么程度，大家又心中无数，因此需要开展调查。

刘魁立先生在近年主持中国民俗学会工作期间，已对国内院校民俗学和民间文艺学的学科点设置做过资料搜集[1]，这是十分必要的工作。本次调查的重点，主要是充分考虑教育部学科体制下的新一轮民俗学科编目的要求，同时要考虑

---

1 2009 年刘魁立先生任中国民俗学会会长期间，曾在会内组织人力调查并撰写《高校和科研院所部分民俗学专业和教学点分布状况》，据此资料，“目前我国有 54 所高校与研究机构有招收民俗学（民间文艺学）的硕士点和博士点〔或方向〕，其中 17 所高校与研究机构设有民俗学（民间文艺学）博士点〔或方向〕，37 所高校设有硕士点”。资料来源为“中国民俗学网、教育部学位管理与研究生教育司〔国务院学位委员会办公室〕和相关高校研究生院网站”。此报告还注明“清华大学、华东理工大学、华中科技大学、兰州大学、南开大学、厦门大学、中国农业大学、中南大学等几所大学有民俗学硕士点或社会学下的民俗学方向，但没有在这些高校的研究生招生简章中查到”。刘先生曾托同事用电子邮件将此报告转我，PDF 文件，6 页。此报告所提供信息除了网站，似与中国民俗学会与高校相联系的工作有关，尚未及按照有关部委学科建设体制进行网络信息分类，对民俗学科的实际建设状况也有待调查。但这份资料作为中国民俗学会首例进行的民俗学科建设调查的眼光和意义是不容忽略。

至少未来五年内民俗学科规划建设的需求。本书希望符合要求与需求两者。

以下简述本次工作的目标和依据、过程和方法。

（一）目标和依据

本次工作的目标，依据2011年国务院学位委员会第二十八次会议的有关决议文件精神确定，包括《学位授予和人才培养学科目录设置与管理办法》、《学位授予和人才培养学科目录（2011年）》和《授予博士、硕士学位和培养研究生的二级学科目录》等。本次目标有二[1]。

理论目标。通过民俗学二级学科的改革与建设，推动人才培养与社会发展的适应性，做到有利于学科交叉，有利于创新人才培养，也有利于我国高校民俗学科特色的形成。

实践目标。规范民俗学科的统计口径，为国家开展人才培养统计工作提供依据，为学位授予单位开展人才培养工作提供参考。在具备条件的前提下，也辅助有关学位授予单位和科研管理部门做好民间文艺学二级学科的设置工作，适应我国社会文化发展对民俗学和民间文艺学人才的需求。

（二）思路和方法

思路。根据上述国务院学位办有关文件，考虑民俗学和民间文艺学学科建设的历史和规划工作的特点，确定本次将民俗学与民间文艺学的学科建设共同调查[2]。民俗学和民间文艺学，与所属一级学科下的其他二级学科相比，有相近的理论基础，可针对所属一级学科的研究对象的不同方面，阐述自身相对独立的专业知识体系，描述已形成的研究方向，以及社会对该方向的培养人才是否有一定规模的需求。

1　2011年国务院学位委员会第二十八次会议的有关决议文件，参见国务院学位办《关于委托学科评议组编制〈授予博士、硕士学位和培养研究生的二级学科目录〉的函》，学位办〔2011〕26号，以及相关附件，2011年4月22日。本序言所写目标是与文件目标一致的，在此前提下，对民俗学科现状的调研，针对这项工作总体目标和各调研单位工作的具体需要，对文件的表述略作调整。

2　国务院学位办《学位授予和人才培养学科目录设置与管理办法》，学位办〔2011〕26号，2011年4月22日。

方法。在民俗学和民间文艺学两个二级学科内，对国家政府管理部门正式公布的数据与国内院校的调研资料，双线搜集资料。在对搜集资料的描述分析上，要求尽量符合国家规定的二级学科设置基本条件；要说明学科建制、相关研究方向的内涵、博士生和硕士生的培养工作与用人单位反馈。要阐述二级学科建设的继承性、适应性和前瞻性，以及与一级学科建设的关系。

（三）过程和步骤

自2011年暑假至今，我们邀请了国内985、211、国家重点学科和教育部人文社科重点研究基地院校的民俗学和民间文艺学的学科带头人和地方院校同行的负责人，组成工作小组，先草拟民俗学编目修改框架的草稿，广泛听取意见，再同步开展全面调查，修改民俗学科编目总体意见，最后汇集资料成书。共分三个步骤进行。

第一，工作小组的前期工作。2011年8月上旬，组建工作小组。小组会以在京院校为主，吸收地方院校同行参加，成员有：董晓萍、朝戈金、黄涛、高丙中、万建中、萧放、陈岗龙、陈连山、热依拉·达吾提。我们也征求了与民俗学和民间文艺相关领域的部分专家的意见，邀请了相关领域中的艺术学、外国文学（以东方文学为主）和对外汉语教学的专家到场。小组初步完成民俗学二级学科简介和编制民俗学（含民间文艺学）二级学科研究方向（含招生方向）目录的草稿，所涉及的主要问题有：民俗学（含民间文艺学）二级学科的定位，民俗学（含民间文艺学）在中下层文化和民间文学研究与学科建设上的传统优势，民俗学（含民间文艺学）在社会学和中国语言文学下的多种学科群中发展的前景，民俗学（含民间文艺学）在国家当代社会文化建设中的作用等。小组成员还结合本单位实际，同时就所了解的国内同行民俗学科建设信息，开展民俗学科多元模式建设的讨论，重点听取了北京师范大学、北京大学、中国社会科学院、新疆大学和温州大学的学科建设报告。这些报告经过修改后，形成专题论文，在《温州大学学报》发表[1]。

---

1 《温州大学学报》于2011年10月发表了这批文章，参见本书《附录二》。

第二，个案研讨会。2011 年 8 月下旬至 10 月，温州大学社会学、民俗学研究所，与编目小组合作，召开学科建设个案的学术研讨会。与此同时，民俗学二级学科编目草稿广泛征求反馈意见，回到工作小组内讨论，主要是论证学科建设中的一些理论问题和学科群的关系问题。在专家意见达到基本一致后，初步确定一份《民俗学二级学科目录》（初稿），送交社会学一级学科评议组，由社会学组向国务院学位办提交。

第三，全面调研与总结。2011 年 10 月至 2012 年 2 月，我们组织国内院校同行开展调研和撰写学科发展状况报告。调研的对象，分布国内华北、华南、华中、西北、西南和东北各地区，包括 985、211 和一般院校。调研的时段，大体自 1997 年至今，但也根据各单位的学科建设的历史与现状自主选择。调研的内容，以学科建制、教学科研、人才培养、研究成果、学术活动和国际交流为大体框架，同时也充分考虑民俗学科重视地方性、民族性的特点，以及一些院校在体制改革中与其他二级学科群共同发展的情况。共有 33 个院校的 35 个单位自愿参加了这次调查，本书的主体部分由这些调研报告构成。

四、民俗学与民间文艺学的整体推进与在学科群中的位置

本书所提供的民俗学二级学科建设报告，如上所述，是国家政府有关管理部门正式公布数据与国内院校调研资料的综合结果。全面了解这批资料，能帮助我们了解国内院校民俗学与民间文艺学的整体现状，帮助科研管理单位和学科群建设评估部门倾听来自民俗学和民间文艺学教学科研第一线的教师团队的声音，也能够促进业内同行的学术交流。

我们对三种数据做了搜集整理，一是国务院学位办公布的近三年学科建设统计数据，二是 2008 年至 2010 年国内百所院校研究生院上网公布的民俗学和民间文艺学专业招生数据。三是本次 35 个调研单位提供的实际学科建设数据。通过这些数据和数据分析，可以呈现 14 年来民俗学科按照学位体制运行的综合结果。它们所传达的信息，在全国层面上，对我们估价民俗学和民间文艺学学科的建设的进境，会有整体性。它们还对我们从各单位各自的角

度出发，观察自己在周围学科群中的位置，提供了另一种参考。我们不能说不需要这种框架去处理学科的独立发展与学科群的关系，我们需要展望民俗学的学科建设与我国高等教育改革前进的整体关系。

（一）数据统计与初步分析

1. 国务院学位办公布二级学科近三年发展数据统计[1]

表 1　社会学一级学科下各二级学科近三年发展数据统计表（2008–2010）[2]

学科名称	博士学位授予单位	授予博士学位人数			授予硕士学位人数		
		2010 年	2009 年	2008 年	2010 年	2009 年	2008 年
社会学	19	147	157	128	1300	1201	1143
人口学	17	30	25	13	145	124	127
人类学	16	37	39	32	141	76	76
民俗学（含中国民间文学）	16	10	16	13	231	190	197

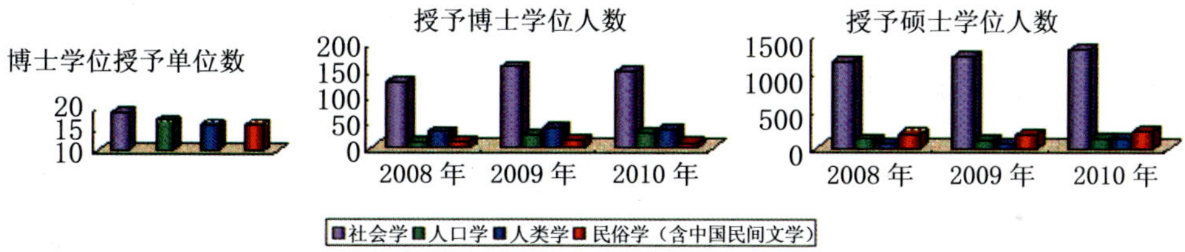

表 2　民俗学二级学科在社会学一级学科下近三年发展数据比较表（2008–2010）[3]

学科名称	博士学位授予单位数	授予博士学位人数			授予硕士学位人数		
		2010 年	2009 年	2008 年	2010 年	2009 年	2008 年
社会学	19	147	157	128	1300	1201	1143
民俗学（含中国民间文学）	16	10	16	13	231	190	197

1　本标题下所整理的表1至表5，数据来源皆参见国务院学位办〔2011〕26号附件五《各二级学科近三年学位授予情况统计表》，学位办〔2011〕26号，2011年4月22日。此5表的柱形图由赖彦斌编绘。各表的具体出处页码将在后面随表附出。

2　数据来源：国务院学位办〔2011〕26 号附件五《各二级学科近三年学位授予情况统计表》，学位办〔2011〕26 号，2011 年 4 月 22 日，第 84 页。

3　数据来源：国务院学位办〔2011〕26 号附件五《各二级学科近三年学位授予情况统计表》，学位办〔2011〕26 号，2011 年 4 月 22 日，第 84 页。

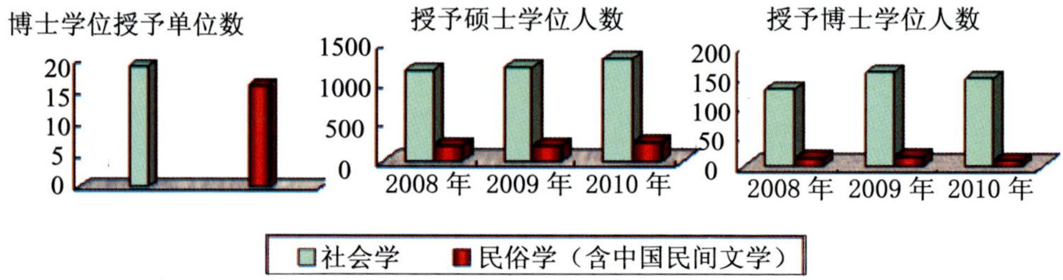

表 3　中国民间文学自设二级学科在中国语言文学一级学科下发展数据表（2008—2010）[1]

学科名称	博士学位授予单位	授予博士学位人数			授予硕士学位人数		
		2010 年	2009 年	2008 年	2010 年	2009 年	2008 年
文艺学	55	172	174	211	1203	1174	1066
汉语言文字学	54	153	148	166	1502	1353	1328
中国古代文学	56	229	219	265	1978	1775	1597
比较文学与世界文学	55	100	96	103	937	782	771
中国民间文学	0	5	0	3	6	0	2

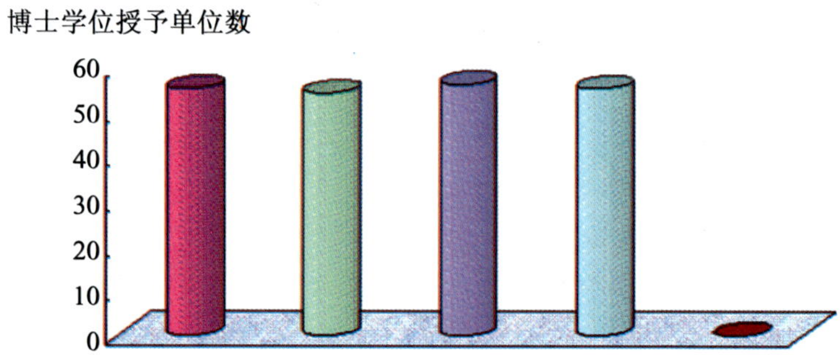

1　数据来源：国务院学位办〔2011〕26 号附件五《各二级学科近三年学位授予情况统计表》，学位办〔2011〕26 号，2011 年 4 月 22 日，第 86 页。

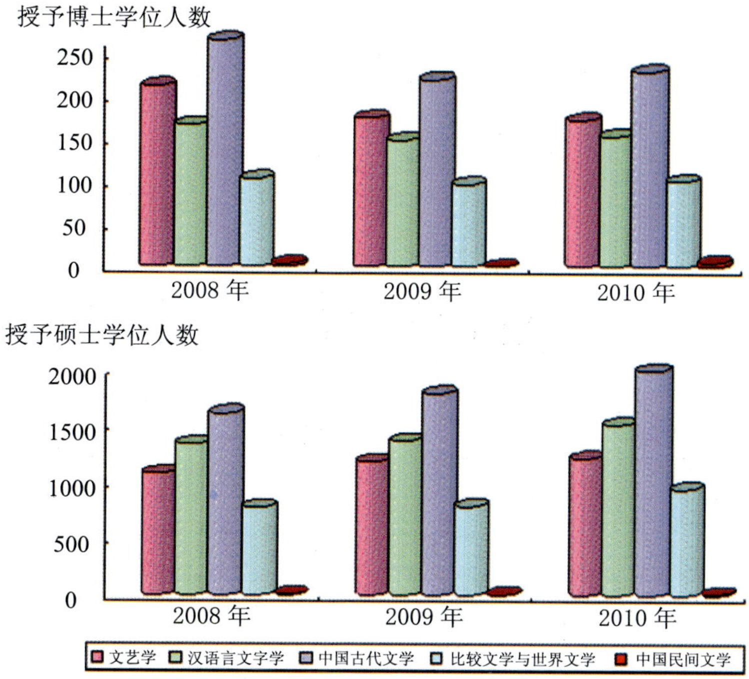

表 4　中国民间文学与社会学发展数据比较表（2008—2010）[1]

学科名称	博士学位授予单位数	授予博士学位人数			授予硕士学位人数		
		2010 年	2009 年	2008 年	2010 年	2009 年	2008 年
社会学	19	147	157	128	1300	1201	1143
中国民间文学	0	5	0	3	6	0	2

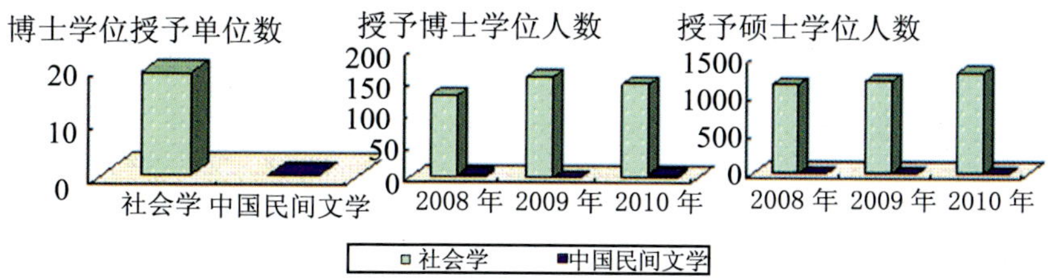

1　数据来源：国务院学位办〔2011〕26 号附件五《各二级学科近三年学位授予情况统计表》，学位办〔2011〕26 号，2011 年 4 月 22 日，第 84、86 页。

表 5　民俗学二级学科与中国民间文学自主二级学科近三年发展数据比较表（2008—2010）[1]

学科名称	博士学位授予单位数	授予博士学位人数			授予硕士学位人数		
		2010 年	2009 年	2008 年	2010 年	2009 年	2008 年
民俗学（含民间文学）	16	10	16	13	231	190	197
中国民间文学	0	5	0	3	6	0	2

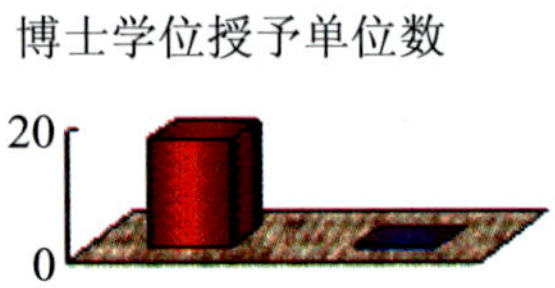

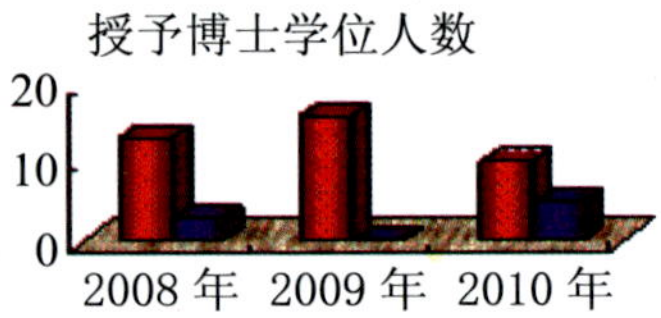

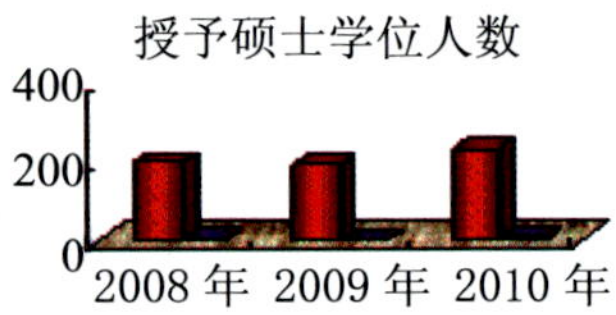

结合我们的实际调查资料分析表 1 至表 5 的数据发现，这批民俗学和民间文学专业的发展数据来源，主要由民俗学和中国民间文学的直接对口单位提供。另外，也有些专业在民俗学和民间文学的方向上招生和培养研究生，但由于所属一级学科为其他相邻学科，如社会学、人类学和民族学等，故等于向其他学科提交了发展数据。

2. 国内百所院校研究生院公布的民俗学和民间文艺学专业招生数据统计[2]

我们搜集使用的第二批数据，是 2008 年至 2010 年国内百所院校研究生院网上公布的民俗学和民间文艺学专业招生数据。考虑到按学科体制上报政府管理部门的数据与学科实际运作情况有一定差距，本次在统计数据时，还考虑以下两种情况：一是民俗学和民间文学专业在其他一级学科目录下招生和进行成果归类，现在需要考虑重新统计；二是某些院校在体制改革的探索中，将民俗学和民间文学专业与其他学科联合共建，而据我们所知，这批师资实际也在民俗学圈内。根据这些具体情况，这一批数据统计，包括以民俗学和民间文学为直接对口招生的院校数据，在其他学科群中使用民俗学教材

1　数据来源：国务院学位办〔2011〕26 号附件五《各二级学科近三年学位授予情况统计表》，学位办〔2011〕26 号，2011 年 4 月 22 日，第 84、86 页。

2　作者指导的博士生毕传龙、硕士生王文超和江颖斐同学协助进行国内百所院校研究生院公布的民俗学和民间文艺学专业招生数据统计的工作。作者承担数据调查方案设计和数据的描述性分析工作。毕传龙同学负责编制本部分柱形图的初稿，后由赖彦斌做了美工加工，谨此说明并致谢。

作参考书目，与开列同民俗学（含民间文艺学）范畴交叉的考试科目的单位的数据。这种统计数据，可以贯彻国务院学位办发布的“宜宽不宜窄”的原则，对民俗学（含民间文艺学）的发展数据做充分统计，也能为民俗学业内开展进一步调查提供一种较为宽口的释例。

（1）在社会学等不同学科群中民俗学和民间文学二级学科研招单位数量统计(2008—2010)

表6　社会学一级学科下的民俗学、民间文艺学、民间文学和文化遗产学研招单位数量统计（2008—2010）

二级学科	民俗学	民间文艺学	中国民间文学	文化遗产学
总计	28	8	7	8

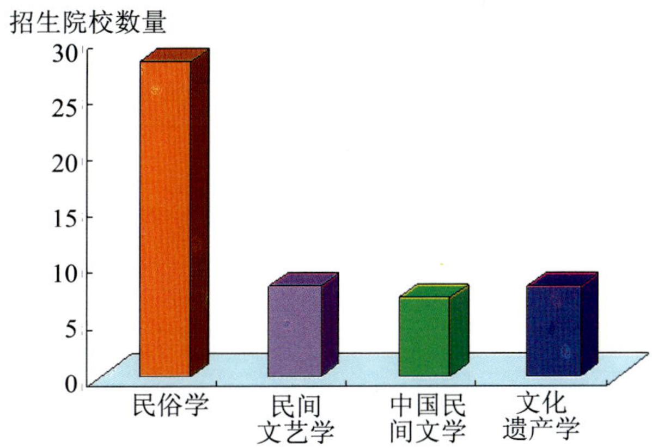

图1　社会学一级学科下的民俗学、民间文艺学、民间文学和文化遗产学二级学科招生单位数量统计（2008—2010）

表7　中国语言文学一级学科下的民俗学、民间文艺学、民间文学和文化遗产学研招单位数量统计（2008—2010）

二级学科	民俗学	民间文艺学	中国民间文学	文化遗产学
总计	10	2	18	1

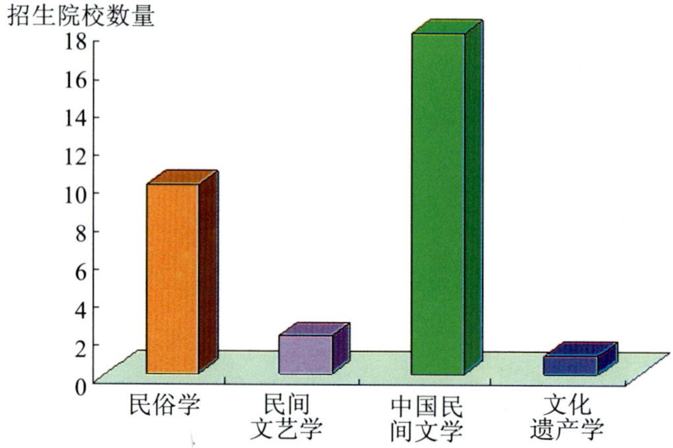

图 2　中国语言文学一级学科下的民俗学、民间文艺学、民间文学和文化遗产学研招生单位数量统计（2008—2010）

表 8　外国语言文学一级学科下的民俗学、民间文艺学、民间文学和文化遗产学研招单位数量统计（2008—2010）

二级学科	民俗学	民间文艺学	中国民间文学	文化遗产学
招生院校			北京大学	
总计	0	0	1	0

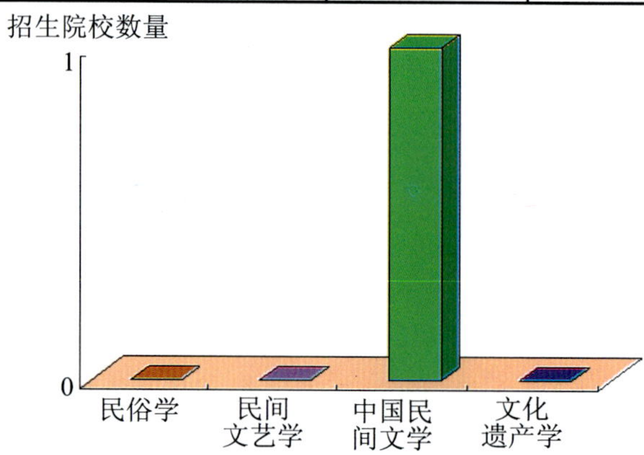

图 3　外国语言文学一级学科下的民俗学、民间文艺学、民间文学和文化遗产学二级学科招生单位数量统计（2008—2010）

表 9　艺术学一级学科下的民俗学、民间文艺学、民间文学和
文化遗产学招生单位数量统计（2008—2010）

二级学科	民俗学	民间文艺学	中国民间文学	文化遗产学
总计	4	1	0	1

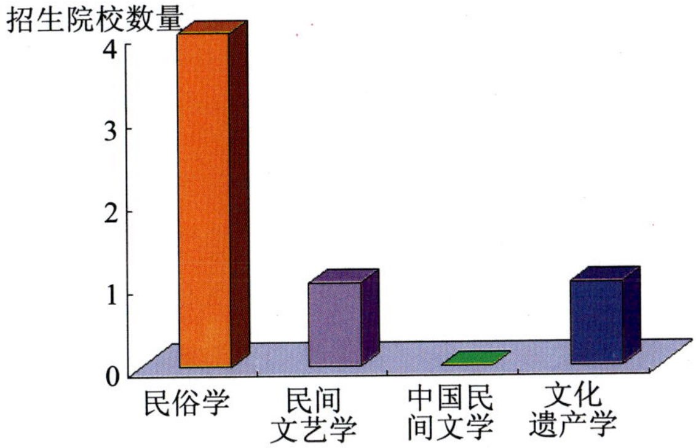

图 4　艺术学一级学科下的民俗学、民间文艺学、民间文学和
文化遗产学二级学科招生单位数量统计（2008—2010）

表 10　民族学一级学科下的民俗学、民间文艺学、民间文学和
文化遗产学二级学科招生单位数量统计（2008—2010）

二级学科	民俗学	民间文艺学	中国民间文学	文化遗产学
总计	4	0	2	3

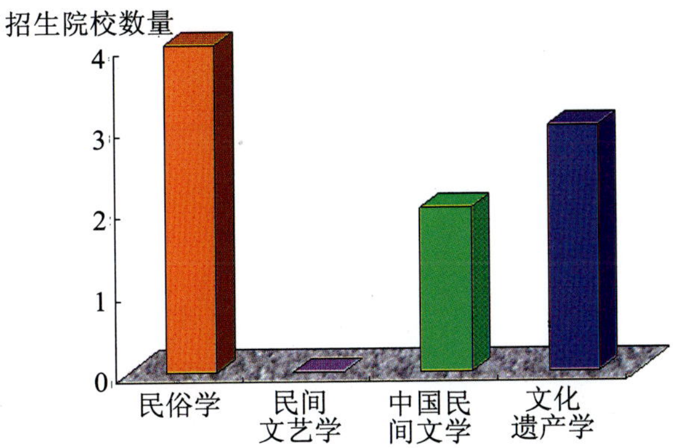

图 5　民族学一级学科下的民俗学、民间文艺学、民间文学和
文化遗产学二级学科招生单位数量统计（2008—2010）

（2）在社会学等不同学科群中民俗学和民间文学研招师资数量统计（2008–2010）

表 11 社会学一级学科下的民俗学、民间文艺学、民间文学和文化遗产学研招师资数量统计（2008–2010）

二级学科	民俗学	民间文艺学	中国民间文学	文化遗产学
招生教师数量	30	3	5	5
总计	43			

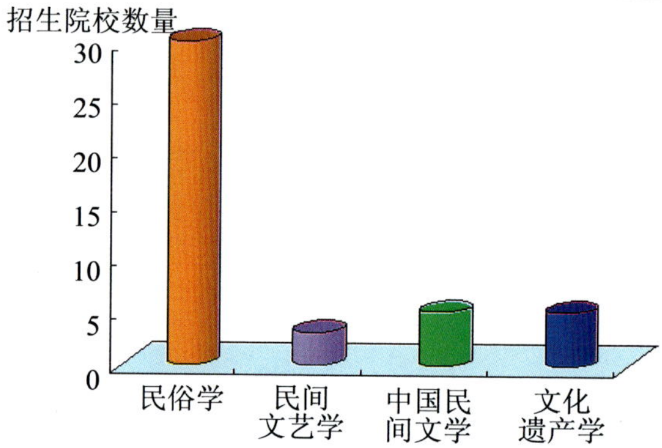

图 6 社会学等不同学科中的民俗学、民间文艺学、民间文学和文化遗产学研招师资数量统计（2008—2010）

表 12 中国语言文学一级学科下的民俗学、民间文艺学、民间文学和文化遗产学研招师资数量统计（2008–2010）

二级学科	民俗学	民间文艺学	中国民间文学	文化遗产学
招生教师数量	16	5	29	2
总计	52			

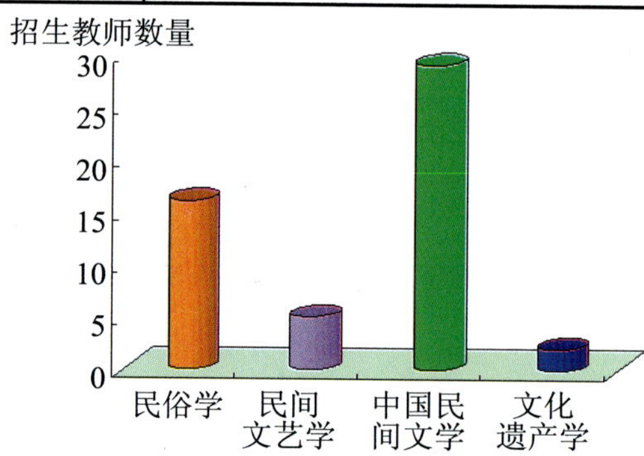

图 7 中国语言文学一级学科下的民俗学、民间文艺学、民间文学和文化遗产学研招师资数量统计（2008—2010）

表 17 中国语言文学一级学科下民俗学、民间文艺学、民间文学和文化遗产学研究生招生数量统计（2008—2010）

二级学科	民俗学	民间文艺学	中国民间文学	文化遗产学
招生学生数量	18	7	174	0
总计	199			

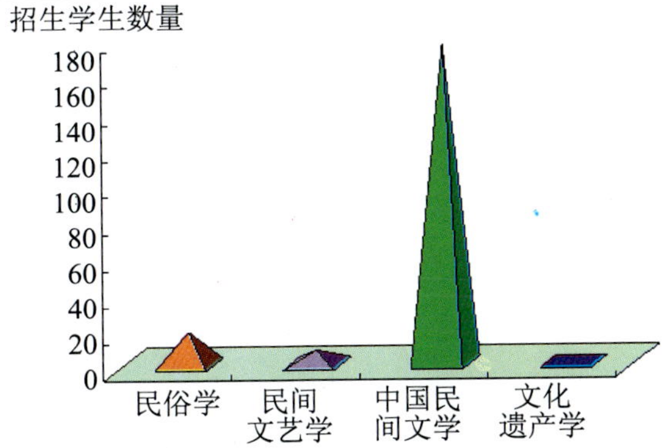

图 12　中国语言文学一级学科下的民俗学、民间文艺学、民间文学和文化遗产学研究生招生数量统计（2008—2010）

表 18 外国语言文学一级学科下民俗学、民间文艺学、民间文学和文化遗产学研究生招生数量统计（2008—2010）

二级学科	民俗学	民间文艺学	中国民间文学	文化遗产学
招生学生数量	0	0	3	0
总计	3			

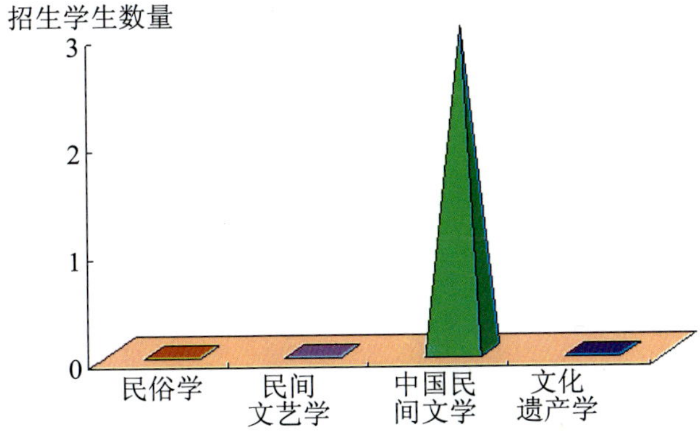

图 13　外国语言文学一级学科下的民俗学、民间文艺学、民间文学和文化遗产学研究生招生数量统计（2008—2010）

表 19　艺术学一级学科下民俗学、民间文艺学、民间文学和文化遗产学研究生招生数量统计（2008—2010）

二级学科	民俗学	民间文艺学	中国民间文学	文化遗产学
招生学生数量	20			2
总计	22			

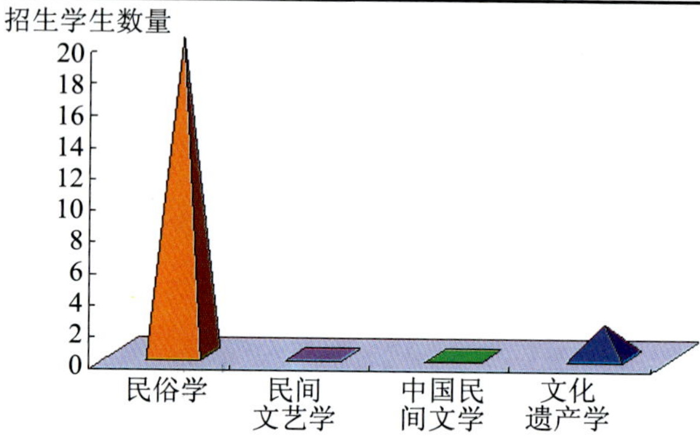

图 14　艺术学一级学科下民俗学、民间文艺学、民间文学和文化遗产学研究生招生数量统计（2008—2010）

表 20　民族学一级学科下的民俗学、民间文艺学、民间文学和文化遗产学研究生招生数量统计（2008—2010）

二级学科	民俗学	民间文艺学	中国民间文学	文化遗产学
招生学生数量	8	0	7	8
总计	23			

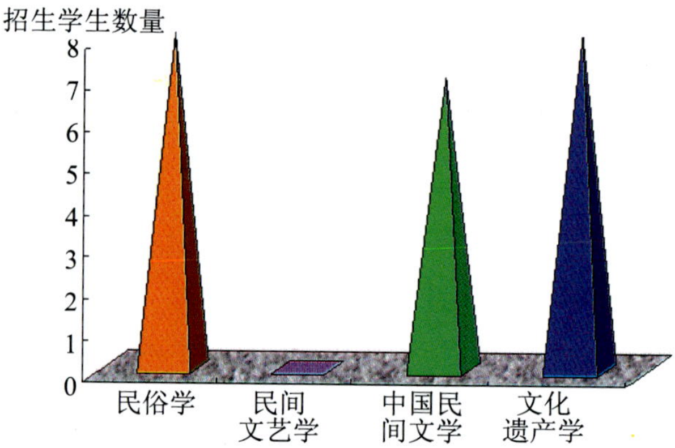

图 15　民族学一级学科下的民俗学、民间文艺学、民间文学和文化遗产学研究生招生数量统计（2008—2010）

(4）分类统计

表 21　各一级学科下民俗学招生单位、师资和招生数量统计（2008—2010）

	一级学科名称	招生单位数	师资数		学生数	
			博导	硕导	博士生	硕士生
1	社会学	51	11	18	4	165
2	中国语言文学	31	6	8	29	0
3	外国语言文学	1	0	0	3	0
4	艺术学	6	1	3	0	22
5	民族学	9	0	4	1	22
总计	5	98	18	33	37	209

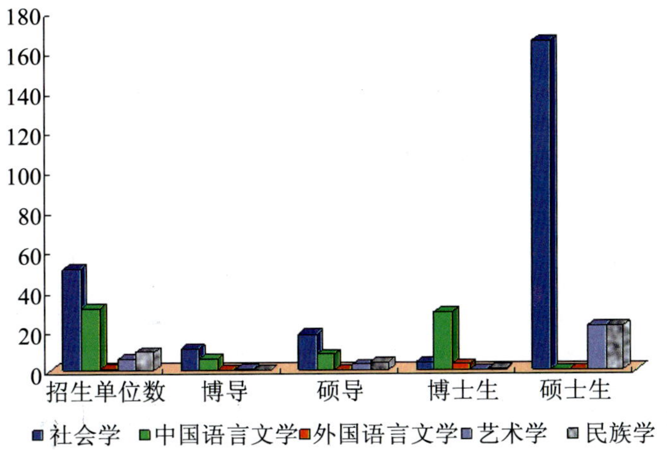

图 16　各一级学科下民俗学招生单位、师资和招生人数统计（2008—2010）

表 22　民俗学二级学科研究生招生单位、师资与招生数量统计（2008—2010）

招生单位数	师资数		招生数	
	硕导	博导	硕士生	博士生
27	25	10	119	3

表 23　中国民间文学（含少数民族民间文学）二级学科招生单位、师资与招生数量统计（2008—2010）

招生单位数	师资数		招生数	
	硕导	博导	硕士生	博士生
13	18	11	144	18

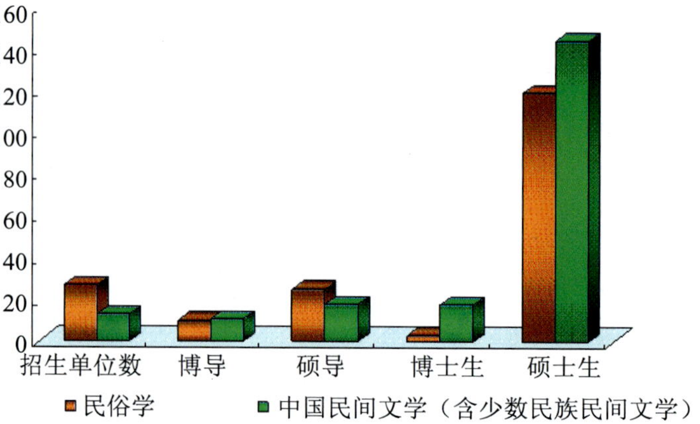

图 17　民俗学和中国民间文学（含少数民间文学）二级学科招生单位、师资与招生数的综合统计（2008—2010）

表 24　国内院校民俗学和中国民间文学研招院校前 10 名统计总表（2008—2010）

序号	招生院校	师资数			招生数		
		合计	博导	硕导	合计	博士生	硕士生
1	北京师范大学	14	5	9	16	5	11
2	中山大学	6	3	3	0	0	0
3	西北民族大学	4	4	0	10	0	10
4	中央民族大学	4	2	2	5	0	5
5	中国社会科学院	4	2	2	2	0	2
6	华东师范大学	2	1	1	4	0	4
7	山西师范大学	0	0	0	15	0	15
8	山东大学	0	0	0	14	0	14
9	辽宁大学	0	0	0	14	0	14
10	广西师范大学	0	0	0	8	0	8

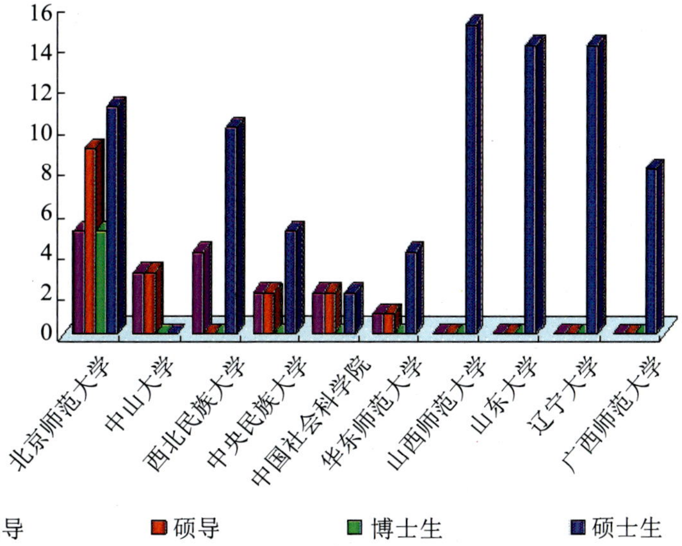

图 18 国内院校民俗学和中国民间文学研招院校前 10 名统计总表（2008—2010）

3．本次 35 个调研单位提供的学科建设数据与分析

（1）在三个一级学科下建设民俗学科

表 25 调研校院民俗学科建制统计表

调研院校单位	所属一级学科		
	社会学	中国语言文学	外国语言文学
35	14	17	1
	两属：3		

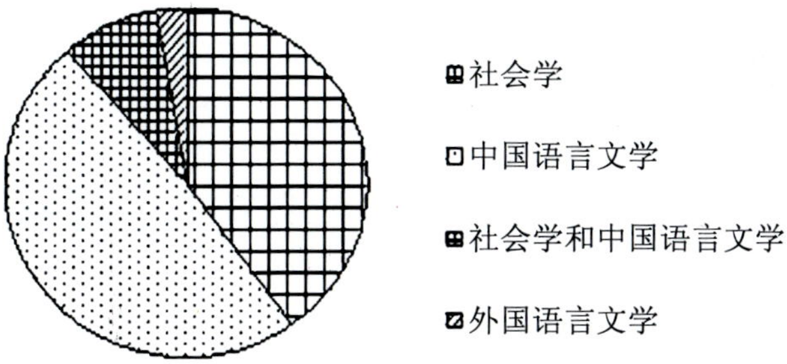

图 19 调研校院民俗学科建制示意图

在提供调研报告的 35 个单位中，民俗学分属三个一级学科。其中，在社

会学一级学科下建设民俗学的，有 14 个单位，占 40%，；在中国语言文学一级学科建设民间文艺学的，有 17 个单位，占 48.6%；在社会学和中国语言文学两个一级学科下建设民俗学（含民间文艺学）的，有 3 个单位，占 8.5%；在外国语言文学一级学科下建设民俗学（含民间文艺学）的，有 1 个单位，占 2.9%。从一级学科归属看，民俗学（含民间文艺学）在中国语言文学一级学科内建设的单位，在数量上仍占优势，这与新中国成立后 60 年高校中文系的民间文艺学体制建设较为完善有关，也反映了民俗学与民间文艺学混合发展的历史基础。民俗学在社会学一级学科下建设的单位，仅 14 年，但在比例上，紧追中国语言文学一级学科，这能体现民俗学的实证研究可以脱离文学范畴，并适合在人文社科群中找到自己的施展空间。

①在社会学一级学科下建设民俗学科

这些院校包括：北京大学社会学系、中国人民大学、复旦大学、武汉大学、中国社会科学院民族文学研究所、中央民族大学、上海大学、云南大学、中南大学、安徽大学、内蒙古师范大学和赣南师范学院。

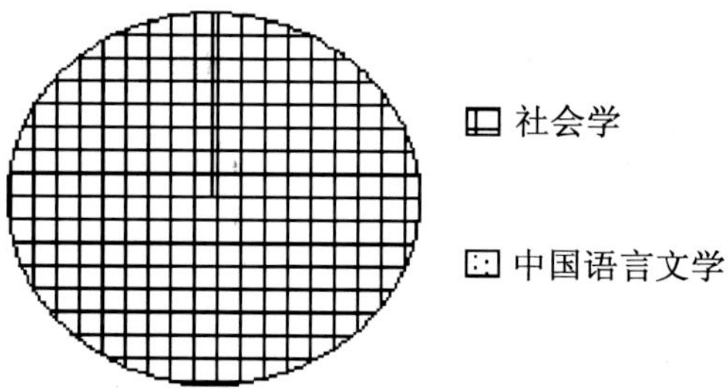

图 20　在社会学一级学科下建设民俗学科院校示意图

在社会学一级学科下建设民俗学科的院校，从体制上说，分三种情况。一种是院校内原有社会学专业中，开设民俗学，增加社会学的二级学科群，如北京大学社会学系、中国人民大学、上海大学、中南大学和安徽大学。一种是在 1997 年国务院学位办学科目录调整后，在本院校的相近学科基础上，扩大建设社会学，如云南大学、内蒙古师范大学和赣南师范学院。一种是按照国务院学位办的调整部署，将原属中国语言文学下的民俗学二级学科，调整归并社会学科进行建设，如复旦大学、武汉大学、中国社会科学院民族文学研究所和中央民族大学。

②在中国语言文学一级学科下建设民俗学科

这些院校包括：北京大学中文系、中山大学、中国社会科学院文学研究所、新疆大学、河南大学、辽宁大学、温州大学、烟台大学、山西大学、华中师范大学、青海师范大学、新疆师范大学、广西师范大学、山西师范大学、广西民族大学、北京语言大学和北京外国语大学。

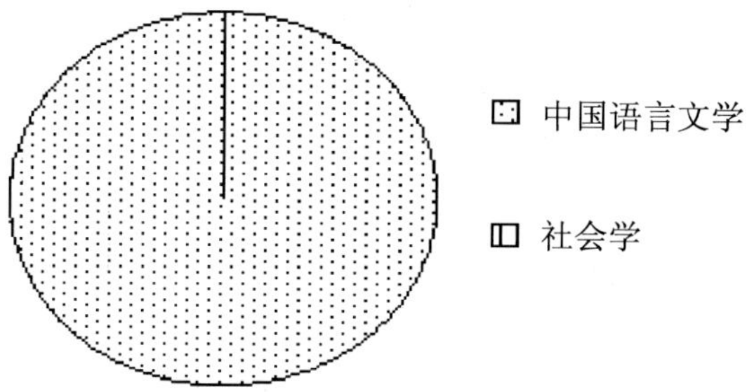

图 21　在中国语言文学一级学科下建设民俗学科建制示意图

在中国语言一级学科下建设民间文艺学（含民俗学）的院校，有四个特点。一是在师范院校系列中，拥有较强的民间文艺学建设的历史基础，如华中师范大学、青海师范大学、新疆师范大学、广西师范大学和山西师范大学。二是本单位已有民间文艺学（或中国民间文学）专业，又吸收民俗学理论与方法，扩大民间文艺学的空间范围，发展自身与中国文学学科和而不同的学科特色，如北京大学中文系、中国社会科学院文学研究所、中山大学、新疆大学、河南大学和辽宁大学等。三是在中文学科内，原有一定的民俗学工作基础，在 1997 年国务院学位办学科目录调整后，将民间文艺学（含民俗学）作为新兴学科和重中之重学科，加强学科投入和团队建设，如温州大学和山西大学。四是民俗学与国际汉语教育结合，在对外汉语教学中，发展了民俗学教学，如北京语言大学和北京外国语大学。这项工作引起各国来华留学生的极大兴趣，选课人数多，影响面大，给民俗学科的发展带来了新气象。

③在社会学和中国语言文学两个一级学科下建设民俗学科

这些院校包括：北京师范大学、华东师范大学、西北民族大学。

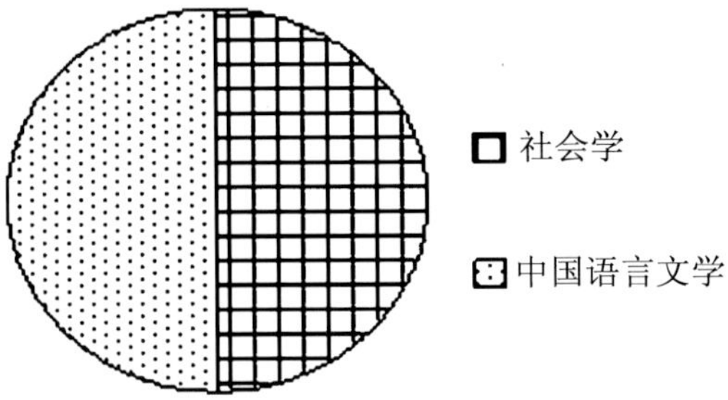

图 22　在社会学和中国语言文学两个一级学科下建设民俗学科示意图

这类院校占 8.5%。它们在社会学和中国语言文学两个一级学科下同时发展民俗学（含民间文艺学），将民俗学科体制两属，同时吸收两个一级学科的建设资源，发展稳健，能形成自己的二级学科群，民俗学的发展空间较大，这类院校得益于历史传统、学术实力、教学资源和体制宽松等综合因素。另外，山东大学和浙江师范大学，曾先后在中国语言文学和社会学两个一级学科下建设民俗学，体制分期明显，学科带头人连续开拓，结果也带动了学科建设。

④在外国语言文学一级学科下建设民俗学科

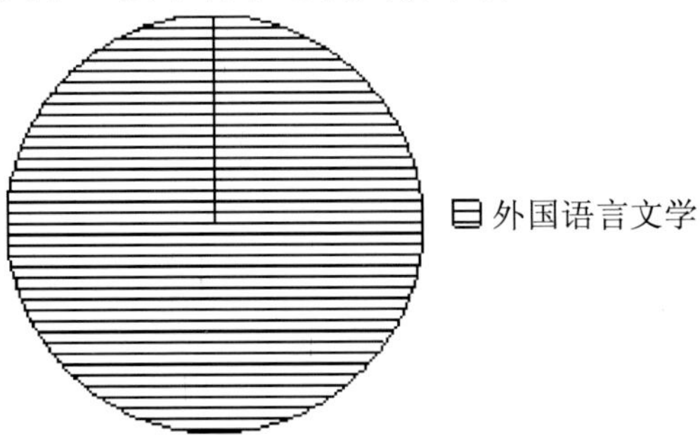

图 23　北京大学外国语学院民俗学科建制示意图

在外国语言文学一级学科内发展民俗学科，现仅有北京大学外国语学院亚非文学系东方文学专业。在该专业内，民俗学科（含民间文艺学）的发展，对在东方文学领域内建设比较民俗学和比较民间文学，产生了补充理论和方法论的意义。

（2）在民俗学二级学科中的学术机构建设

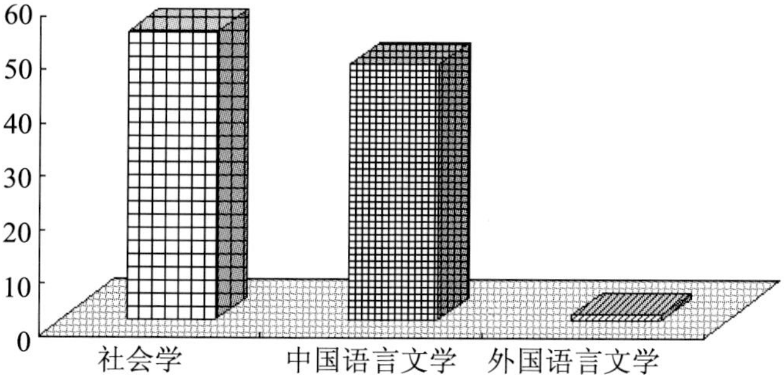

图 24　调研院校在民俗学二级学科内设置机构示意图

我们还搜集了另一批数据，即在民俗学（含民间文艺学）二级学科内，各院校设置研究机构的数量，及其研究方向的发展状况。分析这批数据可见，社会学一级学科下的民俗学二级学科研究机构最为活跃，有 54 个，占 52%。这些机构的扩展速度快，社会应用性强，显示了民俗学在社会学领域发展的适应性。在这中间，还有一些是国际合作科研机构，展示了这些院校民俗学研究的一定国际影响。

中国语言文学一级学科下的民俗学二级学科机构，有 48 个，占 47%。这些机构不仅拥有历史基础，也有新特点，如增设了网站、民间文学多媒体资料馆和田野调查基地等，开通了人才培养和社会服务的新渠道。

北京大学外国语言文学一级学科下的民俗学二级学科研究机构，依托北京大学东方文学教育部人文社科重点研究基地，出版了东方国家民间文学资料丛书和研究著作，推出了很多成果。

（二）学科点分布

综合观察分析以上数据可见，民俗学（含民间文艺学）在下列学科内呈现的分布状态。

社会学，3 个二级学科，分别是 030301 社会学、030303 人类学和 030304 民俗学（含中国民间文学）。

中国语言文学，3 个二级学科，分别是 050102 语言学及应用语言学（对外汉语教学)、050106 中国现当代文学和 050107 中国少数民族语言文学(分语族)。

外国语言文学,1 个,即 050210 亚非语言文学(如北京大学)。

另外,还有艺术学的 1 个二级学科,即 050401 艺术学;民族学的 2 个二级学科,即 030401 民族学、030405 中国少数民族艺术;旅游管理的 1 个二级学科,即 120203 旅游管理。

国内院校主要在 3 个一级学科下,扩展到 6 个一级学科下,在 10 个二级学科内,进行民俗学(含民间文艺学)的学科建设,或者在相关方向上进行研究生招生和人才培养工作。

(三)学科建设的特点

从数据呈现的学科分布和发展状况看,国内院校民俗学与民间文艺学的整体建设成绩可概括为以下特点。

民俗学(含民间文艺学)在两个以上的一级学科下发展。北京师范大学在社会学和中国语言文学两个一级学科下招生。北京大学在中国语言文学、社会学和外国语言文学三个一级学科下招生。很多高校的民俗学研究生都有多个入口,也有多个出口,保持了专业人才培养的连续性,也有较好的社会需求。

民间文学专业完成新老交替。在 985、211 大学和一般地方大学中,民间文学专业师资完成新老交替,发展势头稳定,如北京师范大学、华东师范大学、中国社会科学院、西北民族大学、新疆大学、华中师范大学、山东大学、河南大学、湖南师范大学和广西师范大学等。这里是老一辈学者的奠基之地,现在还有传统,也有新发展。

在民族学一级学科下,民俗学和民间文学专业招生特色突出。如中国社会科学院、西北民族大学和内蒙古师范大学等。这些院校招生生源广,语种配备齐全,国际交流活跃,资源特色明显。

由部委重点研究基地、重大课题或特色地方资源培育了新的研究分支。如中山大学、华东师范大学、复旦大学、西北民族大学、新疆大学、青海师范大学和新疆师范大学等，都有扎实的成果。一些在国家社会建设和信息网络文化建设中影响较大的研究方向，如民族民俗学、非物质文化遗产研究和数字民俗学等，正在形成新的走势。有的研究课题在一定程度上提升了民俗学的研究空间，也为政府提供了学术咨询意见，如传统节日研究。有的省市对本地高校中已有一定影响的民俗学科加大扶持力度，如温州大学。

与成绩相联系的另一面是不足。我们多方征求了同行学者和相邻学科群专家的意见，大体梳理了几个比较主要的问题，并提出了必要的调整建议。

目前民俗学（民间文艺学）在六个一级学科下的多个二级学科中招生和授予学位，资源、科研成果和人才数据统计都严重倒挂，民俗学的学科厚重，意义重大，但在七牙八缝中生存，对凝练学科方向不利。当然这是发展中的问题，但只有处理得好，才会深化民俗学科的建设。再登高望远，它还能促进民俗学科产生新的交叉学科分支，孵化文化创新平台。

民俗学在社会学和中国语言文学两个一级学科下建设，发展不平衡。民俗学人才培养起步晚，但具有广泛融汇的特点，发展快，二、三级学科自生能力强，招生数量可观。民间文艺学在新中国成立后培养人才时间长，老一代学科队伍比较稳定，但新生代自生能力弱，社会影响不大。在目前体制建设尚不完善的情况下，将两者协调发展是必要的。

民俗学科的独立发展和学科群建设是要整体考虑的问题，需要正确解决。当然我们不能期待一次学科目录调整就解决全部问题，但无论如何，我们来到了一个新的历史拐点上，现在就是机会。

本书的全部工作由主编与民俗学二级学科编目小组和参与调研的全部作者合作完成。朝戈金和黄涛教授与我一起分担了主编的工作，我们的工作团结而有效。

参加本次调研的35个单位名称已直接列入本书的“目录”中。没有这些单位的支持和学科负责人的付出，不可能在短时间内完成这本书，谨此向全体作者郑重致谢！

由于时间的限制，本次参加民俗学科建设调研的单位，未能包括设置民俗学（含民间文艺学）学科的全部院校。虽然如此，已提交调研报告的这些院校，在国内分布上，已覆盖了东、西、南、北、中各大区，同时也包括了综合大学、师范大学、地方大学、民族院校和单科院校等各教育门类院校，以及国家重点学科、传统优势学科、交叉学科和新兴学科等各种学术团队，基本做到了均有覆盖、相对平衡。暂未提交报告的院校，惜有时因学科负责人出国，有时因单位科研结项繁忙，未能参加，相信在今后有条件的情况下可以补入。

本书是国内院校自正式建立民俗学科后首次编写的学科建设报告书，它的出版，一方面是编者责任之所系；另一方面，我们也心怀一个真诚的愿望，就是借此机会，向前辈学者和同行专家请益并获得启迪。我们认为，在今后有条件的情况下，也在大家认为有必要的时候，这项工作的未尽如人意之处，可以用此种或他种形式，得到补充和完善。

本书获得国家社科基金重大委托项目“少数民族语言与文化研究”和温州大学“558”学科建设工程民俗学“重中之重”学科建设项目资助出版，谨此致谢！

感谢学苑出版社承担了此书的出版工作，感谢方晓喆编辑付出的大量辛勤劳动。

凡　例

兹说明学科建设调研报告部分的编辑方法，以方便读者查询和利用本书。

一、目　录

本书的学科建设调研报告部分，在“目录”的编辑上，有三个目标：一是提供国内院校科研主管部门的管理与统计；二是体现民俗学（含民间文艺学）学科的自身建设特点，包括其“基础研究”的历史传统和教学科研积累、理论拓展和人才培养、侧重“民族性”和“地方性”的取向等；三是加强全国院校同行和相关学科的学术交流；编者希望将三个目标结合起来，起到促进民俗学学科建设的积极作用。

二、排列国内院校名称

目前我国院校民俗学（含民间文艺学）科的建设体制不统一，在学科名称上，有“民俗学”、“民间文艺学”、“中国民间文学”、“民间文学”、“现当代文学”和“社会学”等各种差异，编排难度很大。但国内院校民俗学（含民间文艺学）科的建设也有一个共性，就是都在各自院校的单位体制内，开展适合各自条件的学科建设，故本书采用共性原则，以国内院校名称，在目录中排序，力求简明适用。

在相同院校中，有些单位在不同系（所）的不同一级学科下，分别建设民俗学科，针对这种情况，在相同名称的院校部分，会排列该院校的不同一级学科下的民俗学二级学科的单位名称。例如：查找“新疆大学”民俗学科建设报告，可以直接查找“新疆大学”。再如，查找“北京大学”民俗学科建设报告，可根据查寻目标，查找该校在“中国语言文学”一级学科下建设“中国民间文学”专业的“北京大学中文系”，在“社会学”一级学科下建设民俗学专业的“北京大学社会学系”，或者在“外国语言文学”一级学科下建设民俗学科的“北京大学外国语学院”等单位名称。

三、按大区和拼音排序院校

依据国内院校在各大区分布的实际情况，在国内院校排列上，以大区为单元。各大区的排列顺序，根据国家行政地理区划统一排序方法而定，依次为：华北地区、华东地区、华南地区、华中地区、东北地区、西北地区和西南地区。

在同一大区内，按汉语拼音音序，排列大区内本次参加民俗学科调研的院校名称。

例如：查找“华东师范大学”的民俗学科建设报告，可分为两个步骤，第一步，先查该校所属的“华东地区”；第二步，在“华东地区”内找“华东师范大学”。

再如：查询“西北民族大学”的民俗学科建设报告，可在该校所属的“西北地区”内查到。在“西北地区”之内，各院校以校名汉语拼音音序排列。相同首字汉语拼音音序的院校，按院校名称的第二字的拼音音序排列，以此类推。根据这个原则，西北地区四所参加本次调研的单位，依汉语拼音音序排序为：“青海民族大学”、“西北民族大学”、“新疆大学”和“新疆师范大学”。

华北地区

北京大学社会学系

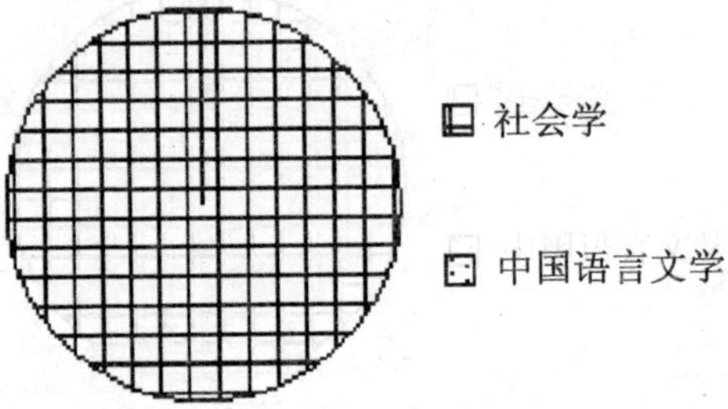

北京大学社会学系民俗学科建制构成示意图

北京大学社会学和人类学专业在改革开放后恢复建设，费孝通教授主持了这项工作。费孝通先生专门在钟敬文先生主持的民俗学讲习班讲过对于民俗学的看法。他在规划学科时，十分重视中国社会学、人类学和民俗学的结合，提倡中国人文社会科学的互补发展。在二十多年前，费先生支持北大社会学系人类学所创建和主持“北京大学人类学与民俗研究中心”，体现了他的学科构思和教育实践。袁方教授在北京大学社会学系主持工作时，也支持民俗学的人才培养，重视民俗学训练成长的人才。

一、民俗学专业设置

1997年国务院学位办学科目录调整后，北京大学社会学系拥有社会学一级学科作为重点学科的地位，在授权上，能够把社会学一级学科下的主干二级学科，包括社会学、人类学、人口学和民俗学，都作为重点学科发展，但实际上，目前阶段只把社会学、人类学作为重点学科建设，民俗学的教学与研究是放在人类学二级学科下进行的。

“北京大学人类学与民俗研究中心”在建立之初，就是要在没有民俗学专业的情况下发挥对北京大学多个院系的民俗学师资进行汇聚的作用，现在仍然在协调和组织相关的学术活动，发挥相关的学术研究和人才培养的作用。

二、民俗学专业招生与培养

现在北京大学社会学系人类学专业博士生招生目录中，设有“民俗研究”的方向，博士生导师为高丙中教授。

在北京大学社会学系，有多位教授在多门研究生课程中涉及民俗学或民俗研究的内容，所开设课程如“神话研究”、“文化研究”、“宗教人类学”、“民族志方法”等。近年已有5篇博士学位论文在民俗研究方向上选题。

三、科学研究

北京大学社会学系少量理论研究和科研项目与民俗学有关。例如，高丙中教授的新著《中国人的生活世界》（北京大学出版社，2009），《中国民俗概论》（北京大学出版社，2010）等，都是民俗学著作。高丙中教授承担的教育部重大投标课题“非物质文化遗产与文化生态建设”等，涉及民俗学的调查研究。

四、学术交流

近5年，北京大学社会学系至少邀请5名美国民俗学家到校做学术讲座，高丙中教授赴日本、美国等高校做民俗学讲座6次。

五、存在问题

从本学科点看国内院校的难题，主要是学科体制的设计限制了民俗学的独立发展空间。

北京大学外国语学院

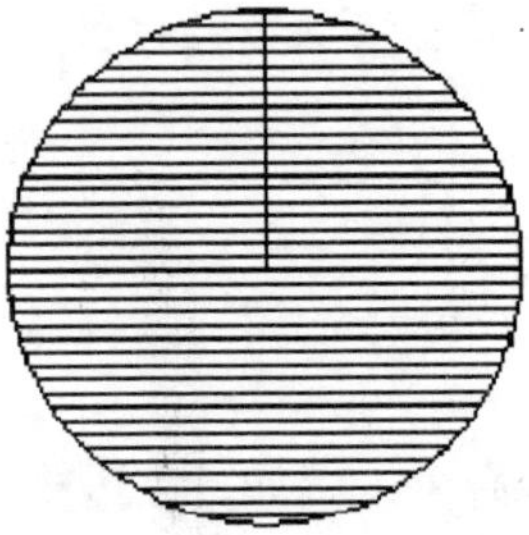

北京大学外国语学院民俗学科建制构成示意图

北京大学外国语学院东方民间文学（含民俗学）研究方向，自2000年以来，经过十多年的建设，已形成从本科教学到博、硕研究生培养的全套课程教学体系。

北京大学东方民间文学研究方向在外国语言文学一级学科下设置，属于亚非语言文学二级学科，专业名称是东方民间文学。其中，东方民间文学博士研究生的招生方向设置于2006年；东方民间文学硕士研究生的招生方向与东方作家文学研究方向并列，但为独立的硕士研究生招生点。在本科教学中，东方民间文学是北京大学的全校通选课。

在科学研究方面，北京大学的东方民间文学领域也逐渐在北京大学东方文学学科的整体框架下形成了自己的学术特色，已初步具备专业学术梯队和师资力量。

北京大学东方民间文学（含民俗学）的教学科研，依托北京大学外国语学院亚非语言文学系，整合西亚语言文学系、南亚语言文学系、日本语言文学系、东南亚语言文化系等各系的师资资源，开展学科建设，是教育部人文社会科学重点研究基地北京大学东方文学研究中心的重要研究方向。

一、学科建设

（一）学术传统

北京大学具有悠久的东方民间文学翻译研究传统，最早可以追溯到《歌谣》周刊。而真正东方学意义上的东方各国民间文学的翻译和研究，则是从季羡林先生创建北京大学东方语言文学系开始的。季羡林、金克木、刘安武和张鸿年等老一辈学者，都翻译和研究过东方各国代表性的民间文学，在国内外享有盛誉。在东方文学研究方向上，就东方民间文学领域来讲，目前北京大学的“东方民间文学”，是在原有的东方文学研究传统基础上新开拓的研究领域，已在全国范围内第一次撰写出版了国内第一部系统论述东方各国民间文学的概论性著作《东方民间文学概论》，第一次开设了本科生和研究生不同层次的课程，第一次招收该方向的博士研究生，并正在逐渐形成学术研究和教学队伍。现东方民间文学已成为一个新兴的边缘学科。在教育部研究生招生目录中，虽然目前只有北京大学设置有亚非语言文学二级学科下的东方民间文学博士研究生招生方向，但是国内不少高校的相关学科领域已经有学者从事东方民间文学的研究，也有不少研究生选择东方民间文学范畴的研究题目撰写或完成研究生学位论文，展示了东方民间文学的较好发展前景。

（二）发展现状

十多年来，北京大学东方民间文学的学科建设，由张玉安教授和陈岗龙教授主持完成了重大项目《东方民间文学研究》的标志性成果——四卷本《东方民间文学概论》，填补了国内东方民间文学研究领域的学术空白，为东方民间文学学科建设奠定了基础。张玉安教授和陈岗龙教授在原来课题的基础上，主编了“东方民间文学丛书”，已经出版了《巴基斯坦民间文学》、《印度民间文学》、《中亚民间文学》、《阿拉伯民间文学》、《蒙古民间文学》、《泰国民间文学》、《菲律宾民间文学》等国别民间文学概论，在社会上产生了良好影响，使东方各国的民间文学越来越受到关注。在《东方民间文学概论》和“东方民间文学丛书”

的基础上，陈岗龙教授主编了北京市高校精品教材立项项目《东方民间文学教程》，即将由北京大学出版社出版。在“东方民间文学研究”课题的实施过程中，培养了一批从事东方民间文学研究的青年学者。目前，史阳博士、金勇副教授、夏露副教授等青年教师在菲律宾民间文学、泰国民间文学、越南民间文学等各国民间文学的研究和教学方面，已经有了初具规模的成果和教学业绩，并显示出比较大的发展潜力，滕军教授和王京博士在日本民俗学方面的教学和研究也已经有了一定的影响。

（三）建设规划

北京大学东方民间文学研究方向，将继续发挥特色，整合北京大学外国语学院东方各系的相关师资力量，在各系各专业分别开设的对象国民俗学课程和民间文学课程的基础上，进一步完善东方民间文学（含民俗学）硕士研究生和博士研究生招生方向的培养体系，并从东方民间文学拓展到东方各国民俗学的教学研究。

二、教学工作与人才培养

北京大学在外国语言文学一级学科下，在亚非语言文学二级学科中，在东方民间文学研究方向上，设置博士研究生招生方向，在东方文学研究方向上，设置硕士研究生招生方向。其他东方各国的国别民间文学和国别民俗学的硕士、博士研究生招生方向，分别归属于亚非语言文学、日本语言文学和印度语言文学三个二级学科。

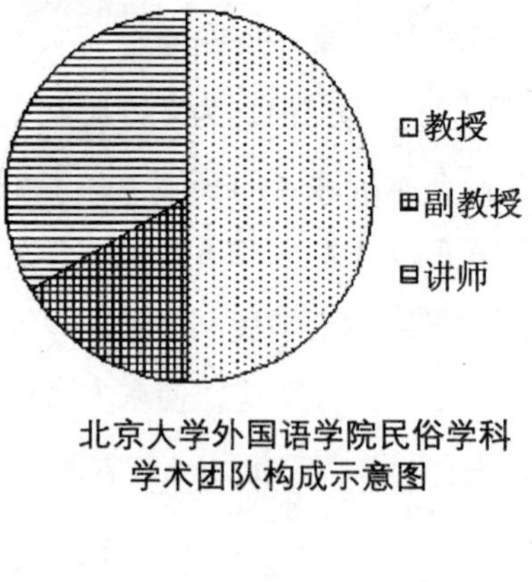

北京大学外国语学院民俗学科学术团队构成示意图

以下重点介绍东方民间文学博士生和硕士生的研究生招生方向，以及相关教学工作与人才培养情况。

（一）教学人员

北京大学东方民间文学方向的学术带头人为陈岗龙教授。现有教学人员 6 人，其中教授 3 人（陈岗龙、张玉安、滕军），副教授

2人（金勇、史阳），讲师1人（王京）。

陈岗龙教授。1987年以内蒙古自治区蒙古语考生文科第一名的成绩考入中央民族学院历史系民族史专业。1991–1994年在中央民族大学师从满都呼教授攻读蒙古民间文学硕士研究生。1997年毕业于北京师范大学中文系（现文学院），师从钟敬文教授，获得民俗学博士学位。现为北京大学外国语学院亚非语言文学系教授，博士研究生导师，教育部人文社会科学重点研究基地北京大学东方文学研究中心文化与综合研究室主任，兼任中国民俗学会常务理事、副秘书长。主要从事蒙古学和东方民间文学教学与研究工作。独立承担完成过国家和教育部项目各一项；作为第二主持人，完成过教育部重大项目“东方民间文学研究”和“《三国演义》在东方各国的流传和影响”。目前正在承担国家社科基金特别委托项目“草原文化研究工程”子课题《草原史诗文化研究》、教育部一般项目“蒙古人西征与东西方文学交流和文化对话”。主要著作有《蒙古民间文学比较研究》、《蟒古思故事论》、《蒙古英雄史诗锡林嘎拉珠巴图尔——比较研究与文本汇编》、《东方民间文学概论》、《蒙古民间文学》、《草尖上的文明》等多部学术著作。在国内外学术刊物上发表学术论文和学术译文100多篇。2002年入选“教育部优秀青年教师资助计划”，2003年荣获霍英东教育基金会第九届高等院校青年教师奖研究类一等奖。2006年入选教育部“新世纪优秀人才”。2008年获得第十届北京市哲学社会科学优秀成果奖二等奖（集体）、北京大学正大奖教金、北京大学教学成果一等奖。

张玉安教授。北京大学外国语学院教授。1969年毕业于北京大学东方语言文学系。长期从事印度尼西亚、马来西亚语言文学、东南亚文学文化的教学和研究工作。现任北京大学东方学研究院副院长、北京大学东方文学研究中心副主任、北京大学《东方文化集成》副主编，兼任中国东方文学研究会副会长等职。近年来曾多次为北京大学外国语学院相关专业的本科生和研究生开设印尼马来民间文学研究课程。主要著作有《印度的罗摩故事与东南亚文学》（昆仑出版社，2005，获2009年教育部高校人文社科优秀成果三等奖）、《东方民间文学概论》（合著，全4卷，昆仑出版社，2006，获北京市第十届哲学社科优秀成果二等奖）、《东方神话传说》（东南亚神话传说卷：第6、7卷，主编，北京大学出版社，1999）、《印度尼西亚民间故事精品评注》（主编，2001）、《印度尼西亚语－汉语大词典》（编委，北京大学出版社，2000）。此外还翻译了《马来古典文学史》（上下卷，昆仑出版社，2011）。2001年以来曾以第一负责人主持教育部人文社科重大课题“东方民间故事研究”（2001—2006）和“《三国演义》在东方各国的流传和影响”（2005—2010），目前正在主持国家社科基金重大项目“东方文化史”（2011— ）。

滕军教授。1978年考入北京外国语大学专修日语。1982—1984年在北京外国语大学任教。1984—1993年在日本神户大学留学，1993年获博士学位并获得日本茶道教师资格。1996年至今在北京大学日语系任教。主要著作有《日本茶道文化概论》（东方出版社，1992）、《茶文化思想背景之研究》（日文，日本市井社，1998）、《中日茶文化交流史》（人民出版社，2004）、《日本艺术》（高等教育出版社，2007）、《中日文化交流史》（北京大学出版社，2011）等，并发表有关日本文化艺术论文60余篇。

金勇副教授。1998年毕业于长春外国语学校，进入北京大学东语系泰国语言文化专业学习，于2009年在北京大学获文学博士学位。2003—2004年在泰国朱拉隆功大学文学院学习。硕士论文题目《泰国姓名文化研究》。博士论文《〈三国演义〉在泰国的传播模式及影响研究》，获得北京大学优秀博士论文三等奖。专著《泰国民间文学》（宁夏人民教育出版社，2011）是国内学界关于泰国民间文学的首部学术专著，对泰国民间文学有系统、全面的研究。

史阳副教授。2002年毕业于北京大学外国语学院东语系菲律宾语专业，获得学士学位；2005年毕业于北京大学外国语学院东语系亚非语言文学东南亚文化方向硕士研究生；2006-2011年攻读北京大学外国语学院东语系亚非语言文学东南亚文化方向博士研究生，获得文学博士学位，博士论文《菲律宾阿拉安芒扬人的神话、巫术和仪式研究》被评为北京市优秀博士论文。2009年3月至2010年3月，国家留学基金委“青年骨干教师”项目公派赴美国哈佛大学做访问学者。主要从事菲律宾语言文化的教学和菲律宾民间文学、民俗学的研究，侧重于菲律宾原住民的人类学田野调查与研究。主讲《菲律宾民间文学》、《菲律宾民俗学》等本科课程，并协助陈岗龙教授讲授研究生《东方民间文学》、《东方神话专题》、《东方史诗专题》等课程。主要代表作有学术专著《菲律宾民间文学》（宁夏人民教育出版社，2011），是国内学界关于菲律宾民间文学的首部学术专著，该著系统、全面地研究了菲律宾民间文学；另在国内外核心刊物上发表《菲律宾英雄史诗与中国南方少数民族史诗比较研究》、《菲律宾阿拉安芒扬原住民的神话和神话观》、《菲律宾阿拉安芒扬人洪水神话的象征内涵》、《地方性的神话观：菲律宾阿拉安芒扬原住民的民间叙事自然分类》、"Myth among the Alangan-Mangyan of the Philippines"（英国 Cosmos (Vol.23 2009), *Traditional Cosmology Society*, Edinburgh, UK, 2009 June)、《印度尼西亚的"俄狄浦斯"故事——〈覆舟山故事〉的叙事结构分析》、《保护东南亚的文化多样性：东南亚的人类口头非物质遗产》、《呼德呼德——菲律宾伊富高人的口头非物质文化遗产》等菲律宾民间文学研究论文。

王京讲师。1997 年北京外国语大学文学学士学位，2000 年北京日本学研究中心日本文化专业文学硕士学位，2007 年日本神奈川大学历史民俗资料学博士学位。2007-2008 年任神奈川大学 21 世纪 COE 国家重点项目博士后研究员，2008-2009 任日本埼玉大学专职研究员，2009 年任北京大学外国语学院日本语言文化系讲师至今。日本常民文化研究所客座研究员、日本国际常民文化研究机构研究协力者。中国民俗学会、日本民俗学会、日本柳田国男会会员。研究方向为日本民俗学史、柳田国男研究、非文字资料研究、日本文化研究、中日比较。主持教育部留学人员科研启动基金项目"中日民俗学发展的比较研究"(2011-2013)。主要著作有《1930、40 年代的日本民俗学与中国》（日文，2008），译著（合译）有日本柳田国男的《民间传承论与乡土生活研究法》、日本福田亚细男的《日本民俗学方法序说》(2010)；在《日本民俗学》（日本）、《亚洲游学》（日本）、《非文字资料研究》（日本）、《年报人类文化研究中非文字资料的体系化》（日本）、《国际常民文化研究机构年报》（日本）、《民俗研究》、《文化遗产》等国内外学术刊物上发表学术论文十数篇。

（二）硕士生

1. 学科分类与研究方向

一级学科：外国语言文学

二级学科：亚非语言文学

研究方向名称：东方文学（包括东方作家文学和东方民间文学）

2. 培养方案

东方文学方向“东方民间文学”硕士研究生培养方案。

意义。东方民间文学是东方文学的重要组成部分，东方民间文学和东方作家文学共同构成了整体的东方文学。东方民间文学在东方文学史和东方文化史上具有重要的地位并有较高的学术价值。目前国内对东方民间文学的研究比较薄弱，因此培养东方民间文学的专门人才有较大的发展前景。

培养目标。东方民间文学研究方向培养有广泛的东方文学与东方民间文学知识和扎实的民间文学、民俗学、人类学理论基础，熟练掌握一种以上的东方语言，从事东方民间文学研究的教学与科研专门人才。

特色。东方民间文学的研究生是横跨外国文学和民间文学的复合型人才。本方向能够发挥和整合北京大学东方学的教学优势，非通用语种本科毕业生可以有更多的选择。研究生在集中学习东方文学史、东方文化、东方民间文学、民间文学和民俗学理论的前提下可以根据自己的兴趣和语言条件，选择东方国别民间文学进行学习和专题研究。

（三）博士生

1. 学科分类与研究方向

一级学科：外国语言文学

专业名称：亚非语言文学

研究方向名称：东方民间文学

指导教师：陈岗龙教授

2. 培养方案

(1) 培养目标

东方民间文学是东方文学的重要组成部分。东方民间文学和作家文学共同构成了东方文学的整体，而且古老的东方文学的传统特征主要见之于民间文学。因此，学习东方民间文学，无论对学习东方文学还是民间文学都具有重要意义。但是，东方民间文学的研究在我国刚刚起步，目前非常缺乏东方民间文学研究和教学方面的专门人才。北京大学在东方民间文学的研究和学科建设方面做了奠基性工作，已经培养了东方各国民间文学教学科研方面的师资力量，完成了《东方民间文学概论》等标志性著作以及相关学术成果，也培养了东方民间文学方面的硕士研究生，为东方民间文学研究高级人才的培养奠定了基础。

本研究方向主要运用民间文学和民俗学的理论与方法研究和探讨东方民间文学。因此，要求考生在东方文学史和民间文学、民俗学基础理论与基本知识方面有一定功底，攻读博士学位期间能够快速适应东方文学和民间文学的交叉学科特征。同时要求考生掌握一门东方国家语言或者攻读博士学位期间必须选修一门东方国家语言。要求考生第一外语英语能够熟练阅读有关东方国家民间文学研究方面的学术著作并驾驭东方各国民间文学和民俗学田野调查方面的民族志资料和口头传统资料。

培养具有较高专业素质和研究能力的全面发展的东方民间文学专门人才。能够熟练驾驭一门东方国家语言，阅读文献和做民俗学田野调查，并进行科学研究。能够在高校讲授东方民间文学和科研机构进行东方民间文学的研究。博士学位论文基本达到国内外同领域同等学位的要求。

(2) 学习年限及应修学分要求

基本学习年限：全日制普通博士生的基本学习年限为 4 年；在职普通博士生、直接攻读博士学位研究生和硕士—博士连续培养研究生的学习年限为 5 年。

学分要求：总学分 13。其中必修学分 11 ，选修学分 2。

（3）综合考试的基本要求

学科综合考试的要求（时间、方式、内容、评分标准及考试委员会组成等）博士生在完成课程选修后，即可获得博士候选人资格。博士候选人在导师指导下分以下几个步骤完成论文的写作与答辩工作：

①综合考试

②开题报告

③预答辩

④毕业答辩

综合考试：博士候选人根据导师开列的书目在规定时间内完成阅读与研究任务之后，在考试委员会主席主持的综合考试中向导师及考试委员会系统汇报阅读过程、收获及问题（候选人需在 15 个工作日前向考试委员会上交考试书目），并接受考试委员会的相关质询。综合考试合格者即可正式进入博士论文的研究与写作阶段。

学科综合考试委员会由本学科和相关学科至少 5 名教授、副教授组成。

（关于学科综合考试，另见《北京大学研究生手册》中的具体规定。）

（4）科研能力与水平的基本要求（列出可证明其科研能力与水平的检验标志）

①要求博士生在学位论文答辩之前在专业学术刊物上或者高质量的论文集中发表至少 2 篇独立撰写的学术论文，培养博士研究生独立从事科学研究的能力。

②要求博士生在学习期间至少参加 2 次东方文学或者民间文学的专题学术研讨会，并宣读学术论文，培养博士生的学术交流能力。

③要求博士研究生完成至少 3 篇专业领域经典论文的翻译，作为考核外语、专业学术语言的依据。

（5）学位论文的基本要求（包括学术水平、创造性成果及工作量等方面的要求）

①开题报告：博士生需在开题之前认真准备好详细的论文提纲及论文参

考书目，提前15个工作日上交考试委员会。博士生需在开题时向考试委员会详细讲解论文的观点，结构及学术价值等相关问题，并接受质询，听取修改建议。

②预答辩：博士论文预答辩原则上在正式毕业答辩60天前举行。博士候选人在参加预答辩前需已基本完成博士论文的写作，并在30个工作日前将博士论文初稿上交答辩委员会。候选人在预答辩中需详细向答辩委员会汇报论文的写作过程，讲解论文的主要观点及其学术贡献，接受答辩委员会的质询，听取修改意见，并对相关问题进行认真答辩。

③毕业答辩：博士生在答辩前需提前40个工作日提交论文完成稿及导师意见，此程序启动后候选人不得申请延期答辩，答辩委员会主席在答辩前10个工作日以书面形式通知导师及博士候选人具体答辩时间及地点。

④论文写作学术规范要求：

A. 论文的选题及观点应有创意；

B. 论文写作语言为中文；

C. 博士论文要求必须使用至少一种外文资料，不使用外文资料的论文不授予学位；

D. 论文篇幅不少于10万汉字，联合培养的博士生的论文字数应符合国外相关大学的论文要求；

E. 论文的题目、提要、目录、注释、参考文献、附录，以及打印、装订等需完全符合北京大学研究生学位论文撰写与装订规范。

[另参阅《北京大学研究生手册》(2002)]

(6) 对新生能力、水平的基本要求及入学考试科目设置

对新生能力、水平的基本要求：

具有硕士学位证书；

提供硕士研究生论文或者开题报告；

具有一定的东方文学史知识，其中比较了解某一东方国家的文学和文化，在博士论文研究和写作中能够在自己熟悉的东方国家民间文学方面进行进一步的深入探讨；

具有一定的民间文学基本理论和基础知识，能够运用民间文学理论和研究方法探讨东方民间文学作品；

具有一定的比较文学理论基础，能够对东方各国民间文学和东西方民间文学进行比较探讨。

第二外语阅读能力：能够阅读并在博士论文研究中驾驭东方国家民间文学文献资料。

具有较强的专业能力和综合素质；

提供 2 篇学术论文；

具有比较明确的博士学习阶段初步研究计划。

入学考试科目设置与录取方式：

考试科目：

①英语、俄语、日语、德语、法语任选一门

②东方文学史

③东方民间文学

录取方式：笔试和面试相结合。

(7) 主要参考书目（随时更新）

①史诗文本

赵乐甡译：《吉尔伽美什——巴比伦史诗》，译林出版社，1999。

饶宗颐编译：《近东开辟史诗》，辽宁教育出版社，1998。

黄宝生等译：《摩诃婆罗多》（全译本 6 卷），中国社会科学出版社，2005。要求博士生必须读全译本。

季羡林译：《罗摩衍那》（全译本 7 卷），人民文学出版社，1980–1984。要求博士生必须读全译本。

张鸿年、宋丕方译：《列王纪全集》（6 卷），湖南文艺出版社，2001。要求博士生必须读全译本。

Philippine Folk Literature Series: The Epics, Vol III, compiled and edited by Damiana Eugunio, University of the Philippines Press,2001.

Jovita Ventura Castro etc. ed., *Epics of the Philippines: Anthology of ASEAN Literatures*, APO Production Unit Inc., 1983.

耿世民译 :《乌古斯可汗的传说》，新疆人民出版社，1982。

居素普·玛玛依演唱、阿地里·居玛吐尔地翻译 :《玛纳斯》（第一部 1–4 卷），新疆人民出版社，2009。

李永彩译 :《松迪亚塔》，译林出版社，2003。

②史诗理论及东方史诗研究论著

[德] 黑格尔 :《美学》，第二卷，朱光潜译，商务印书馆版本。

[美] 阿尔伯特·贝茨·洛德 :《故事的歌手》，尹虎彬译，中华书局，2004。

[美] 约翰·迈尔斯·弗里 :《口头诗学 : 帕里—洛德理论》，朝戈金译，社会科学文献出版社，2000。

[匈] 格雷戈里·纳吉 :《荷马诸问题》，巴莫曲布嫫译，广西师范大学出版社，2008。

拱玉书 :《升起来吧！像太阳一样——解析苏美尔史诗〈恩美卡与阿拉塔之王〉》，昆仑出版社，2006。

叶舒宪 :《英雄与太阳——中国上古史诗的原型重构》，上海社会科学院出版社，1991，陕西人民出版社，2005。

季羡林、刘安武选编 :《印度两大史诗评论汇编》，中国社会科学出版社，1984。

刘安武 :《印度两大史诗研究》，北京大学出版社，2001。

黄宝生 :《摩诃婆罗多导读》，中国社会科学出版社，2005。

张鸿年 :《列王纪研究》，北京大学出版社，2009。

郎樱 :《〈玛纳斯〉论析》，内蒙古大学出版社，2002。

仁钦道尔吉 :《蒙古英雄史诗源流》，内蒙古大学出版社，2002。

（四）课程设置、学时与学分

表 1　北京大学东方民间文学课程设置

课 程 名 称	课程类型	学分	开课学期	任课教师（职称）
东方民间文学	必修	3	秋季	陈岗龙教授

续表

课程名称	课程类型	学分	开课学期	任课教师（职称）
东方神话研究专题	必修	3	春季	陈岗龙教授
东方史诗研究专题	必修	3	秋季	陈岗龙教授
东方民间故事专题	选修	2	春季	陈岗龙教授
民俗学理论	选修	2	春季	
民间文学理论与方法	选修	2	春季	陈岗龙教授
东南亚民间文学	选修	2	待定	张玉安教授
古代两河流域神话与史诗	选修	2	待定	拱玉书教授
神话学	选修	2	秋季	
东方文学学科概要	选修	2	春季	魏丽明副教授

（五）课程内容大要

课程名称：东方民间文学

周学时：2 学时

总学时：36 学时

学分：3 学分

开课学期：秋季

主讲教师：陈岗龙

开课目的：完整的东方文学体系是由东方各国的作家文学和民间文学共同构成的。而且东方文学的古老传统主要见之于民间文学。东方各国有着取之不竭的民间文学遗产，古代埃及的神话、印度两大史诗和《五卷书》、阿拉伯的《一千零一夜》等曾经对世界文学产生过巨大影响，而且世界史诗宝库中的活形态史诗主要流传在东方。因此，学习东方民间文学，无论对学习东方文学还是民间文学都具有重要意义。为东方语言文学研究生开设“东方民间文学”课程具有如下重要意义：1. 用民间文学理论系统梳理东方各国的民间文学遗产，尤其是从民间文学和民俗学的专业角度重新认识古代东方的神话、史诗和民间故事等民间文学经典作品。2. 通过对东方民间文学在东方各国民族文学史上的地位和作用的探讨，探索口头传统与书面传统共同构成的东方文学传统的民族特点。3. 东方民间文学是具有很大研究潜力的新的学术领域和新兴学科，但是目前专门从事东方各国民间文学研究与教学的人才紧缺，因此开设该课程可以培养东方文学研究方向研究生对东方民间文学的研究兴趣，并可以进一步培养这方面的人才。

本课程要求研究生：1. 具有一定的东方文学史知识，其中比较了解某一东方国家的文学和文化，在课堂讨论和课程论文中能够在自己熟悉的东方国家民间文学方面进行探讨；2. 具有一定的民间文学基本知识和基础理论，能够运用民间文学理论和研究方法探讨东方民间文学作品；3. 具有一定的比较文学理论基础，能够对东方各国民间文学和东西方民间文学进行比较探讨。

教材：张玉安、陈岗龙等《东方民间文学概论》，昆仑出版社，2006 年。

课程名称：东方民间文学

周学时：3 学时

总学时：54 学时

学分：3

开课学期：秋季

主讲教师：陈岗龙

教学方式。课堂讨论和授课教师点评相结合。授课教师提前布置相关东方民间文学作品和阅读书目，要求博士生进行文本细读和准备课堂发言，在课堂讨论中授课教授对研究生的发言与讨论进行民间文学和民俗学理论的分析与点评。

考试方式。读书报告和课程论文相结合。课程论文要求符合学术论文规范。

内容提要。本课程用民间文学理论系统梳理东方各国的民间文学遗产，尤其是从民间文学和民俗学的专业角度重新认识古代东方的神话、史诗和民间故事等民间文学经典作品。并通过对东方民间文学在东方各国民族文学史上的地位和作用的探讨，探索口头传统与书面传统共同构成的东方文学传统的民族特点。

教学大纲

第一单元：东方民间文学与东方文学史。主要讨论民间文学在东方文学史上的地位和作用，从而正确认识东方民间文学，在东方文学的学科建设中加强东方民间文学的学科意识。从两个方面进行讨论：一是重新认识东方文学史上的埃及神话、印度两大史诗、《五卷书》、《一千零一夜》等作品的口头起源及其民间文学本质，讨论应该如何更好地认识和研究这些作品；二是通过这些作品对东方文学史上的作用和对世界文学的巨大影响的讨论，评价民间文学与作家文学的互动对东方文学发展的重要影响。

第二单元：东方神话研究。主要讨论东方古代神话和现代东方各国民间的活形态神话。古代东方神话主要讨论古埃及神话、两河流域神话、古印度神话、古代日本神话、波斯神话，并探讨古代神话对古代东方文学的发生学意义。东方现代神话主要讨论东方各国口传神话及其与民俗生活的关系，探讨神话与仪式在东方各国民族文化中的意义。

第三单元：东方史诗研究。主要讨论东方古代史诗和东方活形态史诗。东方古代史诗讨论古代巴比伦史诗、印度两大史诗和波斯史诗，其中重点细读《吉尔伽美什》、印度两大史诗《罗摩衍那》、《摩诃婆罗多》和波斯史诗《列王纪》。东方现代史诗主要讨论蒙古史诗、中亚史诗、菲律宾史诗、越南史诗和非洲史诗等至今在民间口头流传的史诗，并对当今史诗学理论诸如口头程式理论和表演理论等进行介绍。

第四单元：东方民间故事研究。主要讨论古代东方民间故事的经典作品和现代口头故事。重点讨论《五卷书》、《一千零一夜》等东方故事经典的内容和形式特征，并进行适当的比较。口头故事重点讨论比较典型的东方民间故事作品，探讨东方民间故事的类型特征和文化蕴涵，选择日本民间故事和非洲民间故事为个案。

第五单元：东方民间叙事诗研究。重点讨论东方各国民间流传的爱情叙事诗，以阿拉伯世界的爱情传奇故事为重点。

第六单元：东方民间文学的研究方法。介绍东方各国民间文学的搜集整理和研究的学术史，并探讨研究东方民间文学的方法和理论问题。

教材：张玉安、陈岗龙等《东方民间文学概论》，昆仑出版社，2006。

课程名称：东方神话研究专题

周学时：3 学时

总学时：54 学时

学分：3

开课学期：秋季

教学方式。基本教学方式是课堂讨论。授课教师提前布置东方神话文本和相关研究著作，博士生认真阅读后写出读书报告并在课堂上口头发表。并请论文指导小组的专家讲授东方神话相关专题。主要请中国社会科学院、北京师范大学专门从事神话研究的专家讲授神话理论。

考试方式。1．博士研究生提交一篇东方神话研究论文。要求课程论文符合学术规范并有原创性。2．博士研究生提交一篇东方神话研究著作的书评，并向 3 人以上授课教授口头发表。

内容提要。本课程主要用神话学理论研究和讨论古代东方的古典神话和现代东方各国活形态神话。课程目标要达到博士生熟练掌握神话学理论和方法，并综合运用人类学和民俗学理论，深入分析和解读东方神话。要求博士生有较系统的东方民间文学和一般民间文学理论知识。

教学大纲

第一单元 导论：一、神话与东方神话；二、东方神话研究评述；三、东方神话研究方法。

第二单元 古代埃及、两河流域和希伯来神话专题：一、古代埃及神话；二、古代两河流域神话；三、古代希伯来神话。

第三单元 古代印度和伊朗神话专题：一、古代印度神话；二、古代伊朗神话。

第四单元 东亚国家神话专题：一、日本古代神话；二、朝鲜建国神话。

第五单元 东方活形态神话专题：一、神话与仪式；二、神话与社会制度；

三、神话与历史；四、东方各国神话的联系；五、非洲神话专题。

教材：任课教师自编教学大纲授课。

课程名称：东方史诗研究专题

周学时：3 学时

总学时：54 学时

学分：3

开课学期：秋季

主讲教师：陈岗龙

教学方式。博士研究生阅读导师指定的东方史诗文本和相关研究著作，根据教学大纲对相关问题进行分析和思考，并定期做汇报，导师和研究生在课堂进行讨论。

考试方式。1．博士研究生就课程讨论的每一部东方史诗文本写一篇简短的读书报告。2．博士研究生撰写一篇合格的课程论文，要求达到正式发表的水平。

内容提要。东方史诗是东方民间文学的重要组成部分。古代东方有丰富的史诗遗产，其中两河流域的《吉尔伽美什》、古代印度两大史诗《罗摩衍那》和《摩诃婆罗多》、古代波斯的《列王纪》等都是世界文学宝库中的璀璨明珠。而且东方各国民间至今还流传着活形态史诗，这是东方史诗与西方史诗的不同之处。其中，菲律宾的《呼德呼德》、《达拉根》和中亚吉尔吉斯坦的《玛纳斯》等被联合国教科文组织列入“人类口头非物质文化遗产代表作名录”。本课程运用史诗学的理论和方法讨论东方古代文明中的古典史诗和至今在东方各国民间口头流传的活形态史诗。

第一讲　导论：史诗与史诗学——怎样研究东方史诗：一、史诗与史诗学理论（主要介绍国际史诗研究理论和方法的发展）；二、东方史诗的理论建构。

第二讲　古代两河流域史诗研究专题：一、巴比伦史诗《吉尔伽美什》；二、苏美尔史诗《恩美卡与阿拉塔之王》。

第三讲 古代印度两大史诗研究专题：一、《摩诃婆罗多》；二、《罗摩衍那》。

第四讲 波斯民族史诗《列王纪》研究专题。

第五讲 越南史诗研究专题：一、芒族史诗《开天辟地》；二、《达姆伞》。

第六讲 菲律宾史诗研究专题：一、伊富高人的《呼德呼德》；二、马拉瑙人的《达拉根》。

第七讲 蒙古史诗研究专题：一、蒙古史诗概述；二、蒙古史诗的个案研究。

第八讲 中亚史诗研究专题：一、《乌古斯汗传》；二、《玛纳斯》；三、《阿勒帕米斯》。

第九讲 非洲史诗研究专题：一、非洲史诗概述；二、《松迪亚塔》。

第十讲 总结与讨论。

教材：任课教师自编教学大纲授课。

课程名称：日本民俗学

周学时：2 学时

总学时：36 学时

学分：2 学分

开课学期：春季

主讲教师：王京

本课程主要介绍日本民俗学的发展历程及在主要领域取得的成果，以及近年的变化等。包括民俗学的兴起、日本的民俗学与柳田国男、民俗学的资料与方法、环境与空间、日本的家、日本的村、日本的年节礼俗、日本的人生礼俗、日本的城市与农村、日本的民间信仰、日本的口头传承、日本的文化遗产保护、民俗学的变化与动向等。

课程名称：泰国民俗与社会研究专题

周学时：2 学时

总学时：36 学时

学分：2 学分

主讲教师：金勇

本课程重点关注泰国的民间社会、民间文化以及民众生活，分专题讲授和讨论泰国民间社会保留下来的传统文化、民间智慧以及民风民俗，它们与泰国社会的发展进程密切相关，具体涉及民俗文化与国家认同的建构、民俗在民族主义浪潮中的作用、民俗传统的现代化嬗变、民俗在“大传统”与“小传统”文化互渗交流中的作用等方面的内容。

参考书目：

戚盛中：《泰国》，世界知识出版社，1996。

钟敬文主编：《民俗学概论》，上海文艺出版社，1998。

[美]彼得·贝格尔：《神圣的帷幕》，上海人民出版社，1991。

[美]格尔茨：《文化的解释》，译林出版社，1999。

[泰]尼提·尤希翁：《羽毛笔与船帆》（泰文），阿玛林出版社，1995。

[泰]素甘雅·素查雅编：《仪式、神话、故事、歌谣：民俗学在泰国社会的作用》（泰文），朱拉隆功大学出版社，2006。

课程名称：泰国民间文学专题

周学时：2 学时

总学时：36 学时

学分：2 学分

主讲教师：金勇

本课程主要讨论泰国民间文学方面的问题，介绍民间文学研究理论与相关研究方法，分为神话、民间传说、民间故事和民间歌谣等几个单元，以课程讲授、文献阅读和专题讨论等方式，深入学习泰国民间文学的前沿研究问题。

（六）历届毕业生民间文学（含民俗学）学位论文

2007 年以来，在北京大学外国语学院亚非语言文学、日本语言文学二级学科历届毕业研究生中，据不完全统计，涉及民俗学、民间文学的学位论文题目如下。

1. **硕士学位论文**

史江华《伊朗作家赫特亚特的民俗学思想》，2007，导师：王一丹教授。

宝花《蒙古文〈索勒哈尔奈故事〉与波斯文亚历山大传说的比较研究》，2007。

周思《论龙形象在中国和伊朗的差异及其成因》，2007，导师：滕慧珠副教授。

赵国一《论菲尔多西〈列王纪〉中的女性形象》，2008，导师：滕慧珠副教授。

马晓云《论能乐舞台、歌舞伎舞台祭典特征》，2009，导师：滕军教授。

周菲菲《日本崇物理念的生态意义研究》，2009，导师：滕军教授。

邢燕燕《日本盂兰盆节研究》，2009，导师：金勋教授。

潘珊《〈鹦鹉故事七十则〉及其流传研究》，2009，导师：陈明教授。

焦阳《浅析印度尼西亚巴达克族的婚俗及其文化功能》，2009，导师：罗杰副教授。

闫敏《泰国传统丧葬仪式研究——复杂的通过仪式与文化内涵》，导师：傅增有教授。

王庆云《韩国“钵里公主”神话研究》，2009，导师：金景一教授。

袁锂《论苏美尔神话中的风神恩利尔》，2010，导师：陈岗龙教授。

韦小花《中日果木习俗的共性与传承关系研究，》2010，导师：滕军教授。

祝杨《文本与图像——〈凯里来与迪木奈〉新探》，2011，导师：陈明教授。

张英杰《试论日本“讲”的功利主义性质——基于对山神讲的考察》，2011，导师：刘金才教授。

李月艳《祓禊仪式与当代日本人的罪秽意识研究》，2011，导师：滕军教授。

2. **博士学位论文**

孙敏《柳田国男日本人论研究——基于柳田民俗学的考察》，2009，日本语言文学研究方向，博士生导师：刘金才教授。

史阳《菲律宾阿拉安芒扬人的神话、巫术和仪式研究》，2011，东南亚文化研究方向，博士生导师：张玉安教授。

3. 优秀博士学位论文简介

史阳：《菲律宾阿拉安芒扬人的神话、巫术和仪式研究》，博士生导师：张玉安教授，2012年北京市优秀博士学位论文。

论文研究菲律宾民都洛岛的山地原住民族阿拉安芒扬人（Alangan Mangyan）的神话传说、精神信仰、巫术和仪式、超自然治疗。论文是一个个案式的文化研究，笔者借助田野调查的研究手段，以多次田野调查中采集的民间文学文本、民族志材料为基础，参考民间文学、民俗学、人类学等领域的学术理论，对于阿拉安原住民的精神信仰和仪式实践进行专题研究。

论文的学术思路是，具体和细致地研究一则“异文化”的个案。论文的资料基础主要是作者掌握的大量第一手田野材料，同时结合部分其他相关民族志材料；辅以菲律宾和世界其他民族志文献，适当地进行跨文化的比较研究，拓宽论文的视野。在理论上，选取民间文学、民俗学和人类学等学科理论中适宜用来研究阿拉安民俗文化的理论进行分析、归纳、阐释，做到理论联系实际、用文化理论指导文化现象的研究，立足于阿拉安民俗研究的同时，还尝试去探讨相关学科领域中的文化理论。论文所秉承的学术思想在于，从阿拉安芒扬人所代表的这些边缘的、传统的“地方性知识”中，寻求非西方的、非现代性的文化认知；并且把阿拉安人的观念，与其他民族的民俗传统进行比较和辨析，通过“推人及己”的办法，去追求普世意义上的“人类的自我理解”，从而回答一个文化研究中的根本问题：原住民如何思考？

论文第一章介绍了阿拉安芒扬人的概况，并概述了笔者的研究工作。第二章探讨了阿拉安人的神话传说和宇宙观。第三章探讨阿拉安人的仪式系统。第四章从理论上对阿拉安人的神话和仪式进行分析。

论文是一项民俗学和人类学的个案研究，由阿拉安人的神话和神灵信仰开始，探讨神话是如何存在于各种仪式之中、并在阿拉安社会中运行，进而讨论神话和仪式与阿拉安社会的关系。全文由浅入深可分为三个步骤。首先，从民族志描写开始，考察阿拉安芒扬人的神话、传说、民间故事、仪式、巫术、庆典、信仰，进行民族志描写；其次，对于看似纷繁芜杂、荒谬怪诞的阿拉安文化进行诠释，梳理原住民的口头民俗与生产生活实践之间的联系，分析神话传说、神灵信仰、巫术仪式之间的关系，阐释神话、信仰、巫术、仪式中所蕴涵的宇宙观、价值观、心理态度、象征内涵；最后，进入理论层面的探索，讨论神话信仰、巫术仪式在原住民社区中存在的形态和运行的方式，探讨神话和仪式是如何真实、生动地存活在土著社区之中，并且相互作用发挥着各种直接或间接的作用，影响着阿拉安人的生产和生活，以及阿拉安人的精神世界与其物质世界之间的关系。

东南亚地区的土著民族作为“非西方”式的传统社会中具有代表性的“异文化”个案，长期以来吸引着民俗学者和人类学者的目光。人类学的学术思想和研究方法——参与式的田野调查，是真正深入了解东南亚本土社会及其文化的最有效的手段之一。笔者于2004年7月、2006年4月、2007年1至2月、2009年1至2月、2010年7月至8月前后共五次在该土著民族中从事田野工作，前后时间共计五个月。论文即是建立在作者的田野调查基础之上，除了以作者自已获取的大量田野资料为基础，也参考了前辈学者关于阿拉安芒扬人乃至芒扬民族业已完成并出版的文献资料，同时也部分采纳了当地教会神职人员、非政府组织志愿者等在阿拉安芒扬人中长期生活、工作所得来的经验性知识。

作者跋山涉水，前往多个阿拉安村社进行调查，涉及的区域自北向南按行政区划包括东民都洛省的巴科（Baco)、纳乌汉（Naujan）和维多利亚（Victoria）三个市镇的辖区，按地理划分包括杜拉安河谷北部山麓、杜拉安河流域、杜拉安河—阿拉安河山麓以及阿拉安河谷南部山麓地区，具体的村社包括了兰杜扬（Lantuyan）村、巴尼拉德（Banilad）社、桑吉伦(Sangilēn）社、巴伊旦（Paitan）村——含巴马亚南（Pamayanan)、巴贡布哈伊（Bagongbuhay)、巴贡波克（Bagongpook)、阿里亚沃德（Ary-awud，又称Guna）共4个小村社、巴利提（Balite）村——阿拉宁（Arangin,

含 Pinaliko 社)、克灵恩(Kilingēn)社、朗格内(Longgane)社、布卡瑶(Bukayaw)社、西纳甘(Sinagan)社、西多(Sido)社、克斯路言(Kisluyan)社、米纳斯(Minas)社，一共近20个村社。调查区域覆盖了阿拉安芒扬人几乎所有人口集中的大中型村社，大约涉及到阿拉安人一半以上的人口。虽然笔者尚未抵达阿拉安河谷腹地高地上的数个小型村社进行调查，但是曾在其他村社与来访的该地区的阿拉安人进行了多次系统的访谈，比如来自卡利罗社、拉马言(Ramayan)社、阿拉拉言(Alalayan)社、米囊(Minang)社、金巴奥(Gimpao)社、布格纳伊(Bēgnay)社等地的报告人。

作者在上述村社中，搜集了多则洪水神话、创世神话、始祖传说的异文，调查了神话在原住民中的流传形态和信仰方式，以及与神话密切相关的各种仪式、信仰和实践行为，包括占卜、神谕、巫术、治疗、禁忌等。通过田野中的实地学习，笔者已初步掌握了无文字的当地语言——阿拉安语，能够使用科学的、通行的、拉丁化的记音方法记录报告人在仪式过程中使用的祈祷辞、神话叙事等，以及信仰体系中的各个核心概念和土著术语，在调查中他加禄语和阿拉安语结合起来使用，已经能够较为深入地进行访谈和参与生活，甚至可以在一些时候达到“移情”的状态。通过这些学术努力，力图使阿拉安人与神圣叙事相关的那一套宏大的“地方性知识”系统能够得以整体呈现。

三、科学研究

北京大学东方民间文学研究，主要集中在东方各国代表性民间文学的专题研究、国别民间文学的翻译与研究、东方民间文学的比较研究等几个领域。北京大学东方民间文学研究的最突出的特点是民间文学原典的翻译与研究，发挥东方各国文学专家的语言优势，掌握第一手资料，并且深刻了解对象国的历史文化。

（一）科研项目

表 2　北京大学东方民间文学（含民俗学）科研项目（1998—2010）

序号	课题名称	主持人	项目来源	批准时间
1	蒙汉目连救母故事比较研究	陈岗龙	国家社科基金青年项目	1998
2	喀尔喀蒙古英雄史诗研究	陈岗龙	教育部人文社会科学研究青年项目	1998
3	东方民间文学研究	张玉安	教育部人文社会科学重点研究基地重大课题	2001
4	蒙古人西征与东西方文学交流和文化对话	陈岗龙	教育部人文社会科学研究课题一般项目	2005
5	列王纪研究	张鸿年	国家社会科学基金项目	2005
6	菲律宾古典史诗翻译与研究	吴杰伟	教育部人文社会科学重点研究基地重大课题《东南亚古典文学的翻译与研究》子课题	2006
7	梵语与西域胡语文献中的佛教神话研究	王邦维	教育部人文社会科学重点研究基地重大课题	2007
8	草原史诗文化研究	陈岗龙	国家社科基金特别委托项目“草原文化研究工程”二期工程子课题	2008
9	东方连环串插式故事研究	陈岗龙	教育部人文社会科学重点研究基地重大课题	2010

（二）主要获奖

表 3　北京大学东方民间文学（含民俗学）获奖情况（2003—2011）

奖项名称	等级	获奖著作	作者	时间
霍英东教育基金会第九届高等院校青年教师奖（研究类）	一等奖		陈岗龙	2003
中国民间文艺山花奖　学术著作奖	一等奖	蟒古思故事论	陈岗龙	2004
“新世纪优秀人才”			陈岗龙	2006
北京市第九届哲学社会科学优秀成果奖	二等奖	中日茶文化交流史	滕　军	2006
北京市第十届哲学社会科学优秀成果奖	二等奖	东方民间文学概论	张玉安、陈岗龙等	2008
教育部人文社会科学成果奖	三等奖	印度的罗摩故事与东南亚文学	张玉安、裴晓睿	2009
北京大学优秀博士论文		菲律宾阿拉安芒扬人的神话、巫术和仪式研究	史　阳	2011

（三）主要著作和论文

表4　北京大学学者出版的东方民间文学翻译研究论著（1957—2012）（不完全统计）

序号	书　名	作者（译者）	出　版　社	时间	备注
1	五卷书	季羡林	人民文学出版社	1957	译著
2	罗摩衍那	季羡林	人民文学出版社	1981	译著
3	花园与春天（印度乌尔都语神话传说）	李宗华等	人民文学出版社	1982	译著
4	印度两大史诗评论汇编	季羡林、刘安武	中国社会科学出版社	1984	译著
5	民间文学与比较文学	季羡林	北京大学出版社	1987	专著
6	列王纪选	张鸿年	人民文学出版社	1991	译著
7	印度河畔的阿凡提	唐孟生、孔菊兰	蓝天出版社	1996	译著
8	茶文化思想背景之研究	滕　军	日本市井社	1998	专著
9	东方神话传说（8卷）	薛克翘、张玉安、唐孟生	北京大学出版社	1999	编著
10	印度两大史诗研究	刘安武	北京大学出版社	2001	专著
11	蒙古民间文学比较研究	陈岗龙	北京大学出版社	2001	专著
12	列王纪全集（6卷）	张鸿年、宋丕方	湖南文艺出版社	2001	译著
13	东方民间文学比较研究	张玉安、陈岗龙	北京大学出版社	2002	论文集
14	印度尼西亚民间故事	张玉安	辽宁少年儿童出版社	2003	译著
15	巴基斯坦民间故事	孔菊兰、唐孟生	辽宁少年儿童出版社	2003	译著
16	伊朗民间故事	王一丹	辽宁少年儿童出版社	2003	译著
17	缅甸民间故事	姜永仁	辽宁少年儿童出版社	2003	译著
18	越南民间故事	王　彦、咸蔓雪	辽宁少年儿童出版社	2003	译著
19	蒙古民间故事	姚克成	辽宁少年儿童出版社	2003	译著
20	菲律宾民间故事	吴杰伟	辽宁少年儿童出版社	2003	译著
21	朝鲜韩国民间故事	韩振乾、于翠红	辽宁少年儿童出版社	2003	译著
22	泰国民间故事	裴晓睿	辽宁少年儿童出版社	2003	译著
23	蟒古思故事论	陈岗龙	北京师范大学出版社	2003	专著
24	中日茶文化交流史	滕　军	人民出版社	2004	专著
25	印度的罗摩故事与东南亚文学	张玉安、裴晓睿	昆仑出版社	2005	专著
26	东方民间文学概论	张玉安、陈岗龙	昆仑出版社	2006	专著
27	升起来吧！像太阳一样——解析苏美尔史诗《恩美卡与阿拉塔之王》	拱玉书	昆仑出版社	2006	专著

续表

序号	书　　名	作者（译者）	出　版　社	时间	备注
28	蒙古英雄史诗锡林嘎拉珠巴图尔——比较研究与文本汇编（西里尔蒙古文）	陈岗龙	蒙古国科学院语言文学研究所，乌兰巴托	2006	专著
29	佛经故事	王邦维	中华书局	2007	译著
30	琶杰、毛依罕演唱的英雄史诗之研究（西里尔蒙古文）	陈岗龙	蒙古国乌兰巴托大学	2008	专著
31	蒙古民间文学	陈岗龙	宁夏人民出版社	2008	专著
32	巴基斯坦民间文学	孔菊兰	宁夏人民出版社	2008	专著
33	列王纪研究	张鸿年	北京大学出版社	2009	专著
34	菲律宾民间文学	史　阳	宁夏人民教育出版社	2011	专著
35	泰国民间文学	金　勇	宁夏人民教育出版社	2011	专著
36	民间传承论／乡土生活研究法	［日］柳田国男著，王晓葵、王京、何彬译	学苑出版社	2010	译著
37	日本民俗学方法序说	［日］福田亚细男著，於芳、王京、彭伟文译	学苑出版社	2010	译著
38	中日文化交流史考察与研究	滕　军	北京大学出版社	2011	专著
39	草尖上的文明	陈岗龙	吉林大学出版社	2012	专著

表5　北京大学东方民间文学（含民俗学）论文一览表（1994—2012）（不完全统计）

序号	论文题目	作者	刊物	时间
1	印尼民俗学研究的历史与现状	张玉安	民俗研究	1994年第2期
2	东南亚神话的分类及其特点	张玉安	东南亚纵横	1994年第2期
3	《尸语故事》：东亚民间故事的一大原型	陈岗龙	西北民族研究	1995年第1期
4	论蒙古族的独眼巨人故事	陈岗龙	西北民族研究	1996年第1期
5	试论蒙古族现代民俗学的形成	陈岗龙	民俗研究	1996年第2期
6	流传于蒙古族的目连救母故事	陈岗龙	民族艺术	1996年第3期
7	蒙古族民间咒语研究	陈岗龙	民族艺术	1997年第2期
8	印地语民间戏剧	姜景奎	国外文学	1997年第2期
9	鄂尔多斯史诗和喀尔喀、巴尔虎史诗的共性	陈岗龙	民族文学研究	1999年第1期
10	中国神话传说在东南亚的传播	张玉安	东南亚	1999年第3期
11	印度神话传说在东南亚的传播	张玉安	北京大学学报	1999年第5期

续表

序号	论文题目	作者	刊物	时间
12	蒙古族潜水神话研究	陈岗龙	民族艺术	2000年第2期
13	韩中婚俗比较研究	王　丹	韩国学研究，浙江大学出版社	2000年6月
14	蒙古族识宝传说研究	陈岗龙	民俗研究	2001年第2期
15	钟敬文先生与《歌谣周刊》	陈岗龙	民族艺术	2002年第2期
16	钟敬文先生与少数民族民俗文化研究事业	陈岗龙	西北民族研究	2002年第2期
17	中国明朝时期与韩国朝鲜朝时期婚俗比较	王　丹	韩国学研究，韩国太学社	2002年9月
18	《一千零一夜》中的东方形象与对他者的想象	林丰民	外国文学研究	2004年第2期
19	蒙古民俗学的现代转型与民俗志写作的反思	陈岗龙	民间文化论坛	2005年第1期
20	天鹅处女型故事的比较研究与呈·达木丁苏伦的比较文学思想	陈岗龙	内蒙古大学学报（蒙古文版）	2005年第3期
21	东蒙古本子故事表演中的汉族说书赋赞和戏曲影响	陈岗龙	内蒙古大学学报	2005年第4期
22	马来西亚的哇扬戏	张玉安	东南亚研究	2006年第1期
23	说书艺人毛依罕演唱的《都南宝力道胡鲁格巴特尔》与喀尔喀英雄史诗《四岁的胡鲁格巴特尔》比较研究	陈岗龙	内蒙古师范大学学报	2007年第1期
24	班基故事在东南亚	张玉安	大连大学学报	2007年第2期
25	印度尼西亚的创世神话	张玉安	东南亚研究	2007年第2期
26	以印度两大史诗为题材的印尼哇扬戏	张玉安	南亚研究	2007年第1期
27	古代两河流域文字起源神话传说	拱玉书	世界历史	2007年第2期
28	呼德呼德——菲律宾伊富高人的口头非物质文化遗产	史　阳	东南亚研究	2007年第5期
29	关于东方民间文学学科建设的思考	陈岗龙	东方文学研究集刊（3），北岳文艺出版社	2007年11月
30	《英雄史诗的起源》中文译本的翻译错误	陈岗龙	民俗研究	2008年第1期
31	1930、40年代的日本民俗学与中国	王　京	日本神奈川大学21世纪COE国家重点项目推进委员会	2008年3月
32	保护东南亚的文化多样性：东南亚的人类口头非物质遗产	史　阳	南洋问题研究	2008年第2期

续表

序号	论文题目	作者	刊物	时间
33	菲律宾史诗《呼德呼德》文本的形成与翻译	史　阳	东方文学研究集刊（4），北岳文艺出版社	2008年12月
34	从世界非物质文化遗产代表作看东南亚文化的区域性特点	吴杰伟	东南亚纵横	2008年第12期
35	东方民间文学与东方文学	陈岗龙	辽东学院学报	2009年第1期
36	论日本茶道的若干特性	滕　军	社会科学战线	2009年第2期
37	菲律宾阿拉安－芒扬人洪水神话的象征内涵	史　阳	东方丛刊	2009年第2期
38	印度尼西亚的"俄狄浦斯"故事——《覆舟山故事》的叙事结构分析	史　阳	国外文学	2009年第1期
39	地方性的神话观：菲律宾阿拉安－芒扬原住民的民间叙事自然分类	史　阳	东南亚研究	2009年第3期
40	Myth among the Alangan-Mangyan of the Philippines	史　阳	英国 Cosmos (Vol.23 2009), Traditional Cosmology Society, Edinburgh, UK,	2009 June
41	论歌舞伎舞台的祭典特征	滕　军	戏剧	2010年第1期
42	天鹅处女型故事与萨满教	陈岗龙	百色学院学报	2010年第1期
43	菲律宾阿拉安芒扬原住民的神话和神话观	史　阳	东方研究（2009），阳光出版社	2010年4月
44	菲律宾伊洛戈族史诗《拉姆昂传奇》初探	吴杰伟	东方研究（2009），阳光出版社	2010年4月
45	十九世纪越南（口從）剧中的三国戏	夏　露	戏剧艺术	2010年第2期
46	印度尼西亚与马来西亚的民间故事	张玉安	东南亚研究	2010年第5期
47	汉族戏曲故事在蒙古族民间的口头流传——以《葵花记》的蒙古文译本《那仁格日勒的故事》的口头传播为例	陈岗龙	西北民族大学学报	2010年第6期

续表

序号	论文题目	作者	刊物	时间
48	《江格尔》史诗在蒙古国：从文学经典到国家文化资源	陈岗龙	内蒙古师范大学学报	2011 年第 1 期
49	菲律宾英雄史诗与中国南方少数民族史诗比较研究	史　阳	东方文学研究集刊（6），北岳文艺出版社	2011 年 6 月
50	抗战前中日民俗学的关联	王　京	国际常民研究机构年报 2	2011 年 8 月
51	内格斯尔而外关公——关公信仰在蒙古地区	陈岗龙	民族艺术	2011 年第 2 期
52	蒙古英雄史诗搜集整理的学术史观照	陈岗龙	西北民族研究	2011 年第 3 期
53	柳田民俗学体制的建立	王　京	Hiroshima Interdisciplinary Studies in the Humanities	2011 年 12 月
54	关于日本文化遗产保护制度的几个问题	王　京	文化遗产	2012 年第 1 期
55	1958 年：战后日本民俗学转折的胎动	王　京	民俗研究	2012 年第 1 期

（四）代表作

张玉安、陈岗龙等《东方民间文学概论》（全四卷，140 万字），昆仑出版社，2006。

张玉安、陈岗龙等《东方民间文学概论》是教育部人文社会科学重大研究项目“东方民间文学研究”的标志性成果，是目前国内第一部运用第一手资料，对东方民间文学进行系统阐述的大型学术专著。全书共 21 章，分四卷：第一卷为古代埃及、古代两河流域、古代希伯来和印度的民间文学；第二卷为伊朗、阿拉伯、巴基斯坦和中亚的民间文学；第三卷为东南亚国家的民间文学；第四卷为东北亚和南非国家的民间文学。各章由相关国家的历史文化概况、各种体裁民间文学的分类论述、民间文学的搜集整理与研究概况以及民间文学在文学史和文化史上的地位等内容组成。

该成果第一次提出“东方民间文学”的学科概念，首次阐述东方民间文学在研究对象和研究理论上所具备的建构独立学科领域的条件，并论述东方民间文学对东方文学整体研究的重要性。该著作强调只有加强东方民间文学的研究，才能建构完整的东方文学体系。该成果把民间文学理论引进东方文学研究中，展示了东方各国丰富多彩的民间文学，为中国的民间文学研究提供了新鲜的学术资料。该成果的突出特点是，精通东方国家语言的专家学者利用第一手资料系统描述并分析了东方国家的民间文学，填补了国内相关学术研究领域的空白，丰富和发展了我国的东方文学研究。本书重点研究相关国家民间文学中有代表性的原典作品，并力求对相关作品做较全面的概括和理论分析。尤其对研究基础较薄弱的东方国家的民间文学付出了更多的精力。该著作由从事东方文学和民间文学研究的二十几位专家学者共同完成，出版之后在东方文学和民间文学领域产生了广泛的学术影响。该书于 2008 年获得北京市第十届哲学社会科学优秀成果二等奖。

四、学术交流

（一）教育部暑期学校

北京大学至今已经成功举办三届东方文学全国研究生暑期学校，每期暑期学校都邀请国内外著名学者讲授与东方民间文学相关的课程，受到学员的欢迎。2009 年 6 月 29 日 –7 月 11 日举行的第一届北京大学“东方文学前沿问题”研究生暑期学校，北京大学的拱玉书教授和陈岗龙教授分别讲了《两河流域史诗研究》和《东方民间文学和作家文学》。2010 年 8 月 15–27 日举办的“东方文学经典重读”研究生暑期学校，中国社会科学院的黄宝生先生讲了《印度两大史诗解读》，北京大学拱玉书教授讲了《吉尔伽美什史诗研读》。而到了第三届暑期学校，东方民间文学的课程比例明显增加。

2011 年 6 月 29 日至 7 月 12 日的“东方文学研究：理论、方法与新视野”全国研究生暑期学校将东方民间文学作为教学内容的重要组成部分，邀请国内外著名学者做了 7 场专题讲座（共 18 次），并进行了民间文学专题的学员讨论。这 7 次专题讲座题目分别为比利时皇家科学院魏查理（Ch. Willemen）教授的《佛教的文学、故事与神话》（“Buddhist Storytelling and Mythology")、北京大学陈岗龙教授的《文学研究中的图文比较：以蒙汉目连救母故事为例》、北京师范大学董晓萍教授的《民间文学文本的数字信息处理与学位论文写作——以对中印日越23个同类型故事资料的处理为主》、北京大学拱玉书教授的《楔文文学赏析——以〈吉尔伽美什〉史诗为个案的分析》、中国社会科学院朝戈金教授的《20世纪史诗研究综评》、北京大学张玉安教授的《印度史诗〈罗摩衍那〉在东南亚》、中国社会科学院叶舒宪教授的《文学人类学与东方文学：理论建构与文本分析》，或者介绍民间文学研究理论及其前沿问题，或者深入分析东方民间文学具体个案，深深吸引了来自全国的100多名学员。特别是董晓萍教授根据东方文学暑期学校的要求，面对来自比较文学、东方文学和外语专业的同学，阐述了选择数字化研究的问题和背景，东方文学研究的难题，研究的基本方法，以"英雄回家"的故事类型，通过民俗学和民间文学的方法，结合比较文学和东方文学的视角对中、印、日、越四国的英雄回家故事做了文本分析。董晓萍教授通过数字成果的展示，讨论民间文学研究中数字编码的原理和方法，数字编码的理论来源和发展过程。

东方文学研究生暑期学校正在成为北大东方民间文学教学面向全国的一个重要平台。

（二）国内会议

东方民间文学比较研究学术研讨会。2003年10月22至23日，由教育部人文社会科学重点研究基地北京大学东方文学研究中心主办的"东方民间文学比较研究学术研讨会"在北京大学召开。会议汇集了国内东方文学、比较文学和民间文学多学科领域的专家学者，并且有来自印度尼西亚、日本的外国民俗学专家参加。本次研讨会是作为北京大学东方文学研究中心所承担的教育部重大课题——"东方民间文学研究"的一个重要组成部分而举办的。来自北京、天津、吉林、武汉、湖南、广东等二十多所高校和科研院所的与会学者，围绕着"东方神话传说比较研究"、"东方史诗比较研究"、"东方民间文学影响比较"、"中日民间故事比较研究"和"东方民间故事比较研究"

五个议题，逐一进行了大会发言、学术评点和研讨。

（三）国际会议

比较神话学国际研讨会。2006 年 5 月 11 至 13 日，由北京大学东方文学研究中心和哈佛大学亚洲研究中心“比较神话学研究组”联合主办的“比较神话学国际研讨会”（International Conference on Comparative Mythology）在北京大学召开。会议历时三天，汇集了来自美国、英国、俄罗斯、荷兰、法国、日本、韩国等七个国家的十多名国外学者，以及北京大学、中国社会科学院、北京师范大学、首都师范大学等高等院校科研院所的十来名国内学者。会议共分“西方与东方”、“东亚神话”、“历史比较神话学”、“中国神话”、“印度、中亚和西亚神话”五个阶段进行了研讨。

“跨文化的佛教神话学研究”国际学术研讨会。2010 年 7 月 30 至 31 日，由北京大学东方文学研究中心主办、加拿大英属哥伦比亚大学（UBC）慈济佛学论坛协办的“跨文化的佛教神话学研究”（Cross-cultural Researches on Buddhist Mythology）国际学术研讨会在北京大学召开。会议由东方文学研究中心主任王邦维教授担任主席。来自美国、英国、法国、加拿大、以色列、匈牙利、中国大陆和中国台湾的二十多位学者出席会议并发表了学术论文。

五、存在的问题

1. 就东方民间文学（含民俗学）而言，目前的研究主要依托于北京大学东方文学研究中心课题的团队研究，而从本科到博士研究生的教学体系则需要在外国语学院的二级学科框架下形成长期机制。

2. 多语种合作与东方民间文学（含民俗学）研究生教学：东方民间文学（含民俗学）是超越东方各国单一的国别民间文学（民俗）的学科概念。因此，东方民间文学（含民俗学）方向的研究生在专业学习和论文选题上应该具备整体东方文学和东方文化的视野，要有总体东方文学（东方文化）的研究理念。同时，又要和中文系的民间文学专业有所区别，最主要的就是要求研究生选修至少一门东方国家的语言，重点熟悉东方某一国家的民俗和民间文学。这就要求，东方民间文学（含民俗学）的研究生培养需要亚非学科各个语种之间的紧密合作，共享资源，培养出真正意义上的亚非语言文学专业综合型研究人才。

3. 多学科整合与东方民间文学（含民俗学）研究生的培养：东方民间文学（含民俗学）同时又是涉及东方文学史、民间文学、民俗学、人类学等多学科研究领域的新兴学科，东方民间文学（含民俗学）研究生的培养涉及上述这些学科的理论和方法的专业训练。因此，东方民间文学研究生的教学必须打破纯语言学习的界限，让研究生接受研究东方民间文学（含民俗学）必须具备的多学科的专业训练。经过严格的多学科专业训练的研究生，其撰写的论文不仅会在外国语言文学学科中有影响，而且应该在民间文学和民俗学领域也产生影响。

4. 研究生培养与本科教学相衔接的问题：目前北京大学除了全校本科通选课《东方民间文学概论》之外，原东语系部分专业开设过《蒙古民间文学》、《巴基斯坦民间文学》、《菲律宾民间文学》、《印度尼西亚马来西亚民间文学》等民间文学课程，但是更多的专业还没有开设民间文学课程，特别是对东方各国语言文化的学习来讲非常重要的东方各国民俗学的课程还没有普遍开设。如果开设了东方各国民间文学和民俗学的课程，不仅能够提高各语种本科生学习对象国语言和文化的兴趣，而且也为东方民间文学（含民俗学）的研究生培养奠定良好的基础。如果没有这样的基础，研究生入学以后不仅要补民间文学理论和民俗学理论的课，更重要的是在研究生特别是博士研究生阶段补东方各国民俗文化知识方面的课，实际上直接影响研究生的知识结构。而关键是各个语种应该认识到民间文学和民俗学在亚非学科语言教学中的潜在作用，学习语言的学生如果真正想了解对象国家的文化，除了政治、经济和国际关系等方面，还应该观察和学习对象国家人民的生活文化，而这正是民间文学和民俗学所要讲授的内容。因此，设置民间文学和民俗学的课程，不一定立竿见影，马上起作用，但是对一个在亚非语言文学专业学习的学生来讲，会在他的整体的专业素养中产生长远的影响。

5. 从民俗学学科建设角度看，目前东方各国民俗学的专业课时较少，缺乏田野调查的训练，学生的理论和实践能力都较为薄弱。主要以文献利用为主，以学生兴趣为基本导向，难以形成体系化架构。譬如，日本民俗学的教学和研究，学生专业阅读不够，缺乏讨论机会，研究难以深入。如何合理整合师资力量，形成东方各国区域民俗问题的共同思考，将是今后本学科点建设的重要命题。

北京大学中文系

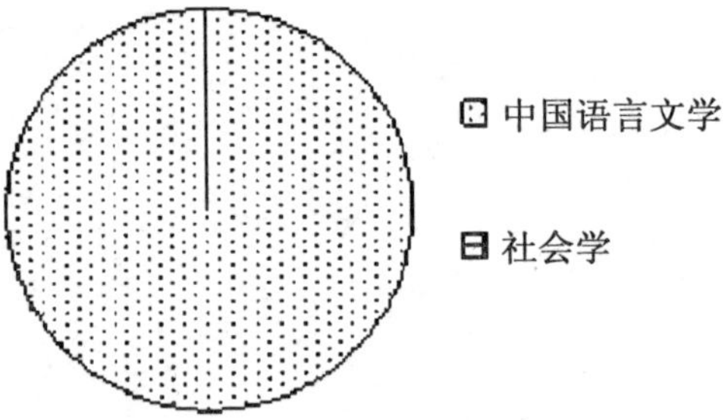

北京大学中文系民俗学科建制构成示意图

北京大学民间文学研究的历史可以追溯到20世纪初的北京大学歌谣学运动。现北京大学民间文学学科点是民间文学专业的博士生和硕士生招生单位。学科点的建制一直保持原有传统，在中文系的学科群内建设和发展，但在研究领域上已广为开拓，成为具有神话学、民间传说学、民间说唱与戏曲、国外民间文学理论、中国现代民间文学学术史和民间游戏学等多种研究分支的学科点。

一、学科建设

北京大学中文系民间文学教研室成立于1995年，属于北京大学中文系“中国现当代文学”二级学科的三级学科。

二、教学工作与人才培养

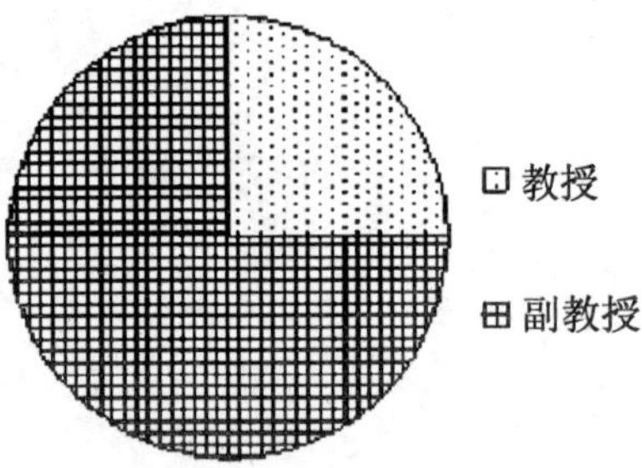

北京大学中文系民间文学学科学术队伍构成示意图

（一）教学人员

本学科点现有教师4人，其中，教授1人，即陈泳超，副教授3人，即陈连山、王娟和黄卉。

（二）课程设置、学时与学分

本学科点课程分本科生和研究生两个

层面，面向不同对象进行课程、学时和学分设计。

1. **本科生**

本学科点承担本科生课程 6 门，每周 2 学时，每门 2 学分（民间文学实习课 1 学分）。

中国民间文学概论，文学专业限制性选修课，每周 2 学时，2 学分。

民俗学概论，全校通选课，每周 2 学时，2 学分。

民俗研究专题，全校通选课，每周 2 学时，2 学分。

中国神话研究，选修课，每周 2 学时，2 学分。

中国传统节日研究，选修课，每周 2 学时，2 学分。

民间文学实习，选修课，田野作业 15 天，1 学分。

2. **研究生**

本学科点承担研究生课程 9 门，每周 2 学时，每门 2 学分。

当代学术前沿，每周 2 学时，2 学分。

叙事民俗学，每周 2 学时，2 学分。评介各种西方民间文学理论。

中国现代民间文学学术史，每周 2 学时，2 学分。

结构主义神话学，每周 2 学时，2 学分。评介列维—斯特劳斯的神话学思想。

《山海经》研究，每周 2 学时，2 学分。

中国歌谣研究，每周 2 学时，2 学分。主要介绍鄂西北地区汉族民歌传统。

中国民间游戏研究，每周 2 学时，2 学分。

中国民间传说研究，每周 2 学时，2 学分。

说唱艺术研究，每周 2 学时，2 学分。

（三）研究生招生

本学科点自 20 世纪 80 年代中期开始招收硕士研究生，已授予硕士学位 36 人。自 2010 年起招收博士研究生，目前尚无毕业生。

（四）招生目录与导师

北京大学中文系中国现当代文学专业民间文学方向。

硕士生导师：陈泳超教授、陈连山副教授、王娟副教授、黄卉副教授。

博士生导师：陈平原教授。

三、科学研究

（一）科研项目

本学科点近年承担的主要科研项目如下。

民间故事家、民歌手陆瑞英研究，国家社科基金项目，陈泳超教授主持。

中国古代歌谣整理与研究，教育部重点项目，王娟副教授主持。

中和节研究，部委横向委托项目，陈连山主持。

20 世纪中国文学与当代文化建设，国家社科基金重点项目，集体参加。

（二）代表作

陈泳超：《尧舜传说研究》，南京师范大学出版社，2000。

王娟：《民俗学概论》，北京大学出版社，2011。

陈连山：《山海经学术史考论》，北京大学出版社，2012。

黄卉《元代戏曲史稿》，天津古籍出版社，1995。

北京师范大学

北京师范大学民俗学学科由我国著名民俗学家、民间文艺学家钟敬文先生创建。钟先生于 1949 年在北京师范大学开设新中国高校第一批民间文学系列课程，包括“民间文学理论”和“人民口头创作”等；1953 年招收第一批民间文学专业研究生，1955 年成立全国第一个民间文学教研室。1980 年钟先生成为国务院学位办所授予首批博士生导师，他指导的北师大民俗学学科成为全国第一个民俗学博士点。1980 年和 1998 年，钟敬文主编《民间文学概论》和《民俗学概论》先后出版，此为我国现代大学教育史上第一部民间文艺学全国统编教材和第一部全国高校民俗学教科书。1988 年，北师大民俗学学科被评为国内第一个民俗学国家重点学科，1996 年成为第一批“211 工程”建设单位。在 1950 年代和 1979 年以后，钟先生都曾为中央和教育部高校规划纲要中的民间文艺学和民俗学教育体制的设置与学科建设工作提供了意见，并多次主持、参与或指导全国范围内的民俗民间文学搜集整理运动。1993 年，钟先生主持成立北京师范大学中国民间文化研究所，加强了民俗学学科的国际化建设，曾吸引国内外大批高级专业人才前来进行学术交流和合作研究，著名学者季羡林、费孝通、张岱年和启功等都曾在该所担任长期通讯研究员，自 90 年代至今，该所聘请世界多位著名民俗学者和海外汉学家担任客座教授。

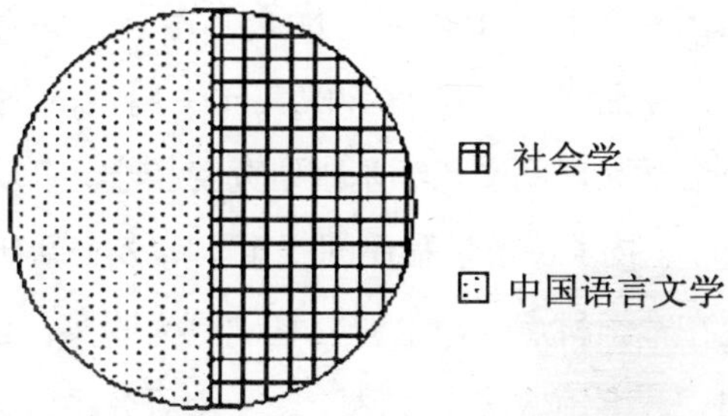

北京师范大学民俗学科建制构成示意图

1997 年国务院学位办新一轮学科调整目录正式公布后，北师大民俗学学科将民俗学和民间文艺学放在社会学和中国语言文学两个一级学科下进行建设，在新的格局内同时发展。2000年以后，本学科点陆续成为教育部第一批人文社科研究重点研究基地，“211工程”和“985工程”的建设单位，曾集体获国家级教学成果一等奖和北京市教学成果一等奖，多人获国家人文社科优秀学术著作一等奖、国家社科基金优秀成果奖、北京市哲学社会科学优秀学术著作奖、北京市百篇优秀博士学位论文指导教师奖、中国文联和中国民间文艺家协会“山花奖”优秀学术著作奖等。近10年来，北师大民俗学学科点中青年后学团队继承钟敬文先生奠定的优良学术传统，守正出新，巩固和发展民俗学和民间文艺学基础研究与教学，扩大发展现代民俗学、民俗志学、历史民俗学、技术民俗学和民间叙事学等多个新研究分支，完成数字民俗学的创新建设。现在本学科点的理论研究基础更为厚实，已建成数字民俗民间文艺信息资源平台和“数字钟敬文工作站”等专家研究系统，在以民俗学服务国家社会重大文化建设上取得多项成果，在国际化程度上也更为靠前。北师大民俗学学科点在不同时期、不同历史条件下均保持了国内领先水平，在国际上也有一定的影响。

一、学科建设

北京师范大学民俗学学科点是我国民俗学和民间文艺学高等教育的发源地和学科建设示范单位。1997年学科目录改革后，本学科点在校院两级管理系统中重新进行布局，扩大学科结构体系，深化教学科研改革。在延伸和丰富内涵方面，利用北师大综合学科集中的特点，整合校内资源，与哲学与社会学学院、地理学与遥感科学学院、教育技术与信息学院和艺术与传媒学院联合，举办学术讲座或开展项目合作，优势互补。在北京高校同行中，吸收北京大学和清华大学相邻学科的优异资源，共建比较民间文学和社会学等研究生课程。在国际一流高校中，发展国际合作项目，开展前沿课题的学术对话，在社会应用上，与文化部、科技部、民政部和北京市政府有关部门共建横向课题。本学科点在理论和应用两方面的探索中，更新了重点学科的特色，取得了学科发展的明显进步。

以下概述本学科点的建设历程，在涉及学科体制改革方面，将重点介绍近14年来的建设情况。

（一）民俗学学科的体制结构

近14年来，北京师范大学民俗学学科在一系列高端平台上进行建设，包括985高校重点学科建设平台、社会学一级学科自主建设平台、民俗学国家重点学科二级学科平台、中国民间文学自主二级学科平台和教育部人文社科重点研究基地平台。在这些平台上，本学科点设置面向统一管理而不同研究分支的机构，建构了有规划而灵活开放的学科建设体制。

本学科点在学科归属上，同时归属“社会学”和“中国语言文学”两个一级学科；在学位授予分类上，均授法学博士和法学硕士学位。在教学行政管理上，设教学单位“民俗学与社会发展研究所”和“民俗学与文化人类学研究所”，归文学院管理。在科研行政管理上，归校社科处和科技处管理。其中，校属研究所有“中国民间文化研究所”，侧重国际交流和国内高层次学术活动。校社科处管理的研究单位有“性别与发展研究中心”和“人类遗产学研究中心”。校科技处管理的机构有“数字民俗学实验室”和专业网站。985、211建设项目和国家社科基金重大项目在文学院的体制内进行。教育部人文社科重大课题和国际合作项目等在教育部人文社科重点研究基地北京师范大学民俗典籍文字研究中心的平台上进行。

（二）梯队建设

14年来，特别是近10年来，本学科点完成了老中青交替，学术团队的年龄结构大为改善，同时加强了后备梯队储备。现有教师13人，比起1950和1980年代教师最多时增加了40%。在职称结构上，现有教授6人，副教授4人，讲师2人，网络工程师1人。在学历结构上，有博士学位者12人，其中有海外博士和博士后留学背景者4人，占教师总数的33%，已形成高层专业化而学术开放的人才结构。在年龄分布上，55岁以上2人，40～55岁6人，30～40岁5人，以老带新，稳定发展。在专业结构上，以民俗学专业背景的教师为主，同时补充了社会学、人类学、宗教学和地理学专业的交叉学科人才。本学科点梯队结构合理，人才知识结构完整。

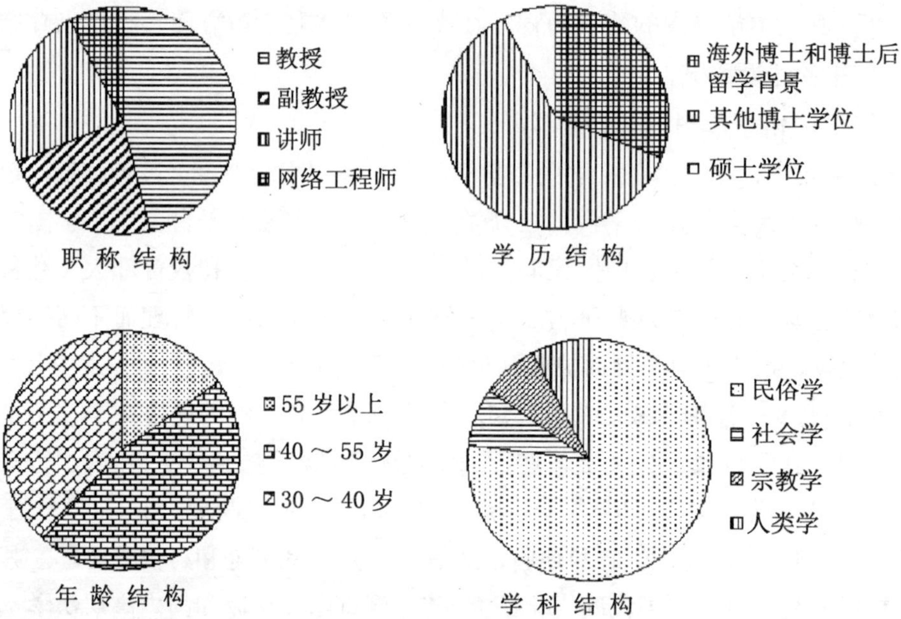

北京师范大学民俗学学科点梯队建设示意图（2001—2011）

（三）研究机构

本学科点设 3 个研究所、2 个研究中心、1 个校级重点实验室、1 个专业网站和 1 个校图书馆分馆，拥有长时间的学术积累，研究实力雄厚。

1. 中国民间文化研究所

北京师范大学中国民间文化研究所，1993 年由国际著名汉学家、美国历史学家欧达伟(R.David Arkush)教授倡建，钟敬文先生提请北京师范大学校长审议并批复后正式成立，属校级研究所。

中国民间文化研究所，是钟先生率领本学科点在开展多年国际学术交流之后，在国家深化改革的时期，在国际汉学界和外国高校民俗学同行研究中国民间文化兴趣增强和频繁来华的新时代条件下，在北京师范大学校领导的支持下，成立的第一个民俗学科国际化学术交流机构。钟敬文先生任第一任所长，董晓萍教授为继任所长。1990 年代以后，应钟先生邀请，季羡林、费孝通、张岱年和启功等国学大师曾出任该所的长期通讯研究员。另聘请海外客座教授 18 人到所内兼职，包括美国历史学家欧达伟教授、美籍澳大利亚人类学家贺大卫教授(David Holm)、英国牛津大学汉学家杜德桥教授(Glen

Dudbridge)、美籍华裔历史学家洪长泰教授（Chang–tai Hung)、法国宗教人类学家劳格文教授（John Lagerwey)、英国剑桥大学李约瑟中国科技史编写组白馥兰教授教授、日本民俗学家福田亚细男教授、韩国民俗学家崔仁鹤教授和法国年鉴学派代表人物蓝克利教授（Christian Lamouroux) 等，至今他们中间的大部分人还在本所兼职。该所建有中国民俗学专业图书资料库，出版“中国民间文化研究所丛书丙种”（商务印书馆，1999)，“中国民间文化探索丛书”（北京师范大学出版社，1998—2002)，“外国民俗文化研究名著译丛”（中华书局，2004—2006）等多个系列的经典著作。2011 年，经北师大校领导批准，该所与北京师范大学图书馆合作建立“北京师范大学图书馆中国民间文化研究分馆”。

2. 民俗学与社会发展研究所、民俗学与文化人类学研究所

本学科点在教学和日常运行管理方面最重要的改革，是对沿袭多年的重点学科运行机制重新布局，在“社会学”和“中国语言文学”两个一级学科下成立两所 ：民俗学与社会发展研究所和民俗学与文化人类学研究所。

1997 年以后，钟敬文先生根据对国内深化现代化文化建设和国际上全球化侵袭背景的深刻分析，对民俗学和民间文艺学既有联系、又已获得独立建设条件的新形势作了长远规划。2001 年，钟先生致信教育部领导，提出民俗学学科进一步发展的方案 ：“将民间文艺学（民俗学）专业划归‘中国语言文学’一级学科”，“也可在‘社会学’的门类下保留‘民俗学’二级学科”[1]。北师大校院两级主管部门协同落实钟先生的方案。由钟先生原学术助手董晓萍教授任文学院学术委员会主任、民俗学学科的学术带头人，带领本学科点执行 985、211 国家重点学科和教育部人文社科重点研究基地的研究项目和学术团队建设，同时成立民俗学与社会发展研究所和民俗学与文化人类学研究所，负责教学管理和日常运转。两所都有建设民俗学和民间文艺学的任务，但各有侧重 ；同时要分别对外融入两个不同一级学科的主干二级学科群，产生交叉扩展的新成果，在一个更开放的平台上，建设钟先生提出的“民间文化诸科学”的现代体系，也力争在国际同行的前沿水平上有序发展。

1　钟敬文 ：《关于民间文艺学和民俗学学科分类变更的意见》，详见本书《附录一》。

民俗学与社会发展研究所。侧重在“社会学”一级学科下进行教学管理和日常活动，重点开展民俗学二级学科的建设。经过10年的发展，该所已成为民俗学教学科研、人才培养、数字民俗技术攻关和国际交流的新型综合机构。主要研究方向有：理论民俗学、现代民俗学、历史民俗学、技术民俗学、数字民俗学、宗教民俗学、城市社会学和民俗社会学。该所同时进行中外比较民间文艺学的教学研究。自2001年以来，共招收博士研究生39人，毕业35人；招收硕士生56人，毕业50人。另有博士后5人，访问学者6人。

民俗学与文化人类学研究所，侧重在“中国语言文学”一级学科下进行教学管理和日常活动中，重点进行中国民间文学自主二级学科建设。主要研究方向有：民俗学、民俗志学、民间文艺学、民间叙事学、神话学、故事学和文化人类学。该所拥有民间文艺学研究的传统优势，同时吸收人类学、艺术学和文化遗产学的新成果开辟新的研究分支。已毕业博士研究生13人，硕士研究生25人，另有博士后1人，访问学者6人。

实践证明，两所的建制改革符合我国高等院校中民俗学与民间文艺学理论基础和学术队伍来源相近的实际情况，又能在新时期开放发展的氛围中，顺应民俗学和民间文艺学发展的各自规律，使民俗学在社会学领域里放手发展，使民间文艺学在文学领域里加强特殊文艺学建设，同时民俗学和民间文艺融通互补，给整个学科点带来了充沛的发展活力。

3. 性别与发展研究中心

北京师范大学性别与发展研究中心，2002年成立，中心主任为董晓萍教授。北京师范大学是国内高校女性学和社会性别学的第一批建设单位。1995年在北京召开第四届世界妇女大会后，由著名语言学家王宁教授首倡，成立了全国第一个高校女教授联谊会（后更名为北京市女教授协会），王宁教授任会长，历时17年，该会在我国高校社会性别与发展研究领域发挥了重要作用。2002年至2011年，董晓萍教授任北京市女教授协会常务副会长兼常务秘书长，兼任北京师范大学女教授协会会长和女教职工委员会主任。该中心在此期间成立。中心成员由北师大校内民俗学学科点与中文、教育、心理、哲学、法政、公共管理、资环和化学等多院系、多学科的女教授组成，中心瞄准联合国未来十年计划中的社会性别主流化部分，与高校社会性别政策与人才培养战略环节结合，发展综合学科教育实践，推动性别民俗学建设。

自2002年至今，该中心在全校开设本科公共选修课“女性学”、“女性学、全球化与发展”、“女性讲坛”，开设研究生专业课“社会性别学”和“社会性别学与公共政策”，内容包括：社会性别与大众媒体传播、性别民俗学、女性民俗学、社会性别与跨文化民俗遗产保护、性别与旅游民俗、性别与民俗文化价值评估体系及其应用、全球化与现代化对中国知识妇女和基层女性的影响、海外汉学研究与中国民俗文化。2004年举办首届“性别、高等教育与社会发展”高级国际研讨班，联合国国际劳工组织社会性别专家和国内学者15人联合授课，从联合国社会性别工作框架、妇女史和中国文化传统三块，构建教学内容系统，分别是：张幼云《性别与发展——将性别问题纳入主流战略》、《社会性别学方法论与国际劳工标准》，奈琳（Nelin Hasples）《在亚太地区的社会性别主流化问题与实际操作》、王宁《中国古代社会与中国妇女问题的特点》、董晓萍《性别民俗志》、刘伯红《全球化与性别平等》、李小云《中国社会性别主流化中的关切问题》、尚晓援《社会治理与公共政策：社会性别组织的模式》、邓小南《唐宋社会的妇女生活》、杜芳琴《在高校发展中的妇女与社会性别学》、史静寰《教育与人的性别社会化》、马捷莎《现代教育环境下影响女性成功的原因》，金一虹《农村城市化中的社会性别分工》，贾放《汉语叙述词中的大众文化及其性别属性》、王晓莉《医疗民俗与社会性别》和王琪《高校图书馆教师管理中的性别问题》。

自2004年起，社会性别研究方向在民俗学学科点和教育学部的研究生招生目录中招生。

在科研方面，以联合国国际劳工组织“在3+1机制中提高社会性别主流化能力”项目为首选项目，相关项目有：转型期的中国妇女参政研究、女性、儿童与大众媒体传播、我国西部少数民族儿童教育教材研究、性别民俗志研究、海外汉学与中国民俗文化研究等。

该中心将联合国社会性别战略和理论教育资源引进北师大，针对全球化对各国高等教育、多元文化传统和性别平等的冲击，介绍社会学、社会性别学与民俗学交叉研究的国内外前沿理论，注重中国教育的历史背景和文化传统，根据性别与民俗文化等带有自我认同特征的文化在全球化中被新经济价值化的共性，提出焦点问题，建立研究新支点。

4. 人类遗产学研究中心

对优秀中国民俗文化传统的继承是北师大民俗学学科点改革建设的目标。2003年，本学科点与法国人类进步基金会合作成立“人类遗产学研究中心”，借鉴国际先进的人类遗产学理论和方法，研究和弘扬祖国民俗文化遗产，推进中国优秀文化与世界其他民族民俗文化的交流与共享。

该中心的研究选点首选北京。民俗学研究过去一直偏重农村，该中心转向城市遗产保护，已开展北京城市用水民俗调查、北京什刹海地区等32个保护区个案进行中欧学者联合田野调查、北京胡同保护调查和北京老字号企业行业民俗传承调查等，已出版著作《北京民间水治》(2009)，完成博、硕研究生论文17篇。

该中心的研究理念，接受钟敬文先生上、中、下三层文化互动的思想，侧重历史性、继承的价值较高而过去的研究又关注不够的课题，开展专题研究。已与法国同行共同进行的“北京寺庙碑刻与社会史”项目和“北京行业文化与知识传承”项目，经过艰苦而有效的工作，对民俗文化在城市市民、皇室皇苑和外省地方复杂传承的纷繁现象有了进一步的认识，产生了三个阶段成果：①制作“北京内城寺庙碑刻数据库（2003—2011)”，出版《北京内城寺志》(2003—2011）和《中国明清城市寺庙与市民》(2012）等著作。②制作“北京传统水资源历史文献数据库”和“北京行业文化调查数据库”(2006—2011)，出版《中国近现代行业文化研究》(2010）等著作。③与北京大学跨文化研究中心和法国人类进步基金会合作，从事跨文化比较研究项目，建设跨文化民俗学，制作“跨文化对话数据库（2006—2012)”，出版《全球化与民俗保护》(2007）等著作。

人类遗产学的研究使城市历史景观民俗传统、城市手工行业民俗和城市民俗文献有了更高的利用价值，使其中的景观民俗和物质民俗可以延续利用，甚至改变了“文献”的传统定义。在这些研究中，不论是国内课题，还是国际合作，都坚持以我为主，放眼世界，在北京国际大都市氛围中发展“民俗文化诸科学”。

5. 数字民俗学实验室

北京师范大学数字民俗学实验室为校级重点实验室，2003年成立，由校科技处管理。该实验室由董晓萍教授创建并担任室主任。实验室的网络工程师为赖彦斌博士，骨干成员有陈硕、鞠熙和周锦章等，并吸收民俗学专业优秀研究生、计算机、地理学等专业的研究生和高年级优秀本科生等参加科研团队。经过9年建设，该实验室已建成“数字钟敬文工作站”、“北京师范大学民俗学学科网站”、“世界大都市历史保护经验网．北京站”和“跨文化对话网站”等4个专业网站。北师大数字民俗学实验室与文化部民族民间文艺发展中心合作，已陆续开发研制系列数字民俗软件多种，包括“中国民族民间文艺集成志书数字空间演示模型”（故事、民歌和戏曲志部分）、“数字中国故事博物馆”、“中国民族民间文艺资源地图”、“数字中国民族民间文艺集成志书分省总目”、“中国故事类型数字地图”、“数字民歌器乐地图”、“数字节气谚语地图”、“数字戏台”、“数字曲苑”、“数字中国故事影院”、“数字北京故事影院”、“数字春节故事影院”和“中国春节信息小屋”、“中外大学生朗读中国经典故事”和“北京城市行业非物质文化遗产研究与保护数字化成果”等。自2004年以来，该实验室研发的数字软件陆续在国家博物馆（2004）、国家大剧院（2009）、香港文化博物馆（2010）和首都博物馆（2010）展出，获得极大的社会反响，受到中外观众的热烈好评。

在教学方面，该实验室已开设“数字民俗学”研究生专业课，在民俗文化遗产保护工程方面，常年进行数字民俗民间文艺数据库操作培训，已指导博、硕研究生使用数字民俗民间文艺数据撰写学位论文29篇。

在理论方面，自2009年起，出版“数字民俗文化遗产丛书”4种，包括董晓萍、赖彦斌、吕红峰、马磊、鞠熙《数字钟敬文工作站》（2009），鞠熙《数字碑刻民俗志》（2009），周锦章《数字行业民俗志》（2009）和赖彦斌、董晓萍《数字故事民俗地图志》（2012）。

理论研究

数字民俗文化遗产丛书

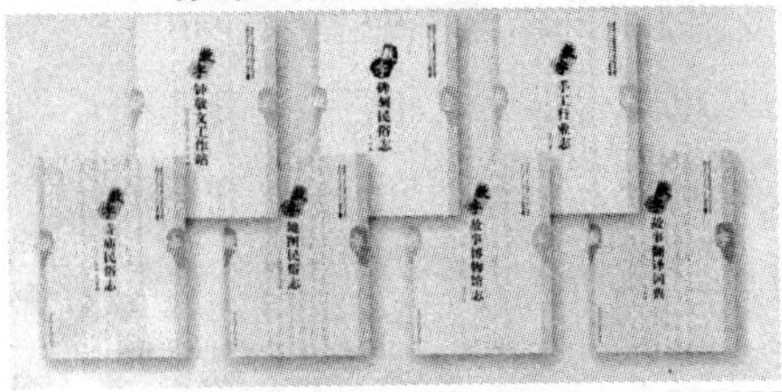

教学培训

- ✧ 开设“数字民俗学”研究生专业课
- ✧ 数字民俗民间文艺数据库操作培训
- ✧ 指导博、硕研究生使用数字民俗民间文艺数据撰写学位论文 29 篇

数字民俗软件

- ✧ 中国民族民间文艺集成志书数字空间演示模型
- ✧ 数字中国故事博物馆
- ✧ 中国民族民间文艺资源地图、数字中国民族民间文艺集成志书分省总目、中国故事类型数字地图、数字民歌器乐地图、数字节气谚语地图、数字戏台、数字曲苑、数字中国故事影院、数字北京故事影院、数字春节故事影院、中国春节信息小屋 、中外大学生朗读中国经典故事
- ✧ 北京城市行业非物质文化遗产研究与保护数字化成果

数字成果展出

- ➢ 国家博物馆（2004）
- ➢ 国家大剧院（2009）
- ➢ 香港文化博物馆（2010）
- ➢ 首都博物馆（2010）

专题数据库

- ✧ 北京内城寺庙碑刻数据库
- ✧ 北京传统水资源历史文献数据库
- ✧ 北京行业文化调查数据库
- ✧ 跨文化对话数据库

专业网站

- ✧ 数字钟敬文工作站
- ✧ 北京师范大学民俗学学科网站
- ✧ 世界大都市历史保护经验网.北京站
- ✧ 跨文化对话网站

北京师范大学数字民俗信息中心建设示意图

数字民俗学实验室是北京师范大学首批文科实验室，它的探索成果，将钟敬文先生的学术文化成就与后续发展信息给予现代化的展示和交流，将民俗学高等教育与现代大众遗产学教育相衔接，更新了民俗学国家重点学科的特色，对国内高校民俗学专业资料储存和研究能力的提升做出了示范，还使民俗学研究为政府部门的非物质文化遗产保护决策提供了智力支持，也为企业正确开发利用历史文化遗产提供了参考意见。据我们所知，到目前为止，在国际国内同行中，还没有一个由民俗学专业人员创办的数字化实验室，该实验室在理念和实践上都具有超前性。

二、教学工作与人才培养

（一）教学人员

本学科点共有教师 13 人，其中，教授 6 人（董晓萍、刘铁梁、万建中、萧放、杨利慧和色音），副教授4人（朱霞、康丽、岳永逸和彭牧），讲师2人（史玲玲和鞠熙），网络工程师 1 人（赖彦斌）。

本学科点全体教授和副教授都在本科教学第一线讲授“民俗学”和“民间文艺学”两门课，这是本学科点的传统精品课，新入职的青年讲师也都要从这两门课讲起，打好教学基础，提升教学质量。教授和副教授全部从事研究生教学工作。在研究生学位论文指导过程中，沿袭钟先生建立的传统，组成导师小组协作指导。

近年根据民俗学理论扩大知识结构的需要，本学科点推动民俗学、民间文艺学与社会学、人类学和宗教学等相关学科的交叉研究，在校院支持下，聘请国内高校相关学科最优师资，与聘请国际一流高校同行，陆续到本学科点兼职授课，主讲全校“本科生前沿创新”课程的民俗学课和本专业的研究生课程。

在钟先生生前已经启动，持续至今的长期兼职教授如下：

清华大学人文社会科学学院社会学系李强教授，北师大兼职教授、民俗学专业合作博士生导师。

北京大学外国语学院东方文学研究中心王邦维教授，北师大兼职教授、民俗学专业博士生导师组导师。

兼职教授承担的课程有：社会学原理、当代社会分层研究专题、民间宗教学、东方民间文学比较研究、社会性别学、社会人类学与跨文化研究。

兼职教授的课程类别，有本科生和研究生两种。本科生课程，分北师大全校本科生前沿创新讲座和全校公共选修课两种，每门课2学分。研究生课程，为民俗学专业的学位专业课，每门课2学分，北师大民俗学专业与清华大学和北京大学相邻学科的共享研究生课程，记入北师大民俗学专业的研究生学分和成绩单。

近年承担授课的主要海外客座教授如下：

美国衣阿华大学欧达伟教授(R.David Arkush)

英国牛津大学杜德桥教授(Glen Dudbridge)

法国高等实验学院劳格文教授（John Lagerwey）

法国高等社会科学研究院蓝克利教授(Christian Lamouroux)

英国爱丁堡大学白馥兰教授(Franseca Bray)

日本关西大学古川彰教授

海外客座教授主讲民俗学专业的学位专业课“社会人类学与跨文化研究”，在研究生二年级阶段开课，客座教授主讲1学期，2学分。

（二）课程设置

1. 课程系统改革

本学科点在学科建设体制改革后，凝练研究方向，推动教学改革。1997年前，本学科点有4个研究方向，即一般民俗学、历史民俗学、民俗志学和民间文艺学。1997年后，增设为9个研究方向，即理论民俗学、民俗志学、历史民俗学、宗教民俗学、技术民俗学、数字民俗学、民间文艺学、城市社会学和民俗社会学。本学科点在新的研究方向上操作，与国际同行更容易沟通，在校内的教学体系改革措施也更容易实施。

改革后的课程体系，保留了传统优势课程“民俗学”和“民间文艺学”。它们是本科生和留学生的必修课，常年开设。新开设的课程，拓展了课题体系，例如：本科选修课“民俗文化学”、“民间文化专题”、“北京文献与民俗”、“宗教民俗”、“东北亚民俗”，全校公共选修课“全球化与民俗化”，本科生学术前沿课“当代社会学基本问题研究”、“女性学与社会公共政策”和“社会性别学”和全校本科生通识教育课“女性讲坛”。研究生精品课“现代民俗学”、“历史民俗学”和“宗教民俗学”，研究生双语课“世界民俗学导论”。与北京大学和清华大学共享研究生课程“民间宗教学”、“东方文学研究”、“社会学理论”、“社会分层”、“城市社会学”等。

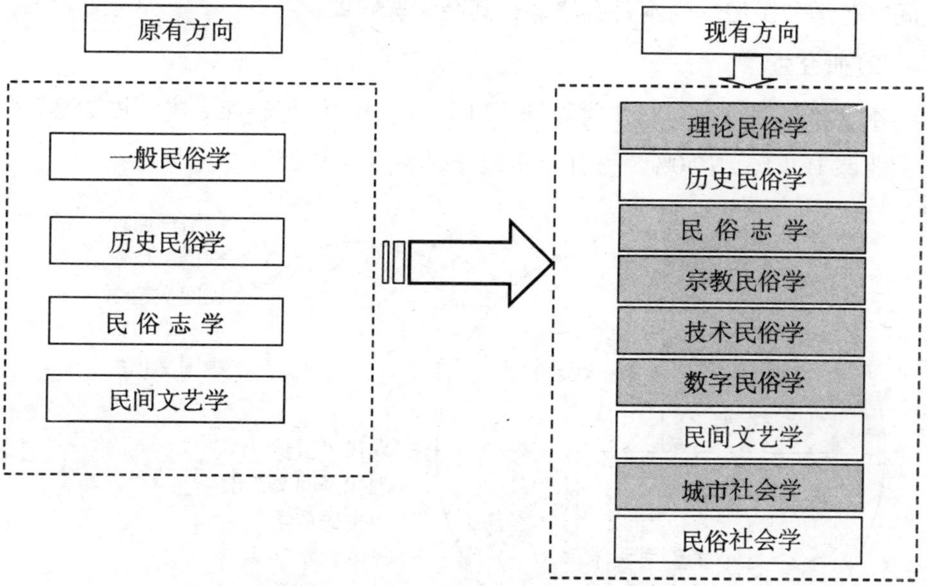

北京师范大学民俗学学科结构改革示意图

新的课程体系将民俗学与社会学相结合，也将民间文艺学与比较文学研究相交叉，历史内蕴深厚、国际视野开阔、结合现实紧密，受到了听课本科生和研究生的普遍欢迎。

2. 课程结构

本学科点面向本科生和研究生开设专业课，根据本、研不同层次，确定了不同的课程结构。

(1) 本科生

本科生的民俗学科教学面向本校大学生（含“汉语言文学专业”、“师范专业”、“全校文理科不同专业”、“第二专业辅修”等不同层次）、北京市高校共同体系统内的大学生和来华留学生，生源多样，但对民俗学和民间文学课程普遍有兴趣。已开设的本科专业课有：民间文学概论、民俗学、民间文艺学、民间文化专题讲座、神话学、故事学、歌谣学、全球化与民俗化、文化遗产学、东北亚民俗、民俗宗教学、北京历史文献与民俗调查等。其中，民间文学概论、民间文艺学和民俗学为本科必修课，其余为选修课。

(2) 研究生

本学科点共开设研究生学位课 32 门，其中学位基础课 8 门，占 25%，学位专业课 16 门，占 50%。另有专业选修课 8 门，占 25%。

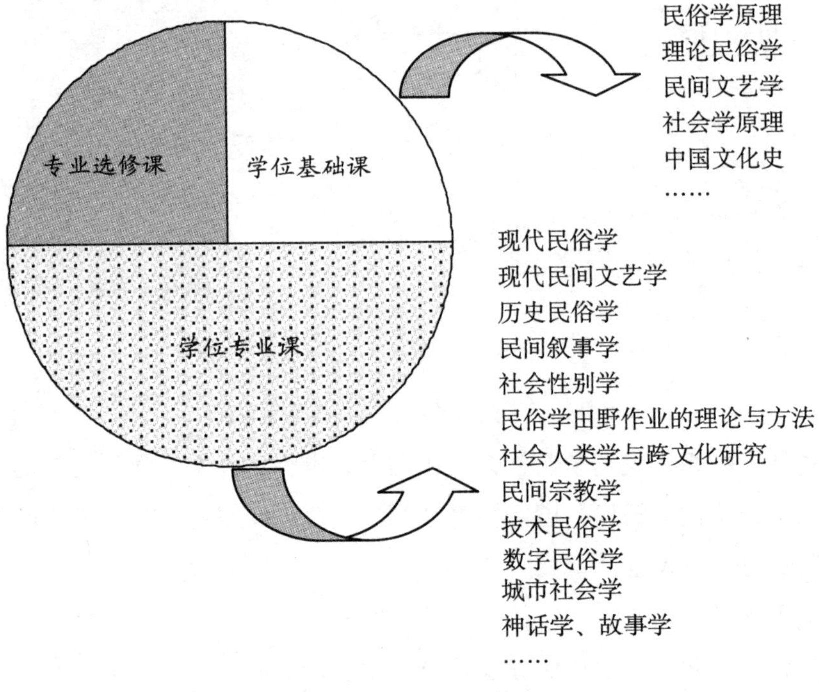

北京师范大学民俗学学科点研究生学位课程示意图

（三）课程内容大要

本学科点研究生课程中的主要课程内容要点如下。

1. 学位基础课

民俗学原理。本课阐述民俗学的基本理论与方法，讨论民俗学领域关于民俗传统、民俗传承、民俗类型、民俗融合、民俗认同、民俗转型、民俗变迁，以及全球化、地方化与民俗化等主要问题的理思潮和学术分支。从民俗学原理的视角介绍钟敬文主编《民俗学概论》和《民间文学概论》两教材的原创理论和资料系统。

理论民俗学。本课阐述20世纪国际民俗学的理论流派，重点根据中国的实际，以框架的方式，阐释我国现代民俗学的学说体系和基本研究方法。主要从三个新的角度开展讨论：对已被描述的民俗事象及其解释内涵的分析，对未被描述的民俗事象进行反思和补充，对我国现代化进程中的传统民俗的变迁、危机和利用方式加以探讨等。本课培养学生的民俗学理论素质，加强民俗学研究方法训练，提高比较研究和交叉研究的能力。

民间文艺学。本课介绍一般民间文艺学研究的理论和方法。重点介绍故事分类史、故事类型学、AT分类法、民间叙事的口头传统理论、叙事表演理论、叙事仪式理论和叙事社区理论等。本课也介绍民间叙事学史，介绍芬兰的科隆父子和阿尔奈、俄国的普罗普、美国的汤普森、道森、帕里—洛德、阿兰·邓迪斯、鲍曼、法国的列维—斯特劳斯的理论要点，阐述中国故事类型研究史，以及钟敬文、艾伯华、丁乃通和池田弘子等从不同层面对中国故事的类型、母题、主题和民俗志语言的分析。

社会学原理。本课介绍社会学的基本理论与方法，讨论社会变迁、社会分层、社会动力、社会互动、社会评估等基本问题。

中国文化史。本课介绍中国文化史研究的基本范畴和研究成果，重点介绍上、中、下三层文化分层和互动方面的研究理论、方法和学派。

2. 学位专业课

现代民俗学。本课在现代化进程和全球化的背景下，根据现代高校民俗学教育的发展需要，重点根据我国实际，以框架的方式，阐释我国现代民俗学的学说体系和基本研究方法。主要从三个新的角度开展讨论：对已被描述的民俗事象及其解释内涵的分析，对未被描述的民俗事象进行反思和补充，并对我国现代化进程中的传统民俗的变迁、危机和利用方式加以研究和阐释。本课的另一侧重点是，对传统民俗延续到现代社会和现代学者研究视野中的主要部分，梳理出若干基本问题，加以分类探讨，并进行新的理论阐释，它们包括：粮食民俗、水利民俗、土地民俗、性别民俗、组织民俗和宗教组织民俗等。

历史民俗学。历史民俗学是民俗学的重要组成部分，教学目标有两个，一是阐释中国历代民俗文献的搜集整理和研究的历史，前人对民俗事象的记录、议论和评述，指出其基本内涵和特征；二是对历史民俗文化现象进行当代文化阐释。采用三分结构：民俗史、民俗学史和文献民俗志。民俗史，指民俗资料系统搜集编纂史，沿用钟敬文先生的观点："对综合或者单项的民俗事象的历史的探究与叙述，包括通时的或断代的事象的探究与叙述"。民俗学史，指民俗学的学术史，包括中国民俗学史与外国民俗学史。文献民俗志，指阐述我国历代文人记述民俗的文献系统，如岁时记、风土记、地方民俗志、全国风俗志、笔记小说和竹枝词等，也阐述活态民俗文献，如民间唱本、家谱和契约文书。

民俗学田野作业的理论与方法。介绍现代民族志理论中的民俗志概念和现代学术理论流派、现代民俗学田野作业的理论与方法、实地田野考察训练项目、田野资料分析方法、撰写田野报告的格式、民俗志资料的电子典藏和属性描述等。

民间宗教学。介绍中印佛教文化比较与交流、海外汉学界研究中国民间宗教的学术史、世界三大宗教与中国民间宗教、中国明清民间宗教与民间宝卷，法国宗教人类学研究等内容。本课程在中外宗教民俗比较的框架下，分析理论流派，解读实地田野考察的发现，重视对学生的学术态度与实证方法的培养。

技术民俗学。本课介绍技术民俗学原理、国际技术人类学研究成果、技术民俗事象的分析方法，含民间科技和传统手工工艺民俗等分支研究，重点讨论民间技术与民俗的关系，民俗技术与多元文化传统的关系，介绍在全球化和现代化背景下迅速发展的技术民俗基本理论问题。

数字民俗学。数字民俗学是文理交叉的新兴研究方向，主要讲三个专题：一是数字民俗学的概念、对象和性质，在民俗学专业中发展数字民俗学的必要性和可能性；二是数字民俗学的理论框架与具体内容，三是数字民俗学处理民间文艺和民俗资料的理念与技术。以任课教师理论阐述为主，辅以指导研究生在数字民俗学实验室进行实习操作训练，旨在加强民俗学现代知识结构系统和理论体系建设，解决前人没有解决的民俗民间文艺资源的现代信息化贮存和研发利用诸问题，提高民俗学的跨文化交流能力，拓展民俗学服务国家社会重大文化需求的空间，培养创新型专业人才。

社会性别学。本课在社会运行和民俗文化传承方面使用社会性别学的视角，对民俗学开展拓展教学。分三个部分：性别与公共政策研究，针对当前社会政策制定或运行过程中缺乏性别意识使政策的效果减低或者失效的问题，使用细致的调查资料和精密的数据分析，说明社会公共政策的制定必须有性别考虑；性别与大众传媒，分析现代社会中大众传媒对女性模式、妇女与贫困、妇女与暴力、妇女儿童福利、妇女参与社会主流变迁等种种影响；性别民俗学，阐述性别意识在民众俗生活中的实际表现，从民间信仰、民间节庆、民间组织、民间物质生活等领域，考察性别意识对于社会活动与社会构成的影响。

社会人类学与跨文化研究。以海外汉学家与北师大合作教授共同进行专业讲座的形式，介绍欧美和日本社会人类学的一般理论、方法、理论争论、现代学术流派，重点就跨文化的对话研究提出人类学个案分析的资料特点、解读成果与比较著名的方法论。

中国社会——文化史导论。本课采取研究生专题讨论课的形式，以西方民俗学史为论题，着重探讨民俗学的学科起源，如以民歌搜集开始的民俗学、民间文学传统与浪漫主义、民族主义、民族国家形成的关系；口语传统在现代化进程中的独特价值；它在与异文化和本文化传统中发展出的学科方法和角度，如比较研究、历史地理学派等；最后反思学科开创以来对传统、本真性的构建及其与文学、人类学等相关学科的关系。

城市社会学。本课就民俗学与社会学共同关心的研究对象进行探索，介绍两个学科就此进行交叉研究和综合研究的一些概念、观点与方法的互补，重点介绍城市社会的实证研究、城市史研究、社区研究、民间组织研究、流行文化现象研究、企业文化研究等方面的问题。介绍城市社会学的基本理论、方法，并分专题——城市发展史、城市化、城市社区、城市空间、城市社会结构、城市生活、城市文化、城市规划、中国城市化进程中的重大问题等介绍城市社会学的具体研究。

现代民间文艺学。现代民间文艺学的研究往往为复杂的现代社会现象和新媒体利用形式所困扰，它与民俗学、人类学、社会学和大众文化学的边界也越来越模糊，这导致难以概括现代民间文艺学的具体内容、详细程度和学科价值。本课阐述现代民间文艺学研究的理论知识系统、方法论和一些基本理论问题，包括它的对象和性质，文本分析理论、现代传承理论，故事类型学、民间文艺资源的数字化，以及在现代化和全球化的背景下，我国现代民间文艺学的变迁和走势。

民间叙事学。民间叙事学阐述民俗学和民间文艺学研究民间叙事活动的理论与研究方法，包括故事形态学和民间叙事学史。适当介绍中国民间叙事研究的其他主要观点和方法。本课指导研究生阅读相关经典著作和开展讨论。

神话学。本课通过比较系统的专业知识学习和深入讨论，使学生把握神话的基本概念和基本理论，特别是通过对于神话学史上主要学术观点、流派的梳理，一方面使学生了解人类对于神话的认识和认识发展的过程，从中深入体察神话的本质、神话发生的原因、神话与人类社会生活以及人类思维和心理的关系等，另一方面，也通过神话学的窗口，把握民俗学、民间文学研究的重要理论视角和方法。

民间叙事学名著选读。本课程通过名著选读、研究生研讨的方式，选择中外民间叙事学领域的经典研究论著，鼓励学生直接阅读原著，并与教师共同探讨，从而在主动学习中掌握当前民间叙事学基本理论和研究方法。所选著述主要是近年来西方民间叙事学界卓有影响的英文著作，也包括国内富于洞见的相关研究成果，内容广泛涉及类型与母题、形态与结构、内容与意义、表演、表演者与参与者、现代社会中的民间叙事等。

民间文学专题研究。本课程主要介绍并讨论当前学界对民间文学研究理念与范式的反思和进展，特别是将这种反思与国际学界对表演、文本、记忆、情感、讲述民族志和艺术行为等话题的关注相结合。课程共设置了三个单元十个专题，分别讨论学科领域的设定、观察维度与研究尺度的选择、民间文学的田野研究等关键问题。专题设置分别为：口头性与民间的考量——研究对象术语辨析；学科溯源——民间文学与民俗学的学科本位；文类的区隔与划分——文化视野中的民间文学；言说方式与说话方式——“Ways of Speaking”；功能与结构——民间文学的本体研究方法反思；表演中的创作；故事歌手——传承人研究；从田野作业到田野研究；田野研究与民族志想象；从表演到印刷——民间文学文本的制作。

“性别视野下的”文化社会学。本课程旨在介绍这一学科的发展历程、研究方法和基本范畴，并讨论其方法和范畴在中国社会的适用性问题。除了文化社会学发展史、现代和后现代文化、文化过程、文化的社会群体分层、文化的价值分化等诸多专题外，基于与民俗学与民间文艺学学科的对话需要，课程还特别设置了“社会性别与民间文学”、“社会性别与女性主义民族志研究”等专题的研读。

（四）研究生培养

1. 招生目录

(1) 硕士研究生招生目录（据2012年北师大研究生院公布目录整理的样本）

招生单位：北京师范大学文学院

专业名称：民俗学

专业代码：030304

计划招生人数：13

研究方向	考试科目
01 民俗学	① 101 思想政治理论② 201 英语一或 202 俄语或 203 日语③ 720 社会学④ 934 民俗学（含民间文艺学）
02 民间文艺学	同上
03 现代民俗学	① 101 思想政治理论② 201 英语一或 203 日语③ 712 社会史研究④ 914 民俗学理论与方法
04 历史民俗学	同上
05 技术民俗学	同上

（2）博士研究生招生目录（据 2012 年北师大研究生院公布目录整理）

招生单位：北京师范大学文学院

专业名称：民俗学

专业代码：030304

计划招生人数：4

研究方向	招生导师	招生人数	考试科目	备注
民俗学（含民间文艺学）与社会学	董晓萍教授	1	① 1101 英语② 2289 社会学原理③ 3801 民俗学研究（现代民俗学、历史民俗学和技术民俗学）	
	李强教授	1	① 1101 英语② 2289 社会学原理③ 3801 民俗学研究（现代民俗学、历史民俗学和技术民俗学）	兼职教授、合作导师董晓萍教授
	萧放教授	1	① 1101 英语或 1103 日语② 2289 社会学原理③ 3801 民俗学研究（现代民俗学、历史民俗学和技术民俗学）	
民间文艺学	万建中教授	1	① 1101 英语或 1102 俄语或 1103 日语② 2294 社会学③ 3792 民俗学（民间文艺学）	

2. 培养方案

（1）硕士研究生培养方案（据北师大研究生院 2011 年硕士生研究生培养方案整理部分样本）

专业名称：民俗学　　学科代码：030304

本学科具有硕士学位授予权。

①培养目标

本专业硕士生培养适应国家社会主义现代化建设需要，综合素质较好、具有比较全面的民俗学专业知识、能够运用民俗学和相关社会学、人类学等理论与方法，具有一定的、独立的社会调查技能，能够面向学科发展和社会应用的实际，参与完成或完成本专业某方面完整科学研究的复合型人才。本专业的硕士研究生培养主要面向教育机构、文化发展机构和政府管理机构。毕业生能够承担民俗学教学工作和相关社会服务业务。应掌握一门外国语，可以应用照相机、录像机、计算机等有关科研仪器设备进行实际操作。学习期限三年。

②课程设置及学分要求

总学分 50 分

公共学位课	3 门	9 学分
学位基础课	4 门	12 学分
学位专业课	6 门	18 学分
专业选修课	2 门	6 学分
必修环节		5 学分

③培养与考核方式

硕士生中期筛选，在修完学位专业课和选修课等主干课后举行，一般在第二学期末进行。由本专业一级学科的学位分会认定的两名以上教师组成考核小组，其中至少一名是教授，共同实施考核。考核形式分书面考试、田野作业考核和对学位论文开题报告的口头答辩三种，根据综合成绩，分别划分合格与不合格。考核成绩不合格者，不能申请硕士学位资格。考核小组中如有三分之二成员认为考核成绩不合格，即视为不合格。考核小组成员之间对考核成绩产生分歧时，由学位委员会分会做出仲裁。

④科研能力与实践能力的基本要求

科研能力。了解民俗学和相关社会学、人类学等的主要专业文献并能查阅和运用，了解本专业学术的国内外最新进展。能独立进行本专业一般理论研究或应用研究项目的选题，并承担和完成项目的一部分工作。在攻硕期间，在专业期刊上发表不少于一篇专业论文或独立完成一般研究项目的子课题，独立完成符合《本培养方案》所规定的《学位论文的基本标准》的硕士学位论文。

实践能力。能独立开设本专业本科生的基础课与选修课，并有较好的教学效果。能撰写一般人文社科规划项目的申请书。能独立撰写有一定独立分析见解的专业论文或田野研究报告。能参加国内学术会议，并参与学术讨论。能组织本专业本科生的学术活动。

⑤学位论文的基本标准

硕士学位论文选题，在经过调研论证后，确定论文选题。选题应有理论价值或社会应用价值。能查阅掌握与本专业和所选研究方向相关的参考文献，并学会建立资料系统。了解前人已有的研究成果。在前人研究较薄弱的领域内，从某个角度，进行比较系统的研究实践训练。硕士学位论文选题须经由导师和硕士生指导小组共同组成的考核小组考核后，在吸收专家意见修改后确定。硕士生应按照个人培养计划书的规定，履行培养方案，在确定选题后，独立完成各项论文准备工作。硕士学位论文必须由硕士生本人独立完成，时间不少于一年。硕士学位论文应设专章阐述与本选题相关研究的学术史，对论文所使用的他人著作观点和他人学术贡献做出认真说明，对本论文在某一方面做出的有别于前人的工作成果进行介绍。硕士学位论文应观点明确、资料翔实、结构合理、行文通畅。正文不少于 3 万字，注释部分不少于 0.5 万字。硕士学位论文在通过答辩后，经认真修改，部分章节应达到在国内核心刊物上发表的水平。

（2）博士研究生培养方案（据北师大研究生院 2011 年博士生研究生培养方案整理部分样本）

专业名称：民俗学　　学科代码：030304

本学科具有博士学位授予权。

①培养目标

本专业博士生培养适应国家社会主义现代化建设需要、综合素质优秀、具有较高民俗学专业水平、系统掌握中国传统文化和相关国际前沿领域知识、能够熟练运用民俗学的理论与方法，并吸收社会学、人类学等相关学科知识，独立解决本专业一、两个前沿学术课题的高层次专业人才。本专业的博士研究生培养主要面向研究机构、教育机构、文化发展机构和政府管理机构。毕业生能承担国家级和省、部级人文社会科学研究项目，能担任民俗学和相关社会学专业的教学工作，能从事公共管理工作。本专业博士生应能至少掌握和运用一门外国语，同时能掌握和应用计算机网络技术开展业务工作。学习期限三至四年。

②课程设置及学分要求

公共学位课　　2门

学位专业课　　2门

前沿学术讲座　5次

③培养与考核方式

博士生中期筛选，一般在修完学位专业课和选修课后进行，通常在第四学期初。由本专业一级学科的学位分会认定的两名以上教授组成考核小组，其中至少一名是博士生导师，共同实施考核。考核形式分书面考试、田野作业和对学位论文开题报告的口头答辩三种，根据综合成绩，分别划分合格与不合格。考核成绩不合格者，不能申请博士学位资格。考核小组中如有三分之二成员认为考核成绩不合格，即视为不合格。考核小组成员之间对考核成绩的评判产生重大分歧时，由学位委员会分会做出仲裁。

④科研能力与实践能力的基本要求

科研能力。熟悉中国民俗学的专业文献，并能熟练查阅和运用。了解与民俗学相关的社会学、人类学等文献资料，并能注意吸收和综合利用。能熟练地运用一门外国语，寻找和把握本学科国际国内一流学术进展情况和前沿学术信息。能独立从事本专业省、部级以上人文社科规划项目的选题，并主持和完成该项目。在攻博期间，在核心期刊上发表不少于两篇专业论文或独立完成省、部级以上项目的某子课题，独立完成符合《本培养方案》所规定的《学位论文的基本标准》的博士学位论文。

实践能力。能独立开设本专业本科生和硕士生的基础课与选修课，并有较好的教学效果。能撰写省、部级人文社科规划项目申请书。能独立撰写有一定创新观点、有学术开拓性的专业论文或书评。能参加国内或国际学术会议，发表大会论文，进行学术讨论或论文评论。

能组织本专业研究生的学术活动。

⑤博士学位论文的基本标准

博士学位论文，在经过充分调研论证后，独立选题。选题应有重要的理论价值或社会应用价值，应对中国社会文化建设有积极意义。掌握与本专业和所选研究方向相关的主要参考文献，能独立建立研究资料系统。充分了解前人已有的研究成果，并掌握相关外文资料信息。在学科前沿位置上，把握开拓的视角、创新点和攻关方向。在前人未做研究或研究较薄弱的某领域内、提出新的学术见解，填补空白或实现突破。

博士学位论文选题须经由导师和博士生指导小组共同组成的考核小组考核后，在吸收专家学者的意见反复修改后，最后确定。博士生应按照个人培养计划书的规定，认真履行培养方案，在确定选题后，独立完成各项论文准备工作。

博士学位论文必须由博士生本人独立完成，时间不少于两年。

博士学位论文应设专章阐述与本选题有关的本领域和相关领域研究的学术史，对论文所使用或参考的他人著作观点和他人的学术贡献做出较全面的说明，对本论文的新的学术建树进行清楚的介绍。博士学位论文应在本专业提出新的重要学术见解，论文观点鲜明、持之有据，结构严谨、行文流畅。正文不少于5万字，注释部分不少于2万字。博士学位论文在通过答辩后，经认真修改，部分章节应达到在国内权威刊物上发表的水平，整篇论文应达到公开出版的水平。

（3）前沿讲座（含研讨班）

本课程广泛吸收多种国际国内资源，邀请国内外本学科一流专家学者举行定期学术讲座或举办短研班，将引智工程与国际合作项目相结合，适应从事学术研究或社会工作等不同类型研究生的各种需要，提供本专业研究生教育的多种自由度，培养研究生参与前沿学术对话，拓展研究思路，增强综合素质训练，也促进研究生介入高层次科研或社会工作项目的过程前移和产出成果的目标凸显，重在实行民俗学教育改革，加强社会效益管理，提高人才培养质量，符合社会需求。要求每个研究生参加 2 至 3 次前沿讲座，以撰写专题研讨报告或专题田野作业报告的方式，考核个人成绩，所撰文经修改后应达到毕业论文组成部分的水平。

（4）主要参考书目

本学科点向本专业研究生所提供主要参考书目，保留了钟敬文先生制定的博士生学习书目（序号 1–27），同时根据近 10 年本学科点近年学科体制的改革，以及研究生招生方向的改革和导师队伍结构的变动，补充了新书目（序号 28–47）。

表 1　北京师范大学民俗学专业研究生主要参考书目

序号	著作（期刊）名称	作者（编者）、出版社和出版时间	备注
1	民间文学概论	钟敬文主编，上海文艺出版社，1980。（第二版，高等教育出版社，2010。）	必读
2	民俗学概论	钟敬文主编，许钰、董晓萍副主编，上海文艺出版社，1998。（第二版，高等教育出版社，2010。）	必读
3	民间文艺学及其历史	钟敬文著，山东教育出版社，1998。	必读
4	民俗文化学：梗概与兴起	钟敬文著，中华书局，1996。	必读
5	建立中国民俗学学派	钟敬文著，黑龙江教育出版社，1999。	必读
6	钟敬文文集・民俗学卷	钟敬文著，安徽教育出版社，2002。	必读
7	钟敬文文集・民间文艺学卷	钟敬文著，安徽教育出版社，2002。	必读
8	中国民俗学史	张紫晨著，吉林文史出版社，1993。	必读
9	乡村戏曲表演与中国现代民众	董晓萍等著，北京师范大学出版社，2000。	必读

续表

序号	著作（期刊）名称	作者（编者）、出版社和出版时间	备注
10	乡土中国	费孝通著，（上海）观察社，1947。	必读
11	比较文学与民间文学	季羡林著，北京大学出版社，1991。	必读
12	诗经集传	（宋）朱熹，中国书店，1994。	必读
13	楚辞补注	（宋）洪兴祖，中华书局，1983。	必读
14	山海经校注	袁珂校注，上海古籍出版社，1980。	必读
15	太平广记	（宋）李昉，中华书局，1961。	必读
16	古谣谚	（清）杜文澜辑，中华书局，1958。	必读
17	中国文化史	王宁主编，湖南师范大学出版社，2000。	必读
18	中国民间宗教史	马西沙等著，上海人民出版社，1992。	必读
19	社会学概论新修	郑杭生主编，中国人民大学出版社，（第三版，中国人民大学出版社，2003。）	必读
20	应用社会学	李强主编，中国人民大学出版社，1995。（第二版，清华大学出版社，2003。）	必读
21	到民间去——1918 ~ 1937年的中国知识分子与民间文学运动	[美] 洪长泰（Chang-taiHung）著，董晓萍译，上海文艺出版社，1993。	必读
22	中国民众思想史论	[美] 欧达伟（R.David Arkush）著、董晓萍译，中央民族大学出版社，1995。	必读
23	《歌谣》周刊	北京大学歌谣研究会，中国民间文艺出版社，1985年影印本。	参考
24	《民俗》周刊	中山大学民俗学会，中国民间文艺出版社，1985年影印本。	参考
25	民间文学论坛	中国民间文艺家协会	参考
26	中国民俗学年刊	中国民俗学会主编，上海文艺出版社，1998，学苑出版社，2002。	参考
27	社会学研究	中国社会科学院社会学研究所	参考
28	说话的文化	董晓萍著，中华书局，2002,2004，2008。	必读
29	田野民俗志	董晓萍著，北京师范大学出版社，2003。	必读
30	不灌而治	董晓萍等著，中华书局，2003。	必读
31	现代民俗学	董晓萍著，广西师范大学出版社，2007。	必读
32	现代民间文艺学	董晓萍著，广西师范大学出版社，2008。	必读
33	全球化与民俗保护	董晓萍著，高等教育出版社，2007。	必读
34	数字钟敬文工作站	董晓萍等著，北京师范大学出版社，2009。	必读

续表

序号	著作（期刊）名称	作者（编者）、出版社和出版时间	备注
35	大唐西域求法高僧传校注	（唐）义净著、王邦维校注，中华书局，1988。（第四版，中华书局，2009。）	必读
36	《荆楚岁时记》研究——兼论传统中国民众生活中的时间观念	萧放著，北京师范大学出版社，2000。	必读
37	岁时——传统中国民众的时间生活	萧放著，中华书局，2002,2004。	必读
38	民间文学引论	万建中著，北京大学出版社，2006。	必读
39	神话与神话学	杨利慧著，北京师范大学出版社，2009。	必读
40	社会分层与贫富差别	李强著，鹭江出版社，2000。	必读
41	农民工与中国社会分层	李强著，社会科学文献出版社，2004。	必读
42	社会分层十讲（第二版）	李强著，社会科学文献出版社，2011。	必读
43	中国社会史概论	冯尔康著，高等教育出版社，2004。	必读
44	中国社会史	[法] 谢和耐（Jacques Gernet）著，耿升译，江苏人民出版社，2008。	必读
45	人类学概论	庄孔韶主编，中国人民大学出版社，2006。	必读
46	女性权利	刘伯红主编，当代中国出版社，2002。	必读
47	社会性别学与发展译文集	马元曦主编，三联书店，2000。	必读

（五）历届博士学位论文题目

自钟敬文先生1986年在本学科点招收首届博士研究生起，至2012年，本学科点共毕业博士生107人。其中1986年至2000年毕业的博士生37人，占38%，2001年至2012年毕业博士生70人，占62%。

表2　北京师范大学博士学位论文信息一览表（1986—2012）

序号	姓　名	博士生导师	博士学位论文题目	毕业年	现工作单位
1	董晓萍	钟敬文教授	明清民俗文艺学史论略	1989	北京师范大学
2	郭于华	张紫晨教授	死的困扰与生的执著——民间传统丧葬仪礼的文化功能和意义	1990	清华大学
3	陶思炎	张紫晨教授	中国鱼文化的功能及演进	1990	东南大学
4	高丙中	张紫晨教授	民俗文化和民俗生活——民俗学的研究对象和学术取向	1991	北京大学
5	张铭远	张紫晨教授	节日仪礼与农事信仰	1991	北京师范大学珠海分校
6	色　音	张紫晨教授	萨满教考略	1994	中国社会科学院

续表

序号	姓　名	博士生导师	博士学位论文题目	毕业年	现工作单位
7	何　彬	钟敬文教授 张紫晨教授	江浙汉族葬俗研究——民俗文化地域性的一种实证探讨	1993	日本京都大学
8	杨利慧	钟敬文教授 张紫晨教授	女娲的神话及其信仰	1994	北京师范大学
9	赵世瑜	钟敬文教授	中国现代民俗学思想的形成与发展（1918–1937）	1997	北京大学
10	安德明	钟敬文教授	渭水中上游地区的农事禳灾研究	1997	中国社会科学院
11	陈岗龙	钟敬文教授	东蒙古英雄史诗研究	1997	北京大学
12	吴效群	钟敬文教授	北京的香会组织与妙峰山碧霞元君信仰	1998	河南大学
13	热依拉·达吾提	钟敬文教授	文化保持与融合——维吾尔族麻扎尔文化研究	1998	新疆大学
14	刘晓春	钟敬文教授	一个客家村落的家族与文化——江西富东村的个案研究	1998	中山大学
15	周福岩	钟敬文教授	民间故事伦理思想研究——以耿村故事为对象	1998	辽宁大学
16	[韩] 郑然鹤	钟敬文教授?	中国与韩国犁的比较研究——以中国华北、东北地区为中心	1998	韩国国立民俗博物馆
17	萧　放	钟敬文教授	《荆楚岁时记》研究——兼论传统中国民众生活中的时间观念	1999	北京师范大学
18	万建中	钟敬文教授	中国民间散文叙事文学中的禁忌主题研究	1999	北京师范大学
19	黄　涛	钟敬文教授	民间语言现象的民俗学研究——以河北省景县黄庄语言现象的几个方面为例	1999	温州大学
20	贾　放	钟敬文教授 董晓萍教授	普罗普故事学思想研究——以《故事形态学》、《神奇故事的历史根源》、《俄罗斯故事论》为重点	2002	北京师范大学
21	朝戈金	钟敬文教授 董晓萍教授	口传史诗诗学：冉皮勒《江格尔》的程式句法研究	2000	中国社会科学院
22	苑　利	钟敬文教授 董晓萍教授	华北地区龙王信仰	2000	中国艺术研究院
23	杨树喆	钟敬文教授 董晓萍教授	壮族师公教的民俗学研究	2000	广西师范大学
24	[日] 高木立子	钟敬文教授 董晓萍教授	河南省异类婚故事类型群初探——兼及部分类型比较的尝试	2000	北京科技大学

续表

序号	姓　名	博士生导师	博士学位论文题目	毕业年	现工作单位
25	[韩]金镐杰	钟敬文教授 董晓萍教授	山西省吕梁西部地区窑洞民居民俗研究——以柳林县三个窑洞村落为个案	2001	韩国国立民俗博物馆
26	刘宗迪	钟敬文教授 董晓萍教授	论《海外经》和《大荒经》与上古历法月令制度的关系	2001	山东大学
27	庞建春	钟敬文教授 董晓萍教授	水利传说研究——以山陕旱作乡村社会水利传说为个案	2002	韩国汉城大学
28	郭必恒	钟敬文教授 董晓萍教授	《史记》之民俗学研究	2002	北京师范大学
29	王晓莉	钟敬文教授 董晓萍教授	碧霞元君信仰与妙峰山香客村落活动的研究——以北京地区与涧沟村的香客活动为个案	2002	中央民族大学
30	祝秀丽	钟敬文教授 董晓萍教授	辽宁省中部乡村故事讲述人活动研究——以辽宁省辽中县徐家屯村为个案	2002	中国科技大学
31	赵宗福	钟敬文教授 董晓萍教授	西王母信仰的生成与早期演化研究	2002	青海师范大学
32	巴莫曲布嫫	钟敬文教授 刘魁立教授	史诗传统的田野研究——以诺苏彝族史诗“勒俄”为个案	2003	中国社会科学院
33	尹虎彬	钟敬文教授 刘魁立教授	河北民间后土信仰与口头叙事传统	2003	中国社会科学院
34	康　丽	钟敬文教授 刘铁梁教授	中国巧女故事叙事形态研究——兼论故事中的民间女性观念	2003	北京师范大学
35	杨　秀	钟敬文教授 董晓萍教授	京郊农村用水的民俗传统与政府投入的关系——从怀柔县沙峪村田野调查资料切入	2003	中国艺术研究院
36	陈金文	钟敬文教授 董晓萍教授	孔子传说研究	2003	广西民族大学
37	黎　敏	钟敬文教授 董晓萍教授	建国初十年民俗文献史（1949—1959）——以北京地区为试点	2007	北京外国语大学
38	朱　霞	董晓萍教授	云南诺邓井盐生产民俗研究	2004	北京师范大学
39	叶　涛	钟敬文教授 刘魁立教授	泰山香社研究	2004	中国社会科学院
40	王杰文	钟敬文教授 刘铁梁教授	陕北、晋西的“伞头秧歌”——民众的诙谐与乡土社会的秩序	2004	中国传媒大学

续表

序号	姓　名	博士生导师	博士学位论文题目	毕业年	现工作单位
41	吉国秀	钟敬文教授 万建中教授	婚姻仪礼变迁与社会网络重建——以辽宁省东部地区清原镇为个案	2004	沈阳大学
42	岳永逸	刘铁梁教授	庙会的生产——当代河北赵县梨区庙会的田野考察	2004	北京师范大学
43	[韩] 朴广浚	刘铁梁教授	中国傩戏与韩国假面剧比较研究——安徽省缟溪曹村与庆尚北道河回村的田野考察	2004	
44	徐赣丽	董晓萍教授	民俗旅游村研究——对广西桂林龙脊地区瑶壮三村的调查研究	2005	广西师范大学
45	刘汉杰	董晓萍教授	沧州武术志——从民俗志视角切入	2005	烟台大学
46	林继富	刘魁立教授	民间叙事传统与故事传承——以湖北长阳都镇湾土家族故事传承人为例	2005	中央民族大学
47	李　列	刘铁梁教授	彝族研究现代学术的建立(1928 － 1949)	2005	云南民族大学
48	刁统菊	刘铁梁教授	姻亲关系的秩序与意义——以山东枣庄红山峪村为个案	2005	山东大学
49	张士闪	刘铁梁教授	乡土社会与乡民的艺术表演——以山东昌邑地区西小章村竹马表演为个案	2005	山东大学
50	刘俊起	刘铁梁教授	多元互动中的地方传统——豫南盘古庙会的考察	2005	
51	漆凌云	万建中教授	中国天鹅处女型故事研究	2005	湘潭大学
52	赖彦斌	董晓萍教授	民俗地图与数据库——主要基于中国民间故事集成原始数据的民俗地图与数字故事民俗地图试探	2006	北京师范大学
53	[韩] 黄今姬	刘铁梁教授	祖籍地民俗与华侨群体的认同——对韩国仁川华侨村传统节日民俗的考察	2006	
54	詹　娜	万建中教授	农耕技术民俗的传承与变迁研究——以辽宁东部山区沙河沟村为个案	2006	辽宁大学
55	黄旭涛	万建中教授	祁太秧歌表演传统的出野考察	2006	南开大学
56	鲍金凤	万建中教授	神灵的建构——以巴林右旗公主信仰为个案	2006	

续表

序号	姓　名	博士生导师	博士学位论文题目	毕业年	现工作单位
57	陆晓芹	万建中教授	乡土中的歌唱传统——广西西部德靖一带壮族社会的“吟诗”与“暖”	2006	广西民族大学
58	张虎生	刘铁梁教授	拉萨转经——一项对神圣空间与时间生活的研究	2006	西藏大学
59	鞠　熙	董晓萍教授	碑刻民俗志——以北京旧城寺庙碑刻为载体的民俗文化分析及数据处理	2007	北京师范大学
60	孟　蕾	李　强教授	阶层与品味的不对称——转型时期名品消费趣味形成机制研究	2010	中国社会科学院
61	马光亭	刘铁梁教授	时间之争——对苏北依村基督教群	2007	青岛大学
62	陈映婕	刘铁梁教授	过“时节”：村落工业化中的消费	2007	浙江师范大学
63	武宇嫦	刘铁梁教授	礼与俗的演绎——民俗学视野下的《礼记》研究	2007	温州大学
64	[日] 西村真志叶	万建中教授	日常叙事的体裁研究——以京西燕家台村的“拉家”为个案	2007	
65	罗树杰	万建中教授	传统节日的生命力——以广西虎村白彝为例	2007	广西大学
66	郑长天	万建中教授	瑶族“坐歌堂”的结构与功能——湘南盘瑶“冈介”活动研究	2007	湘潭大学
67	周锦章	李　强教授	手工业民俗志	2008	首都师范大学
68	王学文	刘铁梁教授	村寨生活与族群社会——贵州荔波水利大寨的生活文化考察	2008	文化部民族民间文艺发展中心
69	曹　荣	刘铁梁教授	乡村天主教群体的信仰与生活——北京桑峪村天主教群体的考察	2008	中国劳动关系学院
70	刘目斌	刘铁梁教授	地域崇拜与流动的认同——青海民和三川“纳顿”仪式的田野考察	2008	安徽大学
71	王颖超	万建中教授	传统再生产与品牌文化的打造——以一种白酒“道光廿五”为例	2008	
72	张恒艳	董晓萍教授	北京广化寺的宗教民俗研究	2009	华侨大学
73	舒　燕	董晓萍教授	北京旧城观音女庙研究	2009	北京语言大学
74	吴丽平	萧　放教授	清代北京房契与北京城市生活——历史民俗学视角下的考察	2009	中国社会科学院
75	蔡　磊	刘铁梁教授	手艺劳作模式与村落社会的建构——房山沿村编筐手艺的考察	2009	武汉大学

续表

序号	姓　名	博士生导师	博士学位论文题目	毕业年	现工作单位
76	闫爱萍	刘铁梁教授	关公信仰与地方社会生活——以山西解州为中心的个案考察	2009	山西大学
77	郜冬萍	万建中教授	水浒文化符号的意义阐释	2009	河南大学
78	游睿山	李　强教授	"在地精英"与地位不一致——乡村医生社会地位变迁研究	2010	清华大学
79	刘同彪	萧　放教授	南宋元明日用知识读物的生产与传播——以福建建阳坊刻日用类书为例	2010	山西师范大学
80	巴　特	刘铁梁教授	史诗《江格尔》的现代传承研究——以"江格尔的故乡"构建为例	2010	
81	[韩] 尹瑛玑	刘铁梁教授	徽州村落的祖先崇拜——以呈坎村的祭祖为个案	2010	
82	[韩] 韩男洙	刘铁梁教授	都市生活变迁中的空竹游戏	2010	
83	杨祥全	刘铁梁教授	天津武术文化研究	2010	天津体育学院
84	原　源	万建中教授	钟敬文民俗学思想研究	2010	
85	李　琼	万建中教授	中国民间故事学史	2010	
86	孟　芳	万建中教授	年画工艺知识及口头传统以——开封朱仙镇木版年画为个案	2010	
87	宝　花	色　音教授	阿拉善和硕特蒙古族民俗志	2010	内蒙古大学
88	古丽巴哈尔·胡吉西	董晓萍教授	新疆柯尔克孜族麻扎民俗志	2010	新疆师范大学
89	吕红峰	董晓萍教授	近现代重要民俗品种地图的分类与研制	2011	北京师范大学
90	蔡锦碧	董晓萍教授	清宫造办处木作传承民俗志与数据库	2011	福建省人民政府
91	宋小飞	色　音教授	满族萨满教美术的艺术民俗学解析——以吉林省乌拉街满族镇萨满为个案	2011	
92	孟凡行	色　音教授	陕西省周至县圪塔头村调查和村志撰写——从物质生产生活及相关方面切入	2011	
94	王金芳（措吉）	刘铁梁教授	藏族牧区社会与《格萨尔》叙事传统	2011	
95	汪青梅	刘铁梁教授	屯堡人的生活方式与身份认同	2011	

续表

序号	姓　名	博士生导师	博士学位论文题目	毕业年	现工作单位
96	刘爱华	万建中教授	手工作坊生产与社会交换——以江西文港毛笔为个案	2011	江西师范大学
97	郭俊红	万建中教授	二十世纪牛郎织女传说研究	2011	山西大学
98	王均霞	杨利慧教授	礼物、关系与性别——礼物交换与纪村妇女生活	2011	华东师范大学
99	赵　娜	董晓萍教授	北京内城清代至民国时期土地庙民俗志	2012	北京师范大学（博士后）
100	卫才华	董晓萍教授	北京隆福寺商业民俗志	2012	山西大学
101	王素珍	万建中教授	汉代民俗学研究	2012	山东大学（博士后）
102	郑　艳	萧　放教授	京津竹枝词的民俗学研究	2012	
103	桂慕梅	色　音教授	文化再生产与文化空间：天津古文化街及其民俗文化研究	2012	
104	杜　谆	色　音教授	作为人文资源的民间信仰——以民俗生活中的伏羲信仰建构为例	2012	

（六）优秀博士学位论文摘要

北京师范大学民俗学学科点的博士学位论文由各篇论文的答辩委员会评定“优秀”并存档。自1990年代中期以后，本专业的博士学位论文有了获得资助出版的机会，一批博士学位论文根据答辩委员会的意见在反复修改后获资助出版，也有部分出版后的博士学位论文获得了不同级别的学术奖项。限于篇幅，以下遴选自1994年以后出版并获奖的博士学位论文做简要内容介绍，并大都说明其资助项目来源和获奖名称（以作者博士学位论文答辩时间先后为序）。

杨利慧《女娲的神话与信仰》，博士学位论文（原题目《女娲的神话及其信仰》），1994年答辩。博士生导师：钟敬文教授、张紫晨教授。获中国社会科学院出版基金资助，中国社会科学出版社，1997年出版。获北京市第五届哲学社会科学优秀成果二等奖、中国民间文艺家协会首届“中国民间文艺山花奖·学术著作奖”一等奖。

论文将女娲置于中国民族信仰的大背景下，从考察其在信仰中历史的与现时的状况入手，探讨了女娲及其神话与信仰在人们现实生活中所起的作用、女娲在中国民族信仰中的地位等。作者在取材上，更大量采用现代民间流传的女娲神话，以期从中发现这一古老神话在几千年历史传承中发展变化的规律，并对女娲神话进行重新审视。论文的探讨对以往女娲神话研究不仅起有丰富和修正的作用，还可引发人们对中国民间信仰特点及一些神话学、人类学基本理论及其研究方法的有益思考。

萧放《〈荆楚岁时记〉研究——兼论传统中国民众生活中的时间观念》，博士学位论文，1999年答辩。博士生导师：钟敬文教授。论文获北京市社会科学理论著作出版基金资助，北京师范大学出版社，2000年出版。获中国民间文艺家协会首届“中国民间文艺山花奖·学术著作奖”一等奖。

论文以我国首部岁时著作、南朝梁宗懔的《荆楚岁时记》为文本，研究它在我国民俗史上的独特贡献，及其记录民众时间观念演变史的重要价值。从五个方面论述。一、从文献学的角度，对《荆楚岁时记》的作者、注者及版本情况作系统的考订。二、将本书放在历史时间与地域空间的确定位置上，进行文化考察，探讨了本书出现的时代背景与学术渊源，认为在秦汉帝国崩溃之后，六朝民众生活出现了新的变化，民众注重个体情味，地方文化观念凸现，民间著述兴起，《荆楚岁时记》正是这样一部具有历史文化意义的私人著述。三、论文将《荆楚岁时记》视作民众时间观念的文本，认为中国一向有时间记述的传统，古代的《月令》是时间进程的政令性叙述，六朝时期人们的时间观念发生了重大变化，一统的政令性时间叙述中断，传统月令被新兴的地方岁时记代替。岁时记的意义不仅在于它记述了地方民众的时空生活，更重要的是它改变了时间叙述性质，从王官之时到百姓日用之时，这是一个巨大的历史进步。四、《荆楚岁时记》作为中国第一部岁时民俗志，在中国民俗学发展史上具有发凡起例的开创意义。中国民众有着很强的时令观念，岁时民俗丰富多彩，岁时记的著述体例为岁时民俗的记录提供了适用的记述方式。从《荆楚岁时记》的著述体例与记述原则中，提出关于传统民俗志的若干认识。五、六朝时代是中国历史上的大变动时代，作为地域民众岁时实录的《荆楚岁时记》，为我们描述了当时民众生活的真实图景。因此本书为我们提供了宝贵的文化资料，从中发现民间社会的文化观念与文化交融的具体表现。

黄涛《语言民俗与中国文化》，博士学位论文（原题目《民间语言现象的民俗学研究——以河北省景县黄庄语言现象的几个方面为例》），1999年答辩。博士生导师：钟敬文教授。人民出版社，2002年出版。获中国文联、中国民间文艺家协会“山花奖”一等奖。

论文通过考察20世纪中国社会转型期一个村落的语言现象的几个方面，研究语言民俗在民众生活中的体现形态、运作规律、文化内涵和社会功能等。论文将民间语言现象置于特定的文化背景和现场处境之中，把它视为一种民众文化活动，以实地调查资料揭示它与历史文化传统和当代社会生活的内在关联，揭示凝聚在语言形态之中的民众精神和民俗心理。全文由五章组成。第一章“亲属称谓”，试图全面构拟黄庄一带繁复的亲属称谓体系，并努力展示亲属称谓语的生活内涵和使用处境。第二章“拟亲属称谓”，探讨世袭型亲属称谓体系在村落文化中的位置和功能，分析它形成和运作的文化机制，并通过村内婚引起的改称呼现象探察当代村民关系现状，又从“哥们儿”称谓入手讨论城乡称谓习俗的差异。第三章“人名”，探讨黄庄起名习俗的传统和变迁及其与社会文化的关系，分析人名称谓的使用规则和生活功能。第四章“咒语”，展现黄庄民众对咒语灵力的信仰状况，探讨语言作为一种超自然力资源的形成机制，咒语灵力崇拜与神灵崇拜的关系。第五章，“语言民俗综论”，是关于语言民俗的理论探讨，认为语言民俗存在于具体情境之中，它的形式和意义都与情境密不可分；语言民俗不是静止、孤立的工具和制度，而是受民众精神支配的行为和活动：在现阶段，语言民俗是各种社会群体在生活情境中的一种社会文化活动。

万建中《解读禁忌——中国神话、传说和故事中的禁忌主题》，博士学位论文（原题目《中国民间散文叙事文学中的禁忌主题研究》），1999年答辩。博士生导师：钟敬文教授。列入北京师范大学中国民间文化研究所“中国民间文化探索丛书甲种”，商务印书馆。2001年出版。获北京市第七届哲学社会科学优秀成果二等奖，中国文联中国民间文艺山花奖第二届学术著作一等奖。

禁忌主题是民间散文叙事文学中的一个频发性主题，钟敬文先生曾对此主题予以密切关注。论文通过对民间散文叙事文学中的一些具体的禁忌主题的探讨，揭示禁忌主题的民俗文化含义。论文对本题目的几个关键概念作了厘定。对不同种类的禁忌主题的外观和内在的因质作了基本的甄别和比较。根据禁忌主题在民间散文叙事文学中存在方式的不一样，即它们在文学作品中所处位置的相异，把它们划归为“故事外禁忌主题”和“故事内禁忌主题”两大类，后者又由“完全式”和“非完全式”组成。此为包容性分类，几乎所有的禁忌主题皆可网入其中。通过类型分析，指出禁忌民俗事象在民间散文叙事这一特定的文学领域的传播方式和流传情况，已消亡的和仍存活的禁忌风俗得到怎样不同的表现，禁忌民俗和观念如何在民间叙事文本中转化和提升为禁忌主题。我们获知完全式故事内禁忌主题表现的禁忌民俗和观念往往是生命力最旺盛的；非完全式故事内禁忌主题表现的是远古的，也是最可供阐释的；故事外禁忌主题表现的是现仍流行的，并带有确切的地域性。后一种实质是当地民众对某一禁忌事象的理解和宣扬。论文遴选出八种典型的禁忌主题类型，试图以对这些叙事文本的阅读实例暴露出潜藏在这些文本下面的文化无意识，力求从原始宗教、心理、伦理及文学等方面挖掘其深层的文化底蕴、形成的根源、发展的脉络以及这些禁忌主题所表现的禁忌民俗在社会发展中具有的规范人们行为的作用。个案分析是全文的重心。论文重点是弄清禁忌行为与叙事文本之间的互动关系：禁忌主题生成于禁忌民俗，又反过来促进了禁忌民俗的流布。

朝戈金《口传史诗诗学：冉皮勒《江格尔》程式句法研究》，博士学位论文，2000 年答辩。博士生导师：钟敬文教授、董晓萍教授。论文获中国社会科学院出版基金资助，广西人民出版社，2000 年出版。获第四届中国社会科学院优秀科研成果二等奖、国家民委和新闻出版署联合颁发的“第五届中国民族图书奖”三等奖、中国民间文艺家协会第二届“中国民间文艺山花奖·学术著作奖”专著一等奖。配套译著《口头诗学：帕里—洛德理论》，[美] 约翰·迈尔斯·弗里（John Miles Foley）著，社会科学文献出版社，2000 年出版。

论文的主要内容是在两个层面上展开的。一个是理论层面，其核心是对史诗演唱文本的理解；另一个是分析层面，其核心是对具体文本中语词——句法形态功能的分析。而史诗文本问题，是论文在理论探讨与实证研究中相互结合的交叉点。就理论层面而言（起首至第三章），论文以蒙古史诗（特别是《江格尔》）为主要研究对象，以史诗田野作业作为描述和阐释史诗传统的出发点，对史诗研究中若干基本理论问题提出见解。这些问题包括：①如何正确认识和把握口头史诗中的“口承性”问题；②史诗文本的大致种类和它所具有的基本属性；③史诗文本与演唱语境的关联；④给定的文本与整个传统的关系；⑤史诗研究的方法论——田野作业问题、文本分析模型问题等；⑥在从基本理论阐述过渡到具体操作时，提出史诗文本的互文性问题，交代如何由具体案例中说出抽象类型，说明由单个文本投射整个史诗传统的合理性问题。第四章到结尾是分析层面：论文在研究中广泛参照了国际上史诗学晚近的理论成果——“口头程式理论”（又叫“帕里—洛德理论”，Oral Formulaic Theory，or Parry-Lord Theory）、“民族学诗学”（Ethnopoetics）和“表演理论”（Performance Theory）的内核，同时以民俗学视角为出发点，以蒙古《江格尔》史诗集群为主要分析对象，以作者亲历的田野作业为理论预设的前导，因而本论文所追求的，是理论与分析相结合，是宏通思考与实证分析相结合，是一般诗学理论与具体文本分析相结合的学术道路。

郭必恒《〈史记〉之民俗学研究》，博士学位论文，2002年答辩，博士生导师：钟敬文教授、董晓萍教授。相关研究成果《中国民俗史：汉魏卷》，侧重汉魏民俗史研究，获国家社科基金资助，人民出版社，2008年出版，获北京市哲学社会科学优秀学术著作特等奖、中国文联·中国民间文艺家协会“山花奖”等。原论文入选“中国优秀博士论文”文库，书名《〈史记〉之民俗学探索与发现》，知识产权出版社，2012年出版。

论文旨在研究《史记》中民俗资料的运用情况，探讨《史记》作者司马迁的民俗思想。《史记》是中国古代具有总结意义的重要著作，其中留存有大量的民俗资料，论文的研究对于完整地描述中国古代从先秦到秦汉民俗发展史和中国古代民俗思想史，具有着一定的意义。《史记》也是一部带有浓重的口述特质的历史人物故事集。司马迁通过广泛的阅读和艰苦的实地调查工作来搜集资料，他所搜集的民众社会生活资料中，民俗资料占很大的比重。由于其集体创作和流传的特征，会给司马迁一种历史感，同时由于民间叙事文学所具有的文学性，又会成为他塑造人物形象的利器。论文首次对《史记》中记载的民俗资料进行了全面地整理，并建立了较为可信的学术资料系统。论文在梳理材料过程中，也研究了司马迁在创作中使用、评论这些民俗资料的情况，使文本分析和作者研究相配合，从民俗史研究和民俗思想史探讨两个方面建立了相对完整的资料系统。论文从《史记》中民俗资料、历史人物传说和司马迁民俗思想三个方面对《史记》进行了现代民俗学意义上的研究。综观前代学者对于《史记》的研究，大多从历史学、文学、哲学等方面入手，从民俗学的角度系统研究《史记》这样一部重要的古代典籍还是首次进行。通过对《史记》的民俗学研究，作者发现了民俗资料，特别是传说资料，在我国古代第一部通史诞生过程中扮演了特别重要的角色。

尹虎彬《河北民间后土信仰与口头叙事传统》，博士学位论文，2003 年答辩，博士生导师：钟敬文教授、刘魁立教授。配套译著《故事的歌手》，［美国］阿尔伯特·贝茨·洛德（Albert Bates Lord）著，获“十五”国家重点图书出版规划项目和中国出版集团重点图书出版项目资助，中华书局，2004 年出版。

论文是对河北易县、涞水一带民间后土崇拜与地方口头叙事传统的民俗学个案研究。作者的田野工作所收集的材料，涉及后土神庙、神社、仪式、口头叙事文本。这些资料存在于地方性的后土崇拜活动中，也存在于地方志、碑刻、民间口头叙事之中。后土曾经是自然神、文化英雄和祖先神。它由古代神话里的神，进入正统道教神龛里，变为四御之一，被民间宗教收为老母神，又演变为民间信仰里的娘娘神。民间后土信仰具有类型化特点，它以庙宇为依托，以神社为实体，以祭祀和社火的仪式为通神的媒介，以适应民众的基本心理需求为旨归，以神话叙事来体现信仰传承的普化性。历史上形成的参与后山朝顶活动的民间神社，分布于河北冀中平原的近畿地区，它们是地方村落社会的社火仪式的承担者，秉承敬神礼地、尊祖追远的传统精神，以血缘宗族为根基，担负传承乡土社会文化传承使命。宝卷是它们的神圣文本，包括它的表演传统，都被认为是祖先的遗产。宝卷及其演唱是被包括在民间神灵与祭祀的现场活动中的。宝卷的传播，是由祭祀推动的。河北后土宝卷是一种可见的流布过程。后土宝卷属于活态的民间地方传统，它在历史的层面上，继承了传统的艺术形式。在宝卷传统的背后，存在着活形态的民间口头传统，它今天仍然继续产生着关于后土和后土崇拜的神话故事，成为地方民间意识形态的一部分。后土灵验叙事是一种被当作真实的故事来讲述的，每一个故事背后都有真实的社会事件发生过。叙事就是人们对这些事件重新讲述和真实的评价。地灵叙事就像神话一样，它是现场的演述，与信仰、行为、伦理道德互为表里。更重要的是，它体现了传统的神话范例。

巴莫曲布嫫《史诗传统的田野研究——以诺苏彝族史诗“勒俄”为个案》，博士学位论文，2003 年答辩。博士生导师：钟敬文教授、刘魁立教授。

论文通过一位传统史诗演述人曲莫伊诺的习毕学艺和表演实践，研究诺彝区腹地美姑县的史诗传承及其深隐的话语世界。通过分析地方知识与民间话语中的史诗本体观念及其传统法则的深刻表达，“克智”口头论辩传统与史诗演述的内在机制、运作方式及特定的口头艺术过程，以及山地社会的仪式化叙事语境与史诗田野研究中的演述场域，论文逐一讨论了史诗田野、史诗传承人、史诗传统法则、史诗演述的生命情态等互为关联的重要问题，在此基础上，提出建立观察与捕捉口头叙事之本质性表现的研究视界。这些有关史诗传统本质性规律的学理性思考与相关术语的提炼，正是论文作为田野个案研究的意义所在。

论文由绪言、引论、正文五章和结束语构成；绪言交代问题的提出、田野研究的理论视角和个案研究的技术路线，报告田野过程与田野取证的操作方式和资料来源。引论在对涉及本课题的国内外学术史进行梳理和反思的过程中，结合田野研究中的史诗演述传统的实际存在，对史诗汉译本《勒俄特依》的文本转换及其工作流程提出质疑，从而概括出在这一过程中存在的“民间叙事传统格式化”问题及其对学术研究的影响，并在相关学术批评尺度的讨论中检讨“彝族史诗传统格式化”的种种弊端。第一章为田野的发现，以多年的田野定点观察与追踪调查为线索，回溯作者从文本走向传统的田野经历，说明史诗田野研究个案的基本思路及其形成过程。第二章为史诗演述人的发现。基于诺苏彝族史诗的传承轨范，史诗传承人这一特定群体从概念上被界定为“史诗演述人”。第三章讨论史诗“勒俄”的文本形态与传统法则，从历时性的书写传承到现时性的口头表演，逐步深入到史诗传统内部的运作机制之中，以期解读民间的史诗话语与史诗观念。第四章讨论口头论辩中的史诗演述，首先从口头论辩过程中互为关联的两个阶段（路下方和路上方）入手，揭示了即兴辞辩与史诗演述之间的密切联系，第五章为仪式与史诗：叙事语境和演述场域。本章以史诗演述的仪式化叙事语境为立论出发点，提炼出“演述场域”这一重要的田野研究视界，论证了田野观察中不可或缺的“五个在场”要素。

黎敏《建国初十年民俗文献史》，博士学位论文（原题目《建国初十年民俗文献史（1949–1959）——以北京地区为试点》），2007 年答辩。博士生导师：钟敬文教授、董晓萍教授。获教育部人文社科基地重大项目“中国民俗文献史”资助，中国文史出版社，2008 年出版。

论文以新中国成立初十年（1949–1959）的民俗文献（以民间文艺学文献为主）资料为主要研究对象，辅以相关的口述史访谈资料和搜集文献等，主要探讨这一时期在社会主义的和民族形式的新文化建设总方针下，我国民俗文献（以民间文艺学文献为主）在高校、政府职能部门与文化部门指导下的机构、群众文化工作等相关领域的建设形态、内容与特征，以及由此可观察的民俗文献（以民间文艺学文献为主）的建设过程与分布。论文试以北京地区为试点，采用民俗学和民间文艺学的理论方法，将多种文献打通使用，对本时期民俗文献（以民间文艺学文献为主）被使用和被理解的实际做出描述和分析，并在这一基础上，加以理论阐释，指出本时期民俗文献（以民间文艺学文献为主）建设的价值和历史意义。

全文共分六部分。首有绪论，正文分四章。第一章，社会主义建设政策与新中国成立初十年民俗文献（以民间文艺学文献为主）的形成，探讨本时期民俗文献（以民间文艺学文献为主）建立的背景、条件、政策。第二章，高教系统中的民俗文献（以民间文艺学文献为主），探讨高校民间文艺学课程体系的文献形态与内容、以钟敬文的高校民间文艺学教育活动为主，分析高教领域的学科与理论建设。第三章，政府文化机构所使用的相关民俗文献，探讨政府文化机构中的民间文艺机构与科研机构中展开的民俗文献建设工作。第四章，民族形式运用及其民俗文献，探讨在以民族形式进行的群众文化工作、大型庆典、标志性新建筑活动中，由民俗表达形式的运用而形成的民俗文献，分析它们如何构成当时民俗学建设的不可忽视的部分。末附结论和附录。

论文的核心工作是描述、分析和探讨新中国成立初十年民俗文献（以民间文艺学文献为主）的构建过程、由这些文献所反映的民俗学理论和方法的形成、问题与特点，为此后的工作奠定学术基础。

康丽《中国巧女故事叙事形态研究——兼论故事中的民间女性观念》，博士学位论文，2003 年答辩。博士生导师：钟敬文教授、刘铁梁教授。配套资料集《巧女故事》，中国社会出版社，2006 年出版。

论文通过文本分析的实证性研究，在考察叙事结构的组织单元及其组合方式的基础上，探讨了中国巧女故事的叙事形态结构特征，并以角色研究为联系中介，借由民间女性观念的视角，切入到故事文化内涵层面的探讨，尽可能地将叙事形态与文化内涵的探究统合在巧女故事的研究实践中，以期形成对中国巧女故事的全面把握。论文讨论中国巧女故事的情节类型，依照故事文本展示的难题种类、巧女破解难题的方法及其智慧展现之间的关联，将巧女故事分为善处事、善说话和善理解三类，并在各类归属下分别归纳出 11 个系列、32 个类型，探讨构成巧女故事类型群叙事结构的核心形式，论述重复规律在巧女故事内部运作的两种结构模式，考察中国巧女故事中的角色类型与行为模式，进而挖掘互动背后隐匿的民众体验与民众赋予故事的文化意义。作者还对中国巧女故事中的民间女性观念进行了研究，从智慧、伦理和婚姻三个视角，概括了民众投射在巧女这一女性角色身上的情感需求和道德评价。

朱霞《云南诺邓井盐生产民俗研究》，博士学位论文，2004年答辩。博士生导师：董晓萍教授。论文获教育部人文社科重大项目“中国民俗文献史”和北京师范大学211二期项目资助，云南人民出版社，2009年出版。

论文研究云南省云龙县诺邓村的传统井盐生产民俗，主要探讨民间生产技术与民俗的关系，以及民间技术社会活动中的民俗。具体围绕井盐生产的原料资源分配、生产组织、劳动分工、产品营运、生产仪式和信仰活动等民俗事象进行研究。重点选择云南省云龙县果郎乡诺邓村为调查点，以田野调查资料为主，并参考地方历史文献，研究和分析以往民俗学较少涉及的传统生产技术和工艺，揭示传统井盐生产技术与当地社会生活之间的关系；说明村落井盐生产民俗与国家灶户制度之间的互动机制；阐释井盐生产技术中的地方信仰文化，探讨了井盐生产民俗的现代变迁及其特征。把诺邓井盐生产民俗作为一个相对完整的民俗资料系统进行研究。论文大量使用田野调查资料，阐述诺邓“十六灶”的卤水分配民俗、民间传承及其意义，指出“十六灶”是盐业社会中人们在开发卤水中自发形成的民间组织和规范。作者研究生产民俗中的井盐生产技术，对井盐社会中民众的井盐知识、井下的内部结构、工艺进行描述和分析，论述了井盐生产两大技术环节：即卤水的开采和煮水成盐，并围绕这两类技术的运用形成了井与灶的不同生产习俗，描述和分析井地民众的私盐观念以及私盐在一个村落的具体表现，探讨诺邓井盐生产民俗中与技术与民间信仰之间的相互影响的关系，揭示民间井盐知识技术系统与民间信仰系统之间的复杂联系，并讨论技术民俗变异和消失的某些特征。

岳永逸《庙会的生产——当代河北赵县梨区庙会的田野考察》，博士学位论文，2004年答辩。博士生导师：刘铁梁教授。配套田野调查报告《田野逐梦：走在华北乡村庙会现场》，广西人民出版社，2007年出版。

论文关注当代华北乡土社会中村民自己操演的、常态的、非典型的乡村庙会，以河北赵县梨区庙会为例，将发生在梨区四十多个村庄的不同庙会进行系统的考察。在提供华北乡村庙会较为翔实的个案材料的同时，也探究当代华北乡村庙会兴旺之因，揭示作为一种民众生活方式、文化图式和日常生活一部分的庙会的生存机制。梨区曾有的生态环境，梨的内卷化生产，多种信仰并存的充满张力的有限空间，梨区人有的生命机会、常有的生活失衡和过会传统，香道的成功的仪式实践，灵验传说和象征恐怖主义传说的播布，眼光向下看的文化人对乡民的关注，主流意识形态控制的松动等共同构成了今天梨区庙会的生发场景。在对当下世界的认知中，梨区的每个庙会组织作为一个集体性的经纪人，其相互之间的互惠赶会使梨区庙会呈现出大小不同的规模。虽然存在"夸富"情结，较松散和渐变的庙会组织与庙会经济的小农经济本质等共同决定了梨区庙会在处处开花的同时，没有超大规模的发展。与不同级序的圣化空间相对应，梨区庙会大致可以分为家中过会、村落型庙会和跨村落型庙会三类，三者之间的双向互动乃梨区今天庙会的生发机制。由于对香道的认同的文化传统和香道的可习得性。梨区还在传承的文化和传承该种文化的梨区的大多数家庭共同促进了今天梨区庙会的繁荣。

鞠熙《数字碑刻民俗志》，博士学位论文（原题目《碑刻民俗志——以北京旧城寺庙碑刻为载体的民俗文化分析及数据处理》），2007 年答辩。博士生导师：董晓萍教授。论文获 2008 年北京市首届优秀博士学位论文奖和指导教师奖，后获教育部人文社科重大项目"中国民俗文献史"资助，北京师范大学出版社，2009 年出版。

论文研究北京旧城寺庙碑刻中与民俗文化有关的部分，主要探讨分析、管理和共享碑刻民俗的理论与方法，同时尝试探索北京城市民俗的某些特点。重点以北京旧城寺庙碑刻为基础资料，参考历史文献、政府档案及田野调查等相关资料，综合运用民俗学的资料搜集与研究方法、文化遗产保护的共享工作方法与计算机辅助技术方法，借鉴并吸收相关领域学术成果，在碑刻民俗整体分类和民俗个案研究的基础上，以数据库为主要技术手段，构建数字化碑刻民俗学术资料系统，探索碑刻资料与民俗研究的关系，以及民俗学管理和共享碑刻资料的方法两方面问题。论文采取数字媒介与纸质媒介并行的方式，从理论和实践两个层面同时开展工作，以碑刻民俗志学位论文和数据库为初期研究成果。论文主要使用学术史成果和地方社会历史文献资料，以北京内城西四双关帝庙等为个案，对碑刻民俗志的概念和性质进行研究，探讨碑文记载与民俗文化的关系，指出北京旧城寺庙碑刻民俗在民俗内容、承担者、民俗空间和故事类型方面的集体性、复杂性、最简化和空间化特征，进而探讨碑刻民俗志处理相关数据的原则，论文的核心观点是，寺庙碑刻不仅记载了城市民俗文化，也在文本之外与民俗社会产生多种联系，可以用作民俗学研究资料。寺庙中的碑刻需要从社会史、民俗传承和民俗文化遗产三种角度来研究。

赖彦斌等《数字故事民俗地图志》，博士学位论文（原题目《民俗地图与数据库——主要基于中国民间故事集成原始数据的民俗地图与数字故事民俗地图试探》），2006 年答辩。博士生导师：董晓萍教授。论文获教育部人文社科重大项目“中国民俗文献史”和北京师范大 211 三期工程项目资助，学苑出版社，2012 年出版。

论文主要进行民俗学与地理学的交叉研究，辅以计算机数据库、GIS 等技术，从数字民俗地图的角度切入，使用民俗学界长期积累的故事学研究成果和近年进行的数字民俗学研究成果，在民俗学界公认正确原数据和公认的民俗学与相关人文社科研究成果基础上，进行民俗地图的创制，限定在地方区域福建、多民族聚居区云南和全国政治、经济、文化中心所在地北京等三个样本的范围内，进行理论探索和绘图实践，并就相关空间民俗传承问题进行探讨。作者指出，民俗地图利用自然地理学地图方法的基本理论，又具有民俗学等人文学科的基本理论的规定性，同时历史地理学在其中起到理论和方法的桥梁作用，数字化理论在其中起着实现和延伸的技术作用。这些基本理论问题决定了民俗地图的性质，也决定了民俗地图的结构。论述故事民俗地图在文本理念、地图要素和数据库三个方面的编制基础，如故事民俗地图的地名、符号与图例、投影和比例尺、底图等地图要素，故事民俗地图的数据库内涵、性质与分类以及民俗地图对于民俗学者研究的作用和特点。论文阐述了民俗地图编制的操作设计。主要介绍了民俗地图搜集与存储资料的方法，包括故事民俗资源数字化和故事民俗资源要素提取及其相关数据处理。故事民俗地图的地图设计和工作流程，包括故事民俗地图的地图体系、地理底图、投影和比例尺、色系和符号系统设计等。论文也适当指出地图方法对民俗学等人文科学研究的局限，故创用数字民俗地图集成与民俗数据库的组合方式，并适当采用数字媒介与纸质媒介并行的方式，争取更合理地建设民俗地图研究与实践的创新框架，在数字民俗学和应用民俗学的建设上填补空白。 论文的核心观点是：民俗学与地理学、地图学、计算机应用科学的交叉研究是十分重要的，它可以通过建立数字民俗地图集成的概念，编创民俗地图等途径，发展空间民俗学研究，丰富民俗学的理论和方法论。这一工作需要利用 GPS、WEBGIS 和数据库等关键技术，对民俗学界公认正确原数据如“中国民间文学三套集成”省卷本等进行二度开发，扩大对民俗地图数据的使用检验和共享能力。

三、科学研究

坚持一流学术水准和精品质量，是本学科点长期具有国际国内影响的根本。近 10 年来，我们立志高标，守本固精，完成钟敬文教授遗留的所有重大项目，整理出版他的系统学说和传世经典，同时做到继承而不守成。主要把握两个原则：一是分析老重点学科可持续传统的组合方式，从研究传统、教育传统和社会传统三方面，将前人成就转化为现代大学教育的共同遗产；二是强调后续专精成果的不中断传承，将民俗学建成吸引现代青年一代和具有未来意识的学科，这方面的理论研究和科研项目取得了新成绩。

（一）理论研究

近年最重要的标志性理论成果是继承和发展钟敬文教授建立“中国民俗学派”的学说。在该学说体系内的理论民俗学、民间文艺学、民俗志学和历史民俗学等领域拓展建设，在各领域都有相应著作出版或论文发表。自 1997 年至 2012 年，共出版著作 88 部，其中包括出版外文著作 3 部，发表 CSSCI 论文 180 篇，另发表外英、法、日、韩语论文 11 篇，获省部委以上学术著作奖26项。主要学科带头人和重要创新著作影响因子分布、成果转引率达986篇次，并向中青年学术带头人和交叉学科领域明显倾斜，比例占18：14，这种情况是过去没有的。

北师大民俗学科在近十年的建设中，更深刻地理解了前辈治学的博大成就和学术发现；同时，在前人奠定的学科建构中，提取优势基础研究要素，继续建设三个研究方向，即民俗学与民俗志学、民间文艺学和数字民俗学。下面解释这些研究方向的理论研究要点，介绍相关出版成果。

1. 民俗学与民俗志学

在民俗学和民俗志学的关系中，民俗学涵盖民俗志学，民俗志学是民俗学的一种新研究方向。北师大民俗学科近年对民俗志学的建设投入了相当的精力，补充和扩大了民俗学的理论基础和资料系统建设。

民俗志学，有两个分支，一是文献民俗志，一是田野民俗志。建设民俗志学，以民俗自身的观念、解释、结构、分类和功能系统为主体，审视历史文献中的民俗记载和现实田野作业中的资料，建设以民俗学研究目标为主的、关注田野资料和民间文献中的民俗史。它区别于单纯从书面文献中剥离的民俗史，也区别于单纯强调口头传统的民俗史。它要补充解决两个问题。

第一，分期与分类。民俗是人类利用自然和文化的观念与行为所产生的具体而有连续影响的动态文化，对民俗事象按历史朝代分期是不合适的，这与以往正统文化按历史朝代分期，或按典籍文体分类，区别很大。两者也有联系，就是记录民俗事象的书面文献，是可以按照该文献的出版（或印制）年代进行分期的。在民俗志学的研究中，主要解决民俗资料自身的分期和分类问题。对被认定为民俗要籍的书面文献，如“风土记”、“岁时记”、“志怪”笔记、“水利簿”、“人物志”、“竹枝词”、“俚言解”等，可以按照民俗文体的原有分类，进行跨历史的纵向描述和分析。但是，在研究方法上，要运用民俗学的方法，分析民俗志文献对民俗资料的口头解释方式、历史文献化过程和社会功能。要补充历史民俗学要素，建立更适合民俗志学的分类逻辑和贮存理念。

第二，恢复民俗社会的研究目标。民俗志学的研究目标，应以研究普通人在日常生活中创造的文化遗产为主，要尝试解释民俗志学中的一些基本问题，如民俗和民俗文献被使用的意义，民俗通过地方文献化和历史景观化的途径成为民族主体文化中的共享遗产等。在这个方向上，本学科点出版的主要著作有：《中国民俗史》（钟敬文主编）和《民俗学概论》（第二版，钟敬文主编）、《说话的文化》（董晓萍）、《禁忌与中国文化》（万建中）、《岁时——传统中国民众的时间生活》（萧放）、《萨满教图论》（色音等）、《田野民俗志》（董晓萍）、《不灌而治》（董晓萍等）、《中国民俗文化志》（刘铁梁主编）、《全球化与民俗保护》（董晓萍）、《现代民俗学讲演录》（董晓萍）、《建国初十年民俗文献史》（黎敏）、《北京民间水治》（董晓萍等）和《云南诺邓井盐生产民俗研究》（朱霞）[1]。

2. 民间文艺学

民间文艺学方向是北师大民俗学传统的历史体现。在老一代民俗学者的历史性研究中发展起来的史诗研究，至今仍是它的教学课题。新一代民俗学者吸收了人类学的研究成果，但人类学在关注人类精神活动的背后，是承认精神世界与行为活动的差距。老一代民俗学者关注民间文学，是承认这种作品的形式和内容与母题、主题或类型有互构关系。新一代民俗学者的工作，倾向于强调人类精神现象与民间叙事的个人经验和文化网络的联系。近年北师大主要加强了民间叙事研究。

民间叙事研究。民间叙事的意义的解释在于“表演”。叙事的意义主要不在文本之中，而在群体认同和文化网络的社会运行之中，也在个人经历的叙

1　钟敬文主编《中国民俗史》（全6卷），北京：人民出版社，2008。钟敬文主编《民俗学概论》（第二版），北京：高等教育出版社，2010。董晓萍《田野民俗志》，北京：北京师范大学出版社，2003。董晓萍、[法] 蓝克利（Christian Lamouroux）《不灌而治——山西四社五村水利文献与民俗》，北京：中华书局，2003。董晓萍《说话的文化》，北京：中华书局，2002，2004，2008。董晓萍《全球化与民俗保护》，北京：高等教育出版社，2007。董晓萍《现代民俗学讲演录》，桂林：广西师范大学出版社，2007。董晓萍等《北京民间水治》，北京：北京师范大学出版社，2009。刘铁梁主编《中国民俗文化志》，北京：中央编译出版社，2006—2007。萧放《〈荆楚岁时记〉研究》，北京：北京师范大学出版社，2000。萧放《岁时——传统中国民众的时间生活》，北京：中华书局，2002，2004。黄强、色音《萨满教图论》，北京：民族出版社，2002。黎敏《建国初十年民俗文献史》：董晓萍主持“中国民俗文献史纲要”重大项目丛书，北京：中国文史出版社，2008。朱霞《云南诺邓井盐生产民俗研究》，董晓萍主持“中国民俗文献史纲要”重大项目丛书，昆明：云南人民出版社，2009。

述的努力之中。这种研究尽量不脱离母题、主题或类型的文本，不脱离民族文化自身的特征空谈，不以西方故事理论去套用。大家认为，西方理论在这方面的研究对象与中国叙事之间存在着较大的距离。他们也不以西方理论否定中日叙事的各种母题、主题或类型的讲述套式。他们努力在两种文化之间，找到能够解决民间叙事理论与民间叙事套式之间的讨论交叉点。

故事文化研究。在最近的研究中，有的学者把宗教仪式、社会事件和实物分析等引入民间叙事学，这使他们在考察民间叙事的方法上和理论框架上，都有新见。特别是对民间叙事中的物品进行实物分析，可以观察到不能以人的逻辑去分析和测量的事实，难度更大，这要求学者有很强的理论分析能力和把握资料的能力。这些研究给当代民间文艺学带来了很多新启示。在这个方向上，本民俗学科出版的主要著作有：钟敬文主编、董晓萍执行主编“外国民俗文化研究名著译丛”三种，含［美国］阿尔伯特•洛德《故事的歌手》(尹虎彬译)、［俄国］普罗普(Vladimir Propp)《神奇故事的历史根源》和《故事形态学》(贾放译)、《解读禁忌——中国神话、传说和故事中的禁忌主题》(万建中)、《中国神话手册》(杨利慧等)、《神话与神话学》(杨利慧)《中国巧女故事研究》(康丽)、《现代民间文艺学讲演录》(董晓萍)、《灵验、磕头、传说》(岳永逸)、《民间文学概论》与《民间文学作品选》(钟敬文主编，第二版)[1]。

3. 数字民俗学

在全球文化环境变迁中如何实施民俗文化遗产保护和跨文化交流战略?

---

1 钟敬文主编《民间文学概论》(第二版)，北京：高等教育出版社，2010。钟敬文主编《民间文学作品选》(第二版)，北京：高等教育出版社，2010。钟敬文主编“外国民俗文化研究名著译丛”，(俄)普罗普 (Vladimir Propp)《神奇故事的历史根源》，贾放译，北京：中华书局，2006。钟敬文主编“外国民俗文化研究名著译丛”，(俄)普罗普《故事形态学》，钟敬文主编“外国民俗文化研究名著译丛”，贾放译，北京：中华书局，2006。钟敬文主编“外国民俗文化研究名著译丛”，(美)阿尔伯特•贝茨•洛德(Albert B.llord)《故事的歌手》，尹虎彬译，北京：中华书局，2004。董晓萍《现代民间文艺学讲演录》，桂林：广西师范大学出版社，2008。万建中《解读禁忌——中国神话、传说和故事中的禁忌主题》，北京：商务印书馆，2001。等(《禁忌与中国文化》，北京：人民出版社，2001)。杨利慧等《中国神话手册》(Handbook of Chinese Mythology)[M]，美国ABC—CLIO出版公司，2005。岳永逸《灵验、磕头、传说》，北京：生活•读书•新知三联出版社，2010。杨利慧《神话与神话学》，北京：北京师范大学出版社，2009。康丽《中国巧女故事研究》，北京：中国社会出版社，2008。

一个划时代的标志是,20世纪靠出书造势,21世纪把文化多样性变成文化权力,吸收多元文化，尊重地方文化，保护遗产文化，在这一过程中，数字化成为世界多元文化公开揭秘的武器。2003年，北师大民俗学科建立数字民俗学研究方向，加入这一主流，以数字民俗学研究的新成果，将前人寻找国家民族新文化载体的宏观视角，转向新一代民俗学者所关注的民俗文献规模研究与具体个案微观研究的资源整合，同时重新进行人文数字数据分类，搭建内部民俗解释与世界视野内的多元文化对话的新框架，探索中国民俗文化代表作的现代输出策略。

本学科点于2001年开辟数字民俗学的研究新分支。在这一分支的开拓中，需要开展文理结合的基础研究，也需要开展高校与政府有关职能部门的通力合作，这是建设数字民俗学与建设其他民俗学方向的不同之处。在这个方向上，本学科点已出版著作有：《数字钟敬文工作站》(董晓萍、赖彦斌、鞠熙等)、《数字碑刻民俗志》(鞠熙)、《数字行业民俗志》(周锦章) 和《数字故事民俗地图志》(赖彦斌、董晓萍)[1]。

经过近年的改革，本学科点的传统基础研究的优势得到加强，对历史和未来的道路看得更为明晰，并开辟了符合新一代民俗学者自身特点的新领域。

（二）科研项目

本学科点在社会学和中国语言文学两个一级学科下开展科学研究，加大了文本与田野结合研究的力度，加强了民俗学理论与应用研究的双向探索，学术视野更为开阔，学术规范更为严谨。自1997年至2011年，本学科点共承担和完成科研项目77种，其中，985、211、国家社科基金重大项目、教育部人文社科重大项目等省部级以上38种，文化部和民政部等横向项目13种，校级重点扶持项目12种，国际合作项目14种。

1 董晓萍、赖彦斌、吕红峰、鞠熙、马磊《数字钟敬文工作站》，北京：北京师范大学出版社，2009。鞠熙《数字碑刻民俗志》，北京：北京师范大学出版社，2009。周锦章《数字行业民俗志》，北京：北京师范大学出版社，2009。赖彦斌、董晓萍《数字故事民俗地图志》，北京：学苑出版社，2012。

国家社科基金项目，“中国民俗史研究”，钟敬文先生主持，在教育部人文社科重点研究基地北京师范大学民俗典籍文字研究中心完成，项目成果《中国民俗史》等丛书，人民出版社2008年出版，获国家社科基金优秀成果奖、北京市哲学社会科学优秀学术著作特等奖。

国家社科基金重大项目“我国文化软实力发展战略研究”，首席专家董晓萍教授、王一川教授，已完成阶段性成果《我国大学生中外文化符号观调查》报告，在海内外引起很大反响，新华社给予大幅报导，海内外300多家重要报纸（新加坡《联合早报》等）、电视（《凤凰卫视》等）和网络媒体给予刊登或报道。新浪网、搜狐网等都在首页的时事要闻中刊载，在海内外引起轰动。

教育部人文社科重大项目“近世中原民俗志与下层文化建设”，出版成果《不灌而治》等丛书，中华书局2003年出版，获第四届中国高校人文社会科学研究优秀成果三等奖。

北京市哲学社会科学规划项目“水资源利用传统与现代化的民俗研究”，董晓萍教授主持，项目成果《北京民间水治》，北京师范大学出版社2009年出版，获第十届中国文联中国民间文艺家协会山花奖优秀学术著作奖。

国家社科基金项目，“普罗普故事学研究”，项目成果译著《神奇故事的历史根源》和《故事形态学》，钟敬文先生主编，董晓萍教授执行主编，贾放教授译，中华书局2006年出版。

教育部人文社科基地重大项目“中国民俗文献史纲要及其数字化管理系统”，出版成果“数字民俗文化遗产丛书”，《数字钟敬文工作站》、《数字碑刻民俗志》、《数字行业民俗志》，北京师范大学出版社2009年出版，《数字故事民俗地图志》，学苑出版社2012年出版。

（三）代表作

1. 钟敬文《钟敬文文集》（全5卷）

这套文集是钟敬文先生的学术文化著述的系列精选结集，在本学科点“十五”规划期间完成，共分民俗学、民间文艺学、诗学与文艺评论、散文和新旧诗体集五卷，由连树声、董晓萍、杨占升、蔡清富和赵仁珪编辑，安徽教育出版社1999—2002年出版。

2. 钟敬文主编《中国民俗史》（全6卷）

《中国民俗史》系列丛书，钟敬文主编，是钟先生主持国家社会科学基金项目“中国民俗史研究”的成果。这套丛书以钟敬文先生80年学术积累为指导，以钟敬文先生开创的“历史民俗学”研究方向为框架，描述和分析中国民俗文化的历史资源、民俗文化特征和社会内涵，具有重要的学术史价值和现实意义。在钟敬文先生生前的亲自主持下，这套丛书调集国内重点大学和科研院所的学术骨干参加编写，首次从民俗学专业的角度，全面、系统地清理了中国民俗文献和相关民俗事象资料，建立了中国普通人的日常社会史和人生史，填补了中国民俗学派的学说构架，对中国民族民俗文化遗产保护工作具有理论指导意义和推动作用，丰富了世界人类文化史。人民出版社，2008年出版，获国家社科基金优秀成果奖、入选国家人文社科成果文库。

3. 董晓萍《田野民俗志》

此书对近40年国际国内民俗文化研究思潮做了系统梳理，首次创用“田野民俗志”的概念，提出了相关整体理论和方法论的框架，建立了民俗学田野研究的样本，并强调从中国实际出发，对田野民俗志与历史文献学同时建设。此书出版后，被誉为“当代中国民俗学走向世界与国际学界对话的标志性作品”、“全方位地论述田野民俗志学科地位、理论构架、实践方法的拓荒之作”，其意义在于抓住民俗学学科建设中的症结，构建了一个完整的理论系统，并提出了中国民俗学研究的新方法。北京师范大学出版社，2003年出版。2005年获北京市第八届哲学社会科学优秀成果学术著作奖一等奖。

4. 董晓萍等《不灌而治——山西四社五村水利文献与民俗》

此书为民俗学者首次研究中国节约水利民俗的学术著作，主要从中国基层社会水利工程与民俗社会自治的关系的角度切入，以金元明清水利碑刻为对象，辅以利用历时五年的陕山农村田野调查资料，以山西晋南一个近800年缺水却很早实现小康社区目标的村落集体为个案，开展民俗学、社会学、人类学、历史学和环境水利科学的综合研究，阐释一种华北民间水治模式，讨论它的历史基础和社会运行成本，以及它部分地接受现代化以节省水资源的人治措施，为中国现代化进程中的用水民俗历史遗产保护和合理水利工程建设提供参考意见，本书的基本观点被《中国社会科学文献》、《高校文科学报文摘》、《北京日报》和《中国水利报》等多家杂志报刊摘引使用，这在以前的民俗学界是不多见的。中华书局，2003 年出版。2006 年获第四届中国高校人文社会科学研究优秀成果三等奖。法国《年鉴学报》2011 年第 1 期刊登以该著核心观点撰写的论文《*La fabrique des droits hydrauliques Histoire, traditions et innovations dans le nord de la Chine*》(Paris：Annales, Janvier-mars, 2011, p33-67)，董晓萍等撰。

5. 董晓萍《全球化与民俗保护》

此著是国内同行中首部系统研究跨文化民俗学的著作，使用作者多年积累中外合作研究成果，针对中外关注热点话题，阐释全球化背景下保护利用优秀民族民俗文化的理论和方法。分两编，上编讨论全球化的复杂影响与民俗保护的对象论，下编讨论民俗保护的理论与方法，指出参与保护民俗文化遗产事业的知识技能、重点关注领域和行动策略。共 61 万字，另附作者带领北京师范大学数字民俗学实验室科研团队研发的数字课件 11 种。高等教育出版社，2007 年出版。

6. 董晓萍、赖彦斌、吕红峰、马磊、鞠熙《数字钟敬文工作站》

此著为董晓萍主编“数字民俗文化遗产丛书”之一。共三章，第一章讨论数字人文研究的基本理论问题和钟敬文民俗学高等教育思想的数字化方案，第二章讨论讨建立专家系统的数字纪念站、研究站和遗产站的观念与产品，第三章讨论数字名师地图、数字民俗学书库和民俗学专业术语数字辞典的编制方法。附数字钟敬文名师地图 48 幅，数字辞典 3 个，数字钟敬文工作站演示版 1 个，整体呈现这种民俗学与计算机应用科学和地理地图学多学科交叉形成的综合性成果。北京师范大学出版社，2009 年出版。

7. 董晓萍等《北京民间水治》

此著阐述北京国家水治与城市民间水治两种历史的形成与运行特点。从水利民俗研究的角度，使用二十五史河渠志中的北京水利史料、北京明清方志和风土笔记中的水利史料、北京文史书刊、北京档案馆的行业作坊档案和老北京人回忆录中的水利资料，围绕北京潮白河和永定河水源系统与北京工农业用水和现代生活方式用水的关系，分析北京城市水利民俗传承的基本特征，撰写北京用水民俗志，揭示北京民间水治的市民主体人群对北京用水安全的历史情感和现代价值观，指出现代自来水工程是北京城市生活质量提高的标志，也是北京政府投入与民间水治共享利益的交叉点。在市场经济背景下，城市公共水利政治和行政管理权力部分下放，水利公共生活领域扩大，用水量迅速增加，北京面临新的缺水危机，引起政府和市民对节水问题的思考。北京市民有很强的首都历史意识，并转向现代国际化大都市的公民意识，弘扬市民节水民俗传统，对北京城市水利命脉的持续保持和建立城市未来幸福观有双重介入作用。纸质本 34.9 万字，另附北京民间水治调查研究数字地图（示意图）4 幅。北京师范大学出版社，2009 年出版。2011 年获中国文联、中国民间文艺家协会第十届中国文联中国民间文艺山花奖·民间文艺学术著作奖。

8. 萧放《岁时——传统中国民众的时间生活》

此著重点研究传统岁时节日民俗，探讨中国时间民俗的内涵与生活传统。作者继承钟敬文教授早年研究《东国岁时记》的学术遗产并加以发展，从时间民俗的视角切入，吸收当代国际学界研究时间人类学、时间宗教学等重要成果，梳理我国的史前民俗、上古民俗和中古民俗资料，解释民众在时间感受、时间认知、时间操作上的风俗文化观念与行为惯制，指出农业社会历代政府对岁时节日的治绩与机制建构，也说明宗教意识对节日仪式文化的渗透和保持所起的作用。作者还指出岁时民俗的地方性与民族性差异。作者强调传统岁时节日研究与当代节日变迁的关联性，指出研究岁时民俗对加强现代政府节日宏观管理的价值与社会作用。中华书局，2002 年初版，2004 年重印，2005 年在韩国出版韩文版。

9. 万建中《解读禁忌——中国神话、传说和故事中的禁忌主题》

此著重点研究中国民间口头叙事文学（包括神话、传说和故事）中的禁忌现象，把禁忌问题从民间作品中提出，作为一个主题进行专门检讨，这是前所未有的。此项研究跨越了民俗学和民间文艺学两个领域的课题。含有禁忌主题的民间叙事文学作品极为丰富，拓宽了民间文学的研究思路和空间，此书出版后，在民间文学界产生了广泛的影响，为广大民间文艺学研究者和工作人员所阅读，得到了广泛的好评。商务印书馆，2001 年出版。2004 年获北京市第七届哲学社会科学优秀成果二等奖，另获中国文联民间文艺“山花奖”学术著作一等奖。

10. 万建中《禁忌与中国文化》

此著重点研究禁忌民俗与中国传统文化的关系，将民俗学与人类学理论相结合，张开多种视角，从 12 个方面阐释了禁忌，对禁忌的本体特征、表现范式、生存状态、传承规律、禁忌与其他文化形态的关系等，都做了论述，揭示了禁忌的地方文化存在历史及社会意义。已有学者认为，这种研究更有利于揭示民间叙事的本质。人民出版社，2001 年出版。

11. 杨利慧等《Handbook of Chinese Mythology》

此为介绍中国神话母题的专题著作，作者从本土学者的立场出发，较为全面地介绍中国神话的精神世界、境内多民族神话、中国神话与其产生和传承的社会文化语境之间的内在联系和中国神话的分类。对大多数中国神话学者所认可的神祇、始祖、文化英雄、神圣地方、神性动物和植物、神圣物品和神话主题等，也作了解释。美国 ABC−CLIO 出版公司，2005 年出版。

12. 杨利慧等《神话与神话学》

本书是作者积多年研究成果撰写而成的神话学教科书，所讨论的基本问题有：神话的概念与特征，神话与宗教信仰、文学艺术和科学之间的关系，神话发源的原因，宇宙起源神话、人类起源神话、文化起源神话、中国古典神话、当代汉民族中流传的民间口承神话、中国少数民族神话等神话形态与内涵，神话对中国社会和文化的影响，研究神话的主要理论与方法，中国神话学的历史、现状与未来等。作者对神话的“神圣性”、现代口承神话的传承与变迁趋势、大众传媒和文化旅游对神话资源的利用和重建等理论要点的阐释富有创新性。这是我国神话学研究领域难得一见的新成果。北京师范大学出版社，2009年出版。2011年获中国文联、中国民间文艺家协会第十届中国文联中国民间文艺山花奖·民间文艺学术著作奖。

13. 岳永逸《灵验·磕头·传说——民众信仰的阴面与阳面》

这是一部富有创见的民俗志学著作，作者以河北范庄龙牌会等乡村庙会为个案，分析我国当代民间信仰活动与民众传承的心性、习惯和文化观念的联系，指出民间信仰在当下社会的适应方式，及其与“非物质文化遗产”建构互动的现象，揭示那些长期被定性为负面的、阴性的和消极的信仰传统，其实在新农村建设、和谐乡村发展等现代化进程中仍占有一定的文化位置，对此应该从民俗学的角度开展认真研究。生活·读书·新知三联书店，2010年出版。2011年获中国文联、中国民间文艺家协会第十届中国文联中国民间文艺山花奖·民间文艺学术著作奖。

表3　北京师范大学民俗学学科近年出版著作清单（2001—2012）

序号	著作名称	作者	出版社	出版时间
1	钟敬文文集（全5卷）	钟敬文	安徽教育出版社	2002
2	中国民俗史（全6卷）	钟敬文主编	人民出版社	2008
3	民俗学概论（第二版）	钟敬文主编 许钰、董晓萍副主编	高等教育出版社	2010
4	民间文学概论（第二版）	钟敬文主编	高等教育出版社	2010
5	民间文学作品选（第二版）	钟敬文主编	高等教育出版社	2010
6	说话的文化	董晓萍	中华书局	2002、2004、2008
7	田野民俗志	董晓萍	北京师范大学出版社	2003
8	不灌而治——山西四社五村水利文献与民俗	董晓萍（第一作者）	中华书局	2003
9	外国民俗文化研究名著译丛（3册）	董晓萍（执行主编） 萧放、尹虎彬等译	中华书局	2004、2006
10	全球化与民俗保护	董晓萍	高等教育出版社	2007
11	现代民俗学讲演录	董晓萍	广西师范大学出版社	2007

续表

序号	著作名称	作者	出版社	出版时间
12	中国地理教程	董晓萍（第二作者）	高等教育出版社	2007
13	现代民间文艺学讲演录	董晓萍	广西师范大学出版社	2008
14	北京民间水治	董晓萍	北京师范大学出版社	2009
15	数字钟敬文工作站	董晓萍、赖彦斌等	北京师范大学出版社	2009
16	数字民俗文化遗产丛书（3册）	董晓萍主编	北京师范大学出版社	2009
17	乡土地理教程	董晓萍（第二作者）	北京师范大学出版社	2009
18	北京内城寺庙碑刻志（第一、二卷）	董晓萍等主编	国家图书馆出版社	2011
19	20世纪中国民间文学经典	刘铁梁主编	北京师范大学出版社	2004
20	北京民俗文化普查与研究手册	刘铁梁主编	中央编译出版社	2006
21	中国民俗文化志·北京·门头沟区卷	刘铁梁主编	中央编译出版社	2006
22	中国民俗文化志·北京·宣武区卷	刘铁梁主编	中央编译出版社	2006
23	解读禁忌——中国神话、传说和故事中的禁忌主题	万建中	商务印书馆	2001
24	禁忌与中国文化	万建中	人民出版社	2001
25	汉族风俗史（隋唐五代宋元清后期民国汉族风俗）	万建中（第二作者）	学林出版社	2004
26	中国民间禁忌风俗	万建中	中央编译出版社	2005、2010
27	中国民俗通志·生养志	万建中	山东教育出版社	2005
28	民间文学引论	万建中	北京大学出版社	2006
29	民间诞生礼俗	万建中	中国社会出版社	2006、2008
30	中国民间散文叙事文学的主题学研究	万建中（第一作者）	北京大学出版社	2009
31	中国民间文化	万建中	北京师范大学出版社	2010

续表

序号	著作名称	作者	出版社	出版时间
32	民间婚俗	万建中	天津人民出版社	2010
33	育儿民俗	万建中	天津人民出版社	2011
34	中国饮食文化	万建中	中央编译出版社	2011
35	新编民间文学概论	万建中主编	上海文艺出版社	2011
36	岁时 ——传统中国民众的时间生活	萧　放	中华书局	2002、2004
37	岁时——中国传统岁时风习(韩文版)	萧　放	韩国国立民俗博物馆	2006
38	湖北文化史・风俗篇	萧　放 (合著)	湖北教育出版社	2006
39	春节	萧　放	中国社会出版社	2006、2008
40	话说中秋	萧　放	上海古籍出版社	2008
41	话说中秋(汉英双语版)	萧　放	上海外语教育出版社	2008
42	话说春节	萧　放	上海古籍出版社	2008
43	话说春节(汉英双语版)	萧　放	上海外语教育出版社	2009
44	春节	萧　放	三联书店	2009
45	The Chinese Festivals	萧　放	上海古籍出版社	2009
46	中国节庆	萧　放	上海古籍出版社	2010
47	传统节日与非物质文化遗产	萧　放	学苑出版社	2011
48	中国神话母题手册 (*Handbook of Chinese Mythology*)	杨利慧	Santa Barbara, Denver and Oxford: ABC-CLIO	2005、2008
49	作为表演的口头艺术	理查德・鲍曼(Richard Bauman)著,杨利慧等译	广西师范大学出版社	2008
50	神话与神话学	杨利慧	北京师范大学出版社	2009
51	现代口承神话的民族志研究 ——以四个汉族社区为个案	杨利慧等	陕西师范大学出版社	2011
52	萨满教图说	色　音 (第二作者)	民族出版社	2002

续表

序号	著作名称	作者	出版社	出版时间
53	水资源与生态环境——黑河流域水资源状况的社会学调查	色　音（合著）	社会科学文献出版社	2008
54	干旱区生态保育与可持续发展	色音等主编	内蒙古人民出版社	2008
55	地理环境与民俗文化遗产	色　音（第三主编）	知识产权出版社	2009
56	生态移民的环境社会学研究	色音等主编	民族出版社	2009
57	中国少数民族原始宗教经籍汇编	色　音（副总主编）	中央民族大学出版社	2009
58	技术史（Charles Singer：A History of Technology），第Ⅱ卷 第十章	朱　霞（译著）	上海科技教育出版社	2004
59	云南民族民间工艺技术	朱　霞（第二作者）	中国书籍出版社	2005
60	技术与民俗——云南诺邓井盐生产民俗研究	朱　霞	云南人民出版社	2009
61	巧女故事	康　丽	中国社会出版社	2006、2008
62	高碑店村民俗文化志	康　丽	民族出版社	2007
63	空间、自我与社会：天桥街头艺人的生成与系谱	岳永逸	中央编译出版社	2007
64	田野逐梦：走在华北乡村庙会现场	岳永逸	广西人民出版社	2007
65	温故：正在消失的服饰	岳永逸	中华工商联合出版社	2007
66	老北京杂吧地——天桥的记忆与诠释	岳永逸	生活·读书·新知三联书店	2011
67	数字碑刻民俗志	鞠　熙	北京师范大学出版社	2009
68	数字故事民俗地图志	赖彦斌、董晓萍	学苑出版社	2012

表4　北师大民俗学科点近年主要科研获奖一览表（2001—2010）

序号	获奖名称	获奖人	获奖时间	获奖类别名称和等级
1	中国民俗学学科的创建与实践	钟敬文等	2001	国家级教学成果奖一等奖
2	中国民俗学学科的创建与实践	钟敬文等	2001	北京市教育成果（高等教育）一等奖

续表

序号	获奖名称	获奖人	获奖时间	获奖类别名称和等级
3	中国民俗史	钟敬文主编	2006	国家社科基金标志性成果
4	中国民俗史	钟敬文主编	2009	中国文联中国民间文艺山花奖学术著作奖
5	中国民俗史	钟敬文主编	2010	北京第十一届哲学社会科学优秀成果特等奖
6	乡村戏曲表演与中国现代民众	董晓萍等	2001	中国文联中国民间文艺山花奖首届学术著作奖二等奖
7	乡村戏曲表演与中国现代民众	董晓萍等	2002	北京师范大学人文社会科学研究优秀成果奖
8	历史民俗学与钟敬文的学术贡献	董晓萍	2003	第三届中国文联文艺评论奖二等奖
9	田野民俗志	董晓萍	2004	北京市第八届哲学社会科学优秀成果一等奖
10	田野民俗志	董晓萍	2004	中国文联第五届中国民间文艺山花奖、第二届学术著作二等奖
11	将中立变量观点纳入民俗学研究——论钟敬文“一国民俗学”学说的形成	董晓萍	2004	中国文联文艺评论奖理论文章二等奖
12	钟敬文与中国民间文学三套集成	董晓萍	2004	全国艺术科学规划领导小组优秀论文奖
13	不灌而治——山西四社五村水利文献与民俗	董晓萍等	2006	第四届中国高校人文社科研究优秀成果三等奖
14	北京碑刻民俗志	董晓萍指导鞠熙博士学位论文	2008	北京市首届优秀博士学位论文指导教师奖
15	北京民间水治	董晓萍等	2011	中国文联中国民间文艺山花奖第十届优秀学术著作奖
16	解读禁忌	万建中	2002	北京市第七届哲学社会科学优秀成果二等奖
17	解读禁忌	万建中	2004	中国文联中国民间文艺山花奖第二届学术著作一等奖

续表

序号	获奖名称	获奖人	获奖时间	获奖类别名称和等级
18	《荆楚岁时记》研究——兼论传统中国民众生活中的时间观念	萧　放	2001	中国文联中国民间文艺山花奖首届学术著作奖一等奖
19	《荆楚岁时记》研究	萧　放	2002	北京师范大学人文社会科学研究优秀成果奖
20	钟敬文与历史民俗学	萧　放	2003	中国文联第三届文艺评论奖二等奖
21	女娲的神话与信仰	杨利慧	2001	中国文联中国民间文艺山花奖首届学术著作奖一等奖
22	女娲溯源	杨利慧	2003	励耘奖学助学基金（研究类）第六届优秀青年教师奖 二等奖
23	神话与神话学	杨利慧	2011	中国文联中国民间文艺山花奖第十届优秀学术著作奖
24	东北亚的萨满教	色　音	2003	胡绳青年社会科学学术奖
25	村落生活中的庙会传说	岳永逸	2004	第四届中国文联文艺评论奖理论文章二等奖
26	灵验·磕头·传说——民众信仰的阴面与阳面	岳永逸	2011	中国文联中国民间文艺山花奖第十届优秀学术著作奖

（四）学术信息建设

1. 网站

本学科点已建成网站和链接网站 2 个，链接北京师范大学网站，二级域名。

北京师范大学数字民俗学实验室网站

网址：http://dfsl.bnu.edu.cn

教育部人文社科重点研究基地北京师范大学民俗典籍文字研究中心网站

网址：http://mdw.bnu.edu.cn

2. 学术信息资源建设

北京师范大学民俗学国家重点学科科研项目数字管理平台

网址：http://192.168.0.21/pmis

北京师范大学民俗民间文艺数字基础资源

网址：http://dfsl.bnu.edu.cn/county

3. 杂 志

《民俗典籍文字研究》，教育部人文社科重点研究基地北京师范大学民俗典籍文字研究中心学刊，刊登本学科点学术研究最新成果，与中外同行开展学术交流。年刊，每年出版 1 － 2 辑。编委会主任：启功、季羡林。主编：王宁。副主编：董晓萍。编委会委员：陈原、陈新雄、陈振寰、程毅中、傅熹年、郭锡良、江蓝生、金开诚、何九盈、李强、鲁国尧、刘魁立、李学勤、陆学艺、裘锡圭、王邦维、赵诚。杂志栏目包括：民俗学、民间文学、典籍与文化、文字音韵训诂学、词汇学等，以及在多学科综合研究中产生的新课题。商务印书馆出版。2003 年创刊，至 2012 年，已出版 10 辑。

4. 丛书

《民俗典籍文字研究中心论文选集》，教育部人文社科重点研究基地北京师范大学民俗典籍文字研究中心代表作结集，包括本学科点民俗学者的代表作。中华书局出版，2011 年创刊。年刊。至 2012 年，已出版 3 集。

5. 简报

《简报》，教育部人文社科重点研究基地北京师范大学民俗典籍文字研究中心主办，反映本学科点与中心的学科建设、教学科研、人才培养、国内会议、国际交流、代表作、重要获奖成果和学术动态。2000 年创办。季刊，每年 4 期。上报教育部社政司，并与中外学术同行交流。

四、学术交流

本学科点长期承担大量的国际国内交流任务。外国同行主要来自英国牛津大学、美国衣阿华大学、美国普林斯顿大学、美国印地安纳大学、法国远东学院、法国巴黎高等实验学院、法国社会科学高等研究院、日本东京都立大学和联合国国际劳工组织等，所讨论问题涉及民俗学、社会学、历史学和人类学的交叉研究和当代国际学术思潮中民间文化研究的前沿问题，也有具体针对中国现代社会发展的问题，如民俗传统的地位、文化多样性与中国儒学教育、城市历史遗产保护与城市文化重构、民俗文本与女性社会赋权、技术民俗与社会文化价值等。这些学术交流活动促进了本学科点的学科建设。

（一）国际知名大学和一流学者发展国际合作

本学科点继承前辈奠定的与英、美、法、俄等欧美大学和日、韩等东亚国家知名大学之间的深厚学术关系基础，根据国际学界的前沿发展和国内现实需求，重点加强了与英国牛津大学、法国巴黎高等实验学院、法国远东学院和法国高等社会学学院、美国印地安纳大学的学术交流，建立了双赢合作模式，提高了国际合作实际效果，使本学科点在国际同行内的影响力更为增强。近年共举办国际讲座25次，国内会议15次，合计40次，是1997年学科体制改革前的3.6倍。

表5　北师大民俗学学科点近10年主办主要国际会议一览表（2001—2010）

序号	学术会议名称（国际合作）	举办年	参加人数	
			总人数	海外人员参加人数
1	中日民间叙事文学情节类型专题研讨会（中日国际学术讲座与研讨会）	2001	126	17
2	人类遗产学国际高研班（中法合作国际高研班、联合国教科文组织北京代表处和法国大使馆后援）	2003	1027	24
3	性别、高等教育与社会发展国际高研班（联合国国际劳工组织性别平等局、亚太性别平等局与北师大合作）	2004	162	5
4	乡村社会研究的理论与实践（中美国际学术研讨会）	2005	57	8
5	魏晋唐宋小说与民间文学研究（中英国际学术讲座）	2006	100	4
6	人文奥运与民间文化学术研讨会	2006	80	10
7	自然环境与民俗地理学（中日国际学术会议）	2007	80	18
8	行业文化与行业技术传承（中法国际学术会议）	2008	131	10
9	中日青年学者论坛（中日国际学术会议）	2009	60	12
10	中日青年学者研究生学术论坛（中日国际学术讲座）	2009	30	7
11	明清至民国时期中国城市的寺庙与市民（中法国际学术会议）	2009	80	20
12	技术史研究的民间化（中德国际学术讲座）	2010	51	5

（二）在国际学界的社会科学与自然科学领域中扩大合作

本学科点在学科目录调整后，按照创新发展的计划，在原有民俗学专业国际合作的基础上，与国际同行中的社会学、人类学、历史学和海外汉学学者扩大合作，也与自然科学界从事科学史和技术史研究的重要学者建立了国际联系。近年我们与英国皇家学会会员、英国牛津大学达夫妮·奥斯本(Daphne Osborn) 教授合作，聘请英国帝国理工学院刘建国教授讲学，与英国剑桥大学李约瑟中国技术史编写组白馥兰教授合作研究。其中的一些国际合作项目成果通过了严格的学术评审后结项，如华北节水水利研究（中法合作)、穆斯林女性的社会赋权（中英合作)、北京寺庙碑刻与社会史研究（中法合作)、北京行业文化与专业知识传承（中法合作)、民间科技史研究（中德与中英合作）等。

表 6　北师大民俗学学科点近年主要国际学者来华讲学信息表 (2001—2012)

序号	主　题	主讲人姓名	主讲人单位	时　间
1	华北水册与碑刻的历史学分析	[法] 蓝克利	法国高等社会学学院	2001 年 3 月 23 日
2	福建客家传统社会碑刻	[法] 劳格文	法国巴黎高等实验学院	2001 年 3 月 25 日
3	日本昔话的情节单元研究	[日] 稻田浩二	日本早稻田大学	2001 年 4 月 21 日
4	人文科学教育与自然科学教育	[英] 刘建国	英国帝国理工学院	2003 年 12 月 8 日
5	在科学与人文之间	[英] 达夫妮	英国牛津大学、英国皇家学会、原 Nature 杂志	2004 年 5 月 14 日
6	作为交换礼物的权威	[法] 格　伟	法国高等社会科学院	2004 年 9 月 23 日
7	全球化时代的权力与生存	钟独安	美国加州大学欧文分校	2004 年 12 月
8	性别与发展——将性别问题纳入主流战略	张幼云	联合国国际劳工组织性别平等局	2004 年 12 月 15 日
9	在亚太地区的社会性别主流化问题与实际操作	[美] 奈琳·哈斯拜尔 (Nelin Hasples)	联合国国际劳工组织性别平等局亚太局	2004 年 12 月 16 日
10	社会性别学方法论与国际劳工标准	张幼云	联合国国际劳工组织性别平等局	2004 年 12 月 19 日
11	美国民俗学与人类学中的“表演观”	[美] 理查德·鲍曼 (Richard Banmann)	美国印第安纳大学	2005 年 2 月 18 日

续表

序号	主　题	主讲人姓名	主讲人单位	时　间
12	现代性节日：选美表演、性别和民族主义	[法] 贝弗莉·斯托杰	美国印第安纳大学	2005年2月19日
13	中国广东地区清明节活动的宗教经济研究	[日] 渡边欣雄	东京都立大学	2005年3月7日
14	关于台湾原住民社会研究与鲁凯族、排湾族地区的田野调查	[日] 松冈格	日本东京大学	2005年5月26日
15	中国乡村社会研究的理论与实践	[美] 欧达伟 (R.Darid Arkush)	美国衣阿华大学 (The University of Iowa)	2005年10月16日
16	作为文化遗产学的社会学	[日] 荻野昌弘	日本关西学院大学社会学系	2006年1月23日
17	村庄笔记与幸福的民俗学	[日] 古川彰	日本关西学院大学社会学系	2006年1月23日
18	日本皇家陵墓文化的保护与相关民俗观念的作用	[日] 山泰幸	日本关西学院大学社会学系	2006年1月23日
19	事业、性别和家庭	[英] 弗思 (Patricia Fosh)	英国布里斯托大学	2006年2月27日至28日
20	过渡仪式模式的运用与文化生产的特性——“装库”仪式的分析	[美] 张举文	美国崴莱大学	2006年6月18日
21	《中国妇女发展》合作研究项目	[英] 叶玛丽 (Maria Jaschok)	英国牛津大学国际发展研究系、牛津大学性别研究中心	2006年8月至9月
22	在痛切摸索的时代——来自日本列岛的报告	[日] 姬田忠毅	日本民族文化映像研究所	2006年9月24日
23	我是东方学派吗？及其他	[英] 杜德桥 (Glen Dudbridge)	英国牛津大学	2006年10月13日

续表

序号	主　题	主讲人姓名	主讲人单位	时　间
24	妙善传说	[英] 杜德桥 (Glen Dudbridge)	英国牛津大学	2006 年 10 月 20 日
25	对《太平广记》资料的批评性利用	[英] 杜德桥 (Glen Dudbridge)	英国牛津大学	2006 年 10 月 26 日
26	游牧民的民俗仪式及其博物馆的多媒体展示	[日] 小长谷有纪	日本国立民族学博物馆	2006 年 10 月 11 日
27	冠礼的复原操作与现代成年礼的比较	钟宗宪	台湾辅仁大学中文系	2007 年 4 月 2 日
28	北京牛街清真女寺与家庭行业户经济研究的视角与方法	[英] 叶玛丽 (Mario Jaschok)	英国牛津大学国际发展研究系、牛津大学性别研究中心	2007 年 4 月 6 日至 9 日
29	文化视野下的民族宗教	[美] 唐崇昭	美国孙中山四八达可思慈善信托基金	2007 年 4 月 13 日
30	全球化时代日常生活文化研究的意义——地方性生活现场之人文学的可能性	[日] 松田素二	日本京都大学研究生院文学研究科	2007 年 7 月 14 日
31	向地方性知识学习的方法——生活环境主义思想	[日] 古川彰	日本关西学院大学社会学系	2007 年 7 月 14 日
32	中心的象征主义——文化遗产制度是如何产生的？	[日] 荻野昌弘	日本关西学院大学社会学系	2007 年 7 月 25 日
33	全球化与无形文化遗产——徐福传说的东亚网络	[日] 逵志保	日本爱知县立大学文学部	2007 年 7 月 25 日
34	水资源管理与地方性知识——琵琶湖周边村落梯田的利用与保护	[日] 古川彰	日本关西学院大学社会学系	2007 年 8 月 2 日
35	美国民俗学的三大部门	[美] 比尔·艾伟 (Bill Ivey)	美国民俗学会、美国克林顿政府文化艺术基金会	2007 年 12 月 5 日
36	数码时代的民俗学	[韩] 任世权	韩国安东大学历史系	2007 年 12 月 21 日
37	日本中世纪歌谣中的都市和农村	[日] 真锅昌弘	日本歌谣学会、日本关西外国语大学	2008 年 9 月 10 日

续表

序号	主　题	主讲人姓名	主讲人单位	时　间
38	日本民俗学研究的现状与动态	[日] 佐野贤治	日本神奈川大学常民文化研究所	2008 年 11 月 6 日
39	海外汉学界的中国社会研究与中国水利研究	[法] 蓝克利 (Christian Lamouroux)	法国高等社会学学院近现代中国研究所	2009 年 3 月 16 日
40	从水利史到社会史研究的方法与科学目标	[法] 蓝克利 (Christian Lamouroux)	法国高等社会学学院近现代中国研究所	2009 年 3 月 23 日
41	法国历史学者对中国陕西和山西民间水利文献的使用个案	[法] 蓝克利 (Christian Lamouroux)	法国高等社会学学院近现代中国研究所	2009 年 3 月 30 日
42	宋史的会计制度与政治史	[法] 蓝克利 (Christian Lamouroux)	法国高等社会学学院近现代中国研究所	2009 年 4 月 27 日
43	岁时仪礼与祭祀戏剧之关系	[日] 田仲一成	日本东京大学、东洋文库图书部	2009 年 6 月 4 日
44	风水的社会人类学研究史	[日] 渡边欣雄	日本中部大学国际关系学部	2009 年 7 月 4 日
45	Thinking Big in Folklore	[美] 罗仪德 (Timothy Lloyd)	美国民俗学会	2009 年 10 月 14 日
46	欧洲的文化遗产——抑或是真实性的神话	[德] 沃尔夫刚·卡舒巴 (Wolfgang Kaschuba)	德国柏林洪堡大学欧洲民族学研究所	2010 年 3 月 31 日
47	从民族国家的到文化的：迁移中的欧洲文化认同?	[德] 沃尔夫刚·卡舒巴	德国柏林洪堡大学欧洲民族学研究所	2010 年 4 月 1 日
48	形象与想象：柏林的都市民族学	[德] 沃尔夫刚·卡舒巴	德国柏林洪堡大学欧洲民族学研究所	2010 年 4 月 6 日
49	记忆文化的全球化?	[德] 沃尔夫刚·卡舒巴	德国柏林洪堡大学欧洲民族学研究所	2010 年 4 月 7 日
50	公共民俗学：美国方式——日常生活中传统文化延续之研究	[美] 尼古拉·斯宾泽 (Nicholas Spitzer)	美国图兰大学	2010 年 5 月 26 日

续表

序号	主　题	主讲人姓名	主讲人单位	时　间
51	殉葬—或国家的起源	[法] 阿兰·泰斯塔尔 (Alain Testart)	法兰西学院社会人类学研究所	2011 年 4 月 13 日
52	“我变成了传说”——对印度东北和中国西南地区民间文化和种族诗歌的尝试性调查	[美] 马克·本德 (Mark Bender)	美国俄亥俄州立大学大学东亚语言文学系	2011 年 4 月 30 日
53	印刷民歌：中国口头文学编辑出版的模式、语境和重要话题	(美)苏独玉 (Sue Tuohy)	美国印第安纳大学民俗学与民族音乐学系	2011 年 4 月 30 日
54	非物质文化遗产和知识产权的保护——以华盛顿州的美国印第安人艺术为个案	[美] 史威利 (Willie Smyth)	美国华盛顿州民间艺术委员会	2011 年 7 月 6 日
55	华盛顿州文化旅游和非物质文化遗产	[美] 史威利 (Willie Smyth)	美国华盛顿州民间艺术委员会	2011 年 7 月 8 日

(三)出国(出境)讲学与合作研究

近年本学科点人员出国(出境)参加国际学术会议的人员明显增多，达37 人次，海外讲学 46 次，在海外合作研究 6 次。这些扩大了本学科点在国际上的影响力。我们还在多元学术背景和多学科的交流中，反观自身学科的定位和地位，做出相应调整，在专业国际化的方向上，优势不断增大。

表 7　北师大民俗学学科点近年在境外大学(机构)讲学一览表(2001—2012)

序号	姓　名	时　间	国外大学或机构名称	讲学主题
1	董晓萍	2001 年 11 月	英国牛津大学	The Books of Chinese Folklore from the Western Perspective in the Library of the University of Oxford：1840-1942
2	董晓萍	2001 年 12 月	英国伦敦亚非学院	On the Village Opera and Its Ethnography in Northern China
3	杨利慧	2001 年 3 月	美国印第安纳大学	女娲之神——当代中国的神话与民间信仰

续表

序号	姓　名	时　间	国外大学或机构名称	讲学主题
4	杨利慧	2001年4月	美国印第安纳大学	中国西北乡村的社火表演
5	杨利慧	2001年5月	美国印第安纳大学	中国的民间剪纸艺术
6	董晓萍	2002年12月	法国法兰西学院	The History, Folklore and Modernization in a Non-irrigation Society
7	董晓萍	2004年10月	法国社会科学高等研究院（EHESS）	Traditional Mentality Behind Water in Northern China
8	万建中	2004年10月	韩国釜山教育大学校	中韩民间故事中禁忌母题的文化解读
9	董晓萍	2005年9月10日	（台北）中央研究院	河南宝丰县马街书会现有资料的民俗志分析
10	萧　放	2005年9月22日	越南社会科学院	传统节日与文化遗产
11	董晓萍	2006年6月至8月	法国社会科学高等研究院(EHESS)	1) War and Village: a Clan-Union Economic Partnership "Huo"; 2) On the History Steles and Human Relationship for the Water Control in the Rural Society; 3) Floating Agent: Temple and Workshop Guarantors
12	董晓萍	2006年11月10日-11月22日	英国牛津大学	Social Spatial Implications of Female Islamic Mosque in Niujie of Beijing (1920——2006)——from the Perspective of Narrative Tradition of "Xiaoshou" and Family Workshops
13	萧　放	2006年5月26日至6月7日	美国俄勒冈州崴莱大学	Spring Festival Custom and Seasonal Rites of Passage
14	萧　放	2006年11月7日至2007年2月1日	日本关西学院大学、东京法政大学、爱知大学、神户外国语大学、大阪追手门大学	中国人的时间意识、中国的人际关系——在传统与现代之间、春节习俗与通过仪式、岁时记与中国人的时间观念、中国的传统节日
15	色　音	2006年9月22日至25日	日本国学院大学	中国神道教研究的现状与动态
16	色　音	2007年3月21-25日	日本"满洲学的再建构"国际研讨会	论民族学对伪满州国民族政策的作用

续表

序号	姓　名	时　间	国外大学或机构名称	讲学主题
17	萧　放	2007 年 10 月 15 日至 28 日	加拿大民俗学会	全球化语境下中国节日的变化
18	萧　放	2008 年 10 月 9 日至 13 日	日本第十次国际亚细亚民俗学会	江汉稻作区农业岁时仪式述论
19	董晓萍	2009 年 1 月 28 日至 2 月 7 日	香港文化博物馆	中国春节民俗与政府公益事业改革
20	萧　放	2009 年 9 月 24 日至 27 日	韩国民俗学会	当代中国灯会庆典
21	萧　放	2011 年 3 月至 6 月	台湾辅仁大学中文系	岁时记与岁时民俗（5 月 7 日），传统中国的时间观（5 月 21 日），端午礼俗与城市文化特性探赜（6 月 4 日）
22	董晓萍	2012 年 2 月至 3 月	法国社会科学高等研究院（EHESS）	1) The Palace Workshops: Transmission of Handicraft knowledge in the Past and the Present；2) In Search of a Businessman ：the Municipal Archives and the Life Story of the Relative Old Firm；3) In Search of the Private Immigrants Firm and Their Family Books.

（四）国内讲座和交流

2001 以来，本学科点人员也应邀到北大、清华等在京高校和外地高校进行学术讲座 37 人次，共讲 154 次，促进了本学科点与其他院校同行共享资源。

我们在学术交流中，瞄准国际前沿课题，抓住国内领先问题，进行双赢合作和交流，提升了民俗学专业的国际化程度，带动了国内民俗学高等教育和民俗文化事业的发展。

五、社会服务

本学科点在钟敬文教授的率先垂范和长期教导下，几代学人都有服务社会、肯于奉献的传统。本学科点人员担任政府部委部门咨询专家和中央级学会兼职者达8人次，占民俗学学者人数的2/3以上，其中，文化部“中国民族民间文化保护工程”专家委员会委员1人（董晓萍）、“中国非物质文化遗产保护中心”专家委员1人（董晓萍），中国民间文艺学家协会“中国民间文化遗产抢救工程专家委员会委员”2人（刘铁梁、董晓萍）、中国民俗学会副会长2人（刘铁梁、董晓萍）、常务理事3人（万建中、萧放、康丽）。刘铁梁教授还担任中国民间文艺学家协会副主席、北京市民间文艺学协会副主席和中国文联全国委员，向有关部门提出保护中国民间文化遗产方案和咨询报告十余种，多次被政府采纳（如新华通讯社北京分社《北京内参》2003年第16–17期）。万建中教授担任北京市政协委员，仅2004–2005年，上交提案18种，涉及“优化城乡结合部生活环境”和“对北京民间文化遗产进行全面普查的建议”等系列现实急需解决的问题，有的提案还入选为北京市政协的优秀提案，其《民俗文化与和谐社会》一文，被《光明日报》转用（2005年10月28日），代表了民俗学者对民俗学社会公共事业的思考与推动。

附件：北京师范大学民俗学科建设大事记摘要(2001—2012)

2001年

3月

◇北京师范大学民俗学国家重点学科、北京师范大学民俗典籍文字研究中心与法国远东学院联合举办了中法国际学术会议，题目是“华北水资源与村社碑文的注释和研究”。中法学者19人参加会议。董奇副校长到会致辞。史培军副校长对会议提出了具体的指导意见，中心的研究人员和博、硕士研究生20余人到会听取了学者的发言。会议重点讨论民俗学和文字学相交叉注释碑刻的理论和方法。中心主任王宁教授做了题为《村社碑文与金石碑刻的属性差异》的报告，中心副主任董晓萍教授做了题为《社会变迁与用水群体的口头叙事和所使用的民俗概念》的报告。其他学者做了有关碑文的文化传统与现代化、碑文与手写本的价值、利用碑文恢复社会历史环境、碑文与实地考察、碑文与地方志等方面的报告。会后，学者参观了中心的村碑文电子典藏系统。

4月

◇“中国民间叙事文学情节类型国际研讨会”在北京师范大学英东学术会堂召开。钟敬文教授出席了这次会议，教育部人文社科重点研究基地北京师范大学民俗典籍文字研究中心主任王宁教授参加了会议，基地学术委员会主任刘魁立教授主持了会议。董晓萍教授与会。出席会议的有来自日本的8位学者，以及来自上海、浙江、山东、山西、辽宁、吉林、江苏、黑龙江等省市的18位代表，还有北京各大学和有关研究机构的代表，共有80余人，博、硕士研究生20多人到会。本会以中日两国的一个特别选定的故事类型（中国狗耕田故事与日本开花翁故事）作为切入点，对民间叙事文学情节类型的一般理论问题进行了深入的研讨。民俗典籍文字研究中心主任王宁教授、刘魁立教授，以及日本梅花女子大学的鹈野介教授等，分别主持了报告会和研讨会。稻田浩二教授报告的题目是“被杀死的狗的轨迹——从日本民间故事‘开花翁’的国际比较谈起”和“日本故事研究史略——兼及现状与课题——我之研究管见”，刘魁立教授做了题为“民间叙事的生命树——浙江当代‘狗耕田’故事情节类型的形态结构分析”的主题报告。

2002年

◇董晓萍教授在英国牛津大学做高级访问学者并合作研究。

2003年

11月

◇北京师范大学民俗典籍文字研究中心、文学院民俗学与社会发展研究所，与联合国教科文组织北京代表处（UNESCO）和法方国际机构举办“人类遗产学与北京遗产保护国际短研班”首轮讲座暨开幕式，主题是“城市世界治理中的人类遗产学与北京遗产保护”。北京师范大学党委副书记呼中陶教授代表学校领导发表讲话。联合国教科文组织的代表和法国驻华使馆公使燕保罗先生等到会并讲话。文学院副院长兼学术委员会主任王一川教授向大会致辞，中国市长协会代表黄怒波发言致贺。北京大学、清华大学、中国人民大学、中央民族大学、中国社会科学院、中国科学院、中央美术学院等高校院所的学者参加了会议。国务院计划发展委员会、文化部等专家出席了会议。法国远东学院北京中心等部分欧洲国家在京学术机构与会。首轮讲演由中欧社会学、民俗学、人类学和历史学者联讲，共同讨论人类遗产学的概念、框架、历程、经验、原则和中国保护问题。联合国教科文组织北京代表处副主任、高级项目官杜铭纳克夫人（ Dr.Geneviève DOMENACH-CHICH ）的题目是《联合国教科文组织的遗产保护条例和中国——北京计划》，世界著名遗产城市法国里昂市市长第一顾问、历史遗产局局长米歇尔．舒马然博士的题目是“里昂，人类世界文化遗产”，清华大学李强教授的题目是“北京什刹海烟袋斜街地区保护更新政策研究”，北师大王宁教授、易敏博士的题目是“北京云居寺石刻佛经与文化遗产保护”，清华大学建筑学院陈志华教授的题目是“文物建筑和历史地段保护”，北师大董晓萍教授做了题为《钟敬文民俗文化遗产保护思想与保护三阶段论要》的书面发言。 北师大、北大和清华的近百名研究生和本科生踊跃到会听讲。中央电视台、《人民日报》海外版、《人民日报》人民网、《光明日报》、《中国教育报》、《今日论坛》、《读书》、中华书局《文史知识》和《文化遗产》等新闻出版单位的记者出席了会议。

12月

◇英国伦敦帝国理工学院副教授、刘建国博士，在回国讲学期间，应北京师范大学民俗学国家重点学科、民俗学与社会发展研究所所长董晓萍教授之邀，到本专业演讲，重点讲人文学科教育与自然科学教育的联系，中西方研究生教育的差异与各自特点，也联系中国教育从小学、到中学、到大学、再到研究生阶段所受教育的历程与基础。刘建国博士多年在英国帝国理工学院任教，他通过与西方世界名校学院式教育做比较，阐述教育方法与研究方法的联系，事后还与博、硕研究生进行了座谈。

◇北京师范大学民俗典籍文字研究中心、文学院民俗学与社会发展研究所，与联合国教科文组织北京代表处（UNESCO）和法方国际机构举办“人类遗产学与北京遗产保护国际短研班”第二轮讲座，由法国人类遗产学专家主讲。雷恩大学社会学系主任余埃特教授已经做了三次精彩讲演，题目分别是《职业社会学家的行为和训练—— LARES：一个法国社会学系的经验》、“城市社会学与欧洲老城中心的改造”和“如何把握城市规划工作”，国际著名人类遗产学理论家蔚五海教授围绕《财富新尺度与人类共同遗产》的题目做了两次重要讲演。第二轮讲演由北京师范大学文学院与清华大学社会学系和中国人民大学社会学系联办，三校的研究生与其他在京高校、科研院所与中华书局等单位的学者听取了讲演。校外事处给予此项工作以大力支持。讲演期间，北京师范大学文学院民俗学与社会发展研究所的师生与清华大学社会学系的研究生和法国专家一起到北京什刹海地区做了现场考察。

◇由北京师范大学北京文化发展研究院、北京民间文艺家协会主办，北京市社会科学院、北京师范大学文学院民俗学与文化人类学研究所、北京师范大学乡土中国研究中心协办的“人文奥运与民间文化理论研讨会”召开。这次会议在探讨人文奥运与民间文化，尤其是北京民间文化的关系的同时，结合“中国民间文化遗产抢救工程”，推出了由北京师范大学文学院民俗学与文化人类学所编写的《北京民俗文化普查方案（试行）》。

2004 年

4 月

◇北京师范大学民俗典籍文字研究中心、文学院民俗学与社会发展研究所，与联合国教科文组织北京代表处（UNESCO）和法方国际机构举办“人类遗产学与北京遗产保护国际短研班”第三轮讲座。本轮主讲人为欧洲梅耶进步基金会主席、原欧洲世界大学联合会主席、人类遗产学理论的代表人物卡蓝默博士（Dr.Pierre Calame），他讲演的题目是《作为世界治理挑战的城市遗产保护》和《大学改革与城市治理的新型人才培养》。文化部等政府职能部门的专家与会。清华大学、北京大学、中央民族大学、中央美术学院、中国社会科学院、中国设计规划院的部分学者及其研究生参加了研讨。中华书局《文史知识》杂志社、国家图书馆的代表到会。法国驻华使馆专家参加了会议。会后，卡蓝默博士与北京师范大学数字民俗学实验室签订了创办“世界遗产保护经验网北京站”的合作协议。

5月

◇英国皇家学会会员、世界著名分子生物科学家、英国牛津大学植物学系教授、英国剑桥大学丘吉尔学院(Churchill College of Cambridge University)历史上的第一位女院士、牛津大学萨蒙学院(Samuel College of Oxford University)的资深院士，曾任Nature杂志主编的达夫妮·奥斯本教授，来本学科点讲学。她到北京师范大学数字民俗学校级重点实验室参观“北京寺庙碑刻与社会史”、“世界大都市历史保护经验网”等数字化项目，并做了题为“在科学与人文之间”的讲演，阐述重视科技与人文结合的价值、内涵与方法，也谈了个人的治学之道。

12月

◇北京师范大学民俗典籍文字研究中心和性别与发展研究中心联合主办教育部首届“性别、高等教育与社会发展”高级国际研讨班。来自北京大学、中国人民大学、中央民族大学、北京外国语大学、中国社会科学院、华东师范大学、西北民族大学、广西师范大学、中南大学、全国妇联等单位的学员齐聚北京师范大学，与来自联合国国际劳工组织的社会性别学专家，以及国内民俗学、社会学、政治学、教育学、人类学、民族学、对外汉语教学和管理科学等学科的知名学者一起，就“性别、高等教育与社会发展”这一主题进行了深入研讨。高级国际研讨班在社会性别学学科领域的国际学界和国内社会应用方向的前沿进行了可贵探索，首次将联合国社会性别战略和理论教育资源引入高研班，并注重中国文化传统和大学教育的历史背景，在跨学科人文社科研究平台上，推动民俗学科建设。联合国国际劳工组织社会性别专家和国内学者组成了高研班的培训专家组，前后共举办了16次讲座。

2005年

2月

◇美国著名民俗学家、语言人类学家理查德·鲍曼教授及人类学家、民俗学家贝弗莉·斯道杰（Beverly Stoeltje）应北京师范大学文学院民俗学与文化人类学所邀请，在文学院励耘学术报告厅分别做了学术讲演。来自中国社会科学院、北京大学、中国人民大学、中国传媒大学和北京师范大学等院校的20多位民俗学者，以及以上院校的60多名在读博士生、硕士生参加了这次讲演。本次讲演活动分上午和下午两场，上午由鲍曼教授做题为《美国民俗学与人类学中的"表演"观》（Perspectives on Performance in American Folklore and Anthropology）的讲演，刘铁梁教授主持，杨利慧博士任翻译。下午由斯道杰教授做题为《现代性节日：选美表演，性别和民族主义》（Festivals of Modernity：Beauty Pageants，Gender and Nationalism）的讲演。

3月

◇日本著名社会人类学家、北京师范大学民俗学学科点客座教授、东京都立大学渡边欣雄教授，来本学科点做学术讲演，题目是"中国广东地区清明节活动的宗教经济研究"。

5月

◇北师大数字民俗学实验室先后通过教育部社政司和校科技处检查，成为挂牌单位。

◇日本东京大学综合文化研究科文化人类学青年学者松冈格，来本学科点做了关于台湾原住民调查和传统社会恢复方法问题的学术报告，题目是《关于台湾原住民社会研究与鲁凯族、排湾族地区的田野调查》。

7月

◇文化部、江苏省人民政府主办的"中国非物质文化遗产保护·苏州论坛"在江苏省苏州市举行，董晓萍教授、萧放教授和朱霞副研究员应邀出席了会议，论文题目分别是：董晓萍《非物质文化遗产与民俗评估》、萧放《传统节日——一宗重大的文化遗产》、朱霞《试论传统工艺的传承与保护》。

9月

◇董晓萍教授和赖彦斌博士生赴台北中央研究院参加了"中国地方社会

比较研究”国际学术研讨会，来自美国加州大学、英国牛津大学、法国巴黎高等实验学院、加拿大哥伦比亚大学、澳大利亚墨尔本大学和中国大陆与香港、台湾地区的35位学者参加了会议。会议重点讨论两个问题：一是中国地方社会史的研究状况，二是人文学者应用数字化技术辅助研究的基本情况。会议共发表论文25篇，董晓萍教授的大会发言题目是《河南宝丰马街村已有调查资料与分类分析》（赖彦斌绘图）。会议期间，董晓萍教授和赖彦斌到台湾中央研究院傅斯年图书馆、中央研究院近代史研究所图书馆、中央研究院历史语言研究所和中央研究院计算中心GIS小组搜集资料和做访谈，整理《台北中央研究院会议搜集资料汇编》（三册），并刻盘保存。

10月

◇美国衣阿华大学欧达伟教授，来本学科点从事讲学和合作研究。他与董晓萍教授合作，完成了英文论文《西方学者眼中的费孝通：人生、学者、写作和政治之旅》的中译文（英文稿当年在美国人类学界杂志《美国人类学家》(*American Anthropologist*) 上发表）。双方于10月中、下旬两赴河北栾城县寺北柴村做田野调查，已编写《寺北柴村访谈资料集》1种，逾20万字。

11月

◇台湾中央研究院民族学研究所原所长、现台湾交通大学客家文化研究院院长、著名人类学家和民族学家庄英章教授，应北京师范大学民俗学国家重点学科之邀，在文学院励耘学术报告厅举办了学术讲座，题目是《人类学与口述历史》。他这次重点讲述人类学与口述历史的关系，与民俗学的交叉点颇多。

2006年

1月

◇北京师范大学数字民俗学实验室参加“北京师范大学第二届实验室工作会议”，董晓萍教授代表文科校级实验室先进单位做大会发言。数字民俗学实验室的总结报告由科技处印发经验材料在校内发行。

◇日本关西学院大学社会学部与本学科点合作举行国际学术报告会，讨论当代社会学与民俗学交叉研究课题。日方三位专家分别作了主题报告，分别是关西学院大学社会学部主任荻野昌弘教授的报告《作为文化遗产学的社会学》、环境民俗学家古川彰教授的报告《村庄笔记与幸福的民俗学》和专攻文物民俗学的山泰幸副教授的报告《日本皇家陵墓文化的保护与相关民俗观念的作用》。董晓萍教授主持会议，色音教授担任日文翻译并做报告评论，萧放教授做了会议总结。北京大学、中国社会科学院民族学与人类学研究所、中央民族大学和中国艺术研究院等部分在京高校和科研院所的学者到会，并参加了学术研讨。

◇中国民俗学会、北京民俗博物馆在北京东岳庙联合举办“新年与庆典仪式国际研讨会”。萧放教授提交会议论文《春节祭祀仪式研究》。

2月

◇英国布里斯托大学(University of Bristol)弗思（Patricia Fosh）教授来访，董晓萍教授接待并主持了“事业、性别和家庭”研究课题组在民俗学方面延伸的小型座谈会。座谈会后弗思教授就社会性别与高校女教授的发展、社会性别与高校女生就业等问题共同做了一部分联合调查。

3月

◇文化部教育科技司主办、科技部基础司协办、文化部民族民间文艺发展中心承办的“全国艺术研究基础资料数据库研讨会”在北京富华饭店举行，北京师范大学民俗学国家重点学科带头人董晓萍教授携博士生鞠熙、硕士生蔡锦碧和赵娜参加会议。董晓萍教授作了题为《中国故事藏品的数字化》的大会发言。文化部教育科技司和科技部基础司的相关领导、文化部民族民间文艺发展中心成员、中国艺术研究院、中央民族大学、中国社会科学院等全国艺术院（所）的专家学者共120人参加了会议。

5月

◇萧放教授赴美参加俄勒冈州崴莱大学与美国民俗学会东亚民俗研究分会举办的“中国人的日常仪礼与实践研讨会”暨“第十届假日、仪礼、节日、庆祝与公共展示会议”，提交论文“Spring Festival Custom and Seasonal

Rites of Passage”并做大会发言。

◇教育部对由民俗学国家重点学科承担的“211工程”二期项目民俗学专业子课题“中国民俗史”（原钟敬文教授遗留项目）和“民俗图像电子典藏库”进行验收检查。董晓萍教授和萧放教授分别负责项目汇报工作，数字民俗学重点实验室承担制作汇报演示文件和纸介介绍资料。经校领导与教育部专家组审查，本学科点所做全部项目顺利通过验收。

6月

◇教育部社政司检查数字民俗学校级重点实验室并验收通过。

◇董晓萍教授应邀赴法国社会科学高等研究院(EHESS)讲学，讲座题目："1) War and Village: a Clan-Union Economic Partnership 'Huo'"(6月5日)、"2) On the History Steles and Human Relationship for the Water Control in the Rural Society"(6月14日)和"3) Floating Agent: Temple and Workshop Guarantors"(6月27日)。董晓萍教授自2006年起担任法国社会科学高等研究院客座教授。

8月

◇英国牛津大学国际发展研究系主任、牛津大学性别研究中心主任叶玛丽（Maria Jaschok）教授两度到本学科点访问，与董晓萍教授多次进行学术交流，并签订了“中国妇女发展”合作项目。叶玛丽教授是英国伦敦大学人类学博士、英国宗教人类学家和社会性别研究专家，自1980年代以来，从事中国华北地区的宗教人类学研究。

◇校社科处转来的国家社会科学基金办公室通知，钟敬文教授主持的《中国民俗史研究》课题结项，被评为优秀成果。

9月

◇财政部、文化部对中国民族民间文艺十套集成志书的建设与科研教育应用成果情况作了验收检查。董晓萍教授负责北师大民俗学国家重点学科与文化部民族民间文艺发展中心合作项目的汇报，北师大数字民俗学重点实验室承担制作汇报演示文件和纸介介绍资料。

◇应北京师范大学民俗学国家重点学科之邀，日本民族文化映像研究所所长姬田忠毅在文学院励耘学术报告厅举办了题为“在痛切摸索的时代——来自日本列岛的报告”的学术讲座。姬田忠毅先生从事日本民族文化映像记录工作45年，先后拍摄了119部电影作品和150部录像作品，多部作品曾多次在日本国内和意大利获奖。此次他重点讲述了他在以映像方式记录民族文化的研究成果、经验和感受。

10月

◇北京师范大学国际交流与合作处、教育部人文社会科学重点研究基地北京师范大学民俗典籍文字研究中心和本学科点共同举办“教育部特聘外国专家重点讲学项目”。此次主讲人是英国牛津大学杜德桥教授（Prof.Glen Dudbridge），他共做了三次演讲，题目分别为“我是东方学派吗？及其他”、“《妙善传说》”和“对《太平广记》资料的批评性利用”。在本次讲学之外，他还与民俗学专业师生共同举行了一次汉学研究方法座谈会。

杜德桥教授是英国剑桥大学博士、英国学术院院士，原欧洲汉学会主席，英国牛津大学教授、英国牛津大学中国学术研究所所长，早年以博士论文《〈西游记〉研究》一举成名，1970年代以《妙善传说》研究享誉国际学坛。2002年杜德桥教授被聘为北京师范大学客座教授。

◇应北京师范大学民俗学国家重点学科之邀，日本国立民族学博物馆教授小长谷有纪教授在教七楼501教室举办了学术讲座，题目是《游牧民的民俗仪式及其博物馆的多媒体展示》。小长谷有纪教授多年从事蒙古民俗和游牧文化的人类学研究。近年来，她主要关注和研究草原生态危机对游牧民生活方式的影响，这次重点讲述她在蒙古游牧民地区调查研究的民俗仪式的博物馆展示方式。文化部民族民间文艺发展中心也派代表参加了讲座，并进行了数码录像。

11月

◇董晓萍教授携2005级博士生周锦章应邀赴英国牛津大学参加学术会议，会议题目为“Women’s Empowerment in Muslim Contexts: Gender,

Poverty and Democratization from the Inside out”，简称“Women’s Empowerment and Ethnic Text”。董晓萍教授发言的题目是“Social Spatial Implications of Female Islamic Mosque in Niujie of Beijing (1920—2006) ——From the Perspective of Narrative Tradition of “Xiaoshou” and Family Workshops”。周锦章在会上展示了三种数字辞典，分别为《北京的宗教》、《伊斯兰教在北京》和《北京伊斯兰教文化研究》，以及数字地图两种：《北京旧城清真寺与碑刻地图》和《北京现在清真寺分布地图》。

◇萧放教授应邀前往日本关西学院大学社会学部讲学，作了题为《中国人的时间意识》、《中国的人际关系——在传统与现代之间》、《春节习俗与通过仪式》等多次演讲，并与高坂、荻野、古川等教授合作在日本进行了两次田野调查。

12月

◇钟敬文主编《中国民俗史》入选国家社科基金成果文库。

◇董晓萍教授的著作《不灌而治——山西四社五村水利文献与民俗》(2003，中华书局) 获“第四届中国高校人文社会科学研究优秀成果奖三等奖”。

◇韩国安东大学历史系任世权教授应邀到北京师范大学民俗学与文化人类学研究所讲学，题目是《数码时代的民俗学》。

◇北京师范大学文学院民俗学与文化人类学研究所、北京师范大学民俗文化普查与研究中心、北京民间文艺家协会联合主办“民族志·民俗志的理论与实践学术研讨会”。

2007年

1月

◇本学科点迎接教育部国家重点学科建设检查，董晓萍教授、刘铁梁教授参加了答辩。

◇美籍华裔历史学家、香港科技大学洪长泰教授到本学科点访问，为合作项目“20世纪50年代中国文化史变迁”做档案调查和田野访谈，此次主要进行新中国成立后十大建筑史的相关调查与访谈。洪长泰教授于1981年从哈佛大学历史学博士毕业，曾师从美国著名历史学家费正清教授，代表作有《到民间去——1918–1937 年的中国知识分子与民间文学运动》等。

◇董晓萍教授应邀参加联合国教科文组织与清华大学社会学系联合举办的“重塑城市活力、社会凝聚力与历史文化遗产保护与平衡发展”国际学术会议，就“The Revitalisation of the Historical District of Bouk Chon, Seoul(by LEE Sang Leem, President of SPACE GROUP, Seoul) 进行学术评论，并做学术演讲，题目是《历史文化和历史街区的概念》。

◇中国非物质文化遗产保护中心人员来访，北京师范大学民俗学国家重点学科带头人董晓萍教授负责接待，双方就节日与非物质文化遗产保护方面的问题进行了学术交流。

2 月

◇董晓萍教授到文化部参加“国家非物质文化遗产保护工作专家委员会会议”，并被聘任为国家非物质文化遗产保护工作专家委员会委员。

◇法国远东学院院长傅飞岚（Franciscus Verellen）教授到北京师范大学民俗学与社会发展研究所和数字民俗学校级重点实验室参观，就本所与法国远东学院的国际合作项目“北京寺庙碑刻与社会史”的进展情况与中方学者举行了小型座谈会。法国远东学院北京中心主任吕敏（Marianne Bujard）陪同。座谈会后，傅飞岚教授参观了本所新建成的钟敬文工作站。

傅飞岚教授，法国高等汉学研究院博士，曾任美国普林斯顿大学、哥伦比亚大学、加州大学伯克利分校和法国高等研究实验学院等多所欧美著名大学教授，主要研究中国道教史和地方文化史，已出版了一系列有关五代道教史和四川文化史研究的著作。

3 月

◇法国高等社会学学院著名经济史学家蓝克利教授来本学科点进行学术访问，董晓萍教授接待，并与之合作进行北京传统行业层级与专业知识的调查研究。

蓝克利教授为法兰西学院、法国高等社会学学院、法国国家科学院和法国远东学院的学术院士，法国年鉴学派当代著名代表人物，长期从事中国经济史方面的研究。

4月

◇台湾辅仁大学中文系钟宗宪教授应本学科点之邀，在文学院励耘学术报告厅作了题为“冠礼的复原操作与现代成年礼的比较”的学术报告。本次讲座主要讨论了台湾辅仁大学中文系在古代先秦两汉冠礼方面的研究、课程和复原表演的实践操作。本专业全体博、硕研究生和文学院相关专业师生共40余人，听取了讲座并参与学术讨论。

◇董晓萍教授应邀在清华大学经济管理学院讲学，题目为《中国经济民俗》。

◇英国牛津大学国际政治系跨文化研究系主任、性别研究中心主任叶玛丽教授与本学科点开展合作研究，中方项目主持人董晓萍教授与之讨论了北京牛街清真女寺与家庭行业户经济研究的视角与方法，以及从回民角度研究女性寺庙的社会空间含义。

◇美国孙中山慈善信托基金执行人唐崇昭博士，应本学科点之邀，在主楼B106室做了题为《文化视野下的民族宗教》的学术报告。报告会由董晓萍教授与萧放教授共同主持，本专业教师、博、硕士研究生共40余人参加了听讲。

5月

◇教育部副部长李卫红到北京师范大学民俗典籍文字研究中心检查工作，重点检查传统文科研究手段现代化的成果。民俗典籍文字研究中心王宁教授主持汇报工作，中心副主任董晓萍教授承重汇报“数字钟敬文工作站”、“中国数字故事博物馆”和“近世民俗文献史及其数字化管理”等基地系列项目。

6月

◇教育部“985工程中期组”及校各职能部门负责人一行八人来到文学院，首先参观了数字民俗学校级实验室，然后听取了文学院关于文化遗产与文化发展哲学社会科学创新基地的工作报告。民俗学学科带头人、数字民俗学实验室主任董晓萍教授对检查工作的总体布置和汇报大纲做了准备。检查组对基地整体工作表示了充分的肯定，并对数据库建设寄予厚望。

7月

◇北京师范大学国际交流与合作处、教育部人文社会科学重点研究基地北京师范大学民俗典籍文字研究中心、北京师范大学民俗学国家重点学科以“北京师范大学短期聘请外国专家讲学项目”为平台，与日本关西学院大学社会学部共同举办3次讲座，题目分别为“全球化中的地方性知识”、“全球化中的文化遗产”和“民俗学视野中的资源管理与环境问题”。讲座由董晓萍教授主持，色音教授担任日文翻译，民俗学专业全体教师和博、硕士研究生，历史文化学院、地理学与遥感科学学院、信息科学学院部分同学共计40余人，参加了听讲。

10月

◇北师大数字民俗学实验室赖彦斌工程师随北京师范大学民俗典籍文字研究中心主任王宁教授，参加了教育部人文社科重点研究基地工作会议，负责民俗学学科参展项目“中国民俗文献史及其数据处理系统——北京寺庙碑刻数据库一、二排演示样本”和“中国数字故事博物馆演示样本”。会议期间，教育部李卫红副部长、袁贵仁副部长和社科司领导参观了数字化成果的展示，北京师范大学董奇副校长、社科处领导和重点研究基地主任、清华大学东方学研究中心、复旦大学历史地理研究中心、首都师范大学诗歌研究中心等重点研究基地的专家学者，参观和听取了北京师范大学民俗学国家重点学科的数字化成果展示和讲解，对本学科点的数字化工作给予了肯定。

◇萧放教授应邀赴加拿大魁北克省参加由加拿大民俗学会与美国民俗学会联合举办的“非物质文化遗产保护”国际学术研讨会，做了题为“全球化语境下中国节日的变化”的分会发言。会议期间，作为中国民俗学会代表团成员应美国民俗学会之邀赴美国参观访问了纽约基金会、华盛顿基金会、美国艺术基金会、斯密森民俗中心和国会图书馆等，并做学术交流。

◇董晓萍教授赴美就任美国俄克拉荷马大学孔子学院中方院长。

◇北京师范大学民俗学博士点迎接博士学位授予学科评估和博士质量的

检查，刘铁梁教授和色音教授参加了会议。

◇北京师范大学民俗学国家重点学科、北京师范大学民俗典籍文字研究中心、北京师范大学区域地理研究实验室和日本国立民族学博物馆联合主办的“自然环境与民俗地理学”中日国际学术会议在北京师范大学顺利举行，协办单位有文化部民族民间文艺发展中心、北京师范大学文学院民俗学与社会学发展研究所、日本东北大学理学部地圈环境科学研究所和中国民间文艺家协会稻作文化专业委员会。80多位专家学者和研究生参加了此次学术研讨会，其中日本学者18名，中国学者60名。此次学术研讨会分自然环境与人类生存、自然遗产与文化遗产、资源利用与民俗知识、地理空间与民俗空间、环境演变与文化变迁、自然灾害与灾害民俗和区域环境与生态移民等七个专题，共54位专家学者宣读了论文。本学科点色音教授、朱霞副教授和赖彦斌工程师宣读了学术论文。

12月

◇北京师范大学民俗学国家重点学科、中国民俗学会和北京大学社会学系联合主办的民俗学论坛在文学院励耘学术报告厅举行，论坛主题是“美国民俗学的三大部门”（The Three Sectors of U.S. Folklore），主讲人是比尔·艾伟教授。比尔教授是美国民俗学会会长、美国克林顿政府文化艺术基金会主席。他介绍了目前美国民俗学研究中学院式民俗研究（Academic Folklore）、公众民俗研究（Public Folklore）和流行民俗研究（Popular Folklore）三个分支的研究现状和相互关系，并与参加论坛的中国学者和学生进行了深入的交流和讨论。

2008年

1月

◇董晓萍教授参加文化部“中国非物质文化遗产保护专家委员会迎春座谈会”。现文化部共聘请了国内60位学者担任中国非遗保护专家委员，董晓萍教授被分在民俗学组。

◇萧放教授在《光明日报》光明讲坛栏目发表了《春节的历史演变与民

俗传承》的专版文章，中国新闻网等多家网站予以转载。

◇春节期间，萧放教授在中央气象频道、澳亚卫视作了多期春节知识讲解节目。

5月

萧放教授应北京市教委德育处主办的德育大讲堂邀请，在北京师范大学英东学术报告厅，面向约200名北京中学教师做“中国传统节日资源的开掘与利用”的报告。

6月

◇朱霞副教授参加国家文物局“指南针计划”试点课题“中国早期盐业文明与展示试点研究”项目启动会，参与课题论证并展示已有成果，随后承接了其中的子课题“云南诺邓井盐业文明与展示的可行性研究”。

◇朱霞副教授参加了国家文物局“指南针计划”研究课题“中国古代发明创造研究——古代材料加工可行性研究”项目会议，参与了“纸张与造纸术”组的工作并结题。

◇教育部科技司娄晶副司长、教育部数字信息建设专家组首席专家、北京航空航天大学虚拟现实技术国家重点实验室陈小武教授一行，到我校视察教育信息化工作。北师大数字民俗学实验室赖彦斌工程师代表数字民俗博物馆项目参加会议并在会上演示了数字故事博物馆的建设情况，得到上级领导与检查组成员的一致肯定。

9月

◇北京师范大学民俗学与社会发展研究所部分师生应邀参加由不列颠哥伦比亚加拿大展厅（British Columbia Canada Pavilion）和加拿大驻华大使馆举办的加拿大原住民影视作品展映及研讨会。萧放教授、色音教授、朱霞副教授、赖彦斌工程师和部分博、硕士研究生参加了会议，并进行学术交流。

◇日本歌谣学会会长、日本关西外国语大学真锅昌弘教授到本学科点讲学，题目是“日本中世纪歌谣中的都市和农村”。真锅昌弘教授简略介绍了日本歌谣史，将中世纪都市的歌谣集《闲吟集》和农村的插秧歌《田植草纸》

进行了比较。

◇数字中国民间文化项目奖学金正式获批成立。北京师范大学数字民俗学实验室赖彦斌工程师作为本奖学金的代表，应校友会邀请，参加在地理与遥感科学学院一楼会议室举办的“刘开瑜学长奖助学金捐赠仪式座谈会”。

10月

◇由北京师范大学、法国高等社会科学学院（EHESS）和法国国家科学院（CNRS）主办的中法国际会议“行业文化与行业技术传承”，在文学院励耘学术报告厅举行。本次会议以北师大民俗学国家重点学科与法国高等社会科学学院、法国国家科学院联合主持的国际合作项目为基础召开，项目主持人为董晓萍教授和法国年鉴学派当代著名代表人物蓝克利教授。法国高等社会科学学院、法国巴黎高等实验学院、法国国家科学研究中心等知名学者8人，美国普林斯顿大学著名汉学家韩书瑞（Susan Naquin）、英国牛津大学知名汉学家科大卫、加拿大知名学者丁荷生（Kenneth Dean）等国际学者参加了本次会议，并做大会发言。来自陕西、甘肃、浙江、江苏和北京等地的国内人文学者共20余名参加了会议，领域涉及陶瓷、蚕桑、丝绸、制窑和北京老字号等中国传统行业。本学科点董晓萍教授做学术报告，题目是《使用个人回忆资料和政府档案撰写地方商业史：成文厚个案研究》（与法国学者蓝克利合撰）和《北京工商业资料的数字集成和地图转绘》。

◇萧放教授参加在日本秋田举行的第十次国际亚细亚民俗学会举办的国际学术会议，会议主题为“亚洲的稻作文化”。萧放教授提交了《江汉稻作区农业岁时仪式述论》的学术论文，并作了会议发言。

11月

◇应北京师范大学民俗典籍文字研究中心和文学院民俗学与社会发展研究所的邀请，日本神奈川大学常民文化研究所所长佐野贤治教授前来我校，在文学院励耘学术报告厅做学术报告，介绍了当前日本民俗学研究的现状与动态。

12月

◇北京师范大学民俗学国家重点学科与法国远东学院北京中心合办的中法学术系列讲座“历史、考古与社会”第96讲，特邀中国社会科学院历史研究所定宜庄研究员主讲《八旗制度下的满族妇女》。报告讨论了清代八旗制度下满族妇女的生活与婚姻，本学科点教师与博、硕士研究生，以及来自清华大学、北京外国语大学、中央民族大学、中国社会科学院历史所、中国科学院自然科学史所、中国第一历史档案馆、北京师范大学其他院系的部分师生共同参与了讨论。

◇日本关西学院大学社会学部与本学科点举行推进社会学和民俗学研究生培养改革实践的合作项目讨论。日本文部省研究生教育改革社会学项目（GP项目）负责人、日本关西学院大学社会学学部长、著名日本数理社会学家高坂健次教授和日本知名环境民俗学家谷川彰教授专程从日本赴京商谈合作事宜。文学院民俗学与社会发展研究所所长萧放教授主持座谈会，北京师范大学民俗典籍文字研究中心副主任董晓萍教授向日方介绍了北京师范大学民俗学国家重点学科在钟敬文教授开创下建立的学科特色、国际合作研究目标、研究生培养改革和民俗数字化成果等方面的情况。双方达成合作共识，并签订备忘录。会后，日本学者参观了北京师范大学数字民俗学实验室，对民俗学学科点近些年所开展的数字民俗学研究给予了极高的评价。

2009年

1月

◇董晓萍教授应邀参加文化部国际司“中国非物质文化遗产展”香港站项目，并受香港康乐文化署的邀请，在香港文化博物馆内为香港市民举行大型公益讲座，题目是“中国春节民俗与政府公益事业改革”。博物馆内同时还播放了北京师范大学数字民俗学实验室最新制作的数字软件“中国春节信息小屋”。在港期间，董晓萍教授还应邀前往香港科技大学、香港中文大学和香港理工大学做了短暂的学术访问。

2月

◇北京师范大学外国语言文学院教授、俄罗斯文艺编辑部主编夏忠宪等一行五人，到北京师范大学数字民俗学实验室访问。本学科点学术带头人董晓萍教授负责接待，赖彦斌工程师演示了中国数字故事博物馆、数字小辞典、钟敬文工作站等“985项目”和“211工程”项目的部分数字化科研成果。夏忠宪教授等人还参观了数字民俗学实验室的工作环境，并就人文数据库等数字化建设问题与数字民俗学实验室人员进行了研讨。

3月

◇北师大信息网络中心信息系统部刘林主任带领校教育学院曲恒昌教授、高益民教授和李敏谊老师，到数字民俗学实验室参观，专程了解数字钟敬文工作站情况。刘林主任表示，钟敬文工作站的建立，为我校名师工作站的建设提供了一种可操作的模式。赖彦斌工程师介绍了钟敬文工作站简要文字介绍和演示版模型，由刘林工程师转交樊秀萍副校长，在各院系数字校园建设协调会上做演示。

◇应日本关西学院大学先端社会研究所所长荻野昌弘教授邀请，色音教授赴日本大阪参加由关西学院大学先端社会研究所主持召开的“战争中的社会建构”国际学术研讨会。

◇应北京师范大学民俗学国家重点学科之邀，经北京师范大学国际交流与合作处批准，法国高等社会学学院近现代中国研究所所长、法国历史学家、经济文化史学家蓝克利教授作为外国短期专家，继续在北京师范大学民俗学与社会发展研究所从事合作研究与讲学，为期7个月。讲学期间，蓝克利教授与董晓萍教授合作讲授研究生专业课“社会人类学与跨文化研究”，题目分别是《海外汉学界的中国社会研究与中国水利研究》、《从水利史到社会史研究的方法与科学目标》、《法国历史学者对中国陕西和山西民间水利文献的使用个案》和《宋史的会计制度与政治史》。民俗学专业的师生和中央民族大学、北京舞蹈学院等院校的师生共37人参加了听讲。

◇董晓萍教授应邀参加北京师范大学地理学与遥感科学学院区域地理国

家级教学团队举办的“区域地理教学沙龙”，与北京大学城市与环境学院崔海亭教授、北京师范大学地理学与遥感科学学院刘宝元教授一道，共同进行学术讲座，董晓萍教授讲座的题目是《区域地理调查与人文调查》。

◇北京师范大学民俗学国家重点学科与日本关西学院大学社会学部成功举办首轮“中日青年学者论坛”，日本关西学院大学社会学部教授 2 人和研究生 10 人与本院民俗学专业师生 40 余人参加了本次论坛。日方岛村恭则教授的主讲题目为《日本西宫市的景观调查——景观的层次与民俗学》，中方董晓萍教授的主讲题目为《社会空间的含义：北京前门东区历史建筑的调查研究》，朱霞副教授的主讲题目《从《滇南盐法图》看云南古井的井盐生产》。中日双方共 22 人提交了英、中（日）双语论文大纲并做了发言。

4 月

◇刘开瑜奖学基金首届数字中国民间文化奖学金（2003–2008 年度）颁奖仪式在文学院励耘学术报告厅举行。北京师范大学副校长、数字校园建设领导小组组长樊秀萍教授，文化部民族民间文艺发展中心李松主任、张刚副主任，北京师范大学人事处姜云君副处长，研究生院培养处郭海燕副处长，信息网络中心刘臻主任，校友总会执行秘书长、校友工作办公室郭军丽副主任，文学院副院长李春青教授为 14 位获奖研究生颁奖。北师大数字民俗学实验室主要成员赖彦斌代表民俗学数字化团队师生向到会领导和嘉宾做数字民俗软件的简要演示汇报，包括数字钟敬文工作站、北京故事地图、中国春节信息小屋、中国民间故事县卷本数据库、中国声音（民歌戏曲地图软件）等。

◇董晓萍教授应邀到北京大学治贝子园参加“跨文化对话”中法国际学术会议，北京大学比较文学研究所所长乐黛云教授主持了会议。董晓萍教授被聘为北京大学跨文化研究中心特聘研究员。

◇董晓萍教授应邀参加北京大学中国文化书院召开的五四雅聚会，北京大学哲学系著名教授汤一介主持了会议。董晓萍教授应邀担任中国文化书院特邀研究员。

5月

◇著名教育学家、中国教育学会会长、北京师范大学教育学院资深教授顾明远先生到数字民俗学实验室访问，了解数字钟敬文工作站情况。数字民俗学实验室主任董晓萍教授向顾先生介绍了数字钟敬文工作站和数字实验室近年相关数字科研成果的建设情况。校信息网络中心刘臻主任、刘林副主任，教育学院王英杰教授、李敏谊老师和数字民俗学实验室赖彦斌工程师参加了本次座谈。

6月

◇应本学科点邀请，日本东京大学名誉教授、东洋文库图书部部长田仲一成教授在文学院励耘学术报告厅做了题为《岁时仪礼与祭祀戏剧之关系》的学术报告。在本次讲座中，田仲一成教授详细介绍了他于1983—1987年在香港九龙地区某村所做的元宵节祭祀仪式的民俗调查，展示了多媒体录像资料，并与在座师生进行了学术对话和交流。

◇色音教授接受内蒙古电视台的专访，主题是“城市少数民族的文化传承与创新”。

7月

◇色音教授应邀参加鲁迅文学院主办的学术座谈会，做了题为《西部人文资源的开发与保护》的学术报告。

◇应北京师范大学民俗学国家重点学科邀请，日本著名社会人类学家渡边欣雄教授再次到本学科点讲学，在文学院励耘学术报告厅做了题为《风水的社会人类学研究史》的学术报告，主要介绍了欧美从19世纪，到20世纪文化人类学，再到近年东亚的风水研究热潮。

◇董晓萍教授为北京市教委师资举办的北京市市属高校硕士研究生导师培训班举行了题为《在经济全球化和现代化条件下培养研究生的定位与实践》的讲座，来自首都师范大学、首都经贸大学、北京联合大学等22所北京高校的60余名教授参加了听讲。

◇董晓萍教授应国家汉办之邀，为国家汉办孔子学院中方院长岗前培训进行民俗学讲座，题目为《跨文化性对话与民俗文化交流》，120余位即将到世界各地孔子学院赴任的中方院长参加了听讲。

8月

◇北京师范大学民俗学国家重点学科和日本关西学院大学社会学联合举办了中日青年学者研究生学术论坛及合作调查活动。此次中日交流以研究生为主体，是旨在培养研究生自我组织研讨会和田野调查能力的学术交流活动。20余位中日研究生参与了调查，15人宣读论文，其中日本学者和留学生7人。

◇董晓萍教授应邀为清华大学经济管理学院主办的韩国外企高级管理人员培训项目进行讲座，题目为《中国自然资源、历史文化走廊与经济民俗》。

9月

◇董晓萍主编“数字民俗文化遗产丛书”，获北师大民俗典籍文字研究中心资助，在北京师范大学开始陆续出版。本套丛书是董晓萍主持基地重大项目“中国民俗文献史及其数字化管理系统”的综合型成果，以民俗文献史的文献梳理和理论研究为目标，使用历史典籍中的民俗史料、现代民族志和民俗志田野调查资料，以及新中国时期搜集的和本基地民俗学学科点参与制作的中国民族民间文艺集成数字数据，采用下层文化与上、中层文化有所区别、又打通观察和整体研究的视角，并改革传统文科研究方法，采用数字化的新方法，根据选题大纲所撰写的系列著作。

◇北京师范大学出版社出版王静爱、董晓萍等编著《乡土地理教程》，其为十一五国家级规划教材系列。其中，董晓萍撰写第3章《乡土地理社会调查》和第6章《村落与社区实践》。在本书中，民俗学者与地理学者深度合作，进一步探讨民俗学与地理学交叉处理中国民俗文献的理论与方法，包括区域文化空间研究、地理景观民俗学研究、生态环境的经济民俗研究、多民族多时空条件下的节日管理研究和民俗灾害预警机制等问题。

◇文学院“211工程”三期项目工作会议在励耘报告厅举行，赖彦斌工程师代表董晓萍教授介绍了本方向“中国民俗文化研究与社会应用”课题组的科研进展情况。

10月

◇由文化部、国家民委、中国文联、全国哲学社会科学规划领导小组和全国艺术科学规划领导小组主办，北京师范大学作为合作单位，中国民族民间文艺搜集研究数字化成果汇展，在新中国60年国庆期间，在国家大剧院展出一个月。此次展览总结和汇报了钟敬文教授生前参与领导中国民间文化资源搜集研究与学科建设工作的历程与成就，同时展示了民俗学学科点与北京师范大文理科其他单位合作服务国家重大急需文化项目的创新成果。北京师范大学数字民俗学实验室与文化部民族民间文艺发展中心合作，承担了全部参展数字化研究和文化技术产品项目10种的核心研制工作。董晓萍教授任总方案设计，负责全面组织工作和软件理论文稿的撰写，赖彦斌工程师任技术方案设计、十集成总汇数字地图的编绘和数字软件的安装、调试与解说培训工作。鞠熙博士后承担了部分软件的改造工作。其他博、硕研究生共12人参加了项目团队工作。

◇萧放教授应邀赴韩国首尔曹溪寺参加由韩国民俗学会主办的“灯会的文化价值与韩、中、日灯会比较”研讨会，萧放教授作为中国代表进行会议报告，题目是“当代中国灯会庆典”。

◇由本学科点与法国远东学院联合主办的中法国际学术会议“明清至民国时期中国城市的寺庙与市民”在北京师范大学文学院励耘学术报告厅举行，为期3天。法国驻华大使馆文化教育副参赞白如思(DR.Valerie Baraban)出席开幕式并致辞。美国、法国、英国和德国等国际学者23人，中国学者35人与会，北京师范大学文学院、哲学与社会学学院和历史学院的部分师生，及民俗学专业全体博、硕士研究生到会，会议规模近百人。参加本次会议的国际学者均是享誉国际学坛的一流汉学家，其中比较重要的有法国高等实验学院和荷兰莱顿大学教授施舟人(Kristofer Schipper)、美国普林斯顿大学历史系教授韩书瑞、法兰西学院院士魏丕信 (Pierre-Etienne Will)，法国高等社会学学院历史学家蓝克利、法国国家科学研究中心教授高万桑(Vicent Goossaert)等。会议共发表学术报告35篇。

◇在新中国60周年华诞庆典活动中，本学科点举办了“祖国60年、学科60年、我与民俗学”系列学术活动，缅怀钟敬文先生开创中国民俗学事业和中国民俗学高等教育事业的历史功绩，在师生中开展学科传统教育，激励师生创造性地继承传统，面向当代国家社会重大文化需求，发挥民俗学科的优势，开拓进取。

11月

◇德国柏林马普科学史所研究员马国瑞（Rui Magone）在民俗学与社会发展研究所法籍客座教授蓝克利的陪同下访问数字民俗实验室，就实验室近期开展的“清宫造办处部分传统行业档案数据库”项目做了现场观摩和学术交流。董晓萍教授作为项目负责人，从民俗学的角度做了介绍，赖彦斌工程师和吕红峰博士生担任演示操作。

◇董晓萍教授应邀到法国驻华使馆文化处，与法国历史学家蓝克利教授合作做学术演讲，题目是“Du Shandong à PékinL’itinéraire d’un Capitaliste National Entre 1942 et 1953”，法国使馆官员、在京法国专家、法新社记者、法国在华企业界人士和部分中国学者、留学生等60余人参加了听讲。

◇英国石油公司（BP）刘开瑜奖学基金2009年度数字中国民间文化项目奖学金颁奖仪式在北京师范大学文学院举行。文化部民族民间文艺发展中心张刚副主任，北京师范大学校友总会执行秘书长、校友工作办公室郭军丽副主任，本学科点董晓萍、萧放教授、色音教授、朱霞副教授和赖彦斌工程师出席了颁奖仪式，共70余人参加了会议，鞠熙等29人获奖。

◇董晓萍教授赴法国远东学院做访问学者，为期40天，从事中法城市史和民俗文献比较研究，与法国国家科学研究中心、法国国家档案馆、法国东方语言文化大学和法国阿尔多瓦大学的同行学者做了学术交流。

12月

◇萧放教授参加中国民俗学会年会，提交大会论文《历史民俗学理论与方法刍议》，并作大会发言。

◇萧放教授参加中国社会科学院《当代韩国》杂志社、社会科学文献出版社、韩国现代中国研究会主办的“中韩文化特别论坛——战略合作伙伴关系下的中韩文化交流”，提交《中韩岁时比较》论文，在会上发言并主持小组评论。

2010年

1月

◇北京师范大学民俗学国家重点学科和北京市民间文艺家协会联合主办的“纪念张紫晨先生诞辰80周年暨张紫晨民俗学思想座谈会”在北京师范大学文学院励耘报告厅召开，参加会议的有来自中国社会科学院、中国艺术研究院、北京大学、北京师范大学、中国传媒大学等各大院校及研究机构的50余位专家、学者。与会学者一致肯定了继钟敬文先生之后，张先生对民俗学学科发展做出的杰出贡献。张紫晨先生勤奋治学的精神激励后学，使民俗学学科不断发展壮大。

4月

◇民俗学学科点部分博、硕研究生在色音教授、朱霞副教授的带领下，对日本关西学院大学社会学部进行了为期一周的访问。中日双方研究生在西宫市、京都和奈良三地做了田野调查。西宫市的调查主题是西宫的城市景观及其震后城市复兴；京都和奈良的调查主题是传统民居的保护与发展。中日学生在调查中发挥了民俗学与社会学各自学科的优势，调查成果反映了两个学科交叉研究的特点。

◇本学科点和德国马克斯·普朗克科学史研究所（Max-Planck-Institute for Wissenschaftsgeschichte）联合主办的中德国际学术讲座在北京师范大学文学院成功举行，主题是“技术史研究的民间化”。中、德、英、法学者和本学科点研究生51人与会。马普研究所所长薛凤教授率德、英、法学者5人与会，包括英国剑桥大学李约瑟《中国科技史》丛书的分卷作者、剑桥大学社会人类学博士、现爱丁堡大学白馥兰（Francesca Bray）教授，德国马普研究所图书馆馆长、欧洲文化遗产数字化项目主持人施菩岭(Urs Schpflin)博士和该项目组成员 Simone Rieger 研究员，法国高等社会学研究院蓝克利教授也应邀加入欧洲团队，与中国学者对话。文学院副院长刘洪涛教授出席了开幕式并致辞，北京师范大学民俗典籍文字研究中心副主任董晓萍教授主持会议。本学科点萧放教授、色音教授，以及主攻技术民俗学方向的朱霞副教授等即席发言，就双方学术报告中的理论观点、使用资料和方法等，进行评议，并提出问题，展开讨论。

5 月

◇教育部社科司“中国高校社会科学管理和研究数据库建设和数据分析”课题组一行 4 人，到北京师范大学调研座谈。赖彦斌工程师作为北京师范大学民俗学国家重点学科、北京师范大学民俗典籍文字研究中心和文学院数字化建设的参与者参加了本次座谈并发言。

◇董晓萍教授应邀到哈尔滨工程大学国家大学生文化素质教育基地“启航讲坛”做民俗学演讲。

6 月

◇ 2010 年中国文化遗产日，本学科点与文化部民族民间文艺发展中心合作，联合推出中国民族民俗数字化成果，在首都博物馆参加会展。本学科点展出三种数字化新成果 ：“中国民族民间文艺集成数字化软件”、“中国民间故事集成县卷本数据库发布平台”、“北京城市行业经济民俗遗产研究与保护数字软件”，全部由北京师范大学数字民俗学实验室承担制作。中外参观者纷纷表示，用数字化的理念和形式保存传统非物质文化遗产是一种很新的思路和方法，值得扩大发展。文化部原副部长、中国文联党组书记周巍峙、文化部副部长王文章等，出席开幕式并发表讲话。王文章副部长到北京师范大学展区观摩指导，并与在场工作的师生就数字化成果的保护内容和利用程度进行了交谈。

◇澳大利亚墨尔本大学历史系安东篱（Antonia Finnane）教授，在法国高等社会学研究院蓝克利教授的陪同下，来北京师范大学数字民俗学实验室访问，并就民国以来北京地区服饰消费时尚问题进行了学术交流。董晓萍教授和赖彦斌工程师接待来访。安东篱教授主攻中国民国史，近年对北京成衣剪裁时尚的消费史感兴趣，并撰写和发表了一些研究著述。董晓萍教授介绍了这方面的理论框架、工作思路和方法，赖彦斌工程师演示了数字民俗学实验室研制的“北京西城区工商档案和行业文化调查数据库”、“北京城市手工行业经济民俗遗产保护与利用数据库软件”，双方就彼此都感兴趣的“数字剧装行业遗产”软件进行了重点观摩和讨论。

◇北京师范大学信息网络中心“数字校园”成果展在新主楼一层大厅举行。2006 年以来，民俗学学科点与历史学、生物学等本校优势特色学科一道，参加了北师大 985 工程“大学数字博物馆”项目，并完成了所承担的子课题。本次展出了数字民俗学实验室制作的民俗故事馆的内容。民俗故事馆，全称“中国数字故事博物馆”，本次主要展出了其中的故事文本库和故事节日库的片段。

◇萧放教授参加由农业部等单位主持召开的世界农业文化遗产论坛，发表论文《农业生态环境保护民俗述论》。

7 月

◇董晓萍教授应邀至北京市教委高等学校师资培训中心进行学术讲座，同时向国内各省院校做网上直播，题目是《研究素质教育与知识传授》，来自北京市属高校和其他省市高校的千余研究生导师参加了听讲。董晓萍教授还以网络在线的形式现场回答了浙江、青海、山西等高校教师的现场问题，并与首都师范大学、中央戏曲学院、北京舞蹈学院和北京工业大学等高校同行进行了现场讨论。

◇北京市文化局非物质文化遗产保护中心主任千容、副主任孟盼等一行 4 人，到北京师范大学民俗学国家重点学科调研，重点讨论北京市非遗研究与保护。本学科点董晓萍教授、萧放教授、赖彦斌工程师和周云磊项目助理 4

人负责接待，并与对方座谈。董晓萍教授介绍了北京师范大学民俗学国家重点学科在“十五”和“十一五”规划期间，在学科团队的科研项目中涉及部分北京非遗项目的情况。赖彦斌工程师对北京城市民俗研究软件进行了演示。

◇董晓萍教授应法国高等社会科学研究院的邀请，赴法进行合作研究。董晓萍还到法国南部做了田野考察，并参与组织了美、法、德、澳、意、俄等国学者的学术研讨会，会议主题为“全球化下人文社会学研究的趋势和海外汉学界研究中国文化的理论与方法的变迁”。

◇为完成国家文物局“中国古纸价值挖掘研究”的子课题，本学科点朱霞副教授前往英国剑桥大学李约瑟研究所进行25天的访问。朱霞副教授在李约瑟所查阅了关于中国古代造纸的文献资料，与李约瑟所的部分研究人员进行了交流。访问期间朱霞副教授到伦敦访问大英博物馆和图书馆，考察了中国最早的纸质印刷品《金刚经》及其他古纸书籍，加强了对中国古代的纸质文物的了解，为中国古代纸质文物科学文献的调查打下了良好的基础。

8月

◇北京师范大学民俗学国家重点学科“985工程”项目《中国民俗学高等教育教材遗产》民俗学系列教材，由高等教育出版社出版，包括《民俗学概论》（第二版）、《民间文学概论》（第二版）和《民间文学作品选》（第二版），它们是钟敬文先生生前主编三本教材初版的修订版，纳入北师大文学院“十二五”规划项目。

◇萧放教授应邀赴浙江温州参加中韩历史民俗与区域文化学术研讨会，并做了题为“中国历史民俗学理论与方法论纲”的发言。会议期间还考察了温州七月十五的汤王会，泰顺廊桥、宗祠，苍南的庙会、椅子坟，青田稻鱼共生系统等民俗事象。

9月

◇色音教授赴内蒙古伊通市参加萨满文化与旅游开发高端论坛，并在大会宣读学术论文《萨满文化的旅游开发：必要性与可能性》。本次论坛由吉林省委宣传部、吉林省旅游局、长春市委宣传部、伊通满族自治县委宣传部主办，吉林省萨满文化协会、伊通牧情谷旅游风景区承办。

◇董晓萍教授和赖彦斌工程师到西藏大厦参加“中国民族民间文化重要品种空间信息整编”项目研讨会。中国科学院地理研究所等有关单位负责人与会。会议重点讨论了我国民族民间文艺资源空间信息提取、整理和利用的可能性、工作方案和软件构架等。此为科技部基础研究专项项目，其中有4个子项目由文化部民族民间文艺中心与北京师范大学数字民俗学实验室合作进行，包括对中国民间文艺研究基础理论中的空间研究、中国传说故事样本的空间信息整编、北京市县（区）卷本故事的GIS软件、北京传统技术民俗空间传承信息分析等。研究成果拟以索引地图和软件形式呈现。

10月

◇董晓萍教授应邀赴太原参加山西省建设厅承担的世界银行项目“TCC5山西省古村镇保护利用与减贫方略研究”项目评审。2010年初以来，山西省建设厅经招投标，与北京、陕西和山西高校合作，在城乡建筑、城市规划、旅游管理政策、民俗学和文化遗产五专业交叉与联合调查的基础上，至2010年10年，已对世行认定的101个古村镇进行了初步调研，形成了第一批文字和绘图资料。董晓萍教授负责评审村镇古建调查方案和保护利用方案、空间分析与选点原则、划分古建类别标准和数据采集主题的界定与结构。完成评审工作后，董晓萍教授到被列入世行名单的山西省101个古村镇之一昔阳县大寨村参观，与当地村民和干部做了简单访谈。

◇色音教授参加在北京召开的“第一届亚洲人类学民族学论坛”。

12月

◇印度尼赫鲁大学墨普德（Priyadarsi Mukherji）教授来民俗学国家重点学科访学。墨普德教授是印度尼赫鲁大学语文文化学院中国与东南亚研究中心主任，是钟敬文先生20世纪80年代的印度弟子。在阔别22年之后，他重新回到北京师范大学的教室，与董晓萍教授一起，为本专业博、硕研究生讲授了《民俗学田野调查的理论与方法》第十二讲《田野访谈法》。

◇本学科点与法国远东学院北京中心联合举办国际学术讲座——“清代

北京的少数民族”，主讲人为中国社会科学院近代史所刘小萌研究员。法方学者吕敏（Marianne Bujard）教授和中方学者董晓萍教授共同主持了这次讲座。法国学者 4 人、印度学者 1 人和来自北京师范大、清华大学、北京大学、中央民族大学、北京联合大学、中国传媒大学、中国社会科学院、中国科学院等在京院校和科研院所的专家学者 60 余人参加了本次讲座。

◇北京师范大学民俗学国家重点学科与清华大学社会学系联合主办联欢会，共庆双方学科建设合作十周年，一并总结社会学与民俗学专业联合培养博士人才的创新工作，同贺新年。联欢会在北京师范大学文学院举行，两校师生 80 余人参加。清华大学人文社会科学学院院长李强教授即席讲话，钟敬文先生的印度弟子、北京师范大学民俗学国家重点学科访问学者、印度尼赫鲁大学中国与东南亚研究中心主任墨普德教授应邀出席了联欢会。

◇中国科学院自然科学史研究所以手工技术与文化传承专题，举办“中国科学院科学技术史大讲堂”学术讲座，强调“吾造物，故我在”的人文技术理念。本学科点董晓萍教授、朱霞副教授和国际同行法国远东学院吕敏教授、印度尼赫鲁大学墨普德教授，带领行业技术民俗研究方向的博、硕士研究生参加了这次讲座，中国科学院科技史专业的学者、研究生和其他在京院校部分学者参加了讲座。

◇萧放教授应国家民族委员会“中国少数民族特需商品传统生产工艺和技术保护工程项目组”邀请，作为评审专家参与保护工程第三期（少数民族乐器）项目终审验收会。

2011 年

3 月

◇萧放教授赴台湾辅仁大学中文系讲学，为期三个月。课余期间萧放教授进行了大量学术活动，主要包括进行系列学术访问，宣讲中华岁时文化；考察妈祖信仰习俗；参加学术研讨会等。

4 月

◇色音教授应邀做客人民网，以“蒙古族祖先崇拜与寒食节”为题，做蒙语视频直播访谈。

◇应本学科点之邀，中法国际学术讲座首场报告在北京师范大学励耘学术报告厅举行。法国著名社会人类学家、法国人类学大师列维—斯特劳斯所倡建的法兰西学院社会人类学研究所所长阿兰·泰斯塔尔（Alain Testart）教授应邀前来举行演讲，题为“殉葬——或国家的起源”。董晓萍教授和法国国家科学研究中心杜德兰（Alain Thote）教授联合主持报告会。讲演以殉葬个案为例，讨论在没有国家制度的社会和有国家制度的社会中，民俗学与社会人类学交叉研究的理论与方法。阿兰·泰斯塔尔教授的主要研究领域是澳大利亚、西伯利亚和北非的原住民社会，包括狩猎采集活动、男人和女人、神话和信仰、原住民中的奴隶问题等。

法国学者 12 人与会，来自北京大学、中国社会科学院、中国国家博物馆、故宫博物院、北京外国语大学、青海师范大学和北京师范大学文学院、哲学与社会学院、外文学院、历史文化学院、汉语文化学院的部分中国学者与民俗学专业师生近 80 人到会并参与座谈。

◇北京大学东方学研究中心主任、北京师范大学民俗典籍文字研究中心学术委员会委员王邦维教授应邀到北京师范大学文学院励耘学术报告厅进行学术讲座，题目是《“天下之中”与“日中无影”：神话、想象、天文学及其文化意义》。报告就夏至日照在地球回归线地区出现正午无影现象，以及就此出现的世界中心位置的争论开展讨论。董晓萍教授就建木神话和日影神话等问题与王邦维教授进行了简短的对话。

◇色音教授参加北京大学社会学系主办的“田野、理论、方法——中法对话：人类学与社会科学目光的交叉学术研讨会”，并在大会宣读题为《中国萨满式文明的宗教人类学解析》的学术论文。

5 月

◇法国远东学院研究员阮如意（Victoire Surio）来民俗学与社会发展所进行合作研究，董晓萍教授接待，重点就中法项目中的妙峰山调查子课题做调查工作，为期 20 天。

◇联合国教科文组织与泰国皇家合作举办的“佛学与社会经济发展”国际会议在泰国曼谷召开，董晓萍、金丝燕、王邦维教授合撰论文《佛学故事汉译数据库的问题与方法》被大会采用，并由金丝燕在大会上宣读。

◇赖彦斌工程师和民俗学专业博士生唐超参加中国社会科学院“世界濒危语言与口头传统跨学科研究”国际学术研讨会，会上宣读了董晓萍教授撰稿的《清宫造办处手工行业传承的民俗志记录：数据库与数字辞典》论文。此会由中国社会科学院主办，中国社会科学院民族文学研究所、芬兰文学学会和荷兰莱顿大学协办。

◇董晓萍教授和王一川教授作为国家社科基金重大项目“我国文化软实力发展战略研究”首席专家，参加“国家‘十二五’重点图书工作会议”。原国家哲社基金办公室主任张国祚先生主持会议

◇董晓萍教授在京西宾馆参加2011年度国家社科基金项目评审工作会议。李长春副总理到会并讲话。会议全面部署“十二五”时期哲学和社会科学工作。

6月

◇北京师范大学民俗典籍文字研究中心民俗学学科点完成重点研究基地2009–2010年数据上报审核工作。本次数据上报工作由董晓萍教授负责，赖彦斌工程师任秘书。

◇美国克罗拉多大学丹佛分校地理与环境科学系鲁迪·哈特曼（Rudi Hartmann）博士到北京师范大学数字民俗学实验室访问，与董晓萍教授讨论合作撰写《中美比较地理》一书的第7章和第11章，并观摩数字民俗学实验室制作的数字中国故事类型地图成果。赖彦斌工程师参加探讨，并就数字民俗地图和相关软件做了演示。

◇朱霞副教授为完成所承担国家文物局“中国古纸价值挖掘研究”子课题，与项目组成员前往南京、杭州等地进行田野调查。这次田野调查访问了杭州富阳造纸遗址，获得了相关的资料，为项目的结题增加了内容。

◇董晓萍教授承担民政部“国家防灾减灾文化体系建设现状及其战略研

究”横向子课题，课题组成员包括赖彦斌工程师和鞠熙讲师。本组从民俗学的视角，吸收自然科学成果，针对中国既是灾害大国也是历史文化大国的国情，补充灾害民俗文化学的理论和方法，对中国传统文化、民俗文化、政府社会公共管理普及文化和互联网大众文化的丰富资源和现代利用状况数据展开调研分析，为国家防灾减灾文化体系建设提供学术参考意见。

7月

◇董晓萍教授应邀到北京大学参加“世界文学学会首届年会暨世界文学的兴起”国际学术会议，并作“佛经故事文本的跨文化研究”的分会发言。此会由北京大学跨文化研究中心和世界文学研究所主办，清华大学比较文学与文化研究中心、中央民族大学外语学院和北京语言大学比较文学研究中心参与筹办，来自世界五大洲的400余名学者参加了会议。

◇董晓萍教授应邀在北京大学东方学研究中心主办的教育部全国研究生交流平台“2011年东方文学研究：理论、方法与新视野”全国研究生暑期学校中作主题演讲，题目为《民间文学文本的数字信息处理与学位论文写作》。在董晓萍教授的指导下，北师大民俗学专业8名博、硕研究生在本次暑校提交了《中印故事类型比较数据分析》的论文，获北京大学东方学研究中心颁发的优秀学术论文集体一等奖。

◇美国公共民俗学家、现任美国华盛顿州民间艺术委员会秘书长的史威利博士应邀到北京师范大学文学院励耘学术报告厅做了两场学术讲座，题目分别是《非物质文化遗产和知识产权的保护——以华盛顿州的美国印第安人艺术为个案》（*Protection of Intangible Cultural Heritage and Intellectual Property: The Case of Washington's Native American Art*）和《华盛顿州文化旅游和非物质文化遗产》（*Cultural Tourism and Intangible Cultural Heritage in Washington*）。

8月

◇本学科点、中国社会科学院民族文学研究所与温州大学人文学院联合主办全国“民俗学（含民间文艺学）学科目录编制与学科建设研讨会”，在北京师范大学文学院励耘学术报告厅召开，来自国内985和211院校和地方大学的民俗学科负责人参加了会议。本次会议主要讨论1997年民俗学科归属社会学一级学科后，历经14年来，国内民俗学和民间文艺学在高校和科研院所的建设状况，对在“十五”和“十一五”期间所取得的成绩做了充分肯定，同时也指出了不足和局限。董晓萍教授主持会议，本学科点万建中教授、萧放教授和赖彦斌工程师参加会议。

◇萧放教授参加国际亚细亚民俗学会人类学民族学学会民族文化遗产专业委员会主办的“中国传统节日保护与胜芳古镇文化建设”学术研讨会。

◇中国人民大学中国社会保障研究中心在北戴河召开“国家综合减灾战略研讨会”，董晓萍教授应邀参加并发言，题目是《国家防灾减灾文化体系建设现状及其战略研究》。民政部救灾司、国家减灾委专业委员会专家和“国家综合减灾战略研究”课题组专家共36人听取了报告。

11月

◇文化部原代部长周巍峙先生将毕生藏书全部捐献给北京师范大学图书馆的捐赠图书仪式，在北京师范大学图书馆新馆三层会议室隆重举行。北京师范大学校长钟秉林教授出席捐书仪式，并就高校文化建设的意义和方向发表了重要讲话。文化部民族民间文艺发展中心主任李松，北京师范大学图书馆馆长刘松柏教授、文学院分党委书记李国英教授、民俗学国家重点学科负责人董晓萍教授等出席了仪式。钟敬文先生子女代表钟宜教授到会。董晓萍教授、赖彦斌工程师和鞠熙讲师共同指导的“教育部2011年度大学生创新创业训练计划项目”本科生小组，在会场演示了“中外大学生朗读中国经典故事”数字软件。此软件根据钟先生主编的“中国民间故事集成”研发而成，共有17个国家的留学生和25个省区的中国大学生志愿者参加了朗读，周巍峙先生现场观摩了软件展播。中央电视台、中国教育电视台、光明日报、中国教育报、社会科学报、北京师范大学校报和北京师范大学电视台等媒体记者到会。

北京外国语大学

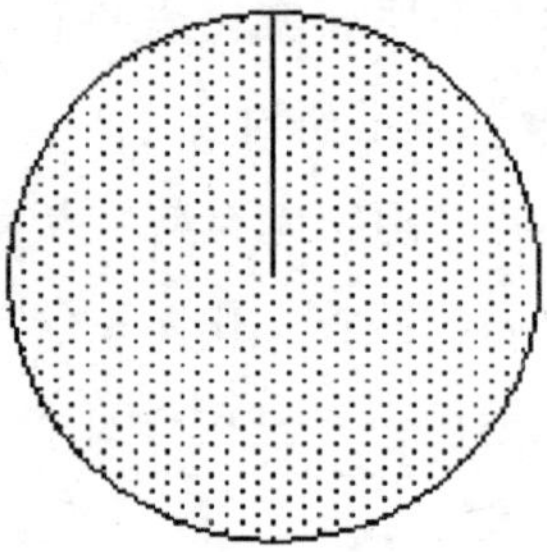

北京外国语大学民俗学科建制构成示意图

北京外国语大学为211重点院校，一贯重视学科与教学建设。北京外国语大学中文学院招收、培养对外汉语教学、汉语言文学专业中国本科生和中国语言文学外国留学生。根据外语院校的特点及学生的专业需要，我院主要为中国本科生开设了语言、文学、文化三大类基础课程。其中在必修课和选修课中都有涉及民俗学内容的课程。经过学习，不少学生的学年论文及毕业论文都选择了民俗学方面的问题作为研究对象。

在留学生教学方面，从2001年起，我院已为外国留学生开设“中国民俗”、“中国曲艺”选修课多年，内容涉及中国岁时民俗、中国商贸民俗、中国饮食民俗、中国建筑民俗、中国曲艺种类及表演形式等内容，有不少本科留学生的毕业论文以中外民俗比较为研究对象。

在研究生教学方面，目前我院设有语言学与应用语言学、比较文学与世界文学两个硕士点，在语言学与应用语言学硕士点下，设有中国文化方向。该方向为研究生开设“民俗学及其理论与方法”等课程。

一、学科建设

北京外国语大学中文学院设有语言学与应用语言学、比较文学与世界文学两个硕士点，在语言学与应用语言学硕士点下，设有中国文化方向。该方向为研究生开设的“民俗学及其理论与方法”等课程，该方向平均每年招收3名研究生，其毕业论文大部分为民俗学相关问题的研究，如《当代潍坊年画的发展及演变》、《土家族摆手歌在当代的传承和变异分析》、《权威与民间工艺的发展——以北京葡萄常为例》等。有多名该方向硕士生考入国内外院校开始民俗学相关学科的博士研究生学习。

目前，“比较文学与世界文学”硕士点正在进行进一步的学科建设与调整，在该学科点下新设立了“比较文学与跨文化研究”方向，并拟为该方向硕士开设“中西民俗学比较研究”课程。

二、教学工作与人才培养

（一）教学人员

北京外国语大学中文学院主要从事民俗学相关教学人员有2人。

黎敏，北京师范大学文学院民俗学专业博士毕业，教授，语言学与应用语言学专业中国文化方向、比较文学与世界文学专业比较文学与跨文化研究方向硕士生导师。

桂靖，北京大学中文系民间文学专业硕士毕业，讲师。

（二）课程设置

本院必修课为“中国传统文化概论”课。该课讲授内容包括“中国民间文化”专章，具体涉及岁时节日文化、民间文学、饮食民俗文化、人生礼仪民俗等方面的内容。这门课目前已经连续开设八年，累计482名学生通过本课接触了民俗学。2010年，我院为本科生开设“民俗学概论”选修课，有42名学生选修该课。

1. 本科生课程

（1）中国本科生

中国传统文化概论：4课时／周，4学分。主要内容：中国古代思想、中国传统宗教、中国传统建筑、中国民俗文化、中国古代艺术、中国古代教育。

民俗学概论：2课时／周，2学分。主要内容：民俗与民俗学概念、民俗学研究对象、民俗学研究方法、民俗学基本理论及其发展。

⑵留学生本科生

中国民俗：2 课时／周，2 学分，主要内容：中国岁时民俗、中国商贸民俗、中国建筑民俗、中国饮食民俗。

中国曲艺：2 课时／周，2 学分。主要内容：中国曲艺种类、主要曲艺的表演形式。

2. 研究生课程

本校在中文学院语言学与应用语言学专业下设中国文化方向研究生课程。

民俗学及其理论与方法，2 课时／周，主要内容包括民俗学概念、研究对象及其研究方法、西方主要民俗学理论、中国民俗学及其发展。

三、科学研究

黎敏民俗学主要研究成果：

1. 论著

《建国初十年民俗文献史》，北京：文史出版社，2008。

2. 教材

《中国传统文化概论》（撰写宗教、民俗、建筑部分），学苑出版社，2003。

《民间节日读本》，对外经济贸易大学出版社，2010。

3. 论文

《作为新意识形态表达符号的新年画》，《江淮论坛》，2011 年第 1 期。

《新中国初创时期发明传统的方式和作用》，《浙江工商大学学报》，2009 年第 3 期。

《标志性新建筑与民俗形式的运用》，《北京社会科学》，2007 年第 6 期。

《中国社会主义新民间文艺学理论初创时期的苏联影响》，《民俗研究》，2007 年第 1 期。

《新中国头十年苏联民间文学理论的引入》，《西北民族研究》，2006 年第

2 期。

《1949–1959 年中国教育体系中的民间文艺学课程建设》，《浙江工商大学学报》，2005 年第 2 期。

《民俗文化对日本留学生高级汉语学习的影响》，《语言教学与研究》，2003 年第 6 期。

《应用民俗学》，《民俗研究》，2003 年第 2 期。

《民俗文化对韩国留学生高级汉语学习影响的调查与分析》，《对外汉语教学与中国文化——2003 国际汉语教学学术研讨会论文选集》，2003。

《郑振铎对民间文学诸体裁的研究》，《东南大学学报》，2001 年第 4 期。

4. 信息汇总

《近十年美国的中国民俗研究》，世界亚洲研究信息中心资助课题，2011。

四、学术交流

2011 年 2 月，黎敏教授在意大利罗马大学孔子学院做“中国节日民俗”讲座。

2011 年 10 月，黎敏教授在德国慕尼黑东方研究中心做“中国传统建筑文化”讲座。

五、存在问题

本学科点在教学上，师资不足；在科研上，还需要更多的支持，需要更多与学术界交流、学习的机会。

北京语言大学[1]

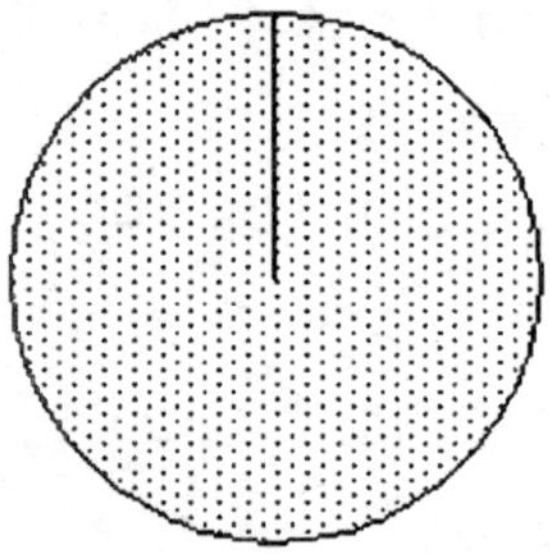

北京语言大学民俗学科建制构成示意图

北京语言大学是新中国最早从事对外汉语教育和对来华留学生进行中国文化教学的大学。1997 年，北京语言大学汉语学院为来华攻读汉语言和中国语言文化专业的本科留学生开设了《中国民俗》选修课[2]，迄今为止，已有来自世界各地数十个国家和地区的外国留学生选修过这门课，他们分别来自韩国、日本、越南、缅甸、泰国、新加坡、印度尼西亚、菲律宾、伊朗、阿富汗、蒙古、哈萨克斯坦、塔吉克斯坦、土库曼斯坦、阿拉伯联合酋长国、阿曼、苏丹、伊拉克、土耳其、汤加、毛里求斯、加蓬、俄罗斯、立陶宛、乌克兰、法国、意大利、瑞典、芬兰、瑞士、罗马尼亚、葡萄牙、加拿大、古巴等国家。2005 年，北京语言大学汉语进修学院亦为来华进修汉语的外国留学生开设了《中国习俗》高级选修课。通过《中国民俗》这门课，外国留学生从日常生活角度增进了对中国文化和世界不同民族文化特征的认识与理解。

---

1 本文作者自 1997 年至今，在北京语言大学汉语学院为来华外国留学生开设“中国民俗”课程，曾先后得到李扬院长、北京师范大学钟敬文先生、作者的硕士生导师陈子艾教授和博士生导师董晓萍教授的关心、支持、鼓励和帮助。本稿在搜集资料过程中，得到陈莹老师提供的有关北京语言大学汉语进修学院开设有关中国民俗课程方面的资料，谨此一并致谢。

2 在北京语言大学，汉语言专业又分为汉语言、经贸汉语、汉英双语、汉日双语、韩汉翻译、日汉翻译和汉语教学七个方向。

一、学科建设

在北京语言大学，民俗学学科建设具有鲜明的国际化特色。20 世纪 90 年代中后期，北京语言大学汉语学院即为具有中高级汉语水平的来华留学本科生开设了“中国民俗”课，鼓励教师开展与之相关的教学研究活动，并在这方面积累了比较丰富的经验。目前，舒燕副教授指导硕士研究生 7 人，其中外研 1 名。研究生的论文选题多与汉语国际教育中的文化教学研究或中华文化海外传播有关。

二、教学工作与人才培养

（一）汉语学院开设《中国民俗》课的基本情况

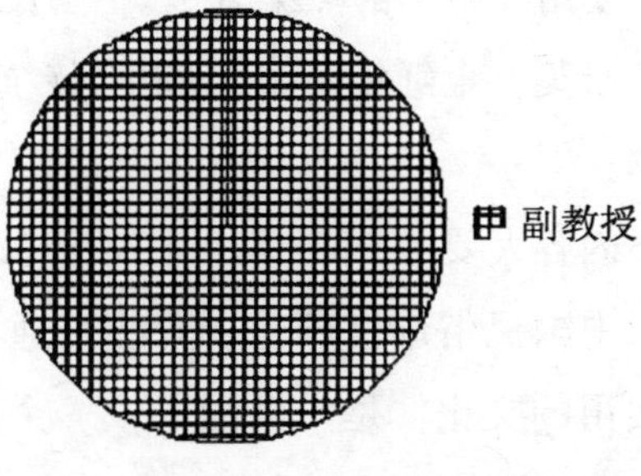

北京语言大学民俗学科学术团队构成示意图

开课时间：自 1997 年 9 月至今。

课程名称：中国民俗

课程类型：文化类选修课（目前设在四年级第一学期）

教学对象：具有中高级汉语水平的来华外国留学生。

课时与学分：每周 1 次，每次 2 课时（100 分钟），一学期修完，共 2 学分。

教学人员：1 人，舒燕副教授。

使用教材：舒燕编《中国民俗》，北京语言（文化）大学出版社，2002。

内容大要：

本课的内容主要包括中国民俗的基本特征、汉族和少数民族的饮食习俗、传统服饰、民居建筑、民间工艺、人生礼俗、传统节日等。教学方式以讲授和讨论为主，辅以多媒体形式。本课有助于外国留学生从日常生活角度观察、了解和体验中国文化与民间风俗，加深对中国文化与世界文化多样性的认识与理解。

（二）汉语进修学院开设《中国习俗》课的基本情况

开课时间：自2005年至今。

课程名称：中国习俗

课程类型：高级选修课

教学对象：具有中高级汉语水平的来华外国留学生（相当于汉语学院三、四年级的学生）。

课时与学分：每周两节，一学期修完，共2学分。

学生情况：选课人数总计196人（6年12学期总和），学生国别数40个。

教师情况：每学期开设一个班，任课教师一名（目前，由陈莹担任），教师自由度较大。

使用教材：舒燕编著：《中国民俗》，北京：北京语言大学出版，2002。

张英、金舒年主编：《中国传统文化与现代生活》，北京：北京大学出版，2000。

内容大要：

中国民俗选修课主要介绍普通中国人日常生活中所蕴含的文化，这是一种实用的文化，是一个国家，一个民族最根本、最具生命力的部分。只有了解这种民间文化，才能更深入地理解中国民众的心理，从而更好地融入中国社会。该课特别适合打算在中国工作或者有志于从事中外贸易或中外文化交流的同学参加。本课程将提供一个开放互动的讨论空间，使大家能够全面了解最实用的中国民间文化知识。该选修课采取系列专题讲座的形式，要求学生在课堂上参与讨论，课后进行调查，期末撰写相关的调查报告，作为本课程的考核结果。

三、科学研究

目前北京语言大学教师在民俗学方面的研究工作主要体现在两个方面：一是与汉语国际教育中的文化教学实践相结合；二是与教师自身的学科背景

与学术经历相结合，参与其他院校（如北京师范大学民俗学国家级重点学科）的项目合作，使教师能够在教学之余，利用自身的学术专长，在科研中发挥更大作用。

（一）相关论文

1. 舒燕《女性出家与身份转换：北京民国时期西观音寺隆智尼个案研究》，收入《明清至民国时期中国城市的寺庙与市民》，北京：北京师范大学出版社，2012。

2. 舒燕《中国现代民俗学的学术传统与汉语国际教育》，《汉语国际教育研究》（第2辑）．北京：高等教育出版社，2011。

3. 舒燕《北京旧城庙宇的地理空间与民俗空间特征》，王静爱、（日）小长谷有纪、色音主编《地理环境与民俗文化遗产——“自然环境与民俗地理学”中日国际学术研讨会论文集》，北京：知识产权出版社，2009。

4. 陈莹《中国农耕社会禳灾习俗初探——以浙江及其周边地区的舞龙和求雨习俗为例》，王静爱、（日）小长谷有纪、色音主编《地理环境与民俗文化遗产——“自然环境与民俗地理学”中日国际学术研讨会论文集》，北京：知识产权出版社，2009。

5. 陈莹《从〈热河日记〉看关帝庙在清代民众生活中的功能》，《内蒙古师范大学学报（哲学社会科学版）》，2009年第6期。

6. 舒燕《全球化与当代中国民俗研究的理论反思》，《东方丛刊》，2008年第3辑。

7. 舒燕《关于对外开设中国民俗课的调查与思考》，《语言文化教学研究集刊》（第四辑），北京：华语教学出版社，2000。

（二）相关课题

1.　2003年至2008年，舒燕参加“北京寺庙碑刻与社会史”部分工作，北京师范大学与法国远东学院合作项目，项目编号：03MSH710001，项目主持人：中方为北京师范大学民俗学专业董晓萍教授；法方为法国远东学院吕敏（Marrianne Bujard）教授。

2. 2009年至2012年，参加教育部国家人文社科基地重大项目《清代民俗文献史及其数字化管理系统》的子项目研究工作。课题编号：01JAZJD840002，项目主持人：北京师范大学民俗学专业董晓萍教授。子项目名称："清代城市女庙文献与个案研究"，子项目负责人：舒燕。

四、学术交流

北京语言大学民俗学专业背景教师所参加的学术活动多与对外汉语教学和国际学术交

流有关。舒燕撰写的论文《关于对外开设中国民俗课的调查与思考》，在2000年对外汉语教学年会上参与过交流和讨论。近年来参加的学术活动主要是2008年在北京师范大学举办的"地理环境与民俗文化遗产——'自然环境与民俗地理学'中日国际学术研讨会，以及2009年在北京师范大学举办的"明清至民国时期中国城市的寺庙与市民"中法国际学术研讨会。上述学术交流活动，不仅增进了教师的科研意识，而且开阔了教师的学术视野，对民俗学和汉语国际教育的学科建设具有积极作用。

五、问题与建议

实践表明，民俗学的学科理论、知识体系与研究方法在汉语作为第二语言教学和中外文化交流中具有不可忽视的作用。从北京语言大学以往为来华留学生开设《中国民俗》课的情况来看，外国留学生对中国文化和中国民俗的兴趣主要集中在饮食习俗、人生仪礼、岁时节日以及中国少数民族风俗习惯等方面。在时间取向上，大多数留学生都希望中国民俗课的内容既有传统习俗，又能反映当代中国人的生活变迁。另一方面，为外国留学生开设的《中国民俗》课，在教学内容和教学方法上亦需改革与创新。如：适度增加中外民俗文化对比，以促进来自不同国家、不同文化背景的学生对多元文化的认识和理解；同时可考虑将课堂教学与语言文化实践活动结合在一起，这样做不仅有助于提高学生的跨文化交际能力，而且有利于培养适应21世纪社会发展需要的国际化人才。

目前，民俗学学科建设在北京语言大学还仅仅是一门为外国留学生开设的文化选修课，还没有专门为研究生开设的民俗学或民间文艺学选修课程，也没有设立相应的博硕点和研究机构。师资队伍建设比较薄弱。作为任课教师，舒燕副教授非常希望今后能够加强不同学科—特别是高校特色学科（如北京语言大学汉语言专业和北京师范大学民俗学专业）之间的交流与合作，使民俗学这门正在成长的学科，在汉语国际教育和中外语言文化交流中发挥更大的作用。

内蒙古师范大学

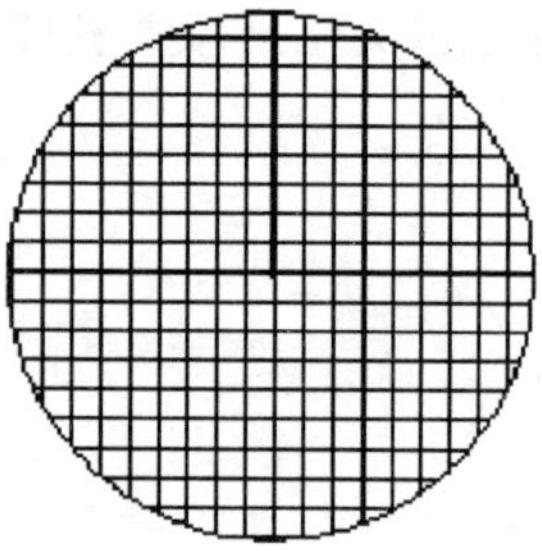

内蒙古师范大学民俗学科学科建制构成示意图

内蒙古师范大学民俗学科是我校重点优先发展的特色学科，已有二十多年的发展历程。1970年代末，本学科点创建人哈·丹碧扎拉桑教授对《蒙古风俗鉴》进行系统研究，使沉睡了半个多世纪的蒙古民俗研究再现生机。1982年，开始在少数民族语言文学硕士学位点招收民间文学方向的硕士学位研究生。1994年，扎格尔教授率先在少数民族语言文学硕士学位点招收民俗学方向的硕士学位研究生，为独立设立民俗学硕士学位点奠定了坚实的基础。由扎格尔教授和敖其教授作为学科带头人，整合当时蒙古语言文学系和蒙古语言文学研究所的相关专家，申报民俗学硕士学位点，于1998年获得硕士学位授予权，1999年开始正式招生。2004年被评为自治区重点学科。2003年，我校以民俗学学科为依托成立了社会学民俗学系，2006年扩展为社会学民俗学学院。2008年，内蒙古自治区党委宣传部在我校设立了自治区哲学社会科学研究基地“内蒙古民俗文化研究基地”。2010年，文化部民族民间文艺发展中心在我校建立“文化部民族民间文艺发展中心北方研究基地”。本学科点在研究生教学工作上也取得明显成绩，2006年，“蒙古民俗”课程被评为自治区精品课程。2008年，“蒙古民俗”课程被教育部评为国家级精品课程。2009年，“蒙古民俗系列课程教学团队”被教育部评为国家级教学团队。2008年，“蒙古民间文学导论”课程被评为内蒙古自治区精品课程，2010年该课程经过评估又被内蒙古自治区评为优质精品课程。2009年，“蒙古民俗系列课程教学研究”获自治区教学成果一等奖。这些均为民俗学研究与人才培养开辟了更加广阔的天地。

一、学科建设

（一）研究机构

内蒙古师范大学民俗学科建立了一批专业研究机构，分别是：蒙古民俗与游牧文化研究所、非物质文化遗产保护与研究中心、内蒙古民俗文化研究基地、文化部民族民间文艺发展中心北方研究基地、内蒙古师范大学博物馆民俗展厅和服饰展厅。它们都在学科建设中发挥了作用。

蒙古民俗与游牧文化研究所。其前身为蒙古民俗研究室，始建于1990年，随着研究领域的拓展和研究队伍的扩大，1996年更名为蒙古民俗与游牧文化研究所，现任所长敖其教授。该研究所确定了相对稳定的四个研究方向，即：蒙古民俗研究、游牧文化研究、蒙古民间文学研究、比较文化研究。该研究所在1999年、2002年、2005年学校科研机构评估中连续三次被评为优秀科研机构。

非物质文化遗产保护与研究中心。该中心成立于2007年12月，敖其教授任中心主任。该中心整合了少数民族艺术、科学技术史、新闻学等诸学科的有生力量，结合文化部、中国民间文艺家协会组织的非物质文化保护与抢救工程，正在对“科尔沁潮尔史诗”、“传统角弓制作技艺”及其传承人进行保护与抢救工作，上述两个项目已被列入国家和自治区两级非物质文化名录之中。“蒙古象棋木雕制作技艺”被列入自治区级非物质文化遗产名录。该中心还积极与国内高校相关机构密切合作，目前，已整理民间民俗文化视频资料700多盘。在非物质文化遗产保护工作中，2004至2010级的很多研究生在导师的指导下，参加了非物质文化遗产保护与研究工作。该中心加强与国内院校同行和政府文化主管部门的合作，2008年3月中山大学教育部非物质文化遗产研究基地“内蒙古工作站”在我校正式挂牌。我们积极参与内蒙古党委宣传部、内蒙古文化厅、内蒙古非物质文化遗产保护中心及地方文化部门主持的与非物质文化遗产保护相关的各类项目，使民俗学及相关学科直接为社会和文化大区建设服务。

内蒙古民俗文化研究基地。该基地以民俗学学科为依托，推动社会学、人类学等相关学科的发展。内蒙古师范大学校长杨一江教授为基地主任、扎格尔教授为首席专家。基地积极组织承担具有地区特色和民族特色的重大项目，推出具有较大影响的优秀成果，为自治区经济、社会文化发展服务。并经过几个周期的建设，将研究基地建设成区内乃至全国北方民族民俗学领域的“思想库”、“人才库”和“信息库”。基地科研成果的最终形式为系列著作，统一书名为“内蒙古民俗文化研究丛书”，按民族分类成册，介绍内蒙古境内各民族的经济民俗、消费民俗、社会民俗、信仰民俗和游艺民俗。该系列成果分三个周期进行，第一期（2009—2012）《蒙古民俗文化变迁研究》；第二期（2012—2015）《达斡尔、鄂温克、鄂伦春民俗文化变迁研究》；第三期（2015—2018）《内蒙古地区汉族、满族、回族民俗文化变迁研究》。

文化部民族民间文艺发展中心北方研究基地。为了推动中国节日文化及北方地区各民族民间口头传承的史诗、歌谣、仪式、音乐、舞蹈、戏剧、民族文献数字化等研究，充分发挥文化部民族民间文艺发展中心在项目组织、管理、协调和内蒙古师范大学在资源、人才和科研上的优势，“文化部民族民间文艺发展中心”2011年在内蒙古师范大学建立“文化部民族民间文艺发展中心北方民族研究基地”。该中心整合内蒙古地区各民族节日研究、史诗研究、仪式音乐舞蹈、民族文献数字化等方面专家资源，以“北方民族研究基地”为核心做好民间文艺遗产项目申报、实施监督、中期检查、初步评审等各环节的管理工作。该研究基地由内蒙古师范大学副校长亚新教授担任主任；科技处处长赵明教授和民俗学学科带头人敖其教授担任副主任。目前已承担文化部民族民间文艺发展中心组织承担的全国哲学社会科学重大基金项目《中国节日志》子课题《中国节日志·春节·内蒙古自治区卷》、《中国节日志·蒙古族那达慕》、《中国节日志·大召千灯节》等项目。

内蒙古师范大学博物馆民俗展厅、服饰展厅。2002年建立内蒙古师范大学博物馆民俗展厅。该博物馆的宗旨为展、学、研一体，同时也是传统文化教育基地和青少年爱国主义教育基地。2004年建立博物馆的服饰展厅，展现蒙古族服饰文化，对蒙古族不同部族的服饰进行比较研究。这些博物馆展厅旨在通过搜集、整理、研究和展示我国悠久的历史文化与民族民俗文化，为弘扬和继承优秀的民族文化做出贡献。

（二）博士硕士点设置

本学科点有民俗学硕士点（二级学科）1个。科学技术史博士点1个，研究方向为民族民间传统技艺研究，扎格尔和敖其教授为该方向博士生导师。另与华东师范大学合作培养民俗学博士研究生，扎格尔和敖其教授为兼职博士生导师。

二、教学工作和人才培养

（一）教学人员

目前已形成一支学历层次高，职称结构、年龄结构、学缘结构合理的学术团队。现有专业教师17人，其中教授10人、副教授2人、讲师5人。在学历结构上，有博士9名、硕士8名。从学缘结构来看，博士、硕士学位获得者分别来自于蒙古国科学院、英国剑桥大学、日本国明星大学、中央民族大学、中央音乐学院、中央美术学院、华中师范大学、内蒙古大学、内蒙古师范大学等十几所国内外高校。

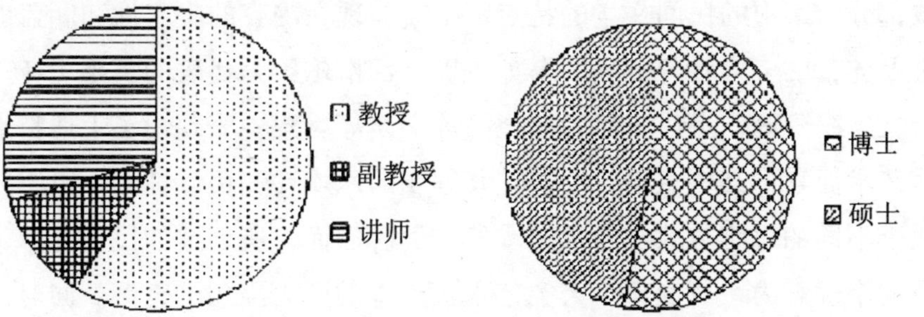

在职教师职称比例　　在职教师学历结构

内蒙古师范大学民俗学科学术队伍构成示意图

（二）研究方向

1. 民俗学硕士学位点的研究方向

我校民俗学硕士学位点在长期的教学与科研实践中，形成了以蒙古民俗与民俗学、蒙古民间文学与民俗艺术、北方游牧民族民俗文化、非物质文化遗产保护与研究为主的四个稳定的研究方向。经过多年不懈的努力，本学科点已在内蒙古自治区独树一帜，并以鲜明的民族特色和地域优势，在全国高等院校民俗学研究中起到了不可替代的作用。具体有以下研究方向。

蒙古民俗与民俗学。蒙古民族由于其特殊的生存环境、生活生产方式，以及在历史上的特殊作用与地位，曾对中西文化的交流与融合，中华文明的形成，产生过巨大的影响。源远流长的蒙古民俗不仅是蒙古民族辉煌历史文化的具体体现，也是其思维特点、审美追求和心理定式的表体特征。研究蒙古民俗，不仅要从历史的典籍与文献中寻本溯源，更主要的是通过深入细致的田野调查，掌握第一手资料，在此基础上阐释其产生、演变和发展规律，揭示其所蕴藏的深层文化内涵。该研究方向的特色集中体现在其研究对象与内容的特殊性与多样性上。所谓的特殊性主要是指以游牧文明为特征的蒙古民族的物质生活与精神生活以及由此而产生的民俗文化事象等方面。多样性主要体现在其内容的多彩多姿和由此而包含的人文内涵的丰富性上。

蒙古民间文学与民俗艺术。蒙古民间文学与民俗艺术作为蒙古民俗重要组成部分，其中的民间文学的特点，主要体现在内容的丰富性和涵盖面的广泛性及体裁的多样性等方面。譬如，以“江格尔”为代表的英雄史诗，以祭祀诗文、祝赞词、世俗三律为特征的韵文体等均集中表现出了上述特点。就民俗艺术而言，其特点不仅反映在其鲜明的区域性和民族性上，更主要的是取决于不同的思维方式与审美追求等方面。因而，所创造的民俗艺术，以其独特的个性魅力，成为整个人类艺术宝库中的一束美丽的奇葩。同时，本研究方向在建树具有自身特点的蒙古民间文学与民俗艺术理论框架与学术体系方面充分发挥了整体优势，取得了可喜的成果，走在了本学科的前沿。

北方游牧民族民俗文化。把北方游牧民族民俗文化作为本学科的研究方向之一，对研究蒙古民俗不但具有连续性和互补性，而且对拓宽和深化该领域的研究起到不可忽视的作用。该方向的研究特点在于所涵盖内容历史跨度大、涉足地域广、民族多。因而，在研究方法上具有跨学科、交叉性特点。从历史的纵向来看，本研究领域可上溯到远古的石器时期和华夏文明，下续至今天的北方各民族。追其源头、顺其史脉，对北方各少数民族的兴衰与始末，进行系统地发掘与研究，对了解蒙古族民俗文化的形成，乃至对整个中华文明形成与发展的历史进行全面认识，意义重大。特别是对那些曾在历史上产生过重大影响，但随着历史沿革与融合而陆续消失的民族文化进行搜集与研究，对继承和发扬游牧文明优秀文化传统具有重要的现实意义。

非物质文化遗产保护与研究。在蒙古族民俗中，气贯长虹的史诗，悠扬浑厚的长调民歌，人与自然和谐共存的生态观，天人合一的哲学观，以及重礼谦恭、尊老爱幼的伦理道德等，无不体现出其深层的民族品德与精神。探讨和研究这些宝贵的文化遗产对繁荣和发展民族文化，进一步促进精神文明建设意义重大。另外，将民俗学与旅游业，民俗学与生态建设和都市化建设等现代文明有机地结合起来进行研究，对国家政府部门与相关企业的决策提供依据，推动地方经济建设与发展将起到积极的推动作用。

2. 本科、硕士学位授予人数

本学科点的社会学专业民俗学方向，已授予本科学士学位 36 人，授予民俗学硕士学位 85 人（不含社会学、人类学方向）。目前尚无博士毕业生。

（三）课程设置

1. 民俗学专业硕士课程

（1）课程设置、课时与学分

学位基础课：民俗学理论，54 学时，3 学分。

社会学概论，54 学时，3 学分。

人类学理论，54 学时，3 学分。

民俗学研究方法，54 学时，3 学分。

民俗学史，54 学时，3 学分。

专业学位课：北方民族文化

蒙古民俗研究

蒙古文献民俗

蒙古宗教文化

民间文学

选　修　课：文化遗产学

文化社会学

蒙古族民间信仰

专业外语

(2) 课程内容大要

民俗学理论。课程的教学内容主要为民俗的基本概念、民俗的产生与发展、民俗的特征、民俗的功能、民俗的分类、民俗学理论的形成、民俗学的概念、民俗学的性质、民俗学的任务与作用、民俗学研究方法等。

本课程的教学要点是民俗学理论产生的时代背景和学术影响；介绍对民俗学理论形成重大影响的不同学派的主要人物、学术观点和理论主张；梳理民俗学理论发展的脉络，介绍国内外民俗学研究的历史与现状。

该课程的教学目的是，使学生了解民俗学理论的发展历史，掌握民俗学的理论视角和特点，认识学习和掌握民俗学理论的重要性，提高学生的理论水平。通过讲授内容、课堂讨论和实践活动，培养学生的分析问题和解决问题的能力。

社会学概论。课程的主要内容为系统介绍社会学基本知识和基础理论，主要包括如下几个方面：介绍社会学的产生与发展、研究对象、研究方法、学科特点；阐释社会学的微观研究领域，主要包括人的社会化、社会角色、社会互动、社会群体、婚姻家庭等；主要涉及社会学的宏观研究领域，涵盖社会组织、社会分层与流动、社会制度、社区、社会变迁、社会现代化等；探讨社会学中的社会现象；社会、文化、社会问题、社会控制、社会工作与社会政策以及社会调查研究方法等。该课程的教学目的是，使学生了解社会学理论的基本体系，掌握社会学理论的基本特点，了解社会学理论的重要性，提高学生的理论水平。运用社会学的相关理论，探讨当今民俗文化变迁的规律。

文化人类学理论。课程的主要教学内容是文化人类学的十个理论学派：即古典进化论学派、传播论学派、历史特殊论学派、法国社会学学派、英国功能主义学派、文化与人格学派、新进化论学派、结构主义人类学、象征人类学、解释人类学。

本课程的教学要点是各理论学派产生的时代背景和学术背景；掌握各个不同学派的理论，尤其是主要代表人物的学术观点、理论主张及其对人类学的贡献。同时，注重西方人类学理论对国内学术界的影响，即西方人类学的理论如何应用于中国的研究实践。对中国学界的影响及局限。教学目的是通过课程学习，使学生了解人类学理论的发展历史，掌握人类学的理论视角及特点，理解理论学习的重要性，提高学生的理论素养。通过科学理论和专业实践的多种训练，使学生掌握人类学的基础知识、基本理论和基本技能，培养学生的问题意识以及分析问题、构建理论的基本能力。

民俗学研究方法。课程的主要内容，以现代田野作业过程模式的理论为指导，使学生掌握田野作业的技能，增强实践能力。其内容主要包括：田野作业过程模式，即：田野作业过程模式的建立、田野作业过程模式的发展、现代民俗学田野作业的特点；田野叙述，即：现场叙述、比较叙述、反观叙述、假设叙述、阐释叙述、文学叙述；田野报告的写作，即：田野报告的理论框架、田野报告的写作技术；现代田野作业记述的特殊训练，即：准备工作、案头准备、选点、物质准备；调查方法，即：与地方信息提供者合作、参与观察、现场访谈、绘图与照相、转写技术、答谢原则；整理资料，即：建立答案、编辑资料集、电子典藏与属性描述。通过该课程的学习，使学生全面的掌握田野调查的基本技能，掌握田野调查的理论与实践知识，学会如何走进田野，如何梳理所获得资料，为研究工作打下坚实的基础。

民俗学史。课程的教学内容主要为，从民俗学的学科诞生与历史沿革的角度对不同国家的民俗学学科发展史和重点学术流派发展史进行阐释。本课程的教学要点为，德国民俗学学科的开端与发展史、英国民俗学学科的开端与发展史、法国民俗学学科的开端与发展史、美国民俗学学科的开端与发展史、日本民俗学学科的开端与发展史、韩国民俗学学科的开端与发展史、中国民俗学学科的开端与发展史、蒙古族民俗学学科的开端与发展史。本课程的教学目的是，使学生了解不同国家民俗学学科的发展史，认识学习和掌握民俗学史的历史意义和现实意义。通过讲授内容、课堂讨论和实践活动，培养学生的分析问题和解决问题的能力。

北方民族文化。课程由北方民族的原始文化、哲学思想、宗教、习俗、语言文学、音乐歌舞、美术岩画、石窟文化、医术、科学技术、军事文化、教育文化、体育文化等章节内容组成。

蒙古民俗研究。课程的教学内容主要为，蒙古民俗形成与传承演变概况、蒙古民俗的传承方式及分类、国内外蒙古民俗研究的历史与现状等。教学要点是介绍国内外蒙古民俗研究的主要成果，蒙古民俗研究的历史阶段分类；分析蒙古民俗研究中存在的问题和发展趋势、探讨民俗学研究方法的具体应用等问题。教学目的是，使学生全面了解蒙古民俗整体情况、了解国内外蒙古民俗研究的历史及前沿研究状况。通过课堂讨论及实践课程，进一步掌握民俗学田野调查的方法，培养学生掌握分析、探究蒙古民俗事象的技巧和能力。

蒙古文献民俗。课程的教学内容主要为文献民俗的概念、蒙古族文献典籍的历史概况及特点、蒙古族文献典籍所记载的民俗内容、古代蒙古民俗事象的解析等。教学要点是对蒙古族文献典籍的代表《蒙古秘史》、《黄金史纲》、罗桑丹津《黄金史》、《蒙古源流》的内容概要、文本特点、历史价值等进行介绍；解析上述文献中记载的民俗事象；归纳分析古代蒙古民俗文化的内容。教学目的是使学生理解文献民俗的内涵、较系统地了解古代蒙古民俗文化的内容及分类，进而探究蒙古民俗文化传承、演变的历史轨迹。

蒙古宗教文化。课程主要内容为介绍蒙古族及先民们在不同历史时期形成、发展进程中曾经信仰过多种宗教。在整个历史发展进程中，蒙古族和及其先民们经历了崇拜原始自然、信奉萨满、皈依佛教，即经历了从原始宗教到具有半原始半文明两重性的萨满教，再到现代宗教的这样一个发展过程。但不管它是蒙古人所创造的土生土长的宗教信仰，还是接受的外来宗教（如佛教、天主教、伊斯兰教、基督教、道教，儒家思想等），它们都与蒙古族整体文化有机地融合在一起，共同形成了文化大体系，成为了蒙古文化大体系的重要部分。特别是，蒙古人在接受并崇奉外来宗教或思想体系时，不是盲目崇拜，不加选择地模仿，而是把它们加以改造、创新，并有机地与自己的传统文化融合在一起，成为具有鲜明民族性和本土特点的文化现象。佛教的蒙古化、本土化，并逐渐走向世俗化的历史过程是一个典型的案例。因此，该课程从多元性、综合性的角度让学生掌握蒙古宗教文化的基本理念。

民间文学理论与蒙古民间文学。课程由蒙古民间文学体裁研究、民间文学研究的前沿问题及其研究方法等两大部分组成。蒙古民间文学体裁研究中包括了民间文学基本概念阐释、蒙古民间祭祀诗文、祝赞词、谚语格言、世俗三律研究、游戏语、谜语研究、蒙古民间歌谣研究、英雄史诗研究、好来宝、胡仁乌力格尔研究等内容。这部分包括了民间文学与民间口头传统、民间叙事、口头文本等概念的关系及区别等内容。该部分还重点介绍史诗理论及研究方法、研究现状及好来宝、胡仁乌力格尔产生的历史文化背景和研究方法现状等问题。介绍民间文学研究的前沿问题及方法中，包括口头程式理论、表演理论、民族志诗学、普罗普民间故事形态学、列维—斯特劳斯的神话结构研究、邓迪斯的印第安民间故事研究等。

文化社会学。课程的主要内容为文化社会学的学科特征；文化社会学理论的产生，包括西方古典文化社会学、西方现代文化社会学、西方后现代文化社会学、文化社会学的本土化；文化的生态系统；文化的时间、空间系统；社会系统；文化传播、文化冲突、文化变迁等内容。教师结合中国国情和北方民族的文化特征进行讲授。特别是讲授文化生态系统、文化时空系统时，到盛乐古城遗址、大窑文化遗址、内蒙古博物院等地进行现场讲授，通过课堂讲授和实践性课程及讨论课程，增强学生的实践能力。

非物质文化遗产概论。课程的教学内容主要为，非物质文化遗产的概念与分类、非物质文化遗产的价值与特征、非物质文化遗产的保护方法与保护措施、国外保护非物质文化遗产的历史与现状、中国保护非物质文化遗产的历史与现状、内蒙古非物质文化遗产的历史与现状，非物质文化遗产普查的理论与实践。教学过程中特别强调理论与实践的结合，特别是在讲授内蒙古非物质文化遗产的历史与现状时，着重用内蒙古主体民族蒙古族和自治民族——达斡尔、鄂温克、鄂伦春民族的非物质文化遗产作为典型案例进行分析研究。通过课堂讲授和实践性课程及讨论课程，增强学生的实践能力。

蒙古族民间信仰。课程的教学内容主要为蒙古族民间信仰的历史演变、蒙古族信仰对象与神灵观、祭祀习俗、巫术与禁忌、蒙古族民间信仰的性质和特征、民间信仰仪式及其文化表征、蒙古族民间信仰的功能及变迁。教学要点：一、民间信仰与民族社会，二、民间信仰的复兴、重构与当代功能。通过本课程的学习，为学生提供一种理解蒙古族社会文化全貌的视角，帮助学生理解游牧文化内涵，以及蒙古民族社会文化的演进历程。

(3) 本科生教材与国家级教学团队

敖其教授主持的“蒙古民俗”和“蒙古民间文学导论”课程，分别于2006年、2008年被评为内蒙古自治区精品课程。“蒙古民俗”2008年被评为国家级精品课程。“蒙古民俗系列课程教学团队”2009年被评为国家级教学团队，承担蒙古民俗、民俗学概论、蒙古民间文学导论、民间文学概论、北方民族史、田野调查理论与方法、文化社会学、非物质文化遗产学8门课程重点建设工作（包括制定教学大纲、编写蒙古文教材、制作课件、录制视频）。“蒙古民间文学导论”课程2010年被评为内蒙古自治区优质精品课程。

（四）招生层次、研究方向与导师

1. 本科

招收社会学专业民俗学方向本科生。

2. 硕士

民俗学二级学科硕士点有4个研究方向，11名导师，具体如下。

民俗学与蒙古民俗，导师为扎格尔教授、博士，敖其教授、博士。

民间文学与民俗艺术，导师为哈斯巴特尔教授、博士，铁安副教授、博士，色音乌力吉教授、博士，呼格吉勒图教授、博士。

北方民族民俗文化，导师：巴·孟和教授、博士，色音乌力吉教授、博士，乌仁其其格教授、博士。

非物质文化遗产学，导师：吴团英教授，乔玉光教授、博士，敖其教授、博士。

3. 博士

科学技术史博士点。

研究方向：民族民间传统技艺研究方向

博士生导师：扎格尔教授、博士

敖其教授、博士

与华东师范大学合作培养民俗学专业博士

研究方向：民俗文化学、民俗学、传播学

博士生导师：扎格尔教授、博士

研究方向：民俗学理论与民俗史、文化遗产与文化创意产业

博士生导师：敖其教授、博士

三、科学研究

（一）理论研究

本学科点的理论研究主要有：民俗学与蒙古民俗研究、蒙古游牧文化溯源、草原文化理论研究、民间文学与蒙古民间文学理论研究和非物质文化遗产保护与研究。

（二）科研项目

1. 自治区社科规划项目“史诗《江格尔》研究”（1993–1996），扎格尔主持，结题。

2. 国家哲学社会科学规划项目“蒙古学百科全书·民俗卷”（2003–2008），扎格尔主持，结题。

3. 香港乐施会基金项目、地方性课程实施项目“内蒙古农牧区民族中小学传统文化与人文修养”(2005–2007)，扎格尔主持，结题。

4. 内蒙古自治区蒙古民族全史编委会“蒙古民族全史·民俗”(2008–2011)，扎格尔主持。

5. 国家社科项目“草原物质文化研究”(2005–2008)，扎格尔主持，结题。

6. 国家社科项目“蒙古族传统生态观与内蒙古草原畜牧业经济可持续发展研究”(2003–2006)，扎格尔主持，结题。

7. 中蒙国际合作项目“跨境草原文化比较研究”(2007–2010)，扎格尔主持。

8. 自治区社科项目“蒙古族那达慕现状调查研究”(2008–2010)，扎格尔主持，结题。

9. 自治区社科重大项目“蒙古族民俗文化变迁研究”(2010–2012)，扎格尔主持。

10. 国家社科基金特别委托项目子课题“中国节日志·蒙古族那达慕”(2011–2013)，扎格尔主持。

11. 内蒙古社科项目“蒙古族民俗研究”(1996–1999)，敖其主持，结题。

12. 国家哲社规划项目“蒙古族传统物质文化保护与开发利用研究”(2004–2008)，敖其主持。

13. 中央民族大学“985 工程”当代民族问题研究哲学社会科学创新基地项目“牧区人口流动与蒙古族生产方式变迁”(2006–2009)，敖其主持，结题。

14. 内蒙古自治区蒙古民族全史编委会项目“蒙古民族全史·民间文学”(2008–2011)，敖其主持。

15. 文化部非物质文化遗产保护项目“科尔沁潮尔史诗保护与研究”(2010–2015)，敖其主持。

16. 国家社科基金特别委托项目子课题“中国节日志·春节志·内蒙古卷”(2010–2013)，敖其主持。

17. 国家社科基金项目“对梅日更召佛教文化资产的拯救与研究”

(2004—2007)，巴·孟和主持。

18. 全国高校古籍整理研究工作委员会项目“梅日更召法会经文研究”(2005—2008)，巴·孟和主持。

19. 国家哲社规划项目“蒙古族土地保护习俗之探”(2007—2010)，哈斯巴特尔主持。

20. 国家哲社规划项目“内蒙古草原生态文化的哲学研究”(2004—2007)，图·乌力吉主持。

21. 国家哲社规划项目“蒙古族非物质文化遗产的抢救与发掘研究”(2005—2008)，亓·巴特尔主持。

22. 国家哲社规划项目“蒙古族萨满医疗的人类学阐释”(2007—2009)，乌仁其其格主持。

23. 国家哲社规划项目“蒙古族敖包祭祀的文化人类学研究”(2010—2012)，乌仁其其格主持。

24. 国家哲社规划项目“说书艺人的拯救、保护与研究”(2010—2013)，包金刚主持。

25. 文化部非物质文化遗产保护项目“人口较少民族非物质文化遗产保护研究”何群主持。

26. 国家艺术科学规划项目“内蒙古美术史”(2011—2014)，色音乌力吉主持。

（三）代表作

扎格尔等：《蒙古游牧文化溯源》，内蒙古教育出版社，2002。获自治区哲学社会科学优秀成果一等奖。

敖其主编：《蒙古民间文学导论》，内蒙古大学出版社，2007。获自治区哲学社会科学优秀成果二等奖。

扎格尔主编：《草原物质文化概论》，内蒙古教育出版社，2007。获自治区哲学社会科学优秀成果一等奖。

敖其等：《制度变迁与游牧文明》，内蒙古人民出版社，2004。获自治区哲学社会科学优秀成果三等奖。

乌仁其其格：《蒙古族萨满医疗的医学人类学阐释》，内蒙古人民出版社，2009。获自治区哲学社会科学优秀成果二等奖。

何群：《环境与小民族生存——鄂伦春文化的变迁》，社会科学文献出版社，2006。获自治区哲学社会科学优秀成果二等奖。

杨玉成：《胡尔奇：科尔沁地方传统中的说唱艺人及其音乐》，上海音乐学院出版社，2007。获自治区哲学社会科学优秀成果二等奖。

扎格尔主编：《蒙古学百科全书·民俗》，内蒙古人民出版社，2011。

敖其等：《中国民俗知识·内蒙古民俗》，甘肃人民出版社，2009。

敖其主编：《蒙古民俗》，内蒙古大学出版社，2010。

田兆元、敖其主编：《民间文学概论》，华东师范大学出版社，2009。

（四）学术信息资料建设

设有社会学、民俗学图书信息资料室，共有蒙、汉、英、德、日等多种文字的专业图书 8000 余册；有非物质文化遗产声像影像资料库，有 1000 多小时的声像影像资料。目前正在建立非物质文化遗产录音室，预计明年年初将可投入使用。

四、学术交流

内蒙古师范大学民俗学学科在发展过程中，特别强调以走出去，请进来的方式进行学术交流。特别是该学科两位学科带头人扎格尔教授和敖其教授，先后受学校委派赴北京师范大学挂职，在挂职期间，与我国唯一的国家级民俗学重点学科，进行了多方的交流与学习，同时受到学科带头人董晓萍教授多方指导。敖其教授还赴华东师范大学挂职，与该校的民俗学、社会学学科的专家学者进行了多方交流与学习。

（一）国内讲座

扎格尔教授应中央民族大学、西北民族大学、内蒙古大学、内蒙古民族大学、呼和浩特民族学院邀请，就蒙古史诗、蒙古民俗前沿问题做过多次讲座。

敖其教授应中央民族大学、华东师范大学、西北民族大学、海南大学三亚学院、内蒙古大学、内蒙古博物院、内蒙古文化厅邀请，就蒙古民俗前沿问题、非物质文化遗产保护等问题做过多次讲座。

近年来，邀请国内民俗学、社会学、人类学专家到内蒙古师范大学进行学术讲座。其中有：郑杭生先生（中国人民大学）、刘铁梁教授（北京师范大学）、杨圣敏教授（中央民族大学）、满都呼教授（中央民族大学）、乌丙安先生（辽宁大学）、郝苏民先生（西北民族大学）、沈关宝教授（上海大学）、陈勤建教授（华东师范大学）、关信平教授（南开大学）、童新教授（南京大学）、潘乃谷教授（北京大学）、马戎教授（北京大学）、高丙中教授（北京大学）、麻国庆教授（中山大学）、田兆元教授（华东师范大学）、邢莉教授（中央民族大学）、朝戈金教授（中国社会科学院）、色音教授（北京师范大学）、苏日娜教授（中央民族大学）等。

（二）国内会议

2006 年 12 月主办“内蒙古师范大学社会学民俗学学院成立大会暨学术研讨会”。

2007 年 12 月主办“全国非物质文化遗产保护与社会文化变迁高层论坛”。

2009 年 10 月与中央民族大学共同主办了“全国首届蒙古民俗民间文化学术研讨会”。

2010 年 7 月在内蒙古·海拉尔由中国人民大学、内蒙古师范大学等单位共同主办，内蒙古民俗文化研究基地、中国人民大学社会学理论与方法研究中心、内蒙古大学蒙古学研究中心等单位承办的“社会转型与中国社会学理论自觉”学术研讨会。

2011 年 7 月与华东师范大学人类学与民俗学研究所共同主办了“第九届民间文化青年论坛学术研讨会”。

2011 年 8 月在内蒙古鄂托克前旗，承办了由文化部民族民间文艺发展中心主办的“《中国节日志·春节》学术研讨会”。

2009 年 12 月主办了“内蒙古师范大学民俗学方向研究生教育 15 周年、

民俗学硕士学位点10周年纪念大会暨学术研讨会”。

（三）国际会议

2005年4月与越南社会科学院文化研究所在呼和浩特共同主办了“蒙古史诗与越南史诗比较研究国际学术研讨会”。

2006年8月与内蒙古社会科学院、内蒙古大学在呼和浩特联合主办了“第一届草原文化国际学术研讨会”。

（四）国际交流

本民俗学学科一贯重视国际学术交流，与蒙古国科学院语言文学研究院、国际游牧文明研究院、蒙古国国立教育大学、英国剑桥大学内亚与蒙古文化研究所、日本东京外国语大学、大阪外国语大学、越南社会科学院文化研究所建立了长期的合作关系。近年来上述国家高校和研究机构的30余名专家学者前来我校进行学术交流。本学科的学科带头人和学术骨干也多次赴剑桥大学、蒙古国高校与研究机构、日本国、韩国、越南参加学术研讨会，同时进行多种形式的学术交流。

五、存在的问题

由于民俗学隶属社会学二级学科，与社会学所属二级学科社会学理应是平行的学科，但在实际工作中在很多学校民俗学处于边缘化的状况。从我校来讲，在学校层面上，对该学科一直予以多方面的支持，同时在硬件建设上不断地加大力度，但由于对社会学、民俗学、人类学三个二级学科的关系认识不足，出现了用社会学二级学科代替其他学科的状况，导致在学院整体工作中出现民俗学弱化的现象，在引进青年人才方面明显处于劣势。好在我们目前还有专门的民俗学研究机构，这样，目前的工作进展顺利，但这对未来向更高一层次发展带来了挑战。因此，在目前从党和国家大力提倡文化大繁荣、大发展的大好形势下，民俗学学科理应得到与其他二级学科同样的学科地位。

我们以往的成果大多数是用蒙古文撰写的，从保护和传承民族文化的角度来讲是无可非议的，但在成果的推广、对外宣传等方面受到了一定的限制。因此，我们要加强用汉文以及用外文撰写或翻译学术成果的力度。

附件一、内蒙古师范大学社会学（民俗学与人类学方向）（蒙语授课）本科培养方案（样本）

（专业代码：030301）

一、专业教育的历史、现状和发展方向

民俗学与人类学具有悠久的学科发展历史，在社会科学门类中具有举足轻重的位置。随着人类社会现代化进程的提速，各种文化共存共荣于人类社会可持续发展的意义，日益为世界各国所认识，并日益成为人类所共同追求的社会发展目标。在这种大背景与运行趋势中，致力于文化理解、社会和谐规律探索的民俗学和人类学，其学术研究价值与社会实践意义，进一步被当今各国所认识，日益成为蒸蒸日上、气象万千、富有强大学术潜力与应用前景的学科之一。其中部分体现在除一些重点大学较早开设有该专业外，近年来，一些大学开始增设此项专业，并成为体现学校学科建设特色的重要内容。

内蒙古自治区为西部少数民族聚居地区，社会发展形态多样，文化差异性较强。因此，较之中东部沿海发达地区，我区社会和文化特色，对民俗学人类学知识以及这方面人才的需求，提出了现实的要求。民俗学人类学专业在我区高等学校的设立刚刚起步。我院于 2003 年和 2007 年分别开始招收民俗学和人类学专业的本科生，并于 2007 年开始招收人类学专业研究生。我院这两个专业的开设和建设，在我区高校中担当着领军角色。

二、人才培养目标

培养具有较为系统、规范的民俗学人类学理论知识与学科素养，具有较为系统、规范的民俗学人类学研究方法与实际操作技能，毕业后，可在高等院校、科研机构、党政机关、企事业单位、社会团体等单位，从事与民俗学、

人类学知识相关岗位工作的高级专门人才。

三、人才培养规格

1. 学制：4年，学生可在3–6年完成学业。

2. 毕业标准：符合《内蒙古师范大学本科学生毕业标准》要求，准予毕业。

3. 授予学位：符合《内蒙古师范大学学士学位评定工作细则》要求，授予法学学士学位。

4. 专业方向：民俗学与人类学方向。

5. 人才培养规格。民俗学人类学方向学生主要是系统学习民俗学、人类学的基本理论知识，熟悉少数民族地区社会、文化的基本情况，掌握民族理论方面的基本知识；接受民俗学、人类学方法论与实地调查和田野作业技能的基本训练；使学生掌握实地观察、实证研究、理论分析和概括等基本能力。

毕业生应获得以下三个方面的知识和能力：素质结构、能力结构和知识结构。

四、教育内容和知识体系

表1　内蒙古师范大学民俗学科本科教育内容和知识体系

<table>
<tr><th rowspan="2">教育内容</th><th rowspan="2">知识体系</th><th rowspan="2">知识领域</th><th colspan="2">知识单元</th></tr>
<tr><th>必修知识单元</th><th>选修知识单元</th></tr>
<tr><td rowspan="7">普通教育</td><td rowspan="2">人文社会科学</td><td>思想政治理论</td><td>马克思主义基本原理，毛泽东思想、邓小平理论和“三个代表”重要思想概论，中国近现代史纲要，思想道德修养与法律基础，民族理论与民族政策，形势与政策</td><td rowspan="7">从八大类公共选修课中选择，包括教育理论与技术类课、自然科学类课、人文社会科学类课、经济与管理类课、音乐、美术、体育类课、语言文学类课、应用技能类课和各类专题讲座</td></tr>
<tr><td>军事</td><td>军事理论</td></tr>
<tr><td rowspan="3">自然科学</td><td>数学</td><td></td></tr>
<tr><td>物理</td><td></td></tr>
<tr><td>化学</td><td></td></tr>
<tr><td rowspan="2">经济管理</td><td>经济</td><td></td></tr>
<tr><td>管理</td><td></td></tr>
</table>

续表

教育内容	知识体系		知识领域	知识单元	
				必修知识单元	选修知识单元
普通教育	外语		外语	大学英语（日语、俄语）	
普通教育	计算机信息技术		大学计算机基础	大学计算机基础（一）、（二）	
普通教育	体育		体育	体育	
普通教育	实践训练		普通教育综合领域	入学教育、军事训练、生产劳动、社会调查	
专业教育	相关学科基础		社会学	社会学概论、社会调查研究方法	社会统计学　民族社会学
专业教育	相关学科基础		民族学	民族学概论	中国与世界民族概况
专业教育	本学科专业	系列Ⅰ	民俗学与人类学基础理论	人类学概论、民俗学概论、中国民俗学史、民间文学概论、社会学概论、社会心理学	当代人类学研究思潮与前沿、当代民俗学研究思潮与前沿、当代社会学研究思潮与前沿
专业教育	本学科专业	系列Ⅱ	民俗学与人类学研究方法	人类学田野工作方法 、民俗学研究方法、社会学研究方法、社会统计学、	人类学田野工作经典研究介绍、民俗学、社会学实地调查经典研究介绍、社会统计与计算机应用
专业教育	本学科专业	系列Ⅲ	应用领域	中国民族志、世界民族志	蒙古族文化概况、世界各民族文化概况
专业教育	专业实践训练		专业实践训练	田野调查，课堂交流，民俗图像与信息处理	专业教学实习、田野调查实践、影视人类学知识
综合教育	思想教育		思想教育		思想教育讲座
综合教育	学术与科技活动		学术与科技活动		学术讲座
综合教育	文艺活动		文艺活动		文艺活动
综合教育	体育活动		体育活动		体育活动
综合教育	自选活动		自选活动		自选活动

五、实践教学内容与体系

表 2　内蒙古师范大学民俗学科本科实践教学内容与体系

<table>
<tr><td rowspan="10">实践教学内容与体系</td><td>实验课程</td><td></td></tr>
<tr><td>课程实践（课程设计）</td><td>民俗学人类学研究方法，社会调查研究方法，蒙古族民俗，中国少数民族文化与社会，城市文化与社会等全部专业课</td></tr>
<tr><td>专业实习</td><td>田野调查实践，专业实习</td></tr>
<tr><td>学年论文</td><td>田野工作研究报告</td></tr>
<tr><td>田野工作</td><td>内蒙古典型传统文化区域调查，都市人类学专题研究</td></tr>
<tr><td>毕业论文</td><td>专业科学研究论文</td></tr>
<tr><td>军事训练</td><td>参加学校统一组织的军事训练，在第二学期第二阶段进行，时间 2 周</td></tr>
<tr><td>生产劳动</td><td>每学期 0.5 周，共 7 学期，合计 3.5 周，根据实际情况具体安排</td></tr>
<tr><td>学生科技文化实践活动</td><td>每学年至少举办 1 次学生科技文化实践活动</td></tr>
</table>

六、学时与学分比例表

表 3　内蒙古师范大学民俗学科本科学时与学分比例表

<table>
<tr><th colspan="2">类别</th><th>开课门数</th><th>学时</th><th>占总学时比例</th><th>学分</th><th>占总学分比例</th><th>备注</th></tr>
<tr><td rowspan="2">必修课程</td><td>公共必修课</td><td>10</td><td>992</td><td>28.4%</td><td>35</td><td>25%</td><td></td></tr>
<tr><td>专业必修课</td><td>14</td><td>1080</td><td>30.9%</td><td>60</td><td>42.9%</td><td></td></tr>
<tr><td rowspan="2">选修课程</td><td>限制性选修课</td><td>11</td><td>504</td><td>14.4%</td><td>22</td><td>15.7%</td><td></td></tr>
<tr><td>任意性选修课</td><td>7</td><td>198</td><td>5.6%</td><td>7</td><td>5%</td><td></td></tr>
<tr><td rowspan="6">主要实践环节</td><td>专业实习（一）</td><td>1</td><td>80</td><td>2.3%</td><td>2</td><td>1.4%</td><td></td></tr>
<tr><td>专业实习（二）</td><td>1</td><td>80</td><td>2.3%</td><td>2</td><td>1.4%</td><td></td></tr>
<tr><td>毕业实习</td><td>1</td><td>80</td><td>2.3%</td><td>2</td><td>1.4%</td><td></td></tr>
<tr><td>学年论文</td><td>1</td><td>240</td><td>6.9%</td><td>6</td><td>4.3%</td><td></td></tr>
<tr><td>毕业论文</td><td>1</td><td>160</td><td>4.6%</td><td>4</td><td>2.9%</td><td></td></tr>
<tr><td>军事训练</td><td>1</td><td>80</td><td>2.3%</td><td></td><td></td><td></td></tr>
<tr><td colspan="2">合计</td><td>48</td><td>3494</td><td>100%</td><td>140</td><td>100%</td><td></td></tr>
<tr><td>毕业学分</td><td>140</td><td>必修课学分</td><td>111</td><td>限制性选修课学分</td><td>22</td><td>任意性选修课学分</td><td>7</td></tr>
</table>

七、教学计划总表

表 4　内蒙古师范大学民俗学科本科教学计划总表

课程类别	课程代号	课程名称	学分	学时			开设学期及周学时										
				共计	讲授	实践、实验	第一学期18周	第二学期		第三学期18周	第四学期		第五学期18周	第六学期		第七学期18周	第八学期18周
								第一阶段18周	第二阶段4周		第一阶段18周	第二阶段4周		第一阶段18周	第二阶段4周		
公共必修课	310009	形势与政策	2	36	36	0		◆			◆						
	310016	思想道德修养与法律基础	3	54	54	0	3										
	310017	民族理论与民族政策	2	36	36	0	2										
	310013	马克思主义基本原理	3	54	54	0		3									
	310015	中国近现代史纲要	2	36	36	0				2							
	310014	毛泽东思想、邓小平理论和“三个代表”重要思想概论	6	108	108	0					6						
	3*****	外语	12	504	302	202	5	5		5	5		4	4			
	190011 190021	大学计算机基础	4	144	72	72	4	4									
	330001	军事理论	1	20	20	0	2×10										
		体育	以体育俱乐部方式开设，学生毕业必须获得体育俱乐部颁发的体育合格证，不计学分。														
	总计		开设公共必修课 10 门，总计 35 学分，992 学时，其中讲授 718 学时，实践、实验 274 学时														

续表

课程类别	课程代号	课程名称	学分	学时 共计	学时 讲授	学时 实践、实验	第一学期18周	第二学期 第一阶段18周	第二学期 第二阶段4周	第三学期18周	第四学期 第一阶段18周	第四学期 第二阶段4周	第五学期18周	第六学期 第一阶段18周	第六学期 第二阶段4周	第七学期18周	第八学期18周
限制性选修课	108028	蒙古史与北方民族史	2	36	30	6					2						
	108023	文化社会学	2	36	30	6					2						
	108018	社会学专业外语（英、日）	2	54	46	8								3			
	108073	历史学	2	54	46	8					3						
	108074	影视人类学	2	54	46	8							3				
	108075	古代史	2	54	46	8				3							
	108076	蒙古民间文学	2	54	46	8								3			
	108020	汉语写作	2	54	46	8				3							
	108077	民俗图像与信息处理	2	36	30	6					2						
	108078	体质人类学	2	36	30	6							2				
	108079	考古人类学	2	36	30	6								2			
	108080	社会民俗学	2	36	30	6										2	
	108081	生态人类学	2	36	30	6					2						
	108082	发展社会学	2	36	32	4								2			
	总计		开设限制性选修课14门，总计28学分，612学时，其中讲授518学时，课程实践94学时														

续表

课程类别	课程代号	课程名称	学分	学时			开设学期及周学时										
				共计	讲授	实践、实验	第一学期18周	第二学期		第三学期18周	第四学期		第五学期18周	第六学期		第七学期18周	第八学期18周
								第一阶段18周	第二阶段4周		第一阶段18周	第二阶段4周		第一阶段18周	第二阶段4周		
专业必修课	108064	人类学通论（一、二）	8	144	120	24	4	4									
	108065	民俗学概论	4	72	60	12	4										
	108001	社会学概论	4	72	60	12	4										
	108066	民俗学人类学研究方法	4	72	50	22		4									
	108067	外国人类学理论	4	72	60	12		4									
	108002	社会调查与研究方法（一、二）	8	144	108	36		4		4							
	108010	西方社会思想史	4	72	50	22	4										
	108068	中国民俗学史	3	54	46	8								3			
	108057	蒙古族民俗	3	54	46	8								3			
	108009	社会心理学	4	72	60	12					4						
	108069	民间文学概论	3	54	46	8							4				
	108070	非物质文化遗产学	4	72	60	12					4						
	108071	中国人类学史	3	54	46	8		4									
	108072	中国民族志	4	72	60	12				3							
	总计	开设专业必修课 14 门，总计 60 学分，1080 学时，其中讲授 872 学时，课程实践 208 学时															

续表

课程类别	课程代号	课程名称	学分	学时 共计	学时 讲授	学时 实践、实验	第一学期18周	第二学期 第一阶段18周	第二学期 第二阶段4周	第三学期18周	第四学期 第一阶段18周	第四学期 第二阶段4周	第五学期18周	第六学期 第一阶段18周	第六学期 第二阶段4周	第七学期18周	第八学期18周
任意性选修课	108083	宗教人类学	1	18	16	2								2			
	108036	学术研究与学年论文	1	18	16	2		2									
	108084	中外民俗概论	1	18	16	2							2				
	108085	居住民俗	1	18	16	2											2
	108086	政治人类学	1	18	14	4							2				
	108087	《蒙古秘史》民俗研究	1	18	14	4								2			
	108088	礼仪民俗	1	18	16	2								2			
	108089	法律人类学	1	18	16	2											2
	108090	信仰民俗	1	18	14	4							2				
	108091	都市人类学	1	18	16	2										2	
	108092	文化人类学	1	18	16	2					2						
	108093	语言人类学	1	18	14	4					2						
	108094	经济人类学	1	18	14	4											2
	108095	环境与小民族	1	18	16	2								2			
	总计		开设专业任选修课 14 门，总计 14 学分，252 学时，其中讲授 214 学时，课程实践 38 学时														

续表

课程类别	课程代号	课程名称	学分	学时			开设学期及周学时										
				共计	讲授	实践、实验	第一学期18周	第二学期 第一阶段18周	第二学期 第二阶段4周	第三学期18周	第四学期 第一阶段18周	第四学期 第二阶段4周	第五学期18周	第六学期 第一阶段18周	第六学期 第二阶段4周	第七学期18周	第八学期18周
实践环节	108047	专业实习（一）	2	2周	0	2周			◆								
	108048	专业实习（二）	2	2周	0	2周						◆					
	108049	毕业实习	2	2周	0	2周									◆		
	108050	学年论文	6	6周	0	6周			◆			◆			◆		
	108051	毕业论文	4	4周	0	4周											
		军事训练		2周	0	2周			◆								
	总计		开设实践环节6门，总计16学分，20周														

八、实践环节及课程学时统计表

表5　内蒙古师范大学民俗学科本科实践环节及课程学时统计表

实践环节及课程名称	课程性质	学时	备注
人类学通论（一、二）	专业必修	24	
民俗学概论	专业必修	12	
社会学概论	专业必修	12	
民俗学人类学研究方法	专业必修	22	
外国人类学理论	专业必修	12	
社会调查与研究方法	专业必修	36	
西方社会思想史	专业必修	22	
中国民俗学史	专业必修	8	
蒙古族民俗	专业必修	8	

续表

实践环节及课程名称	课程性质	学时	备注
社会心理学	专业必修	12	
民间文学概论	专业必修	8	
非物质文化遗产学	专业必修	12	
中国人类学史	专业必修	8	
中国民族志	专业必修	12	
蒙古史与北方民族史	限制性选修课	6	
文化社会学	限制性选修课	6	
专业外语	限制性选修课	8	
历史学	限制性选修课	8	
影视人类学	限制性选修课	8	
古代史	限制性选修课	8	
蒙古民间文学	限制性选修课	8	
汉语写作	限制性选修课	8	
民俗图像与信息处理	限制性选修课	6	
体质人类学	限制性选修课	6	
考古人类学	限制性选修课	6	
社会民俗学	限制性选修课	6	
生态人类学	限制性选修课	6	
发展社会学	限制性选修课	4	
宗教人类学	任意性选修课	2	
学术研究与学年论文	任意性选修课	2	
中外民俗概论	任意性选修课	2	
居住民俗	任意性选修课	2	
政治人类学	任意性选修课	4	
《蒙古秘史》民俗研究	任意性选修课	4	
礼仪民俗	任意性选修课	2	
法律人类学	任意性选修课	2	
信仰民俗	任意性选修课	4	
都市人类学	任意性选修课	2	
文化人类学	任意性选修课	2	
语言人类学	任意性选修课	4	
经济人类学	任意性选修课	4	

续表

实践环节及课程名称	课程性质	学时	备注
环境与小民族	任意性选修课	2	
专业实习（一）	专业必修	80	
专业实习（二）	专业必修	80	
毕业实习	专业必修	80	
学年论文	专业必修	240	
毕业论文	专业必修	160	
军事训练		80	
外语	公共必修	202	
大学计算机基础	公共必修	72	
总　计		1334	开设门数：50门，占总学时比例的36.5%

九、民俗学本科课中英文对照表

表6　内蒙古师范大学民俗学科本科课程中英文对照表

课程名称	Course Name
思想道德修养与法律基础	Ideological and Moral Cultivation and Basis of Law
中国近现代史纲要	Outline of Chinese Contemporary History
马克思主义基本原理	Fundamental Principles of Marxism
毛泽东思想、邓小平理论和“三个代表重要思想概论”	Introduction to Mao Zedong Thought, Deng Xiaoping Theory and “Important Thinking of Three Represents”
民族理论与政策	Ethnic Theory and Policy
形势与政策	Situation and Policy
外语	Foreign Language
军事理论	Military Theory
大学计算机基础	College Computer Basics
人类学通论（一、二）	General Theory of Anthropology
民俗学概论	Introduction to Folklore
社会学概论	Introduction to Sociology
民俗学人类学研究方法	Folklore anthropology research methods
外国人类学理论	Foreign anthropology theory

续表

课程名称	Course Name
社会调查与研究方法（一、二）	The Methods of Sociological Survey and Research
西方社会思想史	The History of Western Sociological Thoughts
中国民俗学史	The History of Chinese Folklore
蒙古族民俗	Mongolian Folk
社会统计学	Social Statistics
民间文学概论.	Introduction to Folklore
非物质文化遗产学	The Study of the Intangible Cultural Heritage
中国人类学史	Chinese History of Anthropology
中国民族志	China Ethnography
蒙古史与北方民族史	Mongolian History And Northern Nationality History
文化社会学	Cultural Sociology
专业外语	Professional Foreign Language (English、Japanese)
历史学	History
影视人类学	Visual Anthropology
古代史	Ancient History
蒙古民间文学	Mongolian Folk Literature
汉语写作	Chinese Writing
民俗图像与信息处理	Folk Picture And Information Processing
体质人类学	Physical Anthropology
考古人类学	Anthropological Archaeology
社会民俗学	Social Folklore
生态人类学	Ecological Anthropology
发展社会学	Sociology of Development
宗教人类学	Religious Anthropology
学术研究与学年论文	Academic Research and School Year Paper
中外民俗概论	An introduction to Chinese and Foreign Folklore
居住民俗	Residential Folklore
政治人类学	Political Anthropology
《蒙古秘史》民俗研究	The Study of the Secrct History of Mongols' Folkcustom

续表

课程名称	Course Name
礼仪民俗	Etiquette Custom
法律人类学	Legal Anthropology
信仰民俗	Belief Custom
都市人类学	Urban Anthropology
文化人类学	Cultural Anthropology
语言人类学	Linguistic Anthropology
经济人类学	Economic Anthropology
环境与小民族生存	Environment for the Survival of an Ethnic Minority

十、专业课程简介

课程名称：人类学通论（一、二）

课程性质：专业必修　　　课程学时：144　　　课程学分：8

修读对象：社会学专业民俗学与人类学方向本科一年级

课程内容：本课程主要介绍人类学学科体系，人类起源、人类和猿类的异同。从人类学的角度，对作为人类规范文化创造的婚姻制度、家庭制度、亲属制度等以及语言与文化；文化与人际交流；心理人类学；政治组织与社会秩序；宗教与社会；文化变迁和人类的前景；宗教艺术等形态进行考察。讲述人类学的主要理论学派及其人类学研究方法。

考核方式：平时成绩 40%+ 期末闭卷考试 60%= 总评。

教材及主要参考书：

庄孔韶主编：《人类学通论》，中国人民大学出版社，2004。

庄孔韶主编：《人类学概论——21 世纪社会学系列教材》，中国人民大学出版社，2006。

先修课程的要求：无

课程名称：民俗学概论

课程性质：专业必修　　　课程学时：72　　　课程学分：4

修读对象：社会学专业民俗学与人类学方向本科一年级

课程内容：该课程主要是让学生了解民俗学名称由来及其概念范围，认识民俗学的性质和任务，初步掌握民俗学研究的方法及主要特征。并对我国各类民俗，主要是自然生态民俗、物质生产民俗、交通运输民俗、消费生活民俗、家族亲族民俗、乡里社会民俗、都市社会民俗、个人生活仪礼民俗、婚姻民俗，信仰民俗等有初步的认识和了解。

考核方式：平时成绩 40%+ 期末闭卷考试 60%= 总评。

教材及主要参考书：

乌丙安：《中国民俗学》，辽宁大学出版社，1985。

钟敬文主编：《民俗学概论》，上海文艺出版社，1998。

乌丙安：《民俗学原理》，辽宁教育出版社，2001。

陶立璠：《民俗学概论》，中央民族大学出版社，1987。

陶立璠：《民俗学》，学苑出版社，2003。

先修课程的要求：无

课程名称：社会学概论

课程性质：专业必修　　　　课程学时：72　　　　课程学分：4

修读对象：社会学专业民俗学与人类学方向本科一年级

课程内容：该课程是一门以应用性、实践性、整体性为主要特点的社会科学，是研究人类在社会中的各种社会生活、社会文化、社会互动、社会组织、社会流动、社会分层、社会结构、社会制度、社会控制、社会发展等方方面面的社会现象和社会问题，使人们更清楚地了解自己所处的社会环境，以及在这种环境中各种现象之间的相互关联，形成对社会整体的认知的一门学科。

考核方式：平时成绩 40%+ 期末闭卷考试 60%= 总评。

教材及主要参考书：

亓·巴特尔主编：《社会学导论》（蒙古文），内蒙古大学出版社，2006。

郑杭生主编：《社会学概论新修》（第三版），中国人民大学出版社，2003。

北京大学社会学系社会学理论教研室编：《社会学教程》，北京大学出版社，1996。

宋林飞：《现代社会学》，上海人民出版社，1993。

先修课程的要求：无

课程名称：民俗学与人类学研究方法

课程性质：专业必修　　　　　课程学时：72　　　　　课程学分：4

修读对象：社会学专业民俗学与人类学方向本科一年级

课程内容：本课程主要讲授与练习相结合，并进行短期实习，目的是培养学生田野调查基本方法，包括调查、收集、分析资料，以及调查报告的写作。学生必须牢固掌握田野调查的基本技术，掌握整理资料和分析资料的方法，了解其他社会调查的方法。

考核方式：平时成绩 40%+ 期末闭卷考试 60%= 总评。

教材及主要参考书：

董晓萍《田野民俗志》，北京师范大学出版社，2003。

[英] A.R. 拉德克利夫－布朗：《社会人类学方法》，山东人民出版社，1988。

杨堃《民族学调查方法》，中国社会科学出版社，1992。

先修课程的要求：需先修“民俗学概论”、“人类学通论”。

课程名称：外国人类学理论

课程性质：专业必修　　　　　课程学时：72　　　　　课程学分：4

修读对象：社会学专业民俗学与人类学方向本科一年级

课程内容：这一门课程比较全面而又系统地向学生介绍外国人类学理论，尤其是西方人类学理论的由来和发展。注重介绍西方人类学理论大家理论中的精华和经典著作。

考核方式：平时成绩 40%+ 期末闭卷考试 60%= 总评。

教材及主要参考书：

庄孔韶主编：《人类学通论》，山西教育出版社，2004。

庄孔韶主编：《人类学概论——21世纪社会学系列教材》，中国人民大学出版社，2006。

庄孔韶主编：《人类学经典导读》，中国人民大学出版社，2008。

[英国] 罗伯特·莱顿主编：《他者的眼光》（人类学理论导论修订版），西方人类学新教材译丛，王建民、潘蛟译，华夏出版社，2005。

庄锡昌、孙志民编著：《文化人类学的理论架构》，浙江人民出版社，1988。

[日]绫部恒雄编：《文化人类学的十五种理论》，国际文化出版公司，1988。

先修课程的要求：需先修《人类学通论》。

课程名称：社会调查与研究方法（一、二）

课程性质：专业必修　　　　课程学时：144　　　　课程学分：8

修读对象：社会学专业民俗学与人类学方向一、二年级本科生

课程内容：本课程是社会学专业支柱课程和专业必修课程之一。社会调查与社会研究方法是人们认识社会、了解社会、分析社会问题和现象、并解释与预测社会发展变化的重要手段。《社会研究方法》课程从方法论、研究方式和具体研究方法及技术三个层次及定性研究、定量研究两个方面着手，主要讲授社会调查研究的概念和社会研究的原理，经验性社会学研究的设计、抽样、测量、资料收集处理和撰写报告的方法，统计分析方法在资料分析中的应用等内容，对社会研究的方法和理论进行系统全面的介绍，是一门重要的理论与实际相结合的专业基础课。

考核方式：平时成绩40%+期末闭卷考试60%=总评。

教材及主要参考书：

风笑天：《社会学研究方法》，中国人民大学出版社，2001。

袁方：《社会研究方法教程》，北京大学出版社，1997。

水延凯：《社会调查教程》（第三版），中国人民大学出版社，2003。

水延凯：《专题调查及实例评析》，中国人民大学出版社，2003。

[美]艾尔·巴比：《社会研究方法基础》（第八版），华夏出版社，2002。

陈向明：《质的研究方法与社会科学研究》，教育科学出版社，2000。

李沛良：《社会研究的统计分析》，社会科学文献出版社，2001。

柯惠新：《调查研究中的统计分析法》，北京广播学院出版社，1992。

国家统计局统计教育中心编：《调查技能》。

先修课程的要求：需先修《社会学概论》。

课程名称：西方社会思想史

课程性质：专业必修　　　　课程学时：72　　　　课程学分：4

修读对象：社会学专业民俗学与人类学方向一年级本科生

课程内容：西方社会思想史是一门重要的理论性很强的专业课程，西方社会思想史中不仅有在社会学产生之前的，对社会学有深远影响的重要哲学人物的基本理论，还有现代社会学的奠基人和主要发展者的经典论述，也有当代社会学主要派系的经典人物的论述。

考核方式：平时成绩40%+期末闭卷考试60%=总评。

教材及主要参考书：

贾春增：《外国社会学史》，中国人民大学出版社，2000。

周晓虹：《西方社会学历史与体系》（第一卷），上海人民出版社，2003。

于海：《西方社会思想史》，复旦大学出版社，2005。

先修课程的要求：需先修《社会学概论》。

课程名称：蒙古民俗

课程性质：专业必修　　　　课程学时：54　　　　课程学分：3

修读对象：社会学专业民俗学与人类学方向二年级本科生

课程内容：本课程主要是让学生了解民俗学名称由来及其概念范围，认识民俗学的性质和任务，初步掌握民俗学研究的方法及主要特征。并对蒙古族各类民俗，主要是自然生态民俗、物质生产民俗、交通运输民俗、消费生活民俗、家族亲族民俗、个人生活仪礼民俗、婚姻民俗、信仰民俗等有初步的认识和了解。

考核方式：平时成绩 40%+ 期末闭卷考试 60%= 总评。

教材及主要参考书：

哈·丹碧扎拉桑主编：《蒙古民俗学》。

先修课程的要求：需先修《民俗学概论》、《民俗学人类学研究方法》。

课程名称：社会心理学

课程性质：专业必修　　　　课程学时：72　　　　课程学分：4

修读对象：社会学专业民俗学与人类学方向二年级本科生。

课程内容：课程主要使学生理解社会心理学的基本理论和基础知识；初步懂得社会心理学的基本原理及其在现实生活中的意义，进一步培养和激发其学习社会心理学的需要与兴趣；使其掌握为现实生活所必需的社会心理学知识，学会自觉应用所学的社会心理学理论与方法分析与解决现实生活中的一些实际问题，增强和提高适应社会生活的自觉性与能力。

考核方式：平时成绩 40%+ 期末闭卷考试 60%= 总评。

教材及主要参考书：

章志光等：《社会心理学》，人民教育出版社，1998。

十三所高校编：《社会心理学》，南开大学出版社，1990。

孔令智等：《社会心理学新编》，辽宁人民出版社，1987。

先修课程的要求："社会学概论"、"社会工作概论"、"社区概论"。

课程名称：民间文学概论

课程性质：专业必修　　　　课程学时：54　　　　课程学分：3

修读对象：社会学专业民俗学与人类学方向二年级本科生；

课程内容：通过讲授民间文学的基本知识、基本理论 、阅读国内外各族民间文学的代表作品；理解民间文学的性质、特征及在社会生活和文学史上的地位和作用；掌握民间文学的搜集、整理、调查、研究的基本技能 ，是一门重要的专业基础课。

考核方式：平时成绩 40%+ 期末闭卷考试 60%= 总评。

教材及主要参考书：

钟敬文主编：《民间文学概论》（第二版），高等教育出版社，2010。

田兆元、敖其主编：《民间文学概论》，2009。

先修课程的要求：需先修《民俗学概论》。

课程名称：非物质文化遗产学

课程性质：专业必修　　　　课程学时：72　　　　课程学分：4

修读对象：社会学专业民俗学与人类学方向二年级本科生。

课程内容：本课程主要介绍非物质文化遗产的定义、范畴、保护非物质文化遗产的意义、世界非物质文化遗产保护史回顾以及非物质文化遗产的普查要点与申报要点、非物质文化遗产保护的基本原则与多方参与机制、非物质文化遗产的开发与活用、非物质文化遗产保护所面临的主要问题等多个方面，系统地探讨了非物质文化遗产保护工作中所面临的主要问题。

考核方式：平时成绩 40%+ 期末闭卷考试 60%= 总评。

教材及主要参考书：

苑利：《非物质文化遗产教程》，2009。

先修课程的要求：需先修《人类学通论》、《社会学概论》。

课程名称：中国人类学史

课程性质：专业必修　　　　课程学时：54　　　　课程学分：3

修读对象：社会学专业民俗学与人类学方向二年级本科生。

课程内容：本课程主要介绍人类学学科体系，人类起源、人类和猿类的异同。从人类学的角度，对作为人类规范文化创造的婚姻制度、家庭制度、亲属制度等以及语言与文化；文化与人际交流；心理人类学；政治组织与社会秩序；宗教与社会；文化变迁和人类的前景；宗教艺术等形态进行考察。讲述人类学的主要理论学派和人类学研究方法及其在中国的传播。

考核方式：平时成绩 40%+ 期末闭卷考试 60%= 总评。

教材及主要参考书：

胡鸿保主编：《中国人类学史——21 世纪社会学系列教材》，人民大学出版社，2006。

王铭铭：《西学“中国化”的历史困境——人类学的表述系列丛书》，广西师范大学出版社，2005。

徐杰舜：《人类学与乡土中国》，黑龙江人民出版社，2006。

先修课程的要求：需先修《人类学通论》。

课程名称：中国民族志

课程性质：专业必修　　　　课程学时：72　　　　课程学分：4

修读对象：社会学专业民俗学与人类学方向二年级本科生。

课程内容：本课程主要介绍民族志研究的特点和研究方法，及中国民族关系的历史特点，帮助学生认识 56 个民族不仅各有自己独特的文化和来源，而且通过几千年的密切交往与融合，各民族在文化、经济和政治等各方面早已血肉相连，密不可分，具有很多共同的特点。

考核方式：平时成绩 40%+ 期末闭卷考试 60%= 总评。

教材及主要参考书：

杨圣敏主编：《中国民族志》，中央民族大学出版社，2003。

先修课程的要求：需先修《人类学通论》。

附件二、本科国家级教学团队教学大纲（样本）

课程名称：民俗学概论

课程英文名称：Outline of Folklore

课程性质：专业必修课

课程教学目的：

1. 掌握民俗基本理论知识。
2. 了解民俗学的理论研究状况。
3. 以民俗学的理论为指导，培养学生分析民俗现象的能力。

课程教学原则及教学方法：

1. 坚持理论与实践相结合原则。
2. 坚持学习与使用相结合原则。
3. 讲解与讨论相结合的方法。
4. 指导学生思考、讨论、写作相结合的方法。

课程总学时：共 72 学时，其中理论课 60 学时，实践课 12 学时。

课程名称：民间文学概论

课程英文名称：Outline of Folk Literature

课程性质：民俗学与人类学专业必修课

课程教学目的：

1. 掌握民间文学基本理论知识。
2. 了解民间文学理论研究状况。
3. 了解我国民间文学发展历程，掌握分析解读民间文学作品的能力。

课程教学原则与教学方法：

1. 坚持理论与实践相结合原则。
2. 坚持学习与使用相结合原则。

3. 讲解与讨论相结合的方法。

4. 指导学生思考、讨论、写作相结合的方法。

5. 采用多媒体教学，以课堂讲授为主。

课程总学时：共 54 课时，其中理论课 46 课时，实践课 8 课时。

课程名称：蒙古民俗

课程英文名称：Mongolian Folklore

课程性质：专业必修课

课程教学目的：

1. 了解蒙古民俗的形成，演变，传承概况。

2. 掌握蒙古民俗的具体内容。

3. 培养学生观察、采访、分析民俗现象的能力。

课程教学原则及方法：

1. 坚持理论与实践相结合原则。

2. 坚持学习与使用相结合原则。

3. 讲解与讨论相结合的方法。

4. 田野调查与撰写论文相结合。

课程总学时及学分：

1. 学时：共 54 学时，其中理论课 46 学时，实践课 8 学时。

2. 学分：3 学分。

课程名称：蒙古民间文学

课程英文名称：Mongolian Folk Literature

课程性质：专业选修课

课程教学目标：

1. 通过教学使学生掌握民间文学基本理论知识，了解蒙古民间文学发展规律。掌握民间文学的概念、特征、分类、民间文学起源与发展概况、民间文学的价值及研究方法等基础理论知识，提高学生观察分析问题的能力。

2. 通过教学让学生了解蒙古民间文学的分类、特征以及基本理论、研究概况等知识，培养学生的保护、传承民间文化与民族文化的自觉性。

课程教学原则和教学方法：

1. 坚持理论与实践相结合原则，提高学生的实践能力。邀请民间艺人走进课堂，让学生观赏民间文学展示活动。

2. 学习方法方面，阅读民间文学的书籍，通过田野调查、搜集整理民间文学第一手资料。

课程总学时：共 54 学时，其中理论课 46 学时，实践课 8 学时。

课程名称：民俗学与人类学研究方法

课程英文名称：Research Method of Folklore and Anthropology

课程性质：专业必修课

课程教学目的：

1. 通过学科理论和专业实践的多种训练，使学生掌握民俗学、人类学、研究的基础知识、基本理论和基本技能。

2. 掌握通过参与观察、深层访谈获取第一手资料的方法。

3. 使学生能够以整体论的方式，对田野资料进行描述、概括及理论提升。

课程教学原则与教学方法：

1. 坚持理论与实践相结合原则。

2. 坚持学习与使用相结合原则。

3. 讲授与讨论相结合的方法。

4. 指导学生思考、讨论、写作相结合的方法。

课程总学时：共 72 学时，其中理论课 60 学时，实践课 12 学时。

课程名称：文化社会学

课程英文名称：Cultural Sociology

课程性质：专业限制性选修课

课程教学目的：

1. 通过传授文化社会学基本理论，使学生掌握文化系统、文化传播、文化冲突、文化控制、文化变迁的相关知识。

2. 通过学习文化社会学的相关知识，培养学生的观察能力和分析问题能力。

课程教学原则与教学方法：

1. 理论联系实际，提高学生的实践能力。

2. 结合课堂教学、课堂讨论及社会调查，提高学生运用文化社会学的理论和方法解决实际问题的能力。

3. 采用多媒体教学，采取与课堂讨论相结合的方式，加强师生互动，提高学习积极性。

4. 课堂讲授与撰写课程论文相结合。

课程总学时：共 36 学时，其中理论课 30 学时，实践课 6 学时。

课程名称：中国古代北方民族史

课程英文名称：National History of the North China

课程性质：专业限制选修课

课程教学目标：

1. 通过本课程的学习，提高学生运用历史唯物主义的观点分析问题、解决问题的能力。

2. 继承和发扬民族文化优秀传统，树立民族自豪感，激发学习兴趣。

课程教学原则和教学方法：

1. 遵循理论联系实际，激发学生的学习积极性、主动性，强化学生综合素质的基本原则。

2. 运用启发诱导为主的讨论式教学方法及多媒体教学。

课程总学时：共 36 学时，其中理论课 30 学时，实践课 6 学时。

课程名称：非物质文化遗产概论

课程英文名称：Outline of Intangible Cultural Heritage

课程性质：专业必修课

课程教学目的：

1. 掌握非物质文化遗产基本理论知识。

2. 了解非物质文化遗产的保护与研究状况。

3. 以非物质文化遗产的理论为指导，培养学生保护与研究非物质文化遗产实际工作能力。

课程教学原则与教学方法：

1. 坚持理论与实践相结合原则。

2. 坚持学习与使用相结合原则。

3. 讲解与讨论相结合的方法。

4. 指导学生思考、讨论、写作相结合的方法。

课程总学时：共72学时，其中理论课60学时，实践课12学时。

山西大学

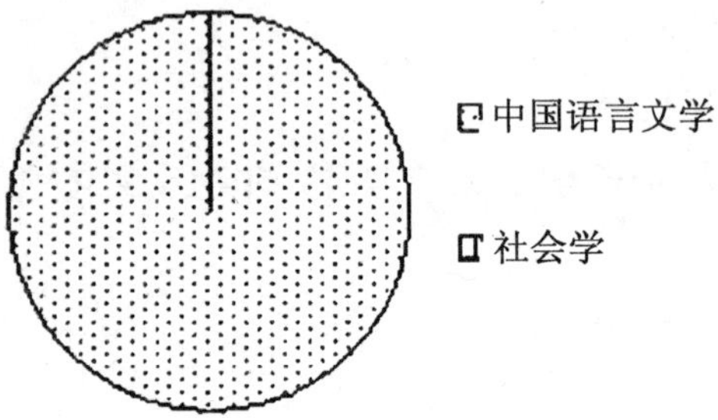

山西大学民俗学科建制构成示意图

山西大学民俗学科依托山西大学百年老校和文学院的历史基础，发挥山西地方民俗文化积淀深厚的优势，借助国家文化建设和非物质文化遗产保护的大背景，近年得到较快发展。2005年招收硕士研究生，2007年成立民俗文化与俗文学研究所，逐步建立本科教学、研究生教学和研究所科学研究三层次相结合的教学科研体系。通过民间文学、民俗学的教学，提高大学生综合素质和科研能力。学校每年都有毕业生考取国内重点大学就读民俗学、民间文学专业的硕士研究生；本科民俗学学习注重对本科生搜集民间文学作品和民俗学田野调查能力的训练。注重多学科交叉研究，使研究成果能够瞄准研究前沿，同时注意用民俗学研究成果服务地方社会发展与文化建设。

一、学科建设

（一）学科建制

山西大学民俗学科无单独博士点，在文学院汉语言文学一级学科博士点下设民间文学研究方向，招收博士生。研究所设硕士点两个，分别是民俗学（含中国民间文学）和文献学，归属汉语言文学一级学科管理。科研实体机构1个，即山西大学民俗文化与俗文学研究所，属于校级科研单位，所长段友文教授。另有一个资料室，归属文学院资料室管理，本学科点责成专人负责，集中汇集本研究机构所需的专业图书和音像资料。但该专业在学科设置上属社会学一级学科，授法学硕士学位，民俗学专业的生源主要是汉语言文学专业毕业的本科生。无三级学科设置。

（二）研究方向

本学科点根据山西地方民俗特色，设立以下三个研究方向。

区域民俗文化研究。主要研究富有山西地域特色的家族村落、民俗信仰、生产商贸以及列入国家级非物质文化遗产名录的山西民俗文化事象。在研究民俗文化基础上，与山西大学社会史研究中心带头人行龙教授强强联合，在民俗社会学方面也做了大量的研究，运用民俗学理论和田野调查方法研究中国社会，探寻中下层民众的日常生活和民俗心理，在家族村落、移民村落研究方面承担了多项国家级项目，在区域民俗学和近现代社会史研究方面已凸显特色。

民间文学研究。主要研究上古神话、民间传说、故事、山西民歌、民间小戏以及进入国家级非物质文化遗产名录的山西民间文学。近期专题成果如：段友文教授主持并完成的山西省社科联重点课题《山西民歌保护模式及其文化建设的调查研究》、卫才华讲师国家社科青年项目《北方村落民俗变迁与地方社会重构——以近代山西移入民村落为中心》、侯姝慧的博士论文《二十世纪新故事文体的演变及其特征研究》、郭俊红的博士论文《二十世纪中国牛郎织女文本的历时性考察》。

俗文学研究。全面搜集、整理散落民间的弹词、鼓词、宝卷等俗文学体裁，建立俗文学资料库，组织在编研究人员及在读研究生全面展开研究。目前完成国家社科基金项目“山西宝卷研究”和教育部人文社科项目“山西介休张兰宝卷文学研究”。

（三）研究机构

本学科点有 3 个研究机构，分别依托民俗文化与俗文学研究所开展地方民俗研究。它们是：区域民俗研究室，民间文学研究室，俗文学与民俗文献研究室。

二、教学工作与人才培养

（一）教学人员

本学科点共有教师 12 人，其中教授 5 人（含校外兼职研究员 1 人），副

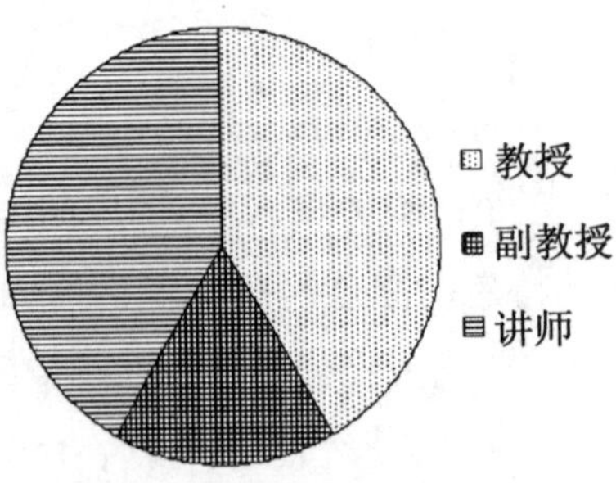

山西大学民俗学科学术队伍构成示意图

教授2人；博士6人；博士生导师3人，分别是段友文、刘毓庆、李豫；硕士生导师7人，分别是段友文、刘毓庆、李豫、姚宝瑄、魏晓红、侯姝慧和郭俊红。

段友文教授，山西大学民俗文化与俗文学研究所的创始人、研究所所长。1991—1992年在北京师范大学做国内访问学者，师从钟敬文先生从事民间文学与民俗学研究。1992年创立了山西师范大学黄河民俗文化研究室，1996年建立了黄河民俗文化研究所，2004年调入山西大学，先后完成了山西省教委批准的社科项目“山西民俗研究”，继而结合大型“黄河文化丛书”《民俗卷》、《民食卷》的撰写，对黄河流域八省区400多个县的民俗做了普查，为黄河中下游民俗的研究积累了珍贵的资料。现任中国民俗学会常务理事、山西民俗学会副会长，长期从事民俗学和民间文学的教学科研工作，参加了《民俗学概论》等全国高校教材的撰写。承担国家社科基金项目“黄河中下游家族村落民俗与社会现代化研究”、“古村镇文化景观整体保护与扶贫策略研究”，教育部人文社科规划项目“走西口移民运动与蒙汉民族民俗融合实证研究”，以及山西省横向研究课题等等。代表作《黄河中下游家族村落民俗与社会现代化》（中华书局，2007）。另在《民俗研究》、《民间文学论坛》、《民俗曲艺》（台湾）、《文艺研究》、《文艺理论与批评》、《文艺争鸣》等杂志上发表了民俗学田野考察报告和民间文学研究论文多种。

（二）课程设置

本学科点承担本科教学和研究生教学。

1. 本科生

本学科点在文学院汉语言文学专业本科二年级第一学期开设中国民间文学，专业必修课，52学时，4学分。本科三年级第一学期开设民俗学，限定选修课，36学时，2学分。

民间文学开设全校双学位跨专业选修课，文学院汉语言文学专业把民俗学课列为必修课之一，52 学时，4 学分。

本学科点在本科教学中创造出了“理论讲述——方法传授——专题研究”民间文学“三部曲教学法”和本科田野调查的“五个一工程”，即在本科生暑期乡村民俗调查中会说一句当地方言、会唱一首当地民歌、会讲一篇当地民间故事、写出一篇文化散文、写出一篇规范的田野调查报告或研究论文，在省内高校教学评估中得到了好评。

每年本科生毕业论文民俗学、民间文学选题占到所有选题的 30% 以上。2008 年以来本专业教师指导省级和国家级大学生科研创新项目 2 项，省级和校级大学生科研创新项目 4 项。

2. 研究生

段友文教授开启了本学科点的教学与人才培养工作，率先在本学科点招收民间文学和民俗学研究方向的博士研究生，授予文学博士学位。民俗学（含中国民间文学）自 2007 年开始招生，至 2011 年 7 月，已毕业两届，共授予学位人数 12 人。在研究生教学方面，以国家级和省级各类科研项目为支撑，注重在项目中培养学生科研能力。研究生开设课程有民俗学原理、民间文艺学和中国民俗史等。

（三）硕士生招生方向与导师

本学科点硕士生招生方向与导师情况如下。

区域民俗文化研究方向：段友文教授、卫才华讲师、阎爱萍博士。

民间文学研究方向：刘毓庆教授、姚宝瑄教授、张余研究员、魏晓虹副编审（兼）、侯姝慧讲师、郭俊红讲师。

俗文学研究方向：李豫教授、尚丽新副教授、李雪梅讲师。

现已开拓新方向并开始招生，即非物质文化遗产与民俗学研究、中国文学与民俗文化关系研究和民俗旅游研究。

（四）课程名称、课时与学分

本学科民俗学（含民间文学）硕士生课程共 12 门课，其中，公共基础课 3 门，学科基础课 3 门，专业课 4 门，选修课 2 门。除外语课外，每门课程 36 学时，2 学分。

表 1　山西大学民俗学硕士生课程表

课程名称	课程类别	学时	学分
外国语	公共基础课	108	6
科学社会主义的理论与实践	公共基础课	36	2
马克思主义经典著作宣读（文科）	公共基础课	36	2
文献阅读与检索	学科基础课	36	2
国学概论	学科基础课	36	2
文学研究法	学科基础课	36	2
民俗学原理	专业课	36	2
民间文艺学研究	专业课	36	2
田野作业理论与方法	专业课	36	2
文化人类学	专业课	36	2
非物质文化遗产与民俗学	选修课	36	2
中国民俗学史	选修课	36	2

本校哲学社会科学学院本科社会学专业也把民俗学列为专业必修课，36 课时，2 学分。

三、科学研究

（一）理论研究

山西地处黄河中游，位于晋、陕、蒙三省交汇地带，是中原农耕民俗文化、边塞民俗文化和北方游牧民俗文化等多种文化汇聚的地区，具有独特的人文地理环境和丰厚的民俗文化资源。一，研究内容上，侧重黄河这一大河流域地域内的民俗文化研究，同时注重对同一区域范围内不同文化亚区的民俗文化特质研究，比较它们的异同点，寻找民俗融汇、冲突、变迁的内部规律，彰显黄河流域农耕、边塞、游牧、多民族的文化特点，为区域民俗文化的建构提供大量真实可靠的资料和坚实的理论支撑。二，研究方法上，以民俗学为中心，同时借鉴多学科的理论成果和研究方法，站在民俗学学科发展的高度突出民俗学的学术个性，以本地域民间文化资料为基础从事科学研究，使研究成果既有专业特性，又能体现地域特色。三，科研选题上，发挥区域优势，注重现实性，紧密结合社会发展和文化建设中提出的重大问题进行研究，承担了多项国家级和省级研究项目，编撰了大型民俗文化丛书，为社会现代化和地方经济发展发挥了应有的作用。

山西地理位置处于中部地区，属于连接东西部地区的内陆省份，各种文化在此交融变异，对山西民俗的系统研究，可以反观南北方民俗之异同，寻找民俗形成、演变、发展的深层规律，对学科建设有重要的学术意义。山西大学作为山西文化研究的学术龙头，民俗学科研究，对建设文化大省、保护非物质文化遗产具有重要的社会意义。山西大学民俗学人才的培养可以满足山西高等教育、文化部门、民俗博物馆、旅游业对民俗学人才的需求，对山西教育、社会、文化的可持续发展具有重要的现实意义。

（二）科研项目

山西大学民俗文化与俗文学研究所目前共承担项目 19 项，国家级项目 12 项，横向联合项目 1 项，省级项目 4 项，校级项目 2 项。

表 2　山西大学民俗文化与俗文学研究所科研项目表（2008—2012）

序号	项目课题名称	项目来源	起讫时间	负责人	经费（万元）
1	古村镇文化景观整体保护与扶贫策略研究	国家社会科学基金项目	2010.7—2013.6	段友文	12
2	春节 山西卷	文化部民族民间文艺发展中心国家社科基金重大委托项目“中国节日志”子课题	2010.1—2012.10	段友文 卫才华	7
3	“走西口”移民运动与蒙汉民俗融合实证研究	教育部人文社会科学研究项目	2009.6—2012.6	段友文	7
4	山西民歌保护模式及其文化建设的调查研究——以山西河曲民歌、左权开花调为例	山西省社科联人文社科重点课题研究项目	2009.6—2010.4	段友文	0.2
5	晋蒙文化交汇区的村落民俗与中西部社会发展研究	山西省哲学社会科学“十一五”规划 2008 年度课题	2008.6—2010.10	段友文	0.2
6	山西省古村镇非物质文化遗产研究	世界银行中国经济改革实施技术援助项目“山西省古村镇保护利用与减贫方略研究”的子课题，与山西省建设厅合作	2010.4—2011.11	段友文	24

续表

序号	项目课题名称	项目来源	起讫时间	负责人	经费（万元）
7	山西民俗文化传承研究	山西省社会科学“十一五”规划2010年至2011年度重点课题	2010.5—2011.5	卫才华	0.2
8	北方移民民俗变迁与地方社会重构——以近代山西移入民村落为中心	国家社会科学基金青年项目	2007.6—2009.8	卫才华	8
9	新中国民间故事研究(1949—1989)	山西大学校科研基金人文社科项目	2009.7—2012.7	侯姝慧	3
10	新故事刊物生存机制变迁与社会意识形态的构建	教育部人文社科基金青年项目	2012.3—2015.7	侯姝慧	8
11	山西关公信仰与地方社会研究	山西大学校科研基金人文社科项目	2009.7—2012.7	闫爱萍	3
12	清代木刻鼓词小说研究	国家社会科学基金项目	2009.6—2010.12	李　豫	10
13	山西介休张兰地区宝卷文学调查报告	教育部人文社会科学研究项目	2004.1—2010.12	李　豫	5
14	吴雯先生莲洋集点校	全国高校古籍整理研究项目	2007.9—2010.12	李　豫	2
15	民国北京坤书馆——鼓姬现象研究	国家社会科学基金（青年）项目	2009.6—2012.12	李雪梅	8
16	中国鼓词研究	教育部人文社会科学研究（青年）项目	2005.12—2008.5	李雪梅	3
17	程昆仑诗文集点校	全国高校古籍整理研究项目	2006.12—2008.12	李雪梅	1.5
18	明代王国光诗文集点校	全国高校古籍整理研究项目	2009.9—2011.9	李雪梅	1
19	北方民间宝卷研究	国家社会科学基金项目	2007.6—2010.6	尚丽新	9.5

（三）代表作

段友文：《黄河中下游家族村落民俗与社会现代化》，中华书局，2007。

李豫、刘娟、尚丽新、李雪梅、刘佳：《山西介休宝卷说唱文学调查报告》，社会科学文献出版社，2010。

刘毓庆主编：《华夏文明之根探源——晋东南神话、历史、传说与民俗综合考察》，学苑出版社，2008。

刘毓庆：《上党神农氏传说与华夏文明起源》，人民出版社，2008。

张余：《中国民俗大系——山西民俗》，甘肃人民出版社，2004。

（四）网站

山西大学民俗文化与俗文学研究所网站，http://folk-lore.sxu.edu.cn/。

（五）学术信息资源建设

山西省古村镇民俗与非物质文化遗产调查数据库1个。

四、学术交流

国内民俗学专家学术讲座年均6次。研究人员参加国内学术会议年均3次。如2010年参加中国民俗学年会。

五、存在问题

目前民俗学面临的困惑是，民俗学应该归属的一级学科是什么，依照中国民俗学学科的历史形成和传统，应该设置在汉语言文学一级学科下，可是各大学的汉语言文学专业看重的是传统的古代文学、文艺学、现代文学等二级学科，对民间文学重视不够，对民俗学更视为旁枝逸出，认为偏离了汉语言文学大的学术研究方向，从教学人员、经费投入各个方面都不给予应有的重视。民俗学的学科归属是亟待解决的问题。建议教育部应该明文规定，把民间文学正式列为汉语言文学一级学科下的二级学科（与古当代文学、现代文学、文学理论等课程并列），把民俗学确定为中国语言文学一级学科下的限定选修课，同时在社会学一级学科下建立民俗学。在条件成熟的时候，可建立民俗学一级学科。

山西师范大学

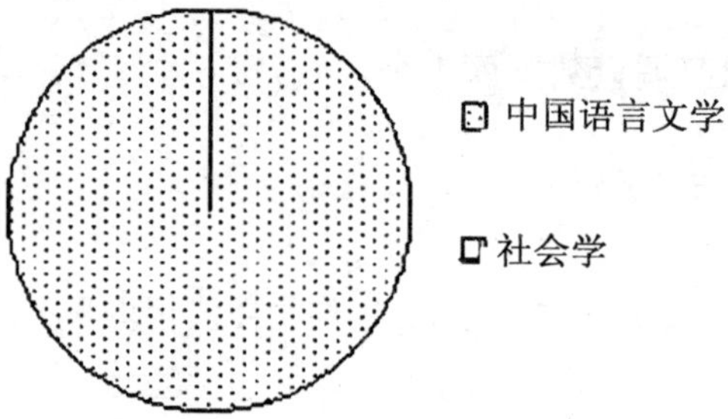

山西师范大学民俗学科建制构成示意图

1992年，在段友文教授努力下，经学校批准，山西师范大学成立黄河民俗文化研究室，1998年正式成立“黄河民俗文化研究所”，段友文教授任所长。2000年经国务院学位委员会批准，获民俗学（含中国民间文学）硕士学位授予权，成为山西省民俗文化专门人才的培养基地。

该所与文学院实行院所合一，形成了本科教学、研究生教学、科研项目攻关三位一体的教学科研体系。在本科段汉语言文学专业开设了民间文学专业必修课和民俗学、神话学等系列选修课。每年暑期组成“大学生民俗考察团”，赴各地分专题进行民俗调查。2008年11月6日，在现任所长毛巧晖努力下，山西师范大学黄河民俗文化研究所实习基地正式在解州关帝庙挂牌成立。

研究所自成立以来，段友文教授一直注重作为研究教学机构的整体建设工作。资料建设上重视教学成果的积累与研究资料室的建设，除了典型民俗实物的搜集之外，将调查中的民间文学作品、民俗事象进行现代技术的记录，并进行科学系统的整理、分类、存档。理论研究资料室现有书籍、地方文献、音像等资料2000余册，初步建立起了系统化、序列化的资料管理系统。在此基础上，2004年创建了黄河民俗文化展播室，以黄河中下游山、陕、豫、蒙四省区民俗文化资源为依托，重点展出了家族民俗、村落民俗、艺术民俗三个专题，同时运用现代媒体手段对有黄河流域地方特色的民俗文化事象分专题拍摄制作，立体化、多角度地展示了黄河民俗文化，进一步为教学科研的实施提供了一个综合平台，在民俗文化研究方面探索出了一条新路。多年来，黄河民俗文化研究所在注重机构建设的同时，发挥地方高校地缘优势，加强与地方的文化研究合作关系。一方面将旅游地作为本科民间文化教学基地；另一方面，在教学实践中，参与地方旅游文化的开发与策划，如多次为洪洞大槐树旅游规划提供理论上的指导和支持，参与了侯马新田文化、祁县春节节日基地、介休绵山清明习俗、运城解州关帝庙等旅游开发与评估工作，为地方旅游事业的发展做出了贡献，实现了教学科研与社会应用的良性互动。

一、学科建设

在校领导和历任系主任的关怀下，本学科点以“黄河民俗文化研究所”为阵地，开展学科建设。另外，联合兄弟系、所共同攻关，确立了“黄河区域民俗研究”、“山西家族文化研究”、“戏曲民俗文物研究”、“晋南民俗与方言研究”、“文艺民俗研究”等课题。

除黄河民俗文化研究所外，山西师大戏曲文物研究所多年来也致力于戏曲民俗的研究，归属艺术学，是一个相对独立的科研单位。戏曲文物研究所成立于 1984 年，1990 年获得硕士学位授予权，2005 年获得博士学位授予权。2009 年被批准为艺术学科研流动站。其中戏剧戏曲学硕士专业招收戏曲文物与民俗方向的研究生。

戏曲研究所首任所长黄竹三，第二任所长冯俊杰，现任所长车文明，副所长曹飞、王志峰。所内教师 18 人，具有博士学位的 13 人；现有博士生导师 4 名、教授 6 名、副教授 5 名、讲师 7 名。所内机构有：戏曲文物研究室、戏曲文学研究室、戏曲民俗研究室、戏曲博物馆、资料室和《中华戏曲》编辑部。该所的主要特色是一直坚持田野调查，把文物资料、民俗资料与文献资料三者结合起来一并研究，形成了科研、教学、文物展馆和大型学术辑刊四位一体的学科机制，取得了显著成就。该学科建有戏曲博物馆，分古代戏台、戏曲雕塑与绘画、戏曲碑刻、傩戏、戏曲剧种五个展室，藏品丰富。学术辑刊《中华戏曲》，与中国戏曲学会合办，主要发表戏曲文物、戏曲民俗、宗教仪式剧、少数民族戏剧和较高层次的戏曲理论文章，素以资料翔实、学风严谨著称，2007年入选CSSCI来源集刊，是海内外戏剧戏曲学核心辑刊之一 。

（一）研究机构

山西师范大学黄河民俗文化研究所成立于1998年，2000年获得了民俗学（含中国民间文学）硕士学位授予权，成为民俗文化专门人才培养基地。

黄河民俗文化研究所招收民俗学（含民间文学）方向研究生，本硕士点现设有区域民俗学、民俗文物学、文艺民俗学三个方向。专业方向的设置立足于地方文化资源优势，汉语言文学学科优势和社会发展的需要，在国内本专业硕士点建设中形成了自己的特色。已培养出近40名硕士研究生，毕业后分赴山西大学、山西大同大学、山西晋中学院、山西运城学院、山西长治学院等高校工作，成为各校的民俗学专门人才，或进入山西省市文化厅、局等单位工作。研究所鼓励毕业生到高校深造，有6名同学先后到北京师范大学、华中师范大学、山西师范大学攻读博士学位。

二、教学工作与人才培养

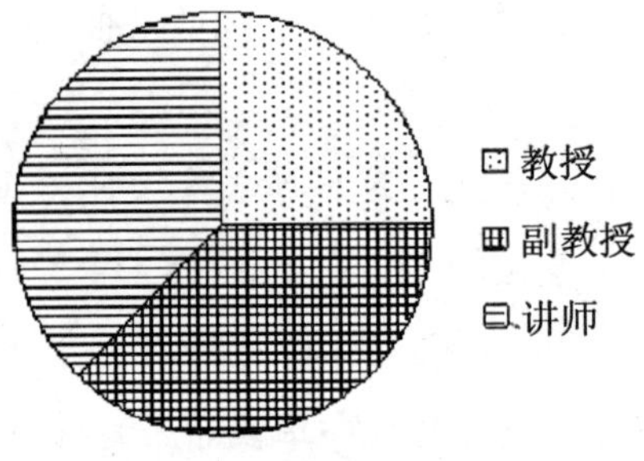

山西师范大学民俗学科学术队伍构成示意图

（一）教学人员

在黄河民俗文化研究所成立之初，有4名教授，分别是段友文、张天曦、延保全、周正松。现在有教授1人、研究员1人、副教授3人，讲师3人，分别是延保全教授、毛巧晖副教授、张才明副教授、扆晓红副教授、杨明珠研究员和高忠严、刘同彪、石国伟三位讲师。

（二）课程设置、课时与学分

表1 山西师范大学文学院民俗学（含中国民间文学）专业课程设置一览表

课程类别	课程名称	学分	学时	开课学期				考核方式	任课教师
				一	二	三	四		
公共基础课	英语	4	144	✓	✓			考试	
	中国特色社会主义理论与实践研究	2	36	✓					
	马克思主义与社会科学方法论（文科）	1	18		✓				
专业基础课	文艺理论专题研究	3	54	✓				考试	王苏生
	语言学基础理论	3	54	✓				考试	辛菊等
	中国现当代作家专题研究	3	54	✓				考试	刘阶耳
	比较文学专题研究	3	54	✓				考试	亢西民
	中国文化思想史	2	36	✓				考试	延保全
	文献学概论	2	36	✓				考试	李晋林
专业方向课	民间文艺学研究	3	54			✓		考查	毛巧晖
	民间信仰与民众生活	2	36		✓			考查	毛巧晖
	民俗文献史	2	36			✓		考查	刘同彪
	传说学	2	36		✓			考查	高忠严
	中国民俗学史	2	36			✓		考查	衣晓红
	文化人类学	3	54		✓			考查	毛巧晖
选修课	民俗学前沿	2	36			✓		考查	毛巧晖
	中国神话学	2	36			✓		考查	张才明
	民间文学与古典文献	2	36			✓		考查	陈泳超
	女性文学	2	36			✓		考查	畅引婷
实践课	教育实践	2					✓		
	社会实践						✓		
备注									

（三）课程内容大要（样本）

课程名称：民俗学原理

学分：3

总学时：54

开课学期：第1学期

考核方式：考试

教学目的和要求：

在本科学习民俗学概论的基础上，从理论层面对民俗的发生、发展、性质等规律性的东西从学科、学术、学理的高度进行探讨，使研究生对民俗的深层理论有更精确细致的把握，进而掌握民俗学研究的理论与方法，推进本学科的发展。

本门课的学习要求学生熟悉民俗学研究的范畴，了解各类民俗事象、尤其是能选取黄河流域和中国各民族民俗文化中的一些重要专题，研究其背后的文化意蕴。把理论探讨和实践调查相融汇、感性体验与理论概括相结合，为本专业各门功课的学习奠定扎实的基础。

参考教材：

乌丙安：《民俗学原理》，辽宁大学出版社，2001。

高丙中：《民俗文化与民俗生活》，中国社会科学出版社，1994。

主要参考资料：

钟敬文：《建立中国民俗学派》，黑龙江教育出版社，1999。

仲富兰：《中国民俗文化学导论》，上海辞书出版社，2007。

朱立元：《当代西方文艺理论》，华东师范大学出版社，1999。

课程名称：文化人类学

学分：3

总学时：54

开课学期：第2学期

考核方式：考试

教学目的和要求：

文化人类学是研究人及人类社会文化的一门科学，包括体质人类学和文化人类学，本门课侧重后者。其研究对象包括人本身、人的社会组织以及人类创造的文化——人、社会、文化三者的互动关系正是文化人类学研究的范畴和旨归。

本门课包括文化人类学的发展历程、文化人类学的研究现状、文化人类学的结构体系、文化人类学的主要流派、文化人类学的主要方法及其个案研究等内容。要求学生大量阅读国内外文化人类学名著和最新研究成果，并且能够联系中国文化人类学研究的实际，掌握必要的研究方法，为创建有中国特色的文化人类学学科打好专业基础。

参考教材：

庄孔韶：《人类学通论》，山西教育出版社，2001。

黄淑娉、龚佩华：《文化人类学理论方法研究》，广东高等教育出版社，1988。

[美]威廉·A. 哈维兰：《文化人类学》，瞿铁鹏、张钰译，上海社会科学院出版社，2006。

主要参考教材：

夏建中：《文化人类学理论学派》，中国人民大学出版社，1997。

童恩正：《文化人类学》，上海人民出版社，1989。

林惠祥：《文化人类学》，商务印书馆，1991。

周星等译：《文化人类学的十五种理论》，贵州人民出版社，1988。

汪宁生：《文化人类学调查——正确认识社会的方法》，文物出版社，1996。

泰勒：《原始文化》，连树生译，广西师范大学出版社，2005。

弗雷泽：《金枝》，汪培基译，新世界出版社，2006。

摩尔根：《古代社会》，杨东莼等译，商务印书馆，1983。

卡西尔：《人论》，西苑出版社，1993。

本尼迪克特：《菊与刀》，上海三联出版社，2007。

本尼迪克特：《文化模式》，华夏出版社，1987。

课程名称：民间文艺学研究

学分：3

总学时：54

开课学期：第3学期

考核方式：考试

教学目的和要求：

民间文艺学是研究民间文学作品的文本和文本的传承应用、民间文学传承人以及它和民众生活关系的一门学科。包括民间文艺学术史、民间文学体裁学、分类学、传承学、审美学、收集整理方法论等内容。通过本门课程的学习，使学生对民间文艺学的内容体系有系统深入的把握，学会通过民间文艺体裁和民间文学传承人的研究，了解民间文艺的创作特征、审美内涵，进而了解民众的生存状况、文化心理以及审美情趣。要求学生大量阅读民间文学三套集成所发表的成品，同时深入民间进行采风获取第一手的资料，运用所学到的理论进行深入的研究。

参考教材：

张紫晨：《民间文艺学原理》，花山文艺出版社，1991。

万建中：《民间文学引论》，北京大学出版社，2006。

主要参考书目：

钟敬文：《钟敬文民间文学论集》（上、下），上海文艺出版社，1982-1985。

钟敬文：《钟敬文学术论著自选集》，首都师范大学出版社，1994。

祁连休：《中华民间文学史》，河北教育出版社，2008。

高有鹏：《中国民间文学史》，河南大学出版社，2001。

课程名称：民间信仰与当代生活

学分：3

总学时：54

开课学期：第3学期

考核方式：考查

教学目的和要求：

民间信仰作为一种精神文化现象，是民众日常精神生活不可或缺的部分，同时也是民俗学研究的主要对象之一。本门课程要求学生在大量阅读民间信仰研究的经典著作的基础上，结合田野考查，力求对中国民间信仰的思维方式及民众信仰的表现形式——仪式有一个深入的了解，并联系当下生活实际透视民间信仰的积极意义。

参考教材：

乌丙安：《中国民间信仰》，上海人民出版社，1996。

金泽：《中国民间信仰》，浙江教育出版社，1995。

主要参考书目：

陈勤建：《中国鸟信仰》，广西师范大学出版社，2003。

渡边欣雄：《汉族的民俗宗教》，周星译，天津人民出版社，1992。

林美容：《妈祖信仰与汉人社会》，黑龙江人民出版社，2003。

郭于华编著：《仪式与社会变迁》，社会科学文献出版社，2000。

课程名称：神话学与传说学研究

学分：2

总学时：36

开课学期：第4学期

考核方式：考查

教学目的和要求：

神话是最古老的文学艺术，也是最早的、独特的文化现象，是洞悉人类社会的一个窗口，它还是民间文学、民俗学研究的重要组成部分。传说学上承神话，下启故事，紧密地联系着民众的现实生活，积淀着深厚的文化内涵，中国有着丰富的民间传说资源。本门课通过对神话与传说学的研究，使学生掌握两种重要的民间叙事体裁，初步学会基本的研究方法，步入神话学、传说学的研究领域。要求他们阅读大量的神话学、传说学经典，把理论学习和实地考察结合起来，为今后从事学术研究打下坚实的基础。

教材与主要参考文献：

1. 神话学

袁珂：《中国古代神话》，中华书局，1960。

袁珂：《中国神话史》，上海文艺出版社，1988。

丁山：《中国古代宗教与神话考》，上海文艺出版社（影印本），1988。

刘城淮：《中国上古神话》，上海文艺出版社，1992。

潜明兹：《中国神话学》，宁夏人民出版社，1994。

潜明兹：《神话学的历程》，北方文艺出版社，1989。

马昌仪编：《中国神话学文论选粹》（上、下），中国广播电视出版社，1994。

[美] 阿兰·邓迪斯编：《西方神话学论文选》，朝戈金译，上海文艺出版社，1994。

苑利主编：《20 世纪民俗学经典·神话卷》，中国社会科学文献出版社，2000。

2. 传说学

祁连休等主编：《中国传说故事大辞典》，中国文联出版公司，1992。

柳田国男：《传说论》，中国民间文艺出版社，1987。

张紫晨：《中国古代传说》，吉林文史出版社，1986。

程蔷：《中国民间传说》，浙江教育出版社，1995。

贺学君：《中国四大民间传说》，浙江教育出版社，1989。

《中国民间传说论文集》，中国民间文艺出版社，1986。

蔚家麟等编：《传说研究资料选》，中国民间文艺家协会湖北分会，1990。

苑利主编：《20 世纪民俗学经典·传说故事卷》，中国社会科学文献出版社，2000。

课程名称：中国民俗学史

学　　分：3

总 学 时：54

开课学期：第 3 学期

考核方式：考查

教学目的和要求：

通过全面讲授中国古代到近现代的民俗记述史、研究史和发展史，系统介绍中国民俗史的研究成果和发展脉络，以使学生加深对中国民俗事象的了解，从而在动态中把握中国历史上学习研究民俗的基本理论和基本方法。学好本课程，要求学生必须大量阅读民俗学原著，在阅读的基础上，展开讨论，以期熟悉中国民俗学史发展的全过程，掌握民俗学史的基本理论。

教材与主要教学参考资料：

张紫晨：《中国民俗学史》，吉林文史出版社，1993。

王文宝：《中国民俗研究史》，黑龙江人民出版社，2003。

钟敬文：《民俗学概论》，上海文艺出版社，1998。

乌丙安：《中国民俗学》，辽宁人民出版社，1999。

乌丙安：《民俗学原理》，辽宁教育出版社，2001。

徐杰舜、周耀明：《汉族风俗文化史纲》，广西人民出版社，2001。

钟敬文主编：《中国民俗史》，人民出版社，2008。

田晓岫：《中华民族发展史》，华夏出版社，2001。

苑利主编：《二十世纪中国民俗学经典学术史卷》，社会科学文献出版社，2002。

徐杰舜等：《汉族风俗史》，学林出版社，2001。

王建民：《中国民族学史》（上，下），云南教育出版社，1997。

（四）招生方向

表 2　山西师范大学民俗学科研究生招生方向一览表（2012 年）

院系专业	研究方向	学位类别	招生人数	考试科目
文学院 030304 民俗学	01 区域民俗研究	学术	15	101 思想政治理论
	02 民俗文物研究			201 英语一
	03 文艺民俗学			614 社会学原理
				813 民俗学（含民间文学）

（五）硕士生学位论文题目

2004 届

高忠严《神圣与世俗：后土信仰发生演变探论——以晋南万荣后土祠的考察为例》

王丽芳《山西王家大院的审美文化研究》

石国伟《蒲县东岳庙会与当地民众生活关系研究》

段俊彦《陶寺遗址的习俗文化研究》

2005 届

卫才华《山西移民村落的民俗文化特征研究——以安泽、霍州、襄汾的移民村为例》

彭栓红《山西民歌的地域特色研究》

李军杰《回汉习俗比较研究——以翼城县北关村为例》

侯姝慧《山陕民间故事中的家庭关系研究》

薛晓蓉《周氏兄弟文艺民俗观比较》

张云霞《农商文化语境下的祁太秧歌及其民俗生存策略》

2006 届

曲雪峰《五台山佛教信仰的民俗化研究》

黄娟《运城盐池池神信仰研究》

白洁《农耕文化区山地型古村落落后沟村民俗文化特征研究》

2007 届

刘　霄《晋西北民歌民俗文化心理解析》

田　洁《晋南帝尧神话传说与祭祀仪式研究》

刘　霄《晋西北民歌民俗心理解析》

高瑞芬《蒙汉交汇区村落的民俗文化融合研究——以鄂尔多斯村落为例》

黄阳艳《晋湘两地舜帝传说及其信仰习俗的比较研究》

宁　辰《小说创作中的民俗心理机制理论》

2008 届

纪　辉《董永传说的传播研究》

刘　彦《晋陕后稷神话的民间叙事研究》

刘丽丽《李自成传说的英雄叙事与民众观念》

王红妮《陕北“信天游”传承研究》

杨　茗《延安时期文学民间化走向的形成与确立》

王景霞《大禹神话传说的母题研究》

付艳芳《神话・权力・女性——社会权力更迭语境中的中西神话比较》

张　净《“新民俗电影”的民俗特质研究》

2009 届

李军杰《回汉习俗比较研究——以翼城县北关村为例》

马晓婷《传说・庙会・村际关系——山西洪洞三月三走亲习俗研究》

任　静《商人世界里的集体记忆——以山西碛口水神信仰为研究个案》

李小丽《辽代燕云地区民间邑社组织研究》

2010 届

李　立《绛州鼓乐传承情况的考察与研究》

郭艳芳《山西东南部炎帝传说与信仰研究》

高燕萍《山西晋中大院照壁的文化意蕴》

韩　娜《山西运城舜帝传说与信仰习俗研究》

赵晓丽《山西临汾帝尧信仰研究》

任义国《关公故里的关公信仰研究》

任　慧《山西阳泉荫营镇老君爷崇拜研究》

2011 届

武晓宇《河北安国药王信仰与药王庙经济》

三、科学研究

近十年来，黄河民俗文化研究所先后承担国家社科项目 3 项，省部级项目 10 项，校级科研项目 3 项。科研成果丰硕，专著有：《黄河中下游家族村落民俗与社会现代化》、《涵化与归化——论延安时期解放区的民间文学》等。参编教材及著作有：《民俗学概论》、《民间文学导论》、《民间文学教程》、《传统与现代的语境：西北少数民族女性民俗与社会生活》、《美学》、《中国古代文化传播概要》等。此外，在《文艺研究》、《文学评论》、《文学评论丛刊》、《中国比较文学》、《文艺理论与批评》、《民间文化论坛》、《思想战线》、《民俗研究》、《考古》、《民俗曲艺》（台湾）、《西北民族研究》等重要学术刊物上发表论文数十篇，在国内形成了较好的学术反响。

四、学术交流

自黄河民俗文化研究所成立以来，研究所一直注重与学界的交流与合作，积极邀请学界名流前来作学术报告和学术交流。

2004 年 5 月，应山西师大文学院和科技处邀请，北师大教授、博士生导师董晓萍作了题为《手机民俗》的学术报告，北师大萧放教授作了关于节日民俗的学术报告。

2006 年 5 月，山东大学教授叶涛应山西师大文学院和科技处邀请，作了题为《追寻民众在泰山的足迹——泰山香社碑的发现与解读》的报告。

2007 年 11 月 28 日晚，应山西师大文学院和科技处邀请，中国社会科学院文学研究所教授叶舒宪在 5203 报告厅作了题为《重构黄帝族熊图腾谱系——四重证据的立体释古方法》的报告。

2008年5月25日，应山西师大文学院和科技处邀请，中国社会科学院文学所党委书记包明德先生在科学会堂二层报告厅作了题为《张扬文学经典的艺术魅力》的报告。

2008年6月3日，应文学院邀请，北京大学中文系副教授陈泳超，美国普林斯顿大学东亚系博士、台湾国立中正大学助理教授杨玉君一行在文学院学术报告厅与文学院部分教师和研究生进行学术交流。

2010年5月23日，在山西师大文学院学术报告厅，中国民俗学会副理事长、复旦大学博士生导师郑土有教授作了题为《象征与隐喻——中国民俗吉祥图像解读》的学术报告。

五、存在问题

山西师大黄河民俗文化研究室成立近20年，民俗学硕士点建成已10年。在首任所长段友文教授和第二任所长毛巧晖副教授的共同努力下形成教学梯队较为合理、教师学历层次相对提高的良好局面，在区域文化研究方面取得一定的成绩，但目前也存在一些问题，主要体现在三个方面：一是课时量少，在汉语言文学专业获取生存空间，有一定难度。二是目前研究所没有国家级的研究项目，也没有足够份量的横向项目。三是教材建设落后。这些问题需要在学校的支持和研究所全体人员的集体努力下共同克服和解决。

中国人民大学

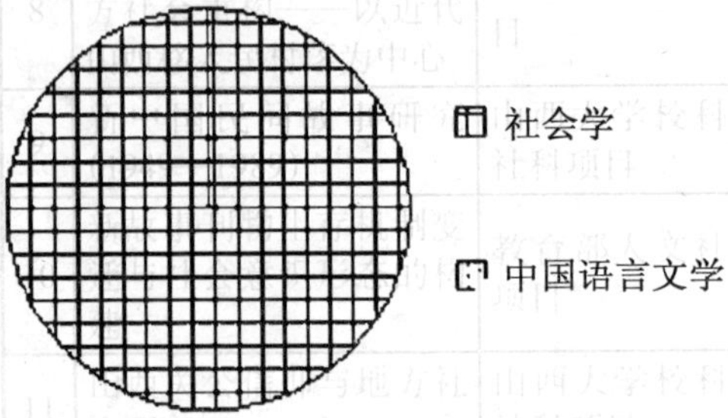

中国人民大学民俗学科建制构成示意图

中国人民大学民俗学专业硕士点（以下简称人大民俗学），建于 1998 年，设在中国人民大学社会与人口学院内。经过十几年的建设，人大民俗学已成为社会学一级学科下的一门二级学科，在理论研究和教学实践上都相对独立性。

人大民俗学综合学习社会学、人类学等社会学科的理论与方法，但在学科比较上仍有不同之处。与社会学相比，人大民俗学较更偏向于传统、乡土的社会，以及社会成员的精神、观念、文化以及意义领域；与人类学比较，人大民俗学更偏重于强调具体文化或民俗事象的研究。人大民俗学是以社会学和人类学为基础，以解释学为导向的人文科学专业。

一、学科建设

（一）学科定位

民俗，以民间风俗和习俗为载体，传承民族的文化与社会传统，也是当代文化与社会生活的重要领域之一，对社会运行发挥着重要作用。

目前我国学界基本认同民俗学为“一门研究民间风俗习惯及其他生活文化传承的社会科学”，它的研究范围已从一般常识认为的“民间风俗”扩展到“民间社会”及文化生活的所有领域。

民俗学由原先归属文艺学学科调整为归属社会学学科，这将有利于更加充分地探索民俗的性质与意义，有利于充分发挥学术研究的社会作用。同时将社会学、人类学、心理学的视角、方法和成果运用到民俗研究方面，有利于推进民俗学研究及学科建设有新的发展。

（二）学科特色

1. 民俗学与社会学、人类学相结合

人大民俗学科与社会学、人类学等社会科学相结合，综合学习社会学、人类学等社会学科的调查研究与分析方法。注重从社会科学的角度探索民俗学的现状及发展，是社会学人类学视野中的民俗学，更加关注生活中的人和社会结构而不是具体民俗的表现或历史源头。

人大民俗学坚持以理论解释为主的学术路线，在研究具体民俗事象的时候，不拘泥于表象与历史，而着眼于民俗现象产生和发生作用的机制。在学术成果方面，人大民俗学提倡从客观严谨的分析理解的角度上进行撰写，而不加入过多语言修饰。

2. 理论优先、实践相辅

民俗学作为一个学科，缺乏理论基础就会显得独立性不强。目前民俗学学者多做民俗研究而少于理论基础的探讨。作为一个学科，应该有自身的实践研究，也应该有自身的理论关怀，具备自身的理论基础。

人大民俗学的教学与研究以理论研究为主线，在中国民俗学界的三种学术取向中，人大民俗学倾向于解释学取向，即以文化人类学和社会学理论为基础，注重理解和解释民俗事象的文化意义和社会功能。同时，人大民俗学关注现实而不仅是传统，重视实践教学和实际应用，使民俗学的研究面向转型期、面向当代、面向实际应用。

3. 与其他学科的关系

民俗学、社会学及人类学虽然是三个不同的专业，有各自的学科范围与界限，但是在理论基础与研究方法上，三个专业却有共通之处。人大民俗学在课程设置上将三个专业的课程做出适当整合，使教学能够体现“以社会学、人类学为理论基础的民俗学”的特征。

（三）研究领域

1. 现代化与非物质文化遗产保护

2. 传统的变迁与变迁的传统

3. 生活指向的民俗学

4. 理论导向的民俗事象研究

二、教学工作与人才培养

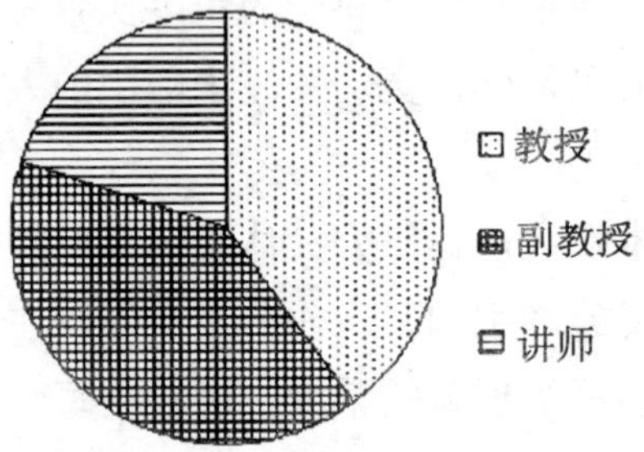

中国人民大学民俗学科学术队伍构成示意图

（一）教学人员

人大民俗学专业共有教师 5 人，其中教授 2 人、副教授 2 人、讲师 1 人，均有出国留学和讲学的经历。

胡鸿保，教授，博士生导师，研究方向是人类学、民族学和考古学，主要著作有：《中国的写史传统与人类学史写作》、《中国民族学史》等。

陆益龙，教授，博士生导师，2000 年北京大学社会学人类学所博士，2002 年中国人民大学社会学博士后流动站出站。主要研究兴趣有中国农村研究、中国户籍制度研究、定性研究方法、法律与社会研究、文化与民俗学研究。主要著作有：《农民中国》、《定性社会研究方法》、《嵌入性政治与村落经济的变迁》、《嵌入性适应模式》、《流动产权的界定》、《超越户口》、《户籍制度——控制与社会差别》、《中国历代家礼》，译著有《回应革命与改革》、《法律的公共空间：日常生活中的故事》、《20 世纪中国社会学的本土化》等。讲授课程：人类学概论、现代民俗学、文化人类学理论流派、法律社会学、定性研究方法、社会学概论等。

张有春，中国人民大学人类学研究所副教授，主要研究领域：医学人类学、应用人类学、公共卫生等。主要著作有：《人类学、发展与后现代挑战》等。讲授课程：医学人类学等。

（二）课程体系

1. 课程结构

人大民俗学面向硕士研究生开设学位基础课和学位专业课。

学位基础课有：社会分层与流动、人类学概论、现代民俗学、社会心理学、文化人类学理论史、人类学原著选读、田野调查方法。

学位专业课有：环境与生态专题、少数民族民俗专题、法律人类学、分支人类学专题研究、发展问题研究、传播社会学、社区研究、理解中国乡村社会与文化。

2. 课程设置、学期与学分

（1）公共课（6学分）

①马克思主义理论课（3学分）

● 中国特色社会主义理论与实践研究 2学分 PUM505 1学期
(Research on the Theories and Practice of Socialism with Chinese Characteristic)

● 自然辩证法概论 1学分 PUM504 1学期
(Introduction of dialectics of nature)

● 马克思主义与社会科学方法论 1学分 PUM505 1学期
(Marxism and method social sciences)

②第一外国语（3学分）

● 语言基础 3学分 PUF500 1学期
(Foreign Language)

（2）方法课（4学分）

● 研究设计 2学分 SOC605 1学期
(Research Design)
（本课程主要介绍社会研究中的研究设计原理和方法，同时结合学位论文的写作，讲解学术论文写作基本规范及技巧。）

● 民族志 2学分 ANT602 2学期
(Ethnographies)
（介绍民族志方法）

● 定性社会研究方法 3学分 SOC601 1学期

(Qualitative Research Method in Social Science)

（本课程结合社会科学理论，探讨定性资料收集、分析和定性研究结果的撰写，是专业学习必备的基本研究方法，也是专业学习的基础，故现开设本课程。）

(3) 学科基础课（不少于6学分）

● 人类学概论　　3学分　　ANT603　　1学期

(General Anthropology)

（本课程只要介绍人类学的学科性质、学科特点、基本概念、理论和方法，以及主要研究领域和前沿问题，为民俗学和人类学专业学生提供必要的理论视野和研究方法。）

● 现代民俗学　　3学分　　FOL600　　1学期

(Modern Folklore)

（本课程主要探讨现代民俗与社会领域的基本理论和前沿问题，为学生掌握专业理论体系打下基础。）

● 社会心理与社会研究　　3学分　　SOC608　　2学期

(Social Psychology and Social Research)

（在社会发展进程中，任何社会生活事件都会产生社会心理现象，它不仅影响着社会的运行、社会成员的交往，还能预示社会发展的民众心理趋势。）

(4) 专业课（不少于11学分）

● 中国乡村社会与文化研究　　2学分　　FOL601　　2学期

(Study of Rural China and Culture)

（本课程主要介绍社会学人类学对中国乡村社会及文化研究的热点和前沿问题，探讨中国乡村研究的新问题和新路径。）

● 法律与社会　　2学分　　SOC614　　1学期

(Law and Society)

（本课程采用将研究实例与理论分析相结合的讲授方法，将精选一部分国内外著名的法社会学研究，在课堂上介绍这些研究的内容、研究方法，并进行深入的评析，帮助学生掌握法社会学研究的前沿动态。）

● 医学人类学　3 学分　ANT607　1 学期
(Medical Anthropology)
（医学人类学的研究领域、理论取向。）

● 宗教人类学　2 学分　ANT608　2 学期
(Anthropology of Religion)
（人类学宗教研究研究方法、理论研究途径。）

● 城市社会学　2 学分　SOC609　1 学期
(Urban Sociology)
（主要讲授城市社会学研究的主要理论与方法，以及该学科在国内外的最新发展。通过讲授，使学生熟悉目前国内外城市社会学研究学术前沿的研究成果和热点问题。）

● 性及社会性别研究　2 学分　SOC612　2 学期
(Research on Sexuality and Gender)
（性的历史与现状，中国性革命，性的研究史，主要理论流派，性与性别的互相建构，基本命题，主题建构论。）

(5) 选修课（不少于 4 学分）

● 农村社会学　2 学分　FOL602　2 学期
(Rural Sociology)
（人类学汉人社会研究的主要路径与新方向。）

● 城市社区研究　2 学分　SOC613　1 学期
(The Study of Urban Community)
（主要讲授城市社区的发展与变迁，城市社区发展中问题及其治理方案。培养学生从城市空间和城市生活的角度观察和理解社会现象。）

(6) 社会实践（1 学分）

(7) 先修课

● 社会学概论

(Introduction to Sociology)

● 社会研究方法

(Social Survey and Research Methods)

（三）招生方向与培养方案

人大民俗学目前只设立硕士点，每年招收硕士研究生。自民俗学专业硕士点建立以来，共招收学生30人左右，授予硕士学位20多人，目前在校生2人（2010级1人，2011级1人）。

1. 招生方向

现代民俗学、少数民族民俗专题、中国乡村社会与民俗文化、汉人社会研究。

2. 培养方案

以《中国人民大学社会与人口学院2011级攻读硕士学位研究生培养方案》为例

（1）适用学科专业

民俗学（学习年限2年）（学科门类：法学　一级学科：社会学）

（2）培养目标

培养专业化、高素质的民俗与社会领域的教学、研究和应用型人才。掌握马克思主义基本理论和民俗学社会学专业知识，具有良好的人格品质、较强的事业心和积极进取精神。熟练掌握一门外语，能独立从事与专业相关的教学、研究和管理工作。

（3）学科专业研究方向

中国乡村社会与文化研究

（4）课程设置和学分要求

攻读硕士学位研究生期间，需要获得学位课程总学分不少于32学分。其中，必修课不少于27学分；选修课不少于4学分；社会实践1学分。

（5）社会实践

按照学位论文选题要求，在2年内进行田野工作的时间不少于2个月，并提交田野报告。计入考试成绩，社会实践1学分。

(6) 论文撰写

硕士生在读期间，需要完成课程论文和学位论文，学位论文必须是规范的学术论文。学位论文在导师指导下，由硕士生按照计划和要求，独立完成。论文质量必须达到硕士学位水平。

（四）硕士生学习参考书目

1．郑杭生《社会学概论新修》(第三版)，中国人民大学出版社，2003。

2． 边燕杰主编《市场转型与社会分层：美国社会学者分析中国》，三联书店，2002。

3．贾春增主编《外国社会学史》，中国人民大学出版社，2004。

4．刘少杰《后现代西方社会学理论》，社会科学文献出版社，2002。

5. 国务院学位办公室《同等学力人员申请硕士学位社会学学科综合水平全国统一考试大纲及指南》(最新版)，高等教育出版社，2003。

6．钟敬文主编《民俗学概论》(第二版)，上海文艺出版社，2010。

7. 乌丙安《民俗学原理》，辽宁人民出版社，2000。

8. 董晓萍《田野民俗志》，北京师范大学出版社，2003。

三、科学研究

（一）理论研究

人大民俗学专业近年来注重对学科理论自觉的探讨，提出如何通过促进民俗学与社会学、人类学等学科的融合与交流，来加强学科理论的建设和发展。

在中国乡村社会与文化研究方面，提出了后乡土社会与乡土文化变迁理论。结合民间纠纷及其解决方式的经验研究，提出民间纠纷及化解机制多元化的理论。

在民族文化与民俗研究方面，对少数民族历史及调查、民族与民间医学资源、宗教与民间信仰等领域皆有较为深入的理论探究。

（二）科研项目

人大民俗学专业近年主要承担项目有："新农村建设的社会学研究"、"基层社会矛盾纠纷化解机制的经验研究"、"法治意识与民间纠纷的社会学研究"等多项国家社会科学基金项目和教育部重点研究基地招标项目，以及节水型社会建设、"人文北京"建设等省部级重点课题的研究。

（三）代表作

郑杭生、陆益龙《把握交融趋势，推进学科发展——论当代中国社会学、人类学和民俗学的关系》，《温州大学学报》，2009 年第 5 期。

胡鸿保编《中国人类学史》，中国人民大学出版社，2006。

陆益龙《农民中国——后乡土社会与新农村建设研究》，中国人民大学出版社，2010。

陆益龙《嵌入性政治与村落经济的变迁——安徽小岗村调查》，上海人民出版社，2007。

陆益龙《嵌入性适应模式——韩国华侨文化与生活方式的变迁》，中国社会科学出版社，2006。

陆益龙《中国历代家礼》，北京图书馆出版社，1998。

陆益龙《定性社会研究方法》，商务印书馆，2011。

陆益龙《流动产权的界定——水资源保护的社会理论》，中国人民大学出版社，2010。

陆益龙《户籍制度——控制与社会差别》，商务印书馆，2003。

陆益龙《超越户口——解读中国户籍制度》，中国社会科学出版社，2004。

陆益龙《户口还起作用吗？》，《中国社会科学》，2008 年第 1 期。

陆益龙《"门当户对"的婚姻更稳吗？》，《人口研究》，2009 年第 3 期。

张有春《一个乡村治病过程的人类学解读》，《广西民族大学学报》，2011 年第 4 期。

张有春《污名与艾滋病话语在中国》，《社会科学》，2011 年第 4 期。

张有春《人类学视野中的民族医学疗效评价》，《中央民族大学学报》，2011 年第 3 期。

黄剑波《地方性、历史场景与信仰表达：宗教人类学研究论集》，中国戏剧出版社，2008。

黄剑波《文化人类学散论》，民族出版社，2007。

（四）网站

1. 社会学视野网（www. sociologyol.org）

社会学视野网（以下简称视野网），是由教育部人文社会科学重点研究基地——中国人民大学社会学理论与方法研究中心主办的中国一流社会学学术网站。

视野网分为六大块：社会学动态（新闻消息、公告启事、学术沙龙、升学留学、招聘信息、学生活动）、社会学研究（推荐阅读、学术专题、学界人物、论文辑览、书刊推介）、社会学评论（佳作评介、社会评论、群学博客、BBS）、课堂内外（教学信息、电子课课外辅导）、电子资源（电子图书、毕业论文、调查数据、网上调查）及友情链接。

视野网上所包含的信息包括：各种讲座类信息，如“通识教育大讲堂——学科通识系列公开讲座本学期继续开讲（发布时间 2011 年 10 月 13 日）”；教师的学术论文，如“杨敏、郑杭生：社会互构论全貌概要和精义探微”；学界人物的介绍信息；书籍与书评，如“方英《女性类型与城市性别秩序》”和“王铭铭《物的社会生命》？——莫斯《论礼物》的解释力与局限性”；学者对于学术研究的心得体会等。

2. 民俗学与视野网

作为社会学相关专业的民俗学，部分与之相关学术探讨和研究成果也发表在视野网之上。比如“郑杭生：中国民俗学界的一部争气之作——从社会学的视角看《中国民俗史》六卷本”、“高丙中 中国民俗学的人类学倾向”、“杨敏：‘活着的过去’和‘未来的过去’——民俗制度变迁与新农村”等。

除了数十篇与民俗学相关的论文之外，在视野网上可以接触到大量社会学、人类学以及人口学等社会学科的研究成果，充分体现了人大民俗学“以社会学、人类学理论为基础，以民俗学理论为先导”的发展特点。

四、存在问题

中国民俗学面临类似的“理论自觉”问题，正如钟敬文先生所说：“到现在为止，在中国现代民俗学史上，研究中国民俗文化的学者，在世界上知名的，往往都是外国学者，但也不能老是几个外国人的名字，中国民俗学者自己要争气，不过要有充足的理论知识储备，要有中国学问的底子，知道中国古人有自己的一套，还要能吃透它，在分析和表达的方法上也达到了较高的修养，才能够说出自己的话。”钟老所提到的“说出自己的话”，就是要在吃透中国社会与文化的基础上，创建出自己的民俗学理论体系，形成自己的一些学派。钟老晚年有一篇重要的论文，题目就是《建立中国民俗学学派论纲》，说：“中国的民俗学研究要从本民族文化的具体情况出发，进行符合民族民俗文化特点的学科理论和方法论的建设。”他晚年关于“建立中国民俗学派”的倡导在民俗学界影响很大。

民俗学的“理论自觉”还需要解决一个关系问题，那就是如何把民俗研究与民俗学理论研究更好地结合起来。目前，在中国民俗学界，要么是纯民俗研究，主要描述一些民俗事象；要么是纯理论研究，主要评介西方的一些文化理论和民俗学理论，而有民俗学理论导向的本土民俗现象和民俗文化研究相对较少。只有本土经验，而无学科理论范式，难以和别人形成交流对话的平台；而只是一味地跟随别人的理论，就更无交流对话的内容和载体。

总而言之，“理论自觉”对于当代中国社会学、人类学和民俗学的发展来说，意义非常重大，甚至可以说到了至关重要的时期。无论是社会学，还是人类学、民俗学，不能一提理论就是西方理论。中国社会学、人类学和民俗学者要有自己的理论抱负，不断增强自己的“理论自觉”意识，提升自己的理论创造的信心和决心，不断探索有中国特色的社会学、人类学和民俗学理论。

中国社会科学院民族文学研究所

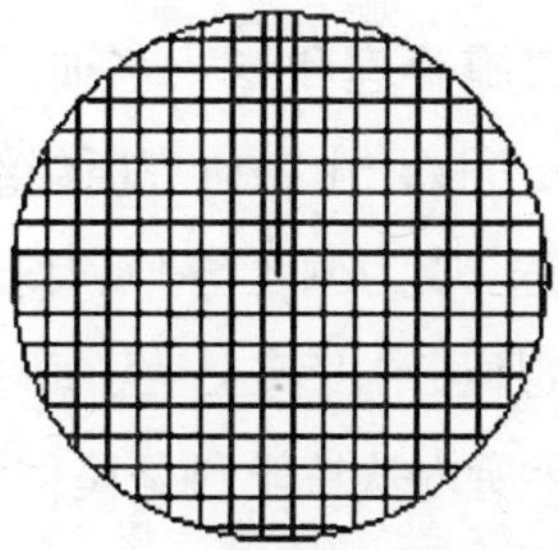

中国社会科学院民族文学研究所
民俗学科建制构成示意图

中国社会科学院民族文学研究所是研究我国多民族文学的国家级科研单位，民族民间文学和民族民俗是其中的重点研究领域，有多位学者在这方面的研究上，特别是在民族史诗学、口头传统和非物质文化遗产学的研究领域卓有成就。本所学者长年在各民族地区从事田野实践、积累了大量的第一手田野资料和文献资料，有不少堪称前沿成果的民俗学研究著述出版。与此同时，这批学者大多有长期出国访学的背景，多人曾在哈佛大学、印第安纳大学、芬兰国际民俗学者组织暑校等欧美民俗学重镇研修，具有国际化的学术视野、熟悉国际学术话语及规范，了解西方民俗学的前沿成果，长期与国外一流的民俗学家保持密切联系，可适时调动国外的科研教学资源为我所用，特别是在引进和介绍西方民俗学理论和方法方面，成绩显著，在一定程度上影响了中国民俗学的晚近发展。此外，若干学者近年参与《国家非物质文化遗产法》的制定，参加“传统节日纳入国家法定节假日制度”的论证，以及“国家民间宗教问题及其对策”等重大现实问题的文化决策和学术咨询，有关注社会、关注民间、关注国计民生的人文主义情怀。学科团队从田野实践到理论思考，从跨语际能力到国际视野，从学术追求到社会责任，具有相当强的学术实力，在中国民俗学的学科格局中占有重要地位。

一、学科建设

（一）学科体制

本学科点在中国社会科学院研究生院少数民族文学系招生研究生，有博士生和硕士生学位授予权。中国社会科学院研究生院的教学体系，与各地高校有较大不同。社科院研究生院有独立的建制和公共课（例如外国语、政治等）授课专业人员，有独立的宿舍、图书馆、教学场所等。各个专业系则由社科院的研究所具体实施管理和专业培训。各系设系秘书，人员来自各研究所。专业课程的讲授和考试，由各研究所组织。各研究所的不同层次的专业人员，经过一定审核程序，成为硕士导师和博士导师。博士后流动站也往往设在各研究所内，指导教师通常由博士生导师中的部分专业人员担任。

2010—2012年所内扶持学科是民俗学。

（二）研究方向

本学科点的研究方向为中国少数民族文学（中国文学一级学科下的二级学科）和民俗学（社会学一级学科下的二级学科）。在中国少数民族文学方向下，可根据导师的学术方向，细化专业方向。例如：蒙古族文学、藏族文学、维吾尔文学、南方诸民族文学等。在民俗学方向下，由于不涉及语言壁垒问题，不特别细化研究方向。不过，在实践中，这两个方向是适度交叉的，具体表现为一定数量的专业课程同时向这两个方向开放，欢迎学生选修；同时，对学位论文方向和重点的遴选和确定方面，不做过于严苛的学科方向上的限制。

（三）研究机构

本学科点未设相关研究机构。来自研究所的导师们在教学体系上直接隶属于本研究所支撑的少数民族文学系。

二、教学工作与人才培养

（一）教学人员

本学科点共有博士研究生导师4人（两人为民俗学方向，两人为少数民族文学方向），硕士研究生导师 11 人（三人为民俗学方向）。

（二）研究方案

1. 博士生培养目标

掌握本学科的基础理论知识和系统深入的专门知识；掌握本学科前沿的最新科研成果和必要的相关科学知识；对少数民族传统文化有较为深入的了解，具备独立从事少数民族文学或民俗学研究的能力，并取得原创性的学术成果。能够运用第一外国语熟练地阅读本专业的文献资料，具有一定程度的听、说、写能力。鼓励具备民族语言文字知识。

2. 培养方式

全日制、学分制。导师负责制下的导师组管理方式。合理安排课程学习与民俗学专业田野调查、社会实践等。

（三）课程设置、学分与学时

1. 少数民族文学系民俗学专业博士生课程和学分

研究生院教务处制定的课程

学部专业课，3 学分，60 个学时。

两门公共课基础课，各 3 学分，60 个学时。

限制性跨学科课程，3 学分，60 个学时。

选修课，2 学分，40 学时。

社会实践，2 学分。

本系自主制定的民俗学专业课程和专业基础课（至少 8 学分）

民间文艺学，3 学分，60 学时。

民族传统文化专题，3 学分，60 学时。

民俗学专题等，3 学分，60 学时。

专业基础课

西方民俗学，3 学分，60 学时。

田野调查实践，3 学分，60 学时。

田野作业方法，3 学分，60 学时。

2. 少数民族文学系民俗学专业硕士生课程和学分

研究生院教务处制定的课程

公共基础课，共3门，共9学分，各60学时。

限制性跨学科课程，3学分，60学时。

选修课，2学分，40学分。

社会实践，2学分。

本系自主制定的民俗学专业课程和专业基础课（至少18学分）

神话学概论，3学分，60学时。

西方神话学理论中国古代文献导读，3学分，60学时。

《山海经》研究，3学分，60学时。

田野调查与口头传统，3学分，60学时。

蒙古民俗学概论，3学分，60学时。

口头传统研究，3学分，60学时。

专业基础课

民间文学概论，3学分，60学时。

民俗学史，3学分，60学时。

文艺学通论，3学分，60学时。

文化人类学导论，3学分，60学时。

语言学导论，3学分，60学时。

三、科学研究

（一）理论研究

20世纪80年代以来，国际民俗学出现多学科综合研究的趋势。联合国教科文组织1993年启动了“活着的人类宝藏”（Living Human Treasure）项目；1998年联合国教科文组织启动《人类口头及非物质文化遗产代表作》项目，这些都与民族文学研究所的研究领域有着密切的关系。在学术积聚过程中，新世纪伊始民族文学研究所建立了民俗学硕士点和博士点，知名学者积极参与国家相关部门的传统文化保护与研究活动，中青年学者则是积极契合当前民俗学研究的新趋势：1. 借助民族文学研究所长期重视田野调查的优良传统，积极从事以民族志为导向的田野研究。2. 试图在民众的言语行为中确定文本、文类和表演，探究民间叙事在日常生活中的功能等。3. 从民间文学，特别是少数民族民间文学的收集、整理、传播和利用的学术史反思中，透视民间文艺学的学术和历史政治意义。4. 充分利用民族文学研究所的媒资库优势，积极推进民俗资料的数字化。

所内设立“民俗学”扶持学科计划，该计划目前共有成员共6人，其中民俗学专业研究员1人，在职的学术骨干副研究员1人，助理研究员3人，研究实习员1人；博士3人，硕士3人，大都是攻读民俗学专业的年轻人才，平均年龄35岁。学科成员的专业方向和发展目标主要为民间节日、民俗学与非物质文化遗产保护、民间文艺学学术史研究、民俗主义与现代性研究、口头传统资料数字化研究、歌会调查与研究、民俗网络传播研究等。

“中国少数民族文学研究资料库”于2000年启动，作为院重大项目已经实施了二期，取得了显著的成绩，为研究所的学科基础建设打下了坚实的基础。信息化工作在2002年启动时，由所领导牵头，以所内业务人员兼任的方式，开始建立“中国少数民族文学网”，随后不久建立“数字网络工作室”，业务力量得到强化，2010年在原资料室的基础上成立了“中国少数民族文学资料中心”，整合了力量，从人员和机制上为资料学和信息化建设工作可持续发展提供了基本保证。

田野研究基地建设的思路，已经与资料库建设和网络建设形成了初步的整合和协同发展模式。“三位一体”的滚动发展，仍然是今后的主要方向。未来信息化工作主要内容是：1. 组建稳定的工作团队，提高专业化水平，优化工作环境，建立和规范工作流程，完善各项制度；2. 信息化工作与研究所的重点学科建设结合起来，调动人力资源和少数民族文学研究资源；3.“十二五”期间要争取在资料库、数据库和网络信息平台建设方面，进行统合，实现专业化，争取与国际接轨。

（二）科研项目

本学科点近年承担主要科研项目种：

国情调研项目“西部少数民族文化生态现状调查”，尹虎彬主持；

国家社科基金重大委托项目“中国少数民族语言与文化研究”，首席专家朝戈金；

国家社科基金重大委托项目“格萨尔史诗的抢救、保护和研究”，首席专家朝戈金；

国家社科基金一般项目“口头论辩与史诗演述：彝族民间叙事传统研究”，巴莫曲布嫫主持）；“中国现代神话学研究的思想渊源和学术范式”，刘宗迪主持；“本子故事抄本与口头异本比较研究”，纳钦主持；“口述与书写：满族说部传承研究”，高荷红主持。

院长学术基金“中国民俗学前沿研究”，朝戈金主持。

院信息化建设工程项目“民族文学数字资源网”，尹虎彬主持；

院B类课题“蚩尤神话研究”，吴晓东主持；

院青年启动基金课题“公共民俗学发展及其在中国的实践检验——以端午节为参照个案”，宋颖主持；“口头诗学视野中的白族民歌研究——以剑川县石龙村的白曲演述传统为例”，朱刚主持；“1949-1966年中国民间文艺学学术史研究”，毛巧晖主持；

院马工程课题“马克思主义论民族民间文艺”，毛巧晖主持；

所级重点课题“苗族口承文学与生态民俗”，吴晓东主持；“苗族史诗《亚鲁王》调查”，吴晓东主持，“满语民间文学在黑龙江省遗存情况调查”，高荷红主持。

四、学术交流

2008年5月29日－6月4日，应日本神奈川大学常民文化研究所的邀请，由朝戈金、汤晓青、苏日娜等组团前往日本东京访问，为我方在非物质文化遗产保护、民俗学研究、资料库建设等方面都提供了可资借鉴的经验。

2008年10月15–18日在北京召开“中国创世神话比较研究国际研讨会”会议，这是我院和荷兰皇家科学院国际合作研究项目“中国汉族与少数民族文化中的创世神话：跨文化比较研究”的重要组成部分。

台湾国立政治大学中国文学研究所陈芷凡于2008年7月—11月20日以访问学者身份在我所进修，并以“台湾原住民文学研究现状和问题”为主题做总结汇报。

2008年邀请外国学者来所讲座有三场：一是6月17日美国印第安纳大学民俗学与音乐人类学系东亚研究中心副主任苏独玉博士以“中国音乐学以及民族音乐的研究历史——对学科性的文化研究”为题的讲演。二是10月14日邀请荷兰莱顿大学艺术系米尼克·希珀以“世界各地神话的起源问题”为主题的讲座；三是11月11日由美国马卡文化与研究中心理事会主席梅瑞迪斯·帕克讲演的“部落遗产的保存及发展：以美洲马卡部印第安人为例”。

朝戈金于2009年5月赴希腊雅典大学参加为期6天的国际民间叙事文学大会，并作学术发言。

2009年8月25—31日，汤晓青、尹虎彬赴荷兰参加民族文学研究所立项的CO–REACH–SSR中欧社会科学合作研究项目“口头传统的记录与归档：跨学科研讨(TAOTRIA)”在荷兰莱顿大学召开的第一次会议“口头传统档案化”。中外合作方进行了较为深入的学术交流。

2009年10月，朝戈金前往东京参加第61届日本民俗学年会并作学术发言，介绍中国少数民族口头传统研究现状，取得良好的反响。

2009年，荣誉学部委员刘魁立于8月、11月两次出访了台湾，作为特邀专家参加“近现代民间结社”学术会议和“中华非物质文化遗产大展”，10月应文化部和中国艺术研究院邀请出访丹麦参加第二届中欧文化对话。

2009年1月，民族文学研究所接待了联合国教科文组织总干事顾问爱川纪子女士。双方就联合国教科文组织在中国建立二类中心的技术条件方面的情况进行了交流。10月，亚太地区非物质文化遗产国际培训中心正式批准成立，民族文学研究所作为培训基地之一将提供智力支持和学术资源。

2009 年 6 月 9 日—18 日，民族文学研究所举办了首届“IEL 国际史诗学与口头传统研究讲习班”，主要宗旨是进行史诗学与口头传统研究的跨学科专业集训，促进中国史诗学的国际交流。

2009 年 9 月接待了匈牙利科学院学者大卫・索姆法伊博士和艾丹苏・卢桑达女士。索姆法伊博士曾两次到访民族文学研究所，并前往海拉尔等地进行田野考察，双方保持着对中匈史诗研究和口头传统田野工作等方面较为深入的学术交流。

2009 年民族文学研究所立项的 CO−REACH−SSR 中欧社会科学合作研究项目“口头传统的记录与归档：跨学科研讨 (TAOTRIA)”，本次活动主要关注口头传统研究的方法论问题，主办方邀请荷兰和中国学者组成特别研讨小组，在芬兰民俗学档案馆实地考察数字化和档案化工作，口头传统资料数据库建设有关的问题。2010 年 8 月派遣 3 位学者前往芬兰暑期民俗学校交流。

2009 年 12 月 17−23 日，刘宗迪、吴晓东赴台湾参加神话学学术研讨会，提交论文并作学术发言。

2010 年，荷兰莱顿大学徐鹏来我所任访问学者，为期一年，方向为民俗学档案化。

2010 年 12 月 2−7 日朝戈金赴美国哈佛大学参加“21 世纪歌手和故事”研讨会，并作大会报告。

巴莫曲布嫫作为文化部推荐的联合国教科文组织专家于 2010 年 5 月 10−14 日，5 月 19−26 日两次赴法国、9 月 14−21 日赴土耳其，11 月 12−20 日赴肯尼亚参加联合国教科文组织非物质文化遗产保护工作会议。

2010 年 4 月，尹虎彬赴荷兰莱顿大学进行《中国少数民族创世神话》英文论文集编辑工作。

应台湾有关方面邀请，2010 年 4 月 13−23 日，刘魁立赴台湾参加妈祖文化研究研讨会，2010 年 5 月 14−24 日，刘魁立、宋颖赴台湾参加中华经典文化访问及研习。

2010 年 10 月 18−27 日，民族文学研究所举办了第二期“IEL 国际史诗学与口头传统研究讲习班”。讲习班邀请德国波恩大学卡尔·赖希尔教授（Prof. Karl Reichl）和美国哈佛大学艾达·维丹博士（Dr. Aida Vidan），中国史诗学者朝戈金研究员（蒙古族）、郎樱研究员和阿地里·居玛吐尔地研究员（柯尔克孜族）等人进行专题讲座和研讨。

五、存在问题

鉴于当前国内外民俗学的发展趋势，以及民族文学研究所的具体情形，民俗学都是一个需要有较快发展的学科，当前学科发展中存在的问题是：第一，民俗学学科发展亟需优秀的、有前瞻性、开创性和凝聚力、影响力的团队及支撑平台，并能长期存在和发展。民族文学研究所需要充分考虑学科地位的奠定、学术核心平台建设和代际人才与专业队伍的培养等重要问题。第二，如何与国际民俗学研究机构和学者开展更为宽广和有一定深度的交流合作，例如，探索学生交换机制的建立等，进而实现学术的在地化和国际化的结合，推动研究范式的不断更新，仍然是需要解决好的问题。第三，近五年来国内外非物质文化遗产保护工作的紧迫性促使国家文化政策进行调整，亟需民俗学提供相应的学理依据和实践检验，民族文学所的研究者应该发挥其自身优势，在国家经济发展和社会进步的各项实践中作出更大的贡献。第四，推进口头与非物质文化遗产的数字化处理、保存和管理。

中国社会科学院文学研究所

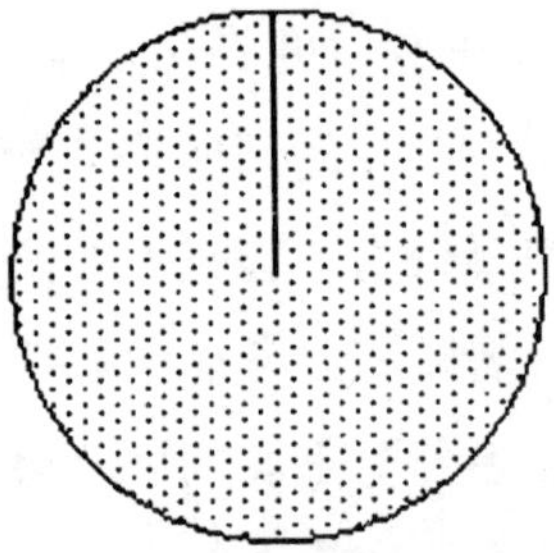

中国社会科学院文学研究所
民俗学科建制构成示意图

中国科学院文学研究所（文学系）民间文学学科点，20 世纪 80 年代初成为中国民间文学硕士点并开始招收硕士研究生。1997 年，国务院学位委员会学科目录调整后，民间文学的独立二级学科地位被取消，但中国社会科学院研究生院文学系的中国民间文学专业一直在招收硕士研究生，归口中国古代文学专业，属于该专业下的一个研究方向。2005 年和 2008 年，根据国务院学位办相关文件精神，民间文学学科点先后经文学系自主设置成为独立的二级学科硕士点和博士点，并分别从 2007 年和 2010 年开始，招收“中国民间文学”专业的硕士研究生和博士研究生。迄今为止，本学科点的民间文学研究取得了丰硕的成果，在专业人才培养上，也发挥了积极的作用。

一、学科建设

（一）学科体制

本学科点硕士研究生的招生工作从 20 世纪 80 年代早期就已经开始。1997 年，受国务院学位委员会学科目录调整工作的影响，中国民间文学的独立二级学科地位被取消，但作为中国古代文学专业下的一个研究方向，文学系中国民间文学专业一直在招收硕士研究生，迄今已经培养出多名硕士。

2005年，本学科点经文学系自主设置成为二级学科，重新获得了民间文学专业的硕士学位授予权，2008年，又按照国务院学位办相关文件精神，自主设置了民间文学博士点。本专业毕业的硕士和博士所撰写的学位论文，都达到了应该具备的水平，并具有较高的质量。从了解的情况来看，本学科点培养的硕士生和博士生都能够熟练掌握专业基本理论和方法，并运用这些理论和方法进行专业问题的研究，具备一定的独立科研的能力。

本学科点在中国社会科学院文学研究所招收“中国民间文学专业”（专业代码050121）的全日制博士生和硕士生，学科带头人为吕微、安德明和户晓辉。

（二）研究方向

本学科点有三个研究方向。

1. 民间文学基本理论

民间文学理论着重于研究民间口头文学传统的本质、特征、体裁等原理，并对这一普遍存在于人类社会的文学现象进行系统的阐释。民间文学研究是整个中国文学研究的有机组成部分，同时作为口头创作和传承的文化现象是中国传统文化的活态传承的表现，是密切联系现实的民族文化遗产调查研究和保护的时代课题。

民间文学是中国社会科学院文学所最早设立的专业之一，是文学研究所的传统优势学科。民间室自成立以来，虽然科研人员不多，但经过几代学者的努力，积累了丰硕的研究成果，其中不乏学术史上的传世之作或填补学术空白的重要著作。在民间文学基本理论的思考和探索方面，本学科尤其形成了自己鲜明的研究优势和特点，本学科点现有研究人员，在结合哲学、文化人类学和民俗学等相关学科的理论与方法，以及实证研究，探讨民间文学基本理论方面，多有优势，且体现出了在全国相关领域的领先地位。这一研究方向的持续发展，对于进一步完善民间文学学科本身的理论与方法，加强民间文学研究在整个人文学科领域的贡献，都具有重要的意义。

2. 中国民间文学史

中国民间文学史主要梳理和分析民间文学及其各体裁的发生发展过程与

规律，同时探讨现代学科意义上的民间文学研究自五四前后兴起以来的发展道路。对于这一学科的发生、发展及其与社会文化、民族精神之间的关系的探讨，既有助于我们进一步认识这门学科本身，也对进一步认识现代中国的社会、文化思潮、民族性等具有重要的意义。因此，该研究方向既是民间文学的，也是历史学、文化学和思想史的，有诸多学术发展的生长点。

本学科点多年来一直在进行关于中国民间文学史的研究，在关注民间文学体裁和相关作品发展历史的同时，也积累了大量的历代关于民间文学作品搜集和论述的资料，已经发表的相关成果，在国内具有开拓性的领先地位，对于这一研究方向的进一步发展，奠定了坚实的基础。

3. 口头艺术的民族志研究

20 世纪 60 年代以来，世界民间文艺学领域发生了诸多变化，其中，对“民间文学”定义和内涵，以及其历时性溯源方法的反思，成为其中的焦点问题之一。如今，越来越多的世界民间文艺学工作者倾向于用“口头艺术”（verbal art）取代传统的“民间文学”概念，随之而起的是对民族志研究方法的强调。因此，这一研究方向充分顺应了国际民间文艺学界的最新发展动向，注重通过田野研究，对特定区域和语境中的口头艺术的文类、角色、表演行为和事件等进行全面而深入的描述与研究。

本研究方向的现有人员均在口头艺术与民族志研究的理论和方法方面取得过丰硕的成果，在目前国内相关研究方向居于领先地位。这一研究方向既反映了传统民间文学学科在当代学术领域里的新发展，是国内民间文学学科领域里前沿的研究方向，同时也更容易同文化人类学、社会学、民族学等相邻学科交融互动，有利于进一步促进民间文学学科的建设、新兴及交叉学科的发展。

二、教学工作与人才培养

（一）教学人员

本学科点现有教授 3 人，副教授 3 人，其中具有博士学位教师 4 人。

（二）培养方案

1. 博士生培养目标

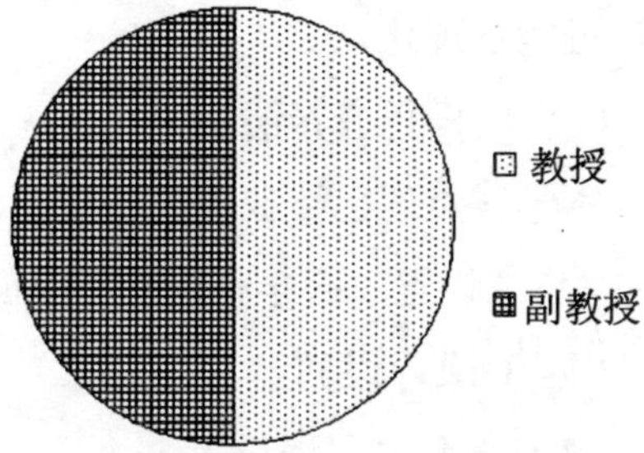

中国社会科学院文学研究所
民俗学科学术队伍构成示意图

要求博士研究生掌握本学科坚实的基础理论、研究方法和系统的专门知识，并了解民俗学、人类学等相关学科的知识，能够熟练运用民间文学的调查研究方法，独立解决本学科点一、两个前沿理论课题。本学科点的博士生培养主要面向高等教育机构和研究机构，毕业生应能承担国家级和省、部级社会科学规划项目的研究工作，同时能胜任民间文学专业基础课和专业课的教学工作。

2. 博士生培养方式

本学科点博士研究生的培养采取系统理论学习、进行民间文学的田野作业与科学研究相结合的方式。既要通过认真安排专业基础课和专业课的教学，使博士研究生牢固掌握基础理论和专门知识，又要培养博士研究生从事科学研究、独立进行田野作业和承担专门业务工作的能力。

实行导师负责制。课程设置以导师所开设的专题系列讲座为主，同时充分调动本学科点全体老师的力量，根据博士研究生不同的研究方向开设相关专业课。

在专题讲座之外，以指定必读书目、定期审查博士研究生的读书报告和专题论文为日常训练方式，务求实效。

合理地安排课程学习和民间文学的田野调查，充分调动博士研究生的主动性和自觉性，加强他们的自学能力、书面及口头表达能力田野作业能力的训练。

鼓励并安排博士研究生参加所内外的学术活动，尽力创造必要的条件，使他们能有选择地参加北京地区乃至外省市的学术活动（如学术研讨会、讲座等），以开阔学术视野并建立广泛的学术联系。

提倡跨学科交流，鼓励博士研究生选修专业外课程，以使他们的知识结构尽可能合理化。

（三）学生培养情况

本学科点现已毕业3名博士，8名硕士，有在读博士生2名，硕士生2名。其中，自主设置二级学科以来毕业的硕士有2名，在读博士生1名，硕士生2名。

（四）课程设置

博士研究生课程设置

公共必修课

（1）马克思主义与当代社会思潮　3学分

（2）第一外国语　3学分

（3）第二外国语　2学分

专业基础课

（1）民间文学基础理论　3学分

（2）中国民间文学史　3学分

（3）民俗学导论　3学分

（4）田野作业的理论与方法　3学分

（5）当代西方民间文学的理论与方法　3学分

专业课

（1）故事学　2学分

（2）神话学　2学分

（3）传说学　2学分

（4）史诗研究　2学分

（5）现代性与民间文学　2学分

（6）谚语研究　2学分

（7）民间信仰研究　2学分

（8）歌谣学　2学分

（9）文化人类学名著导读　2学分

三、科学研究

（一）研究成果

本学科近5年发表论文约170篇，在学术刊物发表约90篇，在学术会议发表约80篇。出版学术专著约20部。获国家级奖励3项，省部级奖励4项。

（二）科研项目

本学科承担科研项目8项：

中国社会科学院重大课题（A类）“中国民间文学史”（2000—2005）；

中国社会科学院重大课题（B类）“家乡民间文学研究——中国民间文艺学史上的一个重要流派”（2004—2008）；

人力资源和社会保障部“留学回国人员科技活动择优资助”项目“家乡民俗学：中国民俗学者的田野实践和理论反思”（2009—2012）；

教育部“留学回国人员科研启动基金”项目“权威的话语——民众生活语境中的民间谚语研究”（2003—2005）；

国家社科基金项目“中外民间文学关键词研究”（2003—2008）；

中国社会科学院文学所重点项目“论语与口传文化”（2003—2008）；

中国社会科学院文学所重点项目“柳田国男民间文学思想研究”（2007—2009）；

中国社会科学院文学所重点项目“16—19世纪西方人眼中的龙与中国形象”（2011—2012）。

四、学术交流

2007年以来，本学科点平均每月参与国内学术交流4次，平均每月参与国际学术交流1次。现摘要列举如下。

2007年，安德明获哈佛燕京学社资助，在哈佛大学访问一年，2007年间先后应邀在美国俄勒冈大学（University of Oregon）、葳涞大学（Willamette University）和加州大学伯克利分校（UC Berkeley）等学术机构进行学术讲座。

2007年6月，本学科点“中国民俗文化研究中心”与亚细亚民俗学会等单位联合主办了“传承人与学术界的对话：北京地区非物质文化遗产保护与传承规律学术研讨会”。

2007年，由本学科点安德明发起组织的“亚洲的宗教、大众文化与社会变迁研讨会”（Workshop onReligion，Popular Culture and Social Changes in Aisa）在美国哈佛燕京学社举行。会议由哈佛燕京学社资助。来自中国大陆、中国台湾和日本的6位在燕京学社做访问研究的学者和学生发表了论文，会议并邀请了哈佛大学和波士顿大学的三位教授进行讲评。

2007年9月，本学科点和北师大文学院民俗学与文化人类学研究所共同邀请美国俄勒冈大学（University of Oregon）历史学与民俗学副教授、亚洲研究部主任Ina Asim作题为《对南京历史的探索》学术讲座。

2007年10月－11月，吕微受奥地利科学院、捷克科学院邀请，分别在奥地利萨尔斯堡大学参加了有关“美学与审美教育”的国际学术研讨会，在捷克布拉格查理大学发表了题为“从语言的立场看全球化问题”的个人讲演，与捷克科学院东方研究所进行了学术交流与座谈。

2007年11月，本学科点和北师大文学院民俗学与文化人类学研究所共同邀请著名汉学人类学家、美国波士顿大学人类学系主任Robert Weller教授作题为《台湾的宗教传统与慈善公益》学术报告。

2007年12月，本学科点邀请当代旅游人类学的代表人物之一、美国加州大学伯克利分校人类学系教授Nelson Graburn做题为《全球化视野中的中国民族旅游》（Chinese Ethnic Tourism in Global Perspective）的学术报告。

2008年1月，本学科点与北师大文学院民俗学与文化人类学研究所联合，邀请美国公众民俗学领域的两位代表人物——纽约州艺术委员会民间艺术室主任、哈佛大学W.E.B. Du Bois非洲与非洲裔美国人研究所客座研究员Robert Baron和美国新奥尔良大学城市研究系教授、著名电视节目《美国之路》的创始人、制作者和主持人Nicholas Spitzer——举办以《文化的干预、保护与社区文化自主：美国公众民俗学的理论与实践》为主题的系列学术活动，并与本学科点和北师大的同行进行了广泛的学术交流。

2008 年 6 月，本学科点和民族文学所口头传统研究中心联合邀请美国印第安纳大学民俗学与音乐人类学系东亚研究中心副主任 Sue Tuohy（苏独玉）博士做了题为《中国民族音乐学及民族音乐的研究历史：对学科性的文化研究》的学术报告。

2008 年 11 月，本学科点接待来访的斯洛伐克科学院东方研究所 Henrieta Hatalova 博士和美国俄勒冈大学亚洲研究部主任 Ina Asim 副教授，并围绕民间故事、谚语等内容，同两位学者进行了座谈。

2008 年 10 月 –2009 年 1 月，邹明华在日本名古屋大学为期三个月的合作研究。

2009 年 9 月，本学科点与北师大民俗学与文化人类学研究所联合举办学术讲座，邀请美国俄勒冈大学建筑与应用艺术学院副院长 Doug Blandy 教授和该院副教授 John Fenn 博士分别做了题为《文化与文化遗产对于农村社区的宜居性及可持续发展的意义》和《全球性的努力：1989 年以来对于民俗价值的界定与拓展》的学术报告。

2010 年 3 月，本学科点和北京师范大学文学院民俗学与文化人类学研究所共同邀请，欧洲著名民俗学家和民族学家、德国柏林洪堡大学欧洲民族学研究所所长 Wolfgang Kaschuba 教授到达北京进行学术交流活动。

2010 年 5 月，本学科点和北师大文学院民俗学与文化人类学研究所联合邀请美国民俗学家、图兰大学（Tulane Univesity）人类学与美国研究系教授、美国著名电台节目《美国之路》（American Routes）制作者和主持人 Nick Spitzer 做学术报告，报告题目为《公共民俗学：美国的方法——对日常生活中传统延续性的研究》（Public Folklore——American Way：The Study of the Continuity of Everyday Life）。

2010 年 5 月始，施爱东受聘为东京大学东洋文化研究所外国人研究员，与泛亚细亚研究部菅丰教授展开“日中民　研究の理　と方法”合作研究。

2010 年 7 月—8 月，户晓辉在奥地利维也纳大学及其欧洲民族学研究所

（原名：民俗学研究所）进行学术访问。

2011 年 7 月，安德明与美国俄勒冈大学“中国藤”项目成员在北京妙峰山等地区进行合作考察。

2011 年 8 月，邹明华参加日本文部科学省的研究项目“东亚江河船歌研究”。

中央民族大学

中央民族大学民俗学科是以中国少数民族民俗文化为重点研究对象，具有鲜明特色的传统优势学科。多年来，本学科形成了理论研究与实践应用相结合、田野调查与历史文献相统一的研究范式，致力于推进多元一体的中国民俗学学派的建设，为少数民族和民族地区的文化建设，培养了大批人才，提供了智力支持。

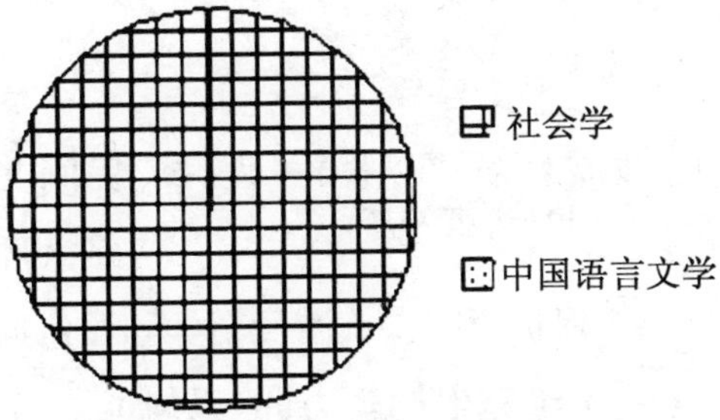

中央民族大学民俗学科建制构成示意图

一、学科建设

本学科点经过长期的学术积淀，凝练形成了三个特色鲜明的学科研究方向：一是少数民族民俗文化研究与非物质文化遗产保护，本研究方向通过对各民族传统民俗文化与现代变迁的研究，在构建一国多民族民俗学理论体系上作出了突出贡献，同时着力于少数民族非物质文化遗产的保护与传承，并为其提供了理论支撑和科学建议；二是少数民族口承文化研究，本研究方向充分利用少数民族语言文字，在少数民族口承文学史、民族民间叙事研究方面独树一帜；三是少数民族民俗文化资源的价值转换与文化创意研究，本研究方向重视对少数民族民俗文化资源的价值认知、价值转换模式、价值实现路径的研究，积极推动民族文化创意产业发展。

二、教学工作与人才培养

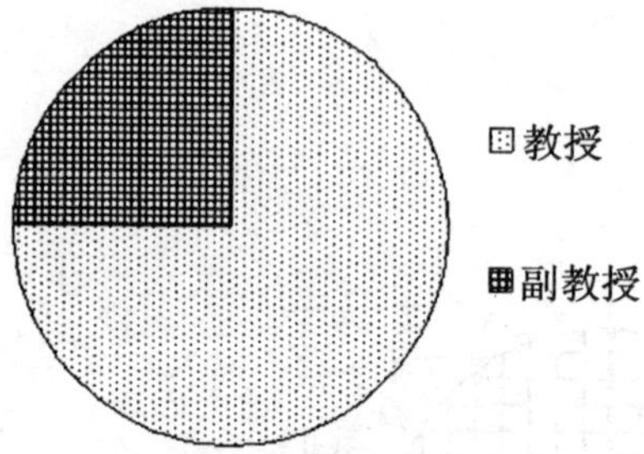

中央民族大学民俗学科学术队伍构成示意图

（一）教学人员

2012年本学科点在职教师4人，分别是：林继富、朱雄全、苏日娜、王卫华。其中，林继富为专职教师，其余皆为兼职教师。

（二）课程设置

本学科点开设研究生课程：民俗学、民间文艺学、民俗学理论与方法、民俗学前沿理论、民间叙事学、神话学、非物质文化遗产保护研究、旅游民俗学和民俗典籍导读等。

（三）研究生招生方向与导师

2001 年获得民俗学硕士授予权，2003 年获得博士授予权。

近五年来招收博士生 26 人，授予学位的 10 人，招收硕士生 89 人，授予硕士 57 人。

1. 硕士生招生方向与硕导

中国少数民族民俗：林继富、苏日娜

民间文艺学：林继富、王卫华

民俗价值转换与创意研究：朱雄全

2. 博士生招生方向与博导

非物质文化遗产保护研究：林继富

中国少数民族民俗：苏日娜

3. 博士学位论文题目

2007 届

宋颖《端午节研究：传统、国家与文化表述》

2008 届

张曙光《蒙古族那达慕的现代传承与阐释》

王志清《从语言民俗看农区蒙古族村落的变迁》

[韩] 林宣佑《中国春节习俗的传承与人文精神》

秋喜《蒙古英雄史诗的口头叙事传统——金巴扎木苏〈圣主格斯尔可汗〉的程式分析》

2009 届

黄龙光《民间仪式、艺术展演与民俗传承——峨山彝族花鼓舞田野调查研究》

白永芳《哈尼族女性服饰文化中的历史记忆——以云南绿春县“窝拖布玛”为例》

2010 届

刘兴禄《愿傩回归——当代湘西用坪瓦乡人还傩愿重建研究》

王卫华《春节习俗与女性身份意识——以当代山东沂蒙山区榆钱村为个案》

姜迎春《长篇叙事民歌〈嘎达梅林〉文本和历史记忆研究》

2011 届

陈安霞《走出来的亲戚：山西洪洞羊獬“三月三”接姑姑研究》

杨旭东《现代北京评书书场研究》

王雪《制度化背景下的剪纸传承与生活实践——以山东高密河南村为例》

三、科学研究

（一）理论研究

近五年来，本学科研究人员的课题内容和研究范围涉及民俗志调查、民族民间信仰、民族公共文化时间、民族民间叙事、民族服饰、非物质文化遗产保护、民族文化创意等领域，其研究优势体现在中国少数民族民俗、中国少数民族公共文化时间调查研究、中国民间叙事研究和中国民间信仰研究等方面。本学科研究人员积极投身到社会调查和民俗调查之中，积极从事科学研究工作，取得了显著的学术业绩。

（二）科研项目

近五年来，获得了各类重要的科学研究项目 20 项，其中国家社会科学基金项目 7 项，具体为“蒙古族游牧文化的变迁”、“中国南方少数民族叙事诗研究”、“民间叙事传统与故事传承”、“清江流域土家族始祖信仰现代表述研究”、“中国少数民族神话比较研究”、“草原图腾文化研究”、“德都蒙古史诗文化研究”等，国务院各部委项目 12 项，北京市项目 2 项；获得省部级以上奖励 5 项。

（三）学术成果

本学科点近年出版的主要著作有《观音：神圣与世俗》、《中国少数民族服饰》、《中国少数民族节日》、《〈江格尔〉与〈荷马史诗〉比较研究》、《蒙古神话比较研究》、《南方民族叙事艺术》、《阿尔泰兽祖神话探源》、《中国阿尔泰语系诸民族神话比较研究》、《西藏民间信仰源流》和《民间叙事传统与故事传承》等 40 多部。发表论文 228 篇，其中学术刊物 156 篇，学术会议论文 72 篇，收录 SCI\SSCI2 篇。代表性论文有《成吉思汗祭祀文化的变迁》、《蒙古族与藏族的天体神话与天神信仰的比较研究》、《观音信仰在四川遂宁地区的传播》、《蒙元时期的头饰》、《罟罟冠形制考》、《春节家祭礼俗与女性身份意识》、《藏族农耕信仰研究》等。

四、学术交流

（一）国内讲座

“民俗宗教与国家民族政策”，周星，日本爱知大学教授，2005 年 12 月 5 日。

“民俗学：过去、现在和未来”，刘锡诚，中国文联研究员，2006 年 10 月。

“非物质文化遗产保护问题”，向云驹，中国文联研究员，2006 年 12 月。

“民俗时间与空间研究”，周星，日本爱知大学教授，2007 年 3 月 27 日。

“民俗学论文的写作范式与治学方法”，万建中，北师大教授，2007 年 10 月 15 日。

“族群认同与传统文化的生命力”，张举文，美国葳涞大学教授，2007 年

12月6日。

“民间艺术与民间文化”，孙建君，中国艺术研究院研究员2007年12月6日。

“文化遗产保护与我们的责任”，白庚胜，中国文联研究员，2007年12月10日。

“中国民间艺术走进美国社会——亲历与思考”，何红一，中南民族大学教授，2008年10月30日。

“探寻日本文化的根基”，[日本] 佐野贤治，日本神奈川大学历史民俗资料学研究科教授，2008年11月3日-5日。

“对于家乡民间信仰的调查和研究——我的博士论文写作经验”，安德明，中国社会科学研究院研究员，2008年12月23日。

“日本无形文化财”，王晓葵，中山大学非物质文化遗产研究中心副教授、国际日本文化研究中心（京都）共同研究员，2009年3月4日。

“民俗、饮食方式与超自然力”，[美国] Timothy Lloyd，美国民俗学会执行主席，2009年10月14日。

“民间舞蹈与民间习俗”，马盛德，国家非物质文化遗产保护工作专家委员会委员，2009年10月30日。

“平安时期的观音信仰叙事”，[日本] 日向一雅，明治大学文学部文学科教授，2009年11月3日。

“民间宗教与仪式象征”，金泽，中国社会科学院研究员，2009年12月10日。

“形象与想象：柏林的都市民俗学”，[德国] 沃尔夫刚·卡舒巴，柏林洪堡大学欧洲民族学研究所所长，2010年4月8日。

“非物质文化遗产基本特征及其保护原则”，刘魁立，国家非物质文化遗产保护专家委员会副主任、中国民俗学会理事长，2010年5月31日。

“作为感受之学的民俗志”，刘铁梁，北京师范大学文学院教授，2010年9月27日。

“文化保护与发展的民俗学观照”，李松，文化部民间文艺发展中心主任，

2010年10月25日。

“听‘西北王’讲民俗”，郝苏民，西北民族大学民族学与社会学学院教授，2010年10月31日。

“岭南民俗的嬗变及其开发利用”，叶春生，中山大学文学院教授，2010年11月1日。

“我国非物质文化遗产保护的进程及相关问题”，马盛德，文化部非物质文化遗产司副司长，2011年3月14日。

“中国少数民族国家级非物质文化遗产项目保护问题——有关民族民间信仰习俗的话题之一”，乌丙安，中国民俗学会荣誉会长、国家非物质文化遗产保护专家委员会副主任，2011年4月7日。

“二十世纪西方史诗学综述”，朝戈金，中国社会科学院民族文学研究所所长，中国民俗学会会长，2011年6月6日。

“口头传统的理论与方法”，尹虎彬，中国社会科学院民族文学研究所副所长，研究员，2011年9月20日。

“在天成象，在地成形——山东沂源牛郎织女传说研究”，叶涛，中国社会科学院世界宗教研究所研究员，中国民俗学会秘书长，2011年10月11日。

“世界民间故事研究倾向”（2011年10月17日）、韩国民间故事研究史”（2011年10月17日）、”中韩民间故事的比较”（2011年10月22日），[韩国]崔仁鹤。

“中国民俗学三十年：机遇与挑战”，安德明，中国社会科学院文学研究所民间室主任，研究员，2012年4月11日。

“蒙古族的游牧民俗生活仪式及其变迁”（2012年4月24日）、“蒙古族的传统文化以及生态环境变迁”（2012年4月26日）、“民族志的田野调查方法以及数字化处理”（2012年5月8日），[日本] 小长谷游纪。

（二）国内会议

2005年11月，东北亚民间信仰学术研讨会。

2006 年 11 月，神话、民间信仰学术研讨会。

2009 年 12 月，全国民族文化数字化保护与传承研讨会。

2010 年 11 月，中国民俗志理论与实践学术研讨会。

2011 年 10 月，中国民间叙事与民间故事讲述人学术研讨会。

五、存在问题

人才培养经费投入不够；

合理的学科建设体系，包括课程体系建设尚欠科学；

民俗学服务社会、服务国家文化建设的功能发挥得不够；

不同学校的民俗学学科之间的联系缺乏有效的连接。

华东地区

安徽大学

安徽大学民俗学二级学科硕士点[1]，是在安徽大学社会学系原系主任王邦虎教授、系副主任钟金洪副教授的组织下，以安徽大学徽学研究中心主任卞利教授为领衔导师和学科带头人，在社会学一级学科下所设置二级学科硕士招生点。该硕士点成立之初，便整合了本系及本校民俗学、社会学、历史学、人类学等学科的师资力量，力求在一个较为宽厚的学术平台上进行学术研究和人才培养。

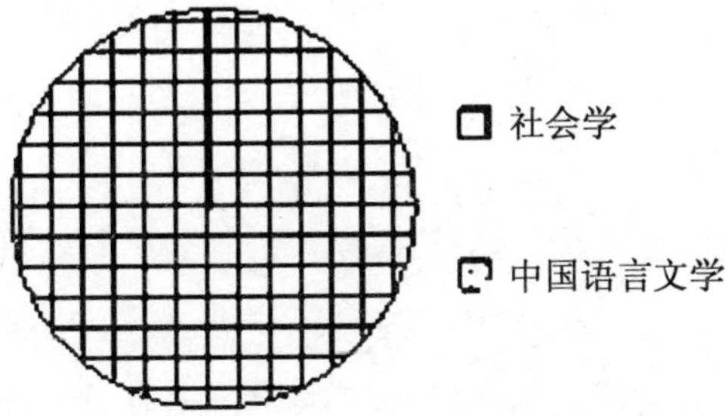

安徽大学民俗学科建制构成示意图

自2007年以来，安徽大学民俗学硕士点在学科建设、人才培养、科学研究和学术交流等方面已取得了一定的成绩，为今后的继续发展奠定了良好基础。

一、学科建设

安徽大学民俗学二级学科硕士点，在学科设置、研究方向、研究机构和硕士学位授予人数等方面，都已得到发展。具体情况如下。

（一）学科建制

安徽大学民俗学硕士点，于2005年申报，2006年获得审批，2007年正式招生。它原为安徽大学社会学系社会学一级学科下的民俗学二级学科硕士招生点，在2011年6月安徽大学社会学系与政治学系合并重组社会与政治学院之后，则隶属于新成立的安徽大学社会与政治学院。

1　本报告书由安徽大学徽学研究中心卞利教授、安徽大学社会与政治学院人类学系刘目斌联合撰写。初稿完成后，经本专业各位导师补充、修改和完善以及学院领导审阅、指导，最后定稿。在此，对学院领导和各位老师的大力支持，我们深表感谢。

（二）研究方向

安徽大学民俗学二级学科硕士点，现主要设有区域民俗研究、宗教民俗研究等研究方向。

区域民俗研究。此为本专业的重点研究方向，它立足于安徽省皖北淮河流域、皖中江淮之间、皖南山区和长江流域等不同区域的民俗文化研究，尤其是在皖南徽州地区民俗文化的研究方面积累了较多的研究成果。从区域民俗的视角出发，探讨民俗文化的发生、发展、嬗变的一般性规律及其地域性文化特征，由此来丰富民俗学学科的理论和研究方法。

宗教民俗研究。该研究方向主要是立足于安徽地方社会的民间宗教和民俗信仰，借鉴宗教人类学、宗教社会学的理论和方法，探讨民间信仰的发生、衍化与地方社会发展之间的内在关联性，引导人们以恰切的态度来对待民间宗教和民俗信仰事象，以便服务于地方社会的和谐健康发展。

（三）研究机构

安徽大学民俗学二级学科硕士点，目前已成立“比较民俗研究所”。该研究所正在开展的工作主要有以下两点：

一是在以往关注皖南徽州民俗与池州民俗、皖北淮河流域民俗、皖中江淮之间的民俗研究基础上，运用比较民俗学的研究方法，着力于安徽省不同区域之间的民俗比较研究，以探讨同一省份内部不同区域之间民俗产生、发展和演变的内在规律。

二是充分发挥本硕士点不同研究方向师资力量的优势，就安徽省特定区域的民俗文化与其他省份或地区的同一类民俗事象进行比较研究，力求以更为宽广的视角来认识民俗文化自身的发生、衍化之内在发展规律及其所受外部自然地理环境因素的影响。

二、教学工作与人才培养

迄今，安徽大学民俗学二级学科硕士点共招收民俗学硕士研究生五届 27 人。其中已毕业两届 12 人，授予法学硕士学位；在读三届的人数为 15 人。

已毕业研究生的硕士论文主要围绕安徽省不同区域的民俗文化进行选题，开展客观而深入的区域民俗研究。在保持培养质量的基础上，本专业正拟逐渐扩大招生数量和规模，以适应安徽省地方社会文化发展和建设的需要。

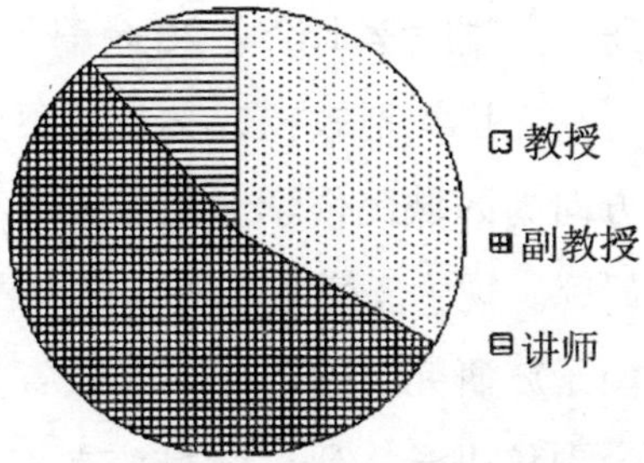

安徽大学民俗学科学术队伍构成示意图

（一）教学人员

安徽大学民俗学二级学科硕士点，自成立之初迄今共有本专业教学人员 9 名，其中教授 3 名，副教授 5 名，讲师 1 名；7 名具有博士学位，2 名具有硕士学位。

卞利，教授，历史学博士，毕业于南京大学历史系，历史文献学博士生导师，讲授《中国民俗学与民俗学史》、《徽州民俗》等课程。卞利教授为教育部人文社科重点研究基地——安徽大学徽学研究中心主任，安徽省首批学科与技术带头人，兼任中国社会史学会副会长、中国民俗学会理事、中国明史学会理事、安徽省非物质文化遗产保护专家委员会委员、安徽省徽学会副会长、《安徽大学学报》（哲社版）、《甘肃古籍研究》和《安徽农业大学学报》（社科版）编委、学术年刊《徽学》集刊主编等学术职务，安徽大学创新团队（A 级）“徽学与明清徽州社会史研究”负责人。硕士生招生方向为区域民俗，主要研究方向为徽学与明清区域社会经济史等，独立撰写出版《国家与社会的冲突和整合》、《徽州民俗》、《明清徽州社会研究》、《胡宗宪评传》等著作 6 部，在《历史研究》、《中国史研究》、《新华文摘》、《人民日报》和《光明日报》理论版等报纸杂志上，发表学术论文 100 余篇。获安徽省人民政府和安徽省教育厅优秀人文社科成果奖多项。多次赴日本、韩国、德国、法国、荷兰及中国台湾、香港、澳门等国家和地区进行讲学和学术交流，2010 年 6 月，作为安徽省唯一一位学者为上海世博会举行主题演讲。

钟金洪，副教授，原安徽大学社会学系副主任，硕士生招生方向为理论民俗学，现已退休，不再招收研究生。主要从事民俗学、社会学理论方向的研究。撰写学术论文20余篇，主编和参编著作6部。

方川，副教授，文艺学硕士，毕业于山东师范大学文学院，硕士生招生方向为区域民俗学。他主要从事民俗学、民间文学、文艺美学等专业的教学研究。现为安徽省高校首批中青年骨干教师、中国民俗学会会员、安徽省《淮南子》研究会副会长、安徽省文艺评论家协会理事、安徽省艺术鉴赏学研究会副秘书长。研究领域主要有城市民俗、民俗与思维、民间文学与传播学、非物质文化遗产的保护和开发、淮河流域的族群文化（民俗文化）、小说民俗学、《淮南子》中的民俗文化等。在《学术界》、《民俗研究》、《华东师范大学学报》、《寻根》、《神州民俗》、《文艺百家》等刊物发表科研论文30余篇，出版《媒妁史》、《民俗思维》等著作3部（1部独著、2部合著）。

沈昕，教授，历史学博士，毕业于安徽大学历史系，讲授《民俗学研究方法》、《徽州民俗》等课程。硕士生招生方向为区域民俗研究。主要研究领域为民俗学、社会学、徽学。在《国际新闻界》、《当代世界与社会主义》、《光明日报》、《高校理论战线》、《思想教育研究》、《社会科学战线》、《思想理论教育导刊》、《安徽大学学报》、《安徽史学》等刊物上，发表论文近30篇，其中多篇被《人大复印资料》全文转载，主持、参与国家级和省部级科研项目20余项。主要学术兼职：安徽黄山文化研究院常务理事，安徽省社会学会常务理事，安徽省徽学会理事，安徽省社会保障学会理事，安徽省伦理学会理事，中国未来学研究会会员，全国青少年研究会会员。

汤夺先，副教授，民族学博士，毕业于兰州大学西北少数民族研究中心，讲授《民间文学》、《文献民俗志》等课程。硕士生招生方向为区域民俗学。汤夺先现为安徽大学社会与政治学院人类学系民俗学专业、人类学专业硕士生导师，安徽大学首届青年骨干教师，安徽大学杰出青年科研基金获得者；安徽大学农村社会发展研究中心研究人员，安徽大学民族文化与社会发展研究所所长。学术兼职主要有国际人类学与民族学联合会（IUAES）会员、中国民族学与人类学研究会会员、安徽省社会心理学会理事等。在《民族研究》、《东疆学刊》、《民族教育研究》、《新疆大学学报》、《西藏研究》、《中央民族大学学报》、《中南民族大学学报》、《北方民族大学学报》、《黑龙江民族丛刊》、《华南师范大学学报》、《西北师大学报》、《公安研究》等核心期刊上发表学术论文 50 余篇。

周典恩，副教授，人类学博士，毕业于厦门大学人类学系，讲授《民间信仰专题研究》，硕士生招生方向为宗教民俗。周典恩现为安徽大学社会与政治学院人类学系主任，安徽省学术和技术带头后备人选。主要从事宗教社会学、民俗学、人类学的研究。在《世界宗教研究》、《广西民族研究》、《贵州民族研究》、《烟台大学学报》、《西南民族大学学报》、《北方民族大学学报》、《华南农业大学学报》等核心期刊上发表论文 30 余篇。

吴宗友，教授，民族学硕士，毕业于云南民族大学历史系，讲授《西方民俗学史》。吴宗友现为安徽大学社会与政治学院社会工作系主任，主要从事文化人类学、民俗学、社会工作研究。出版著作《传统文化与现代文明相对接》（合著）一部。在《学术界》、《安徽大学学报》、《中国人口资源与环境》、《民族艺术研究》、《云南民族大学学报》、《江淮论坛》等核心期刊上发表论文 30 余篇。

夏当英，副教授，社会学博士，毕业于南开大学社会学系，讲授《中国文化史》。夏当英主要从事中国社会思想史、宗教社会学研究，出版学术专著《中国传统社会宗教的世俗化研究——以金元时期全真教社会思想与传播为个案》一部、与人合著两部。在《孔子研究》、《社会科学战线》、《安徽大学学报》、《江淮论坛》、《温州大学学报》等核心期刊上发表论文 10 余篇。

梁德阔，副教授，人类学博士，毕业于上海大学社会学系（现已调至上海商学院工作），曾讲授《民俗学研究方法》。

刘目斌，讲师，民俗学博士，毕业于北京师范大学文学院民俗学与文化人类学研究所，主要从事民俗学、民间文艺学研究。刘目斌讲授《民俗学研究方法》、《安徽民俗文化专题研究》、《文献民俗志》等课程，出版著作《民俗：在适应与变迁中传承》（合著）一部，在《民族文学研究》、《中南民族大学学报》等核心期刊上发表论文 10 余篇。

在现有教学人员中，汤夺先、周典恩、刘目斌先后在中国社会科学院民族学与人类学研究所、复旦大学社会学博士后流动站从事博士后研究工作，吴宗友在美国弗罗里达州立大学人类学系从事为期一年的学术访问。

（二）课程设置、课时、学分与课程内容大要

安徽大学民俗学专业硕士点，共开设11门课，每门课3学分，36学时。

中国民俗学与民俗学史，专业必修课。本课程主要介绍民俗学的基本理论和研究方法与中国民俗学的研究领域及其历史发展脉络等学科的相关基础内容，旨在让学生对于本学科的基础知识有个明确把握和了解，为进一步学习其他分支课程和今后研究打下牢固的基础。

民间文学，专业必修课。本课程旨在让学生就民间文艺学的基本研究领域进行深入的了解，同时就民间文艺学研究的学术前沿予以把握和跟踪，如与民间文学研究息息相关的美国民俗学界的表演理论、口头程式理论和民族志诗学等进行深入讨论。

民俗学研究方法，专业必修课。本课程旨在让学生就民俗学的基本研究方法，尤其是田野作业方法有个深入的学习和掌握，为田野调查收集资料和最后的民俗志写作奠定基础。此外，对于文献法、比较法、分类法、问卷法、统计法等相关研究方法也进行掌握和了解。

西方民俗学史，专业必修课。本课程旨在让学生掌握国外民俗学发展的历史进程，掌握国外民俗学的主要理论流派和研究方法，从而为更好地学习中国民俗学奠定坚实的学科基础。

徽州民俗，专业选修课。本课程旨在对安徽省独具文化特色的皖南徽州地区的民俗文化进行系统的讲解和分析，让学生掌握区域民俗文化的研究路径，同时也在区域民俗研究理论和方法方面进行深入探索。

文献民俗志，专业选修课。本课程旨在让学生对于中国历史上不同时期所流传下来的丰富民俗文献典籍有个大致了解，然后着重选取数部有代表性的典籍文献，如《论语》、《孟子》、《荆楚岁时记》、《酉阳杂俎》、《东京梦华录》、《梦粱录》、《中华全国风俗志》等，结合具体时代背景，借助民俗学、人类学等相关学科的理论和方法进行解读。

民间信仰专题研究。本课程旨在让学生对于民俗信仰这一民俗学重要研究领域的基本内容、学术前沿、理论与方法有个全面掌握。同时选取安徽省区域民俗信仰的案例进行深入分析。

中国文化史。本课程旨在加强学生对于中国文化史和传统文化诸领域内容的掌握和了解，以拓宽学生分析民俗事象所必备的宽阔历史知识背景和基础。

安徽民俗文化专题研究。本课程旨在对安徽民俗文化的介绍和研究，以丰富区域民俗研究的理论和方法。让学生在对安徽地域诸类民俗文化事象系统全面了解的基础上，着重就安徽地域民俗文化总体的发生（或说起源）、基本特征和社会功能、安徽民俗与田野作业方法、安徽民俗资源的实际应用等问题进行解读。

旅游民俗学。本课程旨在对旅游民俗学的涵义、基本研究领域、理论与方法进行学习的基础上，着力于在文化旅游开发快速发展的时代背景下，就民俗文化资源的应用、保护和开发等相关现实性问题进行探讨。

人类口头与非物质文化遗产。在人类口头与非物质文化遗产全球推进的时代背景下，适时增设本课程，旨在对于非物质文化遗产的概念、分类、保护历史、保护的原则和方法、普查和申报的原则和方法等理论性问题进行探讨，让学生掌握这些基本知识，以便能够作用于非物质文化遗产保护的具体实践。

（三）招生目录

安徽大学社会与政治学院 2012 年社会学一级学科下包括民俗学在内的各二级学科招生，目录如下。

表 1. 安徽大学民俗学学科点等 2012 年招生目录

<table>
<tr><th>一级学科</th><th>学科专业、研究方向</th><th>考 试 科 目</th><th>备 注</th></tr>
<tr><td rowspan="4">0303
社会学
招生人数：35
(暂定)</td><td>030301 社会学
01 社会学理论
02 应用社会学
03 政治社会学
04 中国社会思想史</td><td rowspan="4">① 101 思想政治理论
② 201 英语一
③ 613 社会学理论
④ 805 社会学研究方法
复试科目：社会心理学</td><td rowspan="4">不招收同等学力</td></tr>
<tr><td>030302 人口学
01 区域人口研究
02 人口与可持续发展</td></tr>
<tr><td>030303 人类学
01 人类学理论与方法论
02 应用人类学</td></tr>
<tr><td>030304 民俗学
01 民俗学理论与方法
02 区域民俗学
03 宗教民俗学</td></tr>
<tr><td colspan="4">考试科目内容范围说明
613 社会学理论：社会学基本概念与基本理论；社会学史；社会关系；社会结构；社会控制；社会变迁；社会学与当代中国研究。
805 社会学研究方法：认识论、方法论、研究方法、研究设计、调查研究、文献研究、实地研究。
社会心理学：不指定范围。</td></tr>
</table>

（四）硕士生招生方向与硕导

安徽大学民俗学二级学科硕士点现有三个招生方向：区域民俗学、民俗学理论、宗教民俗学。硕士生导师有：卞利教授、沈昕教授、钟金洪副教授（已退休）、方川副教授、汤夺先副教授和周典恩副教授等六位。

三、科学研究

近些年来，安徽大学民俗学专业的硕士生导师和专业梯队成员，充分发挥安徽省丰富多样的区域民俗文化之研究优势，在理论探索、科研项目和学术成果方面，取得了一定的研究成果。

（一）理论研究

安徽大学民俗学硕士点的全体科研同仁，群策群力，在整合各自学科背景之优势的同时，积极探索民俗学研究的新出路，大力加强区域民俗文化研究，寻求区域民俗研究理论的创新之路。

首先，借鉴社会史、历史人类学的研究成果，结合具体历史地理背景，加强区域民俗文化的历史研究，将区域民俗的历史研究与现状研究相结合，意在将其贯通一致，寻求区域民俗的纵向历时性研究与横向共时性研究的统一，实现区域民俗事象的整体性研究。

其次，在立足安徽地域民俗文化研究的基础之上，充分发挥本学科点全体科研同仁原先的学术背景和研究领域，进行安徽不同区域间民俗文化的比较研究及安徽区域民俗文化与其他省区同一民俗文化事象的跨地域比较研究，以便更为深入地探索民俗文化事象自身产生、发展、演化的内在运行机制。

（二）科研项目

安徽大学民俗学硕士专业导师及专业梯队成员，在徽州宗族文化、地方节日文化、族群文化、宗教文化研究等方面，主要主持或完成了诸多科研项目。

卞利教授，近年来先后主持或完成国家社会科学基金项目4项（含子课题2项）、教育部人文社科重点研究基地重大项目3项，主持与法国高等研究院、韩国国学振兴院及中国台湾合作课题各1项，具体如下。

1．国家社会科学基金项目“明清民事法律规范的调整与农村基层社会的稳定”（97BZS003）。

2．国家社会科学基金项目“明清时期的村规民约与乡村治理”（06BZS011）。

3．教育部人文社科重点基地重大课题“明代徽州族谱研究”（08JJD770085）。

4．全国高校古委会项目“明清徽州族规家法选编”（0902）。

5．安徽省人才开发基金项目“明清时期徽州村规民约研究”（2007Z038）。

6．国家社科基金特别委托项目“中国节日志”（09@ZH013）之“春节卷·安徽春节志”（与汤夺先博士联合主持）。

方川副教授先后主持省部级科研项目3项，作为课题指导1项，具体如下。

1．主持安徽省社科规划项目“安徽第三大文化现象研究”（2009年批准）。

2. 主持安徽省社联项目“淮河流域族群文化特征及其对安徽经济社会发展的影响”（2009 年批准）。

3. 主持安徽省高校产学研重点项目“毛集综合实验区旅游文化产业立体开发研究”（2009 年批准）。

4. 作为课题指导，参加教育部人文社科一般项目“徽州家具的民俗学研究”（2010 年批准）。

沈昕教授先后主持、参与国家级、省部级项目 20 余项，部分项目如下。

1. 主持安徽省哲学社会科学规划项目“安徽高校创新型文化建设和创新型人才培养研究”（AHSKF05—06D23）。

2. 主持全国妇联／李嘉诚基金会项目“启璞计划项目培训者管理机制研究”。

3. 主持省政府发展研究中心项目“历史徽商创新发展研究”。

4. 参与校级创新团队项目“徽学与明清徽州社会史研究”。

5. 中国计生协委托项目“中国社会组织参与养老服务研究”主要执笔人。

6. 主持安徽大学人才队伍建设项目“徽州地方族群史研究——以明清祁门善和程氏为例”。

7. 安徽省哲学社会科学规划项目“提升安徽文化软实力发展战略研究”（AHSKF07—08D50）主要执笔人。

8. 省领导委托课题“提升安徽文化软实力发展战略及指标体系研究”主要执笔人。

9. 省领导委托课题“安徽省虚拟社会建设若干问题研究”主要执笔人。

汤夺先副教授先后主持国家社会科学基金项目 2 项（含 1 项子课题）、教育厅人文社科重点研究基地重大项目 1 项，安徽大学杰出青年培育基金项目 1 项、安徽大学人才队伍建设项目 1 项，中国残疾人联合会项目 1 项，具体如下。

1. 国家社科基金青年项目“和谐社会建设中的少数民族流动人口问题研究”（07CMZ012）。

2. 国家社科基金特别委托项目“中国节日志”招标子课题“春节·安徽

卷”(JRZCH201014)(与下利教授联合主持)。

3. 安徽省教育厅人文社会科学重点研究基地重大项目“乡镇综合改革背景下的乡镇债务化解及其预警”(2007sk053zd)。

4. 安徽大学杰出青年科研培育基金项目“都市少数民族流动人口的多元认同研究”。

5. 中国残疾人联合会2010—2011课题“专业社会工作介入残疾人服务研究”(2010&ZC007)。

周典恩副教授先后主持国家社会科学基金项目1项，中国博士后面上资助项目、特别资助项目两项，安徽省教育厅人文社会科学基金重点项目1项，具体如下。

1. 国家社会科学基金项目“台湾地区族群问题研究”(08CMZ004)。

2. 中国博士后基金一等面上资助项目“基督教与当代中国农村社会”。

3. 中国博士后特别资助项目“族群关系与当代台湾政治生态研究”。

4. 安徽省教育厅重点项目“基督教与当代安徽农村社会”。

刘目斌讲师先后主持国家社会科学基金特别委托项目的子课题1项，教育部人文社科基金青年项目1项，安徽省教育厅人文社会科学基金重点项目1项，具体如下。

1. 国家社科基金特别委托项目“中国节日志”之子课题“中国土族纳顿节”(JRZ2008004)。

2. 教育部社会科学基金项目“安徽傩文化与青海三川傩文化的比较研究”(10YJC850016)。

3. 安徽省教育厅社科重点项目“安徽傩文化的传承与保护研究”(2010sk049zd)。

(三)代表作

近年来，安徽大学民俗学硕士点的研究同仁，在徽州民俗、宗族文化、族群理论、民间信仰、民俗文化变迁等诸多方面，取得了一定的研究成果。其中，代表性成果具体如下。

1. **出版著作**

卞利《国家与社会的冲突和整合》，中国政法大学出版社，2008。

卞利《徽州民俗》，安徽人民出版社，2005。

卞利《明清徽州社会研究》，安徽大学出版社，2004。

卞利《徽州古桥》，辽宁人民出版社，2002。

卞利《胡宗宪评传》，中国文联出版社，2001。

朱万曙、卞利主编《戏曲·民俗·徽文化论集》，安徽大学出版社，2004。

钟金洪主编《马克思主义社会学思想》，中国社会出版社，2001。

方川《媒妁史》，广西民族出版社，2000。

方川、王怀义《民俗思维》，黑龙江人民出版社，2004。

夏当英《中国传统社会宗教的世俗化研究》，巴蜀书社，2010。

张春秀、刘目斌等《民俗：在适应与变迁中传承》，中央民族大学出版社，2008。

2. **主要论文**

卞利《从民俗、民俗学到非物质文化遗产保护》，《民俗研究》，2011 年第 4 期。

卞利《明清徽州的村规民约和国家法之间的冲突与整合》，《新华文摘》，2006 年第 7 期。

卞利《明代徽州的民事纠纷与民事诉讼》，《历史研究》，2000 年第 1 期。

卞利《清代江西赣南地区的退契研究》，《中国史研究》，1999 年第 2 期。

卞利《明清徽州的宗族公约叙说》（日文），日本大阪市立大学《东洋史论丛》，2007 年 6 月。

卞利《明清时代中国黟县宏村汪氏与韩国泉州柳氏宗族社会生活与民俗比较研究》（韩文），韩国《安东学研究》，2007 年第 6 期。

卞利《明清徽州乡村社会的经济与文化》，台湾《明代研究》，第八期（2005）。

卞利《文化生态保护区建设中存在的问题及其解决对策——以徽州文化

生态保护实验区为例》，《文化遗产》，2010 年第 4 期。

卞利《明代徽州谱牒的纂修、管理及其家国互动关系研究》，《江海学刊》，2010 年第 1 期。

卞利《无徽不成镇——明清时期的徽商与城市发展》，《社会科学》，2011 年第 1 期。

卞利《明清时期徽州婚姻礼俗初探》，《徽学》，2010 卷。

卞利《明清时期徽州的宗族公约研究》，《中国农史》，2009 年第 3 期。

卞利《清代徽州宗族聚居村庄的社会、经济与文化——以祁门红紫金氏宗族为中心》，《安徽大学学报》，2008 年第 4 期。

卞利《论徽州碑刻资料的主要内容和学术价值》，《文献》，2002 年第 4 期。

卞利《明清徽州的宗族管理、经济基础及其祭祀仪式》，《社会科学》，2006 年第 6 期。

卞利《明清徽州乡（村）规民约论纲》，《中国农史》，2004 年第 4 期。

卞利《徽州文化遗存的文化内涵与学术价值》，《探索与争鸣》，2004 年第 8 期。

卞利《试论明清以来徽州山区的经济民俗》，《黄山学院学报》，2002 年第 3 期。

卞利《徽州民俗简论》，《黄山学院学报》，2001 年第 3 期。

卞利《明清时期徽州的会社初探》，《安徽大学学报》，2001 年第 6 期。

卞利《明中叶以来徽州争讼和民俗健讼问题探论》，《明史研究》，1993 年第 3 辑。

钟金洪《社会理论的新探索》，《安徽大学学报》，1995 年第 6 期，人大复印资料《社会学》1996 年第 1 期全文转载。

方川《刘安对“淮南文化”发展贡献论略》，《学术界》，2011 年第 2 期。

方川《中国城市民俗研究述论》，《民俗研究》，2000 年第 4 期。

方川《中国城市民俗特征论》，《民俗研究》，1998 年第 1 期。

方川《20 年来城市民俗研究的开拓、精进与前瞻》，《淮南师范学院学报》，

2005年第1期。

方川《中国现代小说创作的民俗学批评》，《淮南师范学院学报》，2003年第6期。

方川《秋千的起源与流变》，《寻根》，2003年第2期。

方川《地方民间文化工作者专业素养缺失现状及对策初探》，《神州民俗》，2007年第9期。

汤夺先《西北大城市少数民族流动人口若干特点论析——以甘肃省兰州市为例》，《民族研究》，2006年第1期。

汤夺先《从〈酉阳杂俎·黥〉看唐代的文身风俗》，《华南师范大学学报》，2010年第5期。

汤夺先、邹安《人格结构理论视野中的西王母形象变迁分析》，《青海社会科学》，2011年第5期。

汤夺先《孟子的丧葬思想初探》，《聊城大学学报》，2010年第5期。

汤夺先《论城市民族通婚与城市民族关系——以兰州市为例》，《中南民族大学学报》，2007年第4期。

汤夺先、邹安《我国淮河流域民俗研究综述》，《淮阴工学院学报》，2011年第2期。

汤夺先、王增武《东北地区“开南窗”习俗初探》，《东疆学刊》，2010年第3期。

汤夺先《“大禹治水”文化内涵的人类学解析》，《中南民族大学学报》，2011年第3期。

汤夺先《略论学科意义上的生态人类学》，《安徽大学学报》，2008年第3期

汤夺先《青海安多藏族的头饰及其功能》，《西藏研究》，2005年第1期。

汤夺先《论藏族人生仪礼中的头饰》，《中国藏学》，2002年第4期。

汤夺先《清时满族葬俗浅论》，《青海社会科学》，2001年第2期。

汤夺先《裕固族的宗教民俗》，《中央民族大学学报》，2002年第4期。

周典恩《近代来华新教传教士与闽台方言字典》，《世界宗教研究》，2008年第2期。

周典恩《官府、通事与游民：清代台湾番汉关系中的角色分析》，《烟台大学学报》，2010年第1期。

周典恩《台湾原住民的类别与族称述论》，《华南农业大学学报》，2010年第2期。

周典恩《从“学术鸡肋”到“学术新宠”：台湾平埔族研究的回顾与反思》，《西南民族大学学报》，2009年第7期。

周典恩《再谈清代台湾平埔族的汉化》，《北方民族大学学报》，2009年第4期。

周典恩《从文献资料看台湾原住民的传统生活方式》，《华南农业大学学报》，2011年第4期。

沈昕《宗族联姻与明清徽州地方社会——以祁门善和程氏为中心》，《安徽大学学报》，2009年第6期。

沈昕《安徽省图书馆所藏徽州祁门善和程氏宗族文书研究》，《安徽史学》，2010年第5期。

沈昕《明清徽州祁门善和程氏宗族结构研究》，《安徽史学》，2011年第3期。

沈昕《徽商创新精神及其启示》，《光明日报》（理论版），2009-07-13。

沈昕《明清徽商和谐精神解读》，《光明日报》（理论版），2007-02-03。

沈昕《明清祁门善和程氏精英人物的历史考察——以程昌为中心》，《安徽农业大学学报》，2008年第6期。

沈昕《徽商创新精神及现代价值》，《承接与跨越——徽商发展报告2010》，吴克明主编，安徽人民出版社，2010年6月。

刘目斌《傣族叙事诗〈召树屯〉产生发展的原因及背景》，《民族文学研究》，2004年第4期。

刘目斌《试论制度化宗教与民间信仰的互融共生性特征》，《中南民族大学学报》，2008年第2期。

四、学术交流

安徽大学民俗学硕士点自建立之日起，在学科带头人卞利教授的组织和带领下，积极开展对外学术交流，举办或参加学术讲座、国内会议、国际会议、国际交流。

（一）国内讲座

1．2006年9月10日，卞利教授应邀为“安徽人文讲坛”作了“徽商的公关艺术和用人之道”讲座。

2．2007年11月17日，应浙江省政协办公厅和第二届中国民营经济科学发展论坛组委会邀请，卞利教授赴杭州为与会代表作了一场“徽商的经营管理及其对现代企业发展的启示”专题报告。

3．2008年10月27日，卞利教授应“创业创新·浙商之道”高峰论坛组委会邀请，为论坛作了“徽商的儒学精神与现实意义”专题演讲。

4．2009年12月13日，卞利教授应邀为“安徽人文讲坛”作了“沧桑治淮五百年”讲座。

5．2010年6月26日，卞利教授应上海世博会事务协调局、安徽省上海世博会组委会和上海图书馆邀请，徽学研究中心主任、教授、博士生导师在上海图书馆讲座中心作了题为“无徽不成镇——徽商与城市发展”的主题报告。

6．2010年12月27日，卞利教授在黄山市为参加“皖风徽韵、师学和畅”—第十七届“华夏园丁大联欢—2010徽文化之旅”的450位来自东南亚和港澳台等国家和地区的代表，作了“徽州文化漫谈”的专题讲座。

7．2011年2月19日，卞利教授在澳门卢廉若公园春草堂　茶文化馆，为来自澳门各界人士作了题为“安徽春节民俗文化”的专题演讲。

8．2011年2月27日，卞利教授应芜湖市委宣传部和市文明办主办、市图书馆邀请，赴芜湖市为“中江大讲堂”作了“无徽不成镇”讲座。

9．2010年5月7–9日，卞利、沈昕教授应邀出席在安徽省铜陵市举行的“安徽省首届民俗文化节”，卞利教授作了“安徽民俗旅游开发与保护”的专题报告。

（二）国内会议

1．2008年8月27–28日，由安徽大学徽学研究中心承办的安徽大学校庆八十周年系列学术活动之“徽学、徽商、徽文化与安徽文化建设论坛”在安徽大学磬苑校区举行。来自北京大学、中国人民大学、南京大学、中山大学、复旦大学和厦门大学等大学及来自中国台湾中研院的著名专家和学者，国家和安徽省各级领导及新徽商代表等共80余人应邀参加了论坛，并发表了关于徽商和安徽文化建设的主题演讲。论坛共收到论文或报告42篇。

2．2010年11月15日，在卞利教授的组织筹备下，由《光明日报》社和安徽大学联合发起主办、教育部人文社科重点研究基地安徽大学徽学研究中心承办“徽学·敦煌学·藏学高端论坛”在安徽大学磬苑校区举办。

3．2011年11月1–3日，范和生、汤夺先、周典恩、刘目斌受邀前往安徽省铜陵市，参加中国文联、安徽省人民政府主办、铜陵市人民政府承办的“中国安徽省第二节民俗文化节”。

4．2011年7月22–25日，汤夺先受邀前往吉林省长春市，参加由文化部主办、吉林省文化厅与吉林省艺术研究院承办的“文化部汉族春节省卷编纂研讨会”。

5．2011年11月22日–25日，刘目斌受邀前往中国香港，参加中国香港特别行政区大学教育资助委员会卓越学科领域计划（第五轮）：“中国社会的历史人类学研究”和中国香港中文大学崇基学院宗教与中国社会研究中心联合主办的“中国乡村与墟镇的建构空间——神圣之角色”学术研讨会，提交了会议论文并作大会发言。

（三）国际会议

1．2003年2月6日至12日，在卞利教授组织筹备下，由安徽大学徽学学中心举办的“戏曲·民俗·徽文化国际学术研讨会”在池州市和黄山市两地召开。

2．2004年8月16–18日，在卞利教授的组织筹备下，由安徽大学徽学研究中心主办的“徽州宗族与徽州社会国际学术研讨会”，在安徽大学主校区举行。

3．2005年10月20–23日，在卞利教授组织筹备下，由安徽大学徽学学中心举办的“徽州谱牒：家族与社会国际学术研讨会”在安徽省黄山市召开。

4．2006年8月18–22日，在卞利教授的组织筹备下，由安徽大学徽学研究中心承办，中国社会史学会主办，北京师范大学乡土中国研究中心、南开大学中国社会史研究中心、中山大学历史人类学研究中心等17家单位发起，“地域中国：民间文献的社会史解读”国际学术讨论会，在安徽省黄山市举行。来自加拿大、法国、日本、韩国，中国大陆及香港、台湾等国家和地区高等院校、科研部门共143位学者参加了会议，会议共收到论文或论文提要131篇。

5．2007年4月10–11日，由安徽大学徽学研究中心卞利教授和台湾东吴大学王秋桂教授倡议发起，安徽大学徽学研究中心与台湾东吴大学人文社会学院共同主办的“地方社会研究中田野资料的解读”学术研讨会，于4月在安徽省黄山市隆重举行，来自韩国、中国大陆、台湾和香港等国家与地区的30余位知名学者应邀参加了会议。

6．2009年10月27–29日，由卞利教授组织发起，安徽大学徽学研究中心主办的“宋明以来的谱牒编纂与地域社会”国际学术讨论会在安徽大学磬苑宾馆隆重举行，来自美国、埃塞俄比亚和中国社会科学院、北京大学、中山大学、复旦大学、厦门大学、国家图书馆及上海图书馆等国内外知名专家学者50余人应邀参加了会议，并向会议提交50篇专题学术论文。

7．2010年10月30日，在卞利教授的组织筹备下，由安徽大学徽学研究中心和韩国全南大学湖南学研究院联合主办、徽学研究中心承办的“前近代东亚地区乡村组织与社会变迁国际学术研讨会”，在安徽大学磬苑宾馆举行。

8．2009年7月27日–30日，汤夺先受邀前往云南昆明，参加由国际人类学与民族学联合会、中国国家民委主办，云南省政府承办的“国际人类学与民族学联合会第十六届学术大会”，提交了会议论文并作大会发言。

9．2011年7月17–22日，汤夺先受邀前往青海西宁，参加由中国民俗学会、中共青海省委宣传部主办、青海省社会科学院承办的“昆仑神话与世界船是神话国际学术论坛”，提交了会议论文并作大会发言。

10．2006年11月24–26日，汤夺先受邀前往广东省广州市，参加由中国民族学会、国际人类学与民族学联合会第十六届世界大会筹备委员会、中山大学、广州市社会科学联合会主办，中山大学人类学系承办的“文化多样性与当代世界国际学术研讨会”，提交了会议论文并作大会发言。

（四）国际交流

1．2007年1月12–27日，徽学研究中心主任卞利教授应大阪市立大学和高知大学邀请，赴日本进行为期15天的学术交流与访问。

2．2007年4月1–5日，法国远东学院米盖拉博士专程来到徽学研究中心，与卞利教授等就法国远东学院与徽学研究中心合作的《徽州的出版、印刷、社会与文化研究》项目结项事宜，进行交流。

3．2007年3月23–29日，应韩国国学振兴院沈宇永院长的邀请，卞利教授率领安徽大学徽学研究中心学术研究团一行7人，赴韩国安东进行学术访问与交流。该次交流与访问是中国安徽大学徽学研究中心和韩国国学振兴院合作项目《中国徽学与韩国安东学比较研究》三期工程的一部分。

4．2007年11月22–24日，应安徽大学徽学研究中心卞利教授邀请，韩国全南大学以宋净民教授为团长的湖南学研究团和该校史学科BK事业团一行9人，来我校进行学术访问和交流，并签署了中韩文本的合作协议书。

5．2007年12月15–24日，应日本大阪市立大学大学院文学研究科科长谷富夫教授的和高知大学副校长远藤隆俊教授的邀请，徽学研究中心主任卞利教授赴日本进行了为期半个月的访问与交流。

6．2008年3月26日，应卞利教授邀请，日本大阪市立大学大学院文学研究科谷富夫科长签署了安徽大学徽学研究中心与大阪市立大学大学院文学研究科的《合作交流协议》中日文本。

7．2008年4月13—20日，应韩国学振兴院沈宇永院长的邀请，徽学研究中心一行5人在卞利教授的率领下，赴韩国安东进行了为期7天的访问和交流。

8．2008年4月27——5月3日，卞利教授与法国实验高等研究院劳格文教授合作“徽州传统经济、宗族与民俗调查与研究”项目组成员，赴绩溪县乡村进行田野调查。

9．2009年11月26–29，应韩国全南大学湖南学研究院院长李康来教授邀请，卞利教授于赴光州参加了“前近代东亚婚姻的社会史”国际学术大会，并在会上作了《明清时期徽州的婚姻民俗》主题报告。

10．2010年9月3日上午，应卞利教授邀请，日本熊本大学文学部部长大熊薰一行5人来徽学研究中心进行访问交流，并签署了学术交流协议。

五、存在问题

安徽大学民俗学专业硕士点，自建立之日起已经取得了一定的成绩，但在继续发展中也存在着一些问题和有待完善之处。

首先，在生源质量方面。迄今为止，民俗学专业硕士点所招收的研究生多来自二本或三本类高校，而且有不少还是跨专业考过来的，生源质量较低，亟需改善。

其次，在专业方向设置方面。目前，民俗学硕士点有民俗学理论与方法、区域民俗学、宗教民俗学等三个专业研究方向。这种专业方向设置较注重理论研究，而未能充分顾及专业的应用性与社会需求，结果造成难招到优秀学生和毕业生就业难的两难境地。这种状况已在一定程度上影响了硕士点的发展。

最后，在师资力量建设与学科资源整合方面。一是，在民俗学专业人才引进上需要继续加强，以优化专业教师队伍建设，同时鼓励现有教师前往国内或国外民俗学专业著名学府学习深造，以增强学科本位的教学和研究工作的开展。二是，需要进一步加强民俗学与人类学、社会学、历史学等相邻学科之间的学术资源整合，充分发挥现有教学人员不同学科背景之间的交叉与互补，从事宽广学术视野之下的民俗学研究。

复旦大学

复旦大学中文系素有民间文学的研究传统和学术地位，已故著名教授赵景深先生（1902—1985）是我国现代民间文艺学的开创者之一，1951年率先给本科生开设民间文学课程，是中国最早开设该课程的三所高校之一。1980年代初期恢复民间文学的教学工作。进入21世纪后，在学科建设方面取得了长足的发展。经国务院学位办公室正式批准，2003年5月设立民俗学专业的硕士点，2004年2月设立艺术人类学与民间文学专业的博士点和硕士点（授予文学博士、硕士学位），培养艺术人类学理论与实践、文学人类学、戏剧人类学、视觉人类学、音乐人类学、舞蹈人类学、民间文学理论、中外民间文学史、中国少数民族文学、文艺民俗学等方向的博士生、硕士生，成为复旦大学中文系的特色学科之一。复旦大学民俗学科建设在我国现代民俗学史和民俗学高等教育史上占有一席之地。

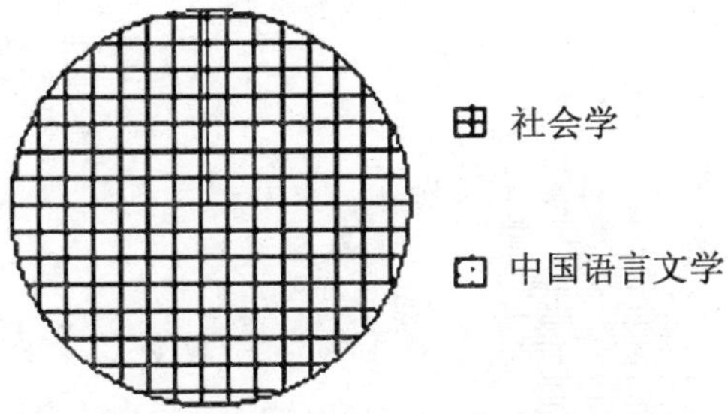

复旦大学民俗学科建制构成示意图

一、学科建设

复旦大学民俗学（含：中国民间文学）硕士点，设在复旦大学中文系内，为社会学一级学科下的二级学科，授法学硕士学位。主要研究方向有：理论民俗学、文艺民俗学、民间文学与民俗文化、无形文化遗产与文化生态批评、信仰民俗学等。目前已经毕业并授予学位的学生有8位，在读学生3位。

本学科点的研究机构有复旦大学艺术人类学与民间文学研究中心，主要组织有关艺术人类学与民间文学的学术研究、学术会议、田野调查等工作。聘请中国社会科学院荣誉学部委员刘魁立研究员、日本东京大学菅丰教授等分别兼任中心顾问和特约研究员，广泛开展与海内外著名学者之间的学术交流与合作。这些年主要进行中国少数民族艺术、中国农民画的调查和研究工作。

二、教学工作与人才培养

（一）教学人员

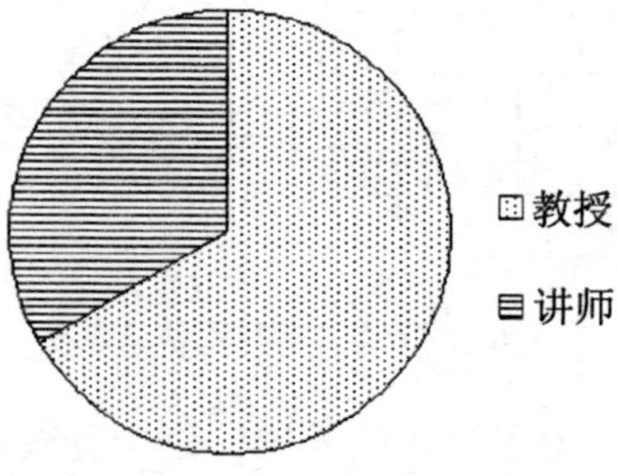

复旦大学民俗学科学术队伍构成示意图

复旦大学民俗学硕士点现有教学人员3人，其中教授2人，即郑元者教授、郑土有教授；讲师1人，即张勤博士。

郑元者，教授、博士生导师。1994年7月毕业于复旦大学中文系，获文学博士学位，遂留校任教至今，1998年破格晋升为副教授，2000年破格晋升为教授，2001年任博士生导师，2005年任博士后联系导师。从20世纪80年代末开始发表《图腾艺术与生命感受的表达》、《畲族的盘瓠崇拜及其民俗心理》等论著至今，主要从事文艺学、美学、艺术人类学与民间文学、民俗学等领域的跨学科性研究；90年代末期开始重点筹划和推展复旦大学中文系的民间文学和民俗学学科建设，随后领衔创建民俗学硕士点、艺术人类学与民间文学博士点和硕士点。现任复旦大学艺术人类学与民间文学研究中心主任，中文系文艺理论教研室（含民间文学教研室）主任，兼任中国人类学民族学研究会副会长、中国艺术人类学研究会会长等。2000年获国家教育部首届全国高校“青年教师奖”、上海市“曙光学者”称号，2002年入选中央统战部“华夏英才基金”。主要著作有：《图腾美学与现代人类》、《艺术之根：艺术起源学引论》、《美学与艺术人类学论集》等，主编《文化与艺术人类学译丛》等，主要译著有《数字人类学》、《神圣的饥饿：作为文化系统的食人俗》等，发表学术论文70余篇。

郑土有，教授，博士生导师。主要研究领域有民俗学基本理论、民俗信仰、民间故事、吴语地区民俗文化、非物质文化遗产保护等。主要著作有《晓望洞天福地：中国的神仙和神仙信仰》、《中国城隍信仰》、《关公信仰》、《中国民俗通志·信仰志》、《吴语叙事山歌演唱传统研究》、《梁祝传说》等。其中《吴语叙事山歌演唱传统研究》获上海市第八届哲学社会科学成果著作类三等奖、中国民间文艺“山花奖”（2006）。讲授课程主要有：“民间文学导论”、“世界民俗学经典导读”、“民俗学原理”、“中国民俗文化”、“信仰民俗学”、“文艺民俗学”、“无形文化遗产保护”、“民俗艺术研究”等。

张勤，讲师，文学博士。主要研究领域有少数民族民间文学、西南少数民族文化，少数民族文学理论批评等。在国内中文核心期刊，公开发表论文十余篇。主持教育部课一项，主持与参与省部级课题两项。讲授课程有：“中国民间文学史”、“中国近现代民间学术史”、比较神话学”、“风俗与文学”、“中国民俗学史”等。

（二）课程设置、学时与学分

本学科点承担本科生和研究生的民俗学、民间文学课程的教学工作。

1. 本科生

共开设本科课程6门，每门36学时，2学分。

艺术人类学导论，中文系专业选修课，36课时，2学分。

民间文学导论，中文系专业选修课，36课时，2学分。

中国民俗文化，全校通识选修课，36课时，2学分。

风俗与文学，全校通识选修课，36课时，2 学分。

2. 研究生

共开设研究生课程12门，每门36—54学时，2—3学分。

3. 课程名称、学时与学分

民俗学原理，学位基础课，54课时，3学分。

文艺民俗学，学位专业课，36课时，2学分。

中国现代民俗学学术史，学位专业课，36 课时，2 学分。

世界民俗学经典导读，学位专业课，36 课时，2 学分。

民俗学研究方法论，学位专业课，36 课时，2 学分。

信仰民俗学，学位专业课，36 课时，2 学分。

当代中国民俗学，学位选修课，36 课时，2 学分。

民俗心理学，学位选修课，36 课时，2 学分。

民俗传承与现代化专题研究，学位选修课，36 课时，2 学分。

都市民俗学，学位选修课，36 课时，2 学分。

无形文化遗产研究，学位选修课，36 课时，2 学分。

民俗艺术研究，学位选修课，36 课时，2 学分。

（三）招生方向与导师

招生目录：030304 民俗学

1. 理论民俗学　郑土有教授

2. 文艺民俗学　郑土有教授、郑元者教授

3. 民间文学与民俗文化　郑元者教授、郑土有教授

4. 无形文化遗产与文化生态批评　郑元者教授、郑土有教授

5. 信仰民俗学　郑土有教授

三、科学研究

（一）研究领域

本学科点教学科研人员主要从事民俗学基础理论、文艺民俗学、信仰民俗学、原始艺术、民间戏曲、吴语地区民间文化、西南少数民族地区民间文化等。

（二）主要科研项目

国家社科基金项目“本土化的现代性追求：中国艺术人类学导论”（郑元者）。

教育部人文社科项目“中国图腾艺术史论”（郑元者）。

中央统战部华夏英才基金项目“艺术人类学与现代中国”(郑元者)。

教育部人文社科项目“活态民间叙事诗‘赞神歌’研究”(郑土有)。

上海市社科基金项目“长篇叙事吴歌文本与语境综合研究”(郑土有)。

上海市社科基金项目“上海西部地区宣卷活动调查研究”(郑土有)。

委托合作项目“中国农民画考察”(郑土有)。

贵州省人文社科研究项目“贵州世居少数民族女神神话比较研究”(张勤)。

教育部人文社科研究项目“口承叙事与生存空间——贵州少数民族口传文学的人类学研究”(张勤)。

(三)代表作

郑元者《图腾美学与现代人类》,上海学林出版社,1992。

郑元者《艺术之根:艺术起源学引论》,湖南教育出版社,1998。

郑元者《美学与艺术人类学论集》,沈阳出版社,2003。

郑元者(译著)《神圣的饥饿:作为文化系统的食人俗》,中央编译出版社,2004。

郑元者(译著)《数字人类学》,中央编译出版社,2007。

郑土有《晓望洞天福地:中国的神仙和神仙信仰》,陕西人民教育出版社,1991。

郑土有《中国城隍信仰》(合著),上海三联书店,1994。

郑土有《关公信仰》,学苑出版社,1994。

郑土有《中国民俗通志·信仰志》,山东教育出版社,2005。

郑土有《吴语叙事山歌演唱传统研究》,上海辞书出版社,2005。

四、学术交流

本学科点与国内外学术界有较为广泛的学术交流,郑元者教授、郑土有教授多次应邀赴日本、韩国、新加坡等国的大学讲学和进行学术交流。同时也邀请国内外著名的学者来校举行各种类型的讲座和学术报告,如:2006年

10月23日，邀请时任中国民俗学会会长、中国社会科学院荣誉学部委员刘魁立研究员作题为《非物质文化遗产保护的悖论与整体性原则》学术报告；2006年12月19日，邀请日本东京大学东洋文化研究所菅丰教授作题为《民俗学研究方法论的转向：从本质主义到建构主义》学术报告；2010年4月28日，邀请日本新泻大学桥谷英子教授作《艾伯华与中国民间故事类型研究》学术讲座；2011年9月6日，邀请台湾辅仁大学郑志明教授作题为《民俗的空间观念与操作模式》学术报告等。

五、存在问题

存在的问题主要有两点：1. 复旦大学民俗学学科点与中文系历来的强势学科相比在科研和教学资源配置上存在明显的不平衡现象，需要逐步争取改善。2. 着眼于民俗学学科的长远发展，目前的师资队伍规模偏小，今后几年内拟强化高端人才的引进工作。

赣南师范学院

赣南师范学院的民俗学研究已有多年历史。20 世纪 90 年代初，赣南师院就成立了客家研究所，开展了对客家历史文化研究，其中包括客家民俗研究，并取得了一定成果。2003 年初，在客家研究所的基础上，组建赣南师范学院客家研究中心。2003 年 4 月，经江西省教育厅批准，客家研究中心被确定为首批江西省高校人文社会科学重点研究基地，并在客家研究中心下，设客家社会与民俗研究所。2004 年，以客家民俗和地域民间文学为特色和主要方向的民俗学学科被确定为校级重点学科，2006 年取得民俗学硕士学位授权。2007 年，赣南师院民俗学硕士点面向全国招收硕士研究生，同年被江西省教育厅批准为江西省重点学科。2009 年被批准为江西省“重中之重学科”。2010 年，以民俗学硕士点及“重中之重学科”为基础，赣南师范学院成功申报了社会学一级学科硕士点，社会学一级学科被批准为“江西省高水平学科”。近 20 年来，赣南师范学院民俗学科从一个研究所发展到民俗学硕士点、省级重点学科、“重中之重学科”，建成一支初具规模、素质较高、成果颇丰的学术团队，从学术研究到为地方经济文化发展和旅游资源开发服务，以“客家”和“中央苏区”为依托，抓住地方民俗与民俗学应用这两条主线，逐渐形成自身鲜明的区域特色，在我国东部客家文化区的民俗学研究中具有特色与影响。

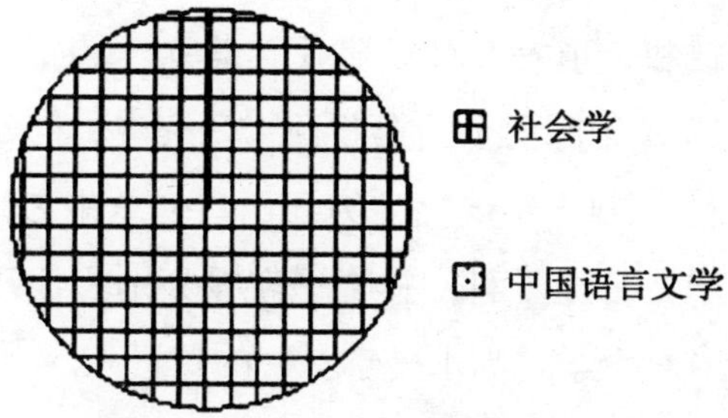

赣南师范学院民俗学科建制构成示意图

一、学科建设

（一）历史与现状

本学科点的民俗学科在原赣南师院客家研究所的基础上起步，自1990年初起，从客家历史文化研究中开拓民俗学研究分支。经过十余年的发展，至2003年，成立客家社会与民俗研究所，林晓平教授担任所长，民俗学科相对独立出来。2004年，本学科点被确定为校级重点学科，2006年获得硕士学位授权，填补了江西省民俗学硕士点的空白，林晓平教授任该硕士点负责人。2007年面向全国招收硕士研究生，同年被江西省教育厅批准为江西省重点学科，2009年被批准为江西省“重中之重学科”。2010年成为社会学一级学科中的二级学科，林晓平教授分别担任江西省民俗学“重中之重学科”和江西省社会学“高水平学科”的负责人。

（二）研究机构

1. 管理体制

本学科点赣南师范学院民俗学专业隶属于历史文化与旅游学院，民俗学专业导师和任课教师根据自己的研究方向，分属多个研究机构，包括客家社会与民俗研究所、客家语言与文学研究所、客家民间美术研究所、客家音乐舞蹈研究所、畲族文化研究所等研究机构。本学科点的体制建设，整合校院相关研究力量，形成了跨专业、跨学科的学术团队和群体。

2. 客家研究中心

客家研究中心是本学科点主要依托的独立研究机构，原称“客家研究所”，90年代初成立，这是国内较早成立的客家研究机构。2003年扩建为客家研究中心，同年该中心被确定为首批江西省高校人文社会科学重点研究基地。

客家研究中心由校内专兼职人员18人组成，其中教授10人，副教授5人；9人有博士学位；“新世纪百千万人才工程人选人员”2人，省中青年学科带头人3人，省中青年骨干教师1人，省高校教学名师1人，现任中心主任是罗勇教授。中心有科研、办公和资料用房200m^2，建有专门资料室，藏有新老方志、谱牒、专业书籍等图书资料近万册。客家研究中心为研究生开设了“客家民俗与旅游”等课程，为本科生开设了“客家文化专题”课。近年共获得客家文化方面的国家社科基金项目5项，教育部人文社科课题3项，省社科规划办课题36项，国际合作项目3项，港澳台合作项目1项，省教育厅重点招标课题8项，省教育厅人文社科课题30项，教育厅教改课题5项，地方政府及企事业单位委托项目6项，赣州市社联课题12项，课题经费已超过百万元。近年来，围绕客家学相关领域，客家研究中心人员在省级以上刊物发表论文200余篇，正式出版专著30余部。客家研究中心还组织、策划了一套“赣南师范学院客家研究中心学术丛书”，首批共6本已出版。自2007年起，客家研究中心与《赣南师范学院学报》合办“客家研究专栏”，已推出12期。2009年创办基地学术刊物《客家学刊》，由中国社会科学出版社正式出版，已出版两辑。

3. 民俗学数字研究室和民俗学田野调查基地

本学科点由林晓平教授负责申报的“民俗学数字实验室”和“民俗学田野调查基地”两个项目，已获财政部150万元的经费资助，现正在建设中。

（三）研究方向

本学科点主要研究方向为客家民俗研究、地域民间文艺、民俗学与民俗旅游。

客家民俗研究。本研究方向是本学科点的特色。赣州市现有人口810万，其中90%以上为客家人，是客家民系及客家文化形成的摇篮，也是世界上客家人最大的聚居区，保存着极为浓厚的客家风俗。赣南师范学院地处赣州的政治、文化中心，这就使得本学科点在开展客家风俗研究上具有得天独厚的地理优势，且切合地方文化的主流需要，具有很强的地方特色。本研究方向采取了将民俗学与历史学、人类学、社会学等相结合的多学科研究方法，对客家民俗进行考察与研究，走开放式、交流型的发展道路，与厦门大学、华东师范大学等十多所高等院校的客家研究机构进行交流合作，与法国的劳格文博士、美国的艾嘉礼博士、日本的渡边欣雄教授等许多国际知名学者进行长期合作，联合进行客家民俗的田野调查，并出版了一批这方面的学术著作，使得该研究方向又呈现国际化的特点和趋势。

客家民俗研究方向的学科带头人是林晓平教授。林晓平教授是江西省高校中青年学科带头人，他长期致力于客家民俗的考察和研究，是国内最早进行客家民俗田野调查和系统研究的学者之一，在有关客家民俗尤其是在对客家民间信仰的研究，以及对客家宗族制度与客家民俗关系的研究这两方面，均有开拓。在对客家民间信仰的研究方面，林晓平教授发现并论证了客家人所具有的独特的信仰时空图，对于客家人在祖先崇拜与神明崇拜的微妙关系方面提出了新的观点，他主持完成了教育部人文社科项目“赣闽粤‘客家’区域民间信仰与宗教活动调查与对策研究”，出版了《中国人崇拜祖先的传统》、《赣南庙会与民俗》等专著。在对客家宗族制度与客家民俗关系的研究方面，林晓平教授在全国最早对体现客家宗族制度的窗口——客家祠堂进行了系统而深入的研究，探讨其与客家民俗的关系，这方面，他主持完成了多项省级课题，出版了专著《客家祠堂与文化》，其多篇论文分别在新加坡、中国台湾、中国香港等地举行的国际学术研讨会上作大会宣读，引起较大反响，并为许多刊物和论著所转载引用。本方向研究力量雄厚，工作扎实，已搜集相关资料2万余种，包括族谱、图片、实物及录音口碑资料，为客家民俗的研究打下了扎实的资料基础。

本研究方向的作用和意义主要表现在：首先，客家文化是一种以汉民族传统文化为主体，又融合了部分土著少数民族文化的多元文化，对客家民俗的研究，可为民俗研究提供新的视角，从而对我国民俗学研究的进展起着一定的推动作用。其次，客家地区一方面保留着浓厚的民俗风情，另一方面又多为经济欠发达地区，已有专家指出了这两者的某种程度上的关联，通过对客家民俗的研究，进一步探讨这种关联，可为客家地区的经济和文化发展提供建设性的意见。最后，海外尤其是台湾居住着许多的客家人，在民俗风情方面，他们与大陆客家人有着许多的共同之处。这方面的研究，有利于促进海内外客家人的沟通，加强其对共同文化的认同感，因而对促进祖国的统一大业有所裨益。

地域民间文艺研究。赣南、闽西、粤东三角地域是著名的客家人聚居区，该地域的民间文艺体现出浓厚的客家文化特色。自古以来，该地域产生了大量的民间文艺作家，现尚遗存有卷帙浩繁的民间文艺典籍和丰富的民间文艺事象，其中，采茶戏、东河戏即滥觞于此而后播及全国，还产生了驰名遐迩的“客家山歌之乡”、“楹联之乡”、“唢呐之乡”，等，民间文艺资源极为丰富。本方向研究队伍充实，有高级职称的教师6名，博士2名，省级中青年学术带头人2名、中青年骨干教师2名。在研究方法上，运用民俗学、文化学、宗教学、美学等多学科的方法进行多视角的研究，本研究方向积累了丰富的客家民间文艺研究的第一手资料，研究人员长期与港澳台地区和新加坡、韩国、日本等国家的学者保持学术联系。

地域民间文艺方向的主要学术带头人钟俊昆教授，长期从事中国现当代文学和客家民俗文化的教学和研究工作，已出版专著《客家文化与文学》、《客家文学史纲》等，参与主编著作5部，多次获江西省社科联优秀社科成果奖、省教育厅优秀教学成果奖。2009年2月—2010年2月，担任韩国大田大学客座教授，现兼任客家研究中心副主任、客家语言文学研究所所长，为江西省高等学校中青年学科带头人，江西省文艺学会常务理事、省现当代文学研究会理事、江西省作协会员、赣州市民间文艺家协会副主席。

本方向有在研国家社科基金课题1项，省部级课题8项，已出版《客家山歌文化研究》、《客家文化与文学》等一系列专著，得到广泛好评。在国家级专业核心期刊《人民音乐》、《中国音乐》、《舞蹈》、《设计艺术》等刊物上发表论文多篇；有多项作品荣获省部级奖。刘勇勤教授等反映客家生活的作品《老表》获全国第二届少数民族美术展览银奖，反映客家地区民俗的舞蹈《打箍箍》、《禾杆丢打丢》等获得中宣部、文化部等五部委主办的全国大学生舞蹈比赛一等奖，2004年11月在赣州召开的世界客属恳亲大会上，这些作品受到来自海外1000多名代表的高度称赞。

本方向的研究具有明显的现实意义，有利于地方的经济文化建设，经过本方向研究人员与地方政府的共同努力，以上述有关成果为基础，赣州市兴国县、安远县分别成功申报为文化部命名的“中国山歌之乡”、“中国楹联之乡”。本方向研究人员还积极参与并指导了2004年在赣州举办的第19届世界客属恳亲大会“赣州与客家世界”国际学术研讨会，并荣获大会组委会颁发的“先进集体”荣誉称号；同时还产生了一定的经济效益，如刘勇勤教授的《客家食品系列包装设计》为赣州某大型食品企业所采用，其客家系列食品的包装产品远销港澳台及东南亚地区，获得可观的利润。本方向的研究带动了人才培养，不少人成为当地文化、教育等部门领导和专业骨干人员。本方向的研究对江西客家地区民间文艺资源的搜集整理和对地域民间文艺学的理论建构有促进作用。

民俗学与民俗旅游。本研究方向探讨客家地域民俗文化资源转化为旅游资源的可行性、战略对策与实施方法，运用民俗学、文化人类学、旅游规划与市场开发等学科的理论与方法进行研究。其研究成果主要体现在两个方面。其一，对该区域民俗旅游资源的分布与特色进行了研究探讨，主持承担了一系列省部级研究项目，发表了《赣南客家民俗与旅游》、《客家古民居的旅游价值》等颇具影响的学术论文；其二，在对民俗资源转化为旅游资源方面进行探讨，主持了“赣南客家民俗文化旅游资源的开发和利用”、“客家资源与赣南经济发展研究”等科研课题，发表了一系列学术论文，有的论文在国际学术会议上交流受到称赞。谢庐明教授等人的论文《赣南乡村旅游开发模式研究》、《论客家民居建筑的景观特色与旅游开发》发表后，成为当地培训旅游人员的重要资料。本研究方向的人员还主持或参与一些旅游景区的规划，如赣州杨仙岭风水文化旅游区总体规划、赣县客家文化城规划等，获得了良好的社会效益与一定的经济效益。本研究方向的主要学术带头人王天鹏博士，主要研究客家民俗文化、社会民俗学、历史民俗学等。在《中国地方志》、《青海民族研究》等刊物发表《客家地区二次葬习俗探析——以赣南地方志为例》、《客家孝道的历史实践逻辑》、《客家茶亭文化刍论》、《客家风水信仰的人类学解读》等一系列论文。

本研究方向的作用和意义。第一，在理论方面，促进民俗学与旅游规划学、市场学等其他学科的交叉与结合，为民俗研究提供新的研究课题。第二，在实践方面，赣闽粤边区具有许多得天独厚的旅游资源，除了丰富而奇特的民俗旅游资源外，驰名遐迩的梅关古驿道、“江南第一窟”——通天岩石窟、我国保存最为完整的宋代古城墙、红色首都瑞金、“将军县”兴国、香港居民饮用水东江的源头——三百山自然保护区等，都在该区域内，可见该区域旅游市场的开发的潜力还十分巨大。然而该区域旅游人才长期匮乏，特别缺乏兼通区域民俗文化及旅游开发与管理的人才，这就制约了该区域旅游事业的发展。本学科方向的建设可更好地弥补这方面的缺陷，在培养民俗与旅游复合型人才上取得重要突破。并且，通过该方向的研究以及对该区域旅游规划的编制，可进一步探明该区域民俗风情的具体情况与特色，发掘出更为丰富的旅游资源，促进该区域的旅游事业的发展。

二、教学工作与人才培养

（一）教学人员

本学科点共有教学人员 18 人，其中，教授 11 人、副教授 7 人。有博士学位者 11 人。江西省高校中青年学科带头人 4 人，江西省高校中青年骨干教师 2 人，江西省高校教学名师 2 人。民俗学硕士点负责人为林晓平教授，现有硕士生导师 10 人。

（二）硕士点设置

赣南师范学院民俗学科 2006 年获批，是江西省唯一招收民俗学研究生的高等院校。2007 年开始招生，共招收民俗学硕士研究生 26 人，已毕业 12 人，现有在校研究生 14 人。

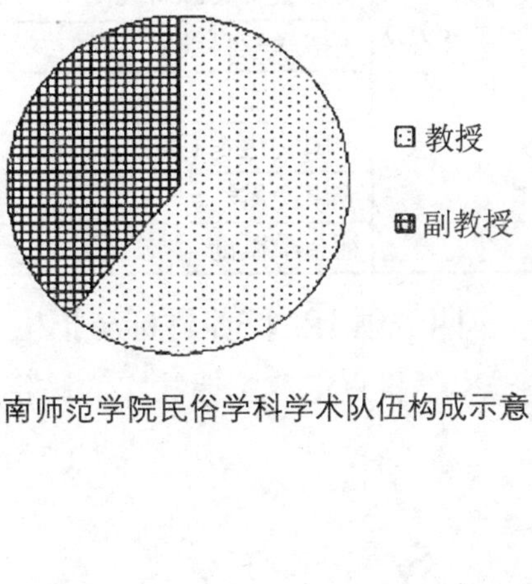

赣南师范学院民俗学科学术队伍构成示意图

（三）课程设置、课时与学分

本学科点的民俗学课程设置，为

本科生和硕士生两个层面。

1. 本科生课程

在赣南师范学院的人文教育与历史学等本科专业中，设置了部分民俗学相关课程。如在人文教育和历史学都分别开设了“民俗学概论”、“客家学概论”、“中国社会史”、“历史社会学”、“文化人类学”、“历史人类学”、“江西地方史”、“客家民俗研究”等民俗学相关课程，这些课程列为本科生的必修课或选修课。在专业教师的指导下，赣南师范学院相关专业的本科生也积极参加民俗学调查与研究工作，其中不少人对民俗学产生了兴趣，初步具备民俗学的基本知识和进行民俗学田野调查的能力。

2. 硕士生课程

表 1　赣南师范学院民俗学科硕士生课程设置一览表

课程类别	课程名称	学时	学分	开课学期	考核方式		备　注
					考试	考查	
专业核心课（12 学分）	民俗学研究	54	3	1	✓		
	文化人类学	54	3	1	✓		
	人文社会科学研究的理论与方法	54	3	1	✓		
	民间文学理论研究	54	3	1	✓		
专业方向课（≥ 8 学分）	客家民俗文化研究	36	2	2	✓		01 方向
	民间信仰研究	36	2	2	✓		
	民间文化专题	36	2	2	✓		02 方向
	区域民间文艺	36	2	2	✓		
	旅游规划与开发	36	2	2	✓		03 方向
	民俗旅游资源研究	36	2	2	✓		
	民俗学学科前沿专题	36	2	3		✓	指选
	民俗学史	36	2	3		✓	任选
	中国文化史研究	36	2	2		✓	任选
	应用民俗学	36	2	3		✓	任选
	社会学概论	36	2	3		✓	任选

（四）硕士生培养目标与招生方向

本学科点培养掌握扎实的民俗学理论知识，了解民俗学相关学科的前沿理论，掌握田野调查等民俗学研究的必备技能，能从事大中专院校民俗学的教学和研究，或在相关领域从事文化宣传、文化遗产保护、旅游开发等工作的应用型高级专门人才。分理论课程学习、专业实践和毕业论文三个环节，在客家民俗研究、地域民间文艺和民俗学与民俗旅游三个招生方向下招生。具体专业课程设置如下。

表 2　赣南师范学院民俗学科硕士生招生方向一览表

序号	方向名称	简　　　介
01	客家民俗研究	客家是汉族的重要民系，该方向主要研究客家源远流长而富有特色的民俗风情
02	地域民间文艺	该方向主要研究以客家区域为中心兼及周边地区的地方文学、民间艺术（如山歌、采茶戏、东河戏等）
03	民俗学与民俗旅游	该方向一是研究民俗学理论，二是研究民俗旅游的规划及旅游市场的开发

（五）课程内容大要

民俗学研究。本课主要讲述民俗及民俗学的概念、基本特征、社会功能、起源及发展，介绍民俗学的调查与研究方法，并分类讲述各种主要的民俗事象，如物质生产民俗、物质生活民俗、岁时节日民俗等。通过该课程的学习，要求学生能够掌握民俗学的基本概念、原理及调查研究方法，并了解民俗学研究的发展历程与研究动态。

文化人类学。本课主要讲述运用实地考察方法，对各民族、各地区的文化和社会进行比较和综合研究，从而揭示人类文化的演变规律及其本质。通过本课的教学，要求学生掌握文化人类学学科的起源与发展，研究对象与学科特点、理解方法与思想流派和它的现实运用及学科前沿，了解文化的本质及其演变，探索人类历史、文化的发展规律。

人文社会科学研究的理论与方法。本课主要介绍历史学、民族学、文化人类学、历史人类学等学科研究的理论和方法，并结合研究方向，带领和指导学生参与田野调查实践。通过本课的学习，要求学生掌握相关学科的理论和方法，并在老师的指导下，独立完成一份本研究方向的田野考察报告。

民间文学理论研究。本课主要介绍中国各族民间文学的常见体裁及代表作，民间文学的基本理论和方法，深入城乡居民点采录民间口头文学和民俗，进行田野调查，或外出参加有关学术活动，搜集研究资料等。

客家民俗文化研究。本课的教学内容主要有：客家民俗文化的形成与发展，客家民俗的基本特征与社会功能；客家生产民俗；客家生活民俗；客家社会组织民俗；客家岁时节日民俗；客家人生礼仪民俗；客家民间信仰；客家民间文学；客家民间艺术以及客家非物质文化遗产的研究与保护等。通过本课的学习，使同学们系统了解客家民俗文化的内容，并能开展客家民俗田野调查，进行客家民俗的理论研究。

民间信仰研究。本课以传统中国的民间信仰为主要探讨对象，并以阅读相关的中英文论著和集体讨论的方式来进行。教师对每堂课的课程内容及重要议题，做提纲挈领的介绍与导言，其余时间则用于学生的论文口头报告和密集的课堂讨论。本课的主要教学内容有三：一是分析现有的研究方法和角度，评析这些宗教史研究各自具有的长处与限制。二是凸显宗教信仰在不同历史脉络下与政治、经济、社会的互动，及其对个人、家庭与性别认同所具有的关键影响。重点探讨客家地区民间信仰，以及不同地区民间信仰的比较研究。三是激发学生对于宗教文化的批判性观察与思考，并从中形成有价值的探讨课题和议论。

民间文化专题。本课主要讲授民间文化的流变、民间文化的特征、民间文化的研究动态等，介绍民族传统节日、民族建筑、民族服饰、民族饮食、神话传说等，研讨乡土文化、客家文化、赣文化等。

旅游规划与开发。本课的任务是系统地讲授旅游规划与开发的基本原理和基本方法，同时介绍旅游规划与开发的国内外最新研究成果，使学生对旅游规划与开发的概念体系、基础理论、发展现状与前景有一个较为全面的认识和深入的了解。再次对旅游规划与开发的旅游调查与评价、可行性分析、主题定位、项目创意、形象设计及旅游规划工作程序、旅游规划书撰写和编制等内容做全面的分析与研究。要求学生掌握旅游规划的理论基础，了解旅游规划中基本内容如旅游规划理论体系、旅游总体规划原则等相关知识的掌握程度，是否已形成较完备的旅游规划的知识体系；并且要求学生通过一定的社会实践掌握旅游规划的基本编制方法和要点，运用基础理论知识分析案例的能力；通过对旅游规划与开发的发展与趋势的讲解以及相应案例的介绍与评析，使学生了解旅游规划界的前沿动态。

民俗旅游资源研究。本课主要综合分析中国民俗旅游资源的利用现状、开发策略、保护与开发关系、当前开发存在问题及如何解决等，并以具体地区的开发实践为实例加以说明。通过本课的学习，使学生能够充分了解中国民俗旅游的现状，为地方民俗旅游资源的开发献计献策，并能够注意避免一些开发对当地所造成的负面影响。

民俗学学科前沿专题。本课系统讲述民俗学与一些交叉学科相结合而产生的一些民俗学的前沿理论课题如社会民俗学、生态民俗学、区域民俗学、泛民俗学等，在此基础上对一些不太成熟的理论进行针对性的批判。通过对民俗学前沿理论的学习，对于目前比较混乱的学界理论观点有较为明晰的了解，能够运用自己的思想对一些理论进行批判。

民俗学史。民俗学史是民俗学学科体系的重要组成部分，是前人对民俗事象进行理论思考的历史。本课系统讲述中国民俗学 1918 年至 1927 年的“发端与开拓时期”、1927 年至 1949 年的“奠基与开展时期”、1949 年以后的“新兴时期”，尤其是改革开放后民俗学科的发展几个部分，对中国民俗学史进行深入的分析研究和讲述，并借鉴外国民俗学的发展历程，对中国民俗学的发展作出展望。要求学生通过对民俗学史的学习，对中外民俗学的发展历程有充分清晰的了解，为今后进一步深入的学习打下坚实的基础。

中国文化史。本课主要讲述中国文化发生发展的历史，重点介绍中国文化的三大支柱——儒道佛的思想学术及其与中国历史文化的双向互动关系，尤其是它们对中国历史文化的深刻影响。主要内容包括孔子与儒家、老子与道家、中国的道教文化、中国的佛教文化等方面的专题研究。

应用民俗学。应用民俗学是以民俗为教育手段，干预生活、改造社会的学科，同时也是以民俗为开发对象，对其加以勘察、利用、保护和管理的学科。本课内容包括民俗与民俗学内涵；民俗功能的类型；应用中的民间文学资源和民俗文化资源；移风易俗论；民俗旅游；应用前景探讨等内容。本课将尽可能对赣南客家的民俗资源作较全面的调查外，更重要的是对不同的民俗资源，作出探索性的应用尝试。课程在教学之外，将有至少一次的田野调查。考核以论文或调查报告形式进行。

社会学概论。本课密切结合我国的社会实际，在充分吸收社会学最新研究成果的基础上，全面、系统地介绍社会学学科的主要领域、基本范畴、主要理论和研究方法；内容主要涉及社会学基础知识、社会本体研究、社会构成方式研究，以及社会运行方式等方面的研究。通过本课的讲授，可使学生了解社会学的研究领域和研究方法，掌握社会学的基础知识，培养学生运用社会学的观点、社会学的理论和概念来分析和认识社会现象，增强分析和解决社会问题的能力，并为专业知识的进一步学习打好基础。

三、科学研究

（一）理论研究

本学科点近年出版《客家祠堂与文化》等十多部专著，编写了《客家民间信仰与地域社会》等多部论文集，发表相关学术论文200余篇。

表3　赣南师范学院民俗学科主要学术著作一览表（1998—2009）

	作　者	出版年	出 版 单 位
客家祠堂与文化	林晓平	2006	黑龙江人民出版社
中国史学思想通史（导论卷）	林晓平	2005	黄山书社
中国人崇拜祖先的传统	林晓平	2003	北京科技出版社
赣南庙会与民俗	罗勇、林晓平	1998	（香港）国际客家学会
客家文化特质与客家精神研究	罗勇、林晓平	2006	黑龙江人民出版社
客家赣州	罗勇	2004	江西人民出版社
客家故园	罗勇	2007	江西人民出版社
客家山歌文化研究	钟俊昆	2009	黑龙江人民出版社
客家文学史纲	钟俊昆	2007	黑龙江人民出版社

续表

	作　者	出版年	出 版 单 位
客家文化与文学	钟俊昆	2004	南方出版社
客家饮食文化研究	黎章春	2008	黑龙江人民出版社
中国传统吉祥图案的象征研究	钟福民	2008	中国社会科学出版社
中国都市民俗学	钟福民	2004	东南大学出版社
客家音乐创作作品集	尹信	2003	中国戏剧出版社
赣南围屋研究	万幼楠	2006	黑龙江人民出版社

（二）科研项目

本学科点近年承担了多种国家社科基金和其他省部级项目。

表 4　赣南师范学院民俗学科近五年承担科研项目一览表（2006–2011）

项目、课题名称	项目来源	项目起讫时间	负责人	科研经费（万元）
移民族群与台湾政治——从“文化客家”的生成看移民族群的认同文化	国家社科基金	2006–	蓝希瑜	14
当代赣闽粤边区畲族与客家族群关系与社会发展研究	国家社科基金	2009—2011	陈文红	16
闽粤赣客家文学史纲	国家社科基金	2007–2009	钟俊昆	14
河洛文化与江西客家	国家社会基金特别委托子项目	2009—2011	罗　勇	9
赣闽粤“客家”区域民间信仰与宗教活动调查与对策研究	教育部人文社科项目	2006–2011	林晓平	7.5
宋明时期赣闽粤毗邻区的儒学实践与族群整合	教育部人文社科项目	2011—2013	邹春生	15
文化表述与族群认同——新文化史视野下的闽粤赣毗邻区族群研究	教育部人文社科项目	2010—2012	温春香	15
国家与乡村社会视角下的中共农村贷款问题研究（1927–1949）	教育部人文社科项目	2010—2012	曾耀荣	10
清代广东盐业与地方社会	教育部人文社科项目	2006–2008	周　琍	4.5
中央苏区历史亲历者调访资料整理与研究	教育部人文社科项目	2010–2012	张玉龙	10

续表

项目、课题名称	项目来源	项目起讫时间	负责人	科研经费（万元）
中央苏区红色歌谣及其教化传承研究	文化部文化艺术科学研究项目	2008-2010	刘小兰	1.0
罗香林的中国民族史研究	江西省社科共建项目	2009.07 –	温春香	0.4
王阳明与赣南畲族社会变迁研究	江西省社科共建项目	2009.07 –	郭秋兰	0.4
珠三角旅游营销圈与赣州旅游研究	江西省社科共建项目	2009.07 –	曾光敏	0.4
赣南客家文化产业化研究	江西省社科共建项目	2009.07 –	吴良生	0.4
赣南客家文化旅游与红色旅游互动关系研究	江西省社科共建项目	2009.07 –	何小芊	0.4
客家民间禁忌与文化研究	江西省社科共建项目	2009.07 –	林晓平	0.4
客家民间风水信仰研究	2009年省人文社科重点基地招标课题	2009.12	罗　勇	自筹
大陆与台湾客家文化产业化研究	2009年省人文社科重点基地招标课题	2009.12	吴良生	自筹
客家文化特质与精神研究	省教育厅招标课题	2007—2009	林晓平	0.4
赣闽粤边区客家祠堂与文化研究	省社科规划办	2007—2009	林晓平	0.4
赣闽粤客家宗族制度与客家民俗	省社科规划办	2006—2008	林晓平	0.4
江西客家祠堂与文化	省教育厅	2007—2009	林晓平	0.2
客家文化与广府文化的比较研究	省人文社科重点基地招标课题	2007—2009	周　琍	自筹
明清时期闽粤客家的倒迁与赣南生态环境的变迁研究	省教育厅	2007—	李晓方	0.2
散居民族的“后发外生型”发展道路研究——以赣南畲族为例	省教育厅	2007	蓝希瑜	0.2
赣南客家民俗文化旅游资源开发	省教育厅	2005	陈晓强	0.2
赣南客家女性民俗文化研究	省教育厅	2006	谢庐明	0.2

续表

项目、课题名称	项目来源	项目起讫时间	负责人	科研经费（万元）
关于客家文化结构的研究	省社科规划办	2006	邹春生	0.4
客家饮食文化资源的开发与利用研究	省社科规划办	2006	黎章春	0.4
明清以来赣南农村墟市与客家社会研究	省社科规划办	2006	谢庐明	0.4
民间艺术在高师教育中的价值研究	省社科规划办	2006	刘勇勤	0.4
散居民族教育现状及资助体系构建研究	省教育厅	2006	蓝希瑜	0.2
客家产品包装设计及品牌形象整合推广研究	省教科办	2006	吴宏敏	0.2
兴国山歌教学研究	省教科办	2006	尹　信	0.2
赣州杨仙岭修建性详细规划	章贡区人民政府	2008	陈晓强	36
赣州杨仙岭风水文化旅游区总体规划	赣州杨仙岭综合开发有限公司	2008	陈晓强	20
沙石镇旅游发展总体规划	沙石镇人民政府	2008	陈晓强	8
客家食品包装设计	赣州市客家食品开发有限公司	2006–2008	陈晓强 刘勇勤	12.9
客家民俗歌舞的研究编创（演出合作）	深圳龙岗区文化馆	2006–2008	刘小兰	9.6

表5　赣南师范学院民俗学科近年获奖项目一览表（2003–2007）

序号	成果名称	完成人	获奖情况
1	老表	刘勇勤	全国第二届少数民族美术展览银奖，2003
2	客家服饰符号的美术涵养	刘勇勤	江西省第十届设计艺术一等奖，2004
3	客家绣花鞋垫	吴宏敏	江西省艺术设计双年展一等奖，2006
4	客家围屋	刘勇勤	江西首届艺术设计作品大赛一等奖，2003
5	客家赣州	罗　勇	江西省第十一次社会科学优秀成果三等奖
6	赣南农村市场中的非正式制度与近代社会变迁	谢庐明	江西省第十一次社会科学优秀成果三等奖
7	客家饮食文化研究	黎章春	江西省高校人文社科优秀成果二等奖
8	中国传统吉祥图案的象征研究	钟福民	江西省高校人文社科优秀成果二等奖

四、学术交流

本学科点积极参与中国民俗学的发展建设，积极主办民俗学相关的学术活动，尤其是与地方民俗与地方文化相关的国际、国内学术交流活动。本学科点人员与国际、国内民俗学界保持密切联系，多人次参与国内国际学术会议，为赣南师范学院民俗学品位的提升提供了重要的平台，扩大了视野范围。

以下简述10年来由我校举办的一些本学科点主要学术交流活动。

（一）我校本学科点近年来举办的一些主要学术会议

2003年，赣台“客家文化交流”学术研讨会，赣南师范学院举办，参加会议40余人。

2004年，“赣州与客家世界”国际学术研讨会，赣州海天大酒店，参加会议130人。

2005年，全国“客家文化特质与客家精神”学术研讨会，赣南师范学院，参加会议60人。

2007年，“客家民间信仰与地域文化”国际学术研讨会，参加会议116人。

2010年，首届客家文化高级论坛，参加会议110人。

2010年，赣州历史与文化学术研讨会暨中国历史文献研究会第31届年会，参加会议120人。

2012年，“学科建设与区域民俗研究”中国民俗学高层论坛。赣南师范学院举办，参加会议22人。

（二）本学科点研究人员参加的部分学术交流活动

1996年，第四届国际客家学术研讨会，林晓平、罗勇大会发言，新加坡。

1998年，客家学术研讨会，林晓平、罗勇大会发言，台湾台北。

2005年，“移民与客家世界”国际学术研讨会，林晓平、罗勇、钟俊昆和邹春生作学术报告，四川成都。

2005年，首届全国万寿宫文化研讨会，邹春生作学术报告，江西南昌。

2006年，中国民俗学会2006年年会，林晓平作分会场发言，北京。

2007 年，客家先民首次南迁出发地国际学术研讨会，林晓平、罗勇和邹春生作学术报告，河南偃师。

2007 年，滨海地区客家文化的适应与变异，林晓平主题发言，广东深圳。

2007 年，第二届赣州杨仙岭风水文化与旅游开发学术研讨会，罗勇、钟俊昆等作主题发言，江西赣州。

2009 年，第三届海峡两岸客家高峰论坛，林晓平、罗勇、陈文红大会发言，台湾台北。

2009 年，“人类、发展与文化多样性”为主题的国际人类学与民族学联合会 (IUAES) 第十六届世界大会，林晓平、罗勇分会场发言，云南昆明。

2009 年，中国民俗学会 2009 年年会，林晓平、钟福民分会场发言，江西南昌。

2010 年，第二届泰山东岳庙会国际学术研讨会，林晓平作分会场发言，山东泰安。

2010 年，中国民俗学会第七届代表大会暨 2010 年年会，林晓平、钟福民小组发言，山西太原。

2011 年，中国民俗学会 2011 年年会，林晓平、钟福民小组发言，山东潍坊。

五、存在的问题

本学科点的设立与研究生培养时间较短，存在着建设经验不足的问题，需要在今后的建设发展中不断总结经验教训，并虚心向民俗学学科创办时间长、经验丰富的兄弟高校学习，使得今后的发展能实现又快又好的目标。

在学科队伍建设中，引进高水平人才，是当务之急。

在本学科的科研成果中，尽管已经达到了一定的数量，但高质量的论著仍然不足。

在推进民俗学学科为地方经济文化建设服务方面有待加强。

华东师范大学

一、历史与特色

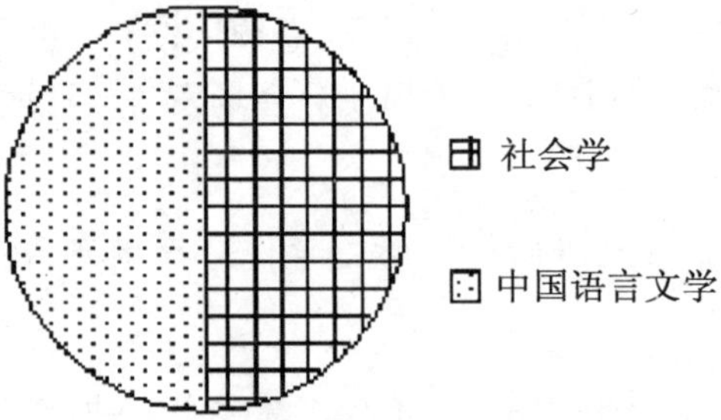

华东师范大学民俗学科建制构成示意图

华东师范大学民俗学学科具有悠久的历史。早在20世纪30年代，因抗战迁移西南的该校前身大夏大学文学院院长，中国神话学的奠基者之一谢六逸教授，与大夏大学“社会研究部”负责人吴泽霖教授，共同建立学术团队，开启民族、民俗和民间文艺的调查之风。吴泽霖教授收集记录的《洪水滔天歌》、陈国钧的《贵州苗夷歌谣》等，都是当时的民俗学和民间文艺研究值得注意的著作。

50年代初，全国院系调整，成立华东师范大学。罗永麟教授在中文系开设民间文学课程，这使华中师范大学成为当时开设民间文学教学的三所院校之一。“文革”期间，该课程中断，1979年恢复，时任中文系主任的徐中玉教授，指定青年教师陈勤建给罗永麟教授作助手。徐中玉教授又亲笔写信，向钟敬文先生推荐陈勤建，陈勤建两度进北京师范大学中文系高校教师讲习班，接受民间文艺学和民俗学专业教育。陈勤建回校后，于1983年在中文系独立开设民间文学和中国民俗学两门本科选修课。80年代以来，华东师范大学本科生的民俗学选修课扩展到外语系、心理学系和对外汉语系，至今已成为全校通识课和精品课程。

1984年开始，在中文系文艺学科内，设置民间文艺学方向，招收硕士研究生。1998年，在同一学科内，设置文艺民俗学方向，招收博士生。2004年，经国务院学位办批准，设置文艺民俗学自主博士点，独立招生。本学科点为国内外高校和研究机构培养和输送了一大批科研与教学人才，在学术界具有相当的影响力。

已毕业博士生20余人，其中18位由对外汉语系毕业，分别在中国社会科学院文学所、复旦大学、上海交大、华东师范大学、上海大学、上海社科院文学所、东华大学、安徽师大、浙江师大、杭州师大等高等院校和研究机关工作。优秀研究生学位论文多篇，其中4篇获上海市学术出版基金资助，出版博士论文专著。5人获中国文联和中国民间文艺家协会山花奖。优秀博士毕业生郑土有2008年被破格晋升为复旦大学中文系教授、博导。

华东师范大学民俗学学科的建设有三个主要特征，即文艺民俗学、对外汉语教学中的民俗文化传播与中国历史名城名镇的非物质文化遗产保护研究。

（一）文艺民俗学

华东师范大学在中国语言文学一级学科下，以陈勤建教授为学科带头人，提出和建设文艺民俗学，并建立了文艺民俗学的硕士点和博士点，在国内起到引领作用。

文艺民俗学（Folklore in Literature）属特殊民俗学的一种，由文艺学和民俗学交叉研究而成，是一种新的研究分支。在当代全球化浪潮中，“文艺民俗学”的发展，用现代意识，多元化文化眼光，交叉学科理念，对一国固有文艺和本土文化的关系进行更全面深入的学理及应用的研究，有利于认识文化多元化语境下中国文艺特征，对推动中国文学的对外传播提供了理论依据。

文艺民俗学的研究，挖掘文艺发生的民俗成因，分析文艺发展的民俗动力和世界文艺的民俗化走向，深入开展文艺研究和创作实践，研究特定区域、特定民族的文化、文学艺术心理，开拓了新的视野，其辐射面渗透到影视、戏剧、音乐、娱乐及旅游、建筑、饮食等文化与生活的各个领域，对深化我国现代化进程中的民俗文化研究也有现实意义。陈勤建的代表作《文艺民俗学导论》，1986年列入国家文科“七五”重点项目文艺新学科建设工程，1987年收入林骧华、朱立元等主编《文艺新学科新方法手册》，1998年获教育部全国高校第二届人文社科中国文学二等奖，1999年被新版《辞海》选收。

（二）对外汉语教学中民俗文化传播

自1984年至2011年，华东师范大学在中文学科下，辖中文系、对外汉语学院、传播学院和古籍研究所等单位，民俗学专业在对外汉语学院和中文系分别招生。2011年以后，民俗学专业主要在同属中文学科的对外汉语学院工作，所培养的硕士生和博士生，从专业训练到毕业走向，都与汉语文化的国际推广相结合，在中国文化的海外传播中发挥了作用。

1. 将中国民俗学作为中国传承性生活文化进行教学传授。华东师大对外汉语学院是国家汉办、侨办重点对外汉语教学和中国文化推广基地，在国内近300个同类对外汉语教育院系中名列前茅。自2002年起，在中外本科生中开设“中国民俗学”必修课，陈勤建教授长期担任对外汉语系主任，后任该院常务副院长，提出建立具有国际视野的、具备双语能力的、双文化对外汉语教育学和中国文化传播的跨文化交流人才模式。在他的提倡下，中国民俗学和相关课程成为中外学生学习和了解中国文化的重要内容；在学科建设上，也强化了民俗学科在对外汉语教育领域的影响。对外汉语学院也为民俗学硕士点的发展提供了充足的条件。

（1）民俗学实践型的课程设置

民俗学硕士点课程3年，每学期导师带领学生结合课程前往外地考察。作为实践项目，学生已经参与了云南、桂林、杭州、宁波以及上海及其周边村镇等的田野调查，着重从非物质文化遗产保护、村落布局、民居样式、新农村风貌等角度进行考察，为学生掌握第一手民俗学资料、深入研究民俗学事项、提高民俗学研究能力写作做了充分的准备。

（2）留学生课程设置中的实践优势

对外汉语学院是一个实践性极强的院系，目前长期留学生500余人，短期留学生700余人，网上远程教学在册学生万余人。设立于对外汉语学院的民俗学硕士点，不仅自身实践性极强，具有天时地利，而且众多渴望了解中国传统文化的留学生们也为民俗学硕士生提供了大量教学实践的机会，担任中国文化课、电影欣赏课、烹饪课等文化课的兼职老师，既向留学生介绍了中国的传统文化及民俗知识，也促进了学生自觉对民俗学进行理论上的梳理和实际中的分析运用，使学生教学相长，学以致用。

2. 改革民俗学硕士研究生课程教学。在加强世界民俗学经典导读和中国民俗学研究本专业学科学理学识的基础上，增设“民俗传承与现代化”，“中国人日常生活文化”、“中华文化与传播”、“当代非物质文化遗产保护”、“中国神话学”、“中国民间文学研究”、“文艺民俗学导论”等课程和讲座。在全院研究生当代学术前沿公共课中，以中国民俗为文化视角，开设“汉语国际推广和多元文化的发展”、“中华文化在对外汉语教育中的理念和实施”等讲座，此讲座还曾作为公开课，在国家汉办的主持下，在华东师大，为全国200余对外汉语院系领导和文化教学的教师演示，得到了与会者的一致好评。

3. 在汉语国际教育专业硕士和国际汉语师资培养中，开设中国民俗学为基础的研究生新课程，本专业承担了美国纽约华美协进孔子学院与华师大合作教师培训项目中的文化课程设置，开设华美协进孔子学院的研究生课程，运用当代民俗学的学科新理念，讲授中国人为营生而发的物质文化，与人相处的制度文化，人心慰藉的精神文化等，获得了孔子学院教师们的认可。本专业学院承担了汉办、侨办主管的欧美、东亚等全球的汉语教师师资培训工作，讲授中国民俗、中国人的日常生活文化、海外原住民文化、中国江南本土文化、中国传统工艺等课程，成为海外汉语师资最受欢迎的研究生课程门类。对外汉语学院民俗学专业青年教师尹笑非博士，2009年8月14日至24日受国家汉办派遣，赴美国迈阿密、亚特兰大、休斯顿为当地的汉语教师进行培训，讲授“中国人的日常生活文化”和“中国传统工艺”，前者从衣食住行四个方面展开，对于现实日常生活中传承性的活态生活文化进行深入阐释；后者以几门传统工艺为例，对中国传统工艺的审美特点和民族性予以剖析，接受培训的教师以华人为主，大多在当地中小学或汉语学校做汉语教师，少部分在大学教授汉语。他们的课程都为语言课，没有专门的传统文化课程，所以此次讲座对他们来讲本是比较边缘的文化类的补充，却非常受欢迎。在课下交流中，他们表达了对中国文化的浓厚兴趣，纷纷反映这种讲座给他们很大的帮助。民俗学无论是研究对象还是研究思路，在中国文化对外传播过程中，都是极受关注的。

4．对外汉语系、学院民俗学和文艺民俗学专业的硕博生，不少成为对外汉语和中国文化推广战线的骨干。已毕业的博士生，有三位成为美国、意大利孔子学院的中方院长。博士戴岚副教授，去年由华师大派往美国俄勒冈大学孔子学院任中方院长，他以中国民俗文化为基础，发挥该孔子学院特色，整合全校资源，开展 Global China Studies 的各项活动，举办了中国园林、中国传统印刷文化、中医文化、中国家养水牛的起源、中国饮食文化等研讨会，对增进中美文化交流活动发挥了积极的作用。在戴岚参与下，该校设立“中国藤”项目（www.chinavine.org），在民俗文化领域，向西方民众展示鲜活的中国日常生活，在一定程度上，成为当地学生了解中国民俗的窗口。

（三）中国历史名城名镇的非物质文化遗产保护研究

华东师范大学于 2002 年在国内高校中最早成立“中国民俗保护和开发研究中心”，在陈勤建教授的主持下，该中心在历史名城名镇的民俗文化遗产保护开发方面做出了突出贡献。

自 80 年代以来，陈勤建教授多次应邀参加文化部、上海市和国内多省区的民俗遗产专家咨询和策划，所参与保护的工程，在上海，有陈云故居、龙华古镇、七宝老街、豫园商城、朱家角迎 APEC 改造工程；在其他省市，曾参与策划瑶林仙境、中华民俗村、同里、周庄、广西南宁国际民歌节和福建连城培田古民居等。近年与同济大学中国历史文化名城研究中心合作，成功参与了山海关、重庆磁器口、福建和平镇等地的物质特别是非物质文化的保护和开发工作。他在该中心指导的研究生也有机会多次参与由其指导的非物质文化遗产的申报项目工作，如《梁祝庙会的文化空间》、《徐福东渡传说》和《匾额习俗》等。所参与的朱家角迎 APEC 改造工程获得很高的国际声誉，在上海参加 APEC 的各国总统夫人、各国部长参观时，赞不绝口。一位欧洲国家的文化部长称赞道：没想到上海的边远小镇有这么悠久的历史民俗文化，展品和布置可以与欧洲一些国家的博物馆相媲美。陪同外宾参观的钱其琛、曾庆红等中央领导和上海市党政领导黄菊等也对此纷纷作了肯定和表扬。江泽民同志后来也专门去参观。

二、民俗学科的整体建设

华东师范大学民俗学学科于 1984 年成立，历经罗永麟、姜彬、陈勤建三代人的奋斗，已成为蜚声海内外的特色学科。1984 年招收硕士生，1998 年招收文艺民俗学博士生，2004 年成为文艺民俗学方向的自主博士点单位。在学科建设上，研究机构健全，人才培养体系齐备，成果显著。

（一）研究机构

1. 华东师大中国民俗保护开发研究中心（现华东师大中国非物质文化遗产保护研究中心）

华东师大中国民俗保护和开发研究中心是一家独立研究机构，2002 年 3 月 15 日由华东师范大学校领导研究决定，经华师（2002）15 号批文成立。该中心以联合国教科文组织 1989 年公约《关于保护传统文化和民俗的建议》为基础，以从民俗文化遗产研究和利用为视角，对我国历史名城和名镇的优秀文化遗产保护和开发工作，提供学术咨询，并在社会应用上作出实际贡献。

中心主持人、华东师范大学民俗学学科带头人陈勤建教授，中国民俗学会副理事长，拥有丰富的理论知识和近 20 年的田野作业实践。1980 年代以来，陈勤建教授多次应邀参加文化遗产专家咨询和策划活动，其民俗学硕士点的研究生也随导师屡次参与活动，有了宝贵的实践机会。在陈勤建的率领下，该中心成功地完成多项非物质文化遗产申报项目和保护工程的策划项目，相关工程通过验收并投入使用。

案例 1. 朱家角迎 APEC 改造工程。朱家角是上海西陲明珠——淀山湖畔的一个千年古镇。在改革开放现代化建设中，古镇如何定位，该怎么发展？

当时国际 APEC 会议要也要在上海召开，如何让外宾感到中国江南古镇与众不同的韵味？陈勤建教授应邀参加论证。

早在 80 年代初，陈勤建教授就多次率领华东师大本科生去青浦朱家角等周边地区进行田野调查研究，对这一地区民众传统的固有文化有着深切的了解。在论证中，他根据当地的民俗文化渊源，提出了在现代意识观照下，抓住具有地方特色的三个可开发项目：陶玉展示文化馆、稻米文化展示馆、江河渔俗展示馆。原有关方面提出的五个标志性的展馆，如古钱币馆、报业馆、现代陶巴馆等与地方民俗文化关联不大的方案被否决。最后地方政府采纳陈教授的意见。史蜀君导演组织各方精英立即动工，在不到三个月的时间内，顺利完成了三个展示馆的建设和布置。由于这三个馆所展示的内容与当地 6000 多年来的固有文化传统一脉相承，在布展中又充分注意了现代意识下的烛照，使传统的民俗文物，在现代的光环下五彩缤纷，美不胜收。

案例 2．周庄年俗活动策划。华东师大中国民俗保护和开发研究中心的民俗学硕士生们于 2006 年集体赴周庄考察，制定了适合现代人庆贺的周庄年俗活动策划。该中心以年俗为切入点，通过集中展示吴地年俗，促进了周庄文化旅游，增加周庄旅游文化的特色与内涵，让旅游更有人情味、地方味和民族味，让游客在浓浓的年节氛围中追忆逝去的文化，在游览和体验的同时得到吉祥和顺的休闲享受，同时也为非物质文化遗产保护做出了切实的举动。

案例 3．《匾额》非物质文化遗产考察及申报。陈勤建教授作为《匾额习俗》申报的指导专家，带领华东师大中国民俗保护和开发研究中心的民俗学硕士点学生，屡次前往位于上海市虹许路的匾额博物馆及位于朱家角阿婆茶楼的匾额展示馆考察，掌握了大量匾额的历史文化资料，并指导学生完成了《匾额习俗》的申报文本，最终“匾额习俗”申报成功，被列入上海市非物质文化遗产名录，此举不仅弘扬了民族优秀文化传统，还为学生提供了难得的民俗学理论付诸生活实践的机会。

华东师大中国民俗保护和开发研究中心还与同济大学合作举办“文化名城论坛”、“中秋论坛”等活动，使重技术和习惯于数据分析入手的理工科师生认识到拓展民俗研究领域的必要性，双方相互学习，取长补短，共同完成论坛项目。

2. 华东师范大学与内蒙古师范大学合作建立的民俗·社会·文化联合研究中心

民俗学、社会学、人类学等学科在我国近年获得迅速发展，尤其是中央提出“构建社会主义和谐社会”和开展“非物质文化遗产保护工程”以来，民俗学、社会学、人类学等学科一下子走到了文化建设和社会发展的前沿，承担起了文化的继承保护与和谐社会建设的重任。内蒙古和上海两地均为我国非物质文化遗产的宝库，前者富有游牧文化，后者富有海洋文化和江南文化，两者都是人类文化遗产资源。2008 年 9 月，经两校有关部门和学科的多次协商，华东师范大学正式批准建立两校的民俗·社会·文化联合研究中心，陈勤建教授任主任。这是两校民俗学、社会学、人类学、民族学等学科发展的重要举措。该联合中心将在华东师范大学和内蒙古师范大学分别挂牌，接受两校的领导。中心管理体制将采取一套班子，双方共同协商中心日常管理和科研活动。中心利用华东师范大学现有的“文艺民俗学”博士点和民俗学、社会学、人类学三个硕士点，合作培养研究生，逐步联合申报独立的民俗学和社会学乃至人类学博士点。目前中心的主要成员来自于我校民俗学、人类学、社会学、民族学等学科的教学与科研人员。

3. 人类学与民俗学研究所

人类学与民俗学研究所创建于 2009 年，是在整合我校悠久的人类学与民俗学科研与教学资源的基础上建立起来的学术机构。现有人类学、民俗学两个硕士点，以及人类学与民俗学博士点，向海内外公开招收硕士研究生和博士研究生，并接受国内外访问学者和博士后研究人员。

研究所现有研究人员 13 名，其中专职研究人员 8 名，其中教授 4 名，副教授 1 名，讲师 3 名，有博士生导师 4 名。校内人类学民俗学专业兼职人员 5 名，其中教授 3 名，副教授 2 名。现任所长田兆元教授，副所长吴旭副教授。依照学校高水平研究型大学的学科要求，研究所规划在近年发展为 15–20 名研究人员的规模，其目标为国内重要的学术研究机构，国际人类学、民俗学学科交流中心。

研究所学术资源丰富，积极主持和参与国内外学术会议，学术气氛浓厚。与国际一流的人类学与民俗学机构间建有广泛的学术联系，联合培养博士生，或者共同开展科学研究。研究所逐渐成为人类学、民俗学学术研究与社会文化建设的一支重要力量。

本所学科带头人具有很强的研究实力与学术声望，为国内外学术界所瞩目。Nicholas Tapp（王富文）教授是国际知名的人类学家，在苗族及其族群研究方面在国际人类学界享有盛誉，曾担任香港中文大学人类学系教授，澳大利亚国立大学人类学系高级研究员等职务，现为华东师范大学全职教授，人类学学科带头人。李向平教授是当代中国著名的宗教文化研究专家，是2010年国家社科基金重大项目“中国民间信仰研究”首席专家。仲富兰教授为上海民俗文化学会会长，在民俗文化学、民俗传播学等领域取得成绩。田兆元教授于神话学研究，地域文化与民俗文献研究方面成绩突出。来自加拿大的吴旭副教授在食品人类学研究方面独有心得。研究所已经在族群研究，宗教与民间信仰研究，神话学与民俗文献研究，民俗传播学研究，生态人类学研究，文化遗产与文化创意产业研究方面形成学科优势。研究所建有“海上风民族民间文化论坛”(http://www.seawn.cn) 网络学术论坛，并出版相关学术集刊。

三、教学工作

（一）本科教学

1. 本科生课程设置与教学大纲

课程编号：本 1

课程名称：中国民俗学

课程英文名称：Chinese Folklore

学分：3

总学时：36

课程性质：必修课

适用专业：文科各专业

教学内容及基本要求：

教学内容：民俗学是一门研究人类社会中普遍存在的民众传承性生活模式文化的国际性人文学科。本课程是在汲取国际现代民俗学的学科理念，结合中国国情和民俗学的发展实际，及讲授者20余年的理论研究和田野作业基础上设定的。本课程从研究的对象民俗出发，用深入浅出的理论思辨和日常可见的事例，中外民俗的鲜明对照，进行生动活泼的形象缕析。基本掌握识别民俗的标准，民俗学的知识构架和中国民俗的一般事项和特色。领略民俗的表层特征和深层结构，独特的性能和传播方式，中国民俗的缘起、特点和分类，以及民俗对人生，对社会发展的深刻影响。从而进一步了解之所以为中国人的国民性特征，国人之所以能自立于世界之林绵绵流长的生存智慧；了解作为中国人的国民性特征和文化特色，培养爱国主义的情操；明确民俗学在中国国民现实生活中的影响和在中国现代文化建设中的地位。

基本要求：要求学生在通读原著的基础上，阅读中国民俗学及相关理论著作，更新民俗学观念，对其学理有基本的了解。

考核方式及要求：论文

教材及主要参考书目、文献与资料：

1. 陈勤建：《中国民俗学》，华东师大出版社，1989、2007、2011。

2. 董晓萍：《田野民俗志》，北京师范大学出版社，2003。

3. 乌丙安：《民俗学原理》，云南大学出版社，1997。

4. ［日］后藤兴善：《民俗学入门》，中国民间文艺出版社，1983。

5. ［美］阿兰・邓迪斯：《民俗解析》，广西师范大学出版社，2005。

6. 钟敬文：《新的驿程》，中国民间文艺出版社，1987。

7. 《二十世纪中国民俗学经典》，社会科学文献出版社，2002。

8. 《歌谣》周刊（影印本），上海书店。

9.《民俗周刊》（影印本），上海书店。

10.《中国风俗通史》，上海文艺出版社，2001。

2. 全校通识课“民俗学”

教学内容：民俗学作为一门研究人类社会中普遍存在的民众传承性生活模式文化的国际性人文学科，是在汲取日本民俗学“济世之学”的学科理念和美、德、俄等国现代民俗的学理学识，结合中国国情和民俗学的发展实际，及讲授者20余年的理论研究和田野作业基础上设定的。现作为华师大的通识课，开设以来，一贯高朋满座，选修率常常几乎是100%，深受大学生的欢迎。本专业的民俗课程获得了校精品课程的称号。

（二）硕士学位的研究生教学

1. 民俗学硕士学位培养方案

民俗学硕士研究生的培养目标是：具有民俗专业扎实的知识理论和开阔的学术视野，独立的研究能力和实践能力。在学期间已完成一定质量的学术成果，掌握一门外语并能撰写学位论文，毕业后较快成为优秀的跨文化交际、文化市场、文化遗产保护、旅游开发等领域的教学及科研工作者。为适应这一民俗学硕士研究生的培养目标，以华东师范大学对外汉语学院和中文系教育背景为依托，开设了高水平、针对性强的各类必修课和选修课。

课程设置（总学分不少于35分）

表1　华东师范大学研究生课程设置

（一）必修课程（11学分）			（二）选修课程（不少于6学分）	（三）实践环节和科研训练（3学分）
学位公共课	学位基础课	学位专业课	专业选修课	实践科研
政治理论 3学分	学术前沿 3学分	文化人类学 3学分	故事类型研究 2学分	教学实践40学时
第一外语 5学分	专业论著选读 3学分	文化视野与民间文学 3学分	民俗资源与旅游 2学分	田野作业2周或社会实践
专业外语 1学分	民俗传承与现代化 3学分	专业前沿学术讲座 3学分	神话学 2学分	参加学术讨论或聆听学术报告30次

续表

（一）必修课程（11 学分）			（二）选修课程（不少于 6 学分）	（三）实践环节和科研训练（3 学分）
计算机应用 2 学分			国际汉学 2 学分	
			中西美学比较 2 学分	

注：补修课程

本科阶段非文科生的硕士研究生必须补修以下课程，只记成绩，不记学分。

中国民俗学概论；语言学概论；中国文学史；中国民俗学史。各 3 学分。

这一课程设置既满足了学生外语、计算机等基本工作技能的要求，又加强了学生在本专业领域中的深造学习，既突出了对学生民俗学专业特色的学术研究和实践能力的培养，又兼顾了哲学、汉语言文学、国际汉学等文科综合素质人才的塑造，既有理论型的专业知识学习，又有实践型的田野作业调查。课程的设置合理、样式新颖、门类齐全，在这一有效的课程培养方式下，我专业的硕士研究生无论是在学术创新能力上，还是在实践动手能力上，都较其他同类专业的学生具有更大的优势和竞争力。

2. 民俗学硕士课程研究生教学大纲样本

课程编号：4

课程名称：民俗传承与现代化

课程英文名称：Transmission of Folk Culture & Modernization

学分：3

总学时：36

课程性质：硕士学位基础课

适用专业：民俗学，文科各专业，理科资环、地理等相关专业

教学内容及基本要求：

教学内容：民俗学国际术语 Folklore，我国学界也曾译作“民间知识”、“民间智慧”。它是民众生存方式、生产生活知识智慧、经验的展演，以及独有的民俗思考原型、生活的惯制，生活的技艺的传承。现实社会的各个领域

仍都可以见到它的踪迹。如传统节日，它不是哪个先哲拍拍脑袋瓜想出来的，而是先民在特定的生存环境中，对宇宙生命（天体运行、万物生长）与人体生命节律交织的心灵感悟和文化展演；是地域族群文化生命周期的关节点和民族文化生命——民族精神的重要标识。

民俗传承是以人类在不同领域中形成的群体性代代相传的思考原型与行事方式，对后继社会行为起规范化模式和思想感召力的文化力量。在现实中，它以有形的物化形态、无形的心意表象，通过各种民俗事象的载体，沟通了代与代之间，一个历史阶段与另外一个历史阶段的连续和同一性，构成了一个社会创造与再创造自己的文化密码，并为人类的有序发展和现代化建设以及民族的凝聚力的增强，奠定了基石。民俗传承文化遗产是一个国家或民族文化传统和文明的独特见证。各民族的文化遗产都体现了该民族的聪明才智和伟大创造，都是对世界和全人类的贡献。世界各国对文化遗产的研究和对策；文化遗产保护的基本理论等。各种古城镇、古村落、历史街区等物质文化遗产和非物质文化遗产的合理开发和文化产业的案例及理论知识。

考核方式及要求：论文

学习本课程的前期课程要求：民俗学基本知识理论和专业论著导读的课程学习

教材及主要参考书目、文献与资料：

1．[美] E. 希尔斯：《论传统》，傅铿、吕乐译，上海人民出版社，2009。

2．周振鹤、游汝杰：《方言与中国文化》，上海人民出版社，2006。

3．[日] 田仲一成：《中国的宗教与戏剧》，上海古籍出版社，1992。

4．刘沛林：《风水——中国人的环境观》，生活·读书·新知三联出版社，1995。

5．王沪宁：《当代中国村落家族文化——对中国社会现代化的一项探索》，上海人民出版社，1991。

6．刘德龙主编：《民间俗信与科学文化》，山东教育出版社，2002。

7．刘德龙、张廷兴：《民俗文化资源开发论纲》，中国档案出版社，

2005。

8．龚斌：《中国人的休闲》，上海古籍出版社，1998。

9．铁军等：《中日乡土研究》，中国传媒大学出版社，2006。

10．林河：《古傩寻踪》，湖南美术出版社，1997。

11．复旦大学文博系编：《文化遗产研究集刊》第 1、2、3 辑，上海古籍出版社，2000、2001、2003。

12．向云驹：《人类口头与非物质文化遗产》，宁夏人民教育出版社，2004。

13．陈勤建主编：《东方的罗密欧与朱丽叶——梁祝口头遗产文化空间》黑龙江人民出版社，2005。

14．[美] 露丝·本尼迪克特：《文化模式》，生活·读书·新知三联出版社，1988。

15．[美] 约翰：《理解大众文化》，中央编译出版社，2001。

16．[美] 塞缪尔·亨廷顿、劳伦斯·哈里森：《文化的重要作用》，新华出版社，2002。

17．花健：《文化产业竞争力》，广东人民出版社，2005。

18．董晓萍：《田野民俗志》，北京师范大学出版社，2003。

19．[日] 柳宗悦：《工艺文化》，徐艺乙译，广西师范大学出版社，2006。

（三）博士学位的研究生教学

1. 文艺民俗学博士专业培养方案

文艺民俗学博士专业，是为了培养学生能在当代全球化浪潮中，用现代意识，文化多元化眼光，对一国固有的文艺和文化进行更全面深入的研究和应用。文艺民俗学兼容了民间文艺学及非物质文化遗产的基本内涵，为我们挖掘文艺发生的民俗成因，分析文艺发展的民俗动力和世界文艺的民俗化走向，深入文艺研究和创作实践，研究特定区域、特定民族的文化、艺术心理，开拓了新的视野；为现代化进程中，深化一地一民族固有的民俗和文艺关系研究，寻求文化与文学、传统和现代之间新的契合点提供科学的依据。其辐射面，还渗透到影视、绘画、戏剧、音乐、娱乐及旅游、建筑、饮食等诸多领域。这是一个具有可喜前景的拓荒性研究领域和人才培养平台。

学制三年，学分 18 分。除公共课、跨专业选修课外，本专业承担三门 9 学分：

学术前沿讲座　中国民俗学学术史　文艺学研究（文艺学热点和当代文艺文化学）

2. 博士课程研究生教学大纲样本

课程编号：博 3

课程名称：中国民俗学学术史

课程英文名称：Academic History of Chinese Folklore

学分：3

总学时：18

课程性质：博士学位专业课

适用专业：文科各专业

教学内容及基本要求：

教学内容：本课程以 20 世纪中国现代民俗学的发生发展为主轴，对西学东来的民俗学在中国的演变走向作科学的梳理，同时对中国民俗学文学化的倾向的缘起、形态和历史的发展也作了梳理，为相关学科当代文艺民俗学的崛起做学术上的阐释。

20 世纪初，中国现代引入西方民俗学科积极参与者，有教育家、文学家、语言学家、哲学家、历史学家。20 世纪中国学界的民俗自觉意识的思考和行动，之所以能发生，除了前文所述倡导者的学科意识，名流学者们鼓吹宣扬积极投入之外，还得力于清末民初严复等爱国志士“富国强民”思想主张的滥觞，20 世纪初激进知识分子国民性改造的理想的驱使。中国民俗学界的学术取向，虽有多学科学者的共同参与而结出诸多的成果，但其主流，确实是向文学倾斜的，是从“文学切入”[1]的。日本民俗学权威，日本民俗学之父柳

1　钟敬文：《从事民俗学研究的反思和体会》，北京师大学报，1998 年 6 期。

田国男先生交往甚密切的学术前辈直江广治教授指出：中国民俗学研究的开始，是和民国初年的文学革命相连的。在新文化中心的北京大学，民国十一年（1922）周作人、沈兼士等领导、出版的《歌谣》周刊发刊词说："本会搜集歌谣的目的共有两种，一是学术的，一是文艺的。我们相信民俗学的研究，在现今的中国，是很重要的一件事业……"值得注意的是，中国民俗学的诞生是和文艺紧紧相连的。在外国也是，以德国的格林兄弟和法国别罗的民间故事研究为首，民俗学研究从口承文艺方面开展起来，民俗学和文艺建立了深刻的关系，但不能不看到这个倾向是给中国民俗学的开展以特色的。

基本要求：对民俗学在中国和西方不同的缘起不同的理解要有学术上的了解和学理上的理解，对以俗为文、以俗为鉴、化俗为文的中国民俗学历史发展中内在的思考，要有深入的了解和把握。

考核方式及要求：论文

学习本课程的前期课程要求：民俗学经典导读的学理基础

教材及主要参考书目、文献与资料：

20世纪中国民俗学经典：

1. 钟敬文：《民俗学论文集》，上海文艺出版社，1998。

2. 周作人：《民俗学论文集》，上海文艺出版社，1999。

3. 江绍原：《民俗学论文集》，上海文艺出版社，1998。

4. 顾颉刚：《民俗学论文集》，上海文艺出版社，1998。

5. 黄石：《民俗学论文集》，上海文艺出版社，1999。

6. 刘魁立：《民俗学论文集》，上海文艺出版社，1998。

7. 王文宝：《中国民俗研究史》，黑龙江人民出版社，2003。

8. 刘锡城：《20世纪中国民间文学学术史》，河南大学出版社，2006。

9. 张紫晨：《中国民俗学史》，吉林文史出版社，1993。

10. 赵世瑜：《狂欢与日常——明清以来的庙会与民间社会生活》，生活·读书·新知三联出版社，2002。

四、人才培养

（一）民俗学学科点已授予学位的研究生数量

陈勤建教授，硕士 38 人，博士 18 人；田兆元教授，硕士 13 人，博士 4 人；安俭副教授硕士 3 人。

（二）陈勤建教授指导并答辩通过的博士学位论文题目（1998—2011）

1. 绍兴舜王巡会会货表演研究
2. 都市民俗生态和民俗戏曲——都市民俗学视野下的上海民俗戏曲研究
3. 洪迈与夷坚志的民间性问题研究
4. 论汉语俗语的文学图像
5. 诗意的家居——明清徽州民居的审美研究
6. 女性创作与童话模式——英国十九世纪女性小说创作研究
7. 市民文化与都市想像——王安忆上海书写研究
8. 民众生活理想的视觉展演——中国民间传统吉祥图像的理论阐释
9. 颠覆与顺从：再读中国机智人物故事
10. 中国文学现代转型的民俗学语境
11. 中国异类婚口传叙事类型的地域性研究
12. 俗文学的地域个性与都市消费情结——清代扬州的个案观照
13. 涵化与归化——论延安时期解放区的“民间文学”
14. 周作人文学思想及创作的民俗文化视野
15. 吴语叙事山歌演唱传统研究
16. 论胡适文学观中的民俗理念
17. 世俗与神圣的对话——民间灶神信仰与传说研究
18. 董永故事的展演及其文化结构

（三）优秀博士学位论文摘要

1. 郑土有《吴语叙事山歌演唱传统研究》，上海市优秀博士论文。

吴语叙事山歌是指流行于吴语地区民间、用吴方言演唱的，有比较完整的故事情节、有两个以上人物出场的韵文作品。根据篇幅长短，可分为短篇、中篇和长篇。20 世纪 80 年代初，随着《五姑娘》的公开发表以及大量叙事山歌的相继搜集整理，长篇吴语叙事山歌在学界引起了轰动，也曾发生过一场争论，有人认为这是“伟大的发现”，打破了汉族无长篇叙事诗的定论，也有人对它的真实性表示质疑，仁者见仁，智者见智。进入 90 年代中期以后，因为中国民间文学界热点转向民俗学研究，对长篇吴语叙事山歌的研究也转入低谷，但事实上仍有许多问题没有得到真正的解决。本文从吴语叙事山歌的演唱传统出发，以田野调查的第一手资料为基础，结合文本分析，力求深入到它的“本体世界”之中，探求它的传承、编创规律，给它以合理的定位。

本文共分七章。内容上大致可分为三个部分：第一章主要是吴语山歌、吴语叙事山歌发展史、搜集整理史、学术史的回顾，是一种学术上的梳理；第二、三章属第二部分，是对吴语叙事山歌基本情况的分析和判断，根据现已发掘的 30 多首中长篇叙事山歌，分析它的主题类型、地域分布特征；从民间文化生态环境的角度探讨其生成的各种内外因素；第四、五、六、七章属第三部分，也是本文的重点。主要探讨叙事山歌是在怎样的语境中演唱的，演唱的三种典型形态及其特点和功能，演唱传统中逐渐形成的各种叙事类型套式，长期的山歌演唱传统是如何模塑一代又一代叙事山歌歌手的，他们具有哪些共同的特点，歌手是如何传承的，歌手在学唱的过程中有哪些技巧，他们是如何在演唱过程中采用“调山歌”手法将各种现成的套式巧妙地运用于叙事山歌的编创活动的等。

通过上述初步研究，我认为，吴语叙事山歌是吴语地区山歌演唱传统发展的必然产物，是在短山歌基础上逐渐丰满、发展起来的，长期以来形成的丰富的、各个层次的套式，为歌手编创长篇叙事山歌积累了丰富的“材料”；山歌（包括叙事山歌）演唱是旧时吴语地区民众生活的有机组成部分，它时刻伴随着人们的生产、生活活动，是人们最主要的精神娱乐方式，同时也是他们思想情感的集中体现；吴语叙事山歌是优秀歌手运用“调山歌”的手法编创而成的，它从来没有固定的文本，一次演唱过程结束就标志着一次编创的完成，由于一次连贯演唱的机会较少，大多数情况下只能一套一套分时段演唱，每“套”可以单独唱，也可以“连牢唱”，这种演唱习惯形成了其结构松散、弹性大、生长点多的特点。总之，吴语叙事山歌是一种具有吴语文化特色的自成体系的活态的口头叙事诗。

关键词：吴语叙事山歌　演唱传统　表演语境　套式歌手

2. 尹笑非《民众生活理想的视觉展演——中国民间传统吉祥图像的理论阐释》，上海市十佳博士论文。

中国民间传统吉祥图像是通过谐音、寓意和变形的手法，用吉利祥瑞的物象符号表达民众日常生活理想的独特视觉艺术形式。它是一种民间俗信，是民众生活智慧和文化心理的外化符号，是民众日常生活理想的视觉展演。它蕴涵了丰富的文化道德内涵、民族审美情趣、形象思维方式，是极具民族文化特色的既古老又时尚的艺术形态。论文建立在丰富的田野调查和图像搜集基础之上，走访了浙江、江苏、四川、云南、北京、安徽、辽宁等地，旨在对吉祥图像进行资料和理论的双重梳理，着眼于吉祥图像在当代的生存内容、方式和际遇，做出深入探索。

本文共分为五章。绪论对吉祥图像的研究现状和意义进行概述后，对文中吉祥图像的定义进行了细致阐述，并对其研究范围进行了简要的界定。第一章由表及里地对吉祥图像的构成进行了详尽的梳理，从其表层构成分类方式到其中层附属的吉祥语和传说故事，到其深层的生活方式和意识形态，由浅入深地进行分析。

随后几章则以“中国民间传统吉祥图像”的“吉祥”、“民间”、“传统”、“图像”这四个关键词为基准，分别从吉祥的生活理想、民众的日常生活、传统文化的影响、视觉图像的思维四个方面予以分别论述：第二章以“吉祥”为核心，先是纵向梳理了吉祥图像产生发展的历史，继而横向对吉祥图像表现的精神理想，尤其是在当代的生活理想作出分析和个案研究。追古溯今地将吉祥图像这一古老而生机勃勃的活态艺术呈现出来，并通过个别的原型透视整个吉祥思想观念的内涵，追溯中国人浓厚的求吉思想形成过程和原因。第三章以“民间”为核心，分析了吉祥图像的创造和接受主体“民众”的群体构成，分析了吉祥图像的民间信仰性质和其日常生活审美化表征。第四章以“传统”为核心，论述了吉祥图像思想内容上受儒释道经典文化的影响以及变异，并以吉祥图像为例，提出上述经典传统之外的民间传统，同样以非文字的方式表达了一套系统的天人合一观念。第五章以“图像”为核心，论述图像是更接近本民族思维习惯的表达方式。继而从微观上讨论了吉祥图像色彩与构图的视觉效果，并在视觉浪潮的文化背景下对吉祥图像的生存和发展进行了探讨。

文章的结语部分结合田野调查的实践经验对吉祥图像的传承、保护和研究工作谈了个人的看法，并对未来的研究方向和目标提出了总体的规划。

关键词：吉祥 民间 传统 图像

五、学术团队

（一）华东师范大学对外汉语学院民俗学学科点

陈勤建，现任华东师范大学对外汉语学院学术委员会主任、校学术委员会委员，华东师大博士生导师、终身教授；教育部人文社会科学重点研究基地华东师大中国现当代思想文化研究所研究员；中山大学中国非物质文化研究中心学术委员会委员、国家非物质文化遗产保护工作委员会委员、中国民俗学会副会长兼中国城镇民俗专业委员会主任、上海市民间文艺家协会副主席。

陈勤建教授是当代著名的民俗学、文艺民俗学以及非物质文化遗产保护专家。在民俗学研究领域，陈勤建是特色比较突出的一位学者。20余年来，他瞄准当代国际民俗学科和文化人类学科的最新成果及中国学科现状，深入社会，在实践和理论的结合中，更新民俗理念，构建学科框架，在理论民俗学方面形成了自己的一家之言。在此基础上，他将其与文艺学交叉开拓了文艺民俗学新的研究领域。

近十年来，陈勤建教授承担或参加国际科研项目5项，应邀作为客座教授、研究员身份，由邀请国出资出国参加国际合作研究、国际学术会议10次。与日、美、澳、俄等国及中国台湾地区同行学者建立了广泛的学术联系与交往。出版新的专著3部、编著2部。文章数十篇。应邀去国外出席大型国际学术会议作专题报告5次、国内国际会议4次，参加或主持国际合作科研项目5项，个人承担国内国家社科项目1项、省部级以上项目4项、为社会服务横向项目4项。获省部以上社科奖4项，其中获教育部全国高校第二届社科优秀成果奖中国文学二等奖（专著）1项，上海市哲学社会科学优秀成果奖3项。

（二）华东师范大学社会发展学院民俗学相关专业师资

田兆元，华东师范大学教授、博士生导师。主要从事民俗学、人类学研究，现为中国民俗学会理事、中国汉民族学会理事、上海市非物质文化遗产保护专家成员。 主要研究方向为民俗学（神话信仰）、社会人类学研究、非物质文化遗产保护研究，承担国家社科基金和市教委等多个课题的研究。田兆元教授于神话学研究，地域文化与民俗文献研究方面有突出成绩。主要著作有《神话与中国社会》、《盟誓史》、《贾史》等专著多部，主编《文化人类学教程》，发表论文百余篇。

仲富兰，现任华东师范大学教授、博士生导师。为上海民俗文化学会会长，在民俗文化学、民俗传播学等研究方向成绩突出。

另有安俭副教授、李小玲副教授、戴岚副教授、尹笑非博士，以及来自加拿大的吴旭副教授。团队学术基础扎实，为学界所广泛关注。

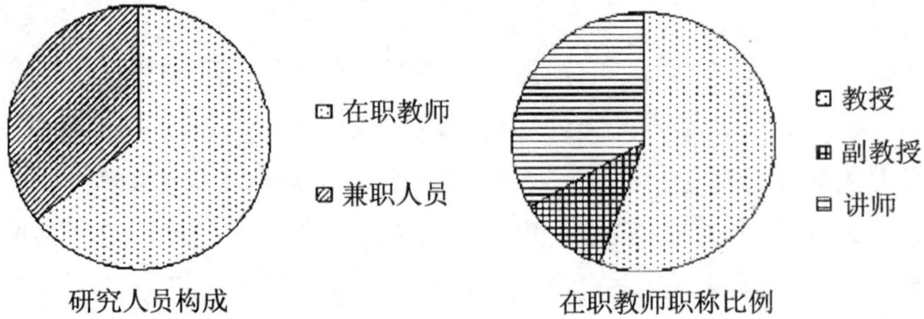

华东师范大学民俗学科学术队伍构成示意图

六、科学研究

（一）陈勤建

1. 国内研究课题

陈勤建先后承担并完成省部级以上社科项目6项。国家社科项目2项：国家社科八五重点规划项目——文艺新学科建设工程子项目“文艺学与民俗学交叉研究：文艺民俗学导论”（1986）、“中国风鸟信仰传说对中国思想文化的影响”（1996）。教育部社科项目3项：“传统文化和二十世纪中国文学”、“吴越民俗和民间文学”、“当代民间信仰与民众生活”（基地重大项目）。上海市社科项目1项：“民俗视野：中日文化的融合与冲突”。国内各类横向研究社科项目6项，资金过百万。先后参与江南古镇、古村落遗产保护策划、规划的有江苏同里、周庄、浙江南浔、宁波梁祝、上海龙华、朱家角等。朱家角APEC改造工程，根据当地的民俗文化渊源，提出了在现代意识观照下，规划具有地方特色的文化遗产项目：远古陶玉文化、稻米乡情文化、江河渔俗文化三个展示馆。得到了与会外国领导，上海市和中央领导的一致好评。

2. 国际合作项目

陈勤建承担国际社科项目8项。20世纪80年代中叶起，开始应邀参加多国学术机构的科研合作项目，前后共8次。应日本都立大学著名的国学教授臼田甚五郎会长教授邀请，进行“吴越地与日本的歌谣比较研究”。赴日调研外，还参加日本歌谣研究大会，其间会见交流者，有日本文学博士学衔教授数十人（有此学衔教授，当年日本不足百人）。1989—1993年应东京大学东洋文化研究所，教授，现日本文科院士（共16人）、东洋文库图书馆长田仲一成邀请，聘为海外研究员，与日本瞰方春雄教授等一起，参加日本文部省科研项目《中日乡村祭祀艺术研究》，在吴越地与日本各地田野作业，调研吴越地的童子戏、傩戏、目连戏、社戏、宣卷等傩艺能，在日本长野、爱知县考察花祭。京都、奈良调研春日大祭，能乐、歌舞伎等。1991年—2005年，应日本民俗学会会长福田亚细男教授邀请，为研究员，日本文部省、学术振兴会科研项目：中日环东海农耕民俗、浙江沿海民俗、上海郊区民俗的研究，前后十余年，共四项，考察研究足迹几乎遍及江浙沪吴越长三角地区，以及日本除北海道以外大部分地区，连冲绳也去了两次。其间上海郊区民俗研究项目，中方由我领衔，科研经费 1100 万日元。2005 年以来，日本神奈川大学国家文科基地建设重大项目 21 世纪 CEO：人类非文字文化资料体系研究，邀合作研究，每年由对方资助一名研究生和青年教师赴日研修，至今已有 6 人前往。另外，与澳大利亚墨尔本大学有关 The Oral and Ritual Culture of Chinese Women Bride Lamentations of Nanhui（中国妇女的口授与仪式——南汇县的哭嫁歌）及长江中下游地域吴歌等的研究 2 项。

3. 科研成果获奖

论文《论民俗的特质及对社会发展的影响》获 1986 年上海文化艺术一等奖。

论文《文艺民俗学发生论》获 1994 年上海哲学社会科学优秀成果三等奖。

专著《文艺民俗学导论》获 1998 年教育部全国高校第二届人文科学研究成果奖中国文学二等奖。

专著《中国鸟文化》获 1998 年上海哲学社会科学优秀成果奖三等奖。

论文《现实性：中国民俗学的世纪抉择》获 2000 年上海哲学社科优秀成果奖三等奖。

论文《20 世纪中日民俗学的学术倾向和前瞻》获 2002 年上海哲学社科优秀成果奖三等奖。

专著《中国鸟信仰》获 2004 年第五届中国民间文艺山花奖　第二届学术著作奖一等奖。

2007 年 6 月获得中华人民共和国人事部、中华人民共和国文化部授予“全国非物质文化遗产保护先进工作者称号”。

4. 代表作

编著《当代中国民俗学》（理论），20 万字，上海文艺出版社，1988。

专著《中国民俗》（理论），17 万字，中国民间文艺出版社，1989。

专著《文艺民俗学导论》（理论），27 万字，上海文艺出版社，1991。

专著《中国鸟文化》（理论），24万字，学林出版社，1996。

编著《中国风俗辞典》（副主编），260万字，上海辞书出版社，1990。

编著《民间文学》，56万字，广东人民出版社，2003。

专著《吴越民俗与民间文学》（理论），25万字，吉林摄影出版社，2002。

专著《中国鸟信仰》（理论），28万字，学苑出版社，2003。

专著《生肖趣谈》（理论），10万字，上海古籍出版社，2005。

编著《东方的罗密欧与朱丽叶——梁祝口头遗产文化空间》（主编），8万字，黑龙江人民出版社，2005。

专著《民俗视野：中日文化的融合和冲突》（理论），17万字，华东师范大学出版社，2005。

专著《点击中国吉祥艺术》（理论）（第一作者），上海人民美术出版社，2006。

专著《中国民俗学》（理论），29万字，华东师范大学出版社，2007。

专著《文艺民俗学》，37万字，上海文化出版社，2007、2010。

编著《文艺民俗学论文集》，67万字，上海文化出版社，2007。

（1990—1998年兼任上海文联民间文艺家协会秘书长、《上海采风月刊》主编、月刊每期12万字，全年144万字，共1150余万字；理论季刊《民间文艺季刊》副主编，后改名为《中国民间文化》，共出30余册，每册20余万字，共600余万字。）

（二）田兆元

1. 科研项目

上海市教委项目“中国盟誓研究”，完成。

上海市教委项目“炎黄博物馆陈列设计”，完成。

上海市教委项目“文化人类学”，完成。

国家社科基金项目“中国神话发展史”，项目编号：06BZW068，进行中。

2. 发表成果

主要著作有《话与中国社会》、《盟誓史》、《贾史》等专著多部，主编《文化人类学教程》，发表论文百余篇。

七、学术交流

华东师大对外汉语学院民俗学学科还积极开拓国际的学术交流和合作，不仅使本学科研究处于世界前沿状态，而且也为学生提供跨文化交际和联合培养的机会。民俗学科与东京大学、神奈川大学21世纪COE基地、名古屋大学、澳大利亚墨尔本大学等建立了亲密的合作研究关系。与民俗学相关的研究项目如下：

东京大学东洋文化研究所申报日本文部省立项的大型科研项目：绍兴水乡民俗学研究。

神奈川大学21世纪COE基地非文字图像资料体系化研究。

神奈川大学21世纪COE基地与华东师范大学专业联合培养研究生，已有8位博士生去过日本大学研修，另外去过美国、法国、澳大利亚各1人。大大拓展了学生的国际视野。

澳大利亚墨尔本大学亚洲学研究中心和我专业联合进行的女性口传文化——南汇哭嫁歌研究。

陈勤建教授自80年代以来，参加国内讲座、国内会议近百次。近20余年来，共17次。应邀赴东京大学、莫斯科大学、墨尔本大学、旧金山大学、日本国立历史民俗博物馆、俄国高尔基世界文学研究所、京都国际日本文化研究中心、神奈川大学等进行学术交流。参加大型国际学术会议。专题报告5次。如1996年澳大利亚承办的国际亚洲学大会，作了《文艺民俗批评》报告，澳大利亚媒体采访。1998年日本生命科学（分子人类学）和文化学科全球发起“环太平洋看日本人和日本文化的起源”国际大型学术研讨会，会上美英日等学者提出了人类非洲起源生命树，陈勤建教授作为应邀唯一中国文化学者，在大会作了《江南稻作鸟日信仰在日本的传播》主题报告。对弥生时代以来，日本文化中的吴越文化因素作了深入的研析，受到欢迎。2000年聘为名古屋大学研究生院客座教授，做中日比较文化的研究，并应全日本高校中国文化研究会的邀请，赴东京，在著名教授伊藤清司主持下，作了“浙江稻作鸟日信仰的发生和衍化”为主题的讲座。回国后出论文及专著《民俗视野：中日文化的融合和冲突》。出席2010世博会主题论坛《城市更新与文化传承》，会上作主题演讲《孕育现代化和活态遗产和谐共荣的生活世界》。

八、存在问题

民俗学学科的定位和归属需进一步明确。在我国现行一、二级学科分类体制下，现有的“民俗学（含民间文学）”处在两难的境地。原有的学术传统，偏于民间文学或民间文艺学，放在中文一级学科之下。现在归于社会学，境地比较尴尬。在下面，社会学科不了解，也不重视，实际的结果，中文、社会学两个学科都不大认同。

从历年国家社科课题可知，社会学管自己还来不及，根本无暇于新纳入的民俗学科。当前，形成一个巨大的反差：一方面，现实社会民俗活动、民俗事象越来越受社会和各种媒体的关注；另一方面，相关的课题研究和调研得不到支持，国家社科指南中很少有民俗学课题。

民俗学科自身的建设要加强。在学科边界、研究对象、研究目的、研究方法等方面，要结合时代和社会现实需求，有新的拓展，而不是自我封闭。

山东大学

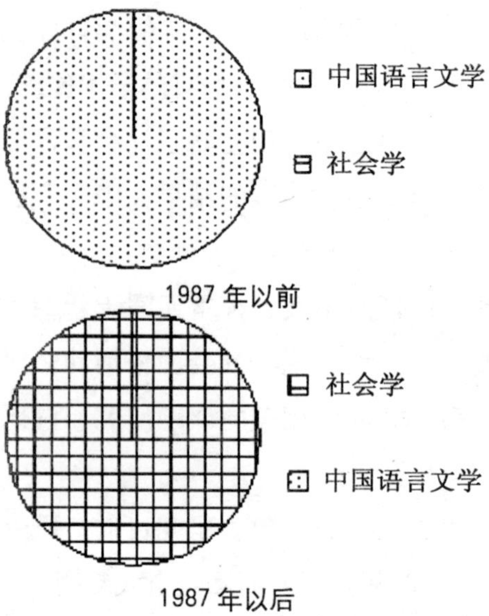

山东大学民俗学科建制构成示意图

山东大学是国内较早开展民俗学教学与科研的高校之一。早在 1930 年代，本校已有在最初的民俗学、民间文学和神话学等领域的教学和研究工作，顾颉刚先生曾于 1930 年代执教齐鲁大学（山东大学前身）。此外，中国现代学术史上的诸多先贤都曾在该领域和相关领域留下了不俗的业绩，如王统照收集、整理和出版了山东《山东民间故事》(1937)，闻一多、童书业和高亨的神话研究，丁山的上古宗教和神话研究，陆侃如、冯沅君关于神话、楚辞、俗文学的研究，游国恩的楚辞研究，台静农的歌谣研究，沈从文的古物和服饰民俗研究，老舍的俗文学研究，关德栋和车锡伦的俗文学研究，路遥的民间宗教研究等。改革开放后，山东大学的民俗学科建设迎来了新的辉煌时期，这些前辈的治绩都成为宝贵的学术财富。

1984 年，本校在筹建社会学系时设立民俗学教研室。1987 年 11 月，在民俗学教研室的基础上，成立山东大学民俗学研究所。2002 年山东大学文史哲研究院成立，民俗学研究所并入其中。1998 年成为民俗学硕士学位授予权单位，2002 年获得中国民间文学博士学位授予权；同时增设民间文学硕士点。

现为博士后流动站招生单位。多年成为校211和“985工程”的建设单位，在学校领导及有关部门、特别是文史哲研究院的大力支持下，本学科点在教学科研、学术团队组建、基地建设、刊物编辑出版、项目承担、学术成果获奖和办公条件改善等方面均有长足发展，并在地方社会和国家文化建设中发挥了积极作用。

一、学科建设

（一）学科建制

山东大学民俗学学科点在1980年代初，在中文系内，开设了民间文学课程，主讲此课的李万鹏教授曾参加钟敬文先生主编全国高校文科统编教材《民间文学概论》的编写。此时民间文学课程的建设在中国语言文学学科内进行。1984年设立民俗学教研室（1987年更名“山东大学民俗学研究所”），在“社会学”一级学科下，开始民俗学的学科建设。民俗学研究所的历任所长有徐经泽和叶涛教授等，现任所长为张士闪教授。自2002年起，民俗学研究所划归文史哲研究院管理，但民俗学的学科归属仍是社会学，民俗学研究所是教学科研实体单位。

（二）研究机构

本学科点建有两个基地，即“山东省非物质文化研究基地”和“中国节日研究基地”。

山东省非物质文化研究基地。该基地主要搜集和研究本省民俗文化遗产资料，并利用本学科点的研究成果，为省内政府有关部门的非物质文化遗产保护利用提供学术服务。

中国节日研究基地，由本学科点与文化部民族民间文艺发展中心合办。2009年12月，文化部民族民间文艺发展中心主任李松、副主任张刚一行，应邀来到山东大学进行考察，与山东大学校方签订“中国节日研究基地”共建与《节日研究》刊物合作出版协议书，并委托本学科点具体承担，包括合作策划节日研究项目，进行影视、资料的数字化等，重点面向汉族节日研究对象，夯实研究基础，扩大研究成果的影响。

两个基地的建立，对推动本学科点的建设起到重要作用。张士闪教授任基地主任，刘宗迪教授担任基地副主任，另聘王丕琢研究员担任基地副主任。

二、教学工作与人才培养

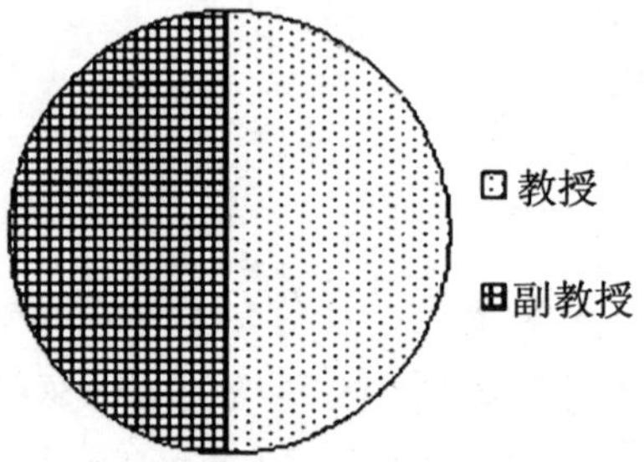

山东大学民俗学科学术队伍构成示意图

（一）教师人员

本学科点现有在编教师6人，其中教授、博士生导师2人（张士闪、刘宗迪），教授、硕士生导师1人（朱以青），副教授、硕士生导师3人（李浩、刁统菊、王加华）。

另聘有兼职博士生导师2人（叶涛、刘铁梁），合作博士生导师3人（刘德龙、曲金良、李松），兼职硕士生导师1人（刘德增），合作硕士生导师1人（陈国忠）。现任学术带头人为张士闪教授。

张士闪，教授、博士生导师。山东大学文学学士（1985）、北京师范大学民俗学博士（2005）。现任山东大学民俗学研究所所长、《民俗研究》（CSSCI）主编，《节日研究》主编，文化部民族民间文艺发展中心与山东大学合办中国节日文化研究基地主任，山东省高校第五批中青年学术骨干（2001），列入教育部“新世纪优秀人才支持计划”（2009），“齐鲁文化英才”（2011）。长年在华北乡村坚持田野调查，所构建的学科理论及研究框架在国内有一定影响。近年来主持国家级课题多项，包括国家社科基金（艺术学）项目《社会转型与精神重建：20世纪华北村落民俗艺术研究》（2005）、《新时期乡民艺术发展与公共社会建设》（2011），国家“十一五”教材建设规划项目《艺术民俗学》（2006），国家社科基金重大委托项目《中国节日志》中的《二月二》（2008）、《春节山东卷》（2009）、《七月十五》（2011）等课题；主持山东省社会科学规划研究重点项目《山东民俗生态与相关文化产业的区域发展模式研究》（2008）、山东省软科学项目《山东民俗文化产业发展对策研究》（2009）、山东省旅游局重大项目《山东省民俗文化乡村旅游规划》（2010）等。出版学术著作《乡民艺术的文化解读：鲁中四村研究》、《中国艺术民俗学》等10余种，主编有《齐鲁民俗》等丛书。在《新华文摘》、《文史哲》、《思想战线》、《民族艺术》、《中国农村观察》等刊物发表论文50余篇，获中国文联中国民间文艺学术著作山花奖一等奖（2007）、教育部高校人文社科优秀成果二等奖（2009）、山东省社科优秀成果一等奖（2009）等多项。所主讲《艺术民俗学》课程入选山东省省级精品课程（2006）。学术兼职主要有山东艺术学院教授、艺术民俗学专业硕士生导师，潍坊学院教授、山东省民俗资源保护与开发利用研究基地常务副主任等。社会兼职有山东省民间文艺家协会副主席、山东省民俗学会副会长兼秘书长、中国艺术人类学学会常务理事、中国民俗学会常务理事等。

刘宗迪，教授、博士生导师。南京大学气象系大气物理专业理学学士，四川师范大学文学硕士（1991），北京师范大学法学博士，首都师范大学文学院博士后流动站（2001—2003）；中国社会科学院民族文学研究所副研究员（2003—2010），2010年9月被聘为山东大学“齐鲁学者”。专攻以中国古代民俗文献为主要领域的神话学、民间文学研究，已完成国家社科基金项目《中国现代神话学的思想背景和学术范式》（2005）、中国社会科学院重点项目《中国现代民间文艺学的范式转换》（2004）、北京市青年人才专项经费项目《叙事与仪式关系的田野研究》（2001）。曾应邀参加香港中文大学李炽昌教授主持的香港特区政府资助项目《汉语语境中的上帝》（Naming God in Chinese），负责早期传教士文献的校订、注疏，研究成果为《圣号论衡：晚清〈万国公报〉基督教“圣号论争”文献汇编》（上海古籍出版社，2008），参与中国国情调查重大项目《中国少数民族地区文化发展状况的调查》。先后在《文艺研究》、《哲学研究》、《民族艺术》、《民族研究》、《读书》、《民间文学论坛》、《民族文学研究》等核心学术刊物发表论文20余篇，在学界产生重要影响。

朱以青，教授。山东大学历史系本科毕业，1987年7月中国近现代史专业硕士研究生毕业。1996年在山东大学马列部晋升为副教授。其间讲授当代世界政治经济与国际关系（本科生）、世界经济与政治专题（研究生）、邓小平理论概论（本科生）等课程。担任山东大学马列部世界经济与政治教研室主任，获得山东大学青年骨干教师、山东大学第二届开拓未来奖等荣誉称号。曾在《中国经济史研究》、《世界经济与政治》、《山东大学学报》等重要刊物发表论文五篇，主编／参编著作十多部。2000年受聘为山东大学硕士研究生导师。1999年调至山东大学出版社工作后，所编图书多次获奖。2002年编辑《走向理想的精神家园》、2003年编辑《宪政研究》连续两年被山东省新闻出版局审读为优秀品，并获华东地区大学出版社优秀图书二等奖、山东省优秀图书编辑奖二等奖和三等奖。编辑《先秦政治婚姻史》一书2005年获“第十届山东省优秀图书奖”，编辑《国学启蒙》一书获华东地区大学出版社优秀教材学术专著一等奖，编辑《岁月有情》一书获“第四届全国优秀妇女读物奖”，策划编辑的《全球化与当代中国文化发展》丛书2010年获中华优秀出版物图书提名奖，策划编辑《山东民间艺术志》2011年获新闻出版署第三届“三个一百”原创出版工程奖。同时，积极从事科研，共出版著作11部（主编6部，副主编2部，参编3部），在《文史哲》、《山东大学学报》、《理论学刊》等杂志发表文章20余篇，其中核心期刊12篇。承担教育部重大研究项目《经济全球化与中国特色社会主义文化建设》的子课题《经济全球化与中国文化产业发展》的研究，参加省级课题《出版市场化改革研究》课题组。2005年晋升编审，2011年调至本学科点。

李浩，副教授，聊城师范学院历史系1987级本科生，山东大学1996级历史学硕士，1999年留校任教，2003年获山东大学历史学博士学位。现为山东省非物质文化研究基地副主任，主要研究方向为中国民俗史及中国社会史。主持山东省社会科学项目、济南市社会科学规划项目各1项，获山东省社会科学优秀成果三等奖1次，并参与山东省社会科学规划项目和教育部重大攻关项目。在《中国社会历史评论》、《文献》等核心期刊发表论文10余篇。学术兼职为山东省民俗学会常务理事。

刁统菊，副教授，1999年获山东大学文学学士学位，2002年获山东大学民俗学硕士学位，2005年获北京师范大学民俗学博士学位。主要研究方向为理论民俗学、亲属制度研究。主要著作有：《婚嫁礼俗》（专著，中国社会出版社，2008年）；《风俗画卷》（副主编，中国言实出版社），2008年；《中国民俗大系·山东民俗》（甘肃人民出版社，2004年，合著）。在《西北民族研究》、《中国农业大学学报》、《民俗研究》等学术期刊发表论文20余篇，其中《婚姻偿付制度的地方实践》获2009年第二届山东省泰山文艺奖，《吊簿：姻亲交往秩序的文化图像》获2006年中国民间文化研究论文新秀奖、2009年山东省第二十三次社会科学优秀成果三等奖，2011年，获山东省社会科学新秀奖。主持国家社科基金课题"华北乡村社会姻亲关系研究"，参与教育部社科基地课题"十世纪以来华北村社移民与宗族的历史人类学研究"。现任《民俗研究》副主编，兼任山东省民俗学会副秘书长。

王加华，副教授，2000年获山东师范大学历史学学士学位，2000年至2006年就读于复旦大学历史地理研究中心（硕博连读），获历史学博士学位。主要研究方向为中国农业史、乡村社会史与生态民俗学。先后在《中国农史》、《中国历史地理论丛》、《清史研究》等学术期刊发表论文20余篇。主持山东省社会科学项目1项，获山东省社会科学优秀成果三等奖1次。现任《民俗研究》编辑部主任。

（二）课程设置、学时与学分

本学科点课程，分硕、博研究生不同对象，按理论课程学习、田野实践和毕业论文三个环节设置。

表1　山东大学民俗学科硕士生课程一览表

类别	序号	课　程　名	开课学期	总学时	学分	考核方式
必修课	1	马克思主义理论（文）	秋	72	3.0	考试
	2	第一外国语（英）	秋	108	3.0	考试
	3	专业外语	夏	36	2.0	考试
	4	人文社会科学方法论	秋	72	4.0	考试

续表

类别	序号	课　程　名	开课学期	总学时	学分	考核方式
	5	文化人类学	春	72	3.0	考试
	6	民俗学研究	秋	72	4.0	考试
	7	民俗学方法论	秋	72	4.0	考试
	8	前沿讲座	春	72	2.0	考试
选修课	1	第二外国语（日）	春秋	72	2.0	考试
	2	民间文学理论研究	春	54	2.0	考试
	3	中国民俗史	春	54	2.0	考试
	4	民俗学史	夏	54	2.0	考试
	5	民俗事象专题研究	春	54	2.0	考试
	6	中国民间信仰研究	夏	54	2.0	考试
	7	艺术民俗学	夏	54	2.0	考试
	8	中国乡村社会史	夏	54	3.0	考试
	9	区域民俗专题研究	夏	54	2.0	考试
	10	文献学	夏	72	4.0	考试
	11	社会学概论	秋	54	0.0	考试
补修课	1	社会心理学	秋	54	0.0	考试

表 2　山东大学民俗学科博士生课程一览表

类别	序号	课　程　名	开课学期	总学时	学分	考核方式
必修课	1	马克思主义与当代社会思潮	秋	54	2.0	考试
	2	专业外语	春	36	2.0	考试
	3	民俗学与民间文学理论与方法	秋	72	3.0	考试
	4	前沿讲座	夏	72	5.0	考试
选修课	1	民间文学专题研究	春	54	3.0	考试
	2	博士生英语视听说	秋	72	2.0	考试
	3	民间文学体裁研究	春	54	3.0	考试
	4	史前史与神话研究	春	54	3.0	考试
	5	民间文化理论与当代口承文学研究	春	54	2.0	考试
	6	民俗学专题研究	春	54	3.0	考试
	7	中国近现代民间文艺家专题研究	春	54	2.0	考试
	8	第二外国语（英）	春	72	2.0	考试

续表

类别	序号	课 程 名	开课学期	总学时	学分	考核方式
补修课	1	民俗学与民间文学理论研究	秋	72	0.0	考试
	2	中国民间文学史研究	春	72	0.0	考试

（三）主要课程内容大要

文化人类学。本课传授基本知识，了解研究方法文化人类学学术史、研究方法、代表人物与成果。所用参考书，《当代文化人类学概要》（浙江人民出版社）、《社会文化人类学讲演集》（天津人民出版社）、《社会人类学与中国研究》（三联书店）、《文化人类学》（上海人民）、《努尔人》（华夏出版社）、《宗教生活的基本形式》（上海人民出版社）、《忧郁的热带》（三联书店）。

民俗学研究。本课主要讲述民俗以及民俗学的基本概念、起源和发展、基本特征、社会功能等专业基本知识和方法，并在实际田野调查中掌握民俗学的调查研究方法。介绍国内外民俗学理论动态、研究论著、代表人物，了解民俗学研究的发展方向和研究动态。

民俗学方法论。本课介绍20世纪70年代以来，民俗学方法论作为一种新的学派已逐渐被社会学界所接受。通过对一定社区的社会成员在社会互动中所遵循的规则进行社会学的相关研究，揭示社会互动中隐含的行为规则，对社会成员的日常生活做出描述与阐释，从而细致田野调查。

前沿讲座。本课采用主题报告和专题讨论的形式，主要由本专业教师或国内外专家做主题报告，然后再围绕主题报告进行专题讨论，其内容包括最新的学术成就、学术动态和发展趋势。硕士生应向导师提交讲稿，并在他人主讲时参与讨论。由导师及其他教师对讲稿和讲述内容进行考核、评定成绩，并写出评语。考核按优、良、中、及格和不及格五级计分，及格以上可得2学分。目的在于增强硕士生的学术意识，拓宽学术视野，及时把握本专业的前沿状况。

民间文学理论研究。本课探讨民间文学发生、发展和演变的规律，结合田野调查对民间文学的不同体裁进行研究，掌握研究方法民间文学理论最新研究动态、代表人物与著作评述。

中国民俗史。本课是民俗学专业民俗史研究方向的选修课。通过本课程的教学使学生掌握中国民俗发展的规律、民俗生活的内容及其特点，更全面更形象地认识中国传统文化和历史风貌，同时有助于培养学生分析问题和解决问题的能力。（一）概论 4学时 旨在了解中国民俗史的概念、特点和内容，了解学习中国民俗史的意义和学习方法。（二）从远古到殷商 4学时（三）西周时期 4学时（四）春秋战国时期 4学时（五）秦汉时期 6学时（六）魏晋南北朝时期 6学时（七）隋唐五代时期 6学时（八）两宋辽金元时期 6学时（九）明清时期 6学时（十）近代时期 4学时（十一）现代 4学时。通过学习旨在了解不同时期民俗发展的背景与基本脉络，掌握不同时期民俗发展的内容、特点及其演变的原因。

民俗学史。本课传授学科基本知识，按民俗学发展史上的重要国家和有关专题讲授。

民俗事象专题研究。本课详细掌握相关民俗事象的各方面知识相关民俗事象的发生、发展、演变及理论探讨。

艺术民俗学。本课不仅要注重对艺术活动的意义、价值和功能进行阐释，而且通过对一个个具体个案的分析，从民众行为实践和村落生活规范中发现并揭示贯穿于乡民艺术活动中的文化逻辑，同时，对在当今社会中发展前景并不乐观的乡民艺术给予人文关怀，在方法论和认识论的意义上为当代乡民艺术传承体系及保护提供一个具有实践意义的工作框架。具体内容包括艺术民俗学的确立、界定、研究体系、研究视域、研究路径，以及物质民俗、服饰民俗、生产民俗、饮食民俗、交通民俗、社会民俗、信仰民俗、岁时人生、游艺民俗等事象与艺术审美的关联。通过课程的讲授，让学生了解艺术民俗学的研究内容和研究方法，掌握从生活—文化整体的角度去解读艺术的学科意识。

（四）硕博士点授权与招生方向

1. 民俗学硕士点

本学科点是民俗学硕士学位授予权单位，民俗学硕士点下设理论民俗学、中国民俗史、区域民俗研究、民间文献研究、艺术民俗学、民间信仰研究 6

个研究方向。

2. 中国民间文学硕士点

本学科点有中国民间文学硕士点，下设民间文学理论研究、中国民间文学史、中国俗文学、神话学 4 个研究方向。

3. 中国民间文学博士点

本学科点有中国民间文学博士学位授予权，该博士点下设中国民间文学理论、中国民间文学史、民俗学与民间叙事研究、神话学、口头诗学、艺术民俗学 6 个研究方向。

截至 2011 年，山东大学民俗学专业已招生硕士研究生 13 届，中国民间文学博士 8 届，已经毕业或在读的硕博士生 80 余人。

（五）硕士生培养方案

1. 培养目标

培养适应国家建设需要，德智体全面发展，具有比较全面的民俗学专业知识，能比较熟练地运用专业技能的高层次专门人才。为满足社会发展的需要，包括高校、科研单位、出版单位、政府有关部门和文化产业团体的实际需求，在民俗学专业的教学过程中，注重培养学生具有合理的知识结构，掌握本专业的理论思维方法和田野作业方法，并能灵活地加以运用。熟练地掌握一门外语，能够进行电脑和有关仪器设备的操作。毕业后能够独立承担民俗学教学、科研和其他相关专业的工作。

2. 学习年限

全日制硕士研究生在校学习期限为 3 年，在职攻读硕士学位不超过 4 年。要求前三个学期修满学分，后三个学期主要从事毕业论文的选题、开题、写作和答辩工作。

修满研究生必须学分且完成学位论文，论文达到硕士毕业要求的全日制研究生，可提前一年毕业。

3. 应修总学分数

应修总学分：33 学分，其中必修 22 分学分，选修 11 学分。

4. 中期筛选 / 中期考核

第四学期初进行中期筛选。结合前三个学期的学习成绩和学位论文开题报告，对硕士生进行考核，考核内容包括思想表现、课程学习、科研能力、学位论文开题报告、健康状况及学科综合考试等。

中期筛选合格者进入学位论文写作阶段；中期筛选不合格者，按照《山东大学研究生学籍管理实施细则》的有关规定予以处理。

5. 实践环节

在读期间，应参加不少于 8 周的田野调查，并撰写出符合规范的学术调查报告。

6. 科学研究与学位论文

硕士生至少用一年的时间准备和撰写学位论文。

（1）选题和开题报告

硕士生在导师指导下，于第 4 学期初完成论文选题确定和开题论证工作。学生的学位论文应在本学科的某一领域内提出自己的学术见解。论文要观点鲜明，言之有据，结构严谨，行文流畅。学位论文的正文部分字数不少于 3 万字。

（2）定期检查学位论文进展情况

每隔 3–4 个月，要求硕士生在一定范围内报告论文进展情况，导师及本专业教师参加，帮助硕士生分析论文工作进展中的难点，及时给予指导，促进论文写作的顺利进展。

（3）论文答辩

硕士生在全面完成个人培养计划规定的各个科目后，提交学位论文及其提要，由指导教师推荐，可申请硕士学位。经学位分委员会审批同意后，组织学位论文评阅和答辩。论文答辩委员会由 3–5 人组成，以无记名投票的方式，就是否通过学位论文和建议授予硕士学位作出决议，并写出学术评语，决议获三分之二以上的多数通过，报校学位委员会审查，通过者，即按照程序授予硕士学位。

（六）博士生培养方案

1. 培养目标

中国民间文学专业培养适应时代发展需要，具有开阔的学术视野和扎实的专业理论基础，德智体全面发展的高层次理论研究人才。要求学生在读期间，勤奋刻苦，学风端正，具有较高的献身与敬业精神。能够在本学科理论及相关学科理论的指导下，娴熟地运用本学科的方法进行科学研究，积极参与国内外的学术对话与交流，勇于向传统观念挑战，勇于填补国内外学术空白。至少掌握一门外国语，能够熟练阅读本专业的外语资料，具有一定的写作能力和进行国际学术交流的能力。能够熟练掌握计算机应用。学位获得者可以在高等院校和科研院所从事教学和科研工作，也可在相关部门从事专业性工作。

2. 学习年限

学习年限一般为 4 年，最长学习年限不超过 6 年。

3. 应修总学分数

应修总学分：17 学分，其中必修 12 学分，选修 6 学分。

4. 中期筛选 / 中期考核

第三学期初进行中期筛选。考前组成考试委员会，由 3–5 名专家组成，导师可以参加考试委员会，但不得担任主席。委员会对博士生一年多以来的思想表现、课程学习、科研能力、学位论文开题报告、健康状况等进行全面衡量和综合评估。考试可以为口试，也可以口、笔试兼有，按优、良、合格、不合格四级评定成绩，并写出评语。考核不合格者，不得进行补考，不得进入博士学位论文写作阶段；无硕士学位者，可视情况改写硕士论文。

5. 实践环节

在读期间，应参加不少于 8 周的田野调查，并写出符合学术规范的调查报告。

6. 科学研究与学位论文

本专业的博士学位论文要求博士生应站在本学科的学术前沿，具有探索和创新精神，结合传统和现代学术方法，对所研究问题展开多层次、全方位的研究。博士学位论文必须在本学科领域内有所创新，并具有较大学术价值和社会价值。

学位论文的选题应能体现本学科领域的前沿性和开拓性，敢于选择有一定难度且意义重大的课题。开题报告应由博士生指导小组负责审定，指导小组要严格把关，充分论证，并提出修正、补充和调整等建议；开题报告时间应在第三学期与中期考核一起进行；开题报告通过后方可进入论文写作。

博士学位论文应在导师指导下，由博士生独立完成。学位论文应是一篇系统、完整的研究某一领域或某一专题的学术论文（字数在10万字以上）。为保证论文质量，博士生在读期间，应在CSSCI期刊上发表2篇以上与其研究方向有关的学术论文（本人独立完成，且单位为山东大学）。发表的论文一律以公开出版或清样为准。

博士论文写作时间不少于2年。导师应定期检查学位论文的写作进度及写作质量。每隔3–5个月，博士生应向导师及有关专家报告论文进展情况，帮助博士生分析论文难点、指导学生写作，以使论文写作顺利进行。

（七）历届研究生论文题目（不完全统计）

硕士学位论文

1. 刁统菊《红山峪村婚姻民俗的调查与研究（1950—2001）》（2002）
2. 张勃《寒食节起源研究山东师范大学》（2002）
3. 黄今姬《红山峪村传统节日民俗调查与研究》（2002）
4. 李伟峰《泰山香社民俗文化研究》（2003）
5. 李飞《从太谷曹家“三多堂”看明清晋商商贸和生活习俗》（2003）
6. 陈必昌《佛教对中国传统民间信仰的影响与冲击》（2003）
7. 李凡《山东聂家庄泥塑的调查和研究》（2004）
8. 荣新《近代济南城市商业习俗研究——以普利街街区为例》（2004）
9. 马婕《青州井塘村现存宗谱调查》（2004）
10. 姚传义《山东民俗旅游理论与实践研究》（2004）
11. 曲洪祎《青州井塘村居住民俗调查报告》（2004）

12. 辛灵美《民间信仰与村落生活研究》(2005)

13. 秦荣艳《社会转型对农村婚姻习俗的影响研究》(2005)

14. 李然《传说、庙会与村落生活》(2005)

15. 王芹《孔府喇叭户调查研究》(2006)

16. 胥志强《择日、时间与生命形式》(2006)

17. 杨春《民俗学田野调查的影视记录方法研究》(2007)

18. 赵龙《论新时期民俗学的发展阶段》(2007)

19. 任双霞《泰山王母池的神圣表达》(2007)

20. 冯欣《村民与村落旅游开发》(2007)

21. 王明远《省府前街的历史变迁与民俗传承》(2007)

22. 孙芳《村落符号资本的经营与运用》(2007)

23. 杨冰《神灵、庙宇与村落生活——对一个鲁中山村民间信仰的考察》(2007)

24. 郭贵荣《〈醒世姻缘传〉婚俗解读》(2008)

25. 郭俊红《牛郎织女传说的地方叙事研究》(2008)

26. 刘爱昕《茶食与乡民礼俗生活——鲁西刘庆洪村茶食礼俗研究》(2008)

27. 张礼敏《济南宏济堂——传统药铺习俗的历史变迁与当代保护研究》(2008)

28. 卢翱《"河州花儿"的演唱习俗与传承——以甘肃临夏松鸣岩"花儿会"为例》(2008)

29. 张玉《民间艺人、书会传承与乡民社会——胡集书会调查与研究》(2008)

30. 王蕾《村落生活与家族传统的重构——莱阳小姚格庄衣氏家族研究》(2009)

31. 张萌《总司庙与总司信仰》(2009)

32. 刘晓《西方汉学家泰山信仰研究述论》(2009)

33. 袁冬梅《当代农村寿诞礼俗的传承与变迁(1949 年以来)——以山东

肥城董庄铺二村为例》(2009)

34. 岳淑茗《现代婚礼对传统婚礼的继承与变革——以嘉祥东关汉民婚礼为例》(2009)

35. 张璐《泰山红门宫民间信仰的调查与研究》(2009)

36. 袁振吉《民间信仰中的人群关系——以山东省鄄城县谷林尧王信仰为例》(2009)

37. 孙金奉《鲁中山区石大夫信仰研究——以莱芜地区为例》(2009)

38. 韦丽《明清时期山东地区的泰山信仰研究——以地方志相关记载为中心》(2009)

39. 王娜《清末民初大泽山地区女神信仰研究》(2009)

40. 曹珊珊《民间信仰与地方社会——以菏泽信义大庙为例》(2009)

41. 付伟安《山东淄博孟姜女传说的传承现状研究——以淄河镇城子村为例》(2009)

42. 廖彩吉《广西壮族傩文化调查研究——以象州县架村为中心》(2009)

43. 郭凌燕《经历"非遗"——鲁中地区一种乡民艺术的当代变迁》(2009)

44. 杨莹《莱芜南下冶"抬杠"习俗研究》(2009)

博士学位论文

45. 任双霞《大泽山老母信仰的转变》(2010)

46. 李然《地方化与超地方——山东秃尾巴老李传说与信仰研究》(2010)

47. 李伟峰《香火接续——传统社会的招赘婚姻研究》(2011)

48. 毕雪飞《日本七夕传说研究史》(2011)

三、科学研究

(一)理论研究

1. 民俗学田野研究与艺术民俗学

学术带头人:张士闪教授。

该领域研究现状如下。

(1) 由于种种原因，国内外对于中国大陆“小社区”范式的研究一向多集中于南方社会，并在近几十年来取得引人注目的成果，而关于华北社会的研究略显沉寂。相对于南方地区比较单纯的家族型社区社会而言，华北地区因为文明开发较早，历史积淀复杂，王朝更迭频繁，官民文化交错，属于涂尔干所谓的“复杂社会”，研究起来更具难度，但也因此更具中国社会与文化研究的范式意义。近年来，国际汉学界开始将研究重心转向中国北方，甚至有学者提出“告别华南”（[美] 柯大卫，2002）。

(2) 无论是在过去强调民俗的政治性的年代，还是在近些年来的民俗产业开发热潮中，民俗自身的特性都不同程度地受到了忽略。历史证明，以政治观念生搬硬套以及过分重视其产业化的功能，而漠视它与乡土社会之间的血肉联系的做法，对于民俗研究来说都是有所偏颇甚至是错误的。

(3) 近 20 年来，诸多民俗学交叉学科兴起，目前正处于积淀、深化的关键时期。张士闪教授是艺术民俗学这一交叉学科的创建者和重要倡导者，他与耿波承担的国家十一五规划教材《中国艺术民俗学》于 2008 年出版后，产生一定影响，需要在此基础上展开深入研究。

本研究方向意在凸显以华北乡土社会为阵地的民俗学研究所蕴含的理论空间、创新潜能、国际影响力，及其当代新农村建设等重大社会需求的可能回馈，同时争取以艺术民俗学研究对民俗学界、艺术学界有所贡献。主要研究内容包括如下三个方面：①民俗学田野研究；②民俗学应用研究；③艺术民俗学研究。

就研究领域的前沿性而言，该方向的突破重点是以田野个案为基点，在专题研究与比较研究中挑战既定理论模式，在国际化的学术合作中超越传统的学科界限，在“华北经验”、“现代转换”和“国际视野”的交叉点上寻求可能的学科理论创新，并将这一思路贯穿于各研究层面的标志性成果。就回馈社会需求而言，该方向主要着力于基础理论研究与国家文化战略的关系，参与当代中国的新农村建设，提交切合国家重大需求的系列研究报告。本团队所强调的以华北社会为学术领地的民俗学田野研究，以承担的教育部《中国民俗文化发展年度报告》为依托的民俗学应用研究，以及较具特色的艺术民俗学研究，促进学科观念重构、话语系统重构，从而为中国民俗学研究的“经世致用”传统和“走出去”战略提供学理上的支撑，带动学科发展。

通过该研究方向的操作实施，以山东大学民俗学研究所为核心，整合本校人类学系、艺术学院以及国内外相关研究力量，在强化民俗学、艺术民俗学原有特色和相对优势的基础上，提高相关学科的整体水平，力争形成学科建设、队伍建设和人才培养方面的新突破。

本方向的研究特色如下。

①本团队强调在以田野作业带动华北社会的整体研究，呼应并引领国际学术界关于中国社会与文化领域的新近研究潮流，推进对于中国社会与文化的深入研究。

②倡导一种“大民俗观”。还鱼于水，民俗只有在它从中产生的整体文化生态中才可以得到真正的理解、阐释。我们强调将华北乡土社会视为一个整体民俗生态区域，对其中的民俗事象进行实证研究，认为民俗研究的前途在于呈现民众与整体文化生态的互动关系。

③倡导将民俗学、人类学、社会学、历史学、艺术学、政治学、心理学等多个学科出发，对艺术民俗学的研究范式与个案研究予以拓进。

2. 东亚区域民俗学

学术带头人：刘宗迪教授。

该领域研究现状如下。

历史上，狭义的东亚指由中国（尤其是山东半岛和辽东半岛）、日本列岛和朝鲜半岛等环渤海和黄海地区所组成的地理单位，这个地区的各个民族和国家从新石器时期开始的数千年来，在经济、政治、文化诸方面就存在着广泛而深入的交流和融合，这种交融尤其表现于其风俗传统方面。现在，随着中国国力的全面崛起，政治上的“东亚共同体”呼之欲出，而学术方面的东亚共同体已经初具雏形，中国民俗学应该在这一学术共同体中占据应有的地位。近几年来，关于东亚的研究已经成为一个国际性的新兴学术领域，涌现出大量的学术成果。但这些成果主要集中在东亚的外交史、政治史、思想史等方面，尽管已有个别学者发表了一些东亚民俗的比较研究成果，但关于东亚区域民俗比较研究的系统而深入的研究成果尚付阙如，而在这方面的国际合作尤其欠缺。

中国当代民俗学，一直局限于地方性研究和小型社区的田野研究，要真正参与到与当代人文学术和社会科学主流的对话中，尤其需要一种宏观的东亚研究视野。因此，为了促进我们对东亚历史和文化的全面认识，为了在呼之欲出的“东亚共同体”中抢占学术话语权，建立一门超于现代民族国家边界的、着眼于作为一个地理单元和文化单元的“东亚世界”的东亚区域民俗学，可谓当务之急，而山东大学的民俗学研究在这一方面尤其是义不容辞。

进一步说，山东半岛由于其独特的地理位置和发达的经济和文化，在历史上一直是中国、日本、韩国交流的“桥头堡”，山东作为东方丝绸之路的起点，作为东亚诸国与中原王朝交流的主要通道，可谓东亚世界赖以形成和维系的枢纽，源于古代山东的东夷神话和民俗对于包括中国东北、朝鲜半岛、日本在内的环渤、黄海诸民族和国家产生了深远的影响，因此，在山东大学开展东亚区域民俗学研究，将山东民俗传统纳入东亚视域之中，或者反过来说，从山东出发研究东亚民俗传统，可谓顺理成章，这一研究的成功实施，必将提高山东大学民俗学学科在中国乃至东亚民俗学界中的学术地位。

本方向的研究特色如下。

山东是东亚世界的地理和文化枢纽，山东的文化传统（包括神话和民俗）对东亚的文化传统和民俗的影响源远流长。因此就东亚民俗学研究而言，山东大学的民俗学在这一研究中可以说占据了天时、地利和人和，应该建立以古代东夷－历史山东－环黄渤海交流为中心的区域民俗学，最后形成综合性的“东亚区域民俗学”研究的理论和实践范式。这一研究的现实意义，是促进东亚各国知识界和广大民众的文化理解，为东亚共同体的建立奠定文化共识，为中国主导“东亚共同体”的话语权奠定学术基础。就东亚研究而言，应该建立以古代东夷－历史山东－环黄渤海地域为中心的区域民俗学。就山东大学的民俗学研究而言，则应该立足山东放眼东亚，建立中（山东、东北）、日、韩三国的比较民俗学。这一课题的学术意义，是希望通过这一研究，最后形成一个具有理论创新性的“东亚区域民俗学”学术范式：一个长时段的、超越民族国家边界的、以历史文献和田野研究相结合的、兼顾历时研究和共时研究的、跨学科的（历史学、地理学、民俗学、民间文学、神话学）、真正以文化边界为边界的区域研究范式。

3. 民俗史与民间文献

学术带头人：马新教授（山东大学出版社总编）

该领域研究现如下。

中国古代王朝和知识分子出于观风俗和明教化的目的，自始至终都重视对民间风俗和乡土风物的观察和记载，此类风俗资料大量保留在历代的正史、野史、文人笔记、游记、风物志、地方志等文献中，是后人认识华夏民族古代民众生活和文化传统、了解古人风俗观念和民俗学意识的重要依据，也是现代民俗学者梳理中国古代民俗学传统、构建中国本土民俗学体系的重要资源。但是，由于中国民俗学学科本身的不成熟，由于民俗学者片面重视田野研究，更由于此类风俗文献大多是不成卷帙，而是以零散、片断的状态分散于各类古籍之中，因此，这些文献迄今还缺乏全面的整理。

当前，随着中国民俗学学术地位和社会影响的不断提高，全面而系统地推进民俗学学科的体系建设日益成为本学科有识之士的共识，而学术史料的整理和学术史的书写是学科建设的重要组成部分。因此，全面而系统地整理中国古代民俗学文献，将丰富而零散的古代风俗资料从浩如烟海的古代文献中搜集出来，分门别类地加以校订、疏注，编纂出版，将丰富的学术遗产转化为可供学术同行乃至一般读者阅读和使用的资料，可以说是中国民俗学学科建设所面临的一个重要课题。

本方向的研究特色如下。

本方向从“关注乡村”、“关注民间”的学术理念出发，以中国古代乡村社会研究为中心，具体研究内容包括：

①中国古代乡村社会及其运转的研究，涉及村落形态、乡村日常生活、乡村经济、乡村宗族和其他各种社会组织等。对中国古代乡村社会的研究，不仅关注静态的村落形态、乡村日常生活状况等内容，更注重从动态方面对乡村社会运转进行研究；既注意对不同历史时期和不同地域乡村社会的深入研究，也注意对中国古代乡村社会的宏观、整体把握；不仅注重传统文献记载，更注意将其与考古发掘和田野调查资料的相互契证；不仅采用历史学、民俗学的理论方法，同时关注社会学、政治学、人类学、宗教学等多学科的理论方法，最终形成对于中国古代乡村社会形态及其运作的全面和准确认识。同时，不仅对乡村社会史的具体问题进行研究，而且注意对相关理论问题和方法论的探讨与总结，如对于社会史的研究方法和研究对象、“政治”的含义等问题都有新的认识。

②中国民间信仰与基层社会研究，具体涉及中国历史上民间信仰的发展和演变、民间信仰组织，特别是以山东为重点的区域民间信仰及民间信仰与基层社会的关系等。对中国古代民间信仰的研究，不仅关注民间信仰本身的发展和演变，更关注民间信仰与基层社会关系的研究，力求从民间信仰的角度加深对中国古代社会的认识。

③民间文献研究，既对传统文献中的相关内容进行发掘，并进行新的解释，又通过田野调查等搜集了一些稀见的民间文献，为以后区域民俗史的研究提供了丰富的文献资料。

本方向所涉及的中国古代乡村社会、古代民间信仰及民间文献的研究都是当前学术界关注的焦点，有的甚至被学界认为是相关学科的“新的知识增长点”。本团队的系列研究不仅可以极大地推进对于中国传统乡村社会的研究，还可加深对中国乡村社会的认识，对今天农村问题的解决亦有重要意义。

（二）科研项目

本学科点结合硕士生、博士生培养，承担了一批国家级、省部级科研项目，已完成和在研项目共计 34 项，其中，目前在研国家社科基金课题 3 项，省级社科规划课题4项，横向课题2项，科研经费总额达145.4万元。

表3　山东大学民俗学科承担主要科研项目一览表（2001—2011）

序号	项目、课题名称	项目来源	起讫时间	负责人
1	社会转型与精神重建：20世纪华北村落民俗艺术研究	国家社科基金（艺术学）项目	2005—2010	张士闪
2	新时期乡民艺术发展与公共社会建设	国家社科基金（艺术学）项目	2011	张士闪
3	中国节日志　二月二	国家社科基金子课题	2008—2011	张士闪
4	中国节日志　山东春节卷	国家社科基金子课题	2008—2012	张士闪
5	中国节日志　七月十五	国家社科基金子课题	2011	张士闪
6	中国艺术民俗学	国家“十一五”教材建设规划项目	2006—2008	张士闪
7	山东民俗生态与相关文化产业的区域发展模式研究	山东省社科规划研究项目	2007—2012	张士闪
8	山东民俗文化产业发展对策研究	山东省软科学项目	2009—2012	张士闪
9	山东省民俗文化乡村旅游规划	山东省旅游局重大项目	2010—2013	张士闪
10	中国现代神话学的思想背景和学术范式	国家社科基金项目	2005	刘宗迪
11	中国现代民间文艺学的范式转换	中国社会科学院重点项目	2004	刘宗迪
12	叙事与仪式关系的田野研究	北京市青年人才专项经费项目	2001	刘宗迪
13	汉语语境中的上帝（Naming God in Chinese）	香港特区政府资助项目	2007	刘宗迪
14	中国少数民族地区文化发展状况的调查	中国国情调查重大项目	2008	刘宗迪
15	经济全球化与中国文化产业发展	教育部重大研究项目子课题	2007	朱以青
16	出版市场化改革研究	省级课题	2008	朱以青
17	济南市危机管理研究	济南市社科规划办	2003—2004	李　浩
18	鸟图腾刻画符号与文字的起源	山东省社科规划办	2005—2006	李　浩
19	民间信仰发展史	教育部重大攻关项目子课题	2005—2008	李　浩

续表

序号	项目、课题名称	项目来源	起讫时间	负责人
20	华北乡村社会姻亲关系研究	国家社科基金课题	2007–2010	刁统菊
21	十世纪以来华北村社移民与宗族的历史人类学研究	教育部社科基地子课题	2010–2012	刁统菊
22	山东农业生产民俗的文化生态研究	山东省社科规划项目	2009–2010	王加华
23	中国节日志·胡集书会	国家社科基金子课题	2009–2011	王加华
24	被结构的时间：农事节律与传统中国乡村民众时间生活	山东大学自主创新基金	2010–2013	王加华
25	9—20世纪太湖流域水环境与农业环境史研究	教育部人文社会科学重点研究基地项目	2006–2009	王加华
26	传统节俗与民众生活	山东省社会科学普及项目	2009	王加华

（三）主要著作

表4　山东大学民俗学科主要出版著作一览表（2009–2011）

序号	书　名	作者	出版社	出版时间	备注
1	中国艺术民俗学	张士闪	山东人民出版社	2008年	合著
2	乡民艺术的文化解读	张士闪	山东人民出版社	2006年	专著
3	古典的草根	刘宗迪	三联书店	2010年	专著
4	失落的天书	刘宗迪	商务印书馆	2006年	专著
5	圣号论衡：晚清〈万国公报〉基督教"圣号论争"文献汇编	刘宗迪	上海古籍出版社	2008年	合编
6	生肖鼠	李　浩	齐鲁书社	2005年	专著
7	婚嫁礼俗	刁统菊	中国社会出版社	2008年	专著
8	传统节俗与民众生活	王加华	甘肃人民出版社	2004年	合著

（四）获奖情况

表5　山东大学民俗学科主要获奖一览表（2005–2011）

	成果名称	完成人	获奖情况
1	乡民艺术的文化解读	张士闪	获教育部高校人文社会科学优秀成果奖二等奖（2009）、中国文联中国民间文艺"山花奖"·学术著作一等奖（2007）

续表

	成 果 名 称	完成人	获奖情况
2	从参与民族国家建构到返归乡土语境——论20世纪中国乡民艺术研究	张士闪	获山东省社会科学优秀成果奖一等奖(2009)
3	中国传统木板年画的民俗特性与人文精神	张士闪	获山东省政府第五届“山东省刘勰文艺评论奖”(2008)
4	中国家族教育（副主编）	张士闪	获山东省社会科学优秀成果奖二等奖(2009)
5	中国艺术民俗学	张士闪	获山东省泰山文艺奖二等奖（2009）
6	婚姻偿付制度的地方实践	刁统菊	获2009年第二届山东省泰山文艺奖
7	吊簿：姻亲交往秩序的文化图像	刁统菊	获山东省社会科学优秀成果三等奖(2009)
8	中国古代祥瑞崇拜的文化诠释		获山东省社会科学优秀成果三等奖(2010)
9	民国时期一年两作制江南地区普及问题考		获山东省社会科学优秀成果三等奖(2011)

（五）田野调查与理论应用

本学科点有民俗学调查研究与服务社会的传统，并与山东省民俗学会有着长期的良好合作关系。

1987年11月27日，山东省委宣传部和山东大学等共同发起成立山东省民俗学会，现在已经从成立之初的100余人，发展到今天的470多名会员，会员来自全省各个领域，遍布全省各市县、各高等院校，成为山东省社会科学界十分活跃的学术组织。山东大学文史哲研究院民俗学研究所所长张士闪教授长期担任副会长兼秘书长，本所教师李浩、刁统菊、王加华担任常务理事、副秘书长，在学会的各项活动中起到了骨干作用。

20多年来，山东大学民俗学一直注重田野作业，坚持将实地考察放在治学研究的首位。山东大学开展各类民俗学学术调研活动达100余次，这些调研活动广泛涉及到村落民俗、都市民俗等各个方面，已经积累了近千万字的民俗学研究资料及诸多应用民俗学研究个案，为开展山东的民俗学研究打下了良好的基础。

在此基础上，山东大学民俗学积极参加各地文化保护工程与民俗旅游开发活动，为社会各界提供咨询服务，深度参与到我省非物质文化遗产的资源调研、项目申报、文本撰写与评审保护工作之中。在国家第一批、第二批非物质文化遗产名录的申报和山东省第一批非物质文化遗产名录中，有多项内容是由山东大学民俗学研究人员独立承担或深度参与完成的，如济宁市梁祝传说、沂源县牛郎织女传说、淄博市五音戏、潍坊市杨家埠年画、寒亭区柳毅传说、昌邑市小章竹马、泰山石敢当习俗、泰山庙会等。此外，民俗学研究所还积极参与目前尚处于试点阶段国家级、省级文化生态保护区的考察、建设与申报工作，如微山湖生态文化保护区、潍水生态文化保护区、长岛渔民文化生态保护区等。

承担重大的理论与实践研究课题，将理论成果转化为决策参考和社会效益，已经成为山东大学民俗学的重要传统之一。近年来，民俗学研究所以策划民俗文化产业项目的方式，积极促进民俗文化资源的产业转化，协同地方打造民俗文化品牌，也取得了显著成绩。如发挥民俗学的知识优势，为社会各方面提供学术咨询，积极参与了“山东省旅游发展规划”、“山东省民俗旅游发展规划”、“山东省旅游商品发展规划”、“潍坊市旅游发展整体规划”、“潍坊千里民俗旅游线”等旅游规划的论证与评审工作。其中，山东省民俗学会深度介入的民俗旅游规划项目有济南市槲树湾民俗风景区、潍坊市杨家埠民俗文化村、潍坊市青云山民俗风情园、济南市九顶塔民俗风情园、青州市井塘民俗村、淄博市聚峰民俗风景区、潍坊市寒亭区柳毅山景区、聊城市葫芦文化旅游景区、高密市民间艺术之乡等。民俗学研究所在2009年12月22日刚刚结项的“莱芜市钢城区颜庄镇文化产业发展规划”项目，受到了由文化部民族民间文艺发展中心主任李松领衔的评审委员会的高度评价。

（六）杂志

本学科点主办以下两种杂志，公开发行。

《民俗研究》，是国内唯一公开发行的民俗学理论刊物，为双月刊，逢单月出版，每期168页，实行匿名审稿制，发行至全国各省市自治区和世界上将近50多个国家或地区。编委会由国内多学科知名学者组成，编委会主任齐涛，副主任为陈炎、叶涛（常务），主编张士闪，编辑部主任王加华。《民俗研究》已办刊25年，出版过百期。

《节日研究》，文化部民族民间文艺发展中心与山东大学联合主办，2010年创刊。主编：李松、张士闪，副主编：张刚、朱以青，编辑部主任：朱以青（兼），本学科点负责编辑出版，每年2辑，已出版4辑。

另有在校研究生编刊的内部交流读物《百脉泉》（已出版12期）。

四、学术交流

本学科点注重与国内外学界的交流，积极举办各类学术研讨会，及其他的国际、国内学术交流活动，赢得了较好的学术声誉。目前，我所已与德国、日本、韩国以及港台地区等相关学术机构和学者建立了良好的合作关系，提升了本学科的国际化水平。与此同时，我所师生积极参加国内外相关的研讨会，在读的研究生也有多人以联合培养的方式到日本、加拿大等高校进修学习。此外，还多次与日本、韩国、德国等国家和中国香港、台湾的学者联合进行田野调查，共同开展相关课题的研究。

（一）国内会议

2010年11月举办“潍坊寒亭·寒浞与嫦娥历史民俗文化”研讨会，潍坊市寒亭区寒亭宾馆，参加学术会议60人。

2011年1月，举办纪念《民俗研究》创刊25周年暨“民俗学：人文学术抑或社会科学”学术研讨会，山东大学中心校区，40人。

（二）国际会议

2010年11月举办“近现代社会变迁与中国民俗学”国际学术研讨会，山东大学中心校区，参加会议人员60人。

五、学科建设的进一步目标及拟采取的改革措施

本学科点近期制定了短中长期建设目标，将在立足自身传统、特色和风格的同时，进一步凝练研究方向、整合学术资源，将以华北乡土社会研究与

民俗学理论创新、东亚区域民俗学、中国古代民俗文献的整理与研究为主攻方向，使整个学科通过优势互补的学术格局达到新的水准。

具体说来，将依托六大学术平台（学科前沿成果平台、国际网络资源平台、国际学术辑刊平台、国际机构合作平台、学术研究基地平台、民俗博物馆研究平台），特别是我所已有25年历史的《民俗研究》季刊（CSSCI）、2010年出刊的《节日研究》（与文化部合办，以书代刊）和2008年创刊的《百脉泉》（内部刊物），扩展学术影响，跟踪学科前沿，努力提高民俗学之国际影响力的考量标志。

（一）人才队伍建设目标及拟采取的改革措施

引进学术有成的特聘教授2–3名，素质良好、发展潜力大的青年师资7–8名；适度扩大队伍规模，进一步优化学术梯队年龄知识结构；争取2–4人进入"泰山学者"特聘教授、"新世纪优秀人才"等高层次人才计划序列，打造高水准创新团队。具体来说，拟在2012年至2015年，从国内外引进学术带头人2–3名，留用或接收确实具有较强学术实力和发展潜质的"211"名牌大学民俗学、人类学或民间文学专业的应届博士生5–7名。

（二）学科建设目标及拟采取的改革措施

计划经过985三期的建设，整合研究力量，集中学科优势，继续提升优势方向的影响力。用10年时间将山东大学民俗学建设成一个"小而强"的学科，成为山东大学复兴古典学术、再塑文史辉煌传统的一面旗帜。拟采取如下改革措施。

1. 重视培养质朴、严谨的学风，依托教育部哲学社会科学蓝皮书项目《中国民俗文化发展年度报告》的长期实施，精心打造"中国民俗文化发展高层论坛"和"中国民俗文化发展蓝皮书新闻发布会"。

2. 每年聘请国内外人文学术各领域的相关学者4–6人作学术讲座，每年聘用1–2名国外一流大学的领衔学者，在本校工作3–6个月，力争帮助三个主干方向成为更具影响力的学术创新团队。广泛吸收海内外民俗学、民间文学领域的学者前来研修讲学。

3. 对三个方向的标志性成果实行适度倾斜，提供配套资助经费和其他支持，争取在2015前完成“民俗文化与社会发展研究丛书”、“中国古代民俗研究系列丛书”、“齐鲁百村历史与民俗丛书”。

4. 鼓励研究生参加本学科各类科研项目，在具体工作中提升其科研能力，使研究生能够结合研究课题研究撰写高质量的学术论文。重点提高博士后、博士生培养水平，使相当一批人的研究成果产生全国性影响。

（三）加强国际交流与学术平台建设

1. 国际交流。在目前与德国、日本、韩国以及港台地区等相关学术机构和学者已有的国际交流的基础上，进一步深化交流内容，拓展交流方式，争取与4–6所著名大学或民俗学研究机构建立密切的学术联系，提升本学科的国际化水平，在2014年至2020年建设在国内外具有一定影响的民俗学研究人才培养实践基地。

2. 进一步提高《民俗研究》学术期刊的国际影响力，努力向着高端、开放、深度的目标，将之办成一种民俗学学科国际化学术研究平台；另拟创办《民俗研究》和《节日研究》的电子期刊。

上海大学

上海大学民俗学硕士点由程蔷教授于2001年筹备，2004年开始招生，迄今已连续8年招收研究生共50名，已毕业5届共37名。民俗学硕士点设在社会学系内。

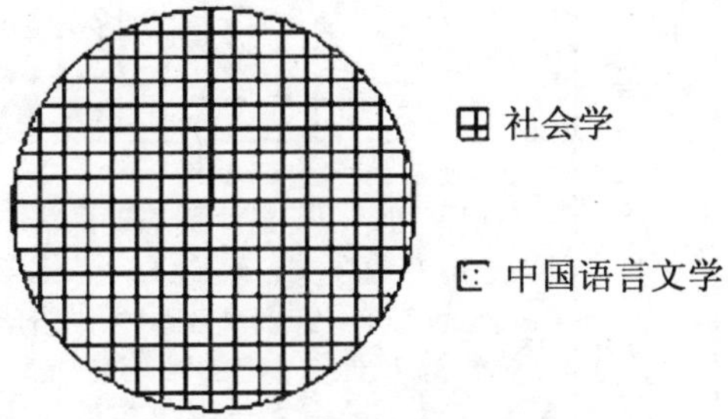

上海大学民俗学科建制构成示意图

一、学科建设

本学科点有硕士点1个，负责人是耿敬副教授。任课老师来自社会学系、中文系、国际交流学院等。

研究方向有3个，即社会民俗学、文艺民俗学、环境民俗学。

现有研究中心1个，即“民俗文化研究中心”，程蔷教授任主任。

二、教学工作与人才培养

（一）教学人员

2004年，本学科点教师有程蔷、田兆元、耿敬、王继洪和沈海波等历史系、中文系和社会学系的教授。2005年，黄景春、常峻加入。2006年程蔷教授退休，田兆元教授调离。2007年陈志勤加入。现在主要任课教师为耿敬教授、黄景春教授、陈志勤教授、常峻副教授，分别来自社会学系、

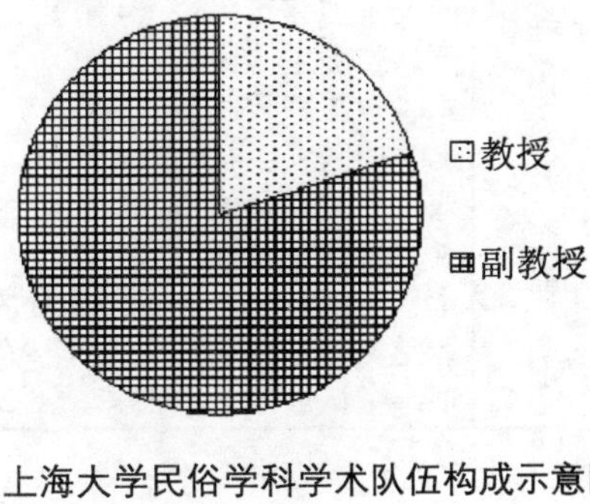

上海大学民俗学科学术队伍构成示意图

中文系、国际交流学院。

（二）课程设置

1. 本科生

本科生的民间文学课由黄景春承担，民俗学课由黄景春、耿敬、陈志勤承担。

表 1 《中国民俗文化》教学大纲

<table>
<tr><td rowspan="2">课程编号</td><td rowspan="2">02076077</td><td rowspan="2">课程名称</td><td>（中文）中国民俗文化</td></tr>
<tr><td>（英文）Chinese Folk Culture</td></tr>
<tr><td>课程基本情况</td><td colspan="3">1．学分：3　学时：30
2．课程性质：人文社科基础课
3．适用专业：文、理、工、艺术等各科
4．首选教材：钟敬文主编《民俗学概论》
二选教材：王文章主编《非物质文化遗产概论》
参考书目：钟敬文、萧放主编《中国民俗史》（1–6 卷），苑利主编《二十世纪中国民俗学经典》，黄涛《中国民间文学概论》，《民俗研究》期刊
5．考核形式：论文
6．教学环境：多媒体教室</td></tr>
<tr><td>课程教学目的</td><td colspan="3">1．了解中国民俗文化的基本内容、类型、历史、特点，把握中国民间文化的总体面貌，了解中国民俗文化的基本特质
2．以介绍上海民俗、吴越民俗为主，同时对中国华北、东北、西北、西南等地的民俗文化加以介绍，让学生了解中国文化的地域性特征
3．介绍藏族、蒙古族、维吾尔族、苗族、彝族、傣族等少数民俗的民俗文化，让学生了解中国民俗文化特色</td></tr>
<tr><td>课程内容及学时分配</td><td colspan="3">本课程共 10 周，每 1 周介绍中国民俗文化的一个方面
一、民俗的概念，中国民俗文化概貌（4 节）
二、中国服饰民俗（4 节）
三、中国饮食民俗（4 节）
四、中国建筑民俗（4 节）
五、中国生产民俗（4 节）
六、中国宗教民俗（4 节）
七、中国人生礼俗（4 节）
八、中国丧葬民俗（4 节）
九、中国节日民俗（4 节）
十、中国各地、各各民族奇风异俗（4 节）
课堂课师生互动：引导同学在课堂上介绍自己家乡的民俗文化
期末考试形式：小论文，不少于 3000 字</td></tr>
</table>

2. 研究生

2008 年以后，研究生专业课程（参见附件研究生成绩单 A、B）主要由耿敬、黄景春、陈志勤、常峻承担。

表 2　上海大学民俗学专业研究生课表

课程号	课程名	学分	任课教师
001000701	科学社会主义理论与实践	2	史平
021101716	民间文学理论	4	黄景春
021101715	民俗学研究方法	4	陈志勤
021101913	中国民间文学文献导读	4	黄景春
021000701	专业英语	2	董国礼
021101910	宗教人类学文献选读	4	耿敬
021101917	民俗学专题研讨	4	陈志勤
001000703	马克思主义经典著作选读	3	翁志勇
001000704	公共英语	3	培养管理办
021101914	社会民俗学文献导读	4	陈志勤
021101713	人类学理论史	4	巫达
021101920	中国民俗学史	4	黄景春
021101714	现代民俗学理论	4	耿敬

（三）课时与学分

（参见附件・上海大学民俗学硕士研究生成绩单 A、B；上海大学一般每 10 课时 1 个学分）

（四）招生目录

2012 年上海大学民俗学招生简章

指导教师：耿敬副教授、黄景春副教授、陈志勤副教授、常峻副教授

研究方向：

01．社会民俗学

02．文艺民俗学

03．环境民俗学

招生人数：4

考试科目：

1．101 思想政治理论

2．201 英语一或 203 日语

3．619 民俗学

4．818 民间文学

5．西方民俗学理论与文化人类学（复试科目）

备注：本专业只招收全日制普通高等学校本科毕业生。

参考书目：

钟敬文：《民俗学概论》，上海文艺出版社，1998。

黄涛：《中国民间文学概论》，中国人民大学出版社，2004。

孟慧英：《西方民俗学史》，中国社会科学出版社，2006。

庄孔韶主编：《人类学通论》，山西教育出版社，2003。

表 3　上海大学民俗学专业历年毕业硕士生人数

年 份	2007	2008	2009	2010	2011
毕业人数	5	10	10	6	6

三、科学研究

（一）科研项目

本学科点教师承担国家哲社项目 1 项（程蔷、黄景春共同承担），省部级项目 2 项（黄景春教育部项目 1 项，耿敬上海市哲社项目 1 项）。

（二）主要著作

本学科点最近 5 年出版著作：黄景春《中国古代小说仙道人物研究》、《民间传说》、《仙人》等 5 部，常峻《周作人的文学创作及民俗文化视野》1 部。

四、存在问题

1997 年民间文学学科随民俗学被划入社会学系，黄景春作为中文系教师，在本系内没有学科点，而在社会学系又没有发言权，形成尴尬的处境。社会学系的教师是没有一个人研究民间文学的。因而，现在的民俗学学科设置，在客观上造成了民俗学与民间文学在系属上的分离，给学科管理和学科发展造成困难。

亟需通过教育部学科调整，改变民间文学与中文学科的分离格局。

民俗学科的边缘地位，无论在中文系、社会学系都存在，如何确认学科归属，理顺学科关系十分重要，关系到学科发展，也关系到相关教师的切身利益（如研究方向，职称评定等）。

在国家社科项目申报时，民俗学归在民族学之下，与教学体系形成距离，也是一个不容忽视的问题。

附件　上海大学研究生成绩单

学号：×××　　　　姓名：×××　　　　导师：×××

课程号	课程名	学分	成绩	任课教师
001000701	科学社会主义理论与实践	2	80	夏　耕
001000704	公共英语	3	77	培养管理办
021101709	民俗学理论	4	87	耿　敬
021101914	社会民俗学文献导读	4	88	黄景春
021101917	民俗学专题研讨	4	93	蔡丰明
07S00001	学术研讨课	2		通过
021101707	民俗学概论	4	85	耿　敬
021000701	专业英语	2	82	董国礼
021101910	宗教人类学文献选读	4	85	耿　敬
021101913	中国民间文学文献导读	4	88	王继洪
021101916	文艺民俗学文献导读	4	91	常　峻
001000703	马克思主义经典著作选读	3	85	吴德勤
021101708	民间文学概论	4	88	黄景春
021101915	中国民俗史文献导读	4	85	沈海波

备注：成绩合格

研究生部培养管理办公室

2012 年 6 月 11 日

学号：×××　　　　姓名：×××　　　　导师：×××

课程号	课程名	学分	成绩	任课教师
09S000001	学术研讨课	2	通过	
001000704	公共英语	3	71	培养管理办
021101714	现代民俗学理论	4	85	耿　敬
021000701	专业英语	2	75	董国礼
021101910	宗教人类学文献选读	4	85	耿　敬
021101917	民俗学专题研讨	4	80	陈志勤
021101914	社会民俗学文献导读	4	79	陈志勤
021101715	民俗学研究方法	4	79	陈志勤
021101913	中国民间文学文献导读	4	90	黄景春
001000701	科学社会主义理论与实践	2	79	史　平
021101716	民间文学理论	4	86	黄景春
021101713	人类学理论史	4	85	巫　达
021101920	中国民俗学史	4	79	黄景春
001000703	马克思主义经典著作选读	3	77	翁志勇

备注：成绩合格；

研究生部培养管理办公室
2012 年 6 月 11 日

学号：×××　　　　姓名：×××　　　　导师：×××

课程号	课程名	学分	成绩	任课教师
021000701	专业英语	2	88	董国礼
021101907	社区分析	4	85	张江华
021101916	文艺民俗学文献导读	4	92	常　峻
021101910	宗教人类学文献选读	4	90	耿　敬
021101917	民俗学专题研讨	4	88	陈志勤
001000701	科学社会主义理论与实践	2	84	史　平
001000810	高级口语	1	83	吴英俊
001000704	公共英语	3	免修	培养管理办
021101716	民间文学理论	4	92	黄景春
001000703	马克思主义经典著作选读	3	86	徐鼎亚
021101913	中国民间文学文献导读	4	89	黄景春

续表

课程号	课程名	学分	成绩	任课教师
021101914	社会民俗学文献导读	4	82	陈志勤
021101714	现代民俗学理论	4	88	耿　敬
021101715	民俗学研究方法	4	90	陈志勤

研究生部培养管理办公室

2012 年 6 月 11 日

温州大学

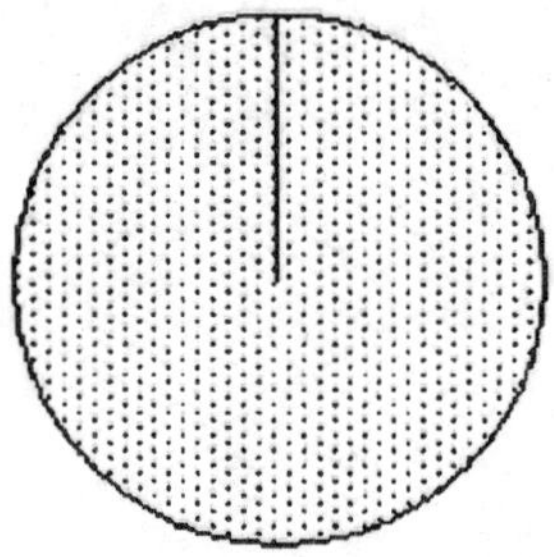

温州大学民俗学科建制构成示意图

温州大学民俗学科建设肇始于1990年代，当时的温州师范学院尚未合并到温州大学，就曾聘请民俗学家叶大兵先生为兼职教授，给本科生开设民俗学选修课，为后来温州大学民俗学学科的跨越式发展奠定了一定的根基。该学科于2000年正式设立。2001年成为校级重点学科，2002年12月被评为“浙江省重点扶植学科”，2005年4月被评为“浙江省重点学科（B类)”，2007年被评为温州大学“重中之重”学科B类。2011年10月作为中国语言文学一级学科的一个方向，成为温州大学“十二五”学科提升战略“重中之重”学科A类。2012年3月设立省级共建的“浙江省非物质文化遗产研究基地”。2012年6月被批准为浙江省重点学科。现该学科已具备较为坚实的基础，具有明显的特色和优势，在高校同行受到关注，在地方社会文化建设中也发挥了重要的作用。

一、学科建设

（一）学科建制

温州大学民俗学科设在温州大学人文学院内，是中国语言文学一级学科下的二级学科点。2003年6月被批准为浙江省第一个民俗学硕士点。

（二）学科定位

本学科点经过十余年建设，已形成自己的学科定位。

1. 温州地域民俗研究

本学科点有一支实力强、结构合理的学术团队，其学术渊源始于叶大兵先生，他是我国民俗学界德高望重的老一辈民俗学家之一，也是浙江省内最具声望的民俗学家。他倡导应用民俗学，其学术特色是将学术研究与温州地域文化、企业文化相结合，现为温大民俗学科顾问。由于他的奠基，温州大学民俗学科一直将温州地域民俗研究作为特色标志。

2. 建设省级重点学科

2000 年自江西师范大学引进的邱国珍教授为国内民俗学界知名学者、中国民俗学会常务理事，正式创立了温州大学民俗学。她在其后的十余年中，作为学科带头人，大力引进人才，申请建立硕士点和各级重点学科，倡议设立民俗博物馆等，使该学科一步一个台阶地发展壮大。现任温州大学社会学民俗学研究所所长。

学科带头人黄涛教授，是钟敬文先生指导的博士，1999 年毕业于北京师范大学，2008 年年初自中国人民大学引进温州大学。现为中国民俗学会常务理事、副秘书长，国际亚细亚民俗学会中国分会副会长、浙江省民俗文化促进会副会长。他将北京院校的民俗学建设经验带到温州大学，在温州大学民俗学学科建设的水平提升和持续发展上发挥了重要作用。

在温州大学“十二五”学科提升战略中，民俗学已在 2011 年 10 月被纳入“重中之重”学科建设项目中，将继续获得学校的重点建设政策支持和大量资金投入。该学科将巩固加强已有特色和优势，继续注重与地方社会发展、文化建设紧密结合，力争取得更高质量、更为重大的科研成果，同时将在中国语言文学一级学科“重中之重”建设项目的框架内，重视与文艺学、语言学的交叉融合，促生新的学术生长点，并以申报博士点、培养更高层次的民俗学人才作为重要建设目标。近年从外地先后引进的民俗学专业人才姚周辉教授、韩雷博士、武宇嫦博士等，在省级重点学科建设上发挥了集体作用。

（三）研究方向

温州大学民俗学科在 3 个研究方向上各具特色和优势。

1. 非物质文化遗产研究

非物质文化遗产研究方向。浙江的民俗文化资源十分丰厚，近年来进入国家级非遗名录的项目居全国前列。随着现代化建设的不断深入，丰富的民俗及历史文化传承，正日益面临着急剧的变迁、转型和重构，有的面临着流失、破坏和亟待抢救、保护的情形。该学科将不断更新自己的学术品格，扩展视野，开放思路，与当地政府、企事业单位密切合作，为社会进步和经济发展作出贡献。现该研究方向在语言民俗研究和传统节日研究两方面均有突出成果。

该研究方向的学术带头人为黄涛教授。他重视对非物质文化遗产的各类民俗现象展开调查研究，并进行非遗保护的理论研讨，并在传统节日、民间语言、文艺民俗等方面形成研究优势。在传统节日研究方面，他是推动2007年国家节假日制度改革的知名专家，获国家社科基金课题立项，并两次获浙江省哲学社会科学优秀成果奖三等奖。在民间语言研究方面，他有系列论著，专著《语言民俗与中国文化》获中国文联、中国民间文艺家协会学术著作“山花奖”一等奖，并承担《中国大百科全书——民俗卷》中“语言民俗”等辞条的撰写。在文艺民俗研究方面，其《中国民间文学概论》被评为“十一五”国家级规划教材。

该研究方向的姚周辉教授，主持过多项关于民间信仰和古村落保护的课题。韩雷副教授，长于民俗学与文艺学的交叉研究，在《文学评论》等刊物发表了系列论文。杨凌云教授，长于非遗与民俗学资料的数据库处理与网站建设，主持“民俗学文献与温州地域文化特色资源数据库”。万军讲师，研究民俗学资料特藏模式，主持“民俗学特藏室”。预计该研究方向将在传统节日和民间语言研究方面继续保持国内领先地位，并对浙江的节日文化遗产展开深入调研，在文艺民俗的理论研究方面也将有突出成绩。

2. 区域文化研究

区域文化研究方向。该方向以民俗学为理论依托，进行区域文化的社会调研、历史钩沉与理论建构，以温州区域文化研究为根基，并扩展到东南区域文化研究。以温州族群文化、地方民俗信仰、浙南海洋文化、温州戏曲、古村落保护、浙南稻作文化等为研究重点。

该研究方向的学术带头人为陈安金教授。他已主持完成关于温州区域文化的国家社科基金一项，出版有关专著一部，已获两次省社科优秀成果奖，并在研主持一项国家社科基金项目，主持浙江省重点创新团队项目“文化视野下的世界温州人研究”。林亦修教授的专著《温州族群与区域文化研究》获浙江省高校科研成果奖。徐华炳副教授主要研究温州移民史和侨乡文化，在研主持浙江省社科规划重点课题“温州海外移民群体研究”。王新博士重点研究温州“城中村”问题。该学科其他研究方向的老师们也大都有关于温州区域民俗研究的成果。该研究方向借助地域便利和当地人才优势，是该学科的强势方面，将在区域民俗文化对温州经济发展、社会进步的奠基、引领作用方面，在温州区域文化各个侧面的调查研究方面，在区域文化理论建构等研究方面取得突破。

该方向的研究得益于温州地区独特、丰富、引人注目，而且保持相对完好的区域文化资源和温州学研究人才多的优势，这一方向的研究成果其实是最为丰厚的，而且大多基于在当地调研的第一手资料。

3. 民间艺术研究

民间艺术研究方向，该方向调查研究各类民间艺术形式包括民间音乐、民间舞蹈、民间戏曲、民间工艺美术等，注重从非物质文化遗产保护的角度研究民间艺术在现代社会的传承、存续问题。

该研究方向的学术带头人为邱国珍教授。她长于研究畲族民俗、温州区域民俗等，曾获浙江省社科优秀成果二等奖，关于畲族民间艺术的研究获得国家社科基金和浙江省社科基金立项。陈克秀教授长期从事民间音乐的调查研究，正主持“浙南区域音乐文化数据库”的大规模项目，已初具规模。乔志亮教授则多年从事民间曲艺山西弦子书的研究。刚从河南大学引进温大的冯百跃教授从事民间舞蹈研究，著有《中国民族民间舞蹈概论》。赖施虬副教授长于民间工艺研究和剪纸技艺，已出版专著《赖施虬剪纸艺术》，并主持民俗博物馆工作。孟永国老师长于人像发绣技艺，其作品多次获得国家级、省级大奖，如《邓小平》在2010年中国工艺美术“百花奖”（莆田）优秀作品评选中获金奖，《胡锦涛》在第二届“中国·浙江工艺美术精品博览会”上获得特等奖（2010.05）。该方向特色鲜明，成果优异，将在地方民间艺术的调查、研究和文化遗产保护方面以及个人手工技艺创作方面取得更显著成绩。

4. 研究机构和相关机构

温州大学校方对民俗学科重点扶持、重金投入，其民俗学教辅设施在国内民俗学科中也很突出。在机构设置和配套硬件设施建设方面，也属“大手笔”。现有1个博物馆，1个特藏室、1个研究所和1个数据库。

2007年，学校投资120万元建设温州民俗博物馆，2008年对外开放。此馆由温州大学与温州市政府合办，馆藏民俗实物300余件，纸质民俗文物20余件，当地民间工艺品60余件，以及民俗学者著作200余部，是展示温州地域文化的市级专业博物馆。到目前为止，除几所大学开设了少数民族特色物品展览设施以外，温州民俗博物馆是中国高等院校里规模最大的民俗博物馆，填补了国内高校民俗学专业博物馆的空白，因此在国内民俗学界已享有很好声誉，在温州地区则有很大的知名度，许多来温州旅游的人都会来这里参观。它不仅是集中展示温州特色地域文化的平台，也是温州大学民俗学教学科研的观摩场和试验田。自开放以来，它不仅便利了温州大学的学生，也吸引了温州一带的民众不断专程前来赏玩温旧，还迎来了海内外的不少专家学者及数位国外政府首脑。

2008年，学校建成使用面积1000余平方米的民俗学特藏室，现有藏书4万余册。

学校还设立了温州市人像绣研究所、浙南区域音乐数据库、民俗学文献与温州地域文化特色资源数据库等设施。民俗学科还有专门的资料室和电脑室供研究生使用。这些设施常让前来观摩的民俗学同行赞叹不止。

本学科点相继在永嘉、洞头、文成等地建立了“民俗学教学科研基地”。

二、教学工作与人才培养

（一）教学人员

本学科点现有教师 17 人，其中教授 9 人，副教授 4 人，讲师 3 人，助教 1 人。在教师队伍中，博士 5 人，硕士 4 人。

表 1　温州大学民俗学科师资队伍一览表

<table>
<tr><th>职　称</th><th>合计（人）</th><th>35 岁以下</th><th>36 至 45 岁</th><th>46 至 55 岁</th><th>56 至 60 岁</th><th>具有博士学位</th><th>具有硕士学位</th></tr>
<tr><td>教 授</td><td>9</td><td></td><td></td><td>7</td><td>2</td><td rowspan="4">5</td><td rowspan="4">4</td></tr>
<tr><td>副教授</td><td>4</td><td></td><td>3</td><td></td><td>1</td></tr>
<tr><td>讲 师</td><td>3</td><td>1</td><td>1</td><td>1</td><td></td></tr>
<tr><td>助 教</td><td>1</td><td>1</td><td></td><td></td><td></td></tr>
</table>

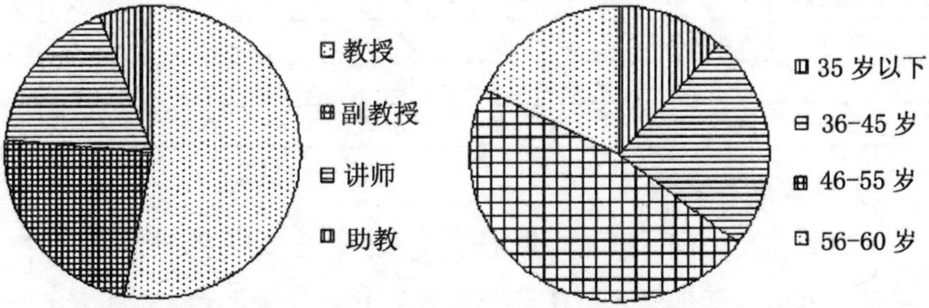

在职教师职称比例　　在职教师年龄比例

温州大学民俗学科学术队伍构成示意图

（二）课程设置、学时与学分

本学科点的研究生教学旨在培养掌握扎实、精深的民俗学学科的基础知识，了解民俗学相关学科的前沿理论，掌握历史学相关学科的知识和过硬的技术手段，能够从事独立学习和研究能力的高级专门人才。

研究生课程设置主要分为理论课程学习、专业实践和毕业论文三个环节。共开设 15 门课程，每课 36 学时，2 学分。

表 2　温州大学人文学院民俗学硕士点专业课程设置一览表

课程名称	任课教师	学时	学分	学期	考核	性质
社会学原理与民俗研究	黄　涛	36	2	2	考试	必修
民俗学原理	邱国珍	36	2	1	考试	
文化人类学	邱国珍	36	2	2	考试	
田野调查与温州区域民俗研究	林亦修	36	2	2	考试	
民间文艺学	韩　雷	36	2	1	考试	
民俗学经典导读	武宇嫦	36	2	2	考试	
文献学与史部要籍研究	张靖龙	36	2	3	考试	选修
中国民间信仰	林亦修	36	2	2	考试	
民间工艺美术研究	赖施虬	36	2	3	考试	
地方史专题研究	王海晨	36	2	3	考试	
民间文学前沿问题研究	黄　涛	36	2	3	考试	
民俗学前沿问题研究	邱国珍	36	2	2	考试	
非物质文化遗产专题研究	韩　雷	36	2	2	考试	
三国研究	张靖龙	36	2	2	考试	
中国礼仪研究	武宇娥	36	2	2	考试	

（三）课程内容大要

社会学原理与民俗研究。本课程主要讲述能直接运用于民俗学研究的社会学理论和方法，并重点介绍在民俗学领域中运用社会学理论和方法的研究实例。要求学生能用社会学知识来分析民俗学问题。

民俗学原理，本课程主要讲述民俗学的理论形成，即民俗学学科出现的渊源；民俗学在国内外的发展，尤其是在国内的发展情况；民俗的本质问题，即讨论什么是民俗，目前国内代表性观点；民俗学的体系结构，即民俗学包括哪一些分支内容，其相关性如何；民俗学的研究方法等。

非物质文化遗产专题研究，目前，不仅是关于非物质文化遗产的概念，有关内容的归类和属性等都还存在着争议，该课程的开设将会使这一内容得到较好地梳理和讨论。本课程以专题的形式讲述讨论非物质文化遗产的概念、学科属性保护理论。

田野调查与温州区域民俗研究。本课程在探讨民俗志的范式转变的基础上，吸取人类学民族志研究的思想和方法，形成新型的田野民俗志；在民俗学原有的调查方式基础上，吸取人类学田野调查的方法，形成田野民俗志的调查研究模式，进而深化对温州乃至海西区的民俗研究。通过本课程的学习，学生应该掌握如何进入并实施田野调查，以及撰写民俗志的方法和技巧。

民俗学经典导读。本课程以中国民俗学研究史为线索，精挑细选出十部著作，主要研讨能代表各阶段最高水平的民俗学著述，以点带面，既重点研讨经典文本的内容，又兼顾经典著述产生的历史情境，进而让学生把握中国民俗学的学科史。

文化人类学。该课程在梳理人类学学科背景、研究对象、研究内容、研究方法及了解文化基本特质的基础上，着重介绍并评析文化人类学不同学派的代表人物及其最新理论主张，从而提高学生的文化人类学理论素养和民俗学田野调查能力。

民间文学前沿问题研究。本课程将介绍探讨民间文学研究的最新动向和前沿学术取向，讲述非物质文化遗产保护、表演理论、口头程式理论等相关知识和对民间文学研究的影响，评介相关研究个案，并探讨民间文学与中国现当代文学的关联、交叉和融合等问题。

中国民间信仰。通过本课程的学习与研讨，研究生们可以了解到民间信仰的本质、表现形态、地域特色、在民俗文化和非物质文化遗产体系中所占据的重要位置等，以及对于中国民众日常生活世界的重要性，理解中国民间信仰与官方宗教的复杂关系。

三、科学研究

（一）理论研究

近五年来，该学科，发表论文 100 余篇，出版著作 20 余部，主持省部级以上科研项目 20 余项，承担横向课题 10 余项，获得省部级奖励 4 项。

表 3　温州大学民俗学科发表主要论文一览表（2007–2010）

序号	论文题目	第一作者	发表时间	发表刊物
1	开拓传统节日的现代性	黄　涛	2008—09	河北大学学报、新华文摘（2009 年第 3 期全文转载）
2	节日纪念物的民俗学属性	黄　涛	2009—11	温州大学学报、新华文摘（2010 年第 9 期论点摘编）
3	被遮蔽的民间文学批评——对民间文艺学六十年的反思	韩　雷	2011—01	文学评论
4	文艺民俗学研究的困境及出路	韩　雷	2010—05	温州大学学报、人大复印资料《文艺理论》2011 年第 2 期全文转载
5	互动与重构：海外温州人的民俗观念与行为的传承与变化——以巴黎的温州人为中心	邱国珍	2010—04	民俗研究
6	雁北鼓吹乐艺人的“黑话”	陈克秀	2007—04	中国音乐学
7	从浙江《抢亲山歌》看原始婚俗之孑遗	陈克秀	2009—04	中国音乐学
8	近代温州商会兴起探析	陈安金	2010—04	浙江社会科学
9	地域文化研究的人神互动范式	林亦修	2010—09	社会科学战线
10	温州海外移民形态及其演变	徐华炳	2010—12	浙江社会科学

表 4　温州大学民俗学科出版主要著作（2008–2010）

序号	发明专利名称专著名称	作者	出版时间	出版社
1	语言民俗与中国文化	黄　涛	2010—12	人民出版社
2	中国民间文学概论	黄　涛	2010—05	中国人民大学出版社
3	中秋	黄　涛	2010—08	生活・读书・新知三联书店
4	中国民俗通志・医药志	邱国珍	2008—01	山东教育出版社
5	浙江畲族史	邱国珍	2010—01	杭州出版社
6	神秘的幻术	姚周辉	2009—01	广西人民出版社
7	平遥弦子书调查与研究	乔志亮	2010-10	中国戏剧出版社
8	永嘉学派与温州区域文化崛起研究	陈安金	2008-03	人民出版社
9	温州族群与区域文化研究	林亦修	2009-04	上海三联书店

（二）科研项目

本学科点近年共承担科研项目 21 项，其中国家社科基金项目 3 项，省部委以上项目 8 项，地方政府项目十余项。

表 5　温州大学民俗学科承担的科研项目一览表（2001—2011）

序号	项目名称	项目来源	起讫时间	主持人	经费（万元）
1	国家文化安全视野下的传统节日的变迁、传承与保护研究（10BSH031）	国家社科基金	2010—2013	黄　涛	12
2	全球化背景下的节日文化遗产保护与国家文化权益、文化安全问题研究 08DG40	文化部社科基金	2008–09 2013–09	黄　涛	自筹
3	魅力中秋（编号 133）	浙江省社科联	2008—2009	黄　涛	自筹
4	苍坡古村文化遗产保护与现代社区发展调查研究（Wyk10076）	温州文化研究工程	2010—2012 2012—12	黄　涛	1.5
5	海上遇难者的“天堂”之路——洞头渔民“牵攒”招魂仪式调研（2008WT07）	浙江省社科联重大委托课题	2008—2008	姚周辉	2
6	民间文学研究与民间文学批评（20070528）	浙江省教育厅	2007—2008	韩　雷	0.5
7	双重视域下中国传统民居空间认同研究（11YJA840002）	教育部规划基金项目	2011—2014	韩　雷	9
8	双重视域下中国传统民居空间认同研究——以温州楠溪江古村落为例 10CGSH06YB	浙江省社科规划	2010—07 2012—07	韩　雷	2.5
9	民俗学文献与温州地域文化特色资源数据库（Y200929928）	浙江省教育厅科研项目	2009—2011	杨凌云	18
10	畲族民间艺术研究（11BA012）	国家社科基金	2011—2013	邱国珍	12
11	浙江畲族民间艺术研究（09WHZT024Z）	浙江文化研究工程重点课题	2009—2011	邱国珍	4
12	浙江畲族史（05WZT011）	浙江省文化工程重点课题	2007—2008	邱国珍	4
13	弦子书研究	浙江省哲学社会科学规划课题	2007—2009	乔志亮	2

续表

序号	项目名称	项目来源	起讫时间	主持人	经费（万元）
14	唐宋温州区域文化崛起的考察——以永嘉学派为中心（03CZX005）	国家社科基金	2003—2006	陈安金	5.5
15	儒学传统的近代转化研究——以晚清温州知识群体为中心（10BZX041）	国家社科基金	2010—2013	陈安金	15
16	文化视野下的世界温州人研究	浙江省委、省政府	2009—2012	陈安金	15
17	海洋、移民："温州模式"的社会文化研究（N01SH1）	浙江省哲学社会科学规划课题	2001—2009	林亦修	3
18	温州市民间信仰事务管理对策研究	温州市政府	2010—2011	林亦修	10
19	中心城区"城中村"改造对策研究（1949697）	温州鹿城区科技局	2008—2009	王　新	10
20	浙南地区陈十四娘娘宗教与仪式音乐	上海普通高校人文社会科学重点规划课题	2008—2011	陈克秀	2
21	温州海外移民群体研究 08CGSH001Z	省重点社科规划	2008—06 2011—06	徐华炳	3

（三）科研获奖

表6　温州大学民俗学科科研获奖一览表（2008—2012）

序号	成果名称	完成人	奖项名称、等级	颁奖单位	获奖时间
1	中国民俗通志·医药志（专著）	邱国珍	浙江省第十四届社会科学优秀成果二等奖	省政府	2008.3
2	开拓传统节日的现代性（论文）	黄　涛	浙江省第十五届哲学社会科学优秀成果奖三等奖	省政府	2009.12
3	永嘉学派与区域文化崛起研究（专著）	陈安金	浙江省第十五届哲社优秀成果奖三等奖	省政府	2009.12
4	温家宝（发绣肖像）	孟永国	第九届民间文艺山花奖一等奖	中国文联	2010.10
5	温州族群与区域文化研究（专著）	林亦修	浙江省高校科研成果奖三等奖	省教育厅	2010.12
6	中秋（专著）	黄　涛	浙江省第十六届哲学社会科学优秀成果奖三等奖	省政府	2012.1

四、学术交流

表 7　温州大学民俗学科举办的主要国际、国内学术会议一览表（2007—2011）

会议名称	举办时间	参加人员	
		总人数	国（境）外人员数
中国民俗学高层论坛	2007.12	21	1
中国节日文化遗产高层论坛（温州拦街福研讨会）	2010.04	25	0
世界温州人研究国际学术研讨会	2010.04	109	12
中韩历史民俗与区域文化国际学术研讨会	2010.08	46	11
温州杨府侯王信俗文化学术研讨会	2011.06	45	0
民俗学（含民间文艺学）学科目录编制与学科建设研讨会	2011.08	22	0
中国民间信仰（陈靖姑信俗）学术研讨会	2011.09	85	4

表 8　温州大学民俗学科在国际会议上发表报告一览表（2008—2011）

姓名	国外大学名称或国际会议名称	报告时间	讲学或报告名称
黄　涛	国际亚细亚民俗学会第十届学术会议“亚洲稻作民俗文化”（日本秋田县）	2008.10	仓坡古村的稻作文化遗产保护与现代农村社区发展
黄　涛	新加坡广惠肇碧山亭庆祝 140 周年纪念中华传统文化座谈会（新加坡）	2010.12	中国各地的清明节与其社会意义
黄　涛	韩国汉阳大学“从游记看东亚古代的表象”国际学术研讨会（首尔）	2011.02	《入唐求法巡礼行记》中的唐代节日习俗考辨
黄　涛	中韩端午节的比较研究（首尔，韩国民俗博物馆）	2011.05	端午节的历史传承与当代复兴
黄　涛	德国比勒菲尔德大学“传统的复兴与发明”国际学术研讨会（德国）	2009.03	七夕节爱情元素的历史传承与当代重建
邱国珍	德国比勒菲尔德大学“传统的复兴与发明”国际学术研讨会（德国）	2009.03	民间信仰的传承与策略
林亦修	国际人类学与民族学联合会第十六届大会（昆明）	2009—11	东洋航线上的情歌研究

表 9 温州大学民俗学科承担的国际交流合作项目一览表（2009—2011）

国际交流合作项目名称	起止时间	合作对象
传统的复兴与发明（主题研讨、互访交流、合办会议、出版论文集）	2009.1—2011.6	德国慕尼黑大学亚洲研究所，王霄冰博士
合作共建温州大学学报“民俗学与非物质文化遗产”专栏	长期合作始于 2009.9	国外和港台多所大学的知名学者，已有英国剑桥大学、日本东京大学、德国慕尼黑大学、韩国顺天乡大学、香港中文大学、台湾华梵大学等校学者在此发表论文，并已请美国威涞大学张举文博士主持发表了两组论文，与之建立交流互访关系

五、存在问题

温州大学民俗学科的建设，在浙江省已产生较大的影响，在全国同行中也有一定的影响。按武汉大学中国科学评价研究中心“中国研究生教育分专业排行榜：030304 民俗学”显示，2007 年该学科综合实力为国内民俗学第五名，2011 年为第十一名（见“中国教育在线”网站）。

目前存在主要问题是：

第一，民俗学二级学科与社会学一级学科的设置与关联发展问题。民俗学在内容和性质上实际上是一个和人类学、社会学等并列的独立学科，但是由于它在国内属于小学科，按照教育部的学科目录，民俗学归属于社会学一级学科。这样在学科发展上有些地方受此限制，例如，申报一级学科硕士点、一级学科博士点，就受到社会学一级学科下其他学科点不健全及急需整合的问题。在建设期内，按照规划，民俗学重点学科已经为申报民俗学博士点做了较充分的准备，与国内其他民俗学学科点相比，具备了较好的学科建设基础条件，需要处理好申报民俗学专业博士点的渠道与方式问题。目前按照学校“十二五”学科提升战略，民俗学科作为一个方向纳入中国语言文学一级学科重点学科建设项目，将来需要处理好与文学、语言学等学科的交叉融合问题，在该一级学科点的位置和博士生培养设置等问题。

第二，民俗学科尚未招收本专业的本科生，在人员编制、工作量等方面都受到很大影响。将来应争取招收本科生。

附 件：温州大学民俗学科参与地方文化建设大事记

温州大学民俗学学科注重将学术研究与社会发展、地方文化建设密切结合，特别是在近年来社会开展非物质文化遗产保护背景下，民俗学有了更多的“用武之地”，不但广泛深入进行社会调研，展开区域文化研究和非遗保护探讨，也与各地政府部门频繁合作，取得显著社会效益。

1. 教学活动与地方民俗调查相结合。学科在温州市永嘉县的芙蓉村、洞头县的望海楼、文成县街头村等地建立“民俗学教学科研基地”。学科每年组织研究生到浙南各地进行田野调查，先后出版了05级研究生田野报告集《横垟村民俗文化调查》、08级研究生写的《芙蓉村民俗田野志》，09级学生的《田野的呼唤——青田县龙现村民俗调查》已交由知识产权出版社出版。该学科的硕士论文多数以地方民俗、非遗项目的调查研究为题。

2. 民俗学科教师以科研项目、横向合作项目形式对温州区域文化、当地文化建设进行应用性研究。近年来承担了20余项以此为主题的温州文化研究工程项目、浙江省各类科研项目。并接受完成了多项地方政府委托科研项目。如邱国珍教授2010年5月承接温州市政府委托课题《温州龙舟竞渡的历史、现状和未来走向》，已结题。该课题研究成果，直接促进了温州市龙舟竞渡的组织、开展及龙舟文化的研究。林亦修教授2010年承接了温州市政府委托课题《温州市民间信仰事务管理对策研究》，已结项并获温州市委书记批示。王新老师等承接了温州市鹿城区科技局的“中心城区‘城中村’改造对策研究”课题，也已顺利结项，受到对方好评。

3. 该学科教师积极与地方政府部门合作，参与调研非遗保护项目。2010年春季，民俗学科负责人随同校领导到温州市属各县，与县政府签订横向合作意向书，其中人文社科方面的合作内容大部分是与民俗学科对口的文化建设、非遗保护项目。邱国珍教授于2011年10月承接了温州市文化局申报浙江省第五批“非遗 项目《温州端午龙舟竞渡》的文本写作，该项目已顺利通过评审。林亦修教授于2011年10月承接了温州市文化局申报浙江省第五批“非遗”项目《温州清明习俗》的文本写作，该项目已顺利通过评审。黄涛教授从2009年开始，先后参加了当地政府与浙江省民俗文化促进会合办的开化县中秋舞草龙、方岩胡公庙会、文成刘基传说及“太公祭”的民俗活动考察和非遗项目申报研讨会，为这三个项目后来申报国家非遗名录成功和后续保护工作尽力。

4. 该学科与地方政府合办文化建设或非遗保护的学术研讨会，帮助政府部门设计议题、聘请专家、组织研讨。2010年3月，以黄涛教授为主要经办人，该学科与温州市委宣传部、温州市文联、温州市民协合作举办了以“拦街福”为议题的“中国节日文化遗产保护论坛”，光明日报对此作了报道。后在温州大学学报发表一组专题论文。2010年6月、2011年10月，以林亦修教授为主要经办人，该学科先后与温州市政府部门合办了以杨府爷信仰、陈靖姑信仰为议题的研讨会。以《中秋》著作为基础，黄涛教授参与设计和协助组织了2011年杭州市政府与浙江民俗文化促进会合作承办的“中华中秋文化节”及学术论坛，策划打响以杭州中秋节为中心的浙江中秋节文化品牌。

5. 由温州大学与温州市合建，该学科负责运营的温州民俗博物馆2008年12月正式对外界开放后，已有2万余人次参观，其中包括海内外的不少专家学者及数位国外政府首脑。温州日报、温州都市报、中国民俗学网、韩国民俗博物馆主办的专业刊物都作了专门介绍。2009年被评为温州市先进教育基地、浙江省科普基地。

6. 温州大学与温州市1991年合建的人像绣研究所，有效传承保护了当地民间特色发绣艺术。20多年来佳作迭出，获得诸多高层次荣誉，如孟永国老师的《邓小平》在2010年中国工艺美术“百花奖”（莆田）优秀作品评选中获金奖，《叶利钦肖像》获“第三届中国（莆田）海峡工艺品博览会”优秀作品评比金奖，《狄更斯》在第八届中国工艺美术大师作品暨工艺美术精品博览会上获得2007“百花杯”中国工艺美术精品奖 优秀作品奖，《胡锦涛》在第二届“中国·浙江工艺美术精品博览会”上获得特等奖。该所设置作品展览室，常年对外开放，接待了无数海内外参观者。并配合学校和市政府展开“发绣外交”，作品先后在美国纽约联合国总部、荷兰、马来西亚、新加坡、阿联酋、香港、澳门等国家和地区展出，并多次作为国礼赠予外国元首，深受好评。

7. 该学科教师在各类媒体上或公共讲座平台宣讲民俗文化，具有较大社会反响。黄涛教授在2008年春节前，从腊月二十八到年三十，连续三天在中央电视台新闻台讲述春节习俗；2009年8月，在中国教育电视台谈“传统节日与中国文化”，视频见中国教育在线http://v.eol.cn/content.jsp?videoid=2630&ctitle，后来该次访谈制成光盘公开发行。2010年做客北京卫视“中华文明大讲堂”，谈端午节与中秋节，分两集在两个节日期间播放，视频见北京电视台BTV在线http://space.btv.com.cn/page/podcast/zhwmdjt。2011年9月在浙江电视台谈中秋节。邱国珍教授多次在温州图书馆向市民做公益讲座。杨凌云教授等通过民俗学网站向公众宣传温州特色文化。学科的不少成员在各类报刊就民俗文化撰写文章。

烟台大学

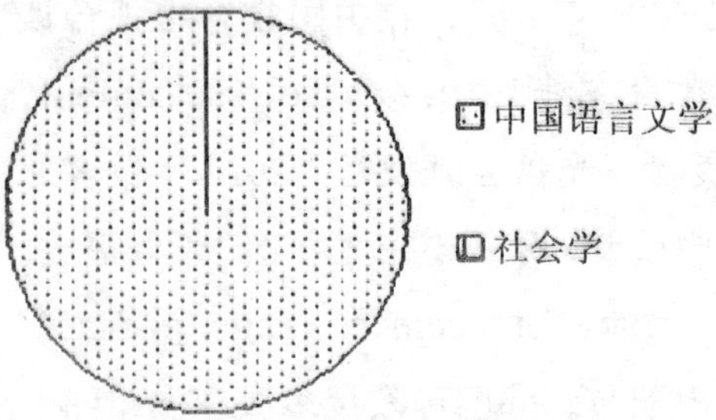

烟台大学民俗学科建制构成示意图

烟台大学民俗学专业是近年新建专业，归属本校人文学院，在中国语言文学一级学科下进行建设。但目前师资薄弱，尚未形成专业团队，学科建设处于起步阶段。

一、学科建设

烟台大学引进北京师范大学民俗学国家重点学科毕业博士刘汉杰，在人文学院内开设了民俗学专业课。但没有民俗学和民间文学的博、硕研究生招生点和授予权。

本校设有胶东文化研究所，是独立的专业研究机构，与民俗学研究对象有关，主要开展胶东民俗研究和胶东民俗文物收集等工作。

二、教学工作和人才培养

（一）教学人员

烟台大学有民俗学专业教师 1 人，即刘汉杰副教授，民俗学专业博士。

（二）课程设置

本校民俗学专业面向本科生开设“民俗学概论”和“民间文学概论”两门课。其中，“民俗学概论”是汉语言文学专业本科生的限选课；“民间文学概论”是汉语言文学专业本科生的必修课。

（三）课程名称、课时、学分与内容大要

民俗学概论，32 学时，2 学分。本课主要讲授民俗的内涵与范畴、民俗的成因与特征、民俗的社会功能、物质生产民俗、物质生活民俗、民间组织民俗、岁时节日民俗、人生仪礼民俗、民俗信仰、民间口头文学、民间语言、民间艺术、民间游戏等内容。

民间文学概论，32 学时，2 学分。本课主要讲授民间文学的内涵与范畴、民间文学的学科体系、民间文学的基本特征、民间文学的功能与价值、民间文学的历史与现状、民间文学的田野作业、神话、史诗、民间传说、民间故事、民间长诗、民间歌谣、民间熟语、民间说唱、民间小戏等内容。

三、科学研究

刘汉杰副教授近三年发表文章。

刘汉杰《自事件而传说：民间武术传说的成形过程与叙事功利》，《西北民族研究》，2011 年第 1 期。

刘汉杰《驱邪镇魔话镇墓兽》，《百科知识》，2011 年第 23 期。

刘汉杰《古代的葬玉习俗》，《百科知识》，2011 年第 21 期。

刘汉杰《千童信子节》，《百科知识》，2011 年第 11 期。

刘汉杰《古代的巫术》，《百科知识》，2011 年第 5 期。

刘汉杰《生肖的故事》，《百科知识》，2011 年第 2 期。

刘汉杰《厌胜习俗》，《百科知识》，2010 年第 18 期。

刘汉杰《历史上的谣谶》，《百科知识》，2010 年第 16 期。

刘汉杰《风水漫谈（下)》，《百科知识》，2010 年第 15 期。

刘汉杰《风水漫谈》（上)》，《百科知识》，2010 年第 13 期。

刘汉杰《漫话媒妁》，《百科知识》，2009 年第 16 期。

刘汉杰《有狐绥绥》，《百科知识》，2009 年第 15 期。

刘汉杰《乌之哑哑》，《百科知识》，2009 年第 14 期。

刘汉杰《亦庄亦谐皆蝙蝠》，《百科知识》，2009 年第 9 期。

四、学术交流

2011 年 9 月 23 日，刘汉杰副教授参加烟台大学与韩国木浦大学联合举办的第 21 届中韩国际学术研讨会，并提交论文“传承与变通：中韩传统婚礼中的‘六礼’”。

五、存在问题

从烟台大学的本科生教学看，在现代社会环境中，本科生的基本民俗知识匮乏，传统民俗传承有断裂之忧。

浙江师范大学

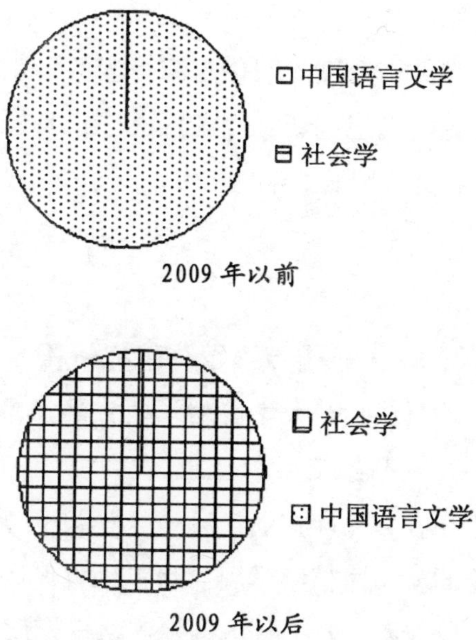

浙江师范大学民俗学科建制构成示意图

浙江师范大学民俗学学科建设起始于1980年代中期，当时主要以民间文学为主。根据教育部的学科分类，民间文学属于“中国语言文学”一级学科中的二级学科。从1985年开始，浙江师范大学在中文系就开设民间文学与民俗学研究选修课，1986年开始开设民间文学概论必修课，以钟敬文教授主编的《民间文学概论》作为教材。与此同时，民俗学研究则作为选修课开设。1997年学科调整之后，民间文学必修课改为选修课，民俗学则继续作为选修课开设。两门课程的选修情况都非常火暴，在不设选修学生数的情况下，每门课最多时达近500人，分三个班开课。后来，为了满足学生选修的需要，根据学生和教务处的调整，每个学期开设上述不同的课程。进入21世纪后，中文系设立了对外汉语专业，并在此专业开设民俗学必修课，民间文学选修课。此专业被划入国际教育学院后，该课程继续开设。而中文系的民俗学、民间文学课程也没有中断。2000年，以民间文学、民俗学为方向，在现当代文学二级学科硕士点下招收硕士生，共毕业两届学生。2003年，获批的社会学二级硕士点设有社会民俗学方向，负责人为陈华文教授，主要在硕士点开设民俗学课程。2005年，以人文学院为依托，申报民俗学硕士学位点并获批，2007 年开始正式招生。2008 年，由于陈华文教授工作岗位从人文学院调到新建的文化创意与传播学院，民俗学二级硕士学位点随之于 2009 年划转到文化创意与传播学院，目前，民俗学二级学位点就设在文化创意与传播学院。2009 年，与法政学院共同申报社会学一级学科并获批，目前是社会学一级学科下的民俗学硕士学位点。

20 多年来，浙江师范大学民俗学从选修课程发展到比较完善的人才培养体系，从一门课程发展到民俗学硕士学位点；从一位教师发展到学缘丰富、年龄结构合理、职称搭配得当的学术团队；从人才培养到社会服务，从学术研究到思想创新，逐渐形成了自身鲜明的特色，在全国的民俗学研究中具有独特的优势与影响。

一、学科建设

（一）硕士点设置与研究机构

浙江师范大学民俗学研究经过多年的发展，硕士点于 2005 年申报成功，2007 年开始招生，是浙江省内较早开始招收民俗学的高等院校之一。2006 年，浙江省文化厅在浙江师范大学设立浙江省非物质文化遗产研究基地，主要依托的就是民俗学学科。目前浙江师范大学民俗学学科已形成一个硕士点、一个研究所、一个基地的发展格局。所谓一个硕士点，是指民俗学（二级学科）硕士；一个研究所，是指校级非物质文化遗产研究所；一个基地，是指浙江师范大学浙江省非物质文化遗产研究基地。

1. 硕士点

民俗学硕士点于 2005 年获批并于 2007 年开始招生，硕士点负责人为陈华文教授。现有导师 4 人，博士 9 人，学科成员基本具有博士学位，涵盖民俗学、历史学、人类学、考古学、社会学等学科，学缘结构合理。目前在校生共有 25 人。

2. 研究所

浙江师范大学非物质文化遗产研究所成立于 2007 年，是对 2002 年成立的社会学民俗学研究中心的升级和转型。研究所与研究基地是一套人马，两块牌子。主要方向包括民间文化研究、民间造型艺术研究和民间表演艺术研究三个方向，后来又增加非遗数字化保护研究方向，共四个方向。组成人员包括教授、副教授、讲师等职称，博士、硕士等学历层次和来自包括北京师范大学、复旦大学、华东师范大学、山东大学、中山大学、中央民族大学等不同院校学缘结构合理的年龄呈梯级分布的队伍。

3. 研究基地

浙江师范大学省非物质文化遗产研究基地成立于2006年，基地负责人为陈华文教授。基地现有研究人员26人，包括教授10人，副教授8人，讲师等8人，其中，博士10人，硕士7人，省“151”人才2人，浙江省“五个一批”工程人才（理论）1人，省高校中青年学科带头人3人，校级中青年学科带头人2人。基地研究方向由民间造型艺术、民间音乐与表演艺术、民间文化和数字化保护四个研究方向组成。自成立以来将科研和社会服务两大工作作为核心。在科研上，共获各级各类科研项目64项，其中国家社科基金4项，教育部课题4项，浙江省哲学社会科学规划及部委项目17项；省文化厅委托课题4项；基地召开一次中韩非物质文化遗产保护论坛，出版《非物质文化遗产研究集刊》四集，大大提升了基地在国内外的影响力。在社会服务上，基地积极参与地方政府和文化部门合作，联合开展非物质文化遗产代表性名录项目申报与保护工作，从2006年至今，基地共承担地方非遗申报文本制作29项（其中还承担了多项录像制作），其中基地主持的“龙泉青瓷传统烧制技艺”项目2009年9月入选“人类非物质文化遗产代表作名录”（全国仅此一项为陶瓷类人类非物质文化遗产代表作名录）。基地还与省文化厅共建浙江省非物质文化遗产网（http://www.zjfeiyi.cn/）并已运行。

二、教学工作与人才培养

（一）教学人员

目前专职硕士导师共有4人，分别为陈华文教授、宣炳善副教授、王逍

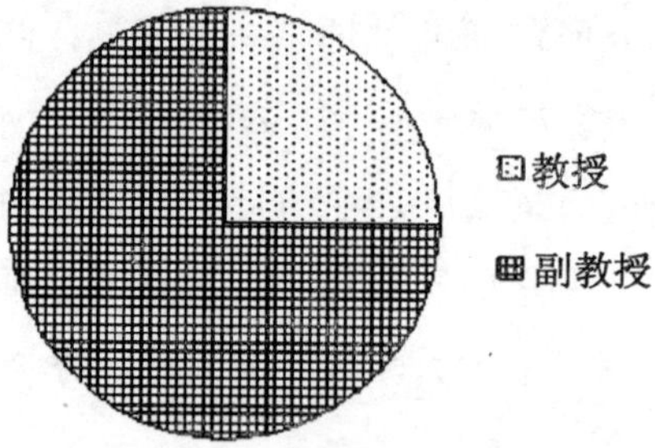

浙江师范大学民俗学科学术队伍构成示意图

副教授、王巨山副教授。

陈华文，1959年生，民俗学硕士点负责人，文化创意与传播学院院长、教授，现为中国民俗学会常务理事、中国梁祝文化研究会副会长，浙江省民俗文化促进会副会长，浙江省民间文艺家协会副主席，浙江省哲社规划专家委员会专家，浙江省非物质文化遗产评审专家。1984年毕业于华东师范大学中文系，1996年晋升副教授，2000年破格晋升教授。2007年入选省“五个一批”人才工程（理论）。主要从事民俗学、民间文艺学和文化学方向教学与研究，近年来承担各级各类课题20余项，出版各类著作近20部，发表论文100余篇，获得各级各类奖项近20项，其科研成果《浙江民俗史》获2009年浙江省第十五届哲学社会科学优秀成果奖基础理论研究一等奖。

宣炳善：1971年生，历史地理学博士，对外汉语系主任，副教授。2002年8月到浙江师范大学人文学院工作，2006年担任对外汉语系副主任，同年调入国际文化与教育学院。2008年起担任对外汉语系主任一职至今。近年来，承担各级各类课题10余项，发表论文20余篇，出版著作2部，参与编写著作2部，现为浙江师范大学民俗学硕士生导师、汉语国际教育硕士生导师。主要从事民俗学、非物质文化遗产、对外文化传播研究。

王逍，1966年生。陕西师范大学历史学学士、硕士，厦门大学人类学博士，副教授。现为复旦大学社会学博士后。从事中国现当代史、中国文化通论、民俗学、文化人类学、田野民俗志等课程的本硕教学工作。主要专业方向为中国近现代史、历史人类学、农村社会学等，主要研究领域为畲族村落社区、集体化时期乡村社会生活、人民公社口述史等。曾在各级刊物上发表学术论文20余篇，主持省社科规划、省社科联等有关畲族经济文化类课题4项。

王巨山，1979年生，本科毕业于辽宁大学，2007年毕业于山东大学历史学院，获得博士学位，文化创意与传播学院副院长，副教授。主要从事文化遗产、非物质文化遗产、博物馆及民俗文化资源开发等方面研究。自 2007 年以来，相继主持浙江省文化研究工程课题《浙江文化遗产保护史》1 项，承担《义乌文化产业》、《杨家埠木版年画故事研究》、《非物质文化遗产概论》等课题多项；参与各级各类课题多项，发表论文近 20 篇，出版著作及教材 4 部。

（二）课程设置、研究方向与学分

1. 本科生课程

目前，在浙江师范大学文化创意与传播学院文化产业管理本科专业，设置了非遗资源保护与管理方向，在培养环节上分为课堂教学、专业实践和毕业设计三个环节。除平台课程外，有关民俗与非遗课程如下。

表 1　浙江师范大学平台课中有关文化与非遗课程一览表

修读性质	课程名称	学分
	民俗学概论	2
	传播学	3
选修	文物基础	2
	民间文学	2
	美术基础	2
	音乐基础	2
	戏剧戏曲基础	2
	民间工艺基础	2

表 2　浙江师范大学非遗资源保护与管理方向课程一览表

修读性质	课程名称	学分
必修	非遗田野调查	2
	非物质文化遗产概论	2
	非遗资源保护	2
	非遗资源开发	2
	文化遗产概览	2
	文化遗产政策与法规	2
	非遗项目申报	2
	非遗专题片制作	2
	中外非遗保护比较	2
	非遗保护经典案例研讨	2
选修	宗教文化	2

表 3　浙江师范大学非遗资源保护与管理方向实践教学课程一览表

课程类别	课程名称	总学时
基础性实践	专业见习	2 周
提高性实践	文化创意产业考察	2 周
	社会调研	2 周
	非遗活动策划	2 周
	专业实习	13 周
	毕业论文	12 周

2. 研究生课程

（1）研究方向

本学科点培养掌握扎实、全面的民俗学学科的基础知识，了解民俗学相关学科的前沿理论，对于区域存在的民俗具有从理论到实践的了解和一定的研究，掌握历史民俗学相关学科的知识和过硬的技术手段，能够从事独立学习和研究能力的专门人才。研究方向分为理论民俗学、区域民俗学与非物质文化遗产研究等三个方向。

理论民俗学。重点研究民俗与生活方式之间的内在关联及其互动关系。另外，民俗仪式的象征性与神圣性、民俗文化传播方式、民俗文化圈理论也是进一步研究的对象。

区域民俗学。重点研究空间区域与民俗文化存在的关系，民俗事象在区域中不同时间、地点的传播表现、特征及规律等。此外，不同区域的民俗文化资源的保护与开发也是进一步研究的对象。

非物质文化遗产研究。重点研究非物质文化遗产的基本特征、传承与保护，关注国内外非物质文化遗产保护的经验、非物质文化遗产与民族生活方式的内在关联、文化主体的创造性与文化传承的生态环境关系等。

（2）课程名称与学分

研究生课程设置主要分为理论课程学习、专业实践和毕业论文三个环节。

表 4　浙江师范大学民俗学专业课程设置一览表

课程名称	任课教师	学时	学分	学期	考核	性质
民俗学理论	陈华文	54	3	1	考试	必修
区域民俗学	宣炳善	54	3	2	考试	
非物质文化遗产概论	王巨山	54	3	2	考试	
民俗志与田野调查	林敏霞	36	2	2	考试	
中国民俗史	彭伟文	36	2	2	考试	
文化人类学理论	王逍	24	2	1	考试	选修
民间文学专题研究	衣晓龙	24	2	3	考试	
西方民俗学史与流派	陈映婕	24	2	2	考试	

（3）课程内容大纲

民俗学理论。民俗学的理论研究是民俗学获得发展最重要的依托，因此，它是最直接最基础的，同时也是最困难最前沿的。本课程主要讲述民俗学的理论形成即民俗学学科出现的渊源；民俗学在国内外的发展，尤其是在国内的发展情况；民俗的本质问题即讨论什么是民俗，它与民俗学存在一种什么样的关系，目前国内存在哪些有代表性的观点；民俗学的体系结构，即民俗学包括哪些分支内容，其相关性如何，包括民俗学的分类和运用等；民俗学的研究方法和诸如民俗传承、传播及变异、控制等理论内容。

区域民俗学。课程主要讲授中国民俗的区域性特征，讨论民俗形成的区域空间因素以及民俗在发展过程中的空间分布与跨空间的传播现象。结合中国的七大文化区，分析中国民俗的区域性分布。

非物质文化遗产概论。非物质文化遗产是一种生存于民间的活态的传统文化，它的形态和内容涉及民间文化的民俗类、民间文学类、传统造型类、传统音乐与表演类、传统医药类和传统竞技类等方面，它对我们文化的发展和作为文化的人个性的形成、传统的体现和凸显以及今后文化多样性的存在，都具有其他文化形态所不可替代的作用。目前，不仅是关于非物质文化遗产的概念，有关内容的归类和属性等都还存在着争议，课程的开设将会使这一内容得到较好地梳理和讨论。

民俗志与田野调查。本课程在探讨民俗志的范式转变的基础上，吸收人类学民族志研究的思想和方法，形成新型的田野民俗志；通过本课程的学习，学生应该掌握如何进入并实施田野调查、阅读和探讨民俗志和民族志，以及练习撰写民俗志的方法和技巧。

中国民俗史。本课主要讲授自原始社会至近代时期的中国民俗史的各个发展阶段及其表现，并将中国民俗的历史演变与区域及移民结合起来，进一步讨论民俗在中国历史发展过程中受到多种因素的影响。

文化人类学理论。该课程在梳理人类学学科背景、研究对象、研究内容、研究方法以及了解文化基本特质的基础上，着重介绍并评析文化人类学不同学派的代表人物及其理论主张，从而提高学生的文化人类学理论素养和民俗学田野调查的文化分析能力。

民间文学专题研究。民间文学是民俗学科中属于语言传承类的最重要的内容之一，其地方性、民族及所表现的对于生活、历史、道德、审美、理想等的观念，都是我们研究的最主要的对象。本课程希望通过对于民间文学存在的不同形态、对于民间文学内容的专题研究和讨论、对于改编等现代其他文学样式的介入和互动、对于新时期民间文学的走向以及传媒等对于传统口传形态的影响等方面的研究，来探讨民间文学今天的存在和我们如何进行这种内容的研究，进而为建立全新的文学观和文学史观服务。

西方民俗学史与流派。本课程是一门主要针对民俗学专业研究生开设的专业选修课程。通过本课程的学习与研讨，研究生可以了解西方民俗学发展的历史与过程，知晓其中影响力较大的重要理论与流派，掌握其产生的时代与学术背景、基本观点与内容，以及持续发展的理论成果。这些理论素养将有助于学生拓宽专业认知的视野，从多个理论角度看待民俗文化现象的产生、发展与变迁，并及时获得学界较前沿的理论知识与动态性成果。

三、科学研究

（一）理论研究

本学科坚持科学研究与实践应用并举、人才培养与社会服务并重的发展原则，在民俗学理论、区域民俗学、历史民俗学、公民民俗学、非物质文化遗产研究与保护等领域的研究卓有成效。目前，该学科研究方向包括理论民俗学、区域民俗学和非物质文化遗产三个研究方向。

1. **理论民俗学**

浙江师范大学民俗学学科的理论民俗学研究方向，以学科带头人陈华文教授为代表，在国内民俗学界具有较大影响，在一些研究分支上拓展了民俗学理论。陈华文教授现为中国民俗学会常务理事、中国梁祝文化研究会副会长，浙江省民俗文化促进会副会长，浙江省民间文艺家协会副主席，浙江省哲社规划专家委员会专家，浙江省非物质文化遗产评审专家，在民俗学界享有盛誉，是国内第一个提出民俗是一种生活方式，并且将民俗纳入文化学研究范畴这一理论的学者。早在1985年陈华文即撰文提出“民俗生活论”的学术概念，对于中国民俗学理论中民俗的生活性第一特征进行论述。民俗学界后来如高丙中等人讨论民俗的文化与生活的双重性的特点，有陈华文教授的理论思考与理论贡献在内。1998年天津人民出版社出版的陈华文教授的《民俗文化学》一书是民俗学界第一本将民俗与生活以及文化结合起来进行系统研究的开拓之作，在民俗学界获得广泛认可，该著作获浙江省第九届（2001）哲学社会科学优秀成果奖。目前民俗学界将民俗视之为一种独特的生活方式，一种生活文化，与陈华文教授对于民俗的生活性与文化性的理论探索是分不开的。

在民俗学理论研究的基础上，陈华文教授积极探索民俗学与其他学科的学科交叉。陈华文教授的专著《文化学概论》在2001年由上海文艺出版社出版，这是陈华文教授融合民俗学与文化学学科的理论创新，《文化学概论》出版后，受到学术界好评，因此，在2009年修订出版其主编的《文化学概论新编》，此书由首都经济贸易大学出版社出版，被国内多家高校作为文化学类教材采用，产生广泛的学科影响力。

近年来，在陈华文教授的带领下，理论民俗学又有新的发展方向。在原有民俗学与文化学理论的基础上，陈华文教授在国内提出的“非物质文化遗产文化生态区保护”学术概念得到国内学术界的认同并采用，成为陈华文将民俗学理论应用于非物质文化遗产保护理论探索的新成果。另外，本学科方向中的公民民俗学的理论研究，在国内处于探索期，也将逐渐成为该学科的一个新的方向。

2. 区域民俗学

浙江师范大学民俗学学科的区域民俗学研究方向，以陈华文教授与本方向学术第二梯队宣炳善副教授为代表。浙江师范大学区域民俗学学科方向特色是立足浙江，并扩大至江南区域，重点研究以浙江民俗为中心的江南民俗研究，形成了以江南民俗空间与北方儒家文化空间互动研究的学科特征。2008年陈华文教授主著的《浙江民俗史》一书由杭州出版社出版，2009年12月获浙江省第十五届哲学社会科学优秀成果奖基础理论研究一等奖，宣炳善个人获奖排名第二。该著作获得民俗学界好评，开启了以一省为研究对象的区域民俗学史先河。在该著作中，宣炳善负责汉代、清代历史时期浙江区域民俗史的撰写，从浙江民俗的族际融合到浙江五个亚文化区的区域民俗互动与融合角度进行分析。

在浙江区域的宏观研究的基础上，对于浙江县级文化区的民俗研究也成为学科重点，目前，浙江省的专题民俗事象的区域研究成为学科发展方向，并出版相应专著。宣炳善副教授的《武义七夕节接仙女的文化传统》一书2011年由中国文史出版社出版，对于武义地区的七夕节的道教文化遗存并与佛教、民间信仰的互动展开民俗文化空间分析。目前宣炳善正承担浙江省江南文化研究基地招标课题《江南民俗史》的著作撰写工作,2014年将出版著作，将本学科方向从浙江区域民俗研究扩大到江南区域民俗研究，学术视野得到拓展。

本学科方向通过数十年的研究积累，已形成民俗学与历史地理学、体育民俗学交叉的学科研究特色，对于浙江与江南区域民俗研究已形成一定的学术积累，深化了国内学术界对于这一区域的文化认识，如江南民俗的发展过程也是南方文化对北方中原地区儒家文化的接受过程。其他学科人员如从日本神奈川大学民俗学博士毕业的彭伟文主要从事浙江舞龙等体育民俗研究，开拓了区域民俗新方向。在国内民俗学界，浙江师范大学的这一方向正成为具有标志性成果的国内区域民俗学研究的一个重镇。

3. 非物质文化遗产研究

非物质文化遗产研究方向与民俗学硕士点同时起步，2006年浙江师范大学建立浙江省非物质文化遗产研究基地以后，在学科整合与学科的社会服务性方面获得了很大的发展空间，对于校内外的音乐学、美术学、社会学等学科的相关人员也聘为基地研究人员，将民俗学与当前的非物质文化遗产保护相结合，理论研究与实际社会服务相结合，形成了浙江师范大学特色的民俗学学科发展之路。在研究上形成了非遗申报、理论研究和数字保护三大特色。

在非遗申报上，2009年，非物质文化遗产研究基地承担的龙泉青瓷传统烧制技艺经过两年的申报工作，已列入联合国人类非物质文化遗产名录，以黄大仙传说、金华婺剧为代表的六项申报项目列入国家级非物质文化遗产名录。

在理论研究上，基地先后承担省文化厅委托课题多项，如浙江省文化厅《关于建立非遗生态保护区的对策研究》、浙江省哲社规划课题《传统节日放假的意义及其如何弘扬的对策研究》等课题，并在文化生态区研究和生产性保护方式等方面国内领先。自2008年以来，基地连续4年编辑出版《非物质文化遗产研究集刊》，在国内形成了一定的影响。

经过多年的积累，民俗学非物质文化遗产研究方向积聚了三大优势：一是人才优势，现有人才梯队学缘、年龄结构和学历构成合理，整个团队年轻而富有活力、创造力和竞争力；二是资源优势，浙江省非遗保护走在全国前列，浙江省委省政府和文化厅一直高校非遗理论研究的重要性，并为浙江师范大学提供了资金、图书资料等多种支持，而浙江省国家级非遗数量位居全国首位，也为非遗研究提供了学术资源；三是人才培养优势，目前浙江师范大学已经设立了文化产业管理专业和非遗资源保护与管理本科方向，实现了本硕的连贯培养，实现了教学与研究的互动、互促，有利于本方向的可持续发展。

（二）科研项目

本学科点近5年主持省部级以上科研项目10余项，承担横向课题近20项，获得省级人民政府颁发的哲学社会科学优秀成果一等奖1项，高校科研优秀研究成果奖一等奖1项，其他各级各类奖项9项。

在数字保护方面，率先在全省开展数字保护实践，建立了浙江省首家非遗保护与宣传的专业网站。目前与宝马中国合作，正在进行非遗传承人相关的记录与保护工作。

表5　浙江师范大学民俗学科近年承担的省部级以上课题及重大横向课题（2005—2012）

	项目来源	时　间	经费（万元）	主持人
联合国教科文组织《龙泉青瓷烧制技艺优秀实践名册》横向项目	浙江省龙泉市文化局	2011—2013	35	陈华文
国家级海洋渔文化（象山）文化生态保护实验区规划编制	象山县文广新局	2011—2012	80	陈华文
《黄大仙传说》世遗申报横向项目	双龙风景区管委会	2011—2012	10	陈华文
天台山《干漆夹苎传统技艺》世遗申报横向项目	天台县文广新局	2010—2011	10	陈华文
婺州举岩茶传统制作技艺	浙江采云间茶叶有限公司	2010—2011	10	陈华文
传统节日放假的意义及其如何弘扬的对策研究 08WTYD011Z	省哲社规划办委托课题	2007—2009	3	陈华文
非物质文化遗产生态保护对策研究	浙江省文化厅	2007—2008	8	陈华文
浙江民俗史 05WTZ020	省文化研究工程	2005—2007	2	陈华文
吴越丧葬文化 N95K04	省哲社规划项目	2005—2011	2	陈华文
两汉孝社会伦理的文化传播 07CGWH007YBG	省哲社规划办	2007—2010	2	宣炳善
人民公社时期畲汉农民社会生活比较研究（201104230）	中国博士后科学基金第四批特别资助	2009—2012	10	王　逍
畲族经济发展模式研究（10YJA850039）	教育部人文社科规划基金一般项目	2010—1012	9	王　逍
畲族村落经济转型田野研究（08HQZZ041）	浙江省社科规划后期资助重点项目	2008—2009	3	王　逍
江南民俗史	浙江省江南文化研究基地招标课题	2011—2014	2	宣炳善
浙江文化遗产保护史（08WHZT004Z）	省哲社规划办	2008—2010	2	王巨山

续表

	项目来源	时　间	经费（万元）	主持人
村落传统节日变迁及其社会影响研究——以浙江桐庐的“时节”为个案（08CGWH002ZQ）	省哲社规划重点课题	2008—2011	3	陈映婕
诗意的家居——明清徽州民居的审美研究（10YJCZH202）	教育部	2009—2012	7	衣晓龙

2007年以来，该学科人员出版了《浙江民俗史》、《丧葬史》、《吴越丧葬文化》、《浙江民间丧俗信仰研》、《牛郎织女》、《武义七夕节接仙女的文化传统》、《浙江文化遗产保护史》、《走向市场：一个浙南畲族村落的经济变迁图像》、《两汉孝社会伦理的文化传播》等10余部著作，编辑出版了《非物质文化遗产研究集刊》、《民间世界：理论与存在——民俗民间文化与保护全国学术研讨会论文集》等5本论文集，编写教材2部；在《民俗研究》、《广西民族大学学报》、《浙江社会科学》、《社会科学辑刊》等杂志发表论文150余篇，成果突出。

表6　浙江师范大学民俗学科近年主要出版著作一览表（2007—2011）

书　　名	作　者	出版社	出版时间
《丧葬史》	陈华文	上海文艺出版社	2008
《浙江民间丧俗信仰研究》	陈华文	上海文艺出版社	2011
《吴越丧葬文化》	陈华文	华文出版社	2008
《文化学概论新编》	陈华文	首都经济贸易大学出版社	2009
《浙江民俗史》	陈华文	杭州出版社	2008
《牛郎织女》	宣炳善	中国社会出版社	2008
《武义七夕节接仙女的文化传统》	宣炳善	中国文史出版社	2011
《走向市场：一个浙南畲族村落的经济变迁图像》	王　逍	中国社会科学出版社	2010
《义乌文化产业》	王巨山	浙江人民出版社	2009
《浙江文化遗产保护史》	王巨山	杭州出版社	2011
《中国文化遗产保护概论》	王巨山	山东大学出版社	2008
《中国杨家埠木版画研究·故事传说》	王巨山	文物出版社	2010
《节令》	黎　亮	重庆出版社	2007
《数字化保护：非物质文化遗产保护的新路向》	李　欣	科学出版社	2011

表 7　浙江师范大学民俗学科近年省市级以上获奖一览表（2009—2011）

成果名称	完成人	获奖名称、等级及证书号	时间
浙江民俗史	陈华文等	浙江省第十五届哲学社会科学优秀成果奖基础理论研究一等奖	2009
传统节日放假的意义及其如何弘扬的对策研究	陈华文等	金华市第十六届哲学社会科学优秀成果奖一等奖	2010
吴越丧葬文化	陈华文等	浙江省高校科研优秀成果奖一等奖	2009
吴越丧葬文化	陈华文等	浙江省民间文艺“映山红”奖一等奖	2010
中国杨家埠木版画研究·故事传说	王巨山等	2010 年度山东省文化艺术科学优秀成果奖二等奖	2010
走向市场：一个浙南畲族村落的经济变迁图像	王　道	浙江省第十六届哲学社会科学优秀成果奖基础理论研究二等奖	2011
传统节日放假的意义及其如何弘扬的对策研究	陈华文等	浙江省第十六届哲学社会科学优秀成果奖应用研究三等奖	2011

四、学术交流

近几年来，浙江师范大学民俗学学科积极参与中国民俗学发展与建设，每年都有代表参加中国民俗学会，同时本学科与国际民俗学研究保持密切联系，该学科人员多次参与国内外学术会议，丰富了浙江师范大学民俗学研究的学术氛围。

（一）国内讲座

2007

陈华文教授应邀做客浙江图书馆“文澜讲坛”，主讲《传统与细节决定的过文化》。

陈华文教授在海峡两岸学生夏令营对台湾学生，主讲《悠久历史与浙江民俗》。

陈华文教授应浙江省文化与台州市文化局邀请，主讲《申报非遗要注意的几个问题》。

2008

陈华文教授应金华婺文化大讲堂邀请，主讲《金华非物质文化遗产的传承与保护》。

陈华文教授应金华民政局主讲邀请，主讲《殡葬的多样性与文化职守》。

2009

陈华文教授应金华文化局邀请，主讲《民俗的传承与保护》。

陈华文教授应温州文化局邀请，主讲《非遗申报问题与技术》。

2010

陈华文教授应舟山“海山听涛”邀请，主讲《中国传统的过文化》讲座。

陈华文教授应广西民族大学邀请，主讲《风水背后的生态认知》。

陈华文教授应嘉兴“南湖讲堂”邀请，主讲《传统与细节决定的过文化》。

陈华文教授应嘉兴广电集团邀请，主讲《悠久的民俗与多样的禁忌》。

陈华文教授应义乌干部培训班邀请，主讲《文化创新与文明》。

2011

陈华文教授应丽水文化局邀请，主讲《非遗传承人的保护》。

陈华文教授应浙江省文化厅邀请，主讲《民俗文化的传承与保护》。

陈华文教授应文化部青海热贡文化生态保护实验区论坛邀请，主讲《两难与机遇：文化生态保护实验区的突破口》。

陈华文教授应广西民族大学邀请，主讲“浙江墓葬形制与文化意义”。

（二）国内会议

2004

4月陈华文教授在浙江金华市浙江师范大学与中国民俗学会一起主办“民俗、民间文化与保护开发”全国学术研讨会。

2007

10月陈华文教授出席非物质文化遗产保护宜昌论坛。

2008

12月陈华文教授出席中国民俗学会会。

12月陈华文教授出席中国俗文学与文化学术研讨会。

2009

4月陈华文教授应邀出席“文化部非物质文化遗产苏州论坛（第三届）”并提交非物质文化遗产生产性保护论文。

5月陈华文教授应邀出席在安徽黄山召开的全国文化生态保护区建设研讨会。

11月陈华文教授出席“全国民族院校与民族地区高校民俗学专业教材建设研讨会”。

12月陈华文教授出席“中国民俗学会会”。

2010

3月陈华文教授出席“中国节日文化遗产保护论坛”。

4月陈华文教授出席“道教的经典与义理学术研讨会”。

10月陈华文教授出席“俗文学与民间文化研究学术讨论会”。

10月宣炳善副教授参加在山东潍坊召开的2011中国民俗学会，并提交论文。

11月陈华文教授出席“中华黄大仙文化高峰论坛”。

11月陈华文教授出席“中国民俗学会会”。

11月陈华文教授、宣炳善副教授参加在山西太原召开的中国民俗学会第七届代表大会并提交论文。

（三）国际会议

2007

11月陈华文教授应邀参加第七届韩国珍岛国际学术会议，并作为四位主讲人之一作了题为《中国的民间丧葬仪式——以浙江为例》的主题报告。

2009

8月陈华文教授出席“中韩历史民俗与区域文化国际研讨会”。

10月陈华文教授出席浙江师范大学召开“中韩非物质文化遗产保护论坛”国际学术会议。

10月陈华文教授出席“2009中国武义——国际养生旅游高峰论坛”。

2010

11月陈华文教授随浙江省民间艺术考察代表团访问新西兰、澳大利亚。

2011

10月陈华文出席在台湾召开的“第二届叙事文学与文化国际学术研讨会”。

五、存在问题

浙江师范大学民俗学学科通过近20年的发展，取得了一定的成绩，民俗学学科人才储备充足，人才梯队建设优秀，在浙江省成为高校民俗学学科发展的表率单位，并在国内产生了一定的影响。但目前也存在着一些问题，主要表现为以下三个方面。

第一，浙江师范大学民俗学硕士点建于2005年，建设时间短，民俗学人才培养还没有形成一定的规模，离申报民俗学博士点还有很长的一段路要走。

第二，浙江师范大学民俗学学科地处浙江省金华市，不在省城，地理位置处于劣势，对于学科的对外交流与发展带来一定的制约，对于引进本学科高端的国内外杰出人才有一定的难度。

第三，缺少以国家社科基金项目为代表的高层次学术课题。今后将继续努力，力争申报更高层次的研究课题，出一批高水平的学术成果，为中国民俗学学科的繁荣作出贡献。

华南地区

广西民族大学

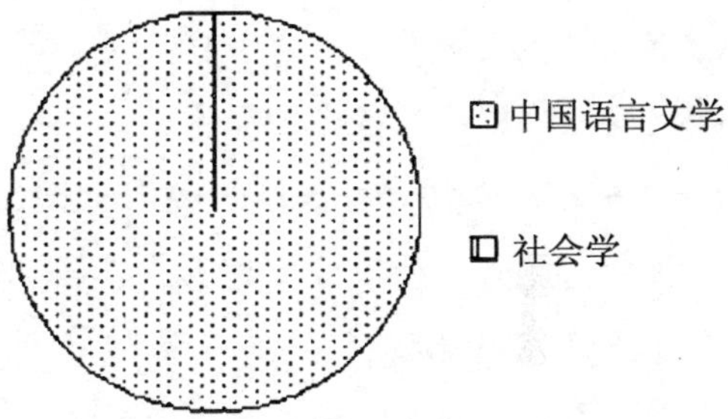

广西民族大学民俗学科建制构成示意图

广西民族大学作为民族院校一直重视民间文学与民俗学的教学与研究工作。广西民族大学的前身是广西民族学院，广西民族学院中文系从1960年招收第一届本科生开始，就设置了民族民间文学课程，由黄书光、吴立德等老师承担授课任务。1977年，中文系组建了民族民间文学教研室，该教研室的老师们在民族民间文学研究方面取得了一定的成绩，如黄书光老师组织大家撰写《瑶族文学史》，该书获得了广西文艺首届铜鼓奖；农学冠老师曾与中央民族大学梁庭望先生合著《壮族文学概要》，获国家民委优秀教材三等奖。1998年本研究方向与民族语言研究方向的老师们合作申请下了广西民族学院中文系第一个硕士点——中国少数民族语言文学专业硕士点，开始培养民俗学、民族民间文学方向的硕士研究生。2006年本研究方向与民族语言研究方向的老师们合作申报中国少数民族语言文学专业为自治区级重点学科，获得批准。

一、学科建设

广西民族大学文学院少数民族语言文学专业硕士点下设五个方向，其中包括民俗学与民族民间文学两个方向。目前，广西民族大学已将中国民间文学增设为中国语言文学专业下属目录外二级学科硕士点，计划于2012年开始招生。该专业下设中国民间文学、民间文学与民俗文化、中国南方民族与东南亚民族民间文学三个方向。本专业方向设置研究机构1个，即岭南民族文学研究所，主要研究岭南地区的民族民间文学。

二、教学工作与人才培养

广西民族大学文学院设有民间文学教研室，现有成员6人，其中博士3人，硕士2人，教授2人，副教授2人，讲师2人。民间文学教研室承担的民间文学课程属必修课，共60个课时，学分数2.5个，该课程2007年被广西壮族自治区评为自治区级精品课。

民间文学教研室承担的民俗学课，属于专业任选课，共30个课时，1.5个学分，此外，民间文学教研室还承担中国南方少数民族民间文学、民间文学专题研究等课程。

2009年广西民族大学文学院民间文学教研室被评为广西自治区级教学团队。

在少数民族语言文学专业硕士点下培养民俗学方向硕士研究生已毕业3届，计19人，在读22人。

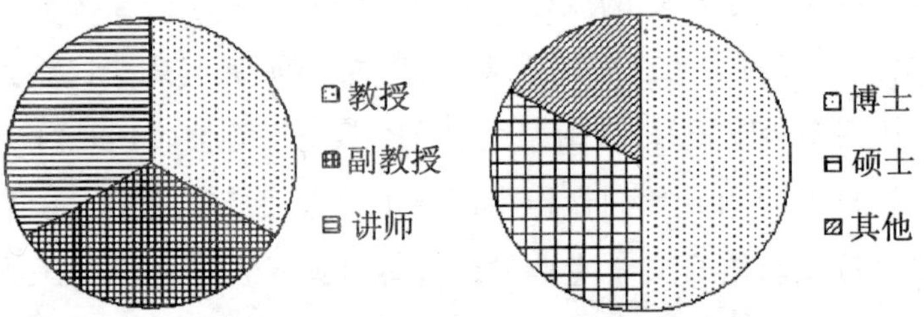

在职教师职称比例　　在职教师学历结构

广西民族大学民俗学科学术队伍构成示意图

三、科学研究

本专业教师出版《孔子传说的文化审美研究》、《壮族服饰文化研究》、《壮族风物传说研究》等学术专著2部；在各类学术期刊发表论文120余篇；承担国家级课题1项，中央教育部课题1项，国家民委课题1项，广西自治区课题 2 项，厅级各项课题 5 项。本专业师生与语言学专业的师生共同打造了壮侗语言文化网站，并积极参加中国民俗学网站的建设。

四、学术交流

广西民族大学 2008 年成功主持了中国民俗教育专业委员会第二次会议；教研室成员参加国内会议 30 余人次；国际会议 6 人次；在国内举办讲座 10 人次。

广西师范大学

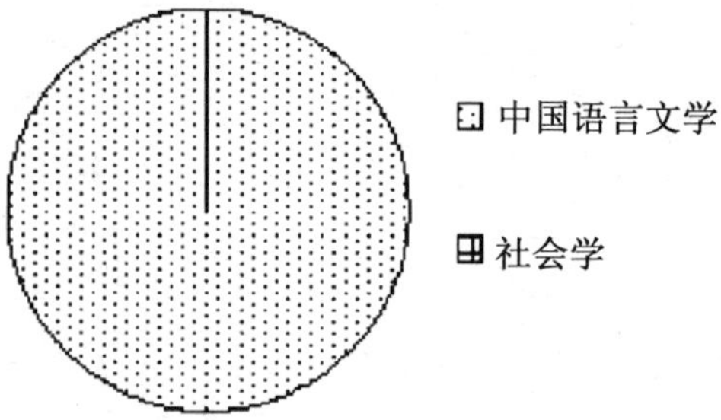

广西师范大学民俗学科建制构成示意图

广西师范大学民俗学科，经过多年的建设，已形成了一支学历与职称结构优化、年龄结构合理、学缘与学科背景结构多元的团队。1986年获得中国少数民族语言文学专业硕士点，在此基础上，2001年获得民俗学硕士点，2006年获得人类学硕士点。民俗学、中国少数民族语言文学、人类学三个专业形成互补性。民俗学科的建设，呈现了我国西南民族地区民俗学和民间文艺学科的民族性和地方性特色，拥有老中青三代壮族和其他少数民族优秀师资，培养了一大批具有民族文化情怀的本科生和研究生人才，曾陆续获得校级教学成果一等奖、广西壮族自治区级教学成果一等奖、国家级教学成果二等奖和高等学校科学研究优秀成果三等奖。

一、学科建设

（一）历史与现状

广西师范大学民俗学科的建设大体经历了三个阶段。1950年代后期，广西师范学院（今广西师范大学）中文系抽调50多名师生组成壮族文学调查队，深入区内32个县、市进行了为期两个多月的田野调查，收集了300多万字的壮族民间文学资料。在此基础上，于1959年4月，编写并出版《广西壮族文学（初稿）》，并开设了相关课程。

1980年代中期，广西师范大学中文系（2006年更名为文学院）接受中国社会科学院少数民族文学研究所的委托，负责《壮族文学史》的编写任务，于1986年由广西人民出版社出版，并先后获得广西文艺创作“铜鼓奖”和国家级优秀教材特等奖。1985年，“中国少数民族语言文学”专业成为硕士学位授权点，并于次年招收了第一批“壮族文学研究方向”研究生。在这样的背景下，广西师范大学中文系于1992年组建了民族民间文学教研室，并开设“民间文学概论”和“壮族文学史”课程，分别由杨树喆、覃德清两位青年教师担任主讲。

1990年代后，随着学校的生源面进一步扩大，由原来只招收广西考生，逐步扩大到今天面向全国28个省（市、自治区）招生，原开设的“民间文学概论”和“壮族文学史”也整合为“民族民间文学”课程，此课1994级成为汉语言文学专业本科生的必修课。同时还先后开设了“民俗学概论”、“中国文化概论”、“民俗与旅游”、“文化人类学”、“审美人类学”、“南方民族文化”等系列选修课，加强民俗学科的人才培养。

1992年，周作秋主编、欧阳若修审订，杨树喆和覃德清与广西其他高校有关教师参加编撰的《民族民间文学原理》教材正式出版，解决了学科发展所需要的教材问题，1993年该著第一版（在修订版出版前每年均重印）获广西师范大学优秀教材一等奖和广西高校优秀教材一等奖；2001年该著修订版（以后每年均重印）获2002年广西高校优秀教材一等奖。与此同时，课程团队还发挥集体力量，选编《民族民间文学作品选》作为课程的辅助教材，在创新建设上作出了新成绩。

进入21世纪以来，围绕“让民族审美文化进入课堂，让学生感悟真美在民间”基本理念和宗旨，系统调查和阐发少数民族地区审美文化资源，积极开展教学改革，实现了对传统中文学科课程体系的重新整合，建立起具有鲜明民族特色、文本与田野并重的中文学科教学新模式，培养了一批具有民族审美文化情怀的复合型人才。教学改革成果获得2005年校级教学成果一等奖、广西壮族自治区级教学成果一等奖和国家级教学成果二等奖。

近年来，本校民俗学与其他两个学科（少数民族文化和人类学）实行联合交叉培养模式，注重对西南地区，主要是南岭民族走廊少数民族村寨的民俗文化遗产的调研，撰写民族村寨民俗志，同时也有意与本校汉语国际教育硕士专业进行合作，利用学生的海外实习机会，对东南亚国家的民俗进行比较研究。

（二）学科点设置

本校民俗学点是在前期少数民族语言文学建设基础上建设而成的，也就是从少数民族民间文学和文化研究开始积累，逐渐实现学科专业化，建立起学科规范。通过外请民俗学家进行教学和参加研究生答辩，引进最新前沿理论。与其他院校有所不同的是，本校民俗学研究团队同时负责 2 个专业硕士点和 1 个博士研究方向。2 个硕士点，分别为中国少数民族语言文学专业硕士点和人类学硕士点。1 个博士点，依托中国古代文学专业，设置民族民间文化与文学方向，自 2011 年开始招收博士研究生。这三个学科点是教研室导师队伍共建的学科，侧重点不同，课程体系有交叉。

（三）研究机构

本学科点有民族民间文学教研室；另有三个研究机构，壮学研究所、华南民族研究所和非物质文化遗产保护研究中心。三个研究机构的负责人均为本学科点教师。研究机构的任务是进行广西区内非遗调查和研究，进行壮族等民族的史诗、民间叙事长诗和歌谣研究。

（四）研究方向

1. 区域民俗学
2. 民间文艺学
3. 民俗旅游
4. 非物质文化遗产研究

二、教学工作与人才培养

（一）教学人员

本学科点共有教师 7 人，含教授 4 人、副教授（副研究员）2 人、获博士学位后未定级 2 人。具有博士学位者 6 人，占 85.7%；其中杨树喆、徐赣丽为北京师范大学民俗学博士，覃德清、冯智明为中山大学人类学博士，海力波为中央民族大学人类学博士，朱国佳为中央民族大学中国少数民族文学博士。平均年龄为 41 岁，其中 48 岁 3 人，38—44 岁 2 人，30—34 岁 2 人。覃德清、杨树喆为博士生导师，4 人为硕士研究生导师。覃德清教授 2005 年入选“教育部新世纪优秀人才支持计划”，2006 年入选广西“十百千人才培养计划”。杨树喆入选学校中青年学科带头人培养计划。

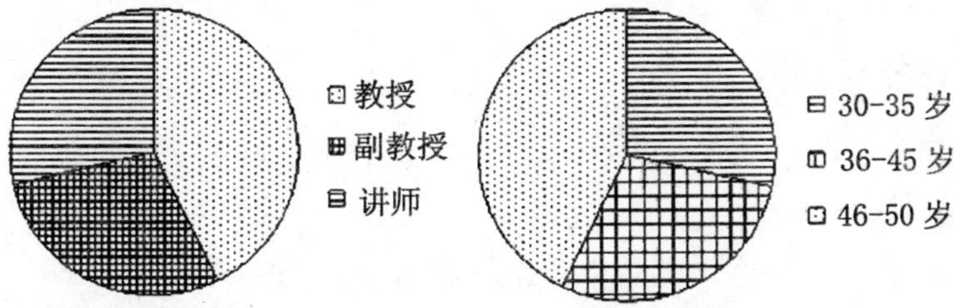

在职教师职称比例　　在职教师年龄结构

广西师范大学民俗学科学术队伍构成示意图

本学科点学历、职称和年龄结构优化，由中青年教师组成，具有较强的教学科研实力。

（二）课程设置、名称、课时与学分

1. 本科生课程

本学科点面向本科生开设 5 门课，每门课 36 课时、每周 2 课时、2 学分。

民俗学概论。本科课，由杨树喆担任。

民间文学概论。本科课，由徐赣丽、朱国佳、海力波、韦世伯和冯智明分担。课程目标是，在民俗文化的大框架下，立足文学特质，引导学生学习民间文学的基础理论，认识民间文学的基本性质、特征，了解民间文学各种体裁的基本知识，阅读国内各少数民族民间文学的重要作品，并力求在此基础上，引导学生运用学科前沿理论和方法，对民间文学若干重要体裁的一些问题进行深入探讨，以充实和扩展学生的文学和语言知识，培养初步的学术能力。

民俗与旅游。本科生课，徐赣丽担任。

中国民间信仰，本科生课，韦世伯担任。

审美人类学，本科生课，覃德清担任。

2. 研究生课程

本学科点开设9门研究生课程，每门课40课时，2学分。

研究生课程主要有：民俗学原理、应用民俗学、民间文艺学、田野作业理论与实践、审美人类学、中国文化研究、人类学民俗学名著导读、人类学前沿专题、少数民族文学（主要是民间文学）研究。另有民俗旅游研究和民间智慧研究等专题讲座。

3. 课程内容举要

（1）课程名称：民俗学原理

教学大纲：

第一讲 绪论：民俗学的对象、范围和特征及研究现状

第二讲 民俗学的学科性质与地位

第三讲 民俗的社会功能和民俗学的任务

第四讲 民俗的历史性与现代性

第五讲 民俗学研究简史

第六讲 理论民俗学与记述民俗学

第七讲 民俗学的资料搜集和理论探究的方法

第八讲 民俗宗教

第九讲 非物质文化遗产与民俗学

第十讲 当代民俗学的研究方向和热点问题

（2）课程名称：应用民俗学

教学大纲：

第一讲 民俗学可以做什么

第二讲 民俗学专业的现状和发展方向，功能与作用

第三讲 应用民俗学的内涵、特征、对象与个案

第四讲 应用民俗学与其他学科社会应用的比较分析

(3) 课程名称：民俗旅游研究专题

教学大纲：

第一讲 讲述民俗与旅游的关系、概念界定、现代性问题

第二讲 我国民俗旅游的研究现状：供给、需求、旅游影响

第三讲 民俗旅游与旅游人类学、旅游社会学和旅游人类学比较（流派、研究重点、研究方法和视角）

第四讲 民俗旅游研究的理论和方法

第五讲 旅游民俗研究和中国人的景观意识

(4) 课程名称：民间智慧研究专题

教学大纲：

第一讲 民间医药与医疗知识

第二讲 宗族组织民俗的功能

第三讲 民间信仰的现实性和定位

第四讲 民间自我调节机制的存在和功能发挥

（三）专业招生

1. 本科生招生

民俗学相关课程是汉语言文学专业的专业基础课和选修课。汉语言文学专业是广西师范大学最早设置的专业之一，多年来，在广西各界有着广泛而良好的声誉，并于1995年被教育部确定为“国家文科基地”，2008年，国家文科基地教学团队被教育部评为“国家教学团队”。这些教学资源，使得该专业的生源情况远远好于广西其他高校同类专业。本校汉语言文学专业高考招生按重点高校批次录取。近十年来，该专业在一年一度的广西高考招生中，一直安排在本科第一批次（国内重点高校录取批次）录取。“国家文科基地班”单独开班，录取分数线高于本科第一批次录取控制分数线50分以上，生源遍及全国28个省（市、自治区）。其中80%左右的生源为广西籍，20%左右来自国内其他地区。

2. 研究生招生

本学科点招生硕士研究生。

硕士生招生方向：1. 区域民俗学，2. 民间文艺学，3. 民俗旅游，4. 非物质文化遗产。硕士生导师团队主要有杨树喆、徐赣丽两位教授；另有兼职导师覃德清教授和海力波副教授。

3. 招生简章

表 1　广西师范大学 2012 年硕士研究生招生专业目录

单位代码：10602　**地址**：广西桂林市育才路 15 号广西师范大学　**邮政编码**：541004
联系部门：广西师范大学研招办　**电话**：0773−5833630、0773−5838221

<table>
<tr><th>专业代码、专业名称及研究方向</th><th>指导教师</th><th>招生人数</th><th>初试考试科目</th><th>复试笔试考试科目</th><th>同等学力加试科目</th><th>备注</th></tr>
<tr><td>研究方向：
01　区域民俗学
02　民间文艺学
03　民俗旅游
04　非物质文化遗产</td><td>杨树喆
徐赣丽</td><td>6</td><td>① 101 思想政治理论
② 201 英语
③ 641 民俗学综合
④ 878 社会学理论与方法</td><td>民俗学理论与方法综合</td><td>1. 文学基础
2. 语言基础</td><td></td></tr>
<tr><td>初试参考书目</td><td colspan="3">01. 钟敬文主编《民俗学概论》，高等教育出版社，2010
02. 董晓萍著《现代民俗学讲演录》，广西师范大学出版社，2007
03. 周星主编《民俗学的历史、理论与方法》，商务印书馆，2006
04. 高丙中《中国人的生活世界：民俗学的路径》，北京大学出版社，2010
05. 刘守华　陈建宪主编《民间文学教程》，华中师范大学出版社，2009
06. 风笑天著《社会学研究方法》，中国人民大学出版社，2001
07. 郑杭生编《社会学概论新修》（修订本），中国人民大学出版社，2003</td><td>复试笔试参考书目</td><td colspan="2">01. 董晓萍《现代民间文艺学讲演录》，广西师范大学出版社，2008
02. 苑利《非物质文化遗产学》，高等教育出版社，2009
03. 杨树　《师公・仪式・信仰》，广西人民出版社，2007
04. 徐赣丽《民俗旅游与民族文化变迁》，民族出版社，2006
05. 覃德清《民生与民心》，中国社会科学出版社，2009</td></tr>
</table>

学位点负责人（签字）：

院研究生招生领导小组组长（签字）：　　　　学院（盖章）：

2011 年　　月　　日

三、科学研究

（一）理论研究

本学科点理论研究的特点是，依托民族地区的文化资源和工作实践，开展关注社会现实的研究。

（二）科研项目

本学科点在教学改革和学术研究两方面承担科研项目。以杨树喆为例，负责广西师范大学校级精品课程《民族民间文学》的建设，并于2010年获得区级精品课程，并主持和参与地方与国家各级课题。

表2　杨树喆主持教学改革项目一览表（2005—2010）

序号	项目名称	项目来源	时间	主持或参加
1	民众口头创作与民族文化品性——壮族民间文学的文化透视研究	国家哲社基金课题西部项目	2006—2010	主持
2	壮族原生型民间宗教的历史与现状调查研究	中央民族大学“985工程”项目	2006—2008	主要参加
3	人类学视野下的壮族认同与文化表征——广西那坡县黑衣壮族群的个案研究	教育部人文社会科学研究青年项目	2006—2009	主持
4	广西少数民族村寨民俗旅游资源开发	广西教育厅科研课题	2005—2007	主持
5	广西客家民间文学研究	广西师范大学科研课题	2006—2007	主持
6	中国节日志广西春节卷	国家社科基金文化部委托项目	2011—2013	主持
7	非物质文化遗产保护与壮族歌咏习俗传承现状的跨学科调查和研究	国家哲社基金课题	2005—2008	主持
8	文化保护与社会发展——壮族民歌文化习俗传承与延续的调查和研究	教育部新世纪优秀人才课题	2005—2009	主持
9	歌咏文化资源与壮族社会发展	广西百名高校教师学科带头人项目课题	2006—2009	主持
10	壮族歌圩文化资源开发与保护的审美人类学探究	广西社科“十一五”规划课题	2005—2009	主持

（三）近三年发表成果

2008年以来，本学科点出版著作和发表论文如下。

杨树喆（副主编）《壮族原生型民间宗教调查研究》，宗教文化出版社，2009。

徐赣丽（合编）《新编民间文学概论》，上海文艺出版社，2011。

覃德清《民生与民心》，中国社会科学出版社，2009。

覃德清《文化保护与民族发展》，黑龙江人民出版社，2009。

杨树喆《桂中上林县西燕镇壮族民间师公教基本要素的田野考察》，《文化遗产》，2008年第4期。

徐赣丽《非物质文化遗产社区保护的经验——以融水苗族坡会群为例》，《河南社会科学》，2011年第2期。

徐赣丽《乡村智慧与古村镇文化遗产的保护》，《青海社会科学》，2011年第2期。

徐赣丽《民间传说与地方认同——以广西博白绿珠传说为例》，《广西师范学院学报》，2011年第2期。

徐赣丽《单数与双数民俗信仰及其文化内涵研究》，[韩国]《比较民俗学》，2011年5月。

徐赣丽《民族和谐共生关系的实证研究——民间习俗的角度》，《广西民族研究》，2011年第1期。

徐赣丽《民间信仰遗产化之可能——以布洛陀文化遗址为例》，《西南民族大学学报》，2010年第4期。

徐赣丽《从鸡歌看客家人的精神气质》，《赣南师范学院学报》，2010年第4期。

徐赣丽《民俗旅游与"传统的发明"——桂林龙脊景区的个案》，《文化遗产》，2009年第4期。

徐赣丽《以歌代言传统与民歌功能的适应性变迁》，[韩国]《韩国民谣学》，2009年6月。

徐赣丽《黄姚古镇文化遗产的形成、保护与开发》，《民族遗产》（第二辑），2009。

徐赣丽《民俗旅游开发中的类民俗化与文化真实性》，《旅游论坛》，2009年第6期。

徐赣丽《广西龙胜龙脊地区的稻作民俗》，《古今农业》，2008年第3期。

徐赣丽《桂南客家采茶戏戏班的调查与研究》，《赣南师范学院学报》，2008年第5期。

徐赣丽《中国广西壮族的农事歌谣及其生存境况》，[韩国]《韩国民谣学》，2008年第23辑。

覃德清《壮汉民族和谐共生的历程与现代启示》，《广西民族研究》，2010年第4期。

覃德清《中国文学地图整体景观与中华民族文学史体例的建构》，《民族文学研究》，2009年第1期。

覃德清《南岭走廊民族文化积淀与审美人类学研究的拓展》，《文化遗产》，2009年第3期。

覃德清《人保护文化？抑或文化拯救民族？——关于文化保护基本理论的人类学思考》，《广西民族研究》，2008年第2期。

覃德清《关于开展南岭民族研究的构想》，《广西师范大学学报》，2008年第2期。

海力波《从村落记忆到族群史观——黑衣壮族群历史表述中的能动性》，《民间文化论坛》，2009年第2期。

海力波《艺术人类学视野下的人观表征》，《西北民族研究》，2009年第2期。

海力波《艺术人类学视野下的审美认知研究》，《思想战线》，2011年第5期。

冯智明《身体的象征与延续：红瑶还花愿仪式研究：以龙胜金坑小寨为例》，《广西民族大学学报》，2010年第3期。

冯智明《人类学整体论视野下的民间信仰非物质文化遗产化：以广西红

瑶为个案》，《中央民族大学学报》，2011 年第 5 期。

冯智明《社会身份标记：红瑶身体装饰的文化表达研究之一》，《广西民族研究》，2011 年第 4 期。

（四）代表作

本学科点代表作主要有：

欧阳若修、周作秋、黄绍清、曾庆全编著《壮族文学史》，广西人民出版社，1986。

覃德清《审美人类学的理论与实践》，中国社会科学出版社，2002。

覃德清主编《中国文化概论》，广西师范大学出版社，2002。

覃德清主编《天人和谐与人文重建——漓江流域人文底蕴与社会发展的审美人类学调查与研究》，广西师范大学出版社，2003。

覃德清《壮族文化的传统特征与现代建构》，广西人民出版社，2006。

徐赣丽《民俗旅游与民族文化变迁》，民族出版社，2006。

杨树喆《师公·信仰·仪式》，广西人民出版社，2007。

周作秋、黄绍清、欧阳若修、覃德清《壮族文学发展史》（上、中、下），广西人民出版社，2007。

海力波《道出真我——黑衣壮的人观与认同表征》，社会科学文献出版社，2008。

（五）网站

本学科点借助“民间文化青年论坛”高校平台，与国内院校同行交流。

在广西师范大学网站上为“民族民间文学”课程及其教研室设立专门的“精品课程网”，链接本校文学院网站。

四、学术交流

（一）中外学术讲座

本学科点定期邀请专家教授进行讲座和座谈，先后邀请中国社会科学院刘魁立、朝戈金研究员，北京大学高丙中教授，北京师范大学万建中教授、色音教授，东南大学陶思炎教授，中央民族大学梁庭望、文日焕、李锦芳教授，美国加州大学伯克利分校格雷本教授、韩国中央研究院金光亿教授、加拿大英属哥伦比亚大学彭文斌教授等10多位知名专家教授前来讲学，并主持研究生答辩工作。并且，还曾聘请北京师范大学董晓萍教授、日本爱知大学周星教授为本专业研究生和老师做过系列专题讲座，这些做法大大提高了青年教师的教学能力和科研能力，激发了青年学子的学术热情，开拓了大家的学术视野。

（二）国内会议

近3年来，本学科点教师参加全国性学术研讨会以年均每人两次计算，共计36次。

（三）国际交流

徐赣丽教授2009年9月在韩国国立木浦大学国文学院做了题为“文化遗产与传统的发明——以广西田阳布洛陀文化遗址为例”的讲座。

五、存在问题

本学科点是一个有传统、有特色的民族地区民俗学、民间文艺学建设团队，但在现有条件下，专业课程建设尚不完善。由于课程安排时间往往在第6或第7个学期，学生们在选课缴费的条件下，不再多选课，一些相关课程只能暂时停开。另外，在广西，整体民俗学研究力量偏弱，本校民俗学科特色仍不明显，因为其力量不够强大，需要借助相邻学科资源，因此有明显的人类学倾向。受办学经费的限制，师生对外交流不够。由于传统教学模式的限制，教师带领研究生进行田野作业不能纳入正常的教学范围，领队老师的路费和学生下乡的费用都只能自理，限制了从事田野调查的积极性。

中山大学

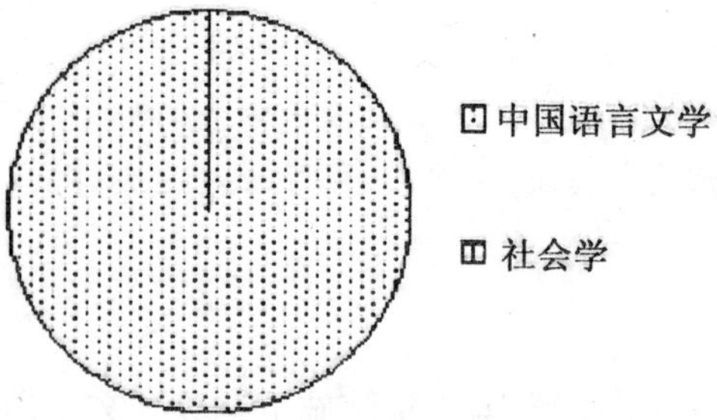

中山大学民俗学科建制构成示意图

中山大学民俗学研究的历史可以追溯到1927年顾颉刚、何思敬、钟敬文等创立的中山大学民俗学会。本学科点继承顾颉刚、钟敬文、杨成志等前辈学者开创的中山大学民俗学传统，在我国当代学位体制的改革进程中发展。1999年9月，中山大学中文系在中国现当代文学博士点招收中国民间文学方向的博士和硕士研究生；2000年12月，中山大学整合中文系与人类学系的师资力量，经国务院学位委员会批准，获民俗学硕士学位授予权，2003年9月，获得博士学位授予权。经过多年的建设，中山大学民俗学科已形成区域民俗、戏曲民俗、民俗与文化遗产、民俗学理论与实践、民俗与当代社会等独具特色的研究方向，培养了大批专业人才，成为我国南方民俗学教学科研的重镇。

一、学科建设

（一）学科建制

中山大学民俗学专业，属于社会学一级学科，中山大学中国语言文学系、社会学人类学学院均设有民俗学专业硕士、博士学位点，授予法学学位。

（二）研究机构

本学科点在学校的支持下，整合校内多学院资源，建立独立的研究机构，依托多个研究机构，在继承前辈传统的基础上，发展新的研究方向。

本学科点整合中国语言文学系与社会学人类学学院的学术资源，资源共享。

本学科点设有独立研究机构，即中山大学民俗研究中心，属校级管理。

本学科点依托的研究机构，有两个，即教育部人文社会科学重点研究基地中国非物质文化遗产研究中心、历史人类学研究中心。

二、教学工作与人才培养

（一）教学人员

本学科点2000年获民俗学硕士学位授予权，2003年获得博士学位授予权，导师有叶春生教授、康保成教授、周大鸣教授、邓启耀教授和刘昭瑞教授。

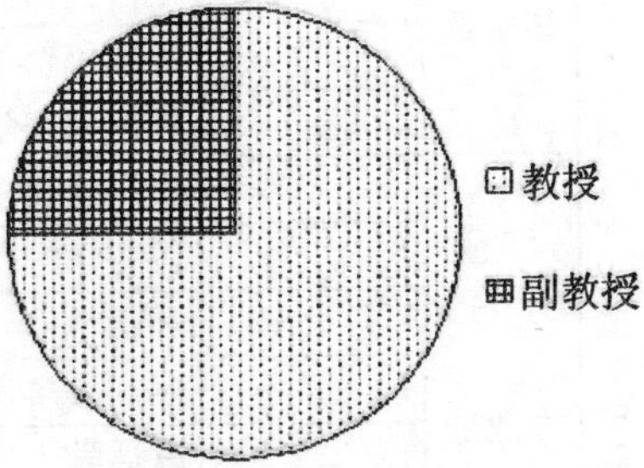

中山大学民俗学科学术队伍构成示意图

现有师资8人，其中，教授6人，即康保成、周大鸣、邓启耀、刘昭瑞、刘晓春和王霄冰；副教授2人，即蒋明智和朱爱东。

（二）研究生招生方向

1. 硕士生

本学科点硕士生招生方向有：区域民俗、民间文艺、民俗与文化遗产。

2. 博士生

本学科点博士生招生方向有：区域民俗、戏曲民俗、民俗学理论与实践、民俗与当代社会、民俗与文化遗产等。

（三）课程设置与学分

本学科点从本校实际出发，在中文系和社会学人类学学院共同建构课程体系。

1. 中文系

表 1　中山大学中文系民俗学专业课程设置一览表

类别		编号	课程名称	学分
必修课	公共课		第一外国语	5
			马克思主义理论课	4
	专业必修课		民俗学	4
			民间文艺学	4
			田野调查的理论与实践	4
选修课	指定选修课		戏曲民俗研究	3
			中国民俗学史	3
			外国民俗学史	3
	专业选修课		中国戏曲史	3
			民俗学的理论与方法	3
			神话学	3
			民间故事学	3
			歌谣学	3
			区域民俗学	3
			人类学	3
			民间信仰专题研究	3
			民俗学名著精读	3
	讲座		民俗学学术前沿讲座	2
	实践课		教学实践	2

2. 社会学人类学学院

必修课

（1）公共必修课

马克思主义理论 4 学分

第一外国语（英语）5 学分

（2）基础理论课

文化人类学理论 3 学分

（3）专业课

民俗学理论与方法 3 学分

博士论文写作导读 2 学分

选修课

中国民族学 3 学分

人类学与中国社会研究 3 学分

田野与文献 3 学分

青藏高原民族研究 3 学分

道教与民间宗教 3 学分

人类学方法论 2 学分

族群与区域文化 3 学分

比较社会学 3 学分

补修课

（四）毕业人数

1996 年 6 月至 2011 年 12 月，据中山大学图书馆馆藏学位论文统计，本学科点共毕业博士 33 人，硕士 36 人。

（五）博士学位论文题目

表 2 中山大学民俗学科博士学位论文题目一览表（2002—2011）

指导教师	论文题目	学生姓名	答辩时间	专业	学位
叶春生	歌唱与敬神：客家妇女生活的两个领域	徐霄鹰	2002	中国现当代文学	文学博士
叶春生	论中国现代民俗学的学科创立和学术转型：以中山大学民俗学运动为中心	施爱东	2002	中国现当代文学	文学博士
叶春生	悦城龙母的传说与信仰	蒋明智	2002	中国现当代文学	文学博士
叶春生	族群民俗文化的发展与变迁——以广州世居满族为例	关溪莹	2004	中国现当代文学	文学博士
叶春生	中国神话与希腊神话比较研究——以神话与民族文化传承为中心	林玮生	2005	中国现当代文学	文学博士
叶春生	传说、信仰与仙山构建——以广东罗浮山为例	朱　钢	2006	中国现当代文学	文学博士

续表

指导教师	论文题目	学生姓名	答辩时间	专　业	学　位
叶春生	"城中村"民俗：传承与变迁——广州珠村的调查	储冬爱	2006	中国现当代文学	文学博士
叶春生	民俗主义视野中的地域文化变迁	於　芳	2006	中国现当代文学	文学博士
叶春生	中国麒麟文化及其信仰研究——以麒麟形象及其现实物象的衍变为论述中心	刘兴东	2006	中国现当代文学	文学博士
叶春生	岭南建筑民俗的易学解读	朱培坤	2006	中国现当代文学	文学博士
叶春生	黄大仙信仰研究	黄淮东	2007	中国现当代文学	文学博士
叶春生	壮族花婆信仰研究	彭　谊	2008	中国现当代文学	文学博士
叶春生	广州地区娼妓陋俗流变研究	邵一飞	2010	中国现当代文学	文学博士
叶春生	国家、地方与民间的互动——冼夫人信仰研究	朱爱东	2006	中国现当代文学	文学博士
叶春生	清明文化的历史传承与意义呈现	凌远清	2007	民俗学专业	法学博士
叶春生	广东东莞卖身节研究	阎　江	2009	民俗学专业	法学博士
叶春生	广东妈祖信仰研究	王芳辉	2009	民俗学专业	法学博士
叶春生	新文学史论的民间文化观照	于爱成	2009	民俗学专业	法学博士
叶春生	客家公太神信仰研究——以广东省五华县安流镇为例	沈丽华	2010	民俗学专业	法学博士
叶春生	中国民俗与广告	杨　嵘	2010	民俗学专业	法学博士
康保成	乡土社会中的东北二人转	吕慧敏	2011	民俗学专业	法学博士
康保成	中国龙女故事研究	徐　磊	2011	民俗学专业	法学博士
康保成	关中影系叙论	梁志刚	2009	民俗学专业	法学博士
康保成	从山野到大庭广众：长汀客家山歌的传承与地方知识	王维娜	2009	民俗学专业	法学博士
康保成	元宵演剧习俗研究	彭恒礼	2008	民俗学专业	法学博士
康保成	中国影戏与民俗研究	李跃忠	2007	民俗学专业	法学博士
刘昭瑞	人神之契：宋代买地券研究	高　朋	2009	民俗学专业	法学博士
刘昭瑞	传统的守望——以白石村端砚制作为例	何　向	2009	民俗学专业	法学博士
刘昭瑞	文物：文与物——国保单位佛山东华里的构建	朱嫦巧	2007	民俗学专业	法学博士
刘昭瑞	乡民、艺人与仪式剧——浏阳民间皮影戏的田野调查与研究	龙开义	2007	民俗学专业	法学博士

续表

指导教师	论文题目	学生姓名	答辩时间	专业	学位
邓启耀	随“俗”而作——杨家埠年画的“生命”史	王　娴	2009	民俗学专业	法学博士
邓启耀	农村儿童养育制度研究——以湖南潭村为例	姜又春	2007	民俗学	法学博士
周大鸣	临潭庙会研究	阙　岳	2007	民俗学	法学博士

三、科学研究

本学位点的研究成果注重民俗学经典理论与田野调查经验的结合，注重文献传统的中国民俗学研究。

（一）代表作

康保成《傩戏艺术源流》，广东高等教育出版社，1999。

周大鸣《凤凰村的变迁——〈华南的乡村生活〉追踪研究》，社会科学文献出版社，2006。

周大鸣《珠江流域的族群与区域文化研究》，中山大学出版社，2008。

刘昭瑞《考古发现与早期道教研究》，文物出版社，2007。

邓启耀《中国巫蛊考察》，上海文艺出版社，1999。

刘晓春《仪式与象征的秩序——一个客家村落的历史、权力与记忆》，商务印书馆，2003。

王霄冰《南宗祭孔》，浙江人民出版社，2008。

（二）科研项目

教育部人文社会科学重点基地重大项目“中日韩非物质文化遗产保护比较研究”（2009），康保成主持。

教育部人文社会科学重点基地重大项目“珠江流域的族群与文化”（2004），周大鸣主持。

国家十一五重点出版计划、国家新闻出版署项目“中国民族服饰全集”

(2006～2008)，邓启耀主持。

国家哲学社会科学基金项目“民俗与民族国家认同——社会转型时期中国民俗学理论的一种探讨”(2008)，刘晓春主持。

国家哲学社会科学基金项目“龙母的传说与信仰”(2003)，蒋明智主持。

德国慕尼黑大学青年女科学家基金项目（2008–2009)，王霄冰主持。

德意志研究联合会个人项目（2010)，王霄冰主持。

中山大学“百人计划”研究课题“晚清至今以来中国政治与社会变迁中的孔氏家族与祭孔礼仪”(2011–2012)，王霄冰主持。

（三）网站

中山大学中国非物质文化遗产研究中心网站：http://www.cich.org.cn

中山大学人类学系网站：http://ssa.sysu.edu.cn/Index.aspx

中山大学历史人类学研究中心网站：http://ha.sysu.edu.cn

（四）刊物

《文化遗产》(季刊)，国内外公开发行，ISSN1674–0890，CN44–1645/G0，中国社会科学引文索引（CSSCI）扩展版来源期刊（2010–2011)，中国社会科学引文索引（CSSCI）来源期刊（2012–2013)，《中国学术期刊网络出版总库》收录期刊。

四、学术交流

（一）国内会议

2006年12月，举办“春节：地方性与民族文化认同”学术研讨会，广州。

2009年8月，举办“民间信仰与文化遗产”学术研讨会，珠海。

（二）国际会议

2009年10月，参加美国民俗学会2009年年会；2010年10月，参加美国民俗学会2010年年会。

（三）国际交流

与日本神奈川大学21世纪COE人类非文字资料体系化、历史民俗资料科合作，互派师生访问交流。

与美国民俗学学会合作，定期召开“中美文化论坛”，互派师生访问交流。

五、存在问题

本学科点需要加强与国外学术机构的合作交流；加强培养后备人才；要潜心研究，争取重大课题，发表具有影响的标志性成果。

华中地区

河南大学

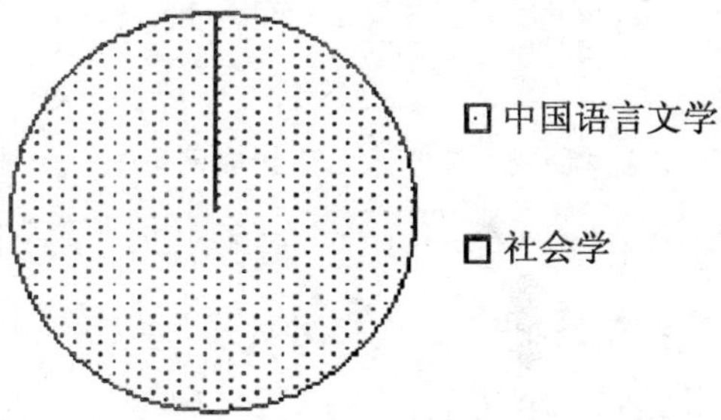

河南大学民俗学科建制构成示意图

河南大学民俗学科历史悠久，早在20世纪初河南留学欧美预备学校（1912）时期，就有外籍教师以民间文学作品为教材，并展开调查研究（1915）。20世纪20年代，著名民俗学家江绍源担任文学院院长，开设民俗学课程，以后延续多年。1955年，张振犁先生作为新中国第一届民间文学研究生从北京师范大学钟敬文教授门下毕业，在河南大学开始了40年的教学和研究生涯，培养了一批民俗学专业人才。河南大学成为中国民俗学研究的重镇。1988年，河南大学在中国现代文学专业中招收了民间文学方向的研究生；2000年11月，经国家学位办正式评审通过，河南大学获得民俗学专业硕士学位授予权，于本年开始招生。2007年，由于人员调动原因，民俗学专业在文学院和学校另一机构黄河文明与可持续发展研究中心分别招收硕士研究生。

一、学科建设

河南大学民俗学科设在文学院内，有民间文学与民俗、民俗学与文化人类学、民俗学与非物质文化遗产保护三个研究方向，已培养9届40余名研究生，全部获得硕士学位。

河南大学黄河文明与可持续发展研究中心设民间文学理论研究、文化创意产业与民俗资源研究、非物质文化遗产研究三个研究方向。

二、教学工作与人才培养

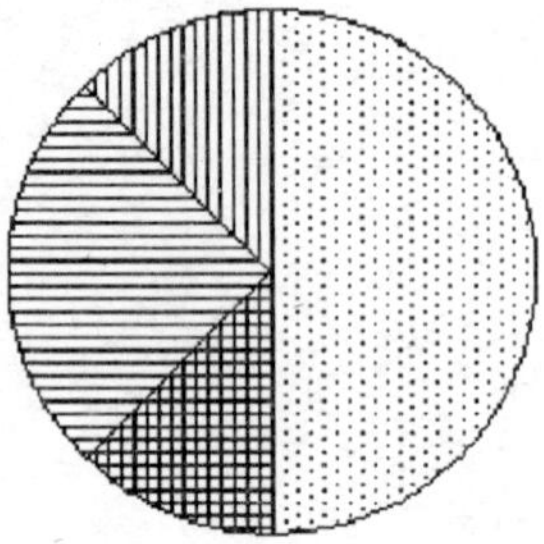

河南大学民俗学科学术队伍构成示意图

（一）教学人员

河南大学民俗学专业现有教师8名，其中正高级职称4名，副高级职称1名，讲师2名，助教1名。

高有鹏教授，主要从事中国民间文学史研究。张大新教授，从事河南地方戏曲研究。吴效群教授，从事民间信仰及非物质文化遗产保护研究。吕微教授（兼职），从事民间文学及神话学研究。彭恒礼副教授从事地方戏曲研究，李秋香讲师从事民间信仰研究，郜冬萍讲师从事民间文学研究。

（二）课程设置

1. 本科生

本学科点为文学院本科生开设“民间文学概论”和“民俗学概论”两门课。“民间文学概论”是必选课，“民俗学概论”为任选课。

2. 研究生

研究生是未来的专业工作者，肩负生产民俗科学知识，发展民俗学的使命，需要全面掌握学科的情况和相应的知识，课程设置须从学科的系统性、完整性角度考虑。中国民俗学专业的基础课程应该包括：民俗学基本理论、中国民俗研究史、中国民俗发展史、田野调查方法与实践等。

研究生三年学习时间，以六个学期计算，前三个学期是知识学习期，后三个学期是论文工作期。

表1　河南大学2011级文学院民俗学专业课程表

	上课时间	次数	方式	上课地点	考试方式
中国社会文化专题	周四下午 6：00～10：00	4次/2周，	讲授＋讨论	文学院办公楼B308室	课堂表现（30%） ＋出勤率（30%） ＋作业（40%）

续表

	上课时间	次数	方式	上课地点	考试方式
当代社会文化人类学理论	周四下午 6：00 ~ 10：00	4 次 /2 周	讲授＋讨论	文学院办公楼 B308 室	课堂表现（30%）＋出勤率（30%）＋作业（40%）

表 2　河南大学 2010 级文学院民俗学专业课程表

课程	上课时间	次数	方式	上课地点	考试方式
当代民俗学理论	周五上午 8：00 ~ 12：00	4 次 /2 周，	讲授＋讨论	文学院办公楼 B308 室	课堂表现（30%）＋出勤率（30%）＋作业（40%）

表 3　河南大学民俗学专业硕士生课程一览表

类别	课程名称	考核方式	学时	开课学期	学分	授课教师
专业基础课	文学理论基础与前沿 The Basic and Newest Theory of Literature	考试	54		3	李伟昉教授 张清民教授等
	文学专题研究 Literature Special Study	考试	54		3	耿占春教授
	文学研究方法与学术规范 The Technique of Literature Research and Academic Standard	考试	54		3	梁工教授 刘进才教授 王利锁教授等
专业课	中外民俗学理论 Theory of Chinese and Foreign Folkloristics	考试	54		3	吴效群教授
	中国现代民间文学理论 Theory of Modern Chinese Folk Literature	考试	54		3	高有鹏教授
	田野调查实践与理论 Practice and Theory of Field Investigation	考试	54		3	高有鹏教授、吴效群教授

续表

类别	课程名称	考核方式	学时	开课学期	学分	授课教师
选修课	民间文学专题研究 Folk Literature Special Study	考查	36		2	高有鹏教授
	民俗学专题研究 Folkloristics Special Study	考查	36		2	吴效群教授
	社会文化人类学 Socio-Cultural Anthropology	考查	36		2	吴效群教授
	非物质文化遗产保护研究 Research on Intangible Cultural Heritage Protection	考查	36	3	2	高有鹏教授 吴效群教授
	民间戏曲研究 Drama and Folklore	考查	36	3	2	彭恒礼副教授
	文化产业研究 Cultural Industry Research	考查	36	3	2	李秋香副教授
	中国文化史 Chinese Cultural History	考查	36	3	2	李秋香副教授
	民俗学概念史研究 Research on the History of Concepts in Folklore Studies	考查	36	3	2	彭恒礼副教授
补修课	民俗学概论		–	–	–	随本科生
	民间文学概论		–	–	–	随本科生
	中国古代文学史		–	–	–	随本科生

（三）课程内容大要

民俗学基本理论。本课介绍民俗学科成长过程中形成并积累下的关于民俗的基本认识，是对研究对象的本质不同层面的表达，代表一定阶段的认识水平。基本理论学习可以让研究生建立起观察研究的框架，进行科学的研究工作。

中国民俗研究史。本课探讨前辈学者对于中国民俗研究获得的理论认识、教训及不足、时代对于选题和结论的影响、学术成长内在的规律和动力。引导研究生全面、准确了解并继承前人的成果，在前人工作的基础上，加入到专业问题的讨论中，把握学术发展的方向。

中国民俗史。本课探讨中国民俗发生、发展的规律与特点，帮助研究生从整体上认识和把握中国民俗，获得学术研究的历史深度。

中国社会文化专题。第一学期开设。讨论中国社会文化的性质与特点，目的让学生建立对中国古代文明和传统社会的基本认识。使用的材料主要有张光直先生的《考古学专题六讲》（文物出版社，1986）、《美术、神话与祭祀》（民族出版社，1999）和费孝通先生的《乡土中国》（北京出版社，2005）。另外还有《礼记·月令》、叶舒宪先生的《中国神话哲学》（中国社会科学出版社，1992）、张铭远先生的《生殖崇拜与死亡抗拒》（中国华侨出版公司，1991）、欧达伟先生的《中国民众思想史论》（中央民族大学出版社，1995）。

张光直先生的作品运用考古材料在世界史的背景上论证了中国古代文明的巫觋性质，指出与西方文明的起源地苏末文明相比，中国文明是一种连续性的文明，即在文明起源上不是由于生产力水平的提高突破了自然对于人类的限制，而是通过政治手段调整人与之间的关系进入文明社会的，野蛮时代的许多文化与社会成分，如世界观、人与自然的关系等在文明时代被保留并延续下来。为了巩固这一对于中国古代文化性质的认识，接下来讨论的作品是《礼礼·月令》、《中国神话哲学》、《生殖崇拜与死亡抗拒》，这些作品从不同的方面支持了中国古代文化巫觋性质的论证。

本课的另一个主题是讨论近代中国社会的特点，讨论的材料是费孝通先生的《乡土中国》和欧达伟先生的《中国民众思想史论》。费先生从传统中国乡土社会的本色出发，阐释了乡土本色、礼治秩序、差序格局、系维着私人的道德、无讼、长老统治等关于中国社会的经典认识。欧达伟先生利用丰富的民间文学资料阐释了现代中国民众的几个基本观念，一些观点与《乡土中国》形成实际上的商榷对话。与《乡土中国》不同，《中国民众思想史论》建立在作者第一手田野调查材料的基础上，更具有说服力，令人耳目一新。欧达伟的研究显示了实证研究的重要性，展示了民俗学科广阔的前景。

古典人类学理论。第一学期开设。本课讨论 19 ~ 20 世纪初期西方人类学家关于原始文化的理论，阅读的书籍有泰勒的《原始文化》、弗雷泽的《金枝》、列维—布留尔的《原始思维》，重点掌握“万物有灵论”、“交感巫术理论”以及“互渗论”、“集体表象”理论。但在学习讨论后要指出，以生物进化的观点去比较文化的落后与先进固然不对，但“文化进化论”所依据的标准是生产力发展的水平，换言之即科学技术水平，它并不失为一种标准。今天的文化相对主义思想在西方知识界更多的是一种情怀和修养，生产力发展水平代表一个社会对于自然、社会的认知程度，表现哲学意义上人的解放程度，它应该成为评价文明的标准。从现在各个国家主动追求科学技术的发展也可以说明这一点。

功能主义文化理论。第二学期开设。本课介绍包括马林诺夫斯基的功能主义理论和拉德克利夫—布朗的结构功能主义理论，36 个学时，3 个学分，所依据的材料是《文化论》（中国民间文艺出版社，1987）和《社会人类学方法》（山东人民出版社，1988）。

马林诺夫斯基告诉我们，文化是什么不取决于它的历史或者形式，而取决于在现实生活中的功能。功能主义文化理论的出现，让文化研究进入了科学的时代。功能主义理论解释了文化的起源及发展的动力是人类的生物需要，消除了文化的神秘性，将人类文化拉到了一个起跑线上，肯定了文化间互相交流、学习、改变的可能性。功能主义指出任何文化事象都包含物质、精神、组织、语言四个层面的内容、文化的真正观察单位是社会制度，这对于田野工作具有直接的指导作用。功能主义解释了生存、生殖、安全作为基本的生物迫力刺激了经济、法律、教育等文化制度的产生，这些又作为文化迫力导致整合社会的文化诸如宗教、艺术、巫术、知识等的产生。各种文化相互联系，互为因果，是一个整体，文化研究必须采取整体的观点。

拉德克利夫－布朗虽然认为功能是对于社会结构而不是个人的生物需要而言的，但在文化的整体观方面与马林诺夫斯基的认识并无二致。布氏强调社会结构观察对于文化研究的重要性，从理论方面对社会、文化进行了有价值的阐释，对于我们更好地理解研究对象具有重要的帮助。

功能主义文化理论具有普适的科学价值，可以指导我们认识民俗文化的本质，进而去探寻其中蕴含的价值、经验和智慧。再者，功能主义理论开启了人类学研究的新时代，是理解后来各种文化理论的基础。

西方社会人类学的中国研究。第三学期开设。学习讨论西方社会人类学关于中国社会文化研究的几个重要范式和理论知识，如社区研究范式、宗族范式、民间信仰研究理论、市场与社会结构理论，借助的材料是王铭铭的《社会人类学与中国研究》（北京三联书店，1997），36 个学时，3 个学分。

本门课程的重要意义，除了能够了解近几十年西方社会人类学对中国社会文化研究所积累的知识，更重要的是，它展示了规范的社会科学知识生产的过程。首先我们看到，一种理论能够逐渐成熟是因为许多人不断探讨和完善的结果，理论终始处于开放的状态，随时接受质疑和挑战。也即是讲，学术同仁的共同讨论非常重要，否则理论只能处于不成熟的个人认识状态。其次是客观、公正的学术史非常重要，许多学人后来加入到讨论中，是因为学术史对一理论的价值和缺陷的客观介绍。从这儿我们认识到，学术是在一定主题下的各抒己见，目的是取得学术共识，生产出关于研究对象的知识。学术工作是学术共同体共同推进的，自说自话无法做到这一点。再次，科学研究的目的是寻找研究对象的本质，为的是从根本上把握研究对象，而实现这一切的前提是找到能够表现本质的研究对象。通过学习我们看到，为了做到这一点，学者们不断地对研究对象的代表性进行讨论和质疑，一是社区，二是宗族，三是区域市场与社会结构，就在这种质疑和讨论中，中国社会文化的复杂性、多面性得以呈现，人们的认识得以深化，对真相的认识也更接近一步。

中国民俗学肩负着生产关于中国民俗的科学知识的任务，社会科学研究的规范和程序需要明确并被遵守。这就要求从业者明确学术工作的目的，形成有共同价值追求的学术共同体，在学术史的脉胳中工作，打造更多的共识，形成更大的团结，从而实现知识生产的目的。

我们的教学方式是老师讲授与学生讨论相结合。我们会提前将学习材料发给大家，课堂上带领大家精读并讨论，帮助大家掌握所学的内容。并要求学生以教学内容为“点”去广泛地阅读这一类的材料。

第四学期开始进入论文工作期，我们要求在开学后两个月内完成开题报告，剩余的时间进行田野作业。在这一学期，我们还会以讲座的形式介绍并讨论流行的民俗学理论，如民俗学主义、文化与社会建构理论、公民社会理论、表演理论等。后两个学期是单纯的论文写作时间，我们以四次论文工作报告会的形式对论文写作情况进行检查。第三次工作报告会是预答辩，第四次为正式答辩。

（四）招生目录

表 4　河南大学 2012 年民俗学专业硕士生招生目录

学科、专业名称（代码）研究方向	考试科目	复试笔试科目	同等学力加试科目	参考书目
030304 民俗学 01 民间文学与民俗 02 民俗学与文化人类学 03 民俗学与非物质文化遗产保护	① 101 思想政治理论 ② 201 英语一 ③ 637 基础课（中国现代文学、中国当代文学、写作） ④ 838 专业基础（民俗学、民间文学）	民间文学与民俗	① 中国文化史 ②哲学	初试：①《中国现代文学三十年》钱理群等（北京大学出版社） ②《中国当代文学》洪子诚（北京大学出版社） ③《中国民间文学史》高有鹏（河南大学出版社） ④《中国现代民间文学史论》高有鹏（河南大学出版社） 复试：《中国民间文学史》高有鹏（河南大学出版社）、《中国现代民间文学史论》高有鹏（河南大学出版社）同等学力加试： ①《中国文化史》冯天瑜等著（高等教育出版社） ②《中国哲学史》郭齐勇（高等教育出版社）

（五）培养方案（样本）

1. 培养目标及基本要求

本专业培养德、智、体全面发展的中国民俗学研究专门人才，要求学生具备马克思主义世界观，热爱祖国，遵纪守法，品德良好；掌握扎实的民俗学专业知识，能熟练运用科学的研究方法，独立从事创造性的民俗学调查和研究；能熟练运用计算机，能用一种外语熟练地阅读专业书刊；有严谨求实的科研作风，能胜任高等院校、科研、文化、出版、新闻单位的教学、科研以及政府部门的管理工作。

2. 招生对象

具有国民教育序列大学本科 / 专科学历（或本科同等学力）人员。

3. 学习形式与年限

学习年限为三年。第一学年主要学习硕士学位公共学位课和基础理论课程；第二学年主要学习硕士学位专业课程，包括必修课、选修课和指定课，进行学位论文的田野调查；第三学年主要进行硕士学位论文的写作和答辩。

4. 学位论文与学位授予

（1）论文选题

研究生在修完专业基础课之后，在导师的指导下，于第二学年第二学期提交学位论文开题报告，由导师组审核确定学位论文题目。硕士学位论文的选题要在前人研究成果的基础上有所创新。论文对所研究的问题有新的见解。

（2）论文形式

硕士学位论文要规范，严格按“河南大学研究生学位论文基本要求与书写格式的暂行规定”执行。

（3）论文质量

本专业硕士学位论文对所涉及的问题，有坚实的民俗学基本理论和系统的本专业专门知识；能较好地掌握本研究课题的研究方法和技能；论文的理论、资料等要科学、准确和可靠；对所研究的课题有新的见解；论文在理论上或实践上对社会主义建设具有一定的意义。

（4）论文字数

本专业硕士学位论文一般不少于 2 万字。

学位论文完成后，经导师审阅同意由研究生本人提出申请，由院学位评定分委员会组织进行论文的评阅和答辩。

5. 培养方式与方法

研究生的思想政治工作及学习、生活管理由学院指定的辅导员负责。研究生要加强科学社会主义理论学习、认真学习党的各项方针政策、遵守校规校纪。

专业学习方面：攻读硕士学位采用学分制。在教学上采取教师讲授与学生自学相结合的方式。本专业的专业学位和学科交叉课不分研究方向统一授课，研究方向课分研究方向开设。同等学力者的补修课程随大学本科班听课。所开设的每门课都必须通过考试或者考察。导师对研究生学位课程论文进展以及掌握国内外最新研究动态等方面的情况要定期进行检查考核，对于完成学业确实有困难的学生劝其退学或者作肄业处理。

本专业的硕士研究生必须结合毕业论文和所学专业方向进行田野调查，该项工作安排在第二学年的寒暑假或者第三学年的第一学期，合计时间不少于两个月。研究生必须写出调查报告交给导师审阅。除了田野调查外，还有教学实习的环节，安排在第三学年的第二学期，时间不少于两周。

三、科学研究

（一）理论研究

河南大学民俗学专业以神话学、民间文学史、民间信仰研究、非物质文化遗产保护研究为主要特色。

（二）科研项目

现有吴效群作为主持人承担的科研项目有教育部人文社会科学规划项目《灵验：理解和表述中国民众信仰的关键词》、国家社科基金特别委托项目《中国节日志·春节河南卷》、国家社科基金重大项目《中国民间信仰研究》（分项目主持人）。

（三）代表作

本学科点代表作有张振犁的《中原神话流变论考》（上海文艺出版社，1991）、《东方文明的曙光——中原神话论》（东方出版中心，1999）。高有鹏的《中国民间文学史》（河南大学出版社，2001）、《中国现代民间文学史论》（河南大学出版社，2001）。吴效群的《妙峰山：北京民间社会的历史变迁》（人民出版社，2006）。

四、学术交流

河南大学民俗学专业每学期都会邀请一两位国内外知名的学者进行学术交流。专业教师也都经常参加国内的各种学术会议。

吴效群受邀曾前往美国普度大学（Purdue University）社会学人类学系进行半年的合作研究；参加了中国人民大学和普度大学为期三年的“中美欧暑期宗教社会学高级研讨班”培训项目。

五、存在问题

民俗学专业设在文学院，因其社会科学取向，发展空间受限。

华中师范大学

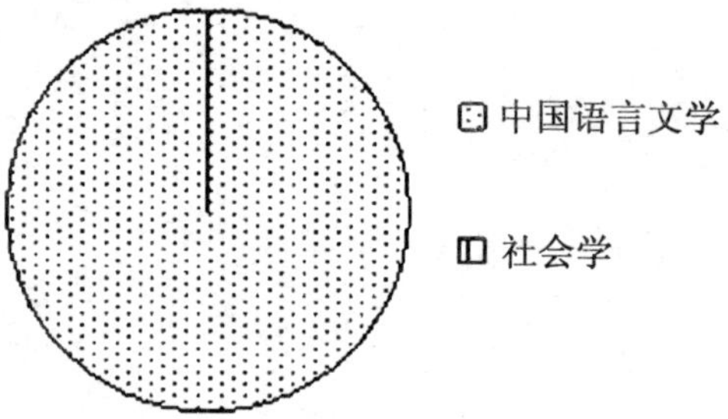

华中师范大学民俗学科建制构成示意图

华中师范大学从1950年代开设“民间文学”课。1980年代初在本科课程中恢复此课，1987年经国家学位委员会批准为硕士点，培养民俗学和民间文学研究生。2002年通过一级学科自主增补而获得二级学科博士点，已招收10届博士研究生。该学科以著名民间文艺学家刘守华教授为学科带头人，以陈建宪、黄永林诸中青年教授为学术骨干，经过30年的稳定发展，已成为华中地区民俗学理论研究和专业人才培养的重要基地，在全国也有较大影响。

一、学科建设

华中师范大学1987年设置本专业硕士点，2002年增设博士点。有三个研究方向：故事学、神话学、民间文学与作家文学。在文学院设有民间文学教研室、中国民俗学会教育专业委员会、学校非物质文化遗产研究中心。此外，《中国民间文艺学年鉴》编辑部挂靠本室。

二、教学工作与人才培养

（一）教学人员

华中师范大学文学院现有民俗学（含中国民间文学）专职教师7人，其中，教授6人，讲师1人。

（二）课程设置与学分

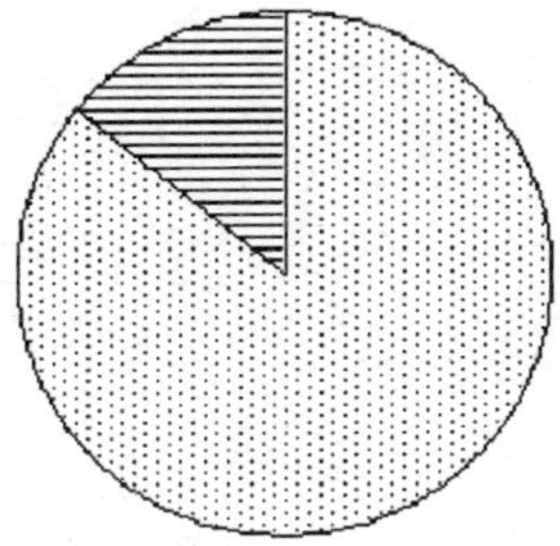

华中师范大学民俗学科学术队伍构成示意图

30年来，为本科生讲授民俗学、民间文学等课程，平均每年选修者150人左右，当有在校本科生4500余人上过这类课程。另外，在函授生和成人教育中，本专业也承担一定数量的教学工作。

从1987年开始培养硕士生，已授予硕士学位67人。

从2002年开始培养博士生，已授予博士学位11人。

陈建宪的博士学位论文《论中国洪水故事圈》被评为2005年湖北省优秀博士学位论文。

主要专业课程设置如下：

课程名称	课程类型	任课教师	学分
中国民间文学史	必修课	刘守华	2
民间文艺学原理	必修课	陈建宪	2
中国风俗史	必修课	孙正国	2
民俗学原理	必修课	陈建宪	2
田野作业方法	选修课	张　静	2
神话学	选修课	陈建宪	2
故事学	选修课	刘守华	2
传说学	选修课	张　静	2
非物质文化遗产研究	选修课	孙正国	2
民间文学与作家文学	选修课	晓　苏	2
民间文学与通俗文学	选修课	黄永林	2

（三）主要课程内容大要

1. 专业学位课

课程编号：107105012001　　课程名称：民间文艺学原理

英文译名：Principle of Folk Literature　　开课学期：1

开课院（系）：文学院　　学时／学分：54/3

任课教师：陈建宪、刘守华等

内容简介：

本课程以民间文艺学的基本理论为研究对象。内容主要包括民间文艺学的性质与范围，民间文艺分类学，民间文学传承论、体裁论、特征论、功能论，民间诗学，民间文艺调查方法，等等。通过讲授与讨论，使硕士生们对民间文艺性质、形态、价值及其发生、发展、传承、演变规律有较清晰的认识。

主要教材：

张紫晨《民间文艺学原理》，花山文艺出版社，1991。

参考书目：

钟敬文《中国民间文学讲演集》，北京师范大学出版社，1999。

课程编号：107105012002　　课程名称：民俗学原理

英文译名：Principle of Folklore　　开课学期：1

开课院（系）：文学院　　学时／学分：36/2

任课教师：陈建宪　孙正国

内容简介：

民俗学是一门研究民间风俗的发生、发展、演变规律以及风俗的深层结构、文化功能和社会价值的人文科学。本课程内容主要包括以下四个方面：一是中外民俗学学科发展史；二是民俗的基本理论，诸如民俗的传承、民俗流变、民俗功能和价值等；三是民俗类型介绍，诸如社会民俗、精神民俗、物质民俗等，侧重于中国民俗；四是对各种民俗学方法进行了解并用于实际案例的分析。重点讲解民俗田野调查方法，包括田野调查方法的来源以及基本的操作规程等。

主要教材：

钟敬文主编《民俗学概论》，上海文艺出版社，1998。

林继富、王丹《解释民俗学》，华中师范大学出版社，2006。

参考书目：

［美］阿兰·邓迪斯编《世界民俗学》，陈建宪、彭海斌译，上海文艺出

版社，1990。

乌丙安《民俗学原理》，辽宁教育出版社，1999。

高丙中《民俗文化与民俗生活》，中国社会科学出版社，1994。

课程编号：107105012003　　课程名称：故事学

英文译名：Folktale Study　　开课学期：3

开课院（系）：文学院　　学时／学分：36/2

任课教师：刘守华　张静

内容简介：

故事学是一门研究民间故事的发生、发展、演变规律以及民间故事深层结构、文化功能和社会价值的人文科学。本课程内容主要包括以下三个方面：一是中外民间故事的基本理论，诸如民间故事的特征、民间故事的传承、流变、民间故事的功能、民间故事的价值等；二是民间故事的类型介绍，包括情节类型和内容类型，诸如神奇故事、动物故事、生活故事和民间笑话等；三是对民间故事传承人理论及中国民间故事传承人的确定。

主要教材：

刘守华《故事学纲要》，华中师范大学出版社，2006。

参考书目：

刘守华《中国民间故事史》，湖北教育出版社，1999。

刘守华主编《中国民间故事类型研究》，华中师范大学出版社，2002。

课程编号：107105012004　　课程名称：比较神话学

英文译名：Comparative Mythology　　开课学期：3、4

开课院系：文学院　　学时／学分：36/2

任课教师：陈建宪

内容简介：

本课程的主要内容是系统介绍中外神话宝库中的主要作品，世界神话学发展的历史，中国神话学的成就与现状，等等。课程将以母题分析方法为重点，引导学生对中外神话的基本类型进行宏观归纳，对中外神话的母题展开微观比较，通过比较研究，使学生掌握神话学研究的基本方法，并对世界各民族神话的共性与差异、神话的性质、形态、特征、功能、价值等文化内涵以及神话的发生、发展、传承、演变规律有较清晰的认识。

主要教材：

陈建宪《神话解读——母题分析方法探索》，湖北教育出版社，1997。

参考书目：

袁珂《中国神话传说》（上、下册），中国民间文艺出版社，1983。

斯威布《希腊神话的神话和传说》（上、下册），人民文学出版社，1984。（或者希腊神话的其他各种版本）

马昌仪编《中国神话学文论选萃》，中国广播电视出版社，1994。

课程编号：107105012005　　课程名称：中国民间文学史

英文译名：History of Chinese Folklore　　开课学期：2

开课院（系）：文学院　　学时／学分：36/2

任课教师：刘守华等

内容简介：

本课程以历时角度，介绍中国历代民间文学发展的状况，通过分析中国民间文学史上的重要文献、重要作品以及不同时代背景与民间文学之间的关系，对中国民间文学发生、传播与演变的过程作一整体扫描。

主要教材：

自编讲义，刘守华等。

参考书目：

祁连休、程蔷主编《中华民间文学史》，河北教育出版社，1999。

高有鹏《中国民间文学史》，河南大学出版社，2001。

课程编号：107105012007　　　　课程名称：民间文学比较研究

英文译名：A Comparative Study of Folk Literature

开课学期：3

开课院（系）：文学院　　　　学时／学分：36/2

任课教师：刘守华、陈建宪等

内容简介：

本课程从民间文学与比较文学的紧密联系入手，介绍世界民间文学比较研究各个流派的发展过程、代表人物、经典成果及其方法特点，并以一些著名的民间文学个案为例，分析其在不同国家不同民族间流传演变的过程，为研究生进入民间文学比较研究领域打下基础。

主要教材：

自编讲义，刘守华、陈建宪等。

参考书目：

季羡林《比较文学与民间文学》，北京大学出版社，1991。

刘介民《从民间文学到比较文学》，暨南大学出版社，1998。

刘守华《比较故事学论考》，黑龙江人民出版社，2003。

课程编号：107105012008　　　　课程名称：传说学

英文译名：Folk Legend Study　　　　开课学期：2

开课院系：文学院　　　　学时／学分：36/2

任课教师：张静

内容简介：

传说学是一门研究民间传说的发生、发展、演变规律以及民间传说的深层结构、文化功能和社会价值的人文科学。本课程内容主要包括以下四个方面：一是中外民间传说研究的发展史。二是民间传说的基本理论，诸如民间传说的传承、流变、民间传说的功能、民间传说的价值等。三是民间传说的类型介绍，包括情节类型和内容类型。诸如人物传说、史事传说、地方风物传说和风俗传说等，侧重于讲解中国民间传说类型。四是对民间传说典型个案实施重点分析。

主要教材：

[日] 柳田国男《传说论》，中国民间文艺出版社，1986。

参考书目：

程蔷《中国民间传说》，浙江教育出版社，1989。

张紫晨《中国古代民间传说》，吉林文史出版社，1986。

课程编号：107105012009　　课程名称：少数民族民俗与文学

英文译名：Chinese Minority Nationality:Folklore and Literature

开课学期：3

开课院系：文学院　　学时／学分：36/2

任课教师：陈建宪

内容简介：

“少数民族民俗与文学”是一门研究中国少数民族民俗流变规律，介绍少数民族民间文学以及少数民族民俗与文学关系的课程。“少数民族民俗与文学”课程内容主要包括以下四个方面：一是中国少数民族民俗的分布现状和类型情况；二是中国少数民族民俗与文学之间的关系；三是中国少数民族民俗与文学的功能与意义；四是选取有代表性的民族民俗与文学为个案，实施重点分析，探讨中国少数民族民俗与文学之间的互动规律。

主要教材：

马学良、梁庭望、张公瑾主编《中国少数民族文学史》（上、下），中央民族学院出版社，1992。

参考书目：

祁连休、程蔷主编《中国民间文学史》，河北教育出版社，1999。

毛星主编《中国少数民族文学》（上、中、下），湖南人民出版社，1983。

课程编号：107105012011　　课程名称：民间文学前沿

英文译名：Frontier of Civil literature　　开课学期：3

开课院系：文学院　　学时／学分：36/2

任课教师：陈建宪等

内容简介：

“民间文学前沿”是一门对本学科发展动态保持跟踪研究的课程，由教研室各位老师和博士生们就自己当前研究或关注的问题，作出归纳与报告，并与全学科一起进行讨论。

教材及参考书目：

根据所讲主题由主讲人准备和提供。

三、科学研究

（一）理论研究

近五年重要著作：①《民间故事的艺术世界》（刘守华）；②道教与中国民间文学》（刘守华）；③《故事学纲要》（刘守华，再版）；④《民间文学导论》（刘守华、陈建宪）；⑤《文化学教程》（陈建宪）；⑥《中西叙事文学比较研究》（陈建宪，合译再版）；⑦《中国民俗通志·民间文学卷》上（陈建宪）；⑧《民间文化与荆楚民间文学》（黄永林）；⑨《中西通俗小说叙事：比较与阐释》（黄永林）。

（二）科研项目

近五年科研项目：①国家社会科学基金项目“佛经故事传播与中国民间故事的演变”，刘守华主持；②文化部重大课题“非物质文化分类体系与数字技术标准研究”，黄永林主持；③国家社会科学基金重点项目“湖北长阳土家族民间文化保护实践研究”，陈建宪主持；④国家十一五规划教材《民间文学教程》，刘守华、陈建宪主持；⑤国家十一五规划教材《文化学教程》，陈建宪主持；⑥教育部人文社会科学研究项目“中国民间文化对现代小说创作的影响”，黄永林主持。

（三）专业网站

专业网站“民俗文化视频”，网址：http://folkvideo.ccnu.edu.cn/。

（四）杂志

《中国民间文艺学年鉴》，已出2001—2008年各卷，刘守华、陈建宪主编。

四、学术交流

国内讲座。每年举行学术讲座5场左右。

国内会议。中国民俗学会教育委员会年会每年一次，已举办3届。

国内学术会议。已举办6次，包括：保护非物质文化遗产国际研讨会暨第四届民间文化青年论坛（2006）；中国民俗学会教学委员会首届研讨会（2007）；海峡两岸民间文学学术研讨会（2007）；20年来中国民间文学保护理论与实践研讨会（2008）；湖北省非物质文化遗产保护工作论坛（2009）；神话研究的当代走向学术研讨会（2011）。

国际会议。2008年举办“20年来中国非物质文化遗产保护理论国际学术研讨会”。

国际交流。本学科点与美、俄、日、韩等国学者有较密切交流。

五、存在问题

国家取消“中国民间文学”二级学科，是行政管理上的失策，导致1949年以来各大学文学专业中发展良好的“民间文学”课程教学以及相关教师队伍，因失去了合法性而解体，对中国民间文学专业的发展造成了损失，致使在当下的非物质文化遗产保护运动中，中国民间文学方面的专门人才奇缺，这对国家文化建设和精神文明的良性建设也会产生影响。希望尽快恢复“民间文学”的二级学科地位。

附　件

一、华中师范大学民间文学学科点硕士毕业生及论文题目

1. 陈建宪　1988 年，《民间故事与宗教文化》

2. 黄永林　1988 年，《论民间文学与通俗文学的关系
——兼评郑振铎的俗文学观》

3. 孙　丹　1988 年，《儿童审美心理与儿童文学》

4. 何红一　1990 年，《女娲·葫芦·息壤
——试论中国民间叙事中的崇土意识》

5. 顾自力　1990 年，《鲧禹神话与原始巫术
——对一个古典神话的新解析》

6. 粟定先　1991 年，《侗款源流及文化价值试探》

7. 陶　范　1994 年，《中日异类婚故事初探》

8. 刘晓春　1994 年，《灰姑娘故事的民族性与世界性》

9. 蒋明智　1994 年，《民间童话与儿童审美心理》

10. 熊和平　1997 年，《论龙女故事的特色与价值》

11. 孙正国　1997 年，《中国虎故事的类型研究》

12. 周北川　1998 年，《解难题—— 一个著名故事母题的解析》

13. 罗　鹏　1998 年，《土家族丧葬习俗的田野调查》

14. 王松涛　1998 年，《关于〈山海经〉研究的数据库编程与应用》

15. 陈宜安　1999 年，《安徒生童话与民间故事》

16. 林继富　1999 年，《中国怪孩子故事研究》

17. 刘旭平　1999 年，《唐代狐精故事研究》

18. 罗宏杰　1999 年，《中国葫芦民俗的符号学阐释》

19. 龚浩群　2001 年，《一个古老神话的再生与传承
——湖北长阳廪君传说考察报告》

20. 张　剑　2001 年，《月亮神话母题的象征》

21. 柯尊勇　2001 年，《武当山口头文学与白莲教》

22. 程秀莉　2002 年，《火塘文化、“掰人”习俗与民间故事家刘德培的故事传承》

23. 余　霞　2003 年，《鄂西土家族哭嫁歌的角色转换功能》

24. 张晓舒　2003 年，《中西狼外婆（小红帽）童话的比较》

25. 贾　平　2004 年，《当代村落中的古老传说
——对张谷英村一个风水起源传说讲述、传承状况的考察》

26. 张　捷　2004 年，《楚剧在民间——聚焦楚剧的当代命运》

27. 纪　军　2004 年，《女书叙事诗与女性叙事》

28. 霍晶晶　2004 年，《来来往往的风景
——“汉味小说”与武汉都市民俗》

29. 张治玲　2004 年，《文化变异内驱力研究》

30. 徐金龙　2005 年，《雅谑与狂欢的话语盛宴：明清文人辑本笑话与当代民间口传笑话之比较》

31. 聂　达　2005 年，《形象与话语的第三类表达
——民间文学影视文本的记录与阐释》

32. 王　青　2005 年，《马街书会的历史、现状与未来
——关于河南马街书会的调研报告》

33. 张　静　2005 年，《黄陂木兰传说研究》

34. 祝晓春　2005 年，《巫山神女传说研究》

35. 李丽丹　2005 年，《学习与借鉴，创新与超越
——从“三言”异类婚故事看冯梦龙与民间文学的关系》

36. 周惠英　2006 年，《中元节民俗仪式研究
——以湖北省团风县团风镇七月半民俗为例》

37. 李林悦　2006 年，《民间故事中公主角色的文化意义及叙事功能》

38. 肖志刚　2007 年，《“汉川善书” 探析》

39. 王雨露　2007 年，《赵树理作品人物形象的民间性研究》

40. 梅仕士　2007 年，《民间文化元素在电脑游戏创作中的运用
——以网络游戏《暗黑破坏神》为例》

41. 欧阳梦　2007 年，《土家族建房习俗研究
——以湖北宣恩县老岔口村为例》

42. 王曼利　2008 年，《文本背后的文本
——苗族古歌《说古唱今》语境研究》

43. 徐　媛　2008 年，《民间故事传承人保护方案研究
——以民间故事传承人刘德方为例》

44. 白　杨　2008 年，《神圣与世俗——荆楚年俗新解》

45. 刘莉琴　2008 年，《中国古代反传统的女性形象——从中学语文课本中的几首民歌谈起》

46. 周　阳　2009 年，《锡伯族“西迁节”文化内涵研究》

47. 李　林　2009 年，《论官方制度对寒食节清明节的影响》

48. 李　燕　2009 年，《试论传统民俗文化的现代重构问题
——以河南淮阳太昊陵庙会为例》

49. 陈　晶　2009 年，《一个古代“送瘟神”习俗的现代遭遇
——湖北黄石市西塞神舟会调查》

50. 王燕妮　2010 年，《恩施土家族“女儿会”研究》

51. 陈　杰　2010 年，《湘西土家梯玛文化变迁研究
——以湘西龙山县双坪村和彭继龙为个案》

52. 卢　晨　2010 年，《武当山地区民间风水传说研究》

53. 潘　楠　2010 年，《民间童话与接受心理
——以“老虎外婆”故事为例》

54. 谭　黎　2010 年，《湖北荆门市冷水镇入赘婚习俗研究》

55. 秦文军　2010 年，《弑父母题研究》

56. 蔡艳菊　2010 年，《卡尔维诺》

57. 吴　祎　2011 年，《湖北诸葛亮传说的生成机制》

58. 查　斌　2011 年，《从神圣走向世俗——雪顿节世俗化与藏戏研究》

59. 欧阳治国　2011 年，《苗族崇龙习俗研究
——以“招龙”祭祀习俗为中心》

60. 万艳芬　2011 年，《汉阳舞高龙习俗调查》

61. 高艳芳　2011 年，《青蛇论》

62. 侯利朋　2011 年，《马街书会中民间组织的角色研究》

63. 巩盼盼　2011 年，《“入冥追寻”故事研究》

64. 滕小玉　2011 年，《一座宗族型庙宇的重建
——以漫水村盘瓠庙的重建为例》

二、华中师范大学民间文学学科点博士生学位论文题目

1. 陈建宪　2005 年，《论中国洪水神话圈》

2. 李丽丹　2008 年，《18 ～ 20 世纪中国异类婚恋故事的叙事学研究》

3. 侯姝慧　2009 年，《20 世纪新故事文体的演变及其特征研究》

4. 纪　军　2009 年，《唐代胡人故事研究》

5. 肖远平　2010 年，《彝族“支嘎阿鲁”史诗研究》

6. 岑学贵　2010 年，《当代民歌文化的传承与创新
——南宁国际民歌艺术节研究》

7. 韩成艳　2011 年，《从表达认同到认同表达
——赫哲族史诗“伊玛堪”研究》

8. 陈　刚　2011 年，《唐前蓬莱神话流变考》

9. 贺夏蓉　2011 年，《多重视角下的女书及女书文化研究》

10. 张晓舒　2011 年，《舞龙：地方性知识与社会变迁
——张家湾舞龙研究》

11. 刘丽丽　2011 年，《李自成传说研究》

武汉大学

武汉大学是国内综合性大学民俗学硕士点建设较早的单位，在民间文艺学领域有较好的研究基础。现民俗学硕士点属于社会学一级学科下的二级学科点，形成了民间文艺学、民俗文化与现代化、民俗文化与旅游、非物质文化遗产等方面，取得了一些研究成果。教师团队年龄，职称和知识结构合理，有较充足的科研经费，有调查研究基地，有较高的就业率，有较大的社会反响。近年来，国家非物质文化遗产保护政策、国家法定节假日政策、文化大繁荣大发展政策以及鄂西生态旅游圈建设等给本学科点的开拓带来了机遇。在过去的5年中，本学科点在学科建设、人才培养、科学研究和学术交流等方面有所进展。

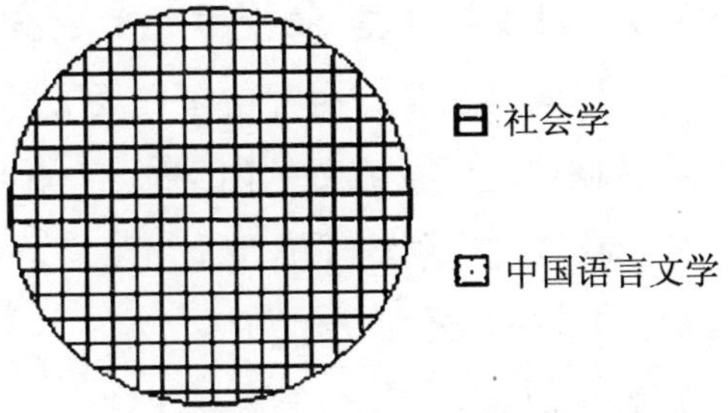

武汉大学民俗学科建制构成示意图

一、学科建设

1. 学科建制

武汉大学人文学院中文系原有民间文学方向，招收硕士研究生。1997年学科目录调整后，该民间文学硕士点于2000年划归原法学院社会学系，在社会学系学科群内继续发展。

2000年，社会学系社会学一级学科下的民俗学二级学科硕士点开始招生，研究生毕业后授法学硕士学位。

2. 研究方向

武汉大学民俗学二级学科硕士点的研究方向主要有四方面：

(1) 民俗文化与现代化。研究中国民俗文化发生、发展、演变的内部规律，及在现代生活中的价值与作用，为移风易俗促进社会主义精神文明建设提供了决策参考和理论指导。

(2) 民俗旅游文化。以民间文化资源的应用研究为主旨。研究民俗旅游文化资源的开发与管理，直接为旅游文化部门培养高级策划、开发、管理人才。

(3) 民间文艺学。研究中国民间文艺学的基本理论，总结民间创作的艺术经验及创作，以及流传的内部规律，促进民间文化的健康发展。直接为高等院校及科研机构培养理论人才。

(4) 非物质文化遗产保护。

3. 研究机构

2000 年以后，武汉大学社会学系为加强民俗学二级学科硕士点的建设，成立了“民俗学教研室”。此外，成立二室一站一基地，与之互为依托。

二室是指“人类学教研室”和“中国社会学理论教研室”。

一站是指在云南大理建立“武汉大学人类学工作站”。

一基地是指成立了“武汉大学鄂东社会学、民俗学调研基地”等调研机构。

二、教学工作与人才培养

（一）教学人员

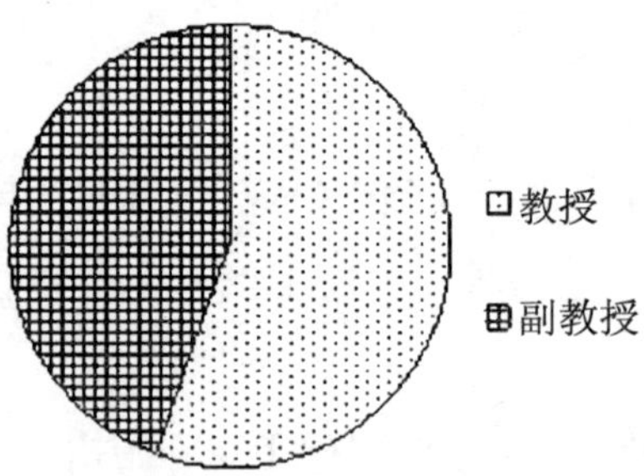

武汉大学民俗学科学术队伍构成示意图

本学科点现有教师 9 人，其中，教授 5 人，副教授 4 人。另有具有博士学位及博士后的教师。全体教师在社会学一级学科内通开课教学，民俗学专业教师与相关二级学科教师资源共享。

（二）招生单位与专业科目

近 5 年，武汉大学民俗学二级学科硕

士点招收民俗学硕士研究生5届23人。同时，武汉大学民俗学在社会学二级学科博士点设有民俗文化与现代化招生方向，近5年共招收博士生9人。

自2012年开始，硕士招生考试专业科目已报经学校同意，由原来的“社会学理论”和“民俗学原理与方法”改为“民俗学原理”和“民俗学综合”，并拟逐渐扩大招生数量和规模，以适应国家社会建设和文化繁荣的需要。

（三）课程设置、学时与学分

武汉大学民俗学二级学科硕士点研究生培养，过去实行两年制学制，课程设置、课时与学分如下：

表1　武汉大学民俗学专业（专业代码030303）攻读硕士学位研究生课程计划表

类别		课程编码	课程名称	英文课程名称	学分	学时	开课学期	备注
必修课	公共必修课	20505001	硕士英语		2	72		
		20505006	中国特色社会主义理论与实践研究		2	36		
		20505007	自然辩证法概论或马克思主义与社会科学方法论		1	18		2选1
	学科通开课	20117001	西方社会学理论	Western Sociological Theory	2	36		
		20117002	中国社会学理论	Chinese Sociological Theory	2	36		
		20117003	社会学名著导读	Readings on Famous Sociological Works	2	36		
		20117004	社会学研究方法	Methods of Social Research	2	36		
	研究方法论课	20117005	社会科学方法论	Social Scientific methodology	2	36		
	研究方向必修课	20117006	专业外语	Professional English	2	36		
		20117023	民俗学专题	Research on Folklore	2	36		
		20117024	民间文艺学	Folk Literature	2	36		

续表

类　别	课程编码	课程名称	英文课程名称	学分	学时	开课学期	备注
选修课	20117025	中国文化史专题	The History of Chinese Culture	2	36		
	20117017	中国社会思想史专题	History of Chinese Social Thoughts	2	36		
	20117026	人类学专题	Research on Anthropology	2	36		
		人类学田野工作方法	Field Work of Anthropology	2	36		
	20117027	民俗旅游文化研究专题	Research on Folk Custom Tourism Culture	2	36		
	20117028	民间信仰与宗教专题	Folk Religions and Beliefs	2	36		
		非物质文化遗产研究专题	Research on Intangible Cultural Heritage	2	36		
	20117029	发展社会学专题	Sociology of Development	2	36		
	20117014	社会心理学专题	Social Psychology	2	36		
	20117009	城市社会学专题	Urban Sociology	2	36		
	20117020	政治社会学专题	Political Sociology	2	36		
	20117013	社会问题专题	Social Problem	2	36		
		全校研究生公选课	公共选修课包括计算机、管理、人文、体育、就业指导等相关课程	2	36		限1门
补修课	20117030	民俗学概论	Outlines and Research on Folklore				不得少于2门，不记学分
	20117031	中国文化史	The History of Chinese Culture				
	20117032	中国社会思想史	History of Chinese Social Thoughts				

（四）招生目录

1. 博士生招生目录

表 2　武汉大学社会学系 2012 年社会学学科（包括民俗学在内）博士生招生目录

专业代码、名称及研究方向	导师及代码	考试科目代码及名称	备注
117 社会学系 (68756650)			计划招生人数： 8 人
030301 社会学			
01 经济社会学理论与方法 02 社会发展与生活质量研究	0618 周长城	① 1101 英语或 1103 日语或 1104 法语或 1105 德语 ② 2078 社会学理论与方法 ③ 3091 社会学综合知识	招收跨学科，不加试；不招收同等学力考生
01 经济社会学 02 行为经济学	0711 罗教讲	① 1101 英语 ② 2078 社会学理论与方法 ③ 3091 社会学综合知识	招收跨学科，不加试；招收同等学力考生 加试科目： ① 601 政治（文） ②经济社会学 ③发展社会学
01 社会人类学	0713 朱炳祥	① 1101 英语或 1102 俄语或 1103 日语或 1104 法语或 1105 德语 ② 2078 社会学理论与方法 ③ 3091 社会学综合知识	招收跨学科，不加试；不招收同等学力考生
01 社会思想与中国社会发展 02 民俗文化与现代化	0861 桂胜	同上	招收跨学科，不加试；招收同等学力考生 加试科目： ① 601 政治（文） ②经济社会学 ③发展社会学
01 社会政策 02 人口社会学	1517 慈勤英	① 1101 英语或 1102 俄语或 1103 日语 ② 2078 社会学理论与方法 ③ 3091 社会学综合知识	同上

2. 硕士生招生目录

表3　社会学一级学科下（包括民俗学在内）各二级学科硕士招生目录

专业代码、名称及研究方向	计划招生人数	考试科目	备注
117 社会学系 学术型学位：68756650	25		
030301 社会学			
01 城市社会学 02 发展社会学 03 经济社会学 04 社区研究 05 现代化理论研究 06 中国社会思想与社会发展 07 政治社会学 08 组织社会学		① 101 思想政治理论 ② 201 英语一或 202 俄语或 203 日语或 240 法语或 241 德语 ③ 642 社会学理论 ④ 864 社会学方法	同等学力加试科目：①社会心理学 ②社区概论
030303 人类学			
01 人类学理论与方法 02 仪式与社会变迁 03 政治人类学 04 人类学与中国研究		① 101 思想政治理论 ② 201 英语一或 202 俄语或 203 日语或 240 法语或 241 德语 ③ 643 人类学理论 ④ 865 人类学方法	同等学力加试科目：①社会心理学 ②社区概论
030304 民俗学			
01 民俗文化与现代化 02 民俗旅游文化 03 民间文艺学 04 非物质文化遗产保护		① 101 思想政治理论 ② 201 英语一或 202 俄语或 203 日语或 240 法语或 241 德语 ③ 644 民俗学理论 ④ 866 民俗学综合	同等学力加试科目：①社会心理学 ②社区概论
全日制专业学位	20		
035200 社会工作			
01 社区发展与管理 02 社会政策 03 社会保障 04 社会行政管理 05 专门领域社会工作		① 101 思想政治理论 ② 202 俄语或 203 日语或 204 英语二 ③ 331 社会工作原理 ④ 437 社会工作实务	同等学力加试科目：①社会心理学 ②社区概论

三、科学研究

（一）学科带头人

民间文学学科带头人李惠芳教授，武汉大学民间文学硕士点的创建者，兼任中国民俗学会副理事长、湖北省民协副主席、湖北省民俗学会副会长、湖北省文联委员。主要著作《中国民间文学》获中南地区大学出版社优秀教材一等奖、中国文联和中国民间文艺协会山花奖·学术著作奖二等奖、武汉大学本科优秀教材奖，被选为普通高等教育“九五”国家教育部重点教材，参编钟敬文先生主编的全国文科统编教材《民间文学概论》获国家教委高等学校优秀教材一等奖，参编钟敬文先生主编的全国文科统编教材《民俗学概论》获国家图书奖提名奖。参加《中国民间故事集成·湖北卷》（副主编）、《中国民俗大系·湖北民俗》（主编）、《楚风楚俗》和《中国风俗辞曲》等编纂工作，其中《中国民间故事集成·湖北卷》获国家重点研究项目编纂成果一等奖、湖北省民间文艺集成编纂成果一等奖。另出版《民间文学的艺术美》等学术论著，发表论文数十篇，其中论文《民俗文化——最本原的群众文化》获文化部优秀论著奖二等奖。1989 年获湖北省优秀教师称号。2002 年获武汉大学师德标兵称号，2003 年 11 月获中国民俗学会颁发的突出贡献奖。享受国务院特殊津贴。

现任民俗学科带头人桂胜教授，1961 年生，1993 年获华中师大历史学博士学位。武汉大学社会学系民俗学科负责人，博士生导师，兼任国务院学位委员会全国社会工作硕士专业学位教育指导委员会委员、教育部马克思主义理论工程《中国社会思想史》教材首席专家、湖北省民间艺术家协会副主席、湖北省非物质文化保护专家委员会委员、中国社会学会理事、中国社会思想史研究会常务理事、湖北炎黄儒学会副会长、湖北省社会心理学会常务副会长、湖北省创新学会副会长。其在社会学博士研究生招生方向中，设有民俗文化与现代化方向，使人才培养层次得到延伸。

（二）科研项目

表 4　武汉大学民俗学科承担重要科研项目一览表（2006—2011）

项目、课题名称	项 目 来 源	项 目 起讫时间	科研经费（万元）	负责人
村民自治与宗族关系研究：摩哈苴彝村、周族白族村、平峰汉族村和捞车土家村的个案分析（02BSH011）	国家社会科学基金一般项目	2006 结项	7	朱炳祥
地域社会的构成：从传统到现代	国家社科基金一般项目	2005—2008	6	朱炳祥
武汉城市圈“两型”社会综合配套改革试验区社会事业发展战略研究	湖北省重大项目	2008—2009	10	桂 胜
社会学的中国化进程研究	国家社科基金一般项目	2010—	12	胡翼鹏
民族地区宗教文化的现代化调查研究	国家社科基金重点项目	11ASH007	25	朱炳祥
中国社会思想史元素案例研究和范式探究	国家社科基金一般项目	11BSH003	15	桂 胜
湖北农民思想状况调查	湖北省社会科学基金一般项目	2011 结项	3	桂 胜
中国社会思想史研习方法创新研究	湖北省高等学校省级教学研究项目	2011—2014	3	桂 胜

表 5　武汉大学民俗学科承担与民俗文化相关的科研横向项目及经费（2006—2011）

年份	姓名	立项单位	项目名称	合同经费（万元）	到账经费（万元）
2006	桂 胜	湖北省农业科学院	新农村文化建设与发展研究	5	5
	朱炳祥	武汉市黄陂区油岗村	土地文化研究	0.5	0.5
2008	罗教讲	湖北省利川市	利川市城市社会发展战略研究	5.00	5.00
2008	桂 胜	湖北省利川市	利川市城市民俗民族文化发展战略研究	5.00	5.00
		湖北省文化厅	中部崛起的文化支撑	1.00	1.00
		深圳宝安文化局	深圳市宝安区企业文化调查研究	9.00	9.00
	桂 胜	广东省交通厅惠州交通局	交通道路建设征地拆迁运行机制研究	20.00	15.00

续表

年份	姓名	立项单位	项目名称	合同经费（万元）	到账经费（万元）
2011	桂 胜	荆门市	湖北荆门“十二五”规划（社会事业规划）	5.00	5.00
2011	桂 胜	硚口区	武汉市硚口区“十二五”规划（社会事业规划）	5.00	5.00
2011	桂 胜	湖北日报	湖北文化产业发展数字化信息平台建设可行性研究	7.50	7.50

（三）主要著作和论文

表 6　武汉大学民俗学科主要著作一览表（2006—2011）

类　别	名　称	作　者	出版年	出版单位
教育部“十一五”规划教材	社会人类学	朱炳祥	2009	武汉大学出版社
著　作	村民自治与宗族关系研究（武大学术丛书）	朱炳祥	2007	武汉大学出版社
著　作	柔性的风格：女性参与建构社会的实践逻辑	崔应令	2011	中国社会科学出版社
译　著	经济社会学手册	罗教讲	2009	华夏出版社
编　著	传统社会思想与当代核心价值建构	桂　胜（主编之一）	2011	知识产权出版社

表 7　武汉大学民俗学科发表主要学术论文一览表（2008—2011）

姓　名	论文题目	刊物名称	发表时间
夏昌奇	当代中国超常信仰的经验研究	社会学研究	2011 年 5 期
	Gender and Spirituality/Religiosity: Ancestor Worship in Contemporary China	SSSR(Society for the Scientific Study of	2009 年 11 月
崔应令	柔性的风格：女性自我的再认识——以恩施土家族双龙村为例	中国社会科学（英文版）	2010 年第 2 期
徐　炜 朱炳祥	中国宗族在乡村政治中的表达：历史的检视与经验的观察	アジアの历史と文化	2010 年第 3 期
朱炳祥	社会文化变迁中的白族农民	民族研究	2007 年第 2 期
	宗族的民族性特征及其在村治中的表达	民族研究	2005 年第 5 期

续表

姓　名	论文题目	刊物名称	发表时间
桂　胜	试析《管子》“四维”价值观的逻辑建构	アジアの历史と文化	2011 年 3 月
	武汉城市圈“两型社会”社会事业发展战略研究的六点启示	江汉论坛	2009 年第 4 期
	昭君出塞与汉匈社会交往的考察	アジアの历史と文化	2009 年 3 月
	禅宗五祖弘忍大师的革新智慧研究	アジアの历史と文化	2008 年 3 月
	试论御制派道教昌盛的社会成因结构及功能	アジアの历史と文化	2008 年 3 月
	民俗文化：现状与对策——基于湖北省利川市的实证研究	湖北社会科学	2008 年第 11 期
	An Investigation the minuteness Of Lao-zi' s Force Idea	Journal of East Asian Studies(日本)	2007 年第 3 期
	读者阅读需求与公共图书馆馆藏建设	中国图书馆学报	2006 年第 3 期
	周秦中国社会思想早熟的成因探析	武汉大学学报（哲社版）	2008 年第 2 期
	昭君出塞与汉匈社会民生的考察	中南民族大学学报	2008 年第 4 期
	现代传媒对民俗传承的影响	湖北社会科学	2008 年第 7 期
	新农村建设视野下的农民话语权研究	华中农业大学学报	2007 年第 1 期

（四）科研获奖与政府采纳

表 8　武汉大学民俗学科获省部级以上科研奖励一览表（2006—2011）

序号	项目名称	项目完成人（排名）	获奖时间	获奖等级
1	民族宗教文化的现代化	朱炳祥（独）	2006	教育部第四届中国高校人文社会科学优秀成果三等奖
2	继嗣与交换：地域社会的构成	朱炳祥（独）	2007	湖北省第五届社科优秀成果三等奖
3	现代化宗族的民族性特征及其在村民自治中的表达	朱炳祥（独）	2009	第六届湖北省社会科学优秀成果二等奖
4	武汉城市圈“两型”社会综合配套改革试验区社会事业发展战略研究	桂　胜（1）	2009	湖北省委调研成果二等奖
5	《利川市民俗民族文化发展战略研究报告》	桂　胜（2）	2011	湖北省（2008—2009 年）发展研究二等奖

表 9　省部级以上采纳、肯定的应用成果（2006—2011）

姓　名	成果题目和形式	采纳部门	采纳时间
桂　胜	湖北省农业科技创新中心“十一五”规划	湖北省人民政府	2006.11.23
桂　胜	关于争取国家在湖北省建立华中区域农业科技创新中心的报告	省长办公会	2007.01.01
桂　胜	武汉城市圈“两型”社会综合配套改革试验区社会事业发展战略研究	国家发改委、湖北省政府	2008.12.20
桂　胜（参与）	农民怎么想，应该怎么办	中央领导、中宣部部长刘云山批转并肯定	2011.12

四、学术交流

（一）国内会议

2010 年 11 月 21—22 日承办“传统社会思想与当代核心价值建构”学术研讨会暨第八届中国社会思想史年会。中国社会学学界专家陆学艺、王处辉、宋亚平、桂胜以及来自南开大学、北京工业大学等近十所高校的 50 余名专家学者与会。中国社会思想史专业委员会副理事长兼秘书长王处辉教授、武汉大学社会学系桂胜教授、吉林大学社会学系田毅鹏教授分别作了《对中国社会思想史中若干基本问题的思考》、《浅析〈管子〉“四维”价值观的逻辑建构》、《近代社会思想研究断想》的主题发言。

2007 年 3 月 31 日—4 月 2 日，武汉大学社会学系和香港中文大学社会学系共同主办“变动中的中国社会”学术研讨会。会议在武汉大学召开，香港中文大学、中山大学、上海大学、复旦大学、华中科技大学、华中师范大学等高校众多社会学及社会工作学者和武汉大学社会学系部分教授出席参加了此次大会，香港中文大学社会学系系主任李沛良教授，1949 年硕士毕业于美国芝加哥大学、湖北省社会学会名誉会长、94 岁的刘绪贻教授等学者分别作了学术交流。社会学系教授桂胜宣读了论文《中国社会结构：基于“缘”的视野解读》。

（二）国际交流

2006 年 10 月—2007 年元月社会学系桂胜教授受聘为日本山口大学东亚科

客座教授。为山口大学大学院部分博士、硕士研究生讲授中国民俗文化专题。

2008 年 9 月 22 日，应武汉大学社会学系邀请，来自日本山口大学东亚科的讲座主任阿部泰记教授在武汉大学作题为《日本古典文学中的“包公案”》的讲座，社会学系师生及深圳南山区培训班学员听取了讲座。

2009 年日本山口大学教授、著名民俗学家阿部泰记访问我校，与我校社会学系教授桂胜就世界民俗学界共同关心的热门话题——非物质文化遗产保护进行探讨，并重点讨论了湖北地方民间曲艺汉川善书的保护与研究，以及作为其发展形式的湖北大鼓的功能、发展与现状。湖北大鼓著名表演艺术家张明智出席了会谈。湖北众多媒体给予了宣传报道。

五、存在问题

第一，生源质量方面。近几年，民俗学专业硕士点所招收的研究生大多来自二本或者三本类高校，生源质量较低，亟需改善。

第二，民俗学放在社会学类招生，全国高校社会学系基本没有民俗本科专业，生源多为跨专业学生，给培养带来了难度。武汉大学前些年按社会学一级学科招生命题，使报考者知难而退，影响了招生规模，2012 年已改为按民俗学二级学科命题。

第三，近几年，学校改革，将研究生学制由三年缩短为二年，不大利于民俗类研究生知识的整体性与系统性研习，2012 年又恢复了三年制。

第四，武汉大学民俗学硕士点注意加强民俗学与人类学、社会学等相邻学科之间的学术资源整合，充分发挥现有教学人员不同学科背景之间的交叉与互补，但有利有弊，社会学类的研究生皆按一级学科培养，且民俗学硕士点的指导老师也要承担社会学类的课程教学和研究工作，这就或多或少地使民俗学硕士点在课程教学、人才培养方面不易彰显自身特色。

中南大学

中南大学在社会学一级学科下设有民俗学硕士点。该民俗学科点的特点是从社会学视角出发，进行社会学与民俗学的交叉研究。

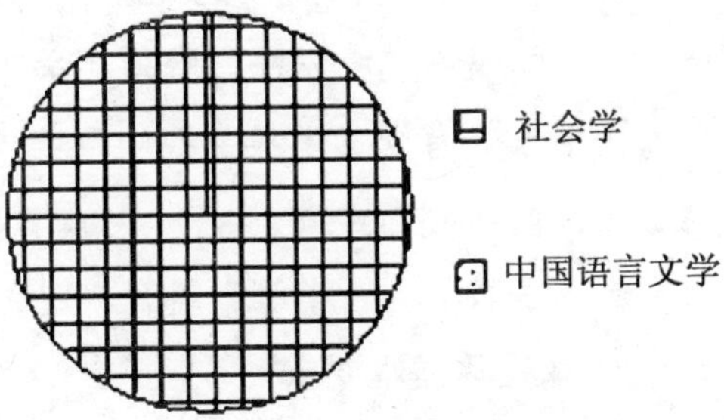

中南大学民俗学科建制构成示意图

一、学科建设

中南大学民俗学硕士点目前在公共管理学社会学一级点下设置。

本校社会学一级学科的硕士点，招收社会学、人类学、人口学硕士研究生，但因为缺乏民俗学师资，暂未招收民俗学硕士生。

二、教学工作与人才培养

（一）教学人员

教学人员为李斌教授，清华大学社会学系博士毕业，北京师范大学民俗学与社会发展研究所博士后流动站出站，现为中南大学社会学一级学科带头人；谢新华副教授，日本立正大学大学院文学部社会学博士毕业。

（二）课程设置

中南大学的民俗学点，目前主要限于面向本科生开设“民俗学”课程，由李斌教授主讲。

（三）教学大纲

课程编号：20060162

课程名称：民俗学

总学时：32

学分：2

先修课程要求：人类学，民间文学，社会学概论

适应专业：社会学，行政管理学

1. 课程在培养方案中的地位、目的和任务

民俗学是中南大学法学院社会学专业的一门必修课。

民俗学具有交叉学科的性质。它与许多学科有着密切的关系，民间文学、历史学、文化人类学、社会学、民族学等学科尤其如此。同时，它也与考古学、语言学、宗教学、哲学等学科有一定关系。

2. 课程的基本要求

民俗学的主要任务，是以科学的态度，对历史与当代的民俗事象，进行调查、收集、整理、描述、分析和论证，探求它的本质结构、特点与社会功能，揭示其发生、发展、传承、演变、消亡的规律，为人类社会的健康发展服务。也就是说，民俗学是一门帮助人们认识历史与文化、改造现实社会生活的人文科学。

学生在学习完本课程以后，对民俗学的基本概念和理论有一个清晰的了解，同时能够进行民俗研究和发现工作，为弘扬民族优秀民俗文化作出贡献。

3. 课程的基本内容以及重点难点

第一章　绪论（3 课时）

第二章　物质生产民俗（2 课时）

第三章　物质生活民俗（4 课时）

第四章　社会组织民俗（3 课时）

第五章　岁时节日民俗（4 课时）

第六章　人生仪礼（2 课时）

第七章　民俗信仰（2 课时）

第八章　民间科学技术（2 课时）

第九章　民间口头文学（上）（2 课时）

第十章　民间口头文学（下）（2 课时）

第十一章　民间语言（2 课时）

第十二章　民间艺术（2 课时）

第十三章　民间游戏娱乐（2 课时）

第十四章　中国民俗学史略（略）

第十五章　外国民俗学概况（略）

第十六章　民俗学研究方法（略）

4. 参考教材

钟敬文主编《民俗学概论》，上海文艺出版社，1998。

陶立璠著《民俗学概论》，中央民族学院出版社，1987。

5. 考核方式

平时考核与期末考试相结合，鉴于这是高年级的课程，根据情况也可以参用课程论文的形式。

三、科学研究

1. 李斌教授近年发表的民俗学成果

李斌《共有的住房习俗》，社会科学文献出版社，2007。

李斌《传统与现代之间：城市古井民俗文化变迁》，《湖南大学学报（社会科学版）》（CSSCI）2007 年第 1 期，第 110 ～ 115 页。中国人民大学复印资料《文化研究》（CSSCI）2007 年第 10 期，第 69 ～ 74 页全文转载。

李斌《寺庙之争：民俗精神符号再造》，《中国研究》2005 年第 1 期，第 60 ～ 75 页。

2. 谢新华副教授发表的民俗学成果

谢新华《宗教与社会生活百态》（合著，日文版），隆文馆出版社，1998。

谢新华《中国湖南省民间信仰与习俗的研究》（博士论文，日文版），收藏于日本国会图书馆，1999 年 3 月。

谢新华《民间信仰活动中妇女参与行为初探——以湘西A村为例》，《十堰职业技术学院学报》，2006年第4期。

四、存在问题

中南大学目前民俗学研究人员数量太少，而人事处设定的人才要求规格高，一般人才很难进入。再者，学科经费太少，发展受局限。

东北地区

辽宁大学

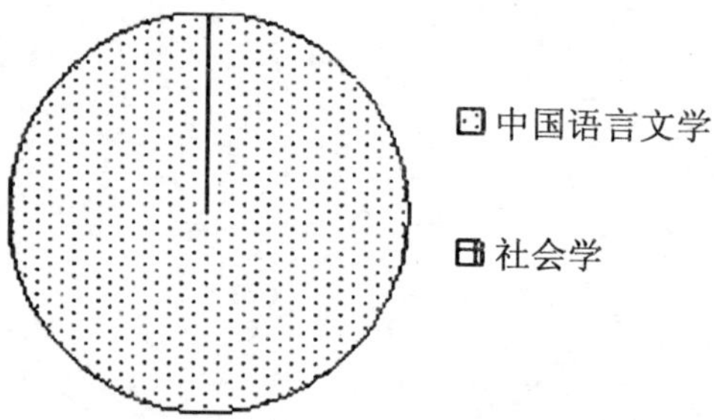

辽宁大学民俗学科建制构成示意图

1981年，辽宁大学民间文学教研室正式成立。1982年，获准招收民间文学专业硕士研究生。1986年，获民俗学专业硕士学位授予权。1990年，成立辽宁大学民俗研究中心，乌丙安教授任主任。乌丙安教授所著《中国民俗学》、《民俗学原理》等具有相当的学术影响力。另外，本专业与日本、韩国、德国、蒙古等国家也开展了多次双向学术交流活动，在国内外赢得了较好的声誉。近年辽宁大学民俗学专业除完成教学科研任务外，还参与非物质文化遗产项目的论证、鉴别和调研，为多省市的移风易俗、民俗旅游和民俗节会等提供咨询论证，积极为国家文化建设服务。

一、学科建设

（一）学科建制

辽宁大学民间文艺学专业的创建，从1981年民间文学教研室成立起，先后有乌丙安、唐呐、张朝柯、俞智先、金天一、孙绍先教授和副教授等在本专业授课。1982年民间文学专业招生，归口中国语言文学一级学科，依托中文系。1990年代中期，乌丙安退休后，杨太教授接任民俗学教研室主任兼民俗研究中心主任。2011年，杨太教授退休，教研室主任由周福岩教授担任。

（二）研究方向

目前辽宁大学民俗学专业下设民俗学与相关文化理论研究、民间文艺学研究、历史民俗文化学研究三个研究方向。

1. 民俗学与相关文化理论研究

学科带头人：周福岩教授。此研究方向是以中国传统风俗礼仪及日常生活文化实践作为阐释对象，全面吸收并反思相关哲学社会科学与文化研究理论遗产，揭示民俗文化的特质及其对人类生存的特殊规定性，为当代日常生活文明建构提供基于学理的批评。具体内容包括：中国民俗研究专题、中国风俗观念史、西方风俗观念史、中国民俗学史、国外民俗学史、民间文艺学专题、社会理论与文化哲学、田野研究专题、人类学专题、国外社会学专题、专业外语、民俗学著作导读、人类学著作导读、社会学著作导读等。

此研究方向将民俗学置于同现代性以来各种人文思潮和知识传统的充分对话中，深入控掘民俗的生存论意义，探索并确立民俗学独立的人文视界，开辟民俗学在观照美学与文化理论、伦理学、社会学、政治哲学等领域问题的独立解释学向度与批判向度。

2. 民间文艺学研究

学科带头人：江帆教授、隋丽副教授。此研究方向主要以民间叙事理论研究及民间叙事文本的意义阐释为研究重点，并结合东北地域文化特色，着力挖掘和深入研究东北民间叙事文学和东北民族民间叙事文学，在把握作品所具有的地域文化特色和民俗文化特色基础上，为研究东北民俗文化、东北各少数民族民俗文化，研究东北区域民族文化心态提供一个新的视角。具体内容包括民间文艺学、民间文艺研究方法、田野作业研究、民间口承叙事论、生态民俗学等。

此研究方向有自己的学术特色，在民间口头叙事文学方面取得了显著的成绩，近几年，已经逐渐形成了以谭振山、何钧佑、满族说部、辽东满族民间故事、辽宁民间故事为重点的研究格局，在上述民间文学的田野调查、非物质文化遗产论证和申报、以及学术研究方面达到了一定的深度，获得了两个国家社科基金项目，即“满族说部叙事类型研究”、“何钧佑锡伯族长篇口承叙事研究”，并参与整理出版了《何钧佑锡伯族长篇口承叙事》（上下卷）、《辽东满族故事》（上中下）卷、《谭振山故事集》，为民俗专业学生提供了大量的田野作业的机会，多次带领研究生深入田野，进行田野调查，故事采录，近年来共计完成了300余万字的资料采录和整理工作，使民俗学专业的学生获得了充分的学术锻炼和田野作业能力培养。

3. 历史民俗文化学研究

学科带头人：王巍教授。此研究方向以深入研究我国民俗文化为基点，首先包含从原始初民时代直至21世纪的悠久的历时性研究，同时又涵盖我国多种自然生态与人文环境，以及多个民族复杂广阔的生活样态及其变迁的空间特点研究。在时空结合、实证与理性辨析结合的科学探索中，还注重对多种民俗文化事象追根溯源，加以细致的钩沉与梳理，在分清源流、传承、变异与更替出新的基础上，形成对中华民俗的规律性认识与总结。尤其重要的是，此研究方向是本着双线互动、上下反复的学术原则进行的，一方面从民俗事象为切入点和具体研究对象，重点在于还要上升到民族大文化的宏观高度予以审视和界定；另一方面还以准确把握我国民族文化的整体精神为学术研究制高点，剖析繁复的民俗事象，从而达到民俗文化与民族文化研究的紧密结合，改变以往过于偏重实证而忽视理性深化的惯性模式，使民俗学获得更深广的研究根基与背景，进而开拓民俗学与民族文化一体化的研究途径。

（三）研究机构

辽宁大学民俗学专业依托辽宁大学和辽宁大学文学院先进的影像实验条件，具有坚实的硬件保障。拥有多套摄像、照相、录音设备，以及一个非线性编辑实验室，这些硬件条件为田野作业调查以及后期的加工制作提供了便利的条件。另外，辽宁大学图书馆和辽宁大学文学院资料室的大量藏书和电子图书期刊数据库，为民俗学专业的人才培养和学术研究提供了良好的条件。

二、教学工作与人才培养

（一）教学人员

本学科点现有专任教师3人，分别是：周福岩教授、江帆教授和隋丽副教授。另有兼职教授2人，即曲彦斌研究员、王巍教授。

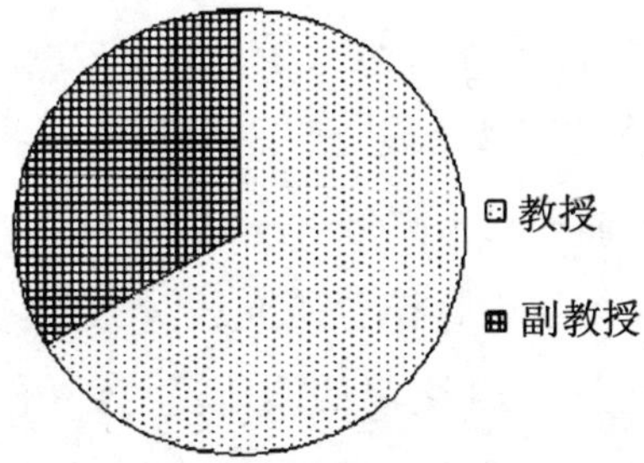

辽宁大学民俗学科学术队伍构成示意图

学科带头人周福岩教授，1995年于辽宁大学中文系获文学硕士学位，师从乌丙安教授。1998年于北京师范大学中文系获民俗学博士学位，师从钟敬文教授。现为辽宁大学文学院副院长，硕士研究生导师。2008年获教育部留学基金委全额资助赴英国剑桥大学社会学系做访问学者。主要研究方向为民俗与日常生活文化哲学、20世纪社会理论、民间传承与大众传播的文化比较、口承文艺美学与民众社会意识研究等。学术团体兼职为中国民俗学会理事、辽宁省民俗学会副会长。主持完成2004年度国家社会科学基金项目“民俗与日常生活——关于民俗学若干理论问题的思考”，1998年以来主持并参与省级科研项目若干。现讲授中国民俗学、中国民俗学史、社会学原理与方法、当代西方社会人类学、当代西方社会哲学、文化与社会理论、符号学、民俗学概论、社会学概论、专业英语等硕士生及本科生课程。2002年起连续评为辽宁大学中青年骨干教师，2005年获辽宁大学首批优秀青年教师称号，2006年评为辽宁省优秀青年骨干教师。已出版著作《民间故事的伦理思想研究——以耿村故事文本为对象》（中国社会科学出版社，2006），编著4部，在《民俗研究》、《人文杂志》、《民族文学研究》、《西北民族研究》、《社会科学辑刊》和《文艺理论与批评》等发表论文20余篇。

江帆教授，现任辽宁大学文学院民俗学专业硕士研究生导师。兼任中国民俗学会常务理事，辽宁省民间文艺家协会副主席，辽宁省民俗学会副会长。主要从事东北区域民族与文化、生态人类学与民俗学、民间文学及传承人研究。其中，对著名民间故事家谭振山长达20年的追踪研究在国内外学术界颇有影响。近十余年来在国内外发表学术论文数十篇，著有学术著作7部，田野采录作品集2部，参编民间文学教材2部。学术成果多次获得国家级及省级奖，1995年被授予“辽宁文艺新星”称号，1999年被辽宁省命名为“中青年德艺双馨文艺家”。主要著作有：《生态民俗学》、《满族生态与民俗文化》、《山林·人·文化——辽北山区生态民俗与可持续发展》、《民间口承叙事论》、《民俗学田野作业研究》、《中国民间故事类型研究》（合著）、《中国民族村寨调查——沈阳锡伯族新民村》（合著）等。 主持、参与国家级、省级以及中日、中日韩、中德等国际间合作、海峡两岸合作的学术项目十余项，其中担任主持人的有7项，主要为：中国台湾国科会项目“辽宁民间故事家谭振山研究”（1998—2001，协同主持人）；辽宁省教委人文社科项目“辽宁民间故事类型研究（2000—2003）；云南大学211项目“中国少数民族村寨调查——锡伯族”（2003—2004，协同主持人）；辽宁省社会科学规划基金重点项目“辽宁区域生态民俗与可持续发展研究”（2003—2006）；辽宁大学211项目“东北边疆与民族·满族生态与民俗文化”（2003—2006）；辽宁大学亚洲研究中心项目“中国东北朝鲜族民间宗教信仰与变迁研究”（2005—2007）；国家社会科学基金项目“满族说部研究．叙事类型的文化透视”（2006—2009）。主要获奖有：《民俗学田野作业研究》获“中国民间文艺山花奖·学术著作奖”二等奖（2001）；《生态民俗学》获“中国民间文艺山花奖·学术著作奖”三等奖（2004）；论文《女性的民间信仰与变迁》获辽宁省教委人文社会科学研究优秀成果奖二等奖（1999）；论文《民间叙事的即时性与创造性》获中国文联第五届文艺评论奖理论文章一等奖（2005）。

杨太教授，曾任辽宁大学民俗研究中心主任；民俗学教研室主任；硕士研究生导师。兼任辽宁省民俗学会副会长、常务理事；辽宁省美学学会常务理事。并从事教学与科研工作，自1989年始任硕士研究生导师，曾先后主讲文艺理论，美学原理、西方美学史、民俗学概论、中国民俗文化、社会文化人类学、马恩文化论著精读，应用民俗文化学、中国消费民俗学等10余门课程。出版专著有：《中国消费民俗学》（1998），参编或参与撰写了《民间文学概论新编》、《文艺学新编》、《美学新编》、《文艺美学辞典》、《青年审美手册》、《青年生活艺术》等，先后在《社会科学辑刊》《民间文学论坛》《辽宁大学学报》、《沈阳师范学院学报》、《理论与实践》、《锦州师院学报》等刊物上发表学术论文30余篇。完成科研项目三项：《新时期辽宁民间信仰事象研究》、《满族民俗与民间文学的文化人类学研究》、《辽宁地域文化发展战略研究》。曾获辽宁省社会科学联合会省级优秀学术成果（论文类）二等奖2项；三等奖1项，优秀奖1项，被授予辽宁省五一劳动奖章、辽宁省职业道德建设十佳标兵、沈阳市五一劳动奖章、辽宁大学优秀本科教师等荣誉称号。

隋丽副教授，在辽宁大学文学院获文艺学博士学位。2005年开始在辽宁大学文学院新闻系任教，2011年调入民俗学教研室。先后在省级以上学术期刊上发表学术论文10余篇，专著1部：《现代性与生态审美》（学林出版社2009年出版），参编著作4部。代表性的论文有《中国现代文学生态主题的演进与变迁》（社会科学辑刊，2009年第3期）；《生态审美视域中“征服主题”的差异》（辽宁大学学报，2008年第5期）；《东方意象生态视角的审美特质》（辽宁大学学报，2007年第6期）；《女性文学女儿化审美心态的对抗与突围》（广播电视大学学报，2003年第4期）等。现研究领域转向北方少数民族文学研究，扎根于田野，主持和参与多项民间文学的挖掘和研究工作。先后主持辽宁省2009年社科联项目“辽宁生态文学与辽宁区域生态文化研究”；辽宁省2009年社科基金项目一般课题“辽宁锡伯族文化资源的保护与研究——以何钧佑锡伯族长篇口承叙事为对象”。参与2008年国务院第二批国家级非物质文化遗产名录“满族民间故事”项目的故事采录和调研。参与国家社科基金项目“满族说部叙事类型研究”；参与2009年国家社科重点项目“中国城市新移民研究”。发表学术论文《满族文化源头的性别叙事——以〈天宫大战〉和〈东海窝集传〉为例》（满族研究，2010年第3期）；参与编著：《辽东满族民间故事》（副主编，辽宁民族出版社，2011）。曾获2003—2004年度辽宁省哲学社会科学成果三等奖；辽宁省第2007—2008年哲学社会科学成果二等奖；2007—2008年度辽宁省美学研究成果一等奖；2009—2010 年辽宁省美学研究会成果一等奖。现讲授课程主要有：中国民俗学概论、中国民间文学概论、民间文艺研究。

（二）课程设置

辽宁大学民俗学专业自 1982 年正式招生之后，逐渐形成了以民俗学方向为重点，多学科交叉、理论与实践并重的人才培养体系，并几次调整了教学大纲。

1992 ~ 1998 年，先后开设的专业课有：马列主义民间文化论著选读、民族民间文艺学、神话学史论、当代民俗学原理、当代文化人类学、民间传承论、中国民俗学、中国民俗学发展史、应用民俗研究、民间文艺学、实用民俗美学、文化人类学概论和民间文学专业实习。

1999 ~ 2003 年，开设的研究生课程有：中国古代史（古代）、民间文艺学、社会心理学、社会文化人类学、中国民俗文化、民俗学原理、中国民间宗教信仰研究、应用民俗文化学、社会调查与方法研究、马列文化论著选读、民俗学方法论、文化与社会理论。

（三）课程结构、学时与学分

表 1　辽宁大学民俗学科 2004 年以来开设研究生课程一览表（计划调整中）

课程类别		课程名称		课内学时	学分	开课学期	考核方式		任课教师
							考试	考查	
必修课	公共课	第一外语（基础外语）		160	4	1–2	✓		公外部
		政治理论课	科学社会主义理论与实践	36	2	1	✓		马德院
			国际政治与经济	36	2	1	✓		马德院
	基础课	中国民俗文化		54	3	3	✓		杨　太
		民俗学原理		54	3	3	✓		江　帆
	专业课	民间文艺学		54	3	1	✓		江　帆
		应用民俗文化学		54	3	2	✓		杨　太
		民俗学史		54	3	4	✓		周福岩
选修课		当代西方社会人类学		36	2	2		✓	周福岩
		社会文化人类学		36	2	1		✓	杨　太
		中国民间宗教信仰研究		36	2	2		✓	王　巍
		社会调查与方法研究		36	2	4		✓	江　帆
		符号学		36	2	4		✓	周福岩
		民俗文化与民间文学		36	2	4		✓	江帆、杨太

（四）课程内容大要

中国民俗文化。本课讲授中国传统民俗文化的主要内容与形式，分析讨论其谱系本源、再生产的社会心理条件、世界观及实践基础、流变的可能性与后果等。本课程以指导学生阅读中华历史典籍和民俗志为重心，训练学生驾驭文献和贯通历史想象的能力，为跨文化 / 文明的比较研究奠定文献学基础。

民俗学原理。本课通过教学指导学生掌握民俗学基本理论与方法、民俗学的社会文化本质及其特征、民俗传承变化的基本规律、民俗学研究领域与基本课题、各类民俗事象分类、谱系、历史与现状，民俗学研究的当下课题等，使学生熟悉中外民俗学研究的进展，能独立完成民俗学一般性研究课题。

民间文艺学。本课程指导学生掌握民间文化中的口头文学的基本理论与研究方法，了解并能尝试运用国内外民间文艺学研究的理论前沿与实践技巧，能够独立完成有关民间文艺学的一般性课题研究。

应用民俗文化学。本课程指导学生把握民族民俗文化的历史生成、发展及其与民族文化的关系，并通过分析民俗传承的基因与演变，判断当代我国民俗之现状、内涵及优劣因子，把握民俗发展趋势并提出对传统民俗的存废意见，目的是使学生在文化实践理性高度上，把握以节日民俗文化和消费民俗文化为主的民族习俗渊源的发展、民俗文化内涵的复杂性及其在历史与现实中的诸多作用；能够正确区分民俗文化中的良陋成分，并提出应用与改造的独立见解，为民族精神建构、移风易俗作出智识贡献。

风俗观念史。本课程梳理并讨论中西方人文学术传统中有关风俗的思想资源，指导学生深入理解中国道家（老、庄等）与儒家（孔、孟、荀、新儒家等）的风俗思想，理解西方 18 世纪起风俗和历史观念的变迁（维科、法国百科全书派、赫尔德、黑格尔、费希特、马克思、海德格尔、怀特海、杜威、福柯等），为比较文化哲学层面思考民俗问题提供基本的训练。

民俗学史。本课程讨论并深入反思民俗学自定名以来的中西方学术发展历程，检讨其得失，修正并拓展其视野，为民俗学学科建设以及承担相应社会文化使命提供历史想象的出发点与根基。

当代西方社会人类学。系统讲授20世纪60年代以来西方社会与文化人类学主要理论思潮，借鉴和反思人类学文化定义、理论话语及主张的优点与局限，为民俗学自身理论建设整理相关思想资源。

文化人类学。本课指导学生以辩证唯物主义和历史唯物主义为基点，认识人类文化和社会行为，把握文化与物质生活和历史进程的关系，了解人类文化及行为演变、传承、发展规律和本质等。具体如语言、社会组织、婚姻、家庭、崇拜与宗教、人格与角色等。洞察民俗的意义、社会功能、特征与实质。目的是对人类文化和行为形成系统的理论知识；把握文化与民俗的历史生成的内在逻辑。

文化与社会理论。本课程系统讲授19、20世纪及当代西方主要社会学理论和文化哲学流派。拓展学生的学术眼界，提高学生的理论素养，为其参与前沿学术对话奠定知识基础。

中国民间宗教信仰研究。宗教，作为人类童年时代的一种精神食粮，以其特殊方式安慰痛苦心灵、促进道德自律、寄托人生终极关怀。长期以来，它在稳定社会秩序、安定人心上起过举足轻重的作用，在今天不少地方还起着这种作用。本课程讲授并讨论比较宗教学知识、信仰现象及其形态，信仰活动的生存论意义、与其他精神现象的联系等。课程要求学生掌握宗教信仰的若干形式，重点掌握佛教、道教等东方宗教的特征及其世俗化形态。

生态民俗学。生态民俗学是生态学与民俗学交叉、互渗、有机结合而形成的新兴研究取向，是一种跨自然科学和社会科学的交叉性边缘学科建构尝试。它是在现代生态观念启迪下，从生态学的视角，运用现代生态学的某些理论与原则，对民俗文化进行观照与研究；从民俗学视角，考察生态环境对人类文化的制约与影响，在人类行为与活动的深广背景上探索人类与生态环境的双向互动关系。

符号学。讲授西方两大符号学传统（美国皮尔斯的实用主义传统和瑞士索绪尔的结构语言学传统），指导学生阅读、比较相关文献，进入跨学科思维领域，为学生提供从事民俗研究所必需的在细节分析和结构想象方面的技巧与训练。本课程将对美国实用主义哲学、欧陆现象学、哲学解释学、结构主义、形式主义文学批评、解构主义等知识传统进行深入讨论。

社会调查与方法研究。通过教学并指导学生实践，使其掌握民俗学田野作业及相关调查方法，掌握民俗志编撰及使用方法、民俗文献资料的运用方法以及民俗比较研究法。要求学生通过学习能够独立进行民俗学田野作业，撰写田野作业报告。

辽宁大学民俗学专业为我国民俗学研究及教育领域和文化建设领域输送了大量人才。从 1982 年招生起，辽宁大学民俗学专业共培养出硕士毕业生 142 人，其中 30 余位同学考取了中国社会科学院、北京师范大学、复旦大学、人民大学、中央民族大学、中山大学、厦门大学等院校的博士研究生，很多人已经成为当代中国民俗学界的中坚力量。

（五）部分优秀硕士论文摘要

邵媛媛《岫岩“烧香”仪式的文化研究》，硕士生导师：杨太教授。答辩时间：2007 年。

在民俗学、人类学研究中，仪式历来被认为是“文化的容器”，亦即指它会聚了一种地方性文化的多元符码，是一种文化体系的微缩体现。论文以岫岩地区“烧香”仪式为研究对象。“烧香”是当地广为流行的一种民间还愿类祭祀仪式。举行“烧香”仪式的原因大都是因为人们或是遇到生活危机（疾病、贫困、受挫）或者是为实现更高的生活需求（升官、发财、生学、求子）而向神灵或祖先许愿。如果愿望已达成，则在当年的冬天择日“烧香”还愿，邀请神灵、祖先回家吃宴席，以此答谢它们的庇佑。因此“烧香”仪式本质上是当地人神鬼信仰的产物。当代的民俗学研究正在从研究民俗及其主体“是什么”向追问民俗及其主体“为何在”、“怎样在”转变。秉承这种理念，论文悬置了“烧香”活动是否是“迷信”的定性判断，也不去讨论神鬼是否存在、“烧香”是否灵验这一类的问题，而是集中关注仪式的过程，仪式中器具、行为、语言的象征意义及仪式是如何影响主体的经验从而塑造起超验世界的实在性的。论文在“还原”中记录，在“倾听”中传达，在解释之上解释，目的是使读者能够深入理解“烧香”仪式在当地民众日常生活中的作用和意义。

白云峰《花馍的隐喻与礼俗的现实——以山西下村花馍礼俗为对象》，硕士生导师：杨太教授。答辩时间：2009 年。

论文的研究重点是花馍礼俗，主要以山西下村为个案进行定点研究。全文运用民俗学、人类学的理论与方法，以田野调查资料为主，辅以地方文献佐证，将民俗生活中的花馍礼俗视为一种具有传承性与变异性的民俗事象进行整体研究。目的在于揭示出当地民众在文化变迁中所做出的“合宜”的文化选择，强调作为文化持有者的民众对于花馍礼俗的理解。在此基础上，探讨花馍的隐喻与乡村礼俗的现实，这是论文的出发点和落脚点。研究花馍礼俗并非追求规律的理论阐述，而是一种寻求各种可能性的意义解释。通过运用民族志方法论和民俗志手法，诠释下村民众的文化选择，探讨村落社会的内在秩序与运行法则，揭示村落的“文化语法”，为社会主义新农村建设提供科学性的参考，这是论文所追求的社会意义。在全球化背景下，论文所追求的现实意义在于通过部分真实展现一种文化的多样性。

宁静《〈荆楚岁时记〉中的巫鬼文化研究》，硕士生导师：江帆教授。答辩时间：2011 年。

巫鬼信仰是中国社会较为普遍的民间信仰和行为，它贯穿于整部中国古代文化史的始末，甚至在当代社会仍旧残存着其隐喻的内核。到目前为止，学术界对巫鬼文化的学理研究尚未成熟，但一些宗教学、民族学、人类学、民俗学的学者们已经开始将目光聚焦于这一领域的研究。徐华龙先生提出了“建立中国的鬼文化学科——鬼学”，这对于巫鬼文化的研究具有重大的转折性意义。 论文立足于《荆楚岁时记》，对其所载的岁时节日活动中的巫鬼信仰加以研究，试图对巫鬼信仰的表征进行多侧面地展演，并运用民俗符号学、解释学、比较法、功能主义等理论对其进行“文化的解释”，力求从繁杂的民俗事象中发掘出其中隐藏的意蕴与内涵，从而勾勒出魏晋南北朝时期荆楚民众的生活面貌，还历史以“本真性”。

苗利莉《辽阳民间鼓乐文化研究》，硕士生导师：江帆教授。答辩时间：

2011 年。

论文的研究重点是中国民间鼓乐文化，主要以辽宁辽阳地区民间鼓乐文化为例进行定点研究。全文运用民俗学、人类学的理论与方法，以田野调查资料为主，辅以地方文献资料作为佐证，将民众日常生活中的鼓乐这一民俗活动视为一种具有传承性和变异性的民俗事象进行整体研究。辽南鼓乐是东北鼓乐的一个重要分支，主要用于婚丧嫁娶（红白事）中。辽南鼓乐在全国具有一定的影响力，其中又以辽阳鼓乐最有代表性，历史也最为悠久，技艺水平最高。它是主要以笙管、唢呐为演奏乐器，配以打击乐器的民族吹打乐。辽阳鼓乐主要分布在辽阳市和辽阳县的几个乡镇中，以乐队班子为组织形式。尽管在“文革”中遭到了严重的破坏，辽阳鼓乐依然保持了历史传承的联系性、完整性。辽阳鼓乐充分体现出辽阳乃至整个辽南地区民众的精神文化，对于研究辽南民众的生活历史具有重要的意义。2006 年 5 月 20 日，辽阳鼓乐经中华人民共和国国务院批准列入第一批中国国家级非物质文化遗产名录。

王姝《东北地区冬季民间饮食文化建构的智慧与策略——以沈阳地区满汉民族为案例》，硕士生导师：周福岩教授。答辩时间：2011 年。

论文以东北地区民间特有的冬季饮食文化为研究对象，运用民俗学、人类学等理论，通过田野调查与文献资料相结合的研究方法，着重去发现小传统持有者对抗自然生境异己一面的智慧，及其冬季民间饮食文化建构的合理性。众所周知，包括饮食文化在内的东北文化长期滞后于中原地区，论文以其南部能够率先吸收到中原文化的城市，辽宁沈阳地区为个案，展示民众在漫长、寒冷的冬季特定自然条件下围绕果腹而采取一系列积极措施的场景，展现劳动民众对抗寒冬的智慧与策略，并关注这些在长期实践中积累而来的传统知识的现代遭遇。而寻找饮食活动背后的文化理性是论文的目的所在。

任雪飞《山西晋中地区民间刺绣的地方性解读——以山西秀岩村为例》，硕士生导师：周福岩教授。答辩时间：2011 年。

山西民间刺绣也称晋绣，是传承于我国黄河流域民众生活的一种传统手工技艺，在山西晋中地区流传已久，极具山西地方特色。山西民间刺绣是造型艺术和环境艺术的完美组合，它既是一种灿烂的民间文化，又是朴实自然、真真切切的民俗生活。民间刺绣记载着民众的生活历程，反映了民众的人生观、世界观，有着极高的文化史价值。 论文运用民俗学、人类学的理论与方法，以田野调查为主，辅以文献资料，对山西晋中秀岩村民间刺绣进行地方性阐释，力求通过解读其丰富的文化内涵理解民众的日常生活，在民间刺绣习俗和民众生活的交叉互渗中探求山西晋中秀岩村民间刺绣的现状及走向。

三、科学研究

本学科点教师几十年来出版专著几十部，发表学术论文100余篇，近年来承担国家社科基金项目3项，省、部级科研项目10余项，在国内外学术期刊发表论文100余篇，获得国家级优秀学术成果奖项2项，省级科研成果奖项6项。其中主要的代表性学术专著有乌丙安先生的《民间文学概论》(1957)，《民俗学丛话》(1983)、《中国民俗学》(1985)、《神秘的萨满世界》(1989)、《中国民间信仰》(1996)、《生灵叹息》(1999)、《日本の家庭と北方文化》(日文版、1993年6月日本东京第一书房出版 、《新版中国民俗学》(1999)、《民俗学原理》(2001年)、《民俗文化新论》(2001)；江帆教授的《生态民俗学》、《满族生态与民俗文化》、《山林·人·文化——辽北山区生态民俗与可持续发展》、《民间口承叙事论》、《民俗学田野作业研究》、《中国民间故事类型研究》(合著)、《中国民族村寨调查——沈阳锡伯族新民村》；杨太教授的《中国消费民俗学》；周福岩教授的《民间故事的伦理思想研究——以耿村故事文本为对象》；隋丽副教授的《现代性与生态审美》。在海外学术刊物以及国内学术刊物《民俗研究》、《民族文学研究》、《民间文化论坛》、《社会科学辑刊》、《西北民族研究》、《人文杂志》、《广西民族大学学报》、《辽宁大学学报》、《文艺理论与批评》等发表学术论文近百篇。

其中，周福岩教授主持了2004年度国家社会科学基金项目“民俗与日常生活——关于民俗学若干理论问题的思考”(已结项)，江帆教授主持了2006年度国家社科基金项目《满族说部叙事类型研究》。目前，由江帆教授主持的国家社科基金重大委托项目“中国少数民族语言与文化研究”（2011）重点子课题“民俗学与非物质文化遗产子课题——何钧佑锡伯族民间口承叙事的传承研究”正在展开，辽宁大学民俗学专业的全体教师和部分研究生集体参与了这个项目的研究。

四、学术交流

辽宁大学民俗学专业在几十年的发展中，在学科建设和学术发展上，始终保持着强劲的发展势头，积累了丰富的成果，打下了雄厚的学科基础，在国内以及国际上形成一定的影响力。本专业成立以来，完成了多项跨国、跨区域重要合作项目以及重要的国家级项目。

在乌丙安教授的带领下，1990 年 3 月开始到 1995 年 6 月，与德国柏林自由大学东亚研究所合作，共同采录、编制《中国辽宁农业民俗图解辞典》（中德对照）。由乌丙安教授与德方冯·门德教授共同主持，德方三位博士与中心研究人员协同作业，对辽北、辽西、辽南、辽东及辽沈平原各方言区进行了艰苦的田野考察，历时 5 年。

1992—1994 年，历时 3 年完成了与日本满学协会合作的国际科研项目“中国满族民俗研究”课题。先后对辽宁省宽甸、新宾两个满族自治县的满族老户进行了 4 次大规模的家族惯习调查采录，共 16 人次参加了田野作业。先后在东京出版了合著的两部论集，收入中方学者有论文 8 篇，其中我校有乌丙安教授、江帆副教授论文 5 篇，对满族家族惯习中的通婚、族谱、八旗归属、祈子信仰等做了论析。

1995—1996 年，完成了中、日、韩联合对中国东北朝鲜族移民传统习俗的变迁等专题的实地考察项目。先后对辽宁省、黑龙江省的 4 个朝鲜族乡镇 12 个朝鲜族村的日常习俗及其源流、变异做了深入调研。该项目最后成果将于 1997 年 8 月完成，于东京出版大型论集。

此外，先后 9 人次应邀出访了日本、德国，除了参加协作活动、民俗考察外，还出席了日本远野 1992 年世界民话博览会、德国柏林 1992 年辽宁农业民俗文化展览会、柏林 1994 年“中国传统农耕文化在新时期的变迁”主题研讨会、日本东京 1995 年日、中、韩“关于中国朝鲜族民俗”的学术讨论会，并在会上发表了专题报告。同时期，先后有 12 人次出席全国重大的学术研讨会，并宣读了学术论文。先后有日本、韩国、美国、德国、意大利、加拿大等国同行学者前来讲学或作短期访问学者。

乌丙安教授也因对于民俗学的卓越贡献而获得了许多国际性的荣誉，1994 年 7 月获美国“20 世纪成就奖”。2002 年 9 月获国际龙文化卓越贡献奖金奖。1995 年他的业绩被美国收入《20 世纪国际 500 学术权威》一书总统版。1996 年 9 月应德国总统赫尔佐克及夫人邀请，出席了“首届总统文化节”，受到最高礼遇。

进入 21 世纪以来，辽宁大学民俗学专业继续扩大对外交流，参与了中国台湾国科会项目“辽宁民间故事家谭振山研究”，江帆教授任协同主持，并组织研究生参加对故事家谭振山的田野调查。2011 年，江帆教授应邀到台湾东华大学进行讲学，在台湾东华大学期间，江帆教授参加了多个在台湾举办的民间叙事文学的学术会议，并在大会上发言，取得良好的反响。2009—2010 年，周福岩教授在英国剑桥大学社会学系（Department of Sociology，Faculty of PPSIS，Cambridge University，UK）做社会理论方向的访问学者。

2011 年，美国学者张举文教授、中国社会科学院汤晓清研究员、高荷红研究员等也分别来我校进行讲学。

五、存在问题

目前，辽宁大学民俗学专业存在的主要问题是师资不足，这主要由于专业教师相继退休所造成的，当然这属于周期性问题，今后会通过加大力度引进优秀专业人才解决。此外，还应加强国内外民俗学民间文学相关学术和教学交流活动，特别是加强同国内兄弟院校、科研机构的学术往来。

西北地区

青海师范大学

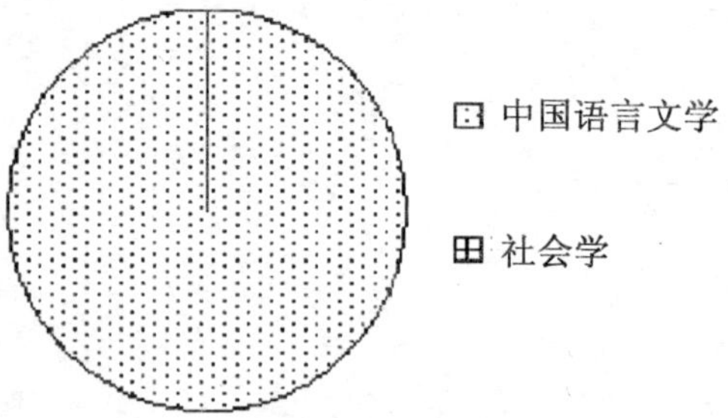

青海师范大学民俗学科建制构成示意图

青海师范大学民俗学专业，属于青海师范大学人文学院。2003年经国务院学位办批准的硕士学位授权点，2004年起招生，2007年批准为省级重点学科。是青海省唯一的民俗学科，目前在校硕士研究生19人。民俗学专业是在为本科教学服务的基础上发展而来。从1993年起，“民间文学概论”列为汉语言文学专业的必修课，1996年改为中文系全系选修课，1993年创办的《风土》杂志为本科生提供学术实践平台，培养了一大批研究民俗的学生。2003年，首先在中国古代文学专业招收民间文学方向硕士研究生，翌年起独立招收民俗学专业硕士研究生。2006年以来的教学质量评估中，民俗学硕士点质量连续名列全省之首。近年来，“文学与人类学”、“民俗文化与生活”等课程增列为本科选修课，教学效果显著，为民俗学硕士点的建设奠定了坚实的基础。

民俗学硕士点在学术带头人赵宗福教授的带领下，学术梯队日趋成熟，学科特色日趋凸显。

本学科点在教学和科研中取得了较大成就。承担国家社科基金项目、国家985项目、国家古籍整理项目、教育部人文科学项目、青海省社科规划项目等14项，并出版发表了一大批学术含量较高、影响较大的学术著作，在国内外有较大影响。《民间文化论坛》于2006年第6期曾专文评介本学科建设成就，给予高度评价。

获得硕士学位授予权8年来，积极建设学术队伍，职称结构合理，学历结构较高，年龄结构合理，各层次人员配备比较齐全，学术梯队有利于本硕士学位点教学和科研的长期持续发展。学术团队精诚合作，团结互助，学术氛围浓厚，共同承担了一批国家级、省级课题。学术带头人均有较强的科研能力，明确研究方向，成果丰富，已形成稳定、特色鲜明的研究方向，各方向学术梯队合理。

一、学科建设

研究机构建设有两所：青藏高原文化研究所、非物质文化研究所。青藏高原文化研究所主要开展青藏高原各民族民俗文化的田野调查研究等工作，尤其侧重青海省独有少数民族土族、撒拉族民俗文化的保护、研究，同时兼顾其他世居民族藏族、蒙古族、回族、河湟汉族的民俗文化调查研究，着重对于河湟地区多元民族生存环境下各民族共生共荣的民俗机制进行探索，尝试探索青藏高原环境下的民俗适应性研究。非物质文化遗产研究所积极参与青海省非物质文化遗产保护研究工作。一是对青海丰富的非物质文化遗产资源展开多层面的调查研究，出版"青海省非物质文化遗产丛书"、《青海花儿大典》等成果，成绩比较显著；二是研究人员被聘请进入青海省非物质文化遗产保护机构担任专家，赵宗福教授还从2005年起就担任青海省非物质文化遗产专家委员会副主任，承担非遗项目评审等工作，积极参与国家和青海省的非物质文化遗产抢救保护工程，从学术资源方面发挥资政作用；三是在民俗学硕士点增设非物质文化遗产研究方向，并招收了一届高校在职教师攻读非物质文化遗产方面的硕士研究生，为非物质文化遗产抢救保护工作培养高层次人才。

二、教学工作与人才培养

青海师范大学民俗学专业，至今尚未招收本科生，只招收硕士研究生。尚未取得博士学位授予权。

（一）教学人员

目前，师资队伍 12 人，其中教授 5 人，博士 6 人，在读博士 1 人，其余均为硕士。

表 1　青海师范大学人文学院民俗学硕士点研究方向及学术梯队一览表（2011）

学位点	方向	姓 名	职 称	学 位	年 龄	毕 业 学 校
民俗学硕士学位点	民俗文化学	赵宗福	教授	博士	56	北京师范大学
		米海萍	教授	硕士	47	青海师范大学
		李臣玲	教授	博士	37	兰州大学
		贺喜焱	副教授	硕士	34	西北民族大学
		李言统	副教授	博士	37	西北民族大学
		白晓荣	讲师	硕士	31	西北民族大学
		邢海珍	讲师	硕士	31	西北民族大学
	区域民俗学	文忠祥	教授	博士	41	兰州大学
		米海萍	教授	硕士	47	青海师范大学
		贺喜焱	副教授	硕士	34	西北民族大学
		何吉芳	副教授	硕士（在读博士）	40	美国夏威夷大学
		刘永红	副教授	博士	39	西北民族大学
		马都尕吉	讲师	博士	34	西北民族大学
		刘大伟	讲师	硕士	30	青海师范大学

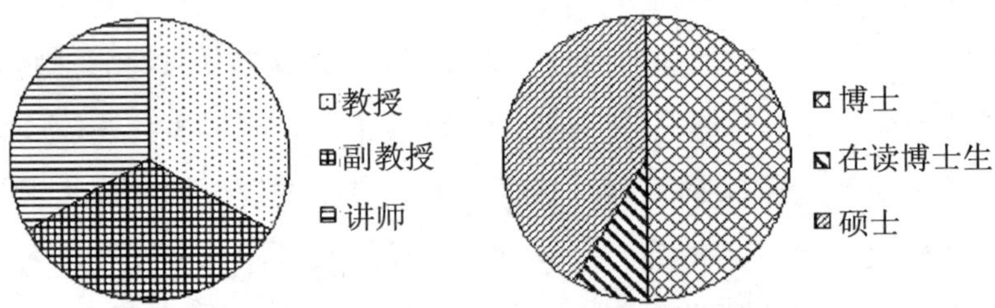

在职教师职称比例　　在职教师学历结构

图 2　青海师范大学民俗学科学术队伍构成示意图

民俗学硕士点教学工作在学术带头人赵宗福教授带领下系统开展。赵宗福博士是钟敬文先生的弟子，1993 年起享受国务院政府特殊津贴专家，1996 年破格晋升为民俗学教授。目前任青海省社会科学院院长、党组书记，兼任中国民俗学会副会长、中国少数民族文学学会副理事长、青海省民俗学会会长、青海省民间文艺家协会主席、青海省昆仑文化研究会会长、日本爱知大学中国学研究中心客座研究员、西北民族大学兼职教授等。他长期从事青藏高原文化史特别是民俗文化的研究，先后在《文艺研究》、《文艺评论》、《民俗研究》、《文献》以及台湾《民俗曲艺》等学术期刊发表有关民俗学、神话学、民间文艺和历史文化方面的论文近百篇，出版《昆仑神话》、《江河源头的民俗与旅游》等著作10多部，其成果先后24次获得省部级以上奖励（全部为独著），包括青海省哲学社会科学优秀成果一等奖、中国青年哲学社会科学优秀成果奖、青海省文艺评论一等奖、青海省民间文艺研究一等奖等，在学术界有较大影响。目前，赵宗福教授为青海师范大学民俗学硕士点首席导师，其下设民俗文化学方向（导师赵宗福教授）、区域民俗学方向（导师文忠祥教授）。文忠祥教授长期从事西北区域民俗研究，兼顾西北文化地理、旅游民俗研究，在《民族研究》等学术期刊发表论文20多篇，出版《土族纳顿节》等专著，在学界取得一定影响。

主要任课教师有米海萍教授、唐仲山教授（兼职）、李言统博士、刘永红博士、何吉芳博士、贺喜焱副教授等。米海萍教授、唐仲山教授、李言统博士、刘永红博士、贺喜焱副教授在青藏文化史特别是民俗文化史方面也有较多的研究成果，是省内具有一定影响的年轻学者。

（二）课程设置

本民俗学硕士点在做好基本工作的基础上，在课程设置上，注重以下三点工作。第一，不断完善课程体系。在原有基础上，随着学科和人员的发展，不断调整课程体系，新近拟定了民俗学专业课程建设计划，分专业基础课、专业方向必修理论课、专业方向选修理论课、民族民俗文化选修课、留学生选修课五大部分。第二，广泛精选有造诣、有影响的专家学者为学生授课，保证了授课质量。第三，强调田野调查实践。由于民俗学学科特殊性，田野调查成为获取资料、深入理解民俗事象的重要方法，因此特别强调研究生深入田野，开展调查研究。第四，培养模式的探索创新。在经过一年多的基础学习后，每届学生赴北京等地著名大学访学达半年以上时间，由国内名家系统授课，开阔眼界，贴近学界脉搏，掌握了学科最新理论动态。这些做法取得了良好效果。另外，在教学过程中，拿出适当时间，安排学生围绕主题展开讨论，安排一节讲授，使得初步得到学术报告方面的陈述训练。

本学科已经形成了较完善的人才培养体系和课程体系，具有较好的发展基础。

（三）研究生培养

1. 培养方案

民俗学硕士学位点制定了较为完善的硕士研究生培养方案，并能够严格执行。

研究生培养方案具有以下特色：第一，特别注重课程建设，不断完善课程体系，从国内精选有造诣、有影响的专家学者为学生授课。第二，强调田野调查实践，做到理论与实践的有机结合。第三，创新培养模式，每届学生均赴北京名校学习半年以上，聆听名家系统授课，效果良好。第四，学位论文强调学术规范，遵守学术伦理，强调学术创新，坚决反对学术不端。学位论文从选题到撰写定稿，每一个环节均给予认真指导。选题方面，以扬长避短、保证具有可持续研究空间为原则，强调行文规范，注重运用前沿理论，鼓励学术创新，学位论文质量得到很好提升。第五，强调既要教书更要育人，关注思想工作，注重真情投入。强调做学问与做人的关系，从生活中的点滴关注学生的成长，既强调做学问的规范，也强调做人的规矩，做到两者统一。

为开拓硕士研究生的学术视野，提高学识，在对硕士研究生的培养中创新培养模式，“向上”、“向下”兼顾。“向上”，即为了克服地处西宁，与学术中心地理距离较远的弱势，与北京著名高校、科研机构取得联系，与国内名校联盟教学，使研究生在读期间赴中央民族大学、中国社会科学院等学术机构进修学习半年至一年，聆听国内外名家的课程和讲座，进一步保证了优质的教学质量。“向下”，即充分利用地处西宁，周围各民族具有丰富多彩的民俗生活资源的优势，定期、不定期带领学生进行田野调查，开阔视野，接触丰富的民俗事象，做到理论与实践的有机结合。

2. 招生方向与人数

目前，招收民俗文化学、区域民俗学方向的硕士研究生。招生目录如下表。

表 2　青海师范大学民俗学专业硕士研究生招生方向与考试科目一览表

<table>
<tr><th>院（系）代码、名称</th><th>学科专业代码名称</th><th>拟招生人数</th><th>研究方向代码名称</th><th>指导教师</th><th>考试科目</th><th>复试笔试科目</th><th>同等学力加试科目</th><th>备注</th></tr>
<tr><td rowspan="2">001 人文学院</td><td rowspan="2">030304 民俗学</td><td rowspan="2">4</td><td>01 民俗文化学</td><td>赵宗福 教授、博士</td><td rowspan="2">（1）101 思想政治理论
（2）201 英语一
（3）610 民俗学（含民间文艺学）
（4）810 中国文化</td><td rowspan="2">社会学</td><td rowspan="2">中国文化史
民间文学</td><td rowspan="2">授予法学硕士学位</td></tr>
<tr><td>02 区域民俗学</td><td>文忠祥 教授、博士</td></tr>
</table>

2004 年至今，共招收硕士研究生 59 人，其中高校教师在职攻读硕士学位 24 人。自 2008 年起开始民俗文化学、区域民俗学两个方向招生。已经授予硕士学位人数为 68 人，其中统招硕士 39 人，高校教师在职攻读硕士学位 29 人。目前在校 19 人。

3. 硕士学位论文题目

关于研究生毕业论文选题，本硕士点本着“可持续发展”原则，在尊重学生学术旨趣的基础上，导师严格把关，让学生选题在顺利完成硕士学位论文之后，为以后学术研究发展预留发展空间，一个选题可以不断做大做深，最终形成系列研究成果。

历届硕士研究生毕业论文选题

2003 级中国古代文学专业民间文学方向

李言统《中国民歌的口头传统研究——花儿与〈诗经〉的程式比较为例》

索南措《〈格萨尔〉说唱艺人表演中的口头程式》

刘永红《楚帛甲书创世神话研究》

金官布《唐志怪中的变形母题研究》

王秋萍《〈聊斋志异〉的民间叙事性研究》

袁宏军《论历史人物传说在〈史记〉中的使用》

2004 级民俗学专业民俗文化学方向

梁家胜《杨家将传说的民俗文化研究》

刘大伟《河湟庄廓的文化空间研究——以青海省互助县大河欠村为个案》

胡　芳《仪式与展演——土族纳顿节仪式的文化展演研究》

拉毛卓玛《青海湖祭海仪式研究》

朱建军《论春节文化从传统向现代的转型》

2005 级民俗学专业民俗文化学方向

唐仲山《黄南年都乎村於菟的文化解读》

陈　刚《蓬莱神活起源研究》

彭建华《江永女书的民俗文化解读》

雷　燕《牡丹民俗的文化意象研究》

李　娜《水浒梁山传说文化研究》

李玉英《河湟皮影戏的程式与表演研究》

朴恩真《韩藏情歌的跨文化比较研究》

马　艳《传统与变异——青海海西希里沟镇移民文化研究》

2005 级中国古代文学专业民间文化方向（高校在职）

米海萍《清代西部竹枝词的民俗文献价值研究》

齐　韵《论天人合一观念的神话渊源》

杨　柳《从神话到现代——嫦娥原型的文化内涵及其在文学作品中的重述》

李玲珑《论元杂剧创作的民俗文化特点》

李原生《〈杨家将演义〉的民间叙事性研究》

2006 级民俗学专业民俗文化学方向

张　佳《武则天传说的民俗文化研究》

商文娇《乡村妇女生活中的信仰艺术——青海民和嘛呢经研究》

陈研妍《民俗主题公园的民俗展示——以锦绣中华民俗村为例》

柯丽萍《都市手机短信文化研究》

才仁措《汉藏民族杂居村落的民俗文化研究——以青海省共和县恰藏村为个案》

鄯文娟《河源信仰研究》

马岩芳《西宁城乡社火的文化比较研究——以西宁市城中区及湟中县葛家寨为个案》

董海梅《张恨水小说的民间叙事性研究》

姜　福《西宁伊斯兰教的经堂教育与文化功能》

2006 级民俗学专业民间文化学方向（高校在职）

李　静《从民间狂欢到红色仪典——延安新秧歌运动的文化阐释》

李　朝《河湟地区族源叙事研究》

李　艳《当下西宁市民休闲生活研究》

李措吉《以神话思维构筑精神家园——楚辞对神圣世界的诗意期待》

龙生祥《热贡六月会及祭神仪式研究》

耿英春《绒哇藏族服饰民俗文化研究——以青海省海南州共和地区为例》

裴　玲《藏族酒文化的民俗学研究》

蒲生华《河湟汉族婚俗中古代礼俗的遗留研究——以“冠礼”、“妇见”礼和抢婚习俗为例》

王文业《河湟宴席曲研究》

许四辈《七里寺花儿会的民俗学研究》

纳玉兰《青海省南门峡地区亲属称谓调查研究》

蔡进萍《佑宁寺民俗信仰圈研究》

2007 级民俗学专业民俗文化学方向

李　清《沂蒙丧葬文化研究》

张　筠《西宁方言的民俗文化研究》

韩福龙《科幻电影中的神话叙事研究》

2008 级民俗学专业民俗文化学方向

王小明《湟中农民画的民俗文化学研究》

高　双《灾难电影的神话思维研究》

渠胜恩《赵州桥传说的民俗文化研究》

央吉卓玛《幻境中成就永恒——〈格萨尔王传〉史诗歌手研究》

2008 级民俗学专业区域民俗学方向

赵　莉《网络鬼故事研究》

贾霄锋《西方“圣人”与“情人”的中国化研究——中国当代洋节日现象》

梅娟娟《“王莽赶刘秀”传说的研究》

范志容《峨眉山香会研究》

2008 级民俗学专业非物质文化遗产保护方向（高校在职）

李晓燕《青海非物质文化遗产保护研究》

吴　杰《藏族民居帐篷的民俗文化研究》

达　洛《当车宦仓苯教信仰民俗研究》

薛海萍《西宁平弦研究》

马建华《河湟汉族传统婚礼歌研究》

土旦才让《藏族传统装饰图案的文化变迁研究》

马春香《青海乡村社火文化研究——以湟中县千户营村为个案》

巴盖措《青海卓仓藏族婚俗文化研究》

霍　福《青海苏木世村农事祭祀活动研究》

甘　泉《土族服饰文化研究——以青海省互助土族为例》

王伟章《国家信仰与仪式政治——青海湖祭海与国家祭祀文化研究》

祁生贵《藏族习惯法的民俗生态研究》

三、科学研究

（一）理论研究

本学科注重学科规范和学术特色，凝练研究方向，现已形成民俗文化学、区域民俗学两个稳定的研究方向。同时还曾根据需要，具有藏族民间文学、非物质文化遗产等研究方向。

民俗文化学。青藏高原拥有丰富而独特的多民族民俗资源，本学科具有地处青藏高原的地理优势和研究队伍的学术优势，一是对于青藏高原各民族特别是藏族、土族、撒拉族民俗文化精神的整体把握，弘扬优秀民族传统文化都具有极高的学术价值；二是通过河湟地区各民族多元文化的形成、发展、交融的研究，提升多元文化研究层次，总结多元文化发展新模式；三是对于研究高原民族文化如何适应社会主义社会的发展和科技革命的大势具有巨大的社会意义。

区域民俗学。重点研究区域内具有地域特色的土族、撒拉族、藏族、河湟汉族、回族等民俗文化，进行跨区域、跨民族的民俗比较研究，适当延伸到跨国民俗文化比较研究。本方向的特色和优势，是依托区域特有民族，开展具有鲜明地方特色、民族特色的民俗研究工作。我们利用地处西北的区位优势，可以近距离、长时段地开展田野工作，围绕各民族民俗文化事象，深入、全面、系统地开展研究工作，溯源辨流，阐释文化内涵，为特有民族民众更好更快地发展地方社会经济文化，适应社会主义现代化步伐提供学科依据。

据此，本硕士点在国内同类学科中具有比较明显的学科优势。

民俗学学科点教师紧紧围绕青海区域民俗文化进行民俗学研究，出版了一批专著，发表了大量本专业及其相关的学术论文。

学术队伍近年来出版《青海民俗》、《昆仑神话》、《青海花儿大典》、《土族史料集》、《青海民族迁徙史》、《青海民间文化新探》、《土族纳顿》等学术著作10余部。

近年来在《民族研究》、《民间文化论坛》、《民俗研究》、《文史知识》等学术权威刊物发表论文36篇，文忠祥在权威刊物《民族研究》发表《三川土族“纳顿”解读》，李臣玲在《民族研究》发表《二郎神信仰在安多藏区传播历史的考察民族研究》，贺喜焱副教授在《民俗研究》等上发表《青海民和土族“纳顿”节的田野调查》。

表3　青海师范大学民俗学学科点出版著作一览表（2005—2011）

序号	作者	著作名称	出版社	出版时间	分　类
1	赵宗福	昆仑神话	青海人民出版社	2005年	学术专著
2	赵宗福主编	中国民俗大系·青海卷	甘肃人民出版社	2004年	丛书专著
3	米海萍	青海民族迁徙史	青海人民出版社	2005年	学术专著
4	米海萍主编	土族史料集	青海人民出版社	2006年	资料工具书
5	文忠祥参编	青海民间文化新探	民族出版社	2008年	学术专著
6	文忠祥	土族纳顿	青海人民出版社	2009年	丛书专著
7	赵宗福 刘永红	飞禽走兽趣谈	中华书局 上海古籍出版社	2010年	丛书专著
8	赵宗福主编	青海省非物质文化遗产丛书	青海人民出版社	2010年	丛书（10本）
9	赵宗福 执行主编	青海花儿大典	青海人民出版社	2009年	学术专著
10	赵宗福主编	昆仑文化与西王母神话论文集	青海人民出版社	2011年	国际研讨会论文集

表4　青海师范大学民俗学学科点发表学术论文一览表（2005—2011）

序号	作者	论文题目	发表刊物	发表时间
1	赵宗福	昆仑神话与中国人的河源昆仑意识	文史知识	2006（2）
2	赵宗福	地方文化系统中的王母娘娘信仰——甘肃省泾川王母宫庙会及王母娘娘信仰调查研究	民间文化论坛	2005（6）
3	赵宗福	论仙乡传说对唐传奇《柳毅传》的影响	长安大学学报	2005（4）
4	赵宗福	民族艺术的文化探索	中国土族	2005（2）
5	赵宗福	关于提高续修志书质量的若干思考	青海民族学院学报	2005（1）
6	赵宗福	区域新文学文化流变研究的力作——《青海新文学史论》序	青海师范大学学报	2007（4）

续表

序号	作者	论文题目	发表刊物	发表时间
7	赵宗福	一项拓荒性的研究成果——《青海藏传佛教音乐文化研究》序	青海民族研究	2007（3）
8	赵宗福	西北花儿的研究保护与学界的学术责任	民间文化论坛	2007（3）
9	赵宗福	论昆仑神话与昆仑文化	青海社会科学	2010（4）
10	赵宗福	西北花儿的文化形态与文化传承	西北民族研究	2011（1）
11	赵宗福	关于昆仑文化作为青海省标志性文化的思考	青海社会科学	2011（3）
12	赵宗福	西王母研究从一般走向深入	中国社会科学报	2011（8）
13	文忠祥	民族文化与江河源地区生态策略选择	青海社会科学	2004（1）
14	文忠祥	浅析地理因素对蒙古族传统文化形成的影响	青海师范大学学报	2004（1）
15	文忠祥	仪式的整合和升华（第一作者）	青海民族研究	2004（3）
16	文忠祥	撒拉族教育文化与人口现代化（第一作者）	西北人口	2004（5）
17	文忠祥	民和三川土族“纳顿”体系的农事色彩	青海民族学院学报	2005（4）
18	文忠祥	三川土族“纳顿”解读	民族研究	2005（3）
19	文忠祥	仪式象征与实践建构	西北第二民族学院学报	2007（1）
20	文忠祥	土族纳顿面具舞解读（一）	青海民族学院学报	2007（2）
21	文忠祥	土族纳顿面具舞解读（二）	青海民族学院学报	2007（3）
22	文忠祥	土族村落的空间结构及土族的空间观	青海民族研究	2007（1）
23	文忠祥	论土族民间信仰象征	青海民族学院学报	2008（2）
24	文忠祥	土族民间信仰中的洁净观念初探	青海民族学院学报	2009（1）
25	文忠祥	土族“纳顿”舞蹈的文化解读	青海民族学院学报	2009（4）
26	文忠祥	论时间制度	青海民族研究	2010（1）
27	贺喜焱	青海民和土族“纳顿”节的田野调查	民俗研究	2005（3）
28	贺喜焱	民族旅游与非物质文化遗产保护	内蒙古财经学院学报	2008（3）
29	贺喜焱	试析土族“纳顿”节传承、复兴的文化动因	西北民族大学学报	2005（2）
30	贺喜焱	非物质文化遗产保护视野下的土族婚礼传承研究	青海民族研究	2008（3）
31	贺喜焱	青海饮食文化的区位研究	青海师范大学学报	2008（1）
32	贺喜焱	“彩虹之乡”的婚礼习俗	文史知识	2006（2）
33	贺喜焱	土族婚礼的文化价值探析	青海师范大学学报	2008（5）
34	李言统	表演视域下花儿口头程式探讨	青海师范大学学报	2007（1）

续表

序号	作者	论文题目	发表刊物	发表时间
35	李言统	花儿的口头程式结构	文史知识	2006（2）
36	李言统	理论研究与应用研究相结合的学术研究范式——评《西北花儿的研究保护与学界的学术责任》	青海社会科学	2010（1）
37	李言统	青海四大花儿庙会的调查报告	西北民族研究	2009（4）
38	李言统	民歌花儿的民间指涉和文本使用	青海民族研究	2008（4）
39	刘永红	禁忌与狂欢——浅谈“花儿”的文化特征与社会功能	青海民族研究	2006（1）
40	刘永红	青藏高原民族民间故事的个性特征	中国土族	2009（2）
41	马都尕吉	论《格萨尔》的程式化结构特点及其传承规律	西藏研究	2005（1）
42	马都尕吉	他山之石　可以攻玉———对史诗《格萨尔》叙事程式的分析	西藏艺术研究	2006（1）
43	马都尕吉	从史诗《格萨尔》看藏族盟誓习俗	西北民族大学学报	2004（2）
44	李臣玲	民族社会学视野中的丹噶尔藏人家庭文化变迁研究	青海民族学院学报	2007（4）
45	李臣玲	二郎神信仰在安多藏区传播历史的考察	民族研究	2007（3）
46	米海萍	从文献看河源信仰的特征	青海社会科学	2010（4）
47	米海萍	试析清代文人之西部竹枝词创作	青海师范大学学报	2008（6）
48	米海萍	论明代青海多民族格局形成的原因和影响	青海民族研究	2008（2）

（二）科研项目

承担国家级课题 8 项。

获得科研、教学成果奖 8 项，主持国家社科基金项目 8 项，教育部项目 2 项。赵宗福教授主持国家社会科学基金项目“青海高原多元民俗文化圈的形成发展与现实意义”，米海萍教授主持“青藏地区民族民间文学研究”。文忠祥主持国家社会科学基金项目“甘青地区土族民间信仰与社会和谐研究”。李臣玲主持国家社会科学基金项目“生态文明视域中的青海藏区经济与社会协调发展研究”。国家教委批准的中央民族大学 985 课题“中国少数民族重大节日的调查与研究”子项目“关于青海土族纳顿节的调查与研究”由赵宗福教授主持。

表 5　青海师范大学民俗学学科点科研项目一览表（2005—2011）

序号	项目负责人	项目名称	批准单位	项目类别	批准文号	起止时间	经费（万元）	研究进展
1	赵宗福	青海高原多元民俗文化圈的研究	国家社科基金项目办	国家社科基金项目	04XZWO011	2004—2012	8	等待结题
2	赵宗福	中国少数民族重点节日调查与研究·青海土族“纳顿”节调查研究	教育部	985 项目		2005—2006	5	完成
3	赵宗福	中国节日志·土族青苗会	文化部	国家社科基金特别委托项目	JRZ2009037	2009—2011	4	等待结题
4	赵宗福	中国节日志·青海春节志	文化部	同上委托	JRZCH201009	2010－2011	4	等待结题
5	文忠祥	土族民间信仰与和谐社会研究	全国哲学社科规划办	国家社科基金项目	07XMZ008	2007—2009	9	完成
6	米海萍	青藏地区民族民间文学研究	全国哲学社科规划办	国家社科基金项目	08XZW021	2008—2010	10	等待结题
7	李臣玲	生态文明视域中的青海藏区社会经济域稳定研究	全国哲学社科规划办	国家社科基金项目	08XMZ032	2008—2010	10	正在进行
8	刘永红	青海宝卷研究	全国哲学社科规划办	国家社科基金项目	09XMZ038	2009－2012	12	正在进行
9	白晓荣	西北地区穆斯林民族农业人口城镇化过程中的择业趋向研究	全国哲学社科规划办	国家社科基金项目	09XMZ054	2009－2012	12	正在进行

四、学术交流

积极参加各类各级学术研讨会，促进业务水平的提高。

赵宗福，2006年应邀赴台湾参加西王母文化高峰论坛。

米海萍、文忠祥，2009年应邀赴台湾进行学术交流与考察。

文忠祥、李臣玲，2009年7月27日至31日，参加云南昆明“国际人类学与民族学联合会第十六届世界大会”。

赵宗福策划主办2010年8月“昆仑文化与西王母神话国际学术论坛”。文忠祥、米海萍、贺喜焱、邢海珍等参加。

文忠祥，2010年10月23–24日参加北京中央民族大学主办“边疆发展中国论坛2010”。

赵宗福、文忠祥，2010年11月20–24日参加山西太原“中国民俗学会第七届代表大会暨2010年年会”。赵宗福在本次会议被选为中国民俗学会副会长。

赵宗福主持召开“昆仑神话与世界创世神话国际学术论坛”，文忠祥、米海萍、邢海珍参加会议。

赵宗福，2011年10月应美国民俗学会邀请赴美国印第安纳大学参加美国民俗学会年会，并发表关于中国地方民俗学的讲演。

五、存在问题

本学科点师资队伍结构需要进一步优化，有影响的精品成果不多，尚需全面提高学术水平。限于科研资金，很多独具科学研究价值和社会实践价值的建设工作尚未有效开展，与外界学术交流有限。办学层次不高，尚未取得博士点。为本科教学服务的覆盖面不广，应逐步在汉语言文学、社会学、历史学、旅游等专业开设“民俗学”、“文化人类学”等必修课和选修课。

西北民族大学

西北民族大学民俗学学科，包含中国少数民族语言文学专业少数民族民间文学研究方向博士研究生点(2004年起招生)、中国少数民族语言文学专业民间文艺学方向博士研究生点（2007年起招生）与民俗学（含：中国民间文学）硕士研究生点（1991年起招生)。其中，中国少数民族语言文学专业少数民族民间文学研究方向博士研究生点与民俗学硕士研究生点挂靠西北民族大学民族学与社会学学院（西北民族大学西北民族研究院)，中国少数民族语言文学专业民间文艺学方向博士研究生点挂靠西北民族大学文学院。

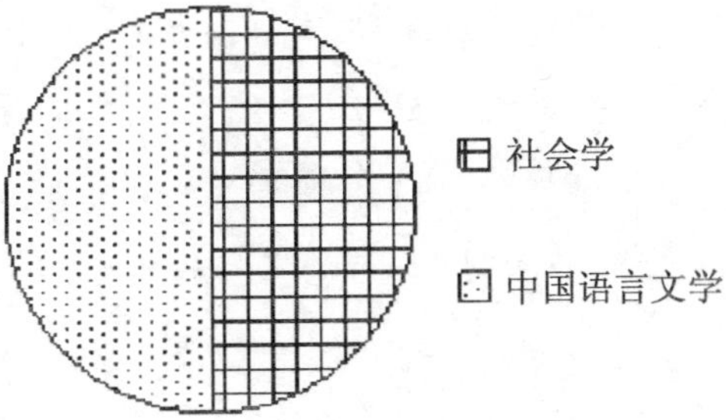

西北民族大学民俗学科建制构成示意图

至2011年，中国少数民族语言文学专业少数民族民间文学研究方向博士研究生点共招收培养了8届14名博士研究生（其中授予博士学位者8人)，中国少数民族语言文学专业民间文艺学方向博士研究生点共招收培养了5届10名博士研究生（其中授予博士学位者3人)。共招收21届来自15省市区的14个民族的153名硕士研究生（其中授予硕士学位研究生127人，在读硕士研究生26人)。先后有多国留学生前来研修、进行学位论文课题研究，在国内外产生了广泛的影响。

我校民俗学学科硕士培养现已形成三个稳定且特色鲜明的研究方向：①民族民间口头与非物质文化遗产保护研究；②甘宁青人口较少民族民俗研究；③区域民俗研究。而博士生培养也在为民间文艺学、民间文化以及“非遗”

等方面体现出鲜明区域特色，近年来已产生了一定的社会、学术影响和高级人才培养效应。(详见一、学科建设，以及二、教学工作与人才培养)

我校民俗学学科团队近6年期间（2006–2011），共获批国家社科基金课题6项；省部级科研项目12项；国外合作项目1项；厅局科研项目4项；发表论文55篇，其中CSSCI刊物15篇；获得甘肃省高等学校社科成果一等奖2项、三等奖2项，国家民委社会科学成果奖三等奖1项，中国民间文艺山花奖、民间文艺成就奖2项。近10余年间（1999–2010）学科团队共出版各类专著、编著作31部。

近年来，执行多项外专项目，邀请国内外相关领域专家来我校访学，开展讲座（详见四、学术交流）

一、学科建设

（一）西北民族大学民族学与社会学学院、文学院的学科建设

1. 民族学与社会学学院学科建设

西北民族大学民族学与社会学学院（原称为“社会人类学·民俗学学院”）现有中国少数民族语言文学博士学位授予专业少数民族民间文学研究招生方向，及民俗学含中国民间文艺（原称中国民间文学（含民俗学，1991））、社会学（2003，一级学科）、民族学（2003，一级学科）、人类学（2006）、社会工作（MSW）（2011）五个硕士学位授予专业。有社会学（2000年）、社会工作（2007年）、民族学（2008年）三个本科专业。2008年，社会学本科专业获准为教育部国家级第一类高等学校特色专业建设点。2009年民族学专业被评为校级重点学科。本科教学研究室有社会学理论教研室、社会学方法教研室、社会工作教研室、民族学教研室。目前，民族学与社会学学院同时挂牌西北民族研究院。另设“西北民族非物质文化遗产保护研究中心”。

2. 文学院学科建设简介

西北民族大学文学院现有1个中国少数民族语言文学民间文艺学博士学位授权方向；有1个中国语言文学一级硕士学位授权点，文艺学、中国古代

文学、比较文学与世界文学、中国少数民族语言文学古今少数民族汉文学 4 个二级学科硕士点；有汉语言文学、对外汉语 2 个本科专业。

（二）民俗学博、硕点设置状况

1. 中国少数民族语言文学专业少数民族民间研究方向博士研究生点

由资深教授、西北民大民族学与社会学学院（西北民族研究院）创办者，著名民间文艺学家、民俗学家、人类学家，中国“非遗”保护工程专家委员会委员郝苏民教授牵头建设；并以其为核心形成了以各族年轻博士、高职教师为梯队的师资队伍。以综合研究民间文艺学、民俗学、民间文学理论与方法；西北各族群以及相邻各国跨国民族的民间文化、民族志；以及族际、中国与中亚各国之间、各宗教信仰之间的民间文化关系的比较研究为特色的主攻领域。以培养民族民间、民俗文化、民间文学、文化遗产学的教学科研以及民间文化工作方面的高级人才为己任。

自学科建立以来，先后承担完成了国家级、省级民族民间文学、民间民俗文化以及“非遗”研究的相关课题与调研。2005 年曾成功举办了与文化部、国家民委主办、甘肃省文化厅协办、西北民族大学民族学与社会学学院承办的“实施西北民族民间非遗保护”学术研讨会并挂牌成立了“西北民族非物质文化保护研究中心”2011 年 9 月 15–20 日与新疆师范大学联合举办“第一届西北民间文化遗产保护与传承研究高级培训营”。并先后在甘肃省“花儿”基地的和政县建立了民俗学、民间文艺学“松鸣岩花儿教学科研基地”和“环县道情皮影教学科研基地”；在青海、宁夏、新疆等地也正在为民间文艺学、民间文化以及“非遗”方面的教学研究，建立并提供着实地田野调查、研究的基地平台。使西北各民族民间文化挖掘整理、邻国跨国民族文化影响比较研究、口头传统与遗产保护等、形成了区域民间文化研究的鲜明特色及区域优势，近年来已产生了一定的社会、学术影响和高级人才培养效应。

2. 中国少数民族语言文学专业民间文艺学研究方向博士研究生点

中国少数民族语言文学专业民间文艺学研究方向博士点自 2007 年开始招收博士研究生，侧重少数民族民间文学特别是西北民族民间文学的研究，由西北民族大学副校长郭郁烈教授担任指导教师。民间文艺学是研究广大人民群众口头创作的学科，它是人文学科的一个组成部分，也是文艺学的一个特殊门类。中国各少数民族拥有十分丰富的民间文学资源，在民间文艺学理论观念方面具有独特的贡献。本研究方向以民间文艺学的基本理论问题研究为基础，紧密结合学校所处西北的地域特色，深入、系统地研究西北各少数民族民间文学，为中国少数民族文学乃至整个中国文学的研究贡献力量。

3. 民俗学（含：中国民间文学）硕士研究生点

民俗学（含：中国民间文学）硕士研究生点，于1990年由郝苏民教授领衔申请，经国务院学位委员会批准。自1991年开始招收民俗学（含民间文学）硕士研究生。先后有蒙古、日、德、意、韩、美及港、澳留学生前来本硕士研究生点研修、进行学位论文课题研究。其间还与宁夏大学联合招收民俗学硕士研究生。本硕士研究生点连续三届被评为甘肃省“1999—2001年甘肃省高校重点学科”、“2002—2005年甘肃省高校重点学科”、“ 2006—2010年甘肃省高校重点学科”。

4. 培养方向

（1）博士生培养方向介绍

①少数民族民间文学研究

在中国少数民族文艺学中，少数民族民间文学占有一定位置。此方向主要或以宏观全景视野、或以微观深入探索、或以相关学科的交叉，研究少数民族民间文艺学各个形态、表现形式的形成发展及相互关系的规律，以西北少数民族史诗、叙事诗及歌谣、神话、传说等以及民族民俗文化中不同类型的表现形式为主要研究对象。同时，提倡对西北少数民族民间文学进行平行比较研究，对其共性及个性以及与中华民族整体文化关系有总体把握和探索、开拓。

②民间文艺学研究

民间文艺学是研究民间口头文学的学科，它是人文学科的一个组成部分，也是文艺学的一个特殊门类。民间文艺学的研究对象，主要是民间文学，即流传于民间的各种神话、传说、故事、笑话、史诗、叙事诗、歌谣、谚语、俗语、谜语、歇后语、民间说唱、民间戏剧等，它主要通过现实生活和文献资料等途径，采用田野调查和案头工作等方法实现其研究任务。

（2）硕士生培养方向介绍

①民族民间口头与非物质文化遗产保护研究

本方向，其发端即有抢救保存民族民间文化的动机。我国丰富的民族民间文化是人类社会的宝贵文化遗产之一，文化多样性是与生物多样性同样重要的议题，人类需要一个多元的、多色彩的人文生态环境。但在全球化趋势的增强，经济社会发展急剧变迁中许多民间文化在衰落甚至消亡。研究与抢救、保护优秀的民间文化不仅仅是民俗文化学者的历史责任，更是多民族统一国家在国际舞台上确保文化主权和文化话语权的重大议题。各国都把民族文化保护列入前沿项目。如何鉴别、保护、开发与利用我们的民族民间文化资源，利用现代技术和手段保护好这些资源，是一项迫切的任务。本研究方向通过开展西北民族民间口头与非物质文化遗产保护研究的教学与研究，在以上方面做出贡献。

②甘宁青人口较少民族民俗研究

西北地区有一些人口特少，但独具文化特色的小民族（几千人至几万人），如保安、撒拉、裕固、土、撒拉等民族。还有一些所谓“人”而未确定为“族”的群体，如“白马”、“卡力岗”、“托茂人”等。这些民族或群体没有文字却有语言与独特的文化，有的还由于跨国居住因而引起国际学术界关注。对于这些“民族”或“人”的文化研究，新中国成立前一片空白，仅为外国传教士、探险家所独霸。本方向主要以甘肃、青海等省区的特有民族东乡族、保安族、裕固族、土族、撒拉族等民族民俗为研究对象。由于这些民族的历史形成过程有一定共同特点或相似的历史发展过程，故其民俗文化中共同特点就可能成为“类型”研究的基础，该方向研究中，将形成民俗学的三级学科民族民俗学或区域民俗学。

③区域民俗研究

通过对不同地区、族群、社会群体的各类文化现象，文化类型和文化遗产的系统调查研究，从文化的视角来分析和理解中国社会内部文化的多元性和复杂的互动、演变轨迹。此研究方向主要以积极开展区域民俗文化研究的挖掘、整理与比较研究，为构建具有中国多民族一体特色的民俗学理论体系；推动我国民俗学理论体系建设和创建工作的全面开展和为复合型人才培养服务。

（三）人才培养

1. 博士、硕士学位授予

至 2011 年，中国少数民族语言文学专业少数民族民间文学研究方向博士研究生点共招收培养了 8 届 14 名博士研究生，其中授予博士学位者 8 人；中国少数民族语言文学专业民间文艺学研究方向博士生点共招收培养了 5 届 10 名博士研究生，其中授予博士学位者 3 人。同时，民俗学（含：中国民间文学）硕士研究生点共招收培养了 21 届来自 15 省市区的 14 个民族的 153 名研究生，其中授予硕士学位研究生 127 人，在读硕士研究生 26 人。先后有多国留学生前来研修、进行学位论文与课题研究，在国内外产生了广泛的影响。

2. 历届博士学位论文题目

表 1　西北民族大学民俗学科博士学位论文题目一览表（2007—2011）

	作者	少数民族民间文学研究方向博士学位论文题目	毕业时间
1	闫国芳	乡村社会视阈下的花儿研究	2007.6
2	马东平	八坊民俗志——对甘肃临夏回族城镇社区民俗的描述与阐释	2008.6
3	戚晓萍	生存空间视角下的花儿调查研究——以岷县村为个案	2009.6
4	杨　静	仪式与表演：人神共娱到生存与追求——人类学视野下的环县道情皮影戏研究	2009.6
5	刘秋芝	口头表演与文化阐释——西北回族口头传统的“确认”与研究	2010.6
6	王淑英	多元文化空间中的湫神信仰仪式及其口头传统——以甘肃洮岷地区为田野调查中心	2010.6
7	刘永红	西北宝卷研究	2011.6
8	马红艳	塔吉克族口头传统的调查与研究——以塔什库尔干塔吉克自治县 2010 年夏季调查为中心	2011.6
		民间文艺学研究方向博士学位论文题目	
9	李言统	故事歌研究——20 世纪以来甘青汉语故事歌为	2010.6
10	罗文敏	〈伊利亚特〉与〈格萨尔〉叙事比较研究	2011.6
11	王恒来	〈格萨尔〉与〈罗摩衍那〉人物比较研究—基于史诗人物人格和结构体系的考察	2011.6

3. 历届博士生学位论文中文摘要

2007 届闫国芳《乡土社会视阈下的花儿研究》

花儿是跨越西北甘、宁、青、新四省区，由回、汉、撒拉、保安、东乡、土、裕固和藏族作为传唱主体而享有的一种特有的山歌和民俗文化，作为西北民族文化的缩影，花儿形成了一个跨越时空的文化网络和民族文化系统。论文从文化人类学的角度出发，以田野调查的第一手资料为基础，结合历史文化背景的分析，力求深入到花儿的“活态世界”之中，探求它的传承、发展，于人、群体、族群之中特殊的互动关系和变化，给它以准确、较全面和“立体”的透视和理解。论文共分六章。内容上大致可分为三个部分：绪论主要是花儿搜集整理史、学术史的回顾，是一种学术上的梳理；第一、二章属第二部分，是从民间文化生态环境的角度探讨花儿生成的各种内外因素；第三、四、五章属第三部分，也是论文的重点。主要探讨花儿是在怎样的社会环境中传承和发展的，花儿演唱的场域及演唱主体，演唱传统中逐渐形成的各种仪式和规范，长期的花儿演喝传统是如何模塑一代又一代花儿歌手的，他们具有哪些共同的特点，歌手是如何传承的，第六章针对花儿和花儿会变异及非物质文化保护的工作进行了探讨。

关键词：花儿；民众；乡土社会

2008 届马东平《八坊民俗志——对甘肃临夏回族城镇社区民俗的描述与阐释》

回族民俗文化是一个整体的面，但各个不同地域的回族民俗文化是这个面上的点，各地域回族文化的文化因子和要素组成了回族整体文化，所以，我们要认识和界定回族民族共同体，就要认识回族的民俗文化，因为各民族下层民众的民俗生活恰恰是各个民族相异的标识。而目前有关回族的民俗著述基本上以回族文化整体论出发，忽视了回族区域文化的差异。本研究则通过对西北甘肃临夏城镇回族社区俗民生活进行整体性的田野式的调查、描述和阐释，进行回族民俗文化“点”的研究。

论文首先对八坊这个西北甘肃临夏回族城镇社区的民俗生活世界进行田野调查，进行整体研究。在庞杂的民俗生活世界和宏大的民俗整体研究中，本论文则选择那些能够反映八坊特殊的历史进程，反映这里的民众对于自己民族、国家乃至人类文化所作出的特殊贡献的民俗事象，能够体现八坊民众的集体性格、共同气质，具有薪尽火传的内在生命力的民俗事象，内涵比较丰富，深刻地联系着八坊社会中广大民众生活方式的民俗事象作为重点描述和阐释对象。八坊民俗志的建构主要围绕着遵从以上标准的八坊民俗事象和民间文学作品展开。论文通过描述八坊经济习俗、日常生活习俗、社会组织民俗、仪式民俗、节日民俗和口承民俗等，阐释具体民俗的乡土象征意义。

论文在描述和阐释具体八坊民俗的基础上，分析了八坊民俗文化的伊斯兰教和商业文化特征及它们的生成机制，还有通过展现当代转型期的八坊民俗生活，指出并以期解决八坊民俗的转型和调适问题，以及八坊民俗主体的民生、人性问题，也是本研究中研究者想体现的学术愿望和学科伦理。

通过以上的研究，研究者对八坊民俗文化有了更深的认识，八坊人用自己的文化来运作自己的生活，没有八坊文化，就没有了八坊人的生活。所以，保护这种文化是在保护这种生活，或者说是保护这种生活方式。

关键词：临夏八坊回族；城镇民俗；描述；阐释

2009 届戚晓萍《生存空间视角下的花儿调查研究——以岷县 KPT 村为个案》

任何一个族群，以及这一族群所创作、享用的文化在世界上都是独一无二的，应当得到他者的尊重。只有深入到该族群的文化生态之中，从当事人的眼光去观察、去体验，他者才有可能理解、掌握这一文化的真正含义。论文在 KPT 这个小社区范围内，采用民族志方法，用整体论观念对流行于当地的花儿类型——阿欧怜儿进行了调查研究。主要回答了如下五个问题：其一，当前，原生态花儿处于一种怎样的文化生态之中；其二，村落生存空间下的花儿其传承的时空生态情况；其三，花儿的生存依附于“会”，描述一个具体的“会”，以感知花儿的生存空间；其四，花儿至今仍是活态的口头传统，论文将探讨其维系生存的自身规律——程式、主题及其变体，以及它作为一种地方文化产品又通过自身呈显出哪些岷州文化；其五，分析阿欧怜儿的载体——歌者及受众；其六，反思当前非物质文化遗产保护语境下的花儿保护。在研究中，笔者把花儿置于其文化生态的有机整体内，在活的社会生活系统之中来观察它、描述它、分析它。在整个工作过程中把研究者我作为研究的工具，与花儿歌手构建“主体间性”的关系，进行资料的自然情境采集，借助人类学的“大视野”将研究对象寓于其文化生态中进行整体性探究，获得对研究对象的“主位观”理解及“客位观”反思。通过本研究，笔者认识到决定花儿生存、发展的因素从大的方面来说有两个：一个是它自身的内在规律，另一个是它所处的外部环境。花儿作为人类的口头传统之一，其内在规律与“口头程式理论”所揭示的口头诗歌的特征部分吻合。因而，口头程式理论对于解析花儿也具有一定的指导意义，尤其是有助于探索歌手在演唱、对歌过程中的快速创作。花儿的外部环境分为大环境与小环境，大环境即它所赖以存在的由自然、社会、人文等因素构成的文化生态，小环境即它每次表演的现场环境。外部环境为花儿提供了生存的土壤，花儿在这一生存环境中固守着它自身的程式与主题，并得以在诸种场域下传承。同时，花儿也反映着其生存地的区域族群文化。人是文化的载体，花儿歌手是花儿这一文化事象的主要承载者。花儿口头传统在适宜的外在环境土壤里，通过歌手掌握、遵守并熟练应用花儿的内在创作规律，使得花儿生存、发展、传承。花儿与它的文化生态之间存在着相互唯一的对应关系，要保护花儿，从根本上说首先要保护它赖以生存的文化生态，包括其传承人，在保护中还应当遵守花儿自身的发展变化规律。

关键词：“花儿”；“阿欧怜儿”；文化生态；口头传统；民族志

2009 届杨静《仪式与表演：人神共娱到生存与追求——人类学视野下的环县道情皮影戏》

近年来，随着中国非物质文化遗产保护工程的推进，环县道情皮影戏以其地方性和原生态等特征引起了各界的关注。通过田野调查，笔者认为环县道情皮影戏不仅是当地庙会活动的重要组成部分，而且还跨入当地人的生命礼仪之中，具有仪式表演的特点。在环县道情皮影戏的仪式性程序中，普遍的功能意义是娱神，传达一种人界对神圣世界秩序的依从。作为一种仪式性的文化表演，它既满足了人们对信仰的需求，又给他们带去了艺术的享受。数百年的传承和积淀，环县道情皮影戏已经成为了一个特定乡土中的、具有丰富文化内涵的“标志性文化”。环县道情皮影戏濒临衰亡的背后，其实是民众生存境遇和生活方式的变迁，随之改变的还有他们的民间信仰。人类学的理论为环县道情皮影戏的研究提供了全新的视角，为揭示环县道情皮影戏的结构形态及深层文化内涵提供了有力的学理依据。因此，笔者试图从人类学的角度，“再现”环县道情皮影戏在长时段乡土变迁中所创造的文化图像和生活场景，阐释其表演活动背后的社会意义。探析并企望挖掘、复原或显现它在当地传统文化里的本体面貌，为更深入理解环县道情皮影戏作为中国非物质文化遗产代表作之一的原生态民间文化的精髓所在及其必须保护的重大意义。

论文分为七个部分。绪论部分：通过对该选题学术史的回顾，说明了选题的缘起与研究价值，强调了该论文的人类学视野和田野调查方法。第一章：通过对环县的地理、历史、生态、经济等方面的描述，展示出了环县道情皮影戏产生的特定文化背景。第二章：从环县地区民间信仰体系的宏观视野，呈现出环县道情皮影戏在这个体系结构中的位置，帮助我们理解它如何成为了这个完整的民间宗教信仰系统中不可缺少的一部分。第三章：庙会是中国民间社会生活的一项重要内容，庙会文化是我国传统文化的重要组成部分。乡村庙会也是环县道情皮影戏的主要生存空间。本章从环县当代庙会个案入手，一方面，对庙会的斋醮活动和皮影戏演出两种仪式的表演过程、象征符号进行分析，展示出两种仪式对神圣空间建构的意义；另一方面，通过对这个庙会中各种人群行为的描述和分析，展示出一个国家与民间互动的秩序化世俗空间。第四章：以环县道情皮影戏剧目为研究对象，对神戏和本戏剧目内容及其特征进行分析研究，从而揭示出当地民众的思想意识、传统观念及审美倾向。第五章：通过庙会上的皮影戏“过关”和艺人家里的“过关”两种仪式的个案描述，以及对两种过关仪式的功能和意义等进行比较，进一步分析环县道情皮影戏与地方文化之间的关系。从艺人家的“过关”仪式个案中引发对艺人生存处境的思考，通过大量艺人的口述材料来展示出生存动力与文化创造之间的关系。结语部分：简要回顾论文所涉及的内容，强调人类学视野下的环县道情皮影戏研究的意义。

关键词：环县道情皮影戏；民间信仰；仪式；地方知识；集体记忆；传承

2010 届刘秋芝《口头表演与文化阐释——西北回族口头传统的“确认”与研究》

20 世纪 80 年代以前，回族口头传统的搜集、整理和研究集中出现了一批成果。但是这些成果却深受当时社会政治意识形态的“浸染”，“文人改造”的痕迹较为明显。其原因是回族通用汉语汉字，并与汉族最为广泛、最为亲密地杂居。而其他有自己的语言文字的少数民族，或因交流沟通的障碍，或因居住的集中，他们的口头传统受政治思潮、阶级斗争意识的影响较轻。再者，此时对回族口头传统的研究有“以偏盖全”的倾向，把一些地方性的口头传统笼统地视为所有地区回族所共有的。故这一时段积累的回族口头传统文本资料在一定程度上存在失真的情况，而建立在“不真实”资料基础之上的研究，也肯定是有所偏颇，不够全面的。本研究在对回族口头传统进行初步的“确认”基础上，运用民俗学、人类学等理论重新阐释了西北回族口头传统。

西北回族口头传统具有独特的民族特征和地域文化特色。它以汉语为载体，承载着以伊斯兰宗教文化为内核、汉族文化为主体的回族穆斯林文化，展示着西北多元的自然生态与文化生态。在世界多元文化的背景下，我们要进一步做好西北回族口头传统的抢救和保护工作，建立西北回族口头传统资料库，进一步发掘口头传统的现代价值和功能。

关键词：口头传统；确认；表演；文化阐释

2010 届王淑英《多元文化空间中的湫神信仰仪式及其口头传统——以甘肃洮岷地区为田野调查中心》

论文在洮岷地区这一多元文化空间中考察湫神信仰仪式及其口头传统的展演、运作方式与社会功能。指出：洮岷地区的湫神信仰通过迎神赛会、祭祀仪式与口头传统等形式实现了自身的展演；围绕湫神信仰，汉、藏、回、土等族群之间实现了不同层面上的认同与互惠。汉、藏、土之间因共同的湫神信仰而引发了族际间的全面交流与合作；汉、回之间因信仰不同，不能进行仪式上的合作，只能进行生产层面的合作，但仍有某些“意识”上的默认。论文并不仅仅是对洮岷湫神崇拜仪式的本体研究，更侧重于对崇拜仪式中语言崇拜的残留（神词、祭文、祈祷词等）及其以语言为载体的口头传统所发挥的功能的分析。这对于我们分析社会文化认同的复杂性和族群文化的多样性有着极其重要的意义，也为多元文化空间中的人类学、民俗学口头传统和民间信仰研究提供了一个新的研究视角和地方性的民间经验。除绪论和结语外，论文主体部分共分为五个章节：第一章着重描写洮岷地区恶劣的生态环境、多样化的生存方式及多元化的民间信仰。恶劣的生态环境与不同族群的多样化生存方式为洮岷湫神信仰的形成提供了物质性与族群间文化“互化”的基础。第二章主要从历史角度考察洮岷地区 18 位湫神信仰的形成过程。明清时期，朝廷加强了对洮岷地区的军事、政治、经济与意识形态控制，18 位湫神信仰的形成是国家与地方社会共同建构的结果。第三章从洮岷地区的庙会与演剧活动中考察湫神信仰仪式与观念的综合展演。洮岷庙会活动既是民众对自身传承及移民历史的一种叙述，也是对历史上多元文化并存、多族群交流这一“事实”的再现。洮岷演剧与湫神祭祀仪式紧密相连，始终呈现出一种浓厚的仪式色彩。第四章描述分析洮岷地区湫神信仰的仪式专家、祭祀组织与仪式实践。仪式专家马角、水头对于仪式知识是“全知”的，是青苗会组织的核心人物。青苗会是洮岷地区的湫神祭祀组织，具有仪式与生产方面的职能。围绕各自的湫神，青苗会举行的一系列禳雹、祈雨仪式是人类企图用文化、仪式手段影响自然环境的积极生存策略，反映了人与自然、人与人之间的复杂关系。在第五章中笔者首次对与湫神信仰相关的传说故事、神奇叙事、神花儿、神词等口头传统进行了系统梳理与深入分析，指出：与湫神信仰有关的传说、故事、神奇叙事的讲述，起到了解释、维系、强化湫神信仰体系的作用；而在仪式上使用的神词和祭文则是一种沟通人神、显示湫神权威的仪式语言，保证了仪式展演的神圣性。总之，论文通过对洮岷地区湫神信仰仪式及其口头传统的描述与分析，指出洮岷地区的湫神信仰仪式和口头传统打破了家庭、宗族、村落和族群的边界，在汉、藏、土、回等多族群共存的时空中实现了不同层次上的文化交流与认同。

关键词：湫神；演剧；仪式；神词；口头传统

2010 届李言统《故事歌研究——20 世纪以来甘青汉语故事歌为例》

论文通过 20 世纪以来甘青流行的汉语故事歌的分析，提出在民间文艺学界建立故事歌概念的必要性和合理性，并廓清了故事歌的学术流变，对故事歌的文本类型及其文本呈现出来的叙事特征、间性特征进行分析和总结，归纳出故事歌的各种情节类型和主题类型特征以及体现出来的审美个性。全文除了绪论和结语，正文共七章。绪论：明确了故事歌概念的提出和界定，梳理了故事歌研究的学术史，阐述了论文的研究意义、方法和思路，并对资料的来源作了交代，对文中涉及的理论、术语作了简要阐释。第一章：对故事歌文体和故事歌的演变做了梳理，并从体裁学的角度，廓清了故事歌与叙事诗、说唱、曲艺等之间的异同。第二章：故事歌文本类型的分析。本章针对故事歌以书面存活的形态，将所有文本区分为记录文本和加工文本。记录文本是口头文本的一种书面转写，加工文本是对大量故事歌整理文本和创编文本的一种概括。对形成于不同时期、不同情境下的文本从版本学的意义上给予阐释。第三章：故事歌文本特征的分析。本章从叙述者、叙述者干预、聚焦、频率等方面概括出故事歌的叙事特征；从词语程式、句法程式、情境程式以及运用的原则概括出故事歌程式运用的特征；从唱述人、听众、异文本、叙述传统等方面归纳出故事歌的间性特征。第四章：故事歌表演特征的分析。本章通过故事歌表演本质、表演权利、表演特性的分析，发现故事歌唱述可以视为一次交流的事件，是唱述人和听众互动的一种结果；故事歌的唱述行为是自身获得听众认可之后被赋予的一种权利，是在特定的语境下，通过唱述人的标定并具有一定的仪式行为的过程。第五章：故事歌情节类型的归纳。本章通过大量故事歌的解读，从情节的叙事模式上，归纳出历史传奇故事歌、爱情婚姻故事歌和日常生活故事歌。第六章：故事歌主题类型的归纳。本章通过主题概念的解读和大量的故事歌调用的常用主题的分析，归纳出行孝型、骂媒人型、团圆型、相思型、施虐型五种常见的叙事主题，并阐释了这些主题在故事歌当中的意义和文化内涵。第七章：故事歌审美特征的归纳。本章通过对故事歌内容和形式体现出来的审美因素的归纳，总结出故事歌自由灵便的口头叙事、二元对立的叙事结构、充溢其间的悲剧精神和诙谐幽默的喜剧效果四个主要的审美特征。结语：全文内容的简要概括。说明了各部分内容的研究工作和获得的理论成果，并指出研究的未尽之处。

关键词：故事歌；叙事；文本；表演；类型；情节；主题

2011 届刘永红《西北宝卷研究》

宝卷是一种带有较强烈信仰特质的讲唱艺术。从第一部宝卷问世，宝卷已有七百多年的历史。宝卷的历史经历了元末明初早期的佛教宝卷，明朝中叶的民间宗教宝卷和清末以后的世俗宝卷三个阶段。西北河西地区、河湟地区、洮岷地区宝卷念卷是目前全国存活下来的活态宝卷念卷之一，西北地区宝卷及念卷是当地重要的文化资源，具有较高的学术价值。

西北宝卷念卷的三个地区同属一个文化圈。多元文化、多元宗教、多民族文化、丰富多彩的俗文化为宝卷在这一地区的传承提供了丰厚的文化土壤和生存语境。西北宝卷多为手抄本，宝卷在西北的流传与明末清初以后民间宗教在西北的流传有密切的关系。宝卷流传到西北地区，汲取了地域性文化的因子，转型成为一种当地民俗文化和信仰。宝卷有多种命名方式，宝卷抄卷是宝卷流通、传承的主要形式，不仅如此，宝卷抄卷传统也被民众视为一种对信仰的实践，宝卷抄卷是一种神圣的行为，所抄宝卷也是神圣文本。西北宝卷的内容可分为宗教宝卷和故事宝卷。二者在民众生活中的功能不同，洮岷宝卷和河湟宝卷念卷是当地民间宗教信仰与民俗活动，带有强烈的宗教与信仰特质；河西宝卷则有明显的教化与娱乐功能。西北宝卷的文本结构与念卷过程，继承了俗讲的仪式性要素，并与地域性文化结合，或繁或简，形成了新的结构与仪式特点。从不同方面显现的程式是宝卷，的编创和传承的主要方式。宝卷叙事以多线索叙事、二元对立人物形象塑造等方式为中心构拟叙事，具有固定的故事范型，是一种独立、自足的民间文学叙事。口头文本、来自口头的文本和书面文本构成宝卷的文本网络，宝卷在当地文化传统与多种民间艺术的互动中，具有互文性的特征。宝卷叙事中多有启悟和度脱的主题，是人类文化中成年礼等人生礼仪的反映。宝卷信仰者以女性为主的特点，宝卷叙事中的女神信仰、女性关怀、宝卷叙事中狂欢、戏谑、颠覆、反抗凸显了民间文化寻求自我价值与权力的呐喊。

西北宝卷的念卷与传承依赖于民间宗教群体——嘛呢会、四季会以及乡村民俗活动中松散性的念卷群体。这些群体性念卷具有乡土社会下结社的特点，是带有乡土性、通俗性、群体性的一种宗教信仰实践活动，满足了民众精神、信仰与群体生活的需要，因而成为民众生活的一部分。

西北三地的宝卷有共性，也有个性，宝卷是一种神圣文本，念卷是一种神圣行为；西北宝卷是一种多元艺术，宝卷的念卷集说、唱、表演、仪式为一体；西北宝卷是一种西北三地的宝卷有共性，也有个性，宝卷是一种神圣文本，念卷是一种神圣行为；西北宝卷是一种多元艺术，宝卷的念卷集说、唱、表演、仪式为一体；西北宝卷是一种多元文化，是文学、宗教、艺术，集宗教、信仰、娱乐与教化为一体；西北宝卷是一种多民族文化，在汉族、藏族、土族多个民族中传承与讲唱。

关键词：宝卷；念卷；信仰；嘛呢；说唱艺术；民间宗教；西北

2011 届马红艳《塔吉克族口头传统的调查与研究——以塔什库尔干塔吉克自治县 2010 年夏季调查为中心》

口头传统承载着塔吉克族生生不息的集体记忆和民族精神，它是塔吉克族的灵魂，是维系塔吉克族生存、发展的重要信念和精神支柱。尤其是在当今全球经济一体化的发展浪潮中，如何有效地进行民族文化与民族精神的传承与发展，是每一个民族都要面对的一个重大的、不可回避的、生死攸关的关键问题。在这样的情势下，如何使塔吉克族口头与非物质文化遗产得到有效的传承和保护？是目前学术界必须面对和回答的一个重大问题。笔者从微观的角度出发，将口头传统作为一个横剖面展示了塔吉克族口头传统在中国特定的社会环境中所发生的文化变迁，描绘和勾画出了中国塔吉克族到底是个什么样子，中国塔吉克族不同于中亚塔吉克族的地方在哪里。论文首次将塔吉克族口头传统置于塔吉克人的民俗生活中进行了动态的研究，再现和阐释了一部分活态的塔吉克族口头传统是如何在人们的生活中得以保存和传承的。通过系统梳理和如实反映塔吉克族各类口头传统在保存和传承过程中存在的不同问题，遇到的各种困境，有针对性地对塔吉克族口头与非物质文化遗产的保护提出了一些较为可行的对策和建议。塔吉克族是我国 22 个人口较少民族之一，探讨塔吉克族口头与非物质文化遗产如何传承和保护的现实问题，对于中国其他 21 个人口较少民族非物质文化遗产的保护有着重要的参考价值和借鉴意义。

纵观各类口头传统在塔吉克人现实生活中的存在和传承状况，尽管一些口头传统的存在和传承由于种种原因面临濒危。但是从婚礼歌以及葬礼歌的个案研究我们发现，并不是所有的口头传统都濒危了，塔吉克民间还是有活态存在的，保存和传承状况较好的口头传统。塔吉克族口头传统之所以能够流传下来的根本原因在于塔吉克民族自身在自觉主动地传承本民族的文化以适应社会的发展和变化。从塔吉克族口头传统发生变迁，变成具有中国特色的塔吉克文化这一事实也说明了文化的传承与发展其实是一个适应过程，这个适应包括对自然环境和社会环境的适应，而塔吉克族口头传统变迁与传承的自身历程已经充分体现了这种适应性。要存在，就要学会适应；要适应，就要发挥主动性。可见，为了生存和发展，塔吉克族一直在不断调试自我，自觉发挥自身的主观能动性来适应环境的变化，适应时代的发展。如果说，《非遗法》的颁布和实施，体现了政府主导的话，那么真正落实，则要靠广大民众文化自觉基础上的“社会参与”；是人人都“我要保护”，而非“要我保护”。显然，对于塔吉克族口头与非物质文化遗产的传承和保护，除了客观层面的外力支持得到保障以外，最根本的传承主体和保护主体还是广大塔吉克民众。塔吉克文化的兴旺发达最终还是要靠塔吉克民众主观层面上的“我要参与”和“我要保护”的觉醒意识和自觉行动来实现。

关键词：中国塔吉克族；口头传统；变迁；传承；人口较少民族；非物质文化遗产保护

2011 届罗文敏《〈伊利亚特〉与〈格萨尔〉叙事比较研究》

同为英雄史诗的《格萨尔》与《伊利亚特》，在叙事方面的主要相同点是：1. 都重视三大修辞：比喻、夸张和排比；2. 都重视两种手法：铺叙与设疑；3. 都有民间口承文学的印记——程式化特征。但两者在整体思维方面差异（“情”“事”之别）明显：前者重视“抒情性”，体现的是“相似性原则”下的“空间思维”；后者重视“叙事性”，体现的是“相邻性原则”下的“时间思维”。论文一方面总结二者作为英雄史诗的相同点，另一方面分析并强调二者在叙事主要方面的差异，进而发掘其差异之因。全文总共分为三个部分：一、“绪论”（第一章）。总体介绍论文相关研究现状和基本写作情况。二、“正文”（第二至第六章）。其逻辑思路是：由外（外在样态）到内（情节结构），由整体（表现方法）到局部（修辞手法），再到人物的内在心理（心理描述）。第二章：从史诗叙事中的外在样态看，两者都以诗唱为主，重视歌诗的韵律美、语言的丰富性。从《伊利亚特》外在样态方面的一些统计结果看到其时间性与叙事性；从《格萨尔》韵诗歌唱特征看到其空间性与抒情性；从史诗程式化表现看清民间文学口承性在两者身上的印记：都喜欢“炫耀来历”与“展示口才"。但具体程式化表现，前者稍弱，后者稍强。第三章：从史诗叙事中的情节结构看，《伊利亚特》突出详略而集中叙事，以"阿基琉斯的愤怒"为情节结点，使史诗各卷的情节按时序逻辑严密地链接；注重战场画面动态性的精雕细刻，注重情节波澜起伏；放弃（战争10年的）详尽罗列，而试图以点带面（涉及50天，详述其中4天）。而《格萨尔》各主要"篇"（部）间是情节结构相对完整而独立、类似而重复、分散而并列的简单连缀关系；各"篇"（部）内，英雄只身降魔，较多"神变""用计"、单打独斗，简短交战即凯旋，情节单线条。第四章：从史诗叙事中的表现方法看，《伊利亚特》与《格萨尔》都重视铺叙与设疑。但前者在情节详述中，注重逻辑推进和连环悬念的铺设，重视情节的时间紧凑性和叙事性；人本思想渗透其中。后者为赞颂神性人物格萨尔而做重重铺垫，主干情节周围并列而相似的枝蔓较多，重视情节的空间铺排性和抒情性；神本思想渗透其中。第五章：从史诗叙事中的修辞手法看，比喻、夸张和排比是两史诗三大相同修辞。同时，《格萨尔》有三大特色修辞：起兴、反复和引用。《格萨尔》以这六大修辞，让抒情性得以充分展示；《伊利亚特》以比喻为中心的修辞强化了叙事中的精雕细刻。第六章：从史诗叙事中的心理描述看，《伊利亚特》与《格萨尔》都重视间接转述心理和直接引用独白。但两史诗心理描述的差异，反映了前者更重视思辨与论争，其心理描述着力推动情节，使叙事性更为充分；后者更重视内省与感悟，在迟延叙事中更侧重抒情。三、"结论"（第七章）："情""事"之别的实质，是中西叙事的逻辑起点不同。中华民族叙事的逻辑起点，自古就更具空间性，藏族《格萨尔》同样如此，韵诗歌唱（对话）占整个史诗篇幅百分之七八十，其空间性尤其明显。被看作西方叙事典范的《伊利亚特》，以"日"（时间性）——太阳的起落为段落单位，以昼夜的先后承继更替——为逻辑起点，构成叙事的情节。两者之抒情性与叙事性背后的思维逻辑起点，分别是空间性与时间性。

关键词：《伊利亚特》；《格萨尔》；比较研究；叙事性；抒情性；时间性；空间性

2011届王恒来《〈格萨尔〉与〈罗摩衍那〉人物比较研究——基于史诗人物人格和结构体系的考察》

研究史诗人物，就要研究史诗人物的人格，就要研究他们所处的时代文化背景，就要研究那个时代的文学艺术等各种文化样式，这样才能理解史诗人物的思想情感、思维模式所依赖的文化土壤。弗洛伊德从儿童的游戏中，发现了人类精神的“诗性”特质，史诗艺术形式本身，便是人类“诗性”特质的产物，也可以说，是社会公众“白日梦”心理的反映和结果，而“白日梦”生发的土壤，就是人类生活的社会文化背景。在古代社会文化背景下，两部史诗中人物的思维模式主要表现为以互渗意识为特征的原逻辑思维模式和社会伦理的常态逻辑思维模式，并由此形成了史诗人物各自不同的经历和命运。从史诗人物和神灵的关系上看，各种文化系统的神灵都在人类生活的不同层次上、不同范围内各自承担着人类精神的不同需求，它们一方面与人类对立，一方面又成为人自身愿望的化身。也就是说，神灵是人类愿望的达成，是人类自我意识的组成部分，而恶魔的出现则是人类愿望的异化表达样式。同时，神灵与史诗人物的密切联系还体现了人类对于人类自身起源问题的思索以及这种思索的答案。另外，两部史诗中的人物与各自信仰系统中的神灵在联系的紧密性与神性人格上存在着差异，《格萨尔》人物与神灵的关系更为密切，因此，神性人格的冲突更为明显。宗教理想是史诗人物人格的另一重要特征。此外，两部史诗人物的人格冲突由于社会文化背景和社会主体意识等因素而表现为不同的特征。在对待王位问题上，两部史诗中的人物表现出了不同的心理特征，总的说来，一个是抢，但抢中有让；一个是让，但让中有抢。其次，史诗时代的女性早已纳入男性主导的秩序之下，女性本能出现了嬗变，女性在心理意义上形成了自己对自己的否定，从两部史诗女性人物上可以看出这些特征。另外，两部史诗人物之间的亲情关系，如父子关系、母子关系、兄弟关系、男女关系等，表现出了复杂多样的特征和差异，在这些相同和相异的特征背后，是不同民族文化之光的衍射。总之，《格萨尔》与《罗摩衍那》人物身上，既具有共性，又有差异，说明了不同民族的文化背景在史诗人物人格构成及心理意识中的重大作用。同时，史诗人物的思想和行为模式，不但证明了史诗时代是一个英雄时代，更是一个超我时代，每个人都在社会公众意志的强势面前，压抑自我和本我，获得了集体主义文化下的生存空间。在史诗人物的结构体系方面，如果按照史诗人物在史诗中的功能和作用以及出现的方式，大致可以分为以下七种：1 主人公，2 主要人物，3 辅饰式人物，4 结点式人物，5 符号式人物，6 背景式人物，7 悬浮式人物。两部史诗，由于结点式、背景式以及悬浮式人物的存在而具有跨越时空的特点。两部史诗虽然在语言形式上并不一致，但其人物结构体系却存在着惊人的相似性。如果我们把文学看成一个不断加速滚动的球体，那么，外围人物，诸如符号式、背景式、悬浮式人物等，就会由于这种运动而不断萎缩直至消失。也就是说，文学发展会逐渐摆脱外层人物空间的束缚，而越来越集中于故事主人公及其主要人物的描述，神话般的描述会由于外围人物的缺失而在文学的发展中淡出历史的舞台，而人性的光辉愈益熠熠闪光。

关键词：《格萨尔》；《罗摩衍那》；史诗人物；比较研究；文化背景；心理

二、教学工作与人才培养

（一）中国少数民族语言文学专业博士研究生（少数民族民间文学研究方向、民间文艺学方向）博士培养课程计划及主干课程提要

1. 中国少数民族语言文学专业博士研究生（少数民族民间文学研究方向、民间文艺学方向）课程设置

(1) 课程设置的基本要求

①原则上要求导师或副高以上职称的教师担任学位课程的教授工作，每位教师不得超过2门。②加强博士研究生文献阅读与检索能力的培养。③博士研究生所有课程必须在前2学期内完成。④开设的所有课程均应编写课程教学大纲。

(2) 课程类型

①必修课公共学位课（第1、2学期开设）

马克思主义理论课：马克思主义与当代社会思潮（文科，第1学期，36学时）；第一外国语（英语、日语、俄语）（第1、2学期，144学时）；专业学位课：每个培养方向开设的专业学位课不超过3门。

②选修课（10–12学分）

公共选修课（第3学期开设，任选1门）：

第一板块（72学时）：应用英语：英语听说、英语阅读、英语写作；第二板块（54学时）：计算机一级、计算机二级；第二外语：英语、日语、俄语、阿拉伯语；少数民族语文：蒙古语、藏语、维吾尔语

专业选修课

本专业提供的选修课；全校其他专业的选修课

③前沿专题讲座（1学分）

学术讲座为必修环节。要求博士生至少主讲2次（其中为我校本科生主讲1次），至少听6次学术讲座。

④补修课

跨学科和以同等学力考入的研究生，根据专业培养的要求，入学后需要补修有关硕士生或本科生基础课或其他课程。由指导教师提出，列入个人培养计划并进行考核，成绩合格可以单独计算学分，但不能顶替本学科专业的学位课程和选修课程的学分。

⑤实习环节（2学分）

（3）学分要求

总学分不少于17学分，其中学位课不少于9学分。学分规定为：公共学位课共计6学分（政治理论课2学分，第一外国语4学分）；专业学位课每门2–3学分；专业选修课每门1–2学分；学术讲座1学分；实践环节2学分。

（4）学分折算

专业课（含必修课和选修课）18课时折合1个学分；公共课（含必修课和选修课）18–36课时折合1个学分。

（5）科研能力和实践能力

研究生在学期间必须在导师指导下开展科研工作，并取得一定的科研成果。科研实践包括：

根据《西北民族大学研究生学习期间发表学术论文的暂行规定》，博士生须根据规定要求，毕业前必须在公开出版学术刊物上发表学术论文。

研究生在学期间均须进行实践锻炼。实践环节可通过教学实践、科研实践、学术性田野调查以及学术性社会调查等形式完成。

（6）学位论文

学位论文的选题、开题、撰写、评阅及答辩等相关工作分别按照《西北民族大学研究生学位论文工作暂行规定（修订）》、《西北民族大学研究生学位论文选题和开题报告暂行规定》、《西北民族大学研究生学位论文撰写规范》中的要求进行。

2. 中国少数民族语言文学专业少数民族民间文学方向博士生培养课程计划

表 2　中国少数民族语言文学专业少数民族民间文学方向博士生培养课程计划表

课程类别		课程编码	课程名称	学分	总学时	学期	考核方式	备注
必修课	公共学位课	107420104	马克思主义与当代社会思潮	2	36	1、2	考试	必修
		107420106	第一外国语（英语）	4	144	1、2	考试	任选1种必修
		107420107	第一外国语（日语）	4	144	1、2	考试	
		107420108	第一外国语（俄语）	4	144	1、2	考试	
	专业学位课	0040501070101	口头理论与口头诗学	2	36	1	考试	必修
		0040501070102	民间文艺学	2	36	1	考试	必修
课程类别		课程编码	课程名称、	学分	总学时	学期	考核方式	备注

续表

课程类别		课程编码	课程名称	学分	总学时	学期	考核方式	备注
选修课	公共选修课	107420201	计算机	2	54	3	考试	任选1门
		107420202	应用英语	2	72	3	考试	
		107420203	第二外语（英语）	2	36	3	考试	
		107420204	第二外语（日语）	2	36	3	考试	
		107420205	第二外语（俄语）	2	36	3	考试	
		107420206	第二外语（阿拉伯语）	2	36	3	考试	
		107420207	少数民族语文（蒙古语）	2	36	3	考试	
		107420208	少数民族语文（藏语）	2	36	3	考试	
		107420209	少数民族语文（维吾尔语）	2	36	3	考试	
		1074202010	专业外语（英语）	2	36	3	考试	
		1074202011	专业外语（日语）	2	36	3	考试	
		1074202012	专业外语（俄语）	2	36	3	考试	
	专业选修课	0040501070201	田野民俗志	2	36	2	考查	任选2–3门
		0040501070202	文化遗产保护研究专题	2	36	2	考查	
		0040501070203	西北族群口承语言民俗专题	2	36	2	考查	
		0040501070204	民俗学理论	2	36	2	考查	
		0040501070205	中国民间文学	2	36	2	考查	
		0040501070206	民族学理论	2	36	2	考查	
		0040501070207	宗教学理论	2	36	2	考查	
		0040501070208	质的研究方法	2	36	2	考查	
实践课			前沿专题讲座	1	6次	1–4	报告目录	必修
			实习环节	2		4	实习报告	必修
			科研实践	不计		1–4	材料备档	必修

3. 中国少数民族语言文学专业少数民族民间文学方向博士生培养课程计划

表 3　中国少数民族语言文学专业少数民族民间文学方向博士生培养课程计划表

课程类别		课程编码	课程名称	学分	学时	学期	考核	任课教师	备注
必修课	公共学位课	107420101	马克思主义与当代社会思潮	3	108	1、2	考试		必修
		107420106	第一外国语	4	144	1、2	考试		任选1种
	专业学位课		民间文艺学研究	2	36	1	考试		必修
			口头理论与口头诗学	2	36	1	考试		必修
选修课	公共选修课	107420201	计算机	2	54	2	考试		任选1门
		107420202	第二外语	2	54	2	考核		
		107420206	少数民族语文	2	54	2	考核		
		1074202010	专业外语（英语）	2	36	2	考核		
	专业选修课	010501070201	文艺学研究	2	36	2	考核		任选2–3门
		010501070202	西北族群口承语言民俗研究	2	36	2	考核		
		010501070203	花儿学研究	2	36	2	考核		
		010501070204	民间文艺学学术史研究	2	36	2	考核		
		010501070205	中国民间文学研究	2	36	2	考核		
		010501070206	民间文学与作家文学研究	2	36	2	考核		
		010501070207	西北民族民间叙事诗研究	2	36	2	考核		
		010501070208	马克思主义审美学研究	2	36	2	考核		
		010501070209	少数民族文论研究	2	36	2	考核		
		010501070210	西方文艺学研究	2	36	2	考核		
实践课			前沿专题讲座	2	6次	1–4	论文		必修
			实习环节	1		2	实习报告		必修
			科研实践	不计		1–4	材料文档		必修

4. 中国少数民族语言文学专业博士研究生（少数民族民间文学研究方向、民间文艺学方向）学位课程教学大纲

课程名称：口头理论与口头诗学

课程类别：专业学位课

学　　分：2

总学时数：36

开课学期：第一学期

任课教师：郝苏民

考核方式：考试（答题或论文）

教学要求及目标：本课程为专题讲授，旨在向攻读中国少数民族语言文学、少数民族民间文学研究方向的博士生介绍并讨论当前国际民间文化研究中一种最新方法论和范式的相关理论与手段。而这种从文学、语言学、人类学、民俗学等学科汲取活力的方法，是目前本学科里比较前沿的理论，对研究中国少数民族民间文学尤为重要。

教学主要内容：

第一章（第一讲）　口头理论的学术背景及其新近以来的发展趋向。

第二章（第二讲）

　　第一节　所谓“荷马问题”的由来

　　第二节　语文学：彻头彻尾的程式；传统性－口头性的“艺术语言”

　　第三节　人类学的视角与“口头传承性”

第三章（第三讲）　口头传统与比较研究

第四章（第四讲）　口头诗学的文本概念

第五章（第五讲）　帕里、洛德与民俗学

第六章（第六讲）　表演理种种

主要参考书目：

1. 约翰·迈尔斯·弗里：《口头诗学：帕里—洛德理论》，朝戈金译，社会科学文献出版社，2000。

2. 尹虎彬：《古代经典与口头传统》，中国社会科学出版社，2002。

3. 理查德·鲍曼：《作为表演的口头艺术》，杨利慧、安德明译，广西师大出版社，2008。

4．诺思洛普·弗莱著：《世俗的经典—传奇故事结构研究》，孟祥春译，上海人民出版社，2010。

5．梅列金斯基：《英雄史诗的起源》，王亚民等译，商务印书馆，2007。

6．阿尔伯特·贝茨 ·罗德：《故事的歌手》，尹虎彬译，中华书局，2004。

7．叶舒宪：《文学人类学》，社会科学文献出版社，2003。

适用专业：中国少数民族语言文学（民间文学／民俗学／民间文化方向）

课程名称：民间文艺学

课程类别：专业学位课

学　　分：2

总学时数：36

开课学期：第一学期

任课教师：原马自祥授课、现郭郁烈授课

考核方式：考试

教学要求及目标：

本门课程旨在使得攻读少数民族民间文艺学的博士生可掌握两部分内容。一是全面了解中国丰富多彩的民间文艺的门类、体裁、题材，包括民间文学、民间曲艺、民间美术、民间音乐、民间舞蹈等品种以及附着于其身的民俗事象，并通过民间文艺学了解整个文学史、艺术史和文艺活动的真相，增强我们对中国历史文化民间文化产生、发展、传承、创新的轨迹的认识。二是系统学习民间文艺学的基本理论，了解我国民间文艺学在世界上的发展的历史、现状，掌握一些从事民间文艺学调查和研究工作的基本理论和方法。

教学主要内容：

第一章　绪论：西方社会学理论的产生和发展

第二章　民间文艺本体论（民间文艺的特征）

第三章　民间文艺的分类学

第四章　民间文艺的价值与起源

第五章　民间歌谣

第六章　民间谚语、谜语

第七章　民间故事学

第八章　民间长诗

第九章　民间戏曲与曲艺说唱

第十章　民间美术

第十一章　民间音乐

第十二章　民间舞蹈

第十三章　民间文艺的搜集、整理与保管

教材及主要参考书目：

1. 杨荫深：《中国民间文学概说》，华通书局，1930。

2. 钟敬文：《民间文艺新论集》，北京师范大学出版社，1950。

3. 匡扶：《民间文学概论》，甘肃省人民出版社，1957。

4.《民间文学教学参考资料》，北京大学中文系民间文学组编印，1978。

5. 张紫晨：《民间文学基本知识》，上海文艺出版社，1979。

6. 乌丙安：《民间文学概论》，春风文艺出版社，1980。

7. 段宝林：《中国民间文学概要》，北京大学出版社，1981。

8.《民族民间艺术研究》，广东人民出版社，1986。

9. 钟敬文主编：《民间文艺学文丛》，北京师范大学出版社，1981。

10. 黄涛：《中国民间文学概论》，中国人民大学出版社，2004。

11. 段宝林：《中国民间文艺学》，文化艺术出版社，2006。

12. 乌丙安：《中国民俗学》，辽宁大学出版社，1992。

13. 钟敬文：《民俗学概论》，上海文艺出版社，2002。

适用专业：中国少数民族语言文学（民间文学／民俗学／民间文化方向）

说　　明：课程性质——《民间文艺学》是中国少数语言文学少数民族民间文学研究方向博士的学位课程，通过本课程学习，要求学生掌握中外民间文艺学理论的发展线索和基本理论。

5. 民俗学（含：中国民间文学）硕士培养课程计划及主干课程提要

（1）民俗学（含：中国民间文学）硕士培养课程设置

①课程设置的基本要求

A. 原则上要求导师或副高以上职称的教师担任学位课程的教授工作，每位教师不得超过 2 门。B. 加强硕士研究生文献阅读与检索能力的培养。所有课程应在前 4 学期内完成，其中学位课原则上应在前 2 学期内完成，并进行学位论文相关的田野作业。C. 第 5、6 学期撰写学位论文。D. 开设的所有课程均应编写课程教学大纲。

②课程类型

A. 必修课

公共学位课（第 1、2 学期开设）（10 学分）。含马克思主义理论课：A．科学社会主义理论与实践（第一学期，36 学时）B．马克思主义经典著作选读（第二学期，36 学时）。第一外国语（英语、日语、俄语）（第一、二学期，144 学时）

专业学位课（3 门统一课程和 1 门方向课程）：按方向设置的课程上课人数原则上应不少于 3 人。

B. 选修课（10－12 学分）

公共选修课（第 3 学期开设，任选 1 门）：

第一板块（72 学时）：应用英语：英语听说、英语阅读、英语写作。第二板块（54 学时）：计算机一级、计算机二级。第二外语：英语、日语、俄语、阿拉伯语。少数民族语文：蒙古语、藏语、维吾尔语

专业选修课

本专业提供的选修课；全校其他专业的选修课

C. 前沿专题讲座（1 学分）

学术讲座为必修环节。本专业硕士生要求至少主讲 1 次，至少听 6 次学术讲座，由相关研究生培养单位具体安排和考核。要定期邀请校内外专家、学者为研究生开展学术讲座，营造良好学术氛围。

D. 补修课

为了保证本硕士点研究生培养质量，对于跨学科和以同等学力考入的研究生，根据专业培养的要求，入学后需要补修相关专业的主干课程。补修课应由指导教师提出，列入个人培养计划并进行考核，成绩合格可以单独计算学分，但不能顶替本学科专业的学位课程和选修课程的学分。补修课成绩不计入学业奖学金评定。

③学分要求

A. 总学分不少于 31 学分，其中学位课不少于 16 学分。具体分配如下；

公共学位课共计 8 学分。其中：政治理论课 4 学分；第一外国语 4 学分。

B. 专业学位课 4 门，每门 2–4 学分，共计 8–16 学分。选修课 5–6 门，每门 2 学分，共计 10–12 学分。前沿专题讲座 6 次以上，1 学分。实习环节 2 学分。

C. 学分折算：专业课（含必修课和选修课）18 课时折合 1 个学分。公共课（含必修课和选修课）18–36 课时折合 1 个学分。

④实践环节与科研能力

A. 研究生在学期间均须进行实践锻炼。实践环节可通过教学实践、科研实践、社会工作实践、学术性田野调查以及学术性社会调查等形式完成。

B. 研究生在学期间必须在导师指导下开展科研工作，并取得一定的科研成果。

C. 研究生毕业前必须在公开出版的学术刊物上发表学术论文，具体要求见《西北民族大学研究生学习期间发表学术论文的暂行规定》

⑤学位论文

研究生学位论文的选题、开题、评阅及答辩等相关工作分别按照《西北民族大学研究生学位论文工作暂行规定（修订）》、《西北民族大学研究生学位论文选题和开题报告暂行规定》、《西北民族大学研究生学位论文撰写规范》中的要求进行。结合民俗学专业的特点学位论文写作具有以下要求；

A. 学位论文选题开题，在导师的指导下自选或由导师指定。选题开题应在第 3 学期末完成。选题要有一定的理论意义和实践价值。

B. 针对学位论文选题研究项目，运用本学科理论与方法，结合相关交叉学科的方法，进行田野作业。为期最短不少于 30–40 天（根据选题要求，可随机延长 10 天），在客观真实地对所得田野作业资料和数据进行分析研究的基础上，写出调查报告。之后进入撰写学位论文的阶段，撰写学位论文时间不得少于一年。学位论文要在导师的指导下由研究生独立完成。

C. 学位论文内容应该显示：a. 研究生是否比较全面与系统地掌握了本学科理论方法的基础知识，熟悉本学科前沿的研究状况；是否具有对论文相应专题研究的基础文献及田野作业获得的资料数据进行科学分析和综合运用能力。b. 学位论文在研究的具体专题方面应做出一定程度的创新或具有一定的新见解或独特的见解。

(2) 民俗学（含：中国民间文学）硕士培养课程计划

表 4　西北民族大学民俗学（含：中国民间文学）硕士培养课程计划表

课程类别		课程编码	课程名称	学分	总学时	学期	考核方式	学院学称	备注
必修课	公共学位课	107420101	科学社会主义理论与实践	2	36	1	考试	马克思主义学院	必修
		107420102	马克思主义经典著作选读	2	36	2	考试	马克思主义学院	必修
		107420106	第一外国语（英语）	6	144	1、2	考试	外国语学院	任选一种必修
		107420107	第一外国语（日语）	6	144	1、2	考试	外国语学院	
		107420108	第一外国语（俄语）	6	144	1、2	考试	外国语学院	
	专业学位课	040303040101	民俗学理论与方法	3	54	1	考试	民族学与社会学学院	必修
		040303040102	社会学概论	2	36	1	考试	民族学与社会学学院	必修
		040303040103	西北族群口承语言民俗	2	36	2	考试	民族学与社会学学院	必修
		040303040104	民间文艺学	3	54	2	考试	民族学与社会学学院	必修

续表

课程类别		课程编码	课程名称	学分	总学时	学期	考核方式	学院学称	备注
选修课	公共选修课	107420201	计算机	2	54	3	考试	计算机学院	
		107420202	应用英语	2	72	3	考试	外国语学院	
		107420203	第二外语（日语）	2	36	3	考试	外国语学院	
		107420204	第二外语（俄语）	2	36	3	考试	外国语学院	
		107420205	第二外语（阿拉伯语）	2	36	3	考试	外国语学院	
		107420206	少数民族语文（蒙古语）	2	36	3	考试	蒙古语言文化学院	
		107420207	少数民族语文（藏语）	2	36	3	考试	藏语言文化学院	
		107420208	少数民族语文（维吾尔语）	2	36	3	考试	维吾尔语言文化学院	
		1074202010	专业外语（英语）	2	36	3	考试	外国语学院	
		1074202011	专业外语（日语）	2	36	3	考试	外国语学院	
		1074202012	专业外语（俄语）	2	36	3	考试	外国语学院	
	专业选修课	040303040201	田野作业方法论	2	36	4	考查	民族学与社会学学院	任选4–5门
		040303040202	民俗学史	2	36	3	考查	民族学与社会学学院	
		040303040203	非物质文化遗产保护研究专题研究	2	36	3	考查	民族学与社会学学院	
		040303040204	西北民族叙事诗专题研究	2	36	3	考查	民族学与社会学学院	
		040303040205	史诗学	2	36	3	考查	民族学与社会学学院	
		040303040206	文化人类学理论与方法	2	36	3	考查	民族学与社会学学院	
		040303040207	文化人类学经典著作选读	2	36	4	考查	民族学与社会学学院	
		040303040208	精神分析与民俗研究专题研究	2	36	4	考查	民族学与社会学学院	

续表

课程类别	课程编码	课程名称	学分	总学时	学期	考核方式	学院学称	备注
实践课		前沿专题讲座	1	6次	1、2	报告目录		必修
		实习环节	2		4	实习报告		必修
		科研实践	不计		1–6	材料备档		必修
		专业始业教育	不计					

(3) 民俗学（含：中国民间文学）硕士培养主干课程教学大纲

课程名称：民俗学理论与方法

课程类别：专业学位课

学　　分：3

总学时数：54

开课学期：第一学期

任课教师：文 化 教授

考核方式：考试

教学要求及目标：通过理论讲解与案例分析，研究生能够系统掌握民俗学研究的原理、方法和过程，提高实际运用能力。

教学主要内容：第一章 绪论：民俗学的基础理论

民俗与民俗学

民俗的基本特征

民俗的社会功能

中国民俗与民俗学的起源与发展

讨论

第二章　国外民俗学研究

欧美民俗学

俄国与苏联的民俗学

日本民俗学

韩国民俗学

第三章　主要的民俗学流派

语言神话学派

人类学派

社会学派

心理学派

历史地理学派

结构学派

口头传统研究

民俗主义研究

民俗与文化

第四章　民俗学的研究方法体系

方法论

研究方法（田野作业与文献研究）

具体的研究工具或技巧

研究方案的设计

第五章　民俗资料的搜集与整理

问卷法与访问法

观察法

文献法

第六章　民俗资料分析

资料整理

资料的统计分析

田野民俗志的撰写

教材及主要参考书目：

1．钟敬文主编：《民俗学概论》，上海文艺出版社，1998。

2．乌丙安：《中国民俗学》，辽宁大学出版社，1999。

3．陶立璠：《民俗学概论》，中央民族学院出版社，1987。

4．董晓萍：《民俗学导游》，中国工人出版社，1995。

5．陈启新：《中国民俗学通论》，中山大学出版社，1996。

6．乌丙安：《中国民俗学原理》，辽宁教育出版社，2001。

7．王娟：《民俗学概论》，北京大学出版社，2002。

8．陈勤建：《中国民俗》，中国民间文艺出版社，1989。

9．叶涛、吴存浩：《民俗学导论》，山东教育出版社，2002。

10．陶立璠：《民俗学》，学苑出版社，2003。

11．张紫晨：《中国民俗与民俗学》，浙江人民出版社，1985。

12．高丙中：《民俗文化与民俗生活》，中国社会科学出版社，1994。

13．江帆：《民俗学田野作业研究》，山东大学出版社，1995。

14．董晓萍：《田野民俗志》，北京师范大学出版社，2003。

15．乌丙安：《民俗文化新论》，辽宁大学出版社，2001。

适用专业：民俗学

说　　明：课程性质——民俗学理论与方法是民俗学专业的硕士研究生学位课程，通过本课程的学习，要求学生掌握民俗学基本理论、理论流派与研究方法。

课程名称：社会学原理

课程类别：专业学位课

学　　分：2

总学时数：36

开课学期：第一学期

任课教师：贺卫光 教授

考核方式：考试

教学要求及目标：

作为一门系统讲授社会学知识的课程，“社会学概论”主要包括以下五个方面的内容：(1) 绪论，主要讲解社会学的产生与发展、研究对象、研究方法、学科地位及其应用；(2) 社会学的微观研究领域，主要包括人的社会化、社会角色、社会互动、社会群体、家庭等；(3) 社会学的宏观研究领域，主要包括社会组织、社会分层与流动、社会制度、社区、社会变迁与社会现代化等；(4) 应用社会学，主要包括社会问题、社会控制、社会工作与社会保障等；(5) 社会调查研究方法，主要包括社会指标、社会调查等。但根据我省我院师生的实际情况，我们把主要重点放在 (1) (2) (3) 部分，其余部分以后要开设专门的课程进行讲解，所以在本门课程中不作重点讲。

这门课程的主要目的是：(1) 让学生了解社会学的研究领域和研究方法，掌握社会学的基础知识；(2) 培养学生运用社会学的观点、社会学的理论和概念来分析和认识社会现象，增强他们分析和解决社会问题的能力，为专业知识的进一步学习打好基础。

参考书目

1. 郑杭生主编：《社会学概论新修》（修订本），中国人民大学出版社，1998。

2. 戴维·波普诺《社会学》（第十版），中国人民大学出版社，PRENTICE HALL，1999。

3. 韩明谟主编：《社会学概论》，中央广播电视大学出版社，1997。

4. 贾春增主编：《外国社会学史》，中国人民大学出版社，1989。

5. 杨善华主编：《当代西方社会学理论》，北京大学出版社，1999。

6. 宋林飞：《当代西方社会学理论》，南京大学出版社，1997。

7. M. 韦伯：《社会科学方法论》，中国人民大学出版社，1999。

8. 童恩正：《文化人类学》，上海人民出版社，1989。

9. 夏建中：《文化人类学理论学派——文化研究的历史》，中国人民大学出版社，1997。

适用专业：社会学

说　　明：课程性质——社会学原理是社会学专业的硕士学位课程，通过本课程的学习，要求学生掌握社会学的基础概念和基本理论。

课程名称：西北族群口承语言民俗

课程类别：专业学位课

学　　分：2

总学时数：36

开课学期：第二学期

任课教师：郝苏民 教授

考核方式：考试

教学要求及目标：

课程讲述始终把握在中华民族大家庭内，多民族的、区域性民俗文化的坐标之上，科学地、准确地、学科交叉地、综合地阐释西北各民族的口承语言民俗类型、形态及主要内容；而这些知识的介绍，又必须是在口承民俗基本原理和民俗学、口头传统等学科最前沿理论和人类学田野民族志方法论的理解基础上的把握与融会贯通；内容力图充实、准确，配以必要的田野实地、文献照片、示意图表和音像资料。

教学主要内容：第一章　中国西北地区的方位与自然环境

教材及主要参考书目：

1. 周星主编：《民俗学的历史、理论与方法》（上下册），商务印书馆，2006。

2. [美] 阿兰·邓迪斯：《民俗解析》，广西师范大学出版社，2005。

3. [美] 理查德·鲍曼：《作为表演的口头艺术》，广西师范大学出版社，2005。

适用专业：民俗学

说　　明：课程性质——西北族群口承语言民俗是民俗学专业的硕士研究生学位课程。通过本课程的学习，要求学生掌握口承语言民俗基本理论与研究方法，分析研究西北族群口承语言民俗。

课程名称：民间文艺学

课程类别：专业学位课

学　　分：3

总学时数：54

开课学期：第二学期

任课教师：马自祥 教授

考核方式：考试

教学要求及目标：通过阐述现代民间文艺学的基本理论问题及变迁与走势，使研究生能够系统地掌握现代民间文艺学的理论与方法，培养学生的学术研究视角与研究分析能力。

教材及主要参考书目：

1. 董晓萍：《现代民间文艺学讲演录》，广西师范大学出版社，2008。

2. 钟敬文：《中国民间文学讲演集》，北京师范大学出版社，1999。

3.《民间文艺学参考资料》（上、中、下），北京师范大学中文系民间文学教研室编，1982。

适用专业：民俗学

说　　明：课程性质——民间文艺学是民俗学专业的硕士研究生学位课程，通过本课程的学习，要求学生掌握现代民间文艺学基本理论与研究方法。

（二）导师简介

1. 中国少数民族语言文学少数民族民间文学研究方向博士生导师简介

郝苏民，回族，教授、博导、享受国务院政府津贴专家、《西北民族研究》主编。中国申报“世界人类口头和非物质遗产代表作”评审委员会委员、文化部中国非物质文化遗产保护工程国家中心专家委员会委员、中国民间文艺家协会中国民间文化遗产抢救工程专家委员会委员、甘肃省非物质文化遗产保护专家委员会副主任。

2. 中国少数民族语言文学民间文艺学研究方向博士生导师简介

郭郁烈，汉族，教授、博导、现任西北民族大学副校长。中华全国美学学会会员、甘肃省美学学会会员、甘肃省当代文学学会会员、甘肃省民间文艺家协会会员。历任西北民族学院汉语言文学系主任、教育部社政司副司长等职务。

3. 民俗学（含：中国民间文学）硕士生导师简介

郝苏民（介绍同上）；

郭郁烈（介绍同上）；

马自祥，东乡族，教授，甘肃省民间文艺家协会主席；

文化，蒙古族，教授，博士，现任西北民族大学民族学与社会学学院院长；

贺卫光，裕固族，研究员，博士，甘肃省民俗学学科领军人才。

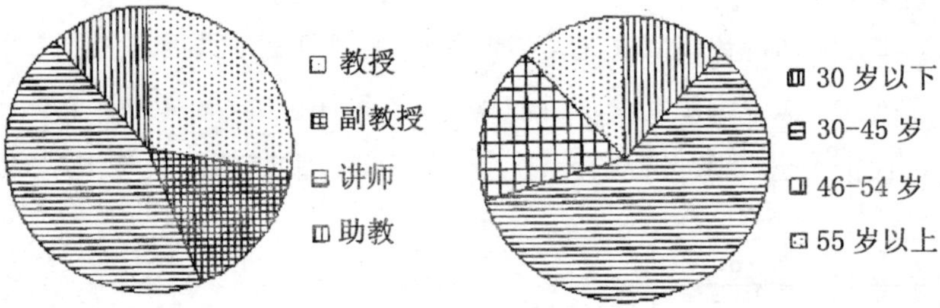

在职教师职称比例　　在职教师年龄结构

西北民族大学民俗学科学术队伍构成示意图

三、科学研究

（一）科研状况简介

近 6 年（2006—2011），学科团队共获批国家社科基金课题 6 项；省部级科研项目 12 项；国外合作项目 1 项；厅局科研项目 4 项；发表论文 55 篇，其中 CSSCI 刊物 15 篇；获得甘肃省高等学校社科成果一等奖 2 项、三等奖 2

项，国家民委社会科学成果奖三等奖1项，中国民间文艺山花奖、民间文艺成就奖2项。近10年间（1999—2010）学科团队共出版各类专著、编著作31部。

（二）学科团队著作、编著

表5 西北民族大学民俗学学科出版著作清单（1999—2010）

序号	作者	著作名称	类型	出版时间	出版社
1	郝苏民	甘青特有民族文化形态研究	主编	1999	民族出版社
2	贺卫光	中国古代游牧民族经济社会与文化研究	专著	2001	甘肃人民出版社
3	贺卫光	裕固族文化形态与古籍文存	编著	2002	甘肃人民出版社
4	文　化	卫拉特—西蒙古文化变迁	专著	2002	民族出版社
5	郝苏民	我不再是羊群的学者——田野随笔	编著	2003	甘肃文化出版社
6	僧　格	蒙古古代狩猎文化研究	专著	2004	民族出版社
7	僧　格	中国少数民族村寨调查—裕固族	编著	2004	云南大学出版社
8	马自祥	甘肃少数民族文化概论	编著	2005	民族出版社
9	敖东白力格	主体人类学与地方性知识	专著	2005	甘肃美术出版社
10	马自祥 马兆熙	中国少数民族古籍总目提要	编著	2006	中国大百科全书出版社
11	贺卫光	中国少数民族古籍总目提要东乡族保安族裕固族卷	编著	2006	民族出版社
12	贺卫光	肃南裕固族自治县明花区志	编著	2006	甘肃人民出版社
13	僧　格	蒙古民间文化研究	专著	2006	民族出版社
14	阿布都哈德	中国少数民族风俗志撒拉卷	编著	2006	民族出版社
15	文　化	回族婚姻家庭面面观	编著	2007	兰州大学出版社
16	文　化	传统与现代的语境：西北少数民族女性民俗与社会生活	编著	2007	兰州大学出版社
17	郝苏民 满　珂	文化魔力：从人到群、族群与民族之间	编著	2007	兰州大学出版社
18	郝苏民 文　化	民俗：在适应与变迁中传承	编著	2008	中央民族大学出版社
19	郝苏民 哈德江	仪式：崇拜与有序的神圣	编著	2008	中央民族大学出版社

续表

序号	作者	著作名称	类型	出版时间	出版社
20	郝苏民 马忠才	社火·社戏：从娱神到娱人的智慧	编著	2008	中央民族大学出版社
21	郝苏民 僧　格	巧艺·绝技：价值的时代游戏	编著	2008	中央民族大学出版社
22	郝苏民	新世纪保安族经济文化发展研究	编著	2008	中国社会科学出版社
23	郝苏民	鲍培八思巴蒙古文献语研究入门	专著	2008	民族出版社
24	马自祥	东乡族简史	专著	2008	民族出版社
25	马自祥	东乡族简史（修订本）	编著	2008	民族出版社
26	贺卫光	裕固族简史（修订本）	编著	2008	民族出版社
27	马效佩	心灵的良丹	专著	2008	中国社会科学出版社
28	刑海燕	土族口头传统与民俗文化	专著	2008	甘肃人民出版社
29	马自祥 马兆熙	东乡族文化艺术研究	编著	2009	民族出版社
30	僧　格	西北牧区社会调查	专著	2009	内蒙古文化出版社
31	郝苏民	西北少数民族仪式考察	专著	2010	学苑出版社

（三）《西北民族研究》

《西北民族研究》是由国家民委主管，西北民族大学主办，我校资深教授郝苏民先生主编，以人类学／民族学、社会学、民俗学及其相关学科为主并已形成专业特色的大型综合性学术期刊，创刊于1986年。也是国家民委主管高校里学术期刊中公认的佼佼者。期刊一贯追求学术规范，讲求学术质量。敬重老、中学者的真知灼见，提携青年学子的创新佳作的刊风。以办成以中文为主，同时可据需要，发表蒙、藏、维民族文字和英、俄、日、法等外文来稿的一流学刊为近期目标。

该期刊以立足西部民族社会、面向全国、与国际学界对话。刊载有关蒙古学、藏学、阿尔泰学、中亚学、回族与伊斯兰文化研究、西北民族研究，并观照相关边疆学以及分支学科、交叉学科和专题研究方向的生态环境、宗教、人口、妇女、文化遗产、语言文字、历史考古等内容的最新学术成果；也注重民族文字文献的译介，涉及西部开发现实的田野考察报告为本刊特色与己任。不断认真分析高校学科建设的发展动向，及时调整、找准刊物在全国先进文化建设中的坐标，根据西北各省区社科、人文学术的建设现状，制定本刊当前应以西北学术界薄弱而又急需环节、我校研究生教育层面上正在蓬勃发展的人类学／民族学、社会学和民俗学学科建设为办刊的出发点和宗旨。

对外，该刊对中国学术刊物的市场状况进行了调查与分析，得出了以地方、区域学术与学科建设和西部大开发为出发点、面向全国、而以国际学术对话的姿态为办刊诉求和终极目标，已形成发展的内外因合力。

几年来的实践证明，这是一项促使该刊成功和发展的健康之路。目前该刊建立了一支含港澳台、国内一流高校和科学院、社科院有学术影响的本行名流在内的咨询、顾问班子；同时，遍及各版块专栏的一支老中青作者队伍已经形成并不断在壮大发展。目前该刊已连续三届被评为 CSSCI 来源期刊和 RCCSE 中国核心学术期刊；多次入编《中文核心期刊要目总览》之民族学类核心期刊，是甘肃省一级名牌期刊，美国国际期刊指南收录刊物，《中国期刊网》、《中国学术期刊（光盘版）》等各类学术数据库（网）全文收录刊物。

在学术期刊里，该刊率先交由邮局在全国和国际发行。至目前，我刊在国际上，已发行到北美、澳洲、西欧、韩国、日本、东南亚等地区。

（四）其他信息

西北民族大学民族学与社会学学院网站地址：http://dwzy.xbmu.edu.cn/shxx。

四、学术交流

（一）近年来外专项目一览（邀请境外学者访学）

表 6　西北民族大学民俗学科外专项目一览表（2007—2011）

序号	时间	项目名称	邀请学术交流专家
1	2007	西北民族非物质文化遗产的保护与研究	陈志明教授，香港中文大学人类学系主任、博士生导师
2	2008	西北地区城市少数民族“新移民”与多元文化	宗力副教授，加拿大萨斯喀彻温大学

续表

序号	时间	项目名称	邀请学术交流专家
3	2008	西北地区城市少数民族"新移民"与多元文化	日本东京外国语大学亚非语言文化研究所吴仁德司副教授
4	2008	纳斯尔宗教哲学思想研究	William.C. Chitick 教授，美国纽约州立大学
5	2009	交叉学科高层次人才培养模式的相互协作机制研究	哈里·蒂根森教授、泰瑞·沃兹斯普教授、李胜生教授、宗力副教授，加拿大萨斯喀彻温大学
6	2010	史诗学理论教学创新研究	弗里教授，美国密苏里大学口头传统研究中心
7	2010	牧区社会学教学与研究	小长谷有纪教授，日本国立民族学博物馆
8	2010	中国场景下人类学科建设的协作研究	Arif-Dirlik 教授与 Prazniak 教授，美国俄勒冈大学社会科学系
9	2011	他者的眼光——中西人类学理论与民族志方法互惠	Uradyn ·E· Bulag 教授，英国剑桥大学人类学系

（二）近年来邀请国内外专家访学讲座一览

表 7 西北民族大学民俗学科国内外专家访学讲座一览表（2007—2010）

序号	时间	主讲人	讲座题目
1	2007	阿瑟·荣恩教授、克利·杨教授、艾思妮·巴恩教授，美国亚利桑那大学	5 月 14 日 —5 月 31 日期间，为学院本、硕、博士生做了 17 场有关印第安文化等相关问题讲座
2	2008	马戎教授，北京大学社会学系主任、社会学人类学研究所所长、博士生导师	全球化与民族构建
3	2008	John.Breey 博士，国际跨文化心理学会主席、加拿大女王大学心理学系终身荣誉教授	多民族社会的民族关系心理
4	2009	刑莉教授，中央民族大学博士生导师	中国少数民族节日——我们智慧与创造的源泉
5	2009	王铭铭教授，北京大学博士生导师	做客学院周三学术论坛，与学院教师、博士生进行学术交流
6	2009	文军教授，华东师范大学社会学研究所所长、博士生导师	做客学院周三学术论坛，与学院教师、博士生进行学术交流
7	2010	乔治·马库斯教授美国加州大学尔湾分校	多点民族志研究十五年的发展

续表

序号	时间	主讲人	讲座题目
8	2010	北京大学社会学系高丙中教授	从迷信到非物质文化遗产：转变的个案（过程）与意义
9	2010	贵州民族学院副院长吴晓萍教授	美国苗族社区与文化变迁

附件：历届民俗学硕士研究生学位论文题目一览表

表8. 西北民族大学民俗学科硕士生学位论文题目一览表（1994—2011）

序号	作者	硕士学位论文题目	毕业时间
1	文　化	青海和硕特蒙古人的家庭婚姻及其民俗现状的调查研究	1994.6
2	贺卫光	裕固族婚俗和西蒙古婚俗的比较研究	1994.6
3	周建新	袄教与哈萨克民族	1995.6
4	周亚成	哈萨克族妇女生育习俗调查研究	1996.6
5	袁同凯	新疆哈萨克族黑宰部落原始文化遗迹研究——以伊犁州特克斯县喀拉达拉乡田野调查为主	1996.6
6	刘汉杰	沧州回族武术文化初探	1996.6
7	李雄飞	河州“花儿”与陕北“信天游”文化内涵的比较研究	1996.6
8	郑　远	关于《乌古斯可汗的传说》产生时代的探索	1996.6
9	傲东白力格	台吉乃人和民俗变迁（1900—1996）——兼论“民俗网络”概念	1996.6
10	林春峰	“新民俗”与“旧民俗”：现代卫拉特民俗生活（1949—1996）及其民俗特征	1997.6
11	李顺庆	苯教在甘南藏区传播历史及现状的调查研究	1997.6
12	杨冬燕	白马藏族信仰习俗现状调查研究	1998.6
13	虎有泽	兰州市城关区回族居住格局与宗教生活变迁的调查研究	1998.6
14	哈德江	维吾尔族 Jamaat 群体研究	1998.6
15	马亚萍	同心县回族妇女生活及其民俗变迁	1998.6
16	马兆熙	东乡哈木则宗教形成与发展的考察研究	1998.6
17	班运翔	白马藏族朝格仪式研究	1998.6
18	张广裕	天祝县汉、藏民族杂居村落民俗现状的调查研究	1999.6
19	苏　静	湖南省邵阳市苏家民族村回族近亲繁衍现状考察	1999.6

续表

序号	作者	硕士学位论文题目	毕业时间
20	马　勇	四川省松潘县十里乡火烧屯村回族族外婚家庭结构及其民俗变迁的考察	1999.6
21	索南吉	藏传佛教觉囊派在青海果洛地区传承现状的调查研究	1999.6
22	白晓霞	关于土族妇女的社会化问题	1999.6
23	冯　瑞	新疆哈萨克人生活及民俗的变迁	1999.6
24	王会莹	辽宁省大兰坨村转型期农民民间信仰习俗回复情况考察研究	2000.6
25	任洪生	生存空间的“硬”“软”约束与身份、角色及职业	2000.6
26	毛巧晖	山西长治市回族女性宗教生活的调查研究	2000.6
27	满　珂	河南蒙古族的生存现状和民族认同心理	2000.6
28	杨志娟	宁夏城市回族婚姻状况调查研究	2000.6
29	韩俊魁	新疆民丰县尼雅乡托皮村维吾尔族手工业民俗及其经济运作的调查研究	2000.6
30	高　博	内蒙古土默特蒙古族民俗变迁研究	2001.6
31	马东平	临夏市八坊回族妇女社会劳动参与与生活民俗现状调查	2001.6
32	贡保草	甘南玛曲藏族妇女参与生产和家务劳动的现状调查	2001.6
33	芦兰花	“家西番”：一个独特的文化现象	2001.6
34	李　巍	东北满汉杂居地区民俗文化相互影响的调查研究	2001.6
35	罗彦莲	宁夏同心县回族女童学校教育现状调查分析	2001.6
36	张冀震	西藏乡村民居民俗现状调查报告	2001.6
37	闫国芳	昌吉市回族妇女社会参与及其对民俗变迁的影响	2001.6
38	热汗古丽	新疆维吾尔族萨满信仰现状调查研究——以阿图什、阿克苏、吐鲁番为例	2002.6
39	张春秀	拉萨市穆斯林生活民俗现状调查	2002.6
40	马红艳	新疆玛纳斯县回维杂居地区伊斯兰教信仰民俗的比较研究	2002.6
41	周　燕	宁夏永宁纳家户村回族妇女民俗现状调查	2002.6
42	李晓丽	尊老习俗问题的调查研究——以辽宁省沈阳市茨榆坨镇黄北村为例	2002.6
43	李　景	维吾尔乡村巴扎民俗研究——以库车县为个案	2003.6
44	戴嘉艳	民间美术创作、传承中适应机制的运作与体现——以河北蔚县民间剪纸为例	2003.6
45	贺喜焱	民和土族“纳顿”节庆习俗的现状调查与研究——以青海省民和县三川地区鄂家村为例	2003.6

续表

序号	作者	硕士学位论文题目	毕业时间
46	闫新艳	西安回族商业饮食民俗现状调查与研究——以莲湖区回坊清真饮食街为例	2003.6
47	马天龙	宁南回族“搭情”礼俗调查研究——以宁夏西吉县王民、周康村的田野调查为据	2003.6
48	冶　芸	回族口承叙事民俗与回族传统道德——以回族“劝谕型”民间故事为例	2003.6
49	张佩成	保安腰刀生产与销售民俗现状考察研究——以甘肃省积石山县保安三庄为个案	2003.6
50	马忠才	回坊家庭民俗控制研究	2004.6
51	孙　辉	民俗变迁·价值重构·资源整合	2004.6
52	马伟华	宁夏农村回族择偶习俗的调查研究	2004.6
53	马桂芳	从民俗视角看白银市散杂居回族族群认同	2004.6
54	咸春林	经济学视野中的宁夏回族饮食民俗文化	2004.6
55	常海燕	民俗主体视野下的晋商研究	2004.6
56	梁莉莉	宁夏回族服饰民俗传承与变迁的调查研究	2004.6
57	钟建华	关于闽南安溪县八社联盟关帝信仰习俗的调查研究	2004.6
58	苏延寿	边缘杂居地带的区域民俗与族际交流	2004.6
59	李海强	青岛地区马祖信仰与港口发展的互动	2004.6
60	齐　皓	社会选择与民俗的文化变迁	2004.6
61	阙　岳	庙会·集会·娱神·娱人	2004.6
62	马雪莲	官方与民间合力作用下民俗仪式变迁的文化内涵分析	2004.6
63	范　剑	亲密关系与民间社会	2004.6
64	刘目斌	河湟筏子客生活世界的民俗内涵	2005.6
65	邢海燕	土族口头传统的确认——关于土族口承语言民俗的再调查与探析	2005.6
66	余粮才	民间视野中的伏羲与女娲——以天水伏羲、女娲信仰为例	2005.6
67	蔡秀清	青海土族节庆习俗中的生存理念研究	2005.6
68	刘秋芝	风筝与俗民生活——以山东潍坊风筝为个案	2005.6
69	钱永平	民间小戏与乡土社会民众的互动状况研究	2005.6
70	马　宁	羌族社会的人生礼仪研究——以四川省里县桃坪羌寨为个案	2005.6
71	李国平	“白柳之乡”柳编习俗调查研究	2005.6
72	马志华	民间舞龙习俗中的民俗主体与乡土文化——对内蒙古克什克腾旗土成子镇龙灯艺术的考察	2005.6

续表

序号	作者	硕士学位论文题目	毕业时间
73	杨志新	乡村集市与社区民俗生活——以宁夏灵武市崇兴镇集市为例	2005.6
74	加　俊	晋南万荣县后土祠俗民后土信仰调查研究	2006.6
75	王项飞	农业村落信仰民俗的文化结构和现代适应研究——以甘肃泾川西王母信仰为个案	2006.6
76	杨德亮	走在蒙回的边缘——野牛村“托茂家”田野民俗志调查与研究	2006.6
77	郜冬萍	鲁锦中的民俗观念——以山东鄄城鲁锦为个案	2006.6
78	白晓荣	边缘群体的城市适应——兰州市 “东乡村”及其民俗生活研究	2006.6
79	撒　军	宁夏高城村回族交往民俗中的“人情”表达研究	2006.6
80	韦仁忠	天祝“花儿”与“拉伊”的比较研究	2006.6
81	戚晓萍	茶园“花儿”歌手研究——以西宁市茶园为例	2006.6
82	李　薇	东乡族女性民俗传承研究——人生礼仪的解析	2006.6
83	赵永波	在传统与现代之间——山东商河鼓子秧歌的民俗审美考察	2007.6
84	李　倩	村落民俗文化中的面花互赠习俗研究——以陕西华县为例	2007.6
85	黄亚琪	河南东北庄杂技的调查与研究	2007.6
86	陈　华	大众文化与民间文化关系中的童谣研究——以校园“新童谣”为例	2007.6
87	李勇丽	现代语境下环县道情皮影戏的民俗学解析	2007.6
88	李耀丽	山西霍州下王村分家习俗研究	2007.6
89	秦国栋	姜庄镇扑灰年画的传承及演变研究	2007.6
90	田宗凌	回族村落的民俗控制研究——以宁夏羊坊村为例	2007.6
91	马　莉	宁夏同心回族妇女生育习俗及其变迁研究	2007.6
92	王淑英	亲情的重温与表演——对聊城农村地区串亲戚习俗的田野调查研究	2007.6
93	黄榴丹	中国端午节与韩国端午节比较研究——以中国庆阳与韩国江陵为个案	2007.6
94	佟格勒格	肃北蒙古族人生礼仪中的祝词阐释	2008.6
95	那贞婷	兰州太平鼓调查研究——以皋兰县水阜乡为个案	2008.6
96	李　旭	象征与仪式——山东郓城泥塑神像的调查研究	2008.6
97	赵琴琴	辽宁新民村与新疆堆齐牛录村锡伯族村民择偶习俗比较研究	2008.6
98	马沛霆	保安族口头文学的确认与研究	2008.6
99	赵　洁	新疆锡伯族弓箭民俗文化考察	2008.6
100	马　青	甘肃会宁县张坪村回族婚姻习俗现状的调查研究	2008.6
101	安玉红	东部裕固族仪式祝词程式特征研究	2008.6

续表

序号	作者	硕士学位论文题目	毕业时间
102	王芙蓉	天祝藏族人生仪礼研究	2008.6
103	刘彩清	山西中阳民间剪纸的传承与保护——以庞家会村为个案	2009.6
104	高　萍	西北民族叙事诗的形象体系研究	2009.6
105	程　燕	民俗学的视野：对开封原“犹太人”的调查研究	2009.6
106	张　强	西北民族叙事诗的叙事模式研究	2009.6
107	卢军伟	“非遗”保护过程中民间角色与政府作用的探讨——以天水太昊伏羲祭奠为例	2009.6
108	吴轶寒	民间傩俗中的民俗主体与乡土文化——对安徽贵池傩戏艺术的考察	2009.6
109	张晓宇	内蒙古乌兰察布市东路二人台的民俗学阐释	2009.6
110	汤顺霞	永登高高跷及其二月二龙抬头社火的调查研究	2010.6
111	杨玉凤	女性主义视角下张家川回族婚俗新释	2010.6
112	张志娟	道情从悦神到悦人的发展演变——对晋北右玉道情传承变迁之精神文化内涵的探析	2010.6
113	李　霞	上党八音会的民俗文化研究——以高平市为案例	2010.6
114	白　洁	岁时节日中“旺火”习俗的调查研究——以山西柳林的“火炉则”为研究个案	2010.6
115	王鹏飞	音乐的宗教——四川梓潼洞经音乐的调查研究	2010.6
116	罗淑珍	民族高校学生民俗承载状况的调查研究	2010.6
117	马　健	“青城水烟”的传统手工艺研究	2011.6
118	郑　绚	民族地区民俗文化保护及其民俗旅游研究——以肃南裕固族自治县为例	2011.6
119	陈宇非	乞巧中的女性文化研究——以甘肃西和乞巧民俗为例	2011.6
120	郜翠平	记忆与口述：山东鄄城谢家砖塑的艺术特色探究	2011.6
121	褚智慧	山西省文水县“文水鈲子”的民俗主体与民俗传承调查研究	2011.6
122	周方圆	南阳民间鼓吹乐班的民俗学解析	2011.6
123	李　垚	濒危中的“凉州贤孝”——人类学视角对“凉州贤孝”调查与研究	2011.6
124	付　培	内蒙古准格尔旗漫瀚调传承变异调查研究	2011.6
125	张燕霞	山西省岚县“岚城面塑供会”民俗活动的考察研究——以面塑供品为中心	2011.6
126	赵　丹	内蒙古“查玛”的表现形式与文化内涵——以呼和浩特大召寺为个案	2011.6
127	马　萌	甘肃永靖傩事活动象征解读——以杨塔乡焦家庙为个案	2011.6

新疆大学

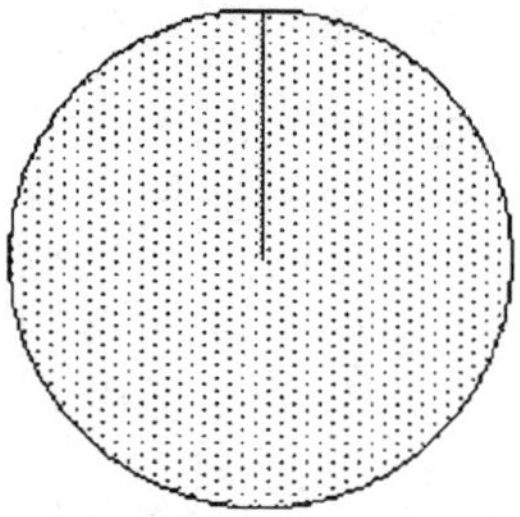

新疆大学民俗学科建制构成示意图

新疆大学民俗学学科是本校国家重点学科“少数民族语言文学与民俗学”的主要建设项目。1981年获得硕士学位授予权，1996年获得博士学位授予权，2003年“少数民族语言文学与民俗学”被教育部评为国家级重点学科，2004年获中国语言文学博士后科研流动站。

经过长期的建设，新疆大学民俗学科成为我国西北边疆历史较长、特色明显，并有一定国际影响的学科。

一、学科建设

（一）学科建制及其历史与现状

新疆大学人文学院由中文系、历史系和中语系构成，中国少数民族语言文学专业是其传统优势专业。

新疆大学民俗学学科建设的基础是新疆大学的民间文学教学，其历史可以追溯到20世纪50年代后期。1958年，王堡教授在新疆大学中文系任教，根据从云南大学等高校获得的有关民间文学的油印教材自编教材，用汉语讲授，由买买提伊敏·胡达拜地老师现场翻译，向维吾尔族学生传授民间文学理论知识。后来买买提伊敏·胡达拜地老师根据其讲课内容编写了维吾尔文的教材。“文化大革命”结束后，王堡教授为中文系的汉族学生开设了民间文学课程。1978年开始由阿布都克里木·热合曼老师为中文系民族学生开设民间文学课程，并在1981年用维吾尔文出版教材《民间文学概论》。1979年，经钟敬文教授邀请，王堡教授到北京师范大学参与《民间文学》教材的编写工作。这本统编教材为教学工作提供了方便，新疆大学的老师们灵活应用教材，注意结合新疆少数民族民俗及民间文学的实际进行教学，加强了民间文学课程的新疆地方特色内容和教材建设。从1985年开始，阿布都克里木·热合曼教授为维吾尔族本科生开设了“民俗学概论”课程，并用维吾尔文出版教材《民俗学概论》(1986)。在王堡、阿布都克里木·热合曼、袁志广等几代教师的努力下，民俗学专业初步形成了一支稳定的教学队伍，并编写了具有自身特点的教材，课程建设趋向成熟。

1990年代后期，随着一批年轻的博士、硕士学成归来，本学科点的发展迎来了新的契机。教学队伍构成更加稳定、合理，制定了较完整、科学的教学大纲，课程的讲授范围也进一步扩大。目前在新疆大学人文学院中文系、中语系、历史与民族学系各本科班级均开设了“新疆民俗文化概论”课程，在中文系与中语系开设“民间文学概论”课程。另外在中文系还开设有“维吾尔民俗学”、“维吾尔民间文学”、“歌谣学”“故事学”、“叙事学”等课程。教材建设成果也很显著，用维吾尔文撰写出版《民间文学概论》(乌斯曼·斯马义，1998)、《维吾尔民间文学概论》(乌斯曼·斯马义，2009)、《维吾尔民间文学体裁》(乌斯曼·斯马义，1994) 等教材。

经过民俗学专业教师多年的共同努力，该专业开设的“新疆民俗文化概论”课程被评为国家级精品课程。民俗学专业教学团队被评为“新疆大学2009年度校级教学团队”。2011年建立新疆人文社科重点研究基地“新疆民俗文化研究中心”，2011年被评为“新疆大学实验教学示范中心”。

（二）学科定位与建设重点

新疆大学民俗学学科的定位是民族民间文学和民族民俗学，学科建设重点有三个。

第一，促进新疆的社会稳定与发展。民俗学教学与研究，能够切实提高各民族学生的跨文化交际能力和对不同民族文化的理解与认可。民俗学课程成为增进各民族之间相互了解，相互尊重其风俗习惯，加强民族团结的重要途径。

第二，合理开发利用新疆民族民俗文化资源。新疆维吾尔自治区党委提出“让新疆了解世界，让世界了解新疆”的口号，民俗学重点介绍和阐释新疆各民族民俗，能帮助人们正确认识和理解新疆各民族价值观、信仰、理想、民族情感、道德传统。

第三，保护民族民俗文化遗产。在全球化和现代化时期，民俗学的重要任务是保护和传承新疆民族民俗文化遗产。

本学科点的建设，促进了新疆各民族民俗文化全面、系统的搜集、整理、研究工作，提出有效的保护、利用措施，使濒危或面临失传的珍贵“活态”文化遗产得以存活和传承，使优秀民族文化在全球化过程中保持自身优势。新疆的地理历史文化和现实发展，赋予新疆大学民俗学学科重要的社会责任和历史使命。

（三）研究方向

1. 新疆民俗（含民间文学）研究

新疆作为一个多民族地区，具有非常丰富的民俗（含民间文学）资源。本研究方向以田野作业为基础，在广泛、系统地获取民俗研究资料的基础上，对新疆各民族民俗文化事象进行全面、系统的研究，以新的视野和角度对新疆传统文化艺术及其所反映的特殊人文现象、变化过程中的文化交互作用与影响、各民族民俗文化的发展、变化与形成的历史过程等加以全面考察与研究，建构比较完整的学术体系，从而深刻认识中国多民族共同创造中华文明的科学事实，促进新疆各民族民俗文化研究，探寻新疆现代文化发展之路，以利于新疆文化的和谐进步。

本研究方向聚集了各民族民俗及民间文学研究的专家、学者，他们长期从事民间文化的调查研究工作，已经有了研究基础并成果卓著。本研究方向在收集、调查民俗文化的基础上，注重从理论、方法上探讨新疆民俗文化保护、传承的方法，对民俗事象进行纵向和横向的研究，着重对新疆各民族民俗志的撰写与研究。重视对民俗文化的跨民族比较研究。

党的十六大报告指出，民族文化是一个民族生存和发展的脊梁。而以民俗文化为主要内容的民间文化是一个民族文化的根基部分，是历代民众创造、享用和传承的生活文化。现在随着世界经济一体化，各种思想相互激荡，民族文化和地方文化乃至国家传统文化受到了挑战，在面临保持文化多元化和文化生态平衡的语境里，怎样使新疆各民族传统文化得以传承和发扬光大，是本研究方向研究人员探索的重点。因此，目前本研究方向适应地方文化发展和建设的实际需要，尤其对加深民族间的了解，对加强民族团结、促进各民族之间的文化交流、维护新疆稳定等方面能起到重要作用。

2. 新疆非物质文化遗产研究

新疆具有极其丰富、特色鲜明的非物质文化遗产，对其进行保护研究，既符合与国际同步发展的要求，也将是对西部大开发战略的积极响应和具体实施，是我国民族政策优越性的体现，更能让面临失传或濒危的许多珍贵“活态”文化遗产得以存活、传承，对新疆经济、文化双重效益实现有不可低估的作用和意义。

随着20世纪80年代以来外来强势文化的冲击，新疆非物质文化“原生态”传承形势确实不容乐观。不少艺术表现形式后续乏人，面临失传危险。澄清新疆各民族非物质文化遗产，提出切合实际的具体保护措施和对策，对其进行科学保护， 确保各民族传统文化可持续发展是新疆文化学领域中一项非常有意义的工作。新疆非物质文化中蕴藏着不少优秀的艺术、思想道德精髓，是精神文明建设中极为可用的文化资源。

目前新疆还没有以学术群体的形式对非物质文化遗产进行宏观、微观结合的专门研究、开发和利用，使新疆古老文化中的许多珍贵遗产仍未能得以很好地保护、传承，甚至面临失传。本研究以专门组织的形式，对新疆非物质文化遗产保护研究，无疑对加快研究步伐、取得重要研究成果、促进保护、开发和利用，有极其重要的意义。

3. 新疆大学数字民俗实验室

新疆大学数字民俗实验室是新疆境内高校第一个将民俗学与数字化技术结合的大学实验室。建立三个研究单元：民俗信息资源库、数字民俗学博物馆和民俗学电子教材，建设民俗学教学、科研和社会应用一体化的工程。

新疆大学数字民俗实验室将所获文献、图片、音频、视频资料进行数字处理，逐步建立国内第一个对新疆民俗文化领域全面完善的人文数据库。该数据库整合民族历史、语言、文学、民间文学与民间风俗、民间音乐、民间美术、民间工艺、民间科学知识、民间戏曲、民间舞蹈等多领域的资源，包括文字、音频、数据、视频、图片数据资料，该数据库将成为我国信息量最为丰富多样的新疆人文资源数据库，为新疆民俗研究提供基础资料，并构架起展示新疆、世界了解新疆、客观认识新疆的平台。目前我们承接文化部、国际口头文学研究基金会等国内外合作项目，逐步实现国际、国内的民俗资料与科研成果的网上交流、交互查询、数据库共享，建立数字化民俗研究的新样本，开拓民俗学大学教育的新方向。

新疆大学数字民俗实验室的建立，将给今后国家制定新疆人文资源的保护政策提供可靠的依据。同时，也为正在兴起的西部开发中的旅游经济和文化产业提供丰富的参考信息，并且还将成为文学、语言学、艺术学、考古学、历史学、建筑学、宗教学、民俗学、文化人类学以及其他多种学科研究的必备数据库，必将为推动新疆的经济发展和文化繁荣，为推动研究起到重要的作用。

目前新疆各民族民俗文化虽然经过国家的重视得到一定的收集、整理、出版，但是仍有众多的民俗事象和口传文学散落在民间，并且在社会快速发展的影响下，这些文化遗产以及民间传承人正在消失和消亡。本室首先要组织专业人才，科学、有序地将重要的民俗文物和民间文学作品抢救性地收集和数字记录将利于新疆各民族文化多样性发展。

（四）研究机构

本学科点的主要研究机构有：新疆民俗（含民间文学）教研室、新疆民俗文化研究中心、新疆大学数字民俗实验室及新疆民俗博物馆。

二、教学工作与人才培养

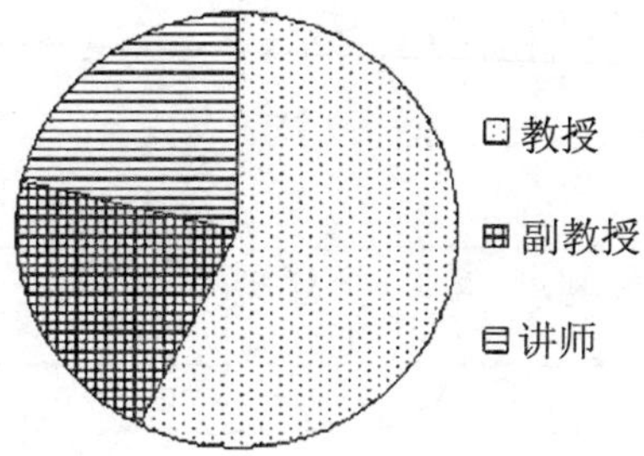

新疆大学民俗学学科学术队伍构成

（一）教学人员

本学科点教师共 14 人，其中教授 9 人，即热依拉•达吾提、周亚成、刘志友、阿•热合曼、卡木那、海热提江、张华、乌斯曼•斯马义和沙吾提•阿布都哈力克；副教授 3 人，即卡丽比努尔、张春梅和朱贺琴；讲师 3 人，即和谈、王敏和吐尔逊•沙吾提。

（二）课程设置

本学科点设本科和研究生两个层级的课程。

1. 本科生

本学科点开设的本科生课程有民俗学概论、民间文学。

2. 研究生

本学科点开设的研究生共 4 门，具体如下。

民俗学概论，54 课时，3 学分。

民俗学田野调查与方法，54 课时，3 学分。

妇女、民俗与宗教，36 课时，2 学分。

民间文学研究，54 课时，3 学分。

（三）研究生招生

新疆大学是西北地区最早培养民俗学专业研究生的大学之一。在新疆少数民族语言文学硕士点下，设少数民族民间文学方向，并从 1987 年开始招收研究生。通过 16 年的努力，培养了一大批这一领域的硕士研究生。2003 年建立了民俗学硕士点，并根据新疆民族民俗研究的宗旨与任务，设立“新疆民俗文化研究”和“民俗文化学”等研究方向。至目前已培养研究生 62 人，在读研究生 26 人。1997 年获批“中国少数民族语言文学”博士点，招收民俗学方向博士研究生，已培养博士 20 余名。毕业生在各大中院校成为新疆民俗学教学科研的主力军。

（四）招生目录

表 1　新疆大学 2012 年攻读硕士学位研究生招生专业目录

院系所、专业、研究方向、科目组	导师	招生人数	考试科目	备注
005 人文学院		131		
030304 民俗学		7	① 101 思想政治理论 ② 201 英语一或 202 俄语 ③ 707 民俗学 ④ 809 民间文学（汉、维）	复试科目：民间文艺学
01 民俗文化学	热依拉·达吾提			
02 维吾尔民间文学	乌斯曼·斯马义			
03 新疆民族民俗研究	周亚成			

（五）培养方案

新疆大学攻读硕士学位研究生培养方案

一级学科名称：　社会学

二级学科名称：　民俗学

二级学科代码：　030304

1. 主要研究方向及其学术队伍

研究方向一：民俗文化学

本研究方向学术带头人：热依拉·达吾提教授

本研究方向的主要研究内容、特色和意义：

本研究方向的培养对象为有相当民俗学基础知识的民、汉族学生，通过培养使他们成为能独立从事民俗理论、民俗田野调查研究和民俗学教学的高级人才。

民俗学研究主要包括对民俗事象发生、发展、演变及其性质、结构功能方面的理论探索；对民俗事象的历史探究与描述；对民俗事象进行综合或单项的科学记述；关于民俗问题思想史、理论史以及搜集、整理、运用史的研究；关于民俗事象整体观察和具体调查整理的技术方法研究。在现代社会科学体系中，民俗学具有不可替代的地位和作用。

民俗文化现象是一定社会最基础、最现实的生活反应，在生成、传播和继承的过程中，满足了人们的社会和文化需求。研究民俗文化现象，有助于对社会历史传统的梳理，有助于对民众实际生活、观念的考察和理解，从而促进社会的进步和发展。新疆是多民族聚居区，对各民族民俗文化进行客观描述和研究，对其特质和发展演变规律作出解释，有助于对各民族文化的深层了解。

研究方向二：新疆民族民俗研究

本研究方向学术带头人：周亚成教授

本研究方向的主要研究内容、特色和意义：

本研究方向的培养对象为有相当民俗学基础知识的民、汉族学生，通过培养使他们成为能独立从事民俗理论、民俗田野调查、各民族民俗研究的高级人才。

新疆是多民族聚居区，世居民族有 13 个，各民族都有着自己的风俗习惯，因而新疆民俗文化土壤十分丰厚。在新疆各民族社会生活中应用最广泛的民俗文化，包括衣食住行、婚丧嫁娶、节日娱乐、交际馈赠等，都是各民族在漫长的历史中逐渐创造、传承和积累起来的。要了解各民族的文化，只有在对一个民族民俗文化进行深入了解的基础上，才能全面把握民族文化的发展规律。新疆各民族民俗都具有鲜明的特点，对各民族民俗的研究，有利于各民族的相互了解和理解，相互尊重其风俗习惯，加强民族团结。新疆各民族民俗为民俗文化研究提供了得天独厚的条件，充分利用这一资源优势，广泛搜集资料、进行理论探讨，也能够为学术界提供更多的第一手资料。因此本研究方向有很高的社会意义和学术价值。

研究方向三：维吾尔民间文学

本研究方向学术带头人：乌斯曼·斯马义教授

本研究方向的主要研究内容、特色和意义：

本研究方向的培养对象为具有相当维吾尔民间文学基础知识和通晓维吾尔语的民、汉族学生，通过培养使他们成为能独立从事维吾尔民间文学教学和研究的专门人才，满足社会对这方面人才的需求。

本方向以维吾尔民间文学中的神话、传说、故事、歌谣、谚语、谜语和达斯坦（叙事诗）等体裁为主要研究内容，结合文学、历史学、哲学、宗教学、民俗学等学科，全面系统地研究维吾尔民间文学。

维吾尔民间文学丰富多彩，是维吾尔文化的重要组成部分。维吾尔民间文学植根于民众之中，与民众生活息息相关，同时也深刻反映了维吾尔族的思想、观念和情趣，反映出维吾尔民众的智慧和才能。维吾尔民间文学包含着丰富的民俗、民间文化内容，是研究维吾尔文化特点和发展规律不可或缺的资料，具有多方面的学术价值。对维吾尔民间文学的研究，不仅能加深对维吾尔文化的了解，而且对弘扬民族文化、进行爱国主义教育都有重要的意义。

2. 培养目标

（1）培养目标

培养具有较全面民俗学、民间文学理论知识、能够独立从事各民族民俗学、民间文学调查、整理和研究、能独立从事民俗学、民间文学教学工作的品学兼优的专门人才。

（2）培养方式

采取专业知识学习与研究工作相结合、课堂讲授和讨论相结合、理论学习与田野调查相结合的培养方式，充分发挥导师和学生两方面的作用，完成培养工作。

（3）学习年限： 一般为三年（在职人员为3—4年）。

3. 本专业硕士研究生课程学习及学分的基本要求

总学分： 学分

其中：学位公共课 须修 3 门； 8学分

（政治理论课2门，4学分；第一外国语，4学分）

专业外语 须修 1 门； 1学分

学位基础课　　须修 3 门；　9 学分

学位专业课　　须修 2 门；　6学分

前沿讲座（含讨论班）　　须参加 6 次；2学分

教学实践与社会调查　　　　2学分

跨一级学科课程　须修 1 门；2学分

专业选修课　　须修 4 门；8 学分

任选课

表 2　新疆大学民俗学专业硕士研究生课程设置

<table>
<tr><th rowspan="2">类别</th><th rowspan="2">课程名称</th><th rowspan="2">周学时
总学时</th><th rowspan="2">学分</th><th rowspan="2">开课学期</th><th rowspan="2">适用
研究方向</th><th colspan="2">任课教师</th></tr>
<tr><th>姓名</th><th>职称</th></tr>
<tr><td rowspan="4">学位公共课</td><td>科学社会主义理论与实践</td><td>2/36</td><td>2</td><td>1</td><td>所有方向</td><td rowspan="4" colspan="2">由研究生院统一安排</td></tr>
<tr><td>马列经典著作选读</td><td>2/36</td><td>2</td><td>2</td><td>文科</td></tr>
<tr><td>自然辩证法</td><td>3/54</td><td>2</td><td>2</td><td>理工科</td></tr>
<tr><td>第一外国语</td><td>4/144</td><td>2</td><td>1、2</td><td>所有方向</td></tr>
<tr><td rowspan="3">学位基础课</td><td>专业外语</td><td>2/36</td><td>1</td><td></td><td>所有方向</td><td></td><td></td></tr>
<tr><td>民俗学概论</td><td>4/72</td><td>3</td><td>1</td><td>所有方向</td><td>热依拉</td><td>教授</td></tr>
<tr><td>民间文学研究</td><td>3/54</td><td>3</td><td>1</td><td>所有方向</td><td>乌斯曼、周亚成</td><td>副教授</td></tr>
<tr><td rowspan="5">学位专业课</td><td>民俗学田野调查方法</td><td>3/54</td><td>3</td><td>3</td><td>所有方向</td><td>热依拉</td><td>教授</td></tr>
<tr><td>文化人类学</td><td>3/54</td><td>3</td><td>2</td><td>所有方向</td><td>周亚成</td><td>教授</td></tr>
<tr><td></td><td></td><td></td><td></td><td></td><td></td><td></td></tr>
<tr><td></td><td></td><td></td><td></td><td></td><td></td><td></td></tr>
<tr><td></td><td></td><td></td><td></td><td></td><td></td><td></td></tr>
<tr><td rowspan="2">跨一级学科课程</td><td>社会学</td><td>2/36</td><td>2</td><td>4</td><td>方向二</td><td>沙吾提</td><td>副教授</td></tr>
<tr><td>维吾尔历史文化研究</td><td>2/36</td><td>2</td><td>1</td><td>方向一、三</td><td>艾合买提</td><td>副教授</td></tr>
<tr><td colspan="2">前沿讲座（含讨论班）</td><td></td><td>2</td><td></td><td>所有方向</td><td></td><td></td></tr>
<tr><td colspan="2">教学实践与社会调查</td><td></td><td>2</td><td></td><td>所有方向</td><td></td><td></td></tr>
</table>

续表

类别	课程名称	周学时 总学时	学分	开课学期	适用研究方向	任课教师	
						姓名	职称
专业选修课	第二外国语	4/72	2	2	所有方向	由研究生院统一安排	
	宗教学	2/36			方向一	安尼瓦尔	副教授
	新疆民间艺术研究	2/36			方向一	亚　生	研究员
	妇女、民俗与宗教	2/36			方向一	热依拉	教授
	哈萨克或柯尔克孜语	3/54			方向一	卡尔拜	副教授
	新疆民族文化	2/36	2	3	方向一、二	周亚成	教授
	新疆民族民俗中的性别	2/36	2	2	方向二	周亚成	教授
	宗教学	2/36	2	2	方向二	陈　刚	副教授
	新疆民族史	2/36	2	3	方向二	万雪玉	教授
	神话传说研究	2/36	2	3	方向三	乌斯曼	副教授
	维吾尔叙事诗研究	2/36	2	4	方向三	乌斯曼	副教授
	维吾尔文学专题讲座	2/36	2	3	方向三	海热提江	教授
	维吾尔民间艺术概论	2/36	2	4	方向三	乌斯曼	副教授

4. 硕士研究生前沿讲座课（含讨论班）的基本要求

（1）讲座课或讨论班的基本范围或基本形式

要求学生参加学校、学院或相关单位举办的学术研讨会或讲座，邀请专家进行专业课的前沿讲座。参加研讨会或讲座要有笔记交导师审阅，专业课前沿讲座需交一篇小论文。

（2）次数、考核方式及基本要求

每学期至少要参加一次学术研讨会或讲座，对讲座内容要有详细笔记，并要谈自己的看法。专业课前沿讲座一学年至少一次，提交论文按考查课记分。

5. 必读书目

表 3　新疆大学民俗学专业硕士研究生文献阅读的主要经典著作、专业学术期刊目录

序号	著作或期刊的名称	作者和出版者	是否必读
1	民俗学概论	钟敬文主编，上海文艺出版社	是

续表

序号	著作或期刊的名称	作者和出版者	是否必读
2	田野民俗志	董晓萍著，北京师范大学出版社	是
3	民俗文化与民俗生活	高丙中著，中国社会科学出版社	是
4	世界民俗学	阿兰·邓迪斯著，上海文艺出版社	是
5	民间文学概论	钟敬文著，上海文艺出版社	是
6	民间文学导论	刘守华，长江文艺出版社	是
7	世界民间分类学	斯蒂·汤普森著，上海文艺出版社	是
8	中国民间故事形态研究	李扬著，汕头大学出版社	是
9	比较神话学	麦克斯·缪勒著，上海文艺出版社	是
10	原始文化	爱德华·泰勒著，广西师大出版社	是
11	传说论	柳田国男著，中国民间文艺出版社	是
12	文化人类学调查	汪宁生著，文物出版社	是
13	Introduction to Folklore	热依拉·达吾提（英文自编教材）	是
14	Fieldwork of Folklore	热依拉·达吾提（英文自编教材）	是
15	Women's Folklore	热依拉·达吾提（英文自编教材）	是

6. 学位论文的基本标准

（1）选题具有学术与实践、理论价值和意义。

（2）论文观点明确，在选题或研究方法、研究内容方面有新意。

（3）调研资料翔实可靠，有一定的代表性。

（4）论文结构合理、层次清楚。

（5）表述流畅易懂，文字清晰。

（6）论文整体规范、合乎要求。

毕业论文应显示出学生扎实的专业功底和独立从事研究工作的能力，要有一定的创新点。

7. 本专业硕士研究生须具备的科研能力与水平的基本要求

能独立从事民俗学的田野调查、民俗事象和民俗理论研究，具备对民俗事象的观察和分析能力，在校期间发表论文1—2篇。有比较明确的研究领域或方向，研究成果有一定的新意和理论、实践价值。

8. 本专业硕士研究生实践能力培养的基本要求

学生进校后，要参加导师的科研课题研究工作，与导师协商制定出毕业论文的总体设想。为较高质量地完成毕业论文，在第四学期与第五学期间进行田野调查。在导师指导下参加本科生专业课讲授 4—6 节。

三、科学研究

（一）理论研究

本学科点近年民俗学研究取得一定成果，其中有些成果已陆续出版。在著作方面，例如，《骑手的毡房》（周亚成，2004）、《维吾尔族魔法故事研究》（乌斯曼·斯马义，维吾尔文，2006）、《维吾尔文化简史》（阿布都克里木·热合曼，2006）、《20 世纪维吾尔物质民俗文化》（阿布都克里木·热合曼，维吾尔文，2008），《维吾尔族麦西来甫文化》（热依拉·达吾提，维吾尔文，2011）等。

表 4　新疆大学民俗学学科近年出版主要著作一览（2005—2011）

序号	著作名称	第一作者	出版单位	出版时间
1	维吾尔麦西来甫文化	热依拉．达吾提	新疆美术摄影出版社	2011 年
2	维吾尔文化简史	阿布都克里木·热合曼等	新疆人民出版社	2011 年
3	哈萨克民俗学	卡木那	新疆人民出版社	2011 年
4	中国民族史研究 60 年（合著）	刘志友	中央民族大学出版社	2010 年
5	塔吉克族民俗	西仁·库尔班	新疆美术摄影出版社	2010 年
6	维吾尔民俗文化与文学研究	乌斯曼·斯马义	新疆大学出版社	2010 年
7	中国后现代语境下的文学叙事	张春梅	黑龙江人民出版社	2010 年
8	哈萨克族定居村落	周亚成	新疆人民出版社	2009 年
9	维吾尔物质民俗（维吾尔文）	阿布都克里木·热合曼	新疆人民出版社	2009 年
10	维吾尔民间文学概论（专著）	乌斯曼·斯马义	新疆大学出版社	2009 年
11	柯尔克孜族简史（修订版）	万雪玉	民族出版社	2008 年

在论文方面，共发表论文代表作 15 篇。

续表

表5　新疆大学民俗学科近年发表主要论文一览（2005—2011）

序号	论文名称	第一作者	发表刊物	发表日期
1	浅谈新疆维吾尔族麻扎的功能职司及其演变	热依拉·达吾提	西北民族大学学报	2011年第1期
2	试论达斯坦“玉素甫—祖莱哈”的审美价值	乌斯曼·斯马义	西北民族大学学报	2011年第2期
3	试论文化人类学的“文化”概念	沙吾提·阿布都哈力克	新疆大学学报	2011年第1期
4	The Entry for Uighur Folk Literature（维吾尔民间文学研究概述）	热依拉·达吾提	Enzyklop die des M rchens,Band 13, Lieferung 3,Waltede Gruyter,Berlin,New York（德语）	2010年版
5	维吾尔族民居建筑中的文化生态	朱贺琴	新疆社会科学	2010年第2期
6	哈萨克族牧民定居的文化心理变化与心理疏导	周亚成	西北民族研究	2010年第2期
7	论维吾尔民间故事中的神化形象	乌斯曼·斯马义	西北民族研究	2010年第4期
8	National Minorities in Xinjiang Province（新疆少数民族服饰文化概述）	热依拉·达吾提	The Encyclopedia of World Dress and Fashion,Berg Publishers	2010年第1期
9	柯尔克孜族花毡探析	万雪玉	新疆艺术学院学报	2010年第1期
10	近三十年国内柯尔克孜族研究的回顾与反思	万雪玉	西域研究	2010年第1期
11	数字“七”与塔吉克文化	西仁·库尔班	新疆大学学报	2009年第4期
12	试论维吾尔民间达斯坦若干问题	乌斯曼·斯马义	新疆社会科学	2009年第1期
13	维吾尔族麻扎文化研究（英）(Shrine Pilgrimage among the Uighurs)	热依拉·达吾提	《丝绸之路》(Silk Road)(英语)	2009年第2期

（二）科研项目

近三年本学科点共承担国家社社科学基金、省部委以上项目和与中国港澳台地区横向合作项目51项，主要有国家社会科学基金重大项目“新疆喀什地域文化研究”（2011）、国家社会科学基金课题“哈萨克族中华文化认同、国家认同研究”（2010）、“维吾尔族非物质文化传承研究——以民间麦西来甫为例”（2005）、“维吾尔族民俗文化中的传统审美观念研究”（2008）、“喀什非物质文化遗产保护与研究”（2005）、教育部人文社会科学研究项目“维吾尔民间叙事诗（达斯坦）研究”（2006）、新疆维吾尔自治区教育厅研究项目“新疆非物质文化保护研究”（2005），国际项目“维吾尔族宗教文本的搜集、整理与研究”（英国与爱尔兰皇家人类学研究会，2008）、“维吾尔民间叙事诗的记录与整理”（美国口头文学研究基金，2008）等。

表6　新疆大学民俗学科近年主要科研项目一览（2005—2010）

序号	课题名称	项目来源	承担人	批准经费	起止时间
1	新疆喀什地域文化研究	国家社科重大项目	刘志友	60万元	2010—2015年
2	哈萨克族中华文化认同、国家认同研究	国家社科基金项目	周亚成	12万元	2010—2012年
3	维吾尔族宗教文本的搜集、整理与研究	英国皇家人类学会	热依拉·达吾提	20万元	2008—2010年
4	喀什市喀兹艾日克民族学调查	国家社科基金项目	海热提江	7万元	2009—2011年
5	维吾尔族非物质文化传承研究—以民间麦西来甫为例	国家社科项目	热依拉·达吾提	7万元	2005—2008年
6	维吾尔族达斯坦的保护、传承与研究	文化部非物质文化保护项目	热依拉·达吾提	24万元	2009—2014年
7	The Changing Patterns of Family, Kinship and Community of Uyghur Villagers after Liberation	马克斯普朗克社会人类学研究所（德国）	沙吾提.阿布都哈力克	10万元	2008—2009年
8	新疆当代多民族生态文学的多元共生与融合（10YJC751028）	教育部人文社科青年基金	和　谈	7万元	2010—2013年
9	维吾尔民间叙事诗（达斯坦）研究	国家教育部	乌斯曼·斯马义	5万元	2006—
10	柯尔克孜族传统手工技艺研究	教育部	万雪玉	7万元	2009.11
11	新疆非物质文化保护研究	教育厅	阿尔斯兰	10万元	2006—009年

（三）主要获奖

理论研究和科研项目为进一步开展民俗学研究提供了丰富的实例，补充和丰富了教学内容，提高了本学科点的建设水平。

表 6　新疆大学民俗学科近年主要获奖一览（2009—2011）

获奖成果名称	第一作者	奖励名称	奖励等级	时间
维吾尔麻扎游览活动与新疆旅游业可持续发展	热依拉・达吾提	中国维吾尔历史文化研究会	一等奖	2011 年 8 月
多媒体课件制作	王　敏	全国第九届多媒体课件制作大赛	优秀奖	2011 年 6 月
维吾尔族魔法故事研究	乌斯曼・斯马义	自治区党委和人民政府发布的第三届“天山文艺奖”		2010 年 9 月
试论塔吉克文化中的四大形象	西仁・库尔班	荣获新疆维吾尔自治区第八届社会科学优秀成果奖	三等奖	2009 年 11 月

四、国际学术交流

为了加强与国内外民俗学、人类学等人文学科之间的学术交流，新疆大学人类学与民俗学研究中心先后与美国、英国、土耳其、哈萨克斯坦、吉尔吉斯坦、乌兹别克斯坦、伊朗等国家的教学研究机构及同行建立联系，已承担国际项目 5 项。2008 年召开《丝绸之路上的麻扎文化国际会议》，2011 年召开全国“维吾尔达斯坦研讨会”，通过合作研究，我们及时把握本学科世界最新学术趋向。

五、存在的问题

新疆民族众多，由于教师研究兴趣和考入本专业的研究生主要为维吾尔族、汉族、哈萨克族，我们的研究重点主要放在维吾尔族、哈萨克族民俗文化，对其他人口较少数民族民俗文化的搜集、整理及研究未能给予充分重视。

民俗学属于社会学的二级学科。而民俗学专业置于新疆大学人文学院中文系，在该系属于边缘专业。这种属性不利于我们学科发展和申报民俗学博士点。

本学科点与国内各大学和研究机构民俗学专业的学术交流机会较少。

新疆师范大学

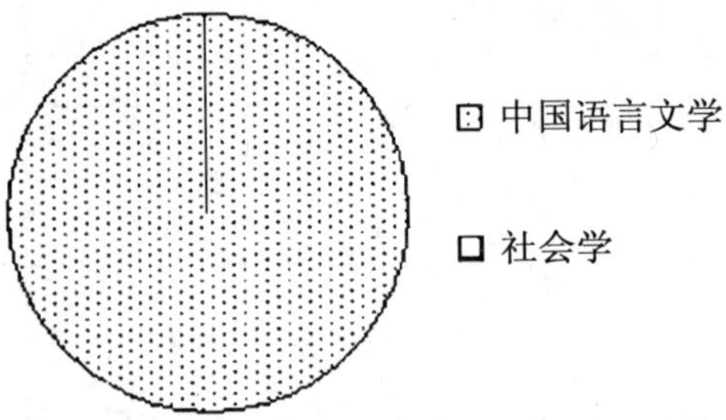

新疆师范大学民俗学科建制构成示意图

新疆师范大学文学院的前身为新疆师范大学人文学院中文系，于2009年7月设为文学院。中文系成立于1979年，是新疆师范大学最早成立的系之一，中文系有中国语言文学一级学科硕士点，有文艺学、中国古代文学、中国古典文献学、语言文字学、中国现当代文学、中国少数民族语言文学（维吾尔、蒙古）、语文课程与教学论8个二级学科硕士点；汉语言文学、维吾尔语言文学、蒙古语言文学3个本科专业。在少数民族语言文学专业（维吾尔、蒙古）内含有民俗学、民间文学专业。另有西域文史研究所和卫拉特学研究中心两个研究机构。

一、学科建设

（一）专业设置

新疆师范大学文学院维吾尔语言文学专业，下设维吾尔古代文学、维吾尔现代文学、维吾尔当代文学、古代维吾尔语、察哈台维吾尔语、现代维吾尔语、维吾尔民间文学、民俗学、中国古代文学、中国现当代文学、外国文学、儿童文学、比较文学、维吾尔文写作、文学概论、中学语文教学法等。

蒙古语言文学专业，下设蒙古古代文学、蒙古近现代文学、蒙古当代文学、中国古代文学、中国现当代文学、外国文学、语言学概论、现代汉语、古代汉语、中国历史、世界历史、文化人类学、社会学概论、蒙古民俗学、托忒文与卫拉特方言、卫拉特文学、卫拉特历史文化、蒙古史、现代蒙语、蒙文写作等。

（二）专业基本情况

表 1　新疆师范大学文学院民俗学专业在中国少数民族语言文学等专业内设置的基本情况

<table>
<tr><td rowspan="6">Ⅴ－1 一级学科情况汇总</td><td colspan="6">现共有硕士点 3 个</td></tr>
<tr><td colspan="6">共有教授（或相当于专业技术职务者）23 人，副教授（或相当专业技术职务者）42 人</td></tr>
<tr><td rowspan="3">2003.1 ~ 2007.12</td><td colspan="5">出版专著 24 部，发表论文 232 篇</td></tr>
<tr><td colspan="5">获国家级奖 1 项，省部级奖 12 项</td></tr>
<tr><td colspan="5">已授硕士学位 22 人</td></tr>
<tr><td colspan="6">目前在学硕士研究生 119 人</td></tr>
<tr><td colspan="7">Ⅴ－2　该一级学科已有学位授权的各学科、专业点情况</td></tr>
<tr><td colspan="7">Ⅴ－2－1　学位授权学科、专业点之一</td></tr>
<tr><td colspan="5">学位授权学科、专业名称</td><td colspan="2">获硕士学位授权时间</td></tr>
<tr><td colspan="5">中国少数民族语言文学</td><td colspan="2">1993</td></tr>
<tr><td rowspan="11">学术带头人及主要学术骨干</td><td>姓　名</td><td>出生年月</td><td>专业技术职务</td><td>主要研究方向</td><td>指导在学硕士生数</td><td>备注</td></tr>
<tr><td>阿扎提·苏里坦</td><td>1950 年 1 月</td><td>教授</td><td>维吾尔现当代文学研究</td><td>2</td><td></td></tr>
<tr><td>曼拜特</td><td>1965 年 9 月</td><td>教授</td><td>阿尔泰语系诸民族史诗比较研究</td><td>2</td><td></td></tr>
<tr><td>郭卫东</td><td>1963 年 7 月</td><td>教授</td><td>双语教育与双语教学研究</td><td>7</td><td></td></tr>
<tr><td>孟克</td><td>1963 年 4 月</td><td>教授</td><td>卫拉特蒙古文献研究</td><td>2</td><td></td></tr>
<tr><td>华锦木</td><td>1963 年 12 月</td><td>教授</td><td>双语教育与双语教学研究</td><td>3</td><td></td></tr>
<tr><td>孟凡丽</td><td>1965 年 10 月</td><td>教授</td><td>民族教育、双语教育研究</td><td>6</td><td></td></tr>
<tr><td>拜斯尔</td><td>1965 年 7 月</td><td>教授</td><td>维吾尔古典文学研究</td><td>2</td><td></td></tr>
<tr><td>伊克巴尔</td><td>1968 年 3 月</td><td>副教授</td><td>维吾尔文学研究</td><td>3</td><td></td></tr>
<tr><td>王阿舒</td><td>1964 年 7 月</td><td>教授</td><td>双语教育与双语教学研究</td><td>2</td><td></td></tr>
<tr><td>宝恩达</td><td>1962 年 10 月</td><td>教授</td><td>蒙古族语言文学研究</td><td>3</td><td></td></tr>
</table>

（三）研究机构

目前，本学科由中文系维吾尔语言文学教研室、蒙古语言文学教研室、比较文学与世界文学教研室，中语系维吾尔语言教研室、汉语言教研室、语言学与应用语言学教研室，新疆多民族语言文学研究所、双语教育研究中心、卫拉特研究中心组成。

1. 新疆多民族文学研究所

本所研究对象以新疆当代多民族文学的文学源流、基本成就、发展历程、创作经验、相互影响、文学共性和各民族文学个性等问题和文学思想史为基础，以作家和作品以及作家群为重点，以比较文学为参照，重点研究当代新疆作家创作规律和得失，探讨新疆各民族文学与中国当代文学的良性互动关系，总结新疆当代文学发展规律和经验，扩展当代文学研究视野，达到对新疆现当代文学发展历程更全面、更有深度的把握。本方向的另一个侧重点是：从跨文化的理论视角探讨新疆各民族文学与文化的关系，在这一大的框架之下，研究不同民族的文化与文学之间的相互影响、相互交流、相互融合的趋势，探讨新疆各民族古典文学、现当代民族文学、各民族民间文学的现实问题和理论问题。

2. 卫拉特学研究中心

卫拉特蒙古学研究是世界蒙古学研究的重要组成部分，有着特殊的学术地位。本方向的研究以卫拉特蒙古的语言文学和历史文化为主要内容，包括卫拉特蒙古文学遗产和文学传统研究、卫拉特蒙古当代文学研究、卫拉特蒙古民俗文化与宗教文化研究、史诗《江格尔》研究、蒙古史诗与突厥语诸民族史诗的比较研究、卫拉特蒙古社会发展研究、卫拉特蒙古与新疆其他民族文化交流史等项研究在内，形成独特的卫拉特蒙古学研究。卫拉特蒙古学研究的特色在于它的多学科交叉研究和与蒙古族诸部文化、与其他民族文化的比较研究。

二、教学工作与人才培养

（一）教学人员（中国少数民族语言文学方向）

表 2　新疆师范大学民俗学学科教学人员基本情况

姓　名	出生年月	专业技术职务	主要研究方向	指导在学硕士生数
阿扎提·苏里坦	1950 年 1 月	教授	维吾尔现当代文学研究	2

续表

姓　名	出生年月	专业技术职务	主要研究方向	指导在学硕士生数
曼拜特	1965 年 9 月	教授	阿尔泰语系诸民族史诗比较研究	2
郭卫东	1963 年 7 月	教授	双语教育与双语教学研究	7
孟克	1963 年 4 月	教授	卫拉特蒙古文献研究	2
华锦木	1963 年 12 月	教授	双语教育与双语教学研究	3
孟凡丽	1965 年 10 月	教授	民族教育、双语教育研究	6
拜斯尔	1965 年 7 月	教授	维吾尔古典文学研究	2
伊克巴尔	1968 年 3 月	副教授	维吾尔文学研究	3
王阿舒	1964 年 7 月	教授	双语教育与双语教学研究	2
宝恩达	1962 年 10 月	教授	蒙古族语言文学研究	3

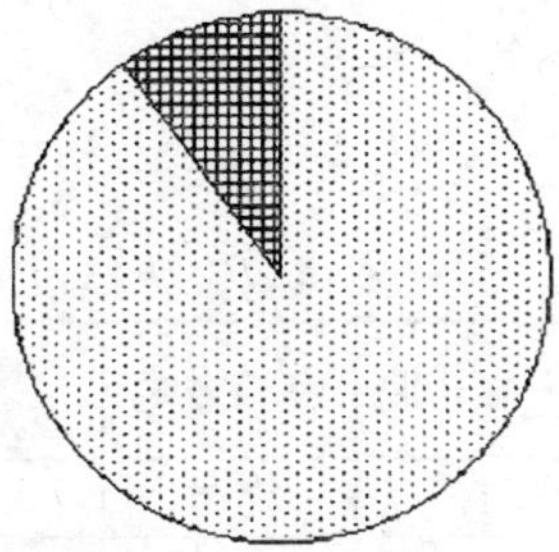

新疆师范大学民俗学学科学术队伍构成

（二）硕士点设置

新疆师范大学中国少数民族语言文学本科专业始建于 1979 年，硕士学位点批准于 1993 年，1995 年正式招生。该学科设有维吾尔语言文学、蒙古语言文学、汉语、双语等本科专业；设有中国少数民族语言文学（维吾尔语）、中国少数民族语言文学（蒙古语）两个二级硕士点。先后培养了双语教育、语言文化比较研究、江格尔与卫拉特蒙古古代文学研究、卫拉特民俗文化研究、维吾尔古代文学与现当代文学研究、维吾尔民间文学与民俗研究方向的硕士研究生（10 届）31 人。2004 年，本学科被学校确定为校级优先发展学科，2006 年被学校和学院确定为拟申报博士点的重点学科之一。

（三）研究方向

1. 中国少数民族语言文学（维吾尔语）研究方向

本研究方向包括：维吾尔古典文学研究、维吾尔现当代文学研究、新疆少数民族民间文学、少数民族计算语言学。其中，新疆少数民族民间文学研究是对新疆少数民族民间神话、传说、史诗、民间故事、民间歌谣、民间艺人等为重点，研究领域涉及非物质文化遗产保护、民间社会及民族文化等诸多领域。

2. 中国少数民族语言文学（蒙古语族）研究方向

本研究方向包括：卫拉特蒙古文学与文献研究、卫拉特蒙古语言与民俗文化研究。其中，卫拉特蒙古语言与民俗文化研究方向以卫拉特蒙古语言文字、民俗文化为主要研究对象。主要开设了托忒文与卫拉特方言、蒙古民俗文化研究等课程。

学制三年，应修满至少15门课程，获得34学分。

三、课程设置、课时、学分与培养方案

（一）中国少数民族语言文学（维吾尔语）

1. 公共学位课程（共7个学分）

表3 新疆师范大学中国少数民族语言文学（维吾尔语）专业公共学位课程设置

课程编号	课程名称	学时	学分	开课学期	考核方式	任课教师
0100001	马克思主义理论	80	3	1	考试	
0500001	基础外国语	144	4	1—2	考试	

2. 专业学位课程（共20学分）

表4 新疆师范大学中国少数民族语言文学（维吾尔语）专业专业学位课程设置

研究方向	课程编号	课程名称	学时	学分	开课学期	考核方式	任课教师
少数民族民间文学	0408101	文学理论原理	60	3	1	考试	阿布都卡德尔
	0408102	维吾尔民俗研究	60	3	1	考试	艾尼瓦尔
	0408201	维吾尔学概论	60	3	2	考试	拜斯尔
	0408202	突厥语民族史诗比较研究	60	3	2	考试	曼拜特
	0408203	神话学	40	2	3	考试	艾尼瓦尔
	0408204	民俗学方法论	40	2	2	考试	艾山江
	0408205	维吾尔诗歌研究	40	2	3	考试	拜斯尔
	0408206	专业外语	40	2	2	考试	统一安排

3. 任意选修课

表 5　新疆师范大学中国少数民族语言文学（维吾尔语）专业任意选修课程设置

研究方向	课程编号	课程名称	学时	学分	开课学期	考核方式	任课教师
少数民族民间文学	0800001	计算机基础与应用	72	2	2	考试	
	0408301	丝路文化与西域文明	30	1.5	3	考查	牛汝极
	0408302	中亚文学研究概况	40	1.5	3	考查	木克达斯
	0408303	应用民俗学研究专题	30	1.5	2	考查	艾尼瓦尔
	0408304	新疆少数民族民间文学比较研究	30	1.5	3	考查	艾山江
	0408305	口头传统调查方法	30	1.5	3	考查	祖木来提

4. 教学实践

第四学期期中考核之前进行不少于 1 个月的教学实习，其中承担课堂教学 4—6 学时，计 1 学分。

5. 社会实践与科学研究

就读期间，必须参加学术会议、课题研究、学术讲座、研究生论坛等，其中参加由学校、学院和本专业组织的学术报告会不得少于 5 次，经考察合格记 1 学分。

6. 学位论文

于第四学期期中以前完成论文的选题工作并提交学位论文计划，经导师组论证通过始能正式开展论文写作。硕士学位论文在导师的指导下由研究生独立完成。论文正文一般不少于 3 万字。撰写论文的时间不少于 1 年。研究生在导师指导下，于第 4 学期期中以前完成论文的选题工作。选题力求有理论和现实意义，且有学术性和创新性。第 5—6 学期完成学位论文的撰写，论文完成后必须经过同行专家的评审才能进行答辩。

7. 培养方式

采取专职导师培养方式，同时充分发挥导师组的作用。

（二）中国少数民族语言文学（蒙古语族）

1. 公共学位课程（共 7 个学分）

表 6　新疆师范大学中国少数民族语言文学（蒙古语族）公共学位课程设置

课程编号	课程名称	学时	学分	开课学期	考核方式	任课教师
0100001	马克思主义理论	80	3	1	考试	
0500001	基础外国语	144	4	1–2	考试	

2. 专业学位课程（共 20 学分）

表 7　新疆师范大学中国少数民族语言文学（蒙古语族）专业学位课程设置

研究方向	课程编号	课程名称	学时	学分	开课学期	考核方式	任课教师
卫拉特蒙古语言与民俗文化研究	0409101	蒙古学概要	60	3	1	考试	孟克
	0409102	文化人类学	60	3	1	考试	舍敦扎布
	0409103	蒙古文学通论	60	3	1	考试	丹碧
	0409201	托忒文与卫拉特方言	60	3	3	考试	布力格
	0409202	蒙古民俗文化研究	40	2	3	考试	舍敦扎布
	0409203	民俗学概论	40	2	2	考试	舍敦扎布
	0409204	方言学	40	2	2	考试	布力格
	0409205	专业外语	40	2	2	考试	宝音达

3. 任意选修课程

表 8　新疆师范大学中国少数民族语言文学（蒙古语族）任意选修课程设置

课程编号	课程名称	学时	学分	开课学期	考核方式	任课教师
0800001	计算机基础与应用	72	2	2	考试	
0409301	古代汉语	40	2	2	考查	待定
0409302	民间文艺学	20	1	2	考查	巴特
0409303	卫拉特蒙古档案资料研究	20	1	3	考查	巴图巴雅尔
0409304	史诗研究	20	1	3	考查	丹碧
0409305	田野调查方法	20	1	3	考查	巴特
0409306	民俗语言学	20	1	3	考查	舍敦扎布
0409307	蒙古宗教文化	20	1	3	考查	孟克
0409308	文学美学研究方法论	20	1	3	考查	宝音达
0409309	社会语言学	20	1	3	考查	布力格
0409310	卫拉特蒙古近代史研究	20	1	3	考查	铁木尔巴图
0409311	蒙古族近代文学思潮研究	20	1	3	考查	努恩吉雅
0409312	现代蒙古语修辞研究	20	1	3	考查	乌云巴图

4. 教学实践

教学实践采用课堂教学和学术报告会相结合的形式开展。研究生所承担的课堂教学课程应为本专业的基础课，由导师亲自指导或委托有关课程主讲教师负责指导。硕士生参加教学实践的时间不少于1个月，其中承担课堂教学任务2—4学时。授课前研究生要跟班听课2周，听课期间要做辅导教师，做答疑和批改作业等工作，上课时指导教师要听课并做具体指导和评价工作。教学实践结束经考察合格，可记1学分。同时，为了把教学与研究能力有机结合，研究生还需要参加由学校、学院和本专业组织的学术报告会，参加学术报告会不得少于5次，其中主讲1次，并做好相关记录，达到规定要求者，记1学分。

5. 社会实践与科学研究

第五学期期末前完成，可视情况参加田野考察、社会调查、收集资料等工作。不记学分。

6. 学位论文

硕士生应于第四学期期中以前完成论文的选题工作提交学位论文计划，并向所属教研室或指导小组作开题报告，经过讨论认为选题合适及计划切实可行者，始能正式开展论文工作。硕士学位论文在导师的指导下由研究生独立完成，不得抄袭或剽窃他人成果。论文正文一般应不少于3万字，内容要具有独创性，格式要符合学术规范。在学位论文题目确定后，用于撰写论文的时间应不少于1年。论文答辩通过后，经学校学位委员会批准，方可授予硕士学位。学位论文不计学分。

7. 培养方式

采取专职导师与导师组集体培养机制相结合的模式，明确专职导师的职责，充分发挥导师组在集体培养研究生中的权利和义务。对研究生的培养，应贯彻理论联系实际的原则，采取系统的理论学习与科学研究相结合，讲授与讨论相结合，校内学习与校外调查相结合以及统一要求与因材施教相结合的方式。

对于以跨学科或同等学力考入的研究生，根据研究方向和导师的意见安排补修不少于两门的本科核心课程：卫拉特蒙古文学与文献研究方向需补修文学概论、蒙古古代文学；卫拉特蒙古语言与民俗文化研究方向需补修语言学概论、民俗学。

（三）课程内容大要

1. 中国少数民族语言文学（维吾尔语）

文学理论原理	内容介绍	文艺学是一个复杂系统，在西方和东方有着不同的发展过程。在介绍西方文学理论观点时，我们本着维吾尔文学研究的需要进行了介绍。主要内容是西方文论的古典时期的文艺思潮和代表人物（柏拉图、亚里士多德、达芬奇、但丁、薄伽丘）以及现代文学主要流派的文艺主张。
	主要参考书目	勒内·维勒克《文学理论》，江苏教育出版社，2005。 朱立元《当代西方文艺理论》，华东师范大学出版社，2007。

维吾尔民俗概论	内容介绍	民俗学概论以民间风俗为研究对象，主要介绍民俗的基本特征与社会功能，物质民俗、行为民俗、社会民俗、精神民俗、信仰民俗及其下属的具体民俗事象，国内外民俗学研究学派的相关理论，民俗学的研究方法，中外民俗学史，民俗学的各分支学科，民俗学研究的未来趋势等内容。目的在于增强学生对民俗学基本理论的认识，具备从事民俗调查和研究的初步技能。
	主要参考书目	钟敬文《民俗学概论》，上海文艺出版社，1998。 乌丙安《中国民俗学》，辽宁大学出版社，1995。

突厥语族史诗比较研究	内容介绍	通过此课程，使学生进一步深入了解突厥语族各民族史诗和蒙古史诗的异同之处，从比较史诗学的角度分析游牧民族史诗传统的传承规律和途径，进一步探讨各种史诗变体的相互深入、相互交叉过程。要求学生基本上掌握阿尔泰语系民族史诗的发展史。让学生了解新疆少数民族史诗各种变体和中国三大史诗研究情况。
	主要参考书目	郎樱《玛纳斯论》，内蒙古大学出版社，1992。 仁钦道尔吉《江格尔论》，内蒙古大学出版社，1995。

四、科学研究

（一）理论研究

史诗与口头传统研究。新疆自古以来就是一个多民族聚居的地区，是人类历史上几大文明彼此接触和交融的纽带。各民族的民间口头文化遗产资源极为丰富、底蕴深厚，其种类之繁多、形式之多样、内容之丰富，在世界上也是少有的，并以口头流传的活形态与多样化的传承方式存在，这是新疆史诗与口头传统极为重要的特点之一，对于揭示史诗与口头文学形成和演化规律、把握史诗传承和变异规律、理解史诗与口头文学传播和接受过程、阐释史诗与口头传统在特定社会中的形态和功能，都提供了独一无二的前提条件。本方向把对口头传统的研究和对文化多样性的保护结合起来，进行抢救性研究，重建口头文学理论，并通过口头文学来研究民族史、民族文学史和民俗文化，为新疆各民族文化传统的维系和社会发展做出了突出贡献。

在这一领域中，老一辈的学科带头人丹碧教授，是学科的开创者，现为中国江格尔研究学会副会长、中国蒙古文学研究学会副会长、新疆文联副主席、新疆作家协会副主席、新疆社科联常委。史诗理论研究，特别是卫拉特古代文学研究方面成绩卓著，其研究成果处于世界领先水平。主持完成了《卫拉特蒙古文学史》、《史诗〈江格尔〉和卫拉特蒙古古代文学》、《卫拉特蒙古英雄史诗研究》等3项省部级课题；正在主持教育部课题《卫拉特文学通论》；其代表性的著作有《卫拉特蒙古古代文学简史》、《乌拉与祖拉——蒙古文学研究论文集》、《卫拉特蒙古英雄史诗研究》，代表性论文有"《中国西域文化与史诗〈江格尔〉》（ 乌兰巴托第八届国际蒙古文学学术会议提议论文)、《关于〈玛纳斯〉、〈江格尔〉》两部史诗的历史诗的映像问题》等。

目前该领域的学科带头人、自治区级优秀专家曼拜特教授，20年来一直从事柯尔克孜族的《玛纳斯》与口头传承研究、阿尔泰语系诸民族史诗比较研究、柯尔克孜族文学典籍整理与比较研究，成果累累，成为最杰出的专家。近5年主持完成了《柯尔克孜叙事诗流派研究》、《柯尔克孜民间乐曲集成》、

《柯尔克孜民间歌曲集成》、《柯尔克孜民间文学中的帕米尔现象》等地方政府委托项目和国家级项目；其代表性的著作有：专著《柯尔克孜文学史 》；编著《柯尔克孜族民间信仰与社会》；专著《柯尔克孜族民间文学的帕米尔流派》；编著《汉文史籍中的柯尔克孜族资料选译》；论文《少数民族文学中的发展趋势》（2004 年获首届“天山文艺奖”、由新疆维吾尔自治区党委和人民政府颁发）；论文《柯尔克孜与哈萨克史诗比较研究》；论文《柯尔克孜史诗的层次研究》等。

以孟克教授为学术带头人的〈史诗江格尔〉研究与非物质文化遗产保护研究。孟克教授现为中国江格尔研究会副会长兼秘书长、中国蒙古文学学会副秘书长、新疆写作学会副会长、新疆卫拉特蒙古研究学会秘书长。长期从事史诗学与口头传统研究、非物质文化遗产保护研究，特别是在史诗〈江格尔〉研究方面成绩卓著。主持完成了：《新疆游牧民族传统文化比较研究》；《蒙哈文化对比研究》；《史诗〈江格尔〉与〈玛纳斯〉产生的社会背景和历史文化前提》；《史诗“江格尔”形成的文化地域环境与社会历史渊源》；目前主持《卫拉特蒙古口头传统田野研究》；《史诗〈江格尔〉及非物质文化遗产保护研究》等国家级、省部级、国际合作项目。其代表性的著作有：编著《蒙古族传统科技文化》；编著《和硕特历史文化研究》；专著《史诗〈江格尔〉形成的文化地域环境与社会历史渊源》；专著《卫拉特蒙古文学研究》等。

学术骨干刘振伟博士，在西域各民族神话传说的交融等方面体现出研究的潜力，其《狼叙事诗与西域诸民族》、《论游牧、定居的分离对西域神话的影响》、《丝绸之路与神话传播》、《丝绸之路上的王者与神化》等论文，角度新颖，引起关注，为民汉民间文学的资料整理与研究开辟了新渠道。

（二）科研项目

表 9　新疆师范大学民俗学科科研项目一览

序号	项目名称	项目来源	起止时间	经费（万元）	主持人
1	朝鲜半岛诗学与西域因缘	韩国财团资助	2009–2011	6	王佑夫

续表

序号	项目名称	项目来源	起止时间	经 费（万元）	主持人
2	西域神话研究	自治区高校科研计划	2009—2011	1	刘振伟
3	史诗《江格尔》现代传承研究——新疆《江格尔》传承地的实地考察	国家社科基金西部项目	2009—2011	10	巴 特
4	当代柯尔克孜族史诗传承现状调查	自治区哲学社会科学规划项目	2009—2012	1.3	曼拜特
5	中国柯尔克孜族	自治区政协横向	2009—2011	10	曼拜特
6	史诗《艾尔托西图克》传承对比研究	国家社科基金项目（西部项目）	2010—2013	12	曼拜特·吐尔地
7	卫拉特蒙古民俗文化研究	国家社科基金项目	2010—2013	12	那舍敦扎布
8	柯尔克孜约隆研究	文化部项目	2010—2015	32	曼拜特·吐尔地
9	当代柯尔克孜族史诗传承现状调查研究	教育部人文社会科学研究青年基金项目	2009—2012	7	曼拜特·吐尔地
10	吉尔吉斯斯坦民族复兴运动之研究	新疆师范大学中亚基地项目	2010—2012	3	曼拜特·吐尔地
11	中国少数民族文学理论批评文库	国家社科基金重大项目	2011	80	王佑夫
12	克州游牧地区劳动者科学素质问题研究	新疆维吾尔族自治区科技计划项目	2011		曼拜特·吐尔地
13	中国柯尔克孜族信仰现状调查研究	教育部人文社会科学研究青年基金项目	2012—2014	7	古丽巴哈尔·胡吉西

（三）主要科研成果

1. 主要著述

（1）出版著作

曼拜特·吐尔地编：《高中语文实验教科书》（全5册），新疆教育出版社，2008。

曼拜特·吐尔地：《柯尔克孜民间文化研究》（柯尔克孜文），新疆科学技术出版社，2009。

曼拜特·吐尔地：《柯尔克孜民间文学中的特殊体裁——约隆歌》（柯尔

克孜文），克孜勒苏柯尔克孜文出版社，2009。

曼拜特·吐尔地编著：《探索与突破》，民族出版社，2009。

曼拜特·吐尔地编著：《中国柯尔克孜诗人作品选》，比依克特克出版社，2010。

曼拜特·吐尔地编著：《柯尔克孜族民间故事》（柯尔克孜文），克孜勒苏柯尔克孜文出版社，2010。

曼拜特·吐尔地编著：《中国柯尔克孜当代文学》，新疆科学技术出版社，2011。

曼拜特·吐尔地著：《柯尔克孜诗歌创作》，新疆科学技术出版社，2011。

刘长星：《简明外国文学教程》，吉林大学出版社，2011。

（2）核心期刊发表论文

曼拜特·吐尔地：《帕米尔柯尔克孜族民歌——约隆歌》，《民族文学研究》2009 年第 1 期。

巴特：《多元文化语境下的田野关系三个维度之分析》，《民族文学研究》2009 年第 2 期。

王佑夫：《关纪新对当代民族诗学的贡献》，《西南民族大学学报》2010 年第 3 期。

古丽巴哈尔·胡吉西：《柯尔克孜族麻扎民俗与史诗〈玛纳斯〉》，《民族文学研究》2010 年 4 期。

（四）学术信息资源建设

新疆少数民族文学作品库展厅。本展厅一期工程从 2008 年下半年启动，工期为三年。

全面搜集、整理、分类、编目和收藏新疆多民族 20 世纪以来的文学作品、作家书稿、作家传略、出版物、民间手抄本和其他文学珍品。这是一项资料积累和文化抢救的重大系统工程。建立“新疆少数民族文学作品库展厅”，将更好地为本学科教学科研提供极大的方便，为快出成果、多出人才服务，把本学科教学科研工作推向新台阶，使其处于世界领先地位。

新疆多民族民间文学、民俗文化多媒体教学软件资料库。自2008年起，调查了解现有声像资料集存情况、制定复制、摄录计划；购置所需仪器设备；大体完成搜集复制、田野摄录工作。2009—2010年，完成多民族民间文学、民俗文化多媒体教学软件系列的制作。本库从各地搜集完善卫拉特蒙古、维吾尔、柯尔克孜、哈萨克等少数民族民间文学、民俗文化声像资料，建立一个最为完备的民族民间文学、民俗文化声像资料库，并在此资料库的基础上，制作一整套多民族民间文学、民俗文化多媒体教学软件，充分利用现代化教学手段，推动少数民族语言文学、民族学、历史学、文化学等多学科教学和整个学科的发展。

五、学术交流

（一）国内讲座

2001年9月12日，中央民族大学杨圣敏教授，题目《维吾尔族的形成与传统文化》。

2003年11月20日，中国社会科学院民族文学研究所阿地里　居玛吐尔地副教授，题目《口头史诗研究新视角》。

2006年7月24日，韩国西江大学丹尼尔．基斯特教授，题目《韩国的萨满教》。

2006年7月24日，新疆大学热依拉．达吾提教授，题目《麻扎朝拜在维吾尔族妇女中的作用》。

2006年7月24日，新疆考古所伊地力斯研究员，题目《小河遗址挖掘与远古文明》。

2006年7月24日，新疆社科院历史所李树辉研究员，题目《民间信仰与民族历史文化的关系》。

2006年7月24日，新疆社科院少数民族文学所佟中明研究员，题目《论锡伯族萨满神歌的心理医疗功能》。

2006年7月24日，中国社会科学院民族文学研究所阿地力．居玛吐尔地研究员，题目《玛纳斯奇的萨满身份》。

2006年7月24日，新疆维吾尔自治区语委会奇车山，题目《处于濒危边缘的绝唱》。

2006年7月25日，新疆维吾尔自治区古籍办艾尔肯．依明尼亚孜，题目《萨满教对吐鲁番维吾尔族生活的影响》。

2006年7月25日，新疆维吾尔自治区文联民间文艺家协会玉素甫　依萨克，题目《哈密阔克麦西来甫中的自然崇拜探究》。

2006年7月25日，新疆社科院图书馆夏雷鸣馆长，题目《维吾尔族馕文化中的民间信仰》。

2006年7月25日，新疆考古所刘学堂研究员，题目《呼图壁岩画的时代和作者——幽冥世界》。

2006年9月4日，中国社会科学院何星亮教授，题目《中国传统文化象征体系》。

2006年11月13日，国务院非物质文化遗产研究与保护专家委员会委员，中国社会科学院民族文学研究所原所长朗樱教授，题目《非物质文化遗产研究与保护》。

（二）国内会议

2010年

1月8日至9日，"人类非物质文化遗产《玛纳斯》保护与研究"全国学术研讨会。

2011年

柯尔克孜族约隆歌研讨会，居素普·玛玛依演唱风格研讨会。

（三）国际交流

2004年

8月30日，国际萨满文化研究学术讲座。演讲人：匈牙利国家社会科学院教授，国际萨满文化研究会主席 Mihaly Hoppel；德国科隆大学教授 Ulla Johansen；美国乔治敦大学教授 Marjorie Balzer；日本 NANZAN 大学教授

Peter Knecht；意大利威尼斯大学教授 Giovanni Stary；印度加尔各答大学教授 Vayala Kerela；匈牙利国家社会科学院教授 Samfai Kara。

2006 年

9 月 19 日，德国中亚史诗研究的现状和发展趋势会议。演讲人：卡尔·赖歇尔（Karl Reichl），国际史诗学会主席，德国波恩大学教授；朝戈金，中国社会科学院；E.E·哈布诺娃，俄罗斯卡尔梅克国立大学蒙古语言文化学院院长。

2011 年

10 月 28 日，从口头传统到书面文学：民间口头创作的若干问题。演讲人：卡尔·赖歇尔（Karl Reichl），德国波恩大学教授。

六、存在的问题

目前维吾尔文学史方向的队伍显得比较合理，但将来古代文学和现当代文学必须分开。新疆民间文学研究方向的教师队伍要进一步加强。所以引进 2—3 个有博士学位的科研骨干，争取学位点建设更加科学，更加符合新疆少数民族文学学科建设的发展需要。

教材建设的投入和管理不太完善。

需要进一步加强研究生思想教育，提高研究生学习、科研方面的积极性。

西南地区

云南大学

云南大学建校于1923年，20世纪40年代即已开展西南民族民俗研究，时在社会学系任教的费孝通、杨堃、江应梁和在文史系任教的徐嘉瑞、张若名、叶德钧等开设过相关课程。1979年成立了云南大学少数民族文学研究室，1998年改称“中国少数民族文学研究所”，历任所长（主任）是朱宜初、李子贤、傅光宇、张福三，现任所长黄泽。民俗学硕士点于1983年首次招收研究生，1992年正式获得硕士学位授予权，以民间文学、神话学、民族文化与民俗作为重点建设的研究方向。云南大学民俗学依托西南少数民族文化多元化的优势，坚持稳固的研究方向与特点，积极开拓创新，科研积累深厚，发展势头强劲，近年来承担了多项国家社科基金、省部级项目，取得了大量科研成果，社会评价良好，在对外交往中积极争取社会的支持并与其他学校机构建立长期的科研合作，多次组织和参与国际、国内的重要学术会议，加强学术交流，提高学术地位。本专业教学科研队伍层次较高、结构优化，同时云大民俗学还注重本科生和研究生的教学质量，抓好本科生系列课程建设，这是高校民俗学教育走向专业化与普及化的有益尝试。在研究生的培养上，将民俗学基础理论与应用实践相结合，除课堂上对研究生进行专业知识的训练，还在云南省丽江县黄山乡、剑川县石龙村、元阳县箐口村和楚雄州设立民俗调查基地，方便研究生进行田野作业，增强科学研究能力。近年毕

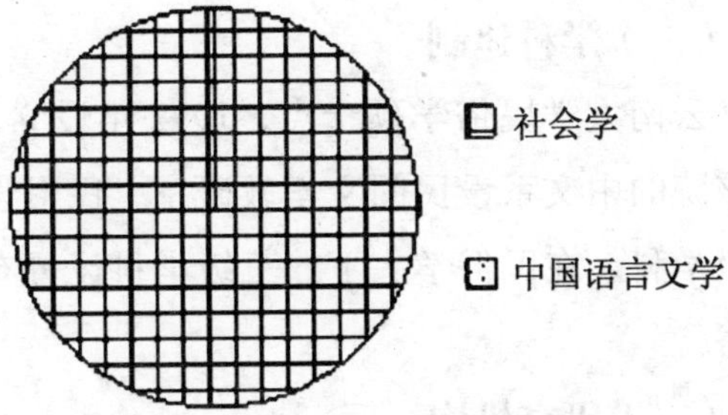

云南大学民俗学科建制构成示意图

业硕士生有20余人继续攻博深造，通过在学校几年的学习，本专业学生因综合素质高、专业知识扎实、实践能力和适应能力强而在社会各个领域广受欢迎。悠久的学术传统、深厚的文化积淀和持续不断的学科建设使云南大学中文系的民俗学专业成为西南地区民俗学教学和研究的重要基地。

一、学科建设

（一）学科建制

云南大学民俗学硕士点，1992年设立，民俗学硕士点单位为人文学院，在该院的中文系设民间文学教研室。民俗学为二级学科设置，归属于社会学一级学科。在民俗学之下的三级学科设置有民间文学、神话学、民族文化与民俗。

（二）研究机构

本学科点设置研究机构1个，即“中国少数民族文学研究所”。该所与中文系民间文学教研室同体异称，主要进行民俗学和民间文学的科研工作，并承担本科生相关课程教学及民俗学硕士点的教学。

（三）研究方向

本学科点研究方向为民间文艺学、神话学、民族文化与民俗。

二、教学工作与人才培养

（一）教学人员

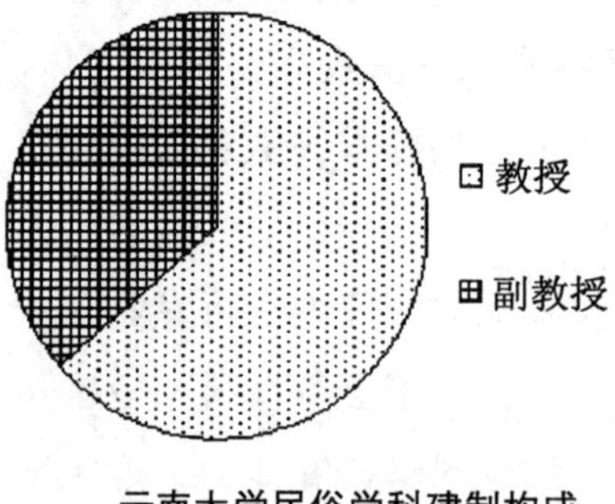

云南大学民俗学科建制构成

本学科点现有教师11人，其中教授7人，副教授4人。5人有博士学位。

（二）课程设置、学时与学分

1. 本科生

自1995年起，本学科点教师一直为本科生开设全校性选修课“民俗学概论”和“中国民俗学”等课。

2. 研究生

本学科点面向民俗学专业研究生开设课程，共8门，每门3课时，2—4学分。

表1 云南大学民俗学科研究生课程一览

课程名称	任课教师	课时	学分
民间文艺学	秦 臻	3	3
民俗学	段炳昌	3	3
民族文化学	黄 泽	3	3
语言人类学	马 京	4	4
文献民俗学	李道和	3	3
叙事学	谭君强	2	2
宗教民俗学	秦 臻	4	4
神话学	黄 泽	3	3

（三）招生目录

表2 云南大学民俗学科研究生招生目录

030304 民俗学	01 民间文学 02 神话学 03 民族文化与民俗	考试科目 101 思想政治理论 201 英语一 637 中国语言文学基础 812 理论批评	备注 同等学力加试： 中国古代文学史 民俗基本知识

（四）招生方向与导师

1. 招生方向

本学科点硕士生招生方向：民间文学、神话学、民族文化与民俗。

2. 硕士生导师

本学科点硕士生导师11人，分别是李子贤教授、张福三教授、段炳昌教授、黄泽教授、李道和教授（博士）、马炜教授（博士）、毛艳教授（博士）、木霁弘副教授、秦臻副教授、黄静华副教授（博士）、洪颖副教授（博士）。

三、科学研究

（一）理论研究

本学科点黄泽、段炳昌二人受聘担任云南大学中国少数民族艺术博士点博士生导师，研究方向为民俗艺术学和中国少数民族艺术史；李道和受聘担任云南大学中国古代文学博士点博士生导师，研究方向为古代文学与民俗文化。

（二）科研项目

本学科点所主持的国家社科基金项目如下：

李子贤“多元文化与民族文学——中国西南少数民族文学的比较研究”，1992。

张文勋、段炳昌“少数民族审美文化研究”，1993。

黄泽“云南少数民族传统文化保存现状及保护措施研究”，2001。

李子贤“少数民族话形态神话研究”，2004。

（三）代表作

本学科点代表性著作有：

徐嘉瑞：《大理古代文化史》，云南大学西南文化研究室，1949。

叶德钧：《宋元明讲唱文学》，上杂出版社，1953。

叶德钧：《戏曲小说丛考》，中华书局，1979。

朱宜初：《民族民间文学散论》，云南人民出版社，1980。

朱宜初、李子贤：《少数民族民间文学概论》，云南人民出版社，1983。

张福三、傅光宇：《原始人心目中的世界——西南民族原始文学研究》，云南民族出版社，1986。

李子贤：《探寻一个尚未崩溃的神话王国——中国西南少数民族神话研究》，云南人民出版社，1991。

秦家华等：《西南少数民族风俗志》，中国民间文艺出版社，1981。

杨知勇、李子贤、秦家华：《云南少数民族婚俗志》，云南民族出版社，1983。

杨知勇、李子贤、秦家华：《云南少数民族生葬志》，云南民族出版社，1983。

杨知勇、李子贤、秦家华：《云南少数民族生产习俗志》，云南民族出版社，1990。

杨知勇、李子贤、秦家华：《云南少数民族生活志》，云南民族出版社，1992。

段炳昌：《南诏大理国的流风遗韵——穿越白族民俗长廊》，云南民族出版社，1999。

黄泽：《西南民族节日文化》，云南教育出版社，1995。

黄泽：《神圣的解构——民族文化研究的多维审视》，广西教育出版社，1998。

黄泽：《西南民族文化与民俗——民族文化学的新视野》，海南出版社，2008。

黄泽、黄静华：《神话学引论》，海南出版，2008。

木霁弘：《茶马古道考察纪事》，云南教育出版社，2001。

李道和：《岁时民俗与古小说研究》，天津古籍出版社，2004。

李道和：《民俗文学与民俗文献研究》，巴蜀书社，2008。

马炜、陈庆德：《民族文化资本化》，人民出版社，2004。

四、学术交流

本学科点近年邀请中国社会科学院朝戈金、刘亚虎、吕微和北京大学高丙中等学者来做讲座。2010 年 8 月与中国社会科学院民族文学研究所、日本亚洲民族文化学会联合主办“兄妹婚神话与信仰民俗暨云南省开远老勒村（彝族）人祖庙考察与研究国际学术研讨会”，中国、日本、韩国、美国等国家地区数十位学者与会。

五、存在的问题

云南大学中文系对民俗学科支持还够，学校有意申报社会学一级学科博士点，但民俗学以外的三个硕士点历史较短，整合不力。

附 录

附录一　关于民间文艺学和民俗学的学科分类变更的意见[1]

钟敬文

最近，教育部的新学科分类方案正在征求各界意见。在新方案中，民间文艺和民俗学专业被划归“中国文学”一级学科。在1997年国务院学位办的学科调整中，“民俗学（含民间文艺学）”专业，被划归“社会学”一级学科下面的二级学科。这种学科分类的变动，将直接影响到学科的师资队伍建设、研究生招生、学术成果评审和科研项目申报等重要问题，所以在此谈谈自己的看法。

将“民间文艺学（民俗学）”专业划归“中国文学”一级学科，是符合新中国成立以后至90年代中期高校学科设置的实际情况的。从它的学术史和分类逻辑来讲，也是正确的。关于这个问题，我曾专门写过文章加以讨论，这里就不去细说它了。但是，这次有的高校和科研院所从事实际教学科研的同志提出，把“民间文艺学”放在“中国文学”类下面是可以的，但“民俗学”不好办，因为它不属于文学类的学科。我的看法是，如果把民俗学作为文化史一类辅修课，也是可以的。中国文学专业所培养的高级人才也应该了解民族民俗文化的知识，提高综合素质。但考虑“中国文学”专业的主要分工倾向于文学类，所以在学科分类的提法是，可以相对突出民间文学，这样，专业名称可以写做：“民间文艺学（含民俗学）”或“民间文艺学与民俗学”。

另外，上述一些同志所提到的情况，是指90年代中期以后，民俗学在国

1　此文原为钟敬文先生2001年4月16日致教育部领导的信。

内也得到了较大的发展。自 1997 年根据以上的调整将“民俗学”划归“社会学”下面的二级学科以后，许多高校都做了相应的学科调整，在社会学中加强了民俗学的学科建设，这也是一种客观情况。1998 年，我主编的高校文科统编教材《民俗学概论》出版，对推动高校这方面的教学和人才培养已起到一定的作用。一些高校的社会学专业到目前为止还在使用这部教材进行教学科研，并在社会学的门类下，继续招收民俗学研究生。如果这次学科分类完全把“民俗学”从社会学 领域中撤出，也会使这一部分新发展起来的学科点受到影响。如果考虑到这一情况，也可以在“社会学”一级学科下面，保留“民俗学”二级学科的位置。同时，根据社会学不侧重民间文学研究和教学的特点，可在专业提法上，写做“民俗学（含民间文艺学）”。

对于民俗学这种交叉学科来说，将其放在两个一级学科下面，未尝不可。这也有利于它自身的发展，有利于改革开放后的学科队伍的稳定。

以上意见，出于我一个老民间文学工作者和民俗学者对学术事业的关系，也是一个老教育工作者对国家教育事业蓬勃发展的真诚希望，此意见敬请亮察。

附录二　民俗学（含民间文艺学）的创新建设

在民俗学的学科规划中理性求变[1]

董晓萍

2011 年国务院学位办组织新一轮学科编目，这对各学科的发展建设都是一次机遇。社会学一级学科和所属民俗学二级学科，以及中国语言文学一级学科所属民间文学二级学科，在 1997 年学科编目的基础上，通过这次工作，可以对自身学科建设状况进行评价和分析，充分论证本学科的性质和特点，并给予科学的界定，同时对今后五至十年的学科发展目标做预测和描述。它能推动民俗学科落实《国家中长期教育改革和发展规划纲要（2010–2020 年）》十年规划》，在社会学和中国语言文学一级学科的研究对象的不同方面，继续保持民俗学和民间文学的特色，又能与其他二级学科互补，扩大民俗学人才的社会需求规模。它还有利于对各级主管部门对民俗学和民间文学开展针对学科特点的学科管理和评估。

做好学科规划建设，要处理好民俗学科与新时期国家文化建设的整体关系。新时期文化建设的主体结构，是以政府为主导的社会主义文化。民俗是各国各民族世代传承的一套有关自然、社会、人生的知识系统及其物质产品和风俗习惯，在现代社会中仍然传承。民俗也是现代学校教育之外的人类教

1　此文原载《温州大学学报》2011年第6期，本次发表时做了一些修改。

育文化，但它比现代学校教育的资格更老，乃至在没有现代学校教育的地方都有民俗。在现代社会，民俗教育与学校教育平行，同样具有记忆历史和接续未来的能力。优秀民俗是社会主义文化不可或缺的组成部分。在社会主义文化结构中，民俗与其他层面的文化，如传统文化、民族文化和地方文化等，彼此之间存在交叉关系，但它们都有相对独立性，都能在不同程度上成为携带我国优秀历史文明进入新时期文化建设的载体。它们也是局部特有文化，在特定范围内，号召力大、开放能力强、人民对之习惯成自然。它们的受保护程度和发展水平，还成为国际舆论评价我国改革开放质量的一种标尺。它们的生态环境良好与否，也与国内人民群众对幸福指标的描述相关。将社会主义文化与其他辅助文化共同建设，能在21世纪中国扩大对外开放和世界重新认识中国的双向需求中，建设新的凝聚力文化。

在国际上，民俗学的研究逾160年后，在全球化时期，再度成为“国际化”的学科。仅从我国的情况看，民俗学者在近年政府开展的非物质文化遗产保护和传统节日社会管理工作中表现活跃，踊跃承担研究项目。其他相邻学科的同行，如社会学、人类学和民族学的学者，也提供了可供进一步探索的建设性参考意见。民俗学与相邻学科互补，扩大了研究方向的分支领域，提升了学科的解释能力。而本次学科调整编目促进我们对此给予回望、总结，并提出进一步的规划。

在本书《附录二》中所汇集的文章，是我所供职的北京师范大学民俗学国家重点学科在职或输送到国内不同单位工作的同仁们，对国内民俗学学科建设工作的一次近距离温习的结果。我要肯定地说，这些都是作者个人的认识，不能全部代表国内各单位民俗学学科点的观点，但他们都毕业于北京师范大学，在中国民俗学和民间文艺学一代宗师钟敬文先生门下，经历了1997年国务院学位办学科目录的改革，又在此后的14年里，在所服务的985大学、211大学和科研院所或地方大学中，担任民俗学教学科研机构、国家重大科研项目或重点实验室的学术带头人，有些人还与国际一流高校同行长期从事合作研究，或者保持经常性的国际学术交流，具有国际视野，能够坚持继承和发展前辈开创的民族民俗文化主体性方向，因此他们对我国民俗学和民间文学建设工作的甘苦得失有比较长期的认识，也有各个侧面的衡量，还有对未来发展规划的真诚期待，他们的体会是在这个基础上得出的，绝非急功近利之作。在今年的新一轮国务院学位办学科目录调整中，他们能从历史的、比较的和全局的眼光，比较扎实地总结学科目录改革后民俗学发展的成绩与问题，所以这些文章值得一读。还有其他同行参加了这次团队工作，虽因时间关系未及形成文字，但我们照样会记住他们的贡献。在接下来的从容时间里，我们还会向更多的同行请教。

在此，要感谢国务院学位办和北京师范大学领导把这项十分有意义的尝试交给我们做。

作为原钟敬文先生的学术助手和北京师范大学民俗学国家重点学科的负责人，我对有机会暂时充任本项工作的负责人深感荣幸和不安。我把它看成是向作者和全国同行学习的一次绝佳机会，也是对这支民俗学团队在短时间内通力合作的能力和智慧的一次检验。一并再次感谢《温州大学学报·社会科学版》曾发表这组文章，感谢黄涛教授与陈肖为主编所做的前期工作。

我的看法是，我们不能期待仅仅依靠国家学科目录修订解决全部问题。在未来的5年或10年内，民俗学科的发展能否达到同仁们所期待的理想状态，还需要内外部条件。外部条件不能选择，但我们能够选择自己。不管怎样，从事民俗学高等教育要有学问，也要有对中国实际的深刻认识；要关注国家社会的蓬勃发展，也要有世界眼光；要对我国民俗学的未来趋势有预测和描述的能力，也要对执行正确方案坚定不移；要参与教育体制和机制的改革，也要有为人民文化科学事业甘于沉潜、科学创新和勇于担当的精神，这些一样都不能少。有了这种学术自觉和社会自觉，中国民俗学科就能经受各种考验和挑战而一脉相承。

民俗学学科建设的“少数民族”维度

朝戈金

今天民俗学和相邻学科的发展，已经到了需要重新反思学科定位、规划学科未来发展的关键时期，也就是说，需要相关从业人员，从内部和外部两个方面，对民俗学、民间文学、少数民族艺术、少数民族文学等这些学科的相互关系、未来发展走向和学科层级归属等方面，做出有利于学科今后发展的适度调整。

从现有高等教育的运作体制和格局来看，民俗学和民间文学，虽然在归口上分属不同的一级学科，但在实际教学中，使用某些变通的办法，在其他学科方向的帽子底下，培养民俗学领域的学生，这已经是到处都能够看到的现象。这种实际培养与统计归口不统一的做法，已经产生了一些不良结果，就是在教育部的统计口径上，一些原本是民俗学或者民间文学方向的学生，在毕业后，壮大了其他学科——例如中国古典文学等的声势，而令我们自己的学科和学术方向，陷入相当尴尬的境地——每年毕业人数显得不足，威胁到学科今后的生存和发展。这种情况，在中国少数民族的民俗学和民间文学研究生培养环节上，也屡屡发生，需要通过对典型案例的分析，结合对教育体系晚近发展背景的深入理解，因地制宜地思考合理的解决办法。

钟敬文先生多年前就提到，中国的民俗学是“多民族的一国民俗学”。这个论断，来自深入体察中国民俗学学科实际，应当认真领会。中国晚近高等教育中的民俗学学科，与民间文学学科和中国少数民族语言文学学科，有着深层次的关联。厘清它们之间的关联和区别，特别是如何从学科发展战略的角度规划学科发展的未来，给出某些既有现实针对性，又符合学科发展自身规律的建议，仍然是摆在我们面前的一个迫切问题。

以中国社会科学院研究生院的教学为例。该院的中国少数民族文学系，这些年来，同时招收中国少数民族文学方向和民俗学方向的硕士和博士研究生。在教学中，这两个方向的学生往往同时遴选相同的专业基础课和专业课，只是在自己选定的方向上，形成各自专业方向的区隔。例如，文学方向的同学们往往会回到导师的专业方向划分上，从事维吾尔、蒙古、南方民族、藏族文学等“族别文学研究”传统上。而民俗学方向，则在制度和规定上，对招收学生的族属和民族语文能力，不做特别要求和限定。考上来的学生，也尊重他们各自的学术选择和兴趣，不排斥民俗学学生专攻汉族民俗的某些领域。当然，在这个小环境里，无论哪个民族的学生，愿意学习另外民族的语文，都会得到特别的鼓励。这就从制度上保证了以学术为导向的理念，而不试图建构某种带有政策性倾斜的教育体系。

当然，中国社会科学院研究生院少数民族文学系的做法，对一般高校而言，不具有普遍适用性。因为它们在专业方向的设立和人才培养制度的建设方面，有相当的自主权，可以不完全受教育部的钳制。

不过，考虑到当前高校设立博士点的新规定，适度强调“少数民族学科维度”，对民俗学学科的建设和发展，是有利的。如果说，一些原本没有少数民族文学教学和研究传统的高校科系，都因为拥有在“中国文学”一级学科名下自主设立中国少数民族文学的二级学科的条件，而积极考虑增设少数民族文学方向的博士点，那么，民俗学就更应当这么做。根据有些学者的大致推断，在整个中国非物质文化遗产宝库中，少数民族所创造和拥有的遗产，占到总量的80%。民俗学作为专门研究老百姓传统文化的学问，更没有理由不大力发展少数民族的民俗学了。

加强少数民族民俗学的学科建设，我认为至少有如下几个理由：

第一，按照中国民俗学的学科创立和发展传统看，它从勃兴之初，就没有将少数民族及其文化排除在研究对象之外。歌谣学的最初实践活动区域，就有来自少数民族聚居区的歌谣展示。这个传统，今天就更没有理由不坚守了。

第二，中华民族是一个大家庭，其中的每一个民族成分，都是这个大家庭不可分割的成员。各少数民族群体与中华民族共同体的血肉联系，它们在参与建构中华民族共同体的过程中所形成的历史地位和作用，都令有关各少数民族的知识和遗产，合理合法地、无可争辩地成为国家学术的一部分。在中国的民俗学学科建设和发展中，大力发展少数民族的民俗学，是与大力发展中国民俗学的总的目标相一致的。

第三，中国境内的各个少数民族，分属于几大语系——汉藏、阿尔泰、印欧、南岛和南亚等。它们各自长期所居住的自然环境以及与之相适应的生产生活方式与产生于其基础上的知识体系和信仰体系、社会组织方式和其他活动等，彼此间差别相当明显。它们是民俗学生长、发展和获得丰收的肥沃土壤。对少数民族民俗活动的深入研究，不仅具有阐释特定文化传统的意义，也有提供观照文化范例并提炼和抽象出文化活动通则的范式意义。

第四，中国少数民族民俗的有关研究，已经有可观的发展历史，形成了自己的某些特色，积累宝贵的学科经验，如蒙古族，在百多年前就产生了自己的民俗学著作。今天，在内蒙古地区，一些民俗学理论和方法的课程，也还是用蒙古语讲授的。这是中国民俗学学科特色的一个显著方面，是我国民俗学学科建设的难点所在，挑战所在，也是机遇和光辉前景的所在。也就难怪有些邻国的学者们，钦羡我们是拥有如此丰厚宝贵的民俗遗产和活形态民俗活动的国度。

第五，在联合国教科文组织和国际社会，尤其是在国际人文学界的大力倡导下，人类社会越来越意识到，非物质文化遗产，作为人类知识和经验的重要一翼，与作为另一翼的人类有形文化遗产一道，为人类的文明和进步做出了巨大的贡献，具有不可替代的意义。非物质文化遗产的方方面面，恰恰是民俗学的主要研究对象。民俗学在人类今后的发展和进步中，在总结人类宝贵经验和教训方面，都将发挥更大的作用。在当代系统化教育的知识教授体系中，民俗学不仅应当拥有一席地位，还应当拥有发展优先权，享受优先扶持的地位。当前对该领域人才的需求，国家文化建设战略中对非物质文化遗产抢救、保护、研究等环节工作的全面铺开，都对民俗学的人才培养提出了新的要求。比较而言，少数民族的民俗学人才更为缺乏，这方面的需要也就更为紧迫。

第六，国际民俗学的学科发展历程，对我们有参照借鉴意义。在一些国家中，例如芬兰，民俗学在树立民族自信心、强化民族认同方面，发挥了极为重要的作用。今天，民俗活动与国家和社会的实践活动有了更为紧密的联系。美国史密森学会经常举办的民俗学大型展示活动，就是一个新的征兆。另外，在美国民俗学界，有大量民俗实践者积极参与其间，推动和改变了民俗学的发展走向。在美国的教育体系中，民俗学的发展，并没有因为新媒体技术的发展、都市化进程的进一步加快、传统生计方式远离老百姓的日常生活而变得失去了血色和动力。这些，都给了我们很好的启示，也给我们以信心。

总之，给民俗学学科注入活力，让它能够更为合理平顺的发展，是我们每个民俗学领域的人都热切关注并希望达成的。

民俗学的学科定位与学术对象

高丙中

作为民俗学人，我们不满意民俗学的现状，我们批评国家没有给予民俗学应有的位置，我们对民俗学可以为国家的学术事业和文化建设做出更大的贡献充满期待。所以，我们冀望把民俗学纳入国家的学科建设项目，通过民俗学的发展来双赢、多赢地回应各方面的期待。

我们在这里谈民俗学的学科建设问题，主要是想寻求路径去解决民俗学在国家的学科体制中的位置问题。一个学科在国家体制中的位置固然首先取决于它的学术成就，但是它与其他学科的学术关系（自己的学科特色、学科边界以及和其他学科的关联）却很现实地制约着它在国家体制中的位置。“学科建设”的意涵包括两个要点，一是明白学科所处的现状（现实的位置），二是为学科设置一个理想的位置，然后设计一条可行的路径去达到这个理想。

民俗学在国际上（主要是欧、美、日）是一个独立学科，与社会学、人类学、历史学、文学都是并列关系。但是，民俗学在中国，却是社会学一级学科之下的二级学科，而民间文学则是中国语言文学一级学科之下的某二级学科（如古代文学或现代文学）里的三级学科。据董晓萍教授所带领团队对国内近百所高校研究生招生所做的一项摸底研究，民俗学以各种化身在六个一级学科下招生、申请课题，全国各地高校与研究院所的重点基地、重大课题或特色地方资源则培育了更多的民俗学的新分支[1]。这说明，民俗学虽然不具有独立的一级学科的地位，但是它的实际分量、实际价值，使它成为不是

1　董晓萍《我国民俗学高等教育发展趋势分析》，未刊稿，2011 年 8 月 8 日。另参见本附录中董晓萍《在民俗学的学科规划中理性求变》一文。

一个二级学科能够完全支撑的，它的从业者不得不以灵活的方式，打破现有学科设置的框架，在多个学科里引入它的学术资源对它加以发展。由此可见，民俗学的实际从业者、研究范围和资源注入路径都远远超过了作为二级学科的民俗学，我们的学科设置根本就不能满足社会和学界对民俗学的期待。那么，重新论证民俗学的学科定位就是十分必要的了。

从理论上说，民俗学完全可以成为独立的学科，因为它是可以把生活世界意义上的生活文化作为整体进行调查研究的。这是我在20年前就论证了的观点[1]。但是理论上的可以是，首先要转化为社会需求上的应该是，最后才转化为实际操作上的如何是。

民俗学对于中国社会的重要性是再怎么强调都不过分的。对于国家共同体来说，具有充分的内部文化认同是这个共同体安全存续的要件。中国自近代以来，持续地在文化上闹革命，把外来文化引入成为知识分子文化，进而作为公共文化的唯一来源。中国社会固有的生活方式在现代意识形态上被否定，继而被革命运动清除出各个领域，它们在性质上不是新社会的公共文化的来源。可是，普通老百姓没有机会接受足够的现代教育，自然也就在相当程度上保留着传统民俗。这样的格局造成中国作为政治共同体在文化认同上的内部分歧：固有的文化不能成为法定的认同文化，精英敬奉的认同文化却同样不能被大众（尤其是农民群体）所接受。因此，直到当前，中国作为现代意义的民族国家，仍然是未完成的。以自己社会的生活文化为来源建立共同体的认同文化，是必须通过民俗学的工作来进行的。

我们看民俗学从改革开放以来的恢复历程，很明显能够发现，民俗学是国家公共文化逐渐在精英典籍文化之外纳入民众生活文化的社会转变过程中发展起来的，并因为得益于这个转变而使民俗学越来越受到多学科学人的重视。周星曾经介绍日本民俗学的奠基人和集大成者柳田国男在日本把民俗学作为“新国学”（区别于典籍所代表的国学）建设的缘由，对我们今天在公共

1　我于1991年完成的博士学位论文《民俗文化与民俗生活》，1994年由中国社会科学出版社出版。

文化上的意义上重视民俗学是很有启发的。国家作为政治共同体，必须同时是文化共同体，也就是要有共同的公共文化。而在民俗中确认公共文化是最经济、最有效的。例如，把民间的传统节日确定为国家的法定假日，就是一个成功的范例。

民俗学可以是也应该是一个独立的学科（一级学科）。那么，它往上的归属是哪里呢？是人文学科呢？还是社会科学呢？因为作为日常生活文化的民俗是它的研究对象，所以它应该属于一般的文化科学、人文学科；又因为研究民俗应该把民俗置于日常生活中来理解，日常生活的人或社群作为社会存在或社会主体，必然要纳入它的研究对象之中，所以它也必须是社会科学中的一员。Folklore 既要研究作为文化的 lore，也要研究作为社会实体的 folk。这是就研究对象来说的。再就研究方法来说，人文学科的“同情的理解”是有用的求知方法，社会科学的参与观察和统计分析也是可用的求知方法。这种跨领域的情况不是民俗学所独有的，在若干个学科都可以见到，例如人类学是人文学科还是社会科学，就一直处于争论之中。

民俗学在理想上是一个横跨人文学科和社会科学的独立学科，它被设计为国家体制里的一级学科才最有利于它的发展，才最有利于它的社会贡献。可是我们不得不面对的现实是它暂时只能是“社会学”下的一个二级学科，在体制内它暂时是一个必须接受别的学科特性束缚的学科。

我们要认识到，民俗学的完整属性不能在社会学下得到全面生长，现阶段必须保留它的各种变体继续存在于文学（民间文学）、历史学（社会史）、艺术（民间艺术）、民族学（多民族民俗学）等一级学科之中，以便今后有机会成为一级学科之后再重新整合为一。

那么在现阶段，民俗学被置于社会科学里的社会学之下，这仍然可以理解为民俗学的一个有益的发展机会。民俗学的社会科学属性是相对发展得比较弱的一面。在过去很长一个时期，民俗学是偏重历史资料和文学资料的，对于现实的社会调查，也只是最近 20 年才逐渐兴起、发育的。在今后相当长一个时间，中国民俗学的基本任务还是到社会生活中发现民俗、呈现民俗，因此社会学的调查方法是可以大力吸收的；而另一个重要的方向是发展把民俗与它的拥有者、实践主体结合起来研究的民俗学，即一门不让 folk 缺席的 folklore ，因此我们也期待社会学在其中发挥理论贡献。

如果我们说，民俗学是一门研究各民族风俗习惯及其他生活文化传承的人文、社会科学，那么在现阶段，我们可以说，民俗学是一门人文学科色彩浓厚的社会科学。

学科建设确立目标，还有一个必须的工作，那就是明确学科的研究范围和研究对象。民俗学当然是研究民俗的，这似乎已然非常明确。但是，对民俗学的研究对象进行分类与表述，并由此达成同仁的公共认知，这是学科建设形成共同目标的重要环节。

在我看来，民俗学的研究大致可以按照逻辑划分为四个大类，即理论民俗学、民俗学方法、民俗学史、应用民俗学，多种实际的调查研究都可以放在应用民俗学之下。

就民俗学的经验研究对象来说，民俗研究可以包含物质民俗研究（包括物质生产民俗与物质消费民俗的研究）、节庆民俗研究、民俗观念研究（包括民间信仰、民间智慧、民间价值观的研究）、人生礼仪研究、游艺民俗研究（包括游戏和表演类民间艺术的研究）、民间文学研究等六大研究对象。这种分类是按照民俗学对研究对象进行分类的惯例而划分的。在实际上，学界对各类别的研究投入是很不均衡的。

结合民俗学的研究重点和学科建设的需要，我们应该突出发展四个综合性的研究领域，即历史民俗学、区域民俗学、民族民俗学、非物质文化遗产研究。它们都包括民俗学的多种对象，所以说它们是综合性的。

我国是一个历史文献丰富的古国，我们今天强调现实的调查研究的同时，恰恰要同样重视我们国家的资源优势，如此一来，我们强调现实的调查研究，不仅不是放弃历史研究，反而是要在历史民俗学上有一个新的大发展。

我国也是一个地方特色非常鲜明的国家，江南、塞北，一方水土孕育一方风俗民情，这是自从《史记》、《汉书》就开始记载的地方传统。区域民俗学现在得到地方政府和在地的高等院校的青睐，如中山大学有关机构对岭南民俗的专注，安徽大学徽学研究中心对徽文化中的民俗的重视，在全国各地的高校中是很常见的学术在地化现象，于是形成了众多各具地方特色的区域民俗研究中心。

我国的民俗学与民族学虽然原来在对象上大致有一个分工，民俗学研究汉人民俗，民族学研究少数民族风俗习惯，但是，民俗学对少数民族社区的民俗研究在1940年代就已经在许多地方展开，而从1980年代以来更是形成了民俗学的常规对象。民族民俗学在各地的民族学院已经是某种学科传统。

对非物质文化遗产的调查研究是近十年兴起的跨学科的综合性领域，它在某种程度上是吸收了历史民俗学、区域民俗学和民族民俗学的成就而发育成长的。它固然是文化人类学、民族学、历史学、文艺学等多学科参与的，但是民俗学毕竟对它的发展所提供的贡献最大，而民俗学在这个参与过程中也获得了资源的支持和人才的锻炼。

总体来说，民俗学的学科建设当然要瞄准独立学科（一级学科）的目标，这就需要我们按照科学的学科定位和合理的对象分类在具体的研究领域或研究对象上下工夫。学科的地位终究是取决于学术积累。但是在现阶段，我们要扎实用好社会科学的学术资源，真正把民俗学的经验研究做好，也要把民俗学的人文学科的内容安置在历史学、文艺学、民族学等学科的下属分支学科里，给予应有的发展，为今后可能的重新整合积累成果。

民俗学与民间文学的相互关系和相对位置

黄　涛

民俗学与民间文学的关系及其处理方式是民俗学学科目录设置与修订工作的焦点问题，所引起的讨论最多，争议最激烈，解决起来也最棘手。这涉及多方面的问题，不仅仅涉及自身学术内涵和与其他学科协调问题，还涉及相关的机构设置、人事制度、行政管理等问题。新中国成立以来民俗学与民间文学的学科历史发展进程已经造成了大部分民俗学师资的院系归属与学科目录中的专业归属不一致的状况，比如许多民俗学教师身在中文系，民俗学二级学科却在社会学系的社会学一级学科，那么他们在中文系的一系列事情中就找不到自己应有的端正位置，甚至因此“饭碗”也成为问题，这已成为民俗学学科建设与发展的瓶颈，亟须解决。我认为，造成这种状况的根本原因在于学科目录设置的学术逻辑与事务逻辑没有贯彻到底、没有做到合理有效协调。

这里的学术逻辑，指与学科设置有关的纯学术因素，如学科的学术内涵、内部规模，由世界学术发展史决定的学科地位、与其他学科的关系等。这里的事务逻辑，指与学科设置、学科建设有关的事务性因素，如学科在国家建设和社会发展中的作用、社会需求、社会评价、在现阶段高等教育体系中的实际发展水平和学术地位、教学科研人员从业状况等。

按照学术逻辑，民俗学应是与社会学、人类学、历史学、中国语言文学等并驾齐驱的当然的一级学科，对此在学理上相关专业人员都明白，无须详加论证。但是在我国的高等教育发展史上，民俗学的状况与此有很大差距。这里可以简要地追溯一下学科发展史。中国民俗学作为一门现代学科诞生于“五四”新文化运动。1918 年，以北京大学教授刘半农、沈尹默、周作人等发起的歌谣征集活动被视为现代民俗学的发端，当时曾有较大的社会反响。鲁迅、李大钊等也曾参与其中，鲁迅还为《歌谣》周刊纪念增刊绘制了精美的封面。这一时期相继成立了歌谣研究会、北京大学风俗调查会。1927 年以后，民俗学运动的中心转到中山大学，顾颉刚、容肇祖、董作宾、钟敬文等，发起成立了中山大学民俗学会，从属于中山大学语言历史学研究所，出版民俗学丛书，开办了“民俗学传习班”。1928 年秋，钟敬文到杭州，在国立浙江大学文理学院任教，他和同仁们在这里积极开展了一系列民俗学活动。直到 20 世纪 40 年代，多个地方的民俗学教学研究活动一直没有中断。从民俗学作为新文化运动的一个组成部分产生以来的 20 余年中，民俗学运动的先驱者借鉴西方人类学和民俗学的理论、方法，有明确的与世界接轨的现代民俗学学科意识，已形成了在现代学术之林占有一席之地的民俗学学科。“文革”时期，民间文学被当作资产阶级的学问在高校中遭到批判和禁止。直到 20 世纪 80 年代，民间文学的教学研究才逐渐恢复。到 1997 年，国务院学位委员会通过并发布的《授予博士、硕士学位和培养研究生的学科、专业目录》把民俗学划归社会学之下的二级学科，同时原为中国语言文学一级学科之下的民间文学却失去了二级学科的地位，成为包含在民俗学二级学科之中的“准二级学科”，国务院公布的学科目录中的表述方式为“030304 民俗学（含中国民间文学)”。对此，钟敬文先生曾经表示过欣喜之情[1]，但是对民间文学同时降级带来的麻烦估计不足或有所忽略。

1997 年学科目录调整后，在许多相关院系，与民俗学、民间文学有关的教学科研工作也出现一系列变化。在中文系或文学院或人文学院，中国民间文学是二级学科时，“民间文学概论”原为必修课，该二级学科取消后，该课也随之取消或变为选修课。民俗学教师在申报科研课题时，常在课题指南中自己单位所在的学科选题范围内找不到适合自己的题目，而适合自己的题目在别的学科，因而有些教师就放弃申报。许多单位在民俗学以外的学科设立

1 钟先生在 1998 年所写的《民俗学概论·前言》中说：“去年，教育部(原国家教委)在调整高校学科时，把民俗学列入了国家二级学科，隶属于社会学学科之下，这是在中国民俗学 80 年经历中的第一件大事！它以政府颁令的重要形式，把这种社会人文学科从‘妾身未分明’的身份，骤然变成了身份明确的学科了。它既符合学科本身的发展需求，也满足了学界人士的殷切盼望。”详见：钟敬文主编《民俗学概论》(第二版)，北京：高等教育出版社，2010。

了硕士点或博士点，但统计招生人数或授予学位数量时，只能统计为其他学科的数字。评职称也遇到问题，民俗学教师的科研成果在一些单位不能得到所在学科的认同，被认为不是所属评聘专业的成果而不能晋升职称。而在社会学系，虽然按学科目录有民俗学这个二级学科，但是大都没有民俗学的专门师资，民俗学专业多年来发展不起来，一般社会学学者也不认为民俗学是属于自己专业的一部分，并无在自己院系主动创建或发展民俗学专业的意愿。也有的社会学院系出于扩大人事编制、方便录用社会学师资而设立民俗学硕士点或博士点，而该硕士点或博士点的导师由其他专业的老师兼任。

目前尚未见到资料表明1997年跟民俗学有关的目录调整是出于何种考虑，但可以推断是一种以事务逻辑为主兼顾学术逻辑的做法。虽然在理论上民俗学可以设立为一级学科，但是该学科在教育部门的实际发展状况，按事务逻辑显然被认为不符合一级学科的标准，于是就寻找一个跟它的学科内涵最接近的一级学科。可以候选的一级学科应该有社会学、民族学、中国语言文学、历史学、艺术学等。如果人类学是一级学科，放在人类学下最合适，可惜由于相近的原因，它也只是二级学科。当时社会学一级学科被选。现在我也赞成这样的观点：如果民俗学不能设立为一级学科，只能在现有学科目录的其他一级学科中选一个作为归属学科的话，社会学是最合适的。民俗学兼具人文科学和社会科学两种属性，而由于本人的学术旨趣，近年来我越来越看重其社会科学属性。这种对于归属一级学科的选择可以说遵循了学术逻辑，而将民俗学设为二级学科则主要是遵循事务逻辑。但是这种事务逻辑没有贯彻到底和考虑全面，忽略了民俗学者大多数身在社会学院系以外的事实。在取消民间文学的二级学科、设立民俗学二级学科时就应该认真考虑这种调整的权威性和对民俗学事业的巨大影响，通盘考虑并采取有效措施跟进调整民俗学师资的行政归属，或者不能调整民俗学者所在院系的话，也要处理好他们在所属单位发展的实际问题。否则对民俗学学科发展就会有很大伤害。事实已经如此。值得注意的是，近年来，有些高校已经出现民俗学师资向社会学院系流动的迹象。可见学科目录设置与调整的影响之大。

按着民俗学的分类框架，民间文学只是民俗学的下属学科之一。但是按照业已形成的局面，民间文学赫然是民俗学下属学科中的老大，并且有跟民俗学几乎平起平坐的态势。高校民俗学教学体系中有“两概论”的说法，分别指“民俗学概论”、“民间文学概论”，是民俗学领域的两门最基本的课程及其教材。从事民间文学研究的学者也很多，在一些单位成立了专门的研究所或教研室，远超过民俗学下属的任何一门其他学科。民间文学也确曾是二级学科，现在也是“准二级学科”。这种局面的形成，主要是由于两种因素：一是借了中国语言文学这一传统学科的光，作为其下一级学科受到重视，在教学科研上有了相应的发展壮大。二是借了政治舆论的光。毛泽东在《在延安文艺座谈会上的讲话》中，批评一些文艺工作者有一种政治落后的倾向，就是瞧不起民间文学：“他们在某些方面也爱工农兵，也爱工农兵出身的干部，但有些时候不爱，有些地方不爱，不爱他们的感情，不爱他们的姿态，不爱他们萌芽状态的文艺（墙报、壁画、民歌、民间故事等）。他们有时也爱这些东西，那是为着猎奇，为着装饰自己的作品，甚至为看追求其中落后的东西而爱的。有时就公开地鄙弃它们，而偏爱小资产阶级知识分子的乃至资产阶级的东西。”[1] 毛泽东虽然对民间文艺的艺术性并没有做出高度评价，指出它仅是“萌芽状态的文艺”，但是充分肯定了这种文艺形式的进步性。挂上了文艺为什么是人的问题，这就让人们不能轻视它，而是另眼相看地重视它了。也主要是由于这一缘故，“文革”中民俗学的教研停止了，而民间文学教研活动继续进行。这样，与民俗学的其他分支学科相比，民间文学就发展得更为充分。而且，民间文学的下属分支领域如神话学、故事学、歌谣学、史诗学、民间戏曲等也蔚成规模，俨然是各自体系较为完整的分支学科。民间文学的这种状况，确实是为民间信仰、人生礼仪、传统节日、生产民俗等民俗学的其他分支领域所不能比肩的。

现在的学科目录调整工作中，怎样处理民俗学和民间文学之间的复杂关

---

1 《毛泽东选集》（第三卷），813—814 页，北京：人民出版社，1953 年 5 月第 1 版重排本，1966 年 7 月改横排本。

系仍然是个难题。在目前民俗学尚不能成为一级学科的情况下，应该尽力做好相关学科之间的沟通协调工作，兼顾学科设置的学术逻辑与事务逻辑，寻求相对好的解决途径。希望不久的将来，民俗学能够具备条件成为一级学科，它跟民间文学的关系也就好处理了。

新疆民族民俗学的学科建设

热依拉·达吾提

新疆是一个具有丰富的民俗文化宝藏的多民族地区。长期在这块土地上生活的有维吾尔、汉、哈萨克、回、蒙古、柯尔克孜、锡伯、塔吉克、乌孜别克、满、达斡尔、塔塔尔、俄罗斯等13个民族。由于各民族所处的地理、历史、社会、文化环境的不同，在物质和精神生活上形成了具有各自特色的民俗文化。

新疆多民族民俗学学科建设在新疆民族文化建设及其学术建设上有重要的现实意义和良好的发展前景，集中表现为以下特点：

第一，新疆面临的重要问题是稳定与发展。新疆是多民族地区，要实现地区稳定首先要增强各民族文化间的了解与沟通，从而实现民族间的和睦相处与共同发展。各民族之间的团结友爱是建立在相互了解、相互尊重的基础之上的。通过民俗学教学与研究能够切实提高各民族学生的跨文化交际能力和对不同民族文化的理解与认可。民俗学课程成为增进各民族之间相互了解、相互尊重其风俗习惯、加强民族团结的重要途径。

第二，随着新疆旅游业的崛起，新疆民族民俗文化成为最重要的旅游资源。新疆维吾尔自治区党委提出“让新疆了解世界，让世界了解新疆”的口号，想了解世界，首先要了解其文化，让世界了解新疆，也要通过对新疆民俗文化的研究来宣传新疆。民俗学重点介绍和阐释新疆各民族民俗，能帮助人们正确认识和理解民俗中的丰富知识，深入了解新疆各民族价值观、信仰、理想、民族情感、道德传统。

第三，随着时代的巨变和多文化的接触，新疆各民族民俗文化正在面临逐渐消退、变化的境地，民俗文化的传承形势确实不容乐观。因此在实现经济、政治、文化发展的过程中，如何通过教育方式保护和传承新疆民族民俗文化的丰富资源，如何发挥传统文化的应有作用，是当今一个突出的主题。新疆民俗文化中蕴藏着不少优秀的艺术、思想道德精髓，它们是目前精神文明建设中可利用的文化资源，也是建立新疆精神的灵魂所在。

从多学科角度对新疆各民族民俗文化进行全面、系统的搜集、整理、研究并提出有效的保护、利用措施，在新疆尚处在初级阶段。因而，本学科将充分发挥自身的资源优势，改变以往对民俗文化现象研究各自为阵、单一描述、以写真或记述为主的方法，立足多学科交叉研究，对新疆各民族具有代表性和保护、开发利用价值极大的民俗文化现象进行全面数字记录和深层次研究，使濒危或面临失传的珍贵"活态"文化遗产得以存活和传承，使优秀民族文化在全球化过程中保持自身优势。新疆的实际情况和问题为新疆的民俗学学科和教育带来了新的任务和责任，意味着新疆不能没有民俗学。因此建设民俗学学科在新疆具有特殊的意义。

一、学科传统及其发展

新疆大学人文学院由中文系、历史系、中语系构成。中国少数民族语言文学专业是其传统优势专业，1981 年获得硕士学位授予权，1996 年获得博士学位授予权，2003 年"少数民族语言文学与民俗学"被教育部评为国家级重点学科，2004 年获中国语言文学博士后科研流动站。民俗学专业一直为国家重点学科"少数民族语言文学与民俗学"的主要建设项目。

新疆大学的民俗学学科发展历程及成果如下。

（一）在民俗学教学方面

新疆的民间文学教学的历史可以追溯到 20 世纪 50 年代后期。1958 年，王堡老师在新疆大学中文系任教时根据从云南大学等高校获得的有关民间文学的油印教材自编教材，并用汉语讲授，买买提伊敏·胡达拜地老师现场翻译的形式传授给维吾尔族学生。后来买买提伊敏·胡达拜地老师根据其讲课内容编写了维吾尔文的教材。"文化大革命"结束后王堡老师为中文系的汉族学生开设了民间文学课程。1978 年开始由阿布都克里木·热合曼老师为中文系民族学生开设民间文学课程并在 1981 年用维吾尔文出版教材《民间文学概论》。1979 年，王堡老师由钟敬文教授邀请到北京师范大学参与《民间文学》

教材的编写工作。这本统编教材为教学工作提供了方便。老师们灵活应用教材，注意结合新疆少数民族民俗及民间文学的实际进行教学。并且加强了民间文学课程的新疆地方特色内容和教材建设。从1985年开始，阿布都克里木·热合曼教授为维吾尔族本科生开设了“民俗学概论”课程并用维吾尔文出版教材《民俗学概论》(1986)。在王堡、阿布都克里木·热合曼、袁志广等教师们的带领下，民俗学专业初步形成了一支稳定的教学队伍，并编写了具有自身特点的教材，课程建设趋向成熟。

20世纪90年代后期，随着一批年轻的博士、硕士学成归来，本课程的发展迎来了新的契机。教学队伍构成更加稳定、合理，制定了较完整、科学的教学大纲，课程的讲授范围也进一步扩大。目前，人文学院中文系、中语系、历史与民族学系各本科班级均开设了“新疆民俗文化概论”课程，在中文系与中语系开设“民间文学概论”课程。另外在中文系还开设有“维吾尔民俗学”、“维吾尔民间文学”、“歌谣学”“故事学”、“叙事学”等民俗学相关课程。教材建设成果也显著。用维吾尔文撰写出版《民间文学概论》(乌斯曼·斯马义，1998)，《维吾尔民间文学概论》(乌斯曼·斯马义，2009)、《维吾尔民间文学体裁》(乌斯曼·斯马义，1994) 等教材。

经过民俗学专业教师多年的共同努力，该专业开设的“新疆民俗文化概论”课程被评为国家级精品课程。民俗学专业教学团队被评为“新疆大学2009年度校级教学团队”。“新疆民俗文化实验教学中心”2011年被评为“新疆大学实验教学示范中心”。

课程主讲教师们在钻研提高自身专业水平的同时，努力研究少数民族学生和汉族学生对民俗学课程的需求特点，以及不同专业、学科的特点，不仅将新疆民俗知识与相应的专业知识相融合，学生从课程中学到知识，而且切实提高了各民族学生的跨文化交际能力和对不同民族文化的理解与认同。从这个角度而言，民俗学在新疆是一门值得重点扶持与培育的重要学科。

新疆大学是西北地区最早培养民俗学专业研究生的大学之一。在新疆少数民族语言文学硕士点下设少数民族民间文学方向并从1987年开始招收研究生。通过16年的努力，培养了一大批这一领域的硕士研究生。1997年“中国少数民族语言文学”博士点批准后，开始培养民俗学及民间文学方向博士研究生，已培养博士20余名。2003年建立了民俗学硕士点并根据新疆民族民俗研究的宗旨与任务设立“民俗文化学”、“新疆民俗文化研究”、“新疆民间文学研究”三个研究方向。至目前已培养研究生62人，在读研究生26人。毕业的学生在各大中院校成为新疆民俗学教学科研的主力军。

（二）在民俗学资料库建设方面

民俗学专业从专业设立初期就开始重视实践教学，有计划地组织采风活动，以此来加深学生对本专业的认识。自1979年开始便与民间文学课程同步安排民间文学田野调查。本科生完成民间文学课程后，在第三学年暑假前前往新疆的广大农村进行为期一个月的民间文学搜集、整理工作。

从20世纪90年代中期，本专业利用实习的机会到全疆各地收集少数民族民俗物品，通过学院师生10余年的努力，2000年6月建立了具有鲜明地方特色的新疆大学民族民俗博物馆。民俗博物馆现在占地210平方米，收集了汉族、维吾尔、哈萨克族、回族、蒙古族、柯尔克孜族等新疆13个民族的5000多件具有珍贵价值的民俗和历史文物，每年接待参观者数千人，并且每年有专项资金的投入用于民族民俗资料的搜集与整理。该馆既具有博物馆的功能，同时又是学生实验实践的场所，通过在该馆的学习、观摩以及亲自参与文物的收集，丰富了学生的本土知识，引起学生基于新疆本地人文特色的创新型思考，加强了民族间的相互了解和文化交流。2005年《新疆少数民族民俗博物馆》的介绍书籍以三种语言出版发行。

通过实践性课程和活动，本专业不仅收集到田野第一手资料，进行理论研究，还培养学生的动手实践、自主创新、独立创造和快速适应社会的能力，为更好地服务于地方文化建设提供了基础。

通过多年对维吾尔民间叙事诗的搜集、整理积累与研究，我们成功申报“维吾尔族达斯坦”为国家级非物质文化遗产，并在达斯坦说唱艺术的有效保护与数字记录方面取得了可喜的成果。

二、新疆民族民俗研究方面

近年来我们申请到国家社会科学基金重大课题“新疆喀什地域文化研究”(2011)、国家社会科学基金课题“哈萨克族中华文化认同、国家认同研究”(2010)、“维吾尔族非物质文化传承研究—以民间麦西来甫为例”(2005)、“维吾尔族民俗文化中的传统审美观念研究”(2008)、“喀什非物质文化遗产保护与研究”(2005)、教育部人文社会科学研究项目“维吾尔民间叙事诗(达斯坦)研究”(2006)、新疆维吾尔自治区教育厅研究项目“新疆非物质文化保护研究”(2005),国际项目“维吾尔族宗教文本的搜集、整理与研究”(大英国与爱尔兰皇家人类学研究会,2008)、“维吾尔民间叙事诗的记录与整理”(美国口头文学研究基金,2008)等。课题研究为民俗学教学提供了丰富的教学实例,补充和丰富了教学内容,提高了教学水平。民俗学研究成果也陆续出版。如,《骑手的毡房》(周亚成,2004)、《维吾尔族魔法故事研究》(乌斯曼·斯马义,维吾尔文,2006)、《维吾尔文化简史》(阿布都克里木·热合曼,2006)、《20世纪维吾尔物质民俗文化》(阿布都克里木·热合曼,维吾尔文,2008),《维吾尔族麦西来甫文化》(热依拉·达吾提,维吾尔文,2011)等。

三、国际学术交流

为了加强与国内外民俗学、人类学等人文学科之间的学术交流2007年在民俗学教研室的基础上建立《新疆大学人类学与民俗学研究中心》。中心成立以来我们先后与美国、英国、土耳其、哈萨克斯坦、吉尔吉斯坦、乌兹别克斯坦、伊朗等国家的教学研究机构及同行建立联系,已承担国际项目5项。2008年召开《丝绸之路上的麻扎文化国际会议》,2011年召开全国《维吾尔达斯坦研讨会》。通过合作研究,我们及时把握本学科世界最新学术趋向。

四、学科不足

新疆民族众多,由于教师研究兴趣和考入本专业的研究生主要为维吾尔族、汉族、哈萨克族,我们的研究重点主要放在维吾尔族、哈萨克族民俗文化,对其他人口较少的少数民族民俗文化的搜集、整理及研究未能给予充分重视。

民俗学属于社会学的二级学科,而民俗学专业置于新疆大学人文学院中文系，在该系属于边缘专业。这种属性不利于我们学科发展和申报民俗学博士点。

我们与国内各大学和研究机构民俗学专业的学术交流机会较少。

五、今后的学科建设思路

一、重视塔吉克族、蒙古族、达斡尔族、塔塔尔族等新疆人口较少民族民俗文化的人才的培养与研究，并且在现有硕士点的基础上，争取在两年内获得民俗学博士学位授权点，培养民俗学方面的高层次专门人才。

二、加快民俗学教材建设。根据多年的教学实践，组织本专业力量撰写《新疆民俗文化概论》教材。

三、在当今信息化的社会，社会科学的发展变化速度极快。我们将结合以往书面记录方式重视影像、视听等现代传媒技术的应用，以期达到对民俗文化的有效记录。通过给学生讲授田野资料的采集技术与方法，民俗资料整理技术以及数字影像整体制作技术等，使学生掌握新的技术与手段，将来更好地为新疆的文化事业服务。

四、完善数字民俗实验室的工作机制，建立区内外资料最为丰富的数字民俗资料库。

民间文学的学科定位与东方民间文学

陈岗龙

东方民间文学是一个新兴的边缘学科，在教育部研究生招生目录中，目前北京大学外国语言文学一级学科下，在亚非语言文学二级学科所辖东方民间文学研究方向，可以招收博士生，至今已招收两届。但是国内不少高校的相关学科领域，已经有学者从事东方民间文学的研究，也有不少研究生选择东方民间文学范畴的研究题目撰写完成研究生学位论文，由此可见，东方民间文学是有较好的发展前景的。

东方民间文学从最初的作品（文本）翻译、零星研究发展到有学科意识的教学科研领域，经历了大约半个多世纪的历程，而且基本上是伴随着我国东方文学学科的建设和发展步伐的。可以说，东方文学从一开始就孕育了作为其重要分支和组成部分的东方民间文学的学科基础。从 20 世纪初开始译介阿拉伯、印度等东方国家的《天方夜谭》和《孟加拉民间故事》等故事作品开始，直至 21 世纪初，在将近 1 个世纪的时间内，国内学者相继翻译出版了以《一千零一夜》、《五卷书》、《罗摩衍那》、《摩诃婆罗多》、《卡里来与笛木乃》、《吉尔伽美什》、《列王纪》等名著为标志性成果的东方各国民间文学经典，其中各国口传民间故事的翻译更是不计其数。这些翻译成中文的东方各国民间文学经典文本，不仅是外国文学学科的科学研究资源，也是中国民间文学研究领域的宝贵的共享资源。同时，许地山、季羡林、金克木、刘安武、张鸿年等老一代的东方文学研究专家对《五卷书》、《罗摩衍那》、《列王纪》等东方代表性童话和史诗进行了开拓性的研究，接踵而来的黄宝生、郅溥浩、张朝柯等学者对《摩诃婆罗多》、《一千零一夜》和古代希伯来民间文学的翻译和研究做出了突出贡献。但是，早期对东方民间文学的研究基本上还是侧重于东方文学史角度的研究，采用的视角和方法还是作家文学研究的眼光和书面文学研究的理论。

值得强调的是，季羡林先生很早就认识并关注东方各国民间文学的研究要有民间文学和比较文学的双重眼光，他在《比较文学与民间文学》中的《五卷书》和《罗摩衍那》的研究就是遵循这两个学术原则的，这也可以说是东方民间文学能够发展成为一个新兴学科并日益受到青睐的预言性学科框架基础。进入21世纪以后，随着东方文学学科的进一步发展和研究理论的多样化，东方民间文学的学科概念首先在北京大学被正式提出来，并在十多年的时间内从学术成果到课程建设、研究生培养方案都有了初步的三级学科的清晰框架。张玉安、陈岗龙等著四卷本《东方民间文学概论》是国内首部系统论述东方各国民间文学的概论性著作。自2006年出版以来在东方文学和民间文学领域产生了良好的学术反响，并获得了北京市哲学社会科学优秀成果奖。张玉安、陈岗龙主编的“东方民间文学丛书”是国内第一次系统介绍东方各国国别民间文学的丛书，已经出版阿拉伯、印度、巴基斯坦、中亚、蒙古、泰国、菲律宾等国家和地区的民间文学。在《东方民间文学概论》和“东方民间文学丛书”的基础上，陈岗龙主编的《东方民间文学教程》也经过三年多的耕耘，基本杀青。

就北京大学来讲，近年来每年产生十余篇东方民间文学或者东方国别民间文学的研究生学位论文，这些论文集中展示了亚非语言文学学科框架内的研究生培养趋势。近年来，有意识地培养东方民间文学专业人才也成了我们的工作重点。如2011年通过答辩的博士论文《菲律宾阿拉安芒扬人的神话、巫术和仪式》被评为北京大学优秀论文，论文作者史阳连续五年赴菲律宾山区进行山地土著民族芒扬人的民俗学田野调查，充分发挥菲律宾语和芒扬语等东方多语种优势，在丰富的第一手鲜活资料的基础上写出了系统而深入论述芒扬人神话观念、巫术仪式的博士论文。此外，亚非语言文学学科的其他研究生也在古代两河流域神话和史诗方面写出了语文学研究的扎实的毕业论文。这些研究生论文虽然都冠以亚非语言文学学科，但是研究范畴已经是很明确的东方民间文学，或者是古代东方民间文学，或者是现代东方民间文学。

亚非语言文学学科框架下的东方民间文学研究生论文的一个突出特点就是发挥语言优势，利用对方国家语言的第一手原典材料进行研究，在翻译和研究两个方面都有所收获，这是其他学科很难做到的。从学科基础奠定开始，到学科框架雏形的形成，东方民间文学经历了半个多世纪的漫长历程，虽然今天我们明确提出“东方民间文学”的学科概念，但是我们心里清楚，东方民间文学的学科基础是东方文学领域几代学者共同努力的结果。只不过是到了21世纪，在新的条件下东方民间文学得到了进一步的体系化和学科资源的合理整合，并在东方文学的领域中凸显出来，也受到了更广泛的关注。而这种关注，则更多地来自民间文学和民俗学学科对东方文学的跨学科观照。如果没有民间文学和民俗学理论与方法的引进和学科意识的强调，东方各国的民间文学依然被深埋在东方文学史的巨大河流中，得不到重视，体现不出它的民族传统文化价值。因此，可以说，如果没有民间文学和民俗学，就没有东方民间文学。

东方民间文学首先是用民间文学的理论考察和研究东方文学史上的各国民间文学和现代东方各国活形态的民间文学，这不仅是视角和理论方法的转变，更是学科理念和学科问题意识的转变。在过去的东方文学史研究中，很多本属于口头传统的民间文学文本（在文学史上更多地表述为作品）被一概当作一次性创作的书面文学作品，其研究和分析的结论与这些文本所属的口头传统的实际就有了比较大的距离。而东方民间文学学科概念的确立，首先在考察东方各国民间文学文本的时候明确了文本属性和文本形成过程中由口头传统到书面传统的转变等诸多问题。这样，民间文学文本就更多地保留了口头传统特质的信息，也恢复了其鲜活性。在东方各国民间文学的国别研究或者比较研究中广泛应用民间文学和民俗学的理论方法，不仅拓展了东方文学的研究视野，也促进了东方民间文学的整体性特征和民族性的探讨。

用民间文学和民俗学的视角和理论方法，考察和分析研究东方民间文学丰富而鲜活的资料所得出的具体研究成果，反馈到民俗学和民间文学学科领域里，引起国内民间文学和民俗学学者对国外尤其是中国周围东方国家民间文学和民俗学的关注。因为东方民间文学中的很多国家的民间文学与中国民间文学之间有密切关系，其中最明显的就是跨境民族的民间文学和民俗学，将东方民间文学和中国民间文学自然而然地联系到一起。譬如，越南民间文学、泰国民间文学、印度尼西亚马来西亚民间文学、韩国朝鲜民间文学、蒙古民间文学、中亚民间文学等都与中国民间文学有着源远流长的关系，东方民间文学和中国民间文学两个学科结合构成真正的东方民间文学学科，而这种结合首先需要打破外国语言文学和中国语言文学两个学科之间的界限，也需要我们重新审视民间文学在中国语言文学、外国语言文学和社会学三个一级学科中的特殊性和重要性。

过去民间文学一直被边缘化的做法，实际上并不符合民间文学贯通中外文学和文化的学科属性。而民俗学学科所关注的人类口头传统与非物质文化遗产的保护与研究中，东方各国的经验可以提供可供借鉴的资源，而这正好是东方民间文学近年来一直强调的。据2007年6月8日《光明日报》，联合国教科文组织“人类口头和非物质文化遗产代表作名录”中菲律宾的“兰瑙湖玛冉瑙人的达冉根史诗唱述”、“伊夫高族群的呼德呼德圣歌”，印度的“拉姆里拉——《罗摩衍那》的传统表演”，柬埔寨的“斯贝克托姆——高棉皮影戏”，孟加拉的“吟游歌师歌曲”，印度尼西亚的“哇扬戏”，韩国的“盘索里说唱”，中亚吉尔吉斯坦的《玛纳斯》史诗、雅库特的“奥龙库——英雄史诗”，蒙古的“长调民歌”等，均榜上有名，无可非议地见证了东方各国优秀的口头传统在人类文化创造中的崇高地位。在全球化的今天深刻认识人类文化的多样性，认识我们身在其中的东方各国传统民族文化的多样性，都具有重要而深远的意义。而这是东方民间文学和民俗学所关注的共同的研究课题。

东方民间文学本身的特殊性和一定程度上的重要性，也涵盖了中国语言文学、外国语言文学和社会学三个一级学科下面的民间文学与民俗学的研究内容和研究问题。

民间文学学科的处境与出路

万建中

钟敬文先生曾阐述了民间文学学科的建构体系，并长期指导这门学科的建设，他说：民间文学作为一种学术体系和学科体系，应该包含如下几个方面：

一、民间文学理论（包括民间文学概论、民间文艺学等）

二、民间文学史（包括神话史、歌谣史、谚语史、民间小戏史等分支学科）

三、民间文学研究史（包括民间文学各种体裁的研究史的分支学科）

四、民们文学作品选读

五、民间文学方法论及资料学

现在各大学或师范院校一般开设的是“民间文学概论”，也有的并开设“民间文学作品选读”，“民间文学史”（少数民族地区民族师范院校多有开设此等科目，并于科目名称上加上“某某民族”等字样），还有的兼开“神话学”、“歌谣学”等分支学科的选修课。至于硕士研究生或博士研究生，则视各校教师学养情况，分别开设四方面中的大部分（包括所属分支学科）。[1]

在中国，相对于民俗学而言，民间文学的发展更为坚实、完备，理论体

1 钟敬文：《谈谈民间文学在大学中文系课程中的位置》，《北京师范大学学报》1996年第6期，第64页。

系的大厦已粗具规模。上面列举的民间文学学科体系的五个方面，我国民间文学学者均已生产出众多标志性的研究成果。仅“概论”方面的著作就有十余种：《民间文学概论》（钟敬文）、《民间文艺学原理》（张紫晨）、《中国民间文学概要》（段宝林）、《简明民间文艺学教程》（叶春生）、《少数民族民间文学概论》（朱宜初、李子贤）、《民族民间文学理论基础》（陶立璠）、《中国民间文学新论》（高国藩）、《中国民间文学》（李惠芳）、《民间文学导论》（刘守华、巫瑞书）、《民间文学教程》（刘守华、陈建宪）、《中国民间文学概论》（黄涛）、《民间文学引论》（万建中）和《新编民间文学概论》（万建中）等。此外，还有一些民间文学专题研究著作，如刘守华的《故事学纲要》、《中国民间童话概说》，程蔷的《中国民间传说》，贺学君的《中国四大传说》，吴超的《中国民歌》，张紫晨的《中国民间小戏》等几十种著作。这些著作从一个侧面反映了民间文学界对本学科体系认识的轨迹。正如刘锡诚所言：“中国民间文艺源远流长，以民间文学三套集成计划以及围绕着集成而开展的全国民间文学普查为标志，进入了‘后集成’时期，因此推动了神话学、史诗学、民间文艺学等领域的学科建设，前景看好。”[1]

北京师范大学近十年加强民间文学理论研究，出版了多部较有影响的理论著作，在故事学、神话学、传说学方面更为突出。建立了民间文学学科博士点，并培养了民间文学学科博士研究生。民间文学学科教师积极投入非物质文化遗产保护工程，在社会服务方面有所贡献。坚持民间文学学科的课程建设，保持了从本科生到研究生的课程体系。

但在发展中也存在困境。主要是民间文学不能进入中国文学一级学科的体系之中，成为中国文学不可缺少的有机部分。中国文学似乎有自己完整的理论体系和课程体系，不需要民间文学的参与。于是，民间文学学科被边缘化。

中国民间文学（含民俗学）学科原本在中国语言文学门类之下，1997 年学科目录调整，民俗学（含中国民间文学）归入一级学科社会学，与二级学

1　刘锡诚：《关于当前民间文艺的几点思考》，《东南大学学报》2001 年第 4 期。

科社会学、人口学、人类学并列。此后14年，民间文学学科处于十分尴尬的地位，发展陷入极大的困境。

中国语言文学本身是一个完整的学科体系，完全可以摒弃民间文学专业，也就是说，在观念和实际操作的层面，民间文学都没有真正融入中国语言文学教育框架之中。这大概是绝大多数综合性高校的中文系无意设立民间文学学科点的主要原因。但在北京师范大学，由于钟敬文先生的奠基，在文学院本科生教学课程体系中，“民间文学概论”一直都是必修课。此外，在民间文学研究方向上，研究生课程主要有“文化社会学”、“民间文艺学导论”、“民俗学导论”、“中国民俗学史”、“宗教人类学”、“民间叙事学”、“民俗学田野作业方法论”等，这些课程同样未能成为文学院其他二级学科专业教学体系中的有机组成部分。在国务院学位办的学科分类代码中，民俗学（含中国民间文学）是030304，归为社会学，和中国语言文学不在同一系统。民间文学专业的学科在中文系，通常被视为特殊专业而被“特殊”对待。在北京师范大学文学院，研究生入学考试，为便于录取时各专业之间生源可以互相调剂，一般基础课考试试卷是通用的，唯独民俗学（含民间文学）是单独进行。民俗学（含民间文学）基础课考试科目为“社会学”，与其他专业风马牛不相及。其他专业研究生选修课程，专业之间互选的情况非常普遍，民间文学专业研究生则很少选修其他专业课程，所开课程一般也是“自产自销”。教学方面如此，科研方面同样难以摆脱孤立的命运，民间文学的教师很难进入中国语言文学学科梯队中，共同做某一课题。在申报课题时，民间文学专业的教师常因不能确定所报课题应该归属哪个学科而左右为难。

由于在教育体制内，民间文学学科没有获得应有的位置，导致民间文学学科点的建设严重滞后。如今，只有北京师范大学、中央民族大学、中山大学、山东大学、华东师大和华中师大等少数高校能够培养民俗学（包括民间文学）博士，能够招收民间文学专业硕士的高校同样为数不多，屈指可数。高学历的民俗学人才匮乏，具备增设民俗学学科点条件的高校几乎阙如。许多高校民俗学硕士学科点的教师不是“科班”出身，他们原本是从事其他学科研究与教学的，由于热爱民俗学才转行的。全国大部分省份没有民俗学学科点，这种情况同与民俗学关系密切的社会学和人类学相比，形成鲜明的对照；就所有文科的二级学科而言，这种情况可能也是绝无仅有的。

这次国务院学位办学科目录的重新制定，民间文学有了一个难得的“振兴”契机。要让民间文学摆脱目前的困境，可以采取两种调整方式：一是民间文艺学重新纳入中国语言文学门类，理由如下：①中国民间文学一直是在中国语言文学大的学科框架下发展起来的，如今，90% 以上的民俗学学科仍在中文系或人文学院。②中国民间文学属于人文科学，与中国语言文学有直接的关联性。③在中国，民俗学学科实际上是在中国民间文学学科的基础上发展起来的，在相当长的时间里，民俗学学者主要在研究民间文学。

另一可行而又有广阔前途的措施就是建立和发展民间文艺学。民间文艺学应该成为一级学科。民间文艺范围宽广，是中华民族宝贵的传统财富，目前亟须全面展开调查和研究以及建立理论体系。民间文学可以作为其中一个相对独立的二级学科，在民间文艺学的学科框架中获得应有的地位和发展空间。民间文学的发展完全不必与民俗学捆绑在一起。民俗学可以继续留在社会学，民间文艺学则进入民间文学学科体系之中，寻求更加广阔的发展前程。

历史民俗学建设的意义与实践

萧　放

一、意义与方向

历史民俗学是民俗学的重要组成部分。历史民俗学是研究历史上的民俗事象与民俗理论的学问。近年来国内外学者注意对历史民俗学的研究。

历史民俗学在中国尤其具有民族文化建设与学术建设的现实意义。中国是一个历史悠久的文化古国，中国有着西方国家无可比拟的、丰厚的历史民俗文献传统，同时当下的中国又面临着走向现代、融入世界的机遇与挑战，因此历史民俗学在当代中国具有双重任务。

一是对历代民俗文献的搜集、整理研究，从前人有关民俗事象的记录、议论、评述中获取有益的启示，以为当今民俗学学科建设提供学术参考与学理的依据；二是对历史民俗文化现象进行当代文化阐释，寻找中国民俗文化的精神血脉，为民族民俗文化主体的建设提供重要的人文资源。

根据历史民俗学的研究宗旨与研究任务，历史民俗学具有以下三个研究方向：

1. 文献民俗志，即历代撰述的记叙民俗生活的民俗文献。文献民俗志既重视传统的文献典籍，注意利用其中的有效信息，同时根据民众生活的实际，放开眼界，关注民众生活中的非典籍性、却具有重要生活服务价值的活态民俗文献。所以文献民俗志包括两大部分：第一类是历代文化人的有关民俗的记录，如岁时记、风土记、地方民俗志、全国风俗志、笔记小说、竹枝词等；第二类是各种民众生活的活态文献，如民间唱本、宝卷、水利册、碑刻、家谱、契约文书等。

2. 民俗史，即民俗文化在历史社会中的变化与演进史。钟敬文指出，它是“对综合或者单项的民俗事象的历史的探究与叙述，包括通时的或断代的事象的探究与叙述。”民俗史研究侧重从文献中搜集资料，因此要对资料进行辨伪、考订，再用唯物史观对所描述出来的事实进行分析综合。民俗史既包括衣食住行的物质生活史，人生仪礼、岁时节日社会生活史，也包括民俗信仰、民俗文艺等精神生活史，甚至还可以扩大到民间工艺史、民间医学史。

3. 民俗学史，即民俗学学术发展史。学习民俗学史的目的是了解民俗学的起源和演变过程，了解前人在民俗学发展过程中所作的工作，总结出民俗学发展的一般特性。民俗学史包括域外民俗学史与中国民俗学史两部分，域外民俗学史总结介绍域外重要的民俗学流派，探寻世界民俗学发展演变的轨迹与趋向，以保证中国民俗学研究能追踪学术前沿与世界学术同步。中国民俗学史分古代民俗学史与近现代民俗学史两个段落，古代民俗学是古代中国学者文人关于民俗事象的思想史、理论史，也包括他们搜集、记录、整理民俗文献的方法史。现代民俗学史重点探讨民俗学作为一门现代学问在中国形成与发展的历史。

二、传统、现状与近期工作计划

北京师范大学民俗学专业的历史民俗学研究方向，它的地位奠定具有以下五个因素：

（一）钟敬文先生首倡并进行理论奠基和人才培养。钟敬文在《建立中国民俗学派》中，首次将历史民俗学视为中国民俗学学科体系的重要组成部分，他对历史民俗学的定义、研究对象与方法做了专门的论述，为我们提供了有益的学术指导；钟敬文教授在他的毕生研究工作中也对历史民俗学的具体研究做出了重要贡献，为历史民俗学研究奠定了基础。在他的晚年还注意对历史民俗学研究人才的培养，从而形成了学有专长的学术梯队。

（二）经过50年的典籍与田野文献资料的搜集整理，本专业具有基本的学术资料，为全面深入的研究准备了良好的学术基础。

（三）近年来，本专业所在的北京师范大学民俗典籍文字研究中心连续申请到国家社会科学基金课题《中国民俗史研究》（2000）、《中国传统礼仪形态与当代社会生活规范研究》（2011）。近十年从事教育部文科重点研究基地重大项目《中原民俗志与下层文化建设》（2000）、《清代民俗文献研究》（2001）和《中国民俗文献史》（2002）的研究。承担教育部人文社会科学研究项目《传统岁时与当代节日关联研究》（2002）、北京市“十一五”人文社科规划课题《北京传统岁时节日研究》（2006）等多项课题。在科研课题的促动之下，本专业的历史民俗学的研究得到了良好的开展。

（四）本专业已开展这方面的相关教学工作，注意提高民俗学专业研究生的学术素养，培养历史民俗学的专门人才。张紫晨教授曾出版了《中国民俗学史》的专业教材，钟敬文教授生前亲自为博士讲授民俗学与民俗学史，民俗学史一直是硕士的必修课程。博士、硕士研究生的毕业论文中也多有历史民俗学的选题。这些在全国高校的民俗学教学中是少见的。

（五）在北师大历史民俗学方向的建设上，已出版了具有一定学术前沿意义的代表性研究成果。钟敬文于1960年代撰写的晚清民间文艺学史系列论文在这方面的重要奠基之作。钟敬文主编的《中国民俗史》丛书是晚年的集大成成果之一。此外，还有张紫晨的《歌谣小史》、董晓萍的《中国民俗学史略》和萧放《〈荆楚岁时记〉研究》等。

历史民俗学研究方向将在未来五年中继续加强建设，有如下规划：

（一）抓住全球化过程中联系增强有利时机，利用业已建立的学术联系，积极推进与海外汉学家的交流与合作，借鉴有益的研究经验，争取合作研究项目，在合作研究中把握世界学术前沿。

（二）认真分析研究现有的丰富的文献资料，发挥本民族学者的在民俗文化上的先天优势，抓紧总结与提高民俗资料学的层次，拓展民俗学史的研究领域，推出系列研究成果。在充分的历史民俗学研究的基础上，争取理论突破，形成历史民俗学理论研究的中国特色。

（三）加强研究生的课程建设，夯实民俗学专业研究生的历史民俗学基础。在未来的时间内，将历史民俗学专业的研究生课程增加到3门，并注意在研究生中发现有培养前途的学术后备力量，进行针对性的学术训练，并接纳国内外访问学者与进修教师以扩大历史民俗学的研究队伍，提高从业人员的研究素质。

（四）进行研究生的历史民俗学教材建设，在反复多次教学的基础上，在北京师范大学研究生院专业公共基础课程课题支持下，争取三年内完成《历史民俗学》教材。

（五）积极推进历史民俗学专业的数字化建设，改革传统教学模式，配合相关历史民俗学的科研课题，积累历史民俗学的数字化成果，为历史民俗学学术成果的推广与应用，提供有效的保障。

附录三　作者分工

序　　言　董晓萍

凡　　例　董晓萍　朝戈金　黄　涛

华北地区

北京大学社会学系　高丙中

北京大学外国语学院　陈岗龙

北京大学中文系　陈连山

北京师范大学　董晓萍、万建中、萧　放、杨利慧、赖彦斌、史玲玲

北京外国语大学　黎　敏

北京语言大学　舒　燕

内蒙古师范大学　敖　其

山西大学　段友文、卫才华

山西师范大学　高忠严、毛巧晖

中国人民大学　陆益龙、张　龙

中国社会科学院民族文学研究所　朝戈金、尹虎彬

中国社会科学院文学研究所　安德明、施爱东

中央民族大学　林继富

华东地区

安徽大学　卞　利、刘目彬

复旦大学　郑土有

赣南师范学院　林晓平

华东师范大学　陈勤建、尹笑非

山东大学　张士闪

上海大学　黄景春

温州大学　黄　涛　韩　雷

烟台大学　刘汉杰

浙江师范大学　陈华文、宣炳善、王巨山

华南地区

广西民族大学　陈金文

广西师范大学　徐赣丽

中山大学　刘晓春

华中地区

河南大学　吴效群

华中师范大学　刘守华、陈建宪

武汉大学　桂　胜

中南大学　李　斌

东北地区

辽宁大学　周福岩、隋丽

西北地区

青海师范大学　赵宗福、文忠祥

西北民族大学　郝苏民、刘　伟

新疆大学　热依拉·达吾提

新疆师范大学　曼拜特·吐尔地、古丽巴哈尔·胡吉西

西南地区

云南大学　黄　泽、高　健

本书协助

图表编绘　赖彦斌

资料整理　史玲玲、鞠　熙